〔清〕吴其濬 撰
欒保群 校注

植物名實圖考校注

上

中華書局

圖書在版編目(CIP)數據

植物名實圖考校注/(清)吴其濬撰;欒保群校注. —北京:中華書局,2025. 9. —ISBN 978-7-101-17345-1

Ⅰ. Q949-64

中國國家版本館 CIP 數據核字第 2025V5J920 號

責任編輯:石　玉
裝幀設計:毛　淳
責任印製:韓馨雨

植物名實圖考校注
(全二册)
〔清〕吴其濬 撰
欒保群 校注
*
中華書局出版發行
(北京市豐臺區太平橋西里 38 號　100073)
http://www.zhbc.com.cn
E-mail:zhbc@zhbc.com.cn
三河市中晟雅豪印務有限公司印刷
*
920×1250 毫米 1/32 · 44 印張 · 4 插頁 · 1000 千字
2025 年 9 月第 1 版　2025 年 9 月第 1 次印刷
印數:1-1500 册　定價:268.00 元

ISBN 978-7-101-17345-1

前　言

好書，但書名起得不好，很容易影響市場。可是有時書名起得好，换了時代，也同樣會被人錯過，眼下這本《植物名實圖考》就是一例。吴其濬的這本植物學名著，讓很多對植物學没有興趣的人連翻一下的欲望都没有，結果讓本來屬於它的讀者却失之交臂。其實這是一本任何文史愛好者都不應該錯過的好書，且看它是怎樣來寫植物的：

新柯似桃，膩葉如橘。春作小苞，迸開五出，長柄裊絲，繁蕊聚縷，色侔金粟，香越木犀。每當散萼幽崖，擔花春市，翠緑摩肩，鵝黄壓髻，通衢溢馥，比户收香。甚至碎葉斷條，亦且椒芬蘭臭，固非留馨於一山，或亦分宗於八桂。但以錦囊缺詠，藥裹失收，聽攀折於他人，任點污於廁溷。姑爲膽瓶之玩，聊代心字之香。

這裏寫的是「山桂花」。而寫「山海棠」則云：

春開尖瓣白花，似桃花而白膩有光。瓣或五或六，長柄緑蔕，裊裊下垂，繁雪壓枝，清香溢谷。花開足則上翹，金粟團簇，玉線一絲。第其姿格，則海棠饒粉，梨雲無香，未可儕也。幽谷自賞，筠籃折贈，偶獲於賣菜之傭，遂以登列瓶之史。

不僅詩意盎然，讀來口角生香，更有對植物形態的極專業準確的描寫。此書的文字非常出色，很多篇都可以當作隨筆小品，或者當成藝術性的小論文來讀。能把專門的植物學專著寫得那麽漂亮，吸引人讀下去，這是從未有過的。中國古代與植物有關的專著，本草類從《神農本草經》到李時珍《綱目》不必説了，就是與文學相關的《毛詩草木鳥獸蟲魚疏》、《離騷草木疏》可曾有過一段這樣的描寫？

吴其濬寫植物的文字峻潔、準確，寥寥數字就能把一種植物的神態提出紙面，已經爲汪曾祺先生所表出。由前面所舉兩段可以看出，吴其濬的文字還有華縟的一面，不時向讀者展開一幅工筆長卷。此書的文學性並不拘於對植物本身的刻畫，風物景況，同樣是對植物生態的襯托，如寫「藊豆」竟游筆至「豆棚」，由夏入秋，自繁華至寂寞：

觀其矮棚浮緑，纖蔓縈紅，麑眼臨溪，蛩聲在户，新苞總角，彎莢學眉，萬景澄清，一芳摇漾。楊誠齋詩「白白紅紅偏豆花」，秋郊四眄，此焉情極！若乃淒霖莓長，清飈籜隕，破茆零落，亂葦欹横，斷橋潰港，枯樹孤根，無數牽纏，有限條達，褪花色涴，餘莢棱高，豆葉黄，野離離，當此之時，何以堪之！夫繁華滿徑，易於推排；冷秀棲園，難爲淡泊。天寒翠袖，倚竹獨憐；陌暖金鉤，採桑成曲。況復秋蕁漸老，頊豆將萁，除架何時，拋藤焉往？蟲聲不去，雀意何如？縱此流連，豈殊寂寞哉！

情景交融，真是一篇寫秋的小賦。不止如此，甚至由植物而聯想到人事，如寫「小青」，小草不可移植，移則不活，於是想到匹夫雖貧賤而有不可屈者：「此草短而淩冬，命曰『小青』，微之也。然粉花丹實，彌滿阬谷，而移植輒不茂。百尺之松，盈握之梅，斷而揉之，盤屈於尊缶間，以供世俗之狎玩，彼干霄傲雪之概亦安在哉？此小草乃有介然不可易者。」另「龍膽」一篇由味苦而連及《易》之《節》卦，進而發揮至矯情苦節之不可取。「通草」一篇論天然花朵最宜簪戴，天既予人以好美之心，人之好美自是合於天道。「常山」一篇，由良藥亦須辨其真僞，而言及「古之用君子者必辨真僞。若小人，則唯防微杜漸，勿輕試而已」，等等。

這些似乎逸出本題的議論，或被一些植物專門者看來是胡思亂想、信口開河，甚至斥爲迂腐的説教，真是匪夷所思。試看「瞿麥」之論及賈生，「旋覆花」之論盜，「威靈仙」、「南藤」、「白兔藿」諸條之論神仙不足信，「旋花」條論野生之菜，大人先生宜知民間疾苦，温室之菜不合時令，宜生疾病，「栝樓」條斥勞民，「忍冬」條論唯人物之賤者方有益於人，這些難道都能看作迂腐説教的廢話？此書的閱讀價值不僅在文辭之美，作者的思想見識也高出群儔，不迷信鬼神方術，不拘於華夷之限，不溺於俗眼之貴賤，格外垂青於有益民生的野花、野蔬、野木，對常爲人稱道的牡丹荷菊等却極少假以辭色。吴其濬在《植物名實圖考》中往往引申出一些感慨和議論，或談政事，或談事理，文采斐然，並時時加以韻文，詩詞騷賦，幾乎遍及各種文體。這正是此書的特色：有著作之體，成一家之言。儘管難免有文士的炫博逞能之嫌，但古往今來，也確實找不到第二部這種形式的著作。

作者經史嫻熟，精通音韻、文字，又受乾嘉學風薰陶，考據精詳，可以説是乾嘉學派在名物之學上的引申，但他突破了乾嘉學者囿於經史的書齋樊籠，走向實用科學，旁徵博引而不煩瑣，文質並勝，有理有情。他對中國文獻中的植物名物做了最好的考辨，對於喜歡閱讀古籍的人來説，不僅由此而多識《詩經》、《楚辭》等古典詩文中的草木之名，而且對各地的風土物産、民俗人情也多有涉獵，其中很多材料都是難得一見的。

本書另一個值得熱愛古代文化的讀者所注目的特點是，爲全書一千七百餘種植物所配一千八百餘幅植物圖，繪刻都極爲精美。除了一部分是用《本草綱目》的原本重臨外，大部分都是根據植物的新鮮狀態繪製的，不僅能準確描出該植物的形態，而且生動活潑如摇曳於風露之間。據專家介紹，其準確性，植物學家往往可以根據其圖來鑒定出所屬之科、屬，乃至於種名。而從版刻藝術的角度來看，本書配圖也大大超過以往本草圖及與植物有關的《竹譜》、《梅花喜神譜》等版畫。這些既要準確爲植物寫真又要兼顧其觀賞價值的配圖，其繪工刻工絶對是第一流的水準，可惜的是没有留下他們的姓名。順便説一下，由於《植物名實圖考》所繪之圖十分精美，被以後翻印《本草綱目》的張紹棠所看中，遂將李時珍的原圖抽去了近四百幅，换上了《植物名實圖考》中的圖，因而造成了《本草綱目》誤本的流行。

作者吴其濬，河南固始人，《清史稿》有傳。嘉慶二十二年（一八一七），他不到三十歲就中了狀元（有清一代，河南僅出了這一位狀元）。他歷官翰林修撰、湖北學政、鴻臚寺卿、雲南巡撫、雲貴總督、山西巡撫兼提督鹽政，堪稱宦迹半天下。其爲官廉潔勤政，克己奉公。除本書外，他的主要著作還有資料性較强的《植物名實圖考長編》，及在雲南任期所撰之《滇南礦廠圖略》。吴氏早得科名，却終生不廢讀書學問，這在科舉時代已經是很難得的，更可貴的是把乾嘉治學的實事求是的精神用於實業民生。

作者在本書中多處談到自己的政治見解和理想，《王不留行》一賦更是吴其濬含蓄表達自己思想歷程的罕見材料。他並不是天生的植物學家，他的儒家理想、科舉從仕的目標是要做個賢明有作爲的政治家。雖然他的官做得不算小，但他的政治理想並不能如願。《圖考》的文章中多處隱約透露出他對官場的厭惡和無奈，甚至有歸隱的意思。或者我們可以把他對植物學的研究看作一種特殊的歸隱形式吧。

《植物名實圖考》一書的編寫方式雖然是以本草類書籍爲基礎，但他放棄了自《本草經》以來的分類法，第一次把植物從《本草》中分離出來，另成一編，這就更具有現代科學的學科性質。全書共分三十八卷，十二大類：穀類二卷，蔬菜四卷，草類二十一卷（計山草、隰草、石草、水草、蔓草、毒草、芳草、群芳八小類），果類二卷，木類五卷，共計植物一千七百一十四種，比此前最全的《本草綱目》增加了五百一十九種。

從《植物名實圖考》一書的名稱就可以看出，本書着重於植物種類名和實的考證，所以他對一些植物的古今歷史進行了較爲細緻的探討，糾正了以往本草學者包括大名鼎鼎的李時珍的錯誤。

吴氏在山西巡撫任上去世後的第三年，即道光二十八年（一八四八），繼任的山西巡撫陸應穀首次刊印此書及《長編》(可參見卷前的陸叙)。光緒六年(一八八〇),山西巡撫曾國荃和繼任者葆亨合謀用舊板重印,詳情見曾序。此版很快傳至日本,一八八五年,日人伊藤圭介着手翻印,於一八九〇年鉛排出版,隨即流布於世界諸大國。但此本把《長編》中的文字附入此書相關諸條之下,雖便於專業人士閲讀,却不合於吴氏著書本旨,而且圖版毫無神采,與山西刻本相差甚遠。

此次校點,以光緒六年重印本爲底本,除了對原刻文字中存在的錯誤校正之外,並對書中大量的典故加以詳注,庶幾便於閲讀和理解。出版社特别要求,絶對不能讓此書的注釋流爲點綴,抄録那些誰都可以從網上「百度」出來却對理解原書意義不大的人名、地名、書名,而回避那些真正應該加注的典故詞語,對書中引文也要儘量尋找原書核對,使其更加完善。對此,我雖然勉力爲之,但限於水準,錯誤和不足自在意中。另外,本書經常引用的一些古代植物學著作,書名常用略稱,這對不熟悉本草學的普通讀者來説很不方便,爲此,我編了一個「植物名實圖考部分引用書目」,對相關書籍略做介紹。底本中原無圖注,爲便閲讀,一頁只排一圖、圖文關繫明確者,不加圖注;一頁排兩圖及以上、圖文關繫容易混淆者,則在圖之右上加圖注説明;一頁中的幾圖名稱一致者,則在圖注後括注「前」「後」或「又一種」以示區别。

我對本草學也是外行,不當之處,盼望方家一併指正。

目録

上册

植物名實圖考卷之二　穀類

植物名實圖考卷之三　蔬類

植物名實圖考卷之四　蔬類

植物名實圖考卷之五　蔬類

植物名實圖考卷之六　蔬類

植物名實圖考卷之七　山草

植物名實圖考卷之八　山草

植物名實圖考卷之九　山草

植物名實圖考卷之十　山草

植物名實圖考卷之十一　隰草類

植物名實圖考卷之十二　隰草類

植物名實圖考卷之十三　隰草類

植物名實圖考卷之十四　隰草類

植物名實圖考卷之十五　隰草類

下册

植物名實圖考卷之十六　石草類

植物名實圖考卷之十七　石草類　水草類

植物名實圖考卷之十八　水草類

植物名實圖考卷之十九　蔓草類

植物名實圖考卷之二十　蔓草

植物名實圖考卷之二十一　蔓草

植物名實圖考卷之二十二　蔓草

植物名實圖考卷之二十三　蔓草　芳草　毒草

植物名實圖考卷之二十四　毒草

植物名實圖考卷之二十五　芳草

植物名實圖考卷之二十六　群芳

植物名實圖考卷之二十七　群芳

植物名實圖考卷之二十八　群芳

植物名實圖考卷之二十九　群芳

植物名實圖考卷之三十　群芳

植物名實圖考卷之三十一　果類

植物名實圖考卷之三十二　果類

植物名實圖考卷之三十三　木類

植物名實圖考卷之三十四 木類

植物名實圖考卷之三十五　木類

植物名實圖考卷之三十六　木類

植物名實圖考卷之三十七　木類

植物名實圖考卷之三十八　木類

植物名實圖考部分引用書目

《神農本草經》【《本草經》、《本經》】（【】内是本書中常用的簡稱或原書的全稱，下同）

《漢書・平帝紀》有「徵天下通知逸經、古記、天文、曆算、鍾律、小學、《史篇》、方術、《本草》及以《五經》、《論語》、《孝經》、《爾雅》教授者，在所爲駕一封軺傳，遣詣京師。」此爲《本草》見於書傳之始。

至梁《七録》載《神農本草》三卷，是爲《神農本草經》，簡稱《本經》，共三卷，藥止三百六十五種，分别爲上中下三品，上品「爲君主養命以應天無毒多服久服不傷人欲輕身益氣不老延年者」、中品「爲臣主養性以應人無毒有毒斟酌其宜欲遏病補虚羸者」各一百二十种，下品「爲佐使主治病以應地多毒不可久服欲除寒熱邪氣破積聚愈疾者」爲一百二十五种。此書雖名「本草」，但於草木、果菜、米穀之外又收玉石、蟲魚、鳥獸之屬。

《本草經集注》【《名醫别録》、《别録》、陶隱居云】

至梁武帝時，陶弘景（號華陽隱居）合《神農本經》及《名醫别録》而注解之。《名醫别録》，或名《名醫别品》，藥亦三百六十五種，亦分上中下三品，併入《本草》，共七百三十種。序云：「隱居先生在於茅山巖嶺之上，以吐納餘暇，頗遊意方技。覽《本草》藥性，以爲盡聖人之心，故撰而論之。舊説皆稱《神農本經》，余以爲信然。……今之所存，有此四卷，是其本經，所出郡縣，乃後漢時制，疑仲景、元化等所記。……魏晉以來，吴普、李當之等更復損益，或五百九十五，或四百四十一，或三百一十九，或三品混糅，冷熱舛錯，草石不分，蟲獸無辨，且所主治，互有得失，醫家不能備見，則識智有淺深。今輒苞綜諸經，研括煩省，以《神農本經》三品合三百六十五爲主，又進《名醫别品》，亦三百六十五，合七百三十種。精粗皆取，無復遺落，分别科條，區畛物類，兼注名時用土地所出，及仙經道術所須，并此序録，合爲七卷。」

《集注》向來朱墨雜書，《本經》用朱書，《别録》用墨書，但傳寫日久，朱墨有所錯亂。《隋書·經籍志》有《陶弘景本草經集注》七卷，即此。原書久逸，散見於《證類本草》中。本書之「陶隱居云」，即爲陶注原文。

《唐本草》【《唐本》】

據《證類本草》：唐高宗顯慶中，監門衛長史蘇敬（宋人諱「敬」字，改「蘇敬」爲「蘇恭」。本書中多引宋代文獻，凡作「蘇恭」者仍保留原字。讀者鑒之）又摭其（指《陶弘景本草經集注》）差謬，表請刊定。乃命司空英國公李世勣等與敬參考得失，又增一百一十四種，分門部類，廣爲二十卷，世謂之《英公唐本草》。

而李時珍《本草綱目》所云稍異而加詳：「唐高宗命司空英國公李勣等修陶隱居所注《神農本草經》，增爲七卷，世謂之《英公唐本草》，頗有增益。顯慶中，右監門長史蘇恭重加訂注，表請修定，帝復命太尉趙國公長孫無忌等二十二人與恭詳定，增藥一百一十四種，凡二十卷，目録一卷，别爲《藥圖》二十五卷，《圖經》七卷，共五十三卷，世謂之《唐新本》。」

上云《唐新本》中「凡二十卷，目録一卷」者，即今之《唐本草》（《新唐書·藝文志》有蘇敬《新修本草》二十一卷，亦即此）。本書或簡稱《唐本》，而所言《唐本注》或「蘇恭云」，即指蘇敬注。

《唐圖經》

本書之《唐圖經》，即上文所言《唐新本》中之「《圖經》七卷」。

《食療本草》

武后時同州刺史孟詵撰，張鼎又補其不足者八十九種，並舊爲二百二十七條。

《本草拾遺》【《拾遺》】

唐開元中，三元縣尉四明人陳藏器撰。李時珍贊其「博極群書，精覈物類，訂繩謬誤，搜羅幽隱，自《本草》以來，一人而已」。原書不存，其説多見於《證類本草》。本書所引，或標《本草拾遺》書名，或作「陳藏器云」。

《食醫心鏡》

唐人昝殷著，共三卷。

《蜀本草》【《蜀本》】

五代後蜀孟昶命學士韓保昇等，取《唐本草》及《唐本圖經》參比爲書，稍或增廣，世謂之《蜀本草》。簡稱《蜀本》。

《開寶本草》【《開寶詳定本草》、《開寶重定本草》】

宋開寶中，兩詔醫工劉翰，取《唐本草》、《蜀本草》詳校，又取陳藏器《本草拾遺》諸書相參，刊正别名，又取醫家常用有效者一百三十三種而附益之，是爲《開寶詳定本草》。仍命翰林學士盧多遜、李昉、王祐、扈蒙等重爲刊定，並鏤板摹行，是爲《開寶重定本草》。

《嘉祐本草》【《嘉祐補注本草》】

嘉祐二年八月，有詔掌禹錫、林億、蘇頌等再加校正，更爲補注，以朱墨書爲分別。凡新舊藥共一千八十二種，名《嘉祐補注本草》。其例云：

凡書舊名《本草》者，今所引用，但著其所著人名曰某人。惟《唐》、《蜀本》則曰《唐本》云、《蜀本》云。凡字朱墨之别，所謂《神農本經》者以朱字，名醫因《神農》舊條而有增補者，以墨字間於朱字，餘所增者皆别立條，並以墨字。凡陶隱居所進者謂之《名醫别録》，並以其注附於末。凡顯慶所增者，亦注其末，曰「唐本先附」。凡開寶所增者亦注其末，曰「今附」。凡今所增補、舊經未有者，於逐條後開列，云「新補」。

《宋圖經》【《圖經》、《本草圖經》、《嘉祐圖經》】

宋嘉祐間，蘇頌等以《唐圖經》「失傳且久，散落殆盡」，於修《補注本草》同時又修《本草圖經》。本書所言《圖經》、《宋圖經》，即指此。他書或有稱《嘉祐圖經》者。詳見蘇頌《本草圖經序》。

《證類本草》【《經史證類本草》】

《證類本草》，宋元祐間人唐慎微撰。本名《經史證類本草》，三十卷。南宋紹興間有官刻本，今不傳。清修《四庫全書》，所見一爲明萬曆翻元大德本，前有大觀二年仁和縣尉艾晟序，故稱《大觀本草》；一爲成化翻刻金泰和刻本，前有政和六年曹孝忠序，稱《政和本草》。實爲一書，而元本實爲金本翻刻。

按金刻本《證類本草》書末有金皇統三年翰林學士宇文虚中跋，稱慎微字審元，成都華陽人。治病百不失一。爲士人療病，不取一錢，但以名方秘籙爲請，以此士人尤喜之，每於經史諸書中得一藥名一方論，必録以告，遂集爲此書。尚書左丞蒲傳正欲以執政恩例奏與一官，拒而不受。

《本草衍義》【《衍義》】

政和時又有醫官通直郎寇宗奭，以《補注》及《圖經》二書爲本，參考事實，覈其精理，援引辨證，發明良多，爲《本草衍義》十卷（《文獻通考》作《本草廣義》二十卷）。序云：「然《本草》二部（指《嘉祐本草》及《嘉祐圖經》），其間撰著之人，或執用己私，失於商較，致使學者檢據之間不得無惑。今則併考諸家之説，參之實事，有未盡厥理者，衍之以臻其理；隱避不斷者，伸之以見其情；文簡誤脱者，證之以明其義；諱避而易名者，原之以存其名。使是非歸一，治療有源，檢用之際，曉然無惑。」

金、元時刻《證類本草》，俱增入《衍義》。

《救荒本草》

《救荒本草》八卷，明太祖朱元璋第五子周憲王朱橚撰。《植物名實圖考》引此書甚多，可見作者著書志趣所趨。

《食物本草》

《食物本草》，李時珍曰：正德時九江知府江陵汪穎撰。東陽盧和，字廉夫，嘗取《本草》之繫於食品者編次此書。穎得其稿，釐爲二卷，分爲水、穀、菜、果、禽、獸、魚、味八類。

《本草會編》

明汪機撰。機字省之，嘉靖時名醫。此書打破原《本草》上中下三品次序，分諸藥爲草部、果部、蟲部各一編。人識其似乎簡便，而混同反難檢閲。

《本草綱目》

李時珍，字東璧，蘄州人。明嘉靖至萬曆間人。曾官楚王府奉祠正。醫家《本草》自三百六十五種，經梁陶弘景、唐蘇敬、宋劉翰，至掌禹錫、唐慎微輩，先後增補合一千五百五十八種。然品類既煩，名稱多雜，或一物而析爲二三，或二物而混爲一品。時珍病之，乃窮搜博采，訪采四方，芟煩補闕，歷三十年，閲書八百餘家，稿三易而成書，曰《本草綱目》。增藥三百七十四種，釐爲一十六部，合成五十二卷，首標正名爲綱，餘各附釋爲目，次以集解，詳其出産、形色，又次以氣味、主治、附方。

《毛詩草木鳥獸蟲魚疏》【陸《疏》】

三國吴陸璣撰。璣字元恪，吴郡人，官吴太子中庶子、烏程令。

《南方草木狀》

西晉嵇含撰。含字君道，好學能屬文。書凡分草木果竹四類共八十種，是嵇含在廣州太守時撰。

《竹譜》

元李衎撰。衎字仲賓，薊丘人。皇慶元年爲吏部尚書，拜集賢大學士。善畫竹。

《群芳譜》

明末王象晉撰。書分天、歲、穀、桑麻、蔬、茶、花、果等十二譜。康熙四十七年，劉灝等增廣之，署名《廣群芳譜》。合天、歲二譜爲天時譜，爲十一譜。

《花鏡》

明陳淏子撰。淏子一名扶播，自號西湖花隱翁。明亡不仕，授徒爲生。書成於康熙年間。計花歷新栽、課花十八法、花木類考、藤蔓類考、花草類考、附禽獸鱗蟲考六卷。

植物名實圖考叙

《易》曰：「天地變化，草木蕃。」明乎剛交柔而生根荄，柔交剛而生枝葉，其蔓衍而林立者，皆天地至仁之氣所隨時而發，不擇地而形也。故先王物土之宜，務封殖以宏民用，豈徒入藥而已哉！衣則麻桑，食則麥菽，茹則蔬果，材則竹木，安身利用之資，咸取給焉。奉天下不可一日無，則植物較他物爲特重。其名昉於《周禮》，其實載在《本經》。采其實，斯著其名，三百六十品中殆無虚列。嗣是《别録》、《圖經》代有增益，《綱目》晚出，稱引尤繁。顧其書類皆旁及五材，兼收十劑，胎卵濕化，紛然並陳，求其專狀草木，成一家言，如賈思勰之《要術》、周憲王之《救荒》，殊不易得。豈其識有所短而材力有未逮歟？抑拘於其業，囿於其方，未嘗遊觀宇宙之賾、品彙之庶，而知其切於民生日用者至利且便也？

瀹齋先生具希世才，宦迹半天下，獨有見於兹，而思以愈民之瘼。所讀四部書，苟有涉於水陸草木者，靡不剬而緝之，名曰《長編》。然後乃出其生平所耳治目驗者，以印證古今，辨其形色，别其性味，看詳論定，摹繪成書。此《植物名實圖考》所由包孕萬有，獨出冠時，爲《本草》特開生面也。夫天下名實相副者尠矣，或名同而實異，或實是而名非。先生於是區區者，且決疑糾誤，毫髮不少假，等而上之，有關於人治之大，其綜核當何如耶？讀者由此以窺先生之學之全與政之善，將所謂醫國甦民者莫不咸在，僅目爲炎黄之功臣，則猶淺矣。若夫登草木，削昆蟲，仿貞白《千金翼方》之作爲微生請命，則尤其發乎至仁，而以天地之心爲心也。然則是書之益，又可量哉？余不敏，嘗傳言焉，頗識其用意所在，故序刻之以廣其傳。

道光二十有八年歲次戊申三月清明後五日，蒙自陸應穀題於太原府署之退思齋。

嘗讀《本草綱目》一書，其於水陸草木，博採兼收，各有宜忌，植物之利民用大矣哉！而村閭市井，稍能讀藥性輒敢懸壺，其所常用不過數十品，仍不能施用得當，是日以仁術殺人，不仁孰甚！近年山西醫士固陋較他省爲尤甚，推求其故，蓋由書籍不多，不足以資考核。

去年春，余仿東南各省規橅，爲請於朝，在於省會地方設立濬文書局，於刊刻四子六經之外，購求善本醫書，鏤板以行，亦欲餉後人而甦民命耳。曩者葆芝岑中丞爲言《植物名實圖考》一書，煞費作者匠心，足補《綱目》經疏所未備。板存太原府署，散失板片五十有二。芝岑商於余，從印本摹刊如數，依次補入，工費無幾，庶是編得稱全書，使數千百十板不致終爲爨下物，誠善舉也。議甫定，適余奉命督師山海關，防禦海疆，朝廷即以芝岑代余撫晉，於是芝岑所商於余者，遂以專屬之。芝岑考是編爲吴瀹齋先生手著，未及刊行，而陸稼堂先生刊行之。今書板散失，又得芝岑爲之刊補。一書之成，其難如此！况吾輩身任籌疆，因時沿革，欲成一方之務，不重賴二三同志後先共商也哉？書成，芝岑屬文於余，竊幸芝岑救世之苦心與余同，即與瀹齋、稼堂兩先生亦無不同也。

時光緒庚辰冬十月，湘鄉曾國荃補序。

重印植物名實圖考序

我國言植物之書，以《本草》爲最詳，審性辨味，徵引精博，先河之導，夐乎莫尚。顧其書注重醫理，以故五材同收，方劑並列，非僅爲形狀草木而作也。自兹以後，代少成書，《群芳》諸譜，特詳華卉，求所謂舉一草一木辨其性質，究其功用，不矜神奇，不涉虚誕，本利用之旨，成一家之言者，蓋亦鮮矣。夫一物不知，儒者之恥，矧近世紀科學發明，植物一門且列專科，若無精榷之書以供參考，惡乎可！比年右校課本往往譯自外邦，於中土所固有者轉付缺如，學者憾焉。

是書爲固始吴瀹齋先生所著。先生博聞强識，歷官十數省，宦跡所至，舉所見之植物，既辨其性，並繪其形，閱歷已久，考證尤榷，雖取别於《本草》而汰其繁蕪，分類製圖，凡三十八卷，誠講求植物之善本也。未及付梓而先生卒。清道光戊申，陸公稼堂始壽棗梨，歷時既久，圖板殘缺。及光緒庚辰，葆公芝岑復取而梓行之，風行海内，爭先快覩，然距今又近四十年矣。邇者右省人士購求是書者幾無虚日，舊藏精本寥寥殆盡，既無以饜閲者之心，且恐其久而就湮也。爰命官書局詳加整理，板之漫漶者更之，圖之剥落者補之，重印若干部。自是則先生之書庶可永傳，並以俾世之留心植物者得所考鏡焉。既蕆事，因誌數語以弁諸簡。

民國八年七月，五台閻錫山序於太原督軍公署之懷生堂。

植物名實圖考卷之一　穀類

胡麻

胡麻，即巨勝，〔一〕《本經》上品，今脂麻也。〔二〕昔有黑、白二種，今則有黄、紫各色。宜高阜、沙壖，〔三〕畏潦。油甘用廣，其枯餅亦可糞田、養魚。葉曰「青蘘」，花與稭皆入用。〔四〕

雩婁農〔五〕曰：「一飯胡麻幾度春」，〔六〕此道人服食耳，〔七〕非朝饔而夕飧也。〔八〕東坡《服胡麻賦序》謂夢道士以茯苓燥，尚雜胡麻食之，〔九〕且云「世間人聞服脂麻以致神仙，必大笑」。然其性實熱，宋人説部有謂久服巨勝，乃至發狂欲殺人，其烈同於丹石，〔一〇〕則蘇子之言亦未可盡信。〔一一〕獨其功用至廣，充腹耐饑，飴餌得之則生香，〔一二〕腥羶得之則解穢，以爲油則性寒去毒，而藥物恃以爲調，其枯美田疇，亦可救荒。〔一三〕説者云大宛之種，〔一四〕隨張騫入中國。〔一五〕其語無所承。然宜暵而畏濕特甚。〔一六〕元人賦云：「六月亢旱，百稼槁乾。有物沃然，秀於中田。是爲胡麻，外白中玄。」〔一七〕又俗言芝麻有「八拗」，謂雨暘時薄收，〔一八〕大旱方大熟，開花向下，結子向上，炒焦壓榨，才得生油，膏車則滑，鑽鍼乃澀。觀此數端，可知其性。

〔一〕陶弘景云「莖方者名巨勝，圓者名胡麻」，《唐本草注》則以「角八稜者名巨勝，六稜四稜者名胡麻」。

〔二〕脂麻：今通作「芝麻」。

〔三〕沙壖：河邊沙質之田。

〔四〕入用：入藥爲用。

〔五〕雩婁農：作者在本書中的謙稱。按雩婁，古地名，即作者的家鄉河南固始縣。

〔六〕此唐王昌齡《題朱鍊師山房》詩中句，原句爲「一飯胡麻度幾春」。

〔七〕服食：古神仙家以服用藥物爲修煉之一法。晉葛洪《神仙傳》云：樂子長遇仙人，授以服巨勝赤松散方，仙人告之曰：「蛇服此藥化爲龍，人服此藥老成童。又能昇雲上下，改人形容，崇氣益精，起死養生。」

〔八〕朝饔夕飧：指日常吃飯。以上解「一飯胡麻」之「飯」字乃依方服食，非早餐晚餐之飯。陶弘景言其服食之法，當九蒸、九曝，熬、擣之。蒸不熟令人髮落，俗中學道者不能常服。

〔九〕「尚」，蘇軾《服胡麻賦》作「當」。

〔一〇〕丹石：丹砂、石英之屬。

〔一一〕東坡夢仙人言茯苓性燥而以胡麻調之。按胡麻性亦燥，安能解茯苓之燥？

〔一二〕飴餌：糖果、點心。

〔一三〕《禮記·月令》：「可以糞田疇，可以美土疆。」

〔一四〕陶弘景云「本生大宛，故名胡麻」。西漢時大宛國，位於今中亞烏兹别克斯坦之費爾幹納盆地。

〔一五〕漢武帝時，張騫爲郎，使西域，至大宛、大月氏、大夏、康居諸國，引進葡萄、苜蓿等，未言有胡麻。

〔一六〕暵：乾旱。

〔一七〕《胡麻賦》，見元人戴表元《剡源文集》。

〔一八〕芝麻八拗，見宋莊綽《雞肋編》卷上。雨暘時：雨水陽光俱得時，即風調雨順意。

大麻

大麻，《本經》上品。《救荒本草》謂之「山絲苗」，葉可食。一名「火麻」。雄者爲枲，又曰「牡麻」；雌者爲「苴麻」。花曰「麻蕡」，又曰「麻勃」。麻仁爲服食藥。葉、根、油皆入用。滇、黔大麻經冬不摧，皆盈拱把。〔一〕

雩婁農曰：「麻」爲穀屬，〔二〕舊説皆以爲「大麻」，陶隱居刱爲「胡麻」，〔三〕而宋應星遂謂「《詩》《書》之麻，或其種已滅，火麻子粒壓油無多，皮爲粗惡布，無當於穀」。〔四〕斯言過矣。《月令》「以犬嘗麻」，〔五〕《周禮》「朝事之籩，其實麷、蕡」，蕡爲枲實。〔六〕亦曰苴，《豳風》「九月叔苴，以食農夫」。〔七〕《説文》作「萉」，或作「黂」，〔八〕其無子者爲牡麻。大抵古人食貴滑，麻子甘潤。《南齊書·紀》：陳皇后生高帝，乏乳，夢人以兩甌麻粥與之，覺而乳足。則齊時尚以爲飯。《食醫心鏡》亦云麻子仁粥治風水腰重等疾，研汁入粳米煮粥，下葱椒鹽豉食之。蓋麻子不以入食，始於近代。若其衣被之功，則與苧並行。《周官》專設典枲，以隸冢宰。〔九〕績麻漚麻，婦子所事。〔一〇〕三代以前，〔一一〕卉服未盛，〔一二〕蠶織外舍麻固無以爲布。聖人以純爲儉，蓋紉絲之功省於緝縷。〔一三〕後世棉利興，不復致精於麻，豈古之布必粗惡哉？今之治苧、葛者，纖細乃能納之筒中，〔一四〕紡麻者何獨不能？夫一物之微而衣人食人如此，何乃屏

之粒食之外？〔一五〕《詩》云：「雖有絲、麻，無棄菅、蒯。」〔一六〕昔與絲伍，今乃芥視！又苘麻〔一七〕利重，競植於田，而斯麻播植益稀，物理盛衰，良可增慨。古之犓不如今之細，古之拙不如今之巧。而天地之生物亦日出不窮，移人情而省人功者，凡物皆然。執今人之所嗜以訂古人之所食，是猶以不火食之蠻貊而較中國鼎火烹飪之劑也，豈有合歟？

〔一〕拱把：拱，合兩手也；把，以一手把之也。

〔二〕《周禮·天官冢宰》「五穀」注：「五穀者，麻、黍、稷、麥、豆也。」

〔三〕陶隱居：陶弘景，齊梁時道士，自號華陽隱居，人稱陶隱居。學貫儒道釋，精通醫藥之學，合《神農本草經》及《名醫别録》而注解之，名《本草集注》。本書之「陶隱居云」，即爲陶注原文。陶弘景首創「胡麻」之説，云：「八穀（黍、稷、稻、粱、禾、麻、菽、麥）之中，惟此爲良。淳黑者名巨勝，本生大宛，故名胡麻。」

〔四〕按《詩》《書》所言之「麻」，注者以爲五穀之一，宋應星《天工開物·乃粒》言麻之可粒可油者唯火麻、胡麻二種，胡麻既來自西域，而火麻又無當於穀，故以爲《詩》《書》所言五穀之麻或已絶種，或爲菽粟之别種而漸訛其名。

〔五〕「以犬嘗麻」，原本誤作「以麻嘗犬」，據《禮記·月令》原文改。《禮記·月令》仲秋之月，「以犬嘗麻，先薦寢廟」。是月麻始熟，以犬嘗麻實，然後薦於祖先。

〔六〕《周禮·天官冢宰》「籩人」注：「鄭司農云：朝事謂清朝未食，先進寒具口實之籩。故麥曰麷，麻曰蕡。」又曰：「蕡，枲實也。」

〔七〕《詩·豳風·七月》：「七月食瓜，八月斷壺，九月叔苴，采荼薪樗，食我農夫。」注：「叔，拾也。苴，麻子也。」

〔八〕《説文解字》卷一下：「萉，枲實也。」「䕧，萉。」

〔九〕《周官》即《周禮》。《周禮·天官冢宰》有典絲、典枲之官。典枲掌布緦、縷、紵之麻草之物，以待時頒功而授齎。

〔一〇〕《詩·陳風·東門之枌》：「穀旦于差，南方之原。不績其麻，市也婆娑。」箋曰：「績麻者，婦人之事也。」又《東門之池》：「東門之池，可以漚麻。彼美淑姬，可與晤歌。」

〔一一〕此以夏、商、周爲三代。

〔一二〕卉服：以葛所製之衣服。據《禹貢》「島夷卉服」，是大禹時始由海外傳入卉服，故曰三代以前中國無卉服。

〔一三〕純：絲也。治絲爲紉，是搓捻多支合爲一股；治麻相反，緝縷是把麻皮劈分爲細縷，故治絲功省於治麻。

〔一四〕言苧、葛所製之布，其薄可卷納於細筒甚至筆管之内。參見本書卷十四「苧麻」條、卷二十二「葛」條。

〔一五〕粒食：穀物。

〔一六〕《左傳》成公九年引《逸詩》。菅、蒯均爲茅草。

〔一七〕「茼麻」，當是「苘麻」之誤。

薏苡

薏(yì)苡(yǐ)仁，《本經》上品。江西、湖南所産頗多。北地出一種草子，即《圖經》所云「小兒以線穿如貫珠爲戲」者，蓋雷斅所謂「䊈米」也。〔一〕與薏苡仁相似，不可食。

雩婁農曰：薏苡明珠，去瘴癘而來萋斐。〔二〕然服食幾何，乃以車載耶？五嶺間種之爲田，余擲之廡砌，輒秀而實，非難植者。《帝王世紀》載有莘氏吞薏苡而生禹，〔三〕此與芣苢宜男之説相類。《逸周書》：西戎獻桴苡，其實若李。〔四〕今南方候暖，薏苡高如木，實形似李，但小耳。説《詩》者或以「桴苡」爲「芣苢」，然二者今皆爲孕婦禁方矣。〔五〕

〔一〕雷斅，南朝劉宋時人，著《炮炙論》三卷，久佚，其説散見於諸醫書，近代有輯佚。雷氏云：「䊈米

顆大無味，時人呼爲粳穇，薏苡仁顆小色青味甘。」

〔二〕《後漢書·馬援傳》：馬援在交阯，以薏苡實能勝瘴氣，常餌之。南方薏苡實大，援欲以爲種，軍還，載之一車。及馬援卒後，有上書譖之者，以爲前所載還，皆明珠文犀。萋斐：《詩·小雅·巷伯》：「萋兮斐兮，成是貝錦。彼譖人者，亦已大甚。」萋斐本文章相錯義，此喻讒人羅織過錯以成人罪。

〔三〕《史記·夏本紀》正義引《帝王紀》云：「鯀妻脩己見流星貫昴，夢接意感，又吞神珠薏苡，胸坼而生禹。」脩己或名女志，有莘氏女。

〔四〕《逸周書·王會解》：「康民以桴苡者，其實如李，食之宜子。」注：康亦西戎之別名也，食桴苡即有身。

〔五〕《詩·周南》有《芣苢》一篇，《詩序》言「《芣苢》，后妃之美也，和平則婦人樂有子矣。」《詩疏》遂有「芣苡，木也，實似李，食之宜子」之説。然「實似李，食之宜子」見於《逸周書》，所言本爲「桴苡」，説《詩》者强扭爲一物。而二者既爲「孕婦禁方」，則「宜男」之説更謬。

赤小豆

赤小豆，《本經》中品。古以爲辟瘟良藥，俗亦爲餛沙餡。〔一〕色黯而紫。醫肆以相思子半紅半黑者充之，殊誤人病。

〔一〕餛沙餡：即今所謂「豆沙餡」。

赤小豆

白緑小豆

白緑小豆 花小豆。

赤小豆以入藥，特著其白、緑二種。亦可同米爲飯，雲南呼爲「飯豆」，貧者煮食不糝米也。〔一〕其形微同菉豆而齊近方。〔二〕然唯赤者作飯色味香皆佳。又有「羊眼豆」，莜科，豆色緑，有黑暈。又「彬豆」，色褐；「螞蚱眼」，色黄白，皆小豆類。

〔一〕糝：以米和羹。

〔二〕齊：即「臍」字，豆臍。

大豆

大豆，《本經》中品。葉曰藿，莖曰萁。有黄、白、黑、褐、青、斑數種。其嫩莢有毛。花亦有紅、白數色。豆皆視其色以供用。

雩婁農曰：古語稱「菽」，漢以後方呼「豆」，五穀中功兼羹、飯者也。〔一〕黑者服食，棧中上料；〔二〕若青、黄、白，皆資世用。夫飯菽配鹽，炊萁煎藿，食我農夫，獨殷北地。〔三〕而倉卒濕薪，饑寒俱解；〔四〕咄嗟煮末，奢靡相高；〔五〕沙餅翠釜，同此酥腴耳。〔六〕淮南製腐，理宜必祭；〔七〕清吏所甘，同乎宰羊。〔八〕若浸沐生蘖，〔九〕未原其始，大豆黄卷，〔一〇〕或權輿焉。〔一一〕明陳嶷《豆芽賦》〔一二〕曰：「有彼物兮，冰肌玉質。子不入於污泥，根不資於扶植。金芽寸長，珠蕤雙粒。匪緑匪青，不丹不赤。白龍之鬚，春蠶之蟄。」信哉斯言，無慙其實。

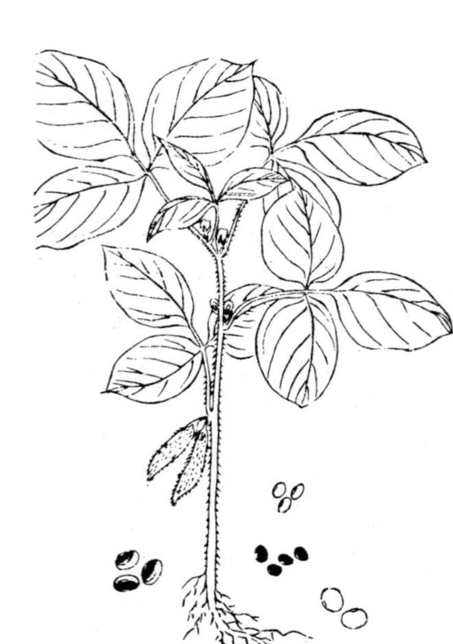

〔一〕豆藿爲羹，豆粒爲飯。

〔二〕黑豆以飼牲畜，爲上等料食。棧：馬棚。

〔三〕殷：盛。言以豆爲食之俗，獨盛於北方。以上言豆食爲民生所重。

〔四〕《後漢書·馮異傳》：馮異字公孫。王郎兵起，光武（劉秀）自薊倉皇東南馳，至饒陽無蔞亭。時天寒烈，衆皆飢疲，異上豆粥。明旦，光武謂諸將曰：「昨得公孫豆粥，飢寒俱解。」及至南宫，遇大風雨，光武引車入道旁空舍，異抱薪，鄧禹爇火，光武對竈燎衣。異復進麥飯、菟肩。蘇軾《豆粥》詩詠此云：「君不見虖沱流澌車折軸，公孫倉皇奉豆粥。濕薪破竈自燎衣，飢寒頓解劉文叔。」

〔五〕《晉書·石崇傳》：石崇與王愷競富，崇必勝，愷往往怳然自失。崇又爲客作豆粥，咄嗟便辦。又嚴冬能得韭蓱虀。嘗與愷出遊，爭入洛城，崇牛迅若飛禽，愷絶不能及。愷每以此三事爲恨，乃密賂崇帳下，問其所以，答云：「豆至難煮，豫作熟末，客來，但作白粥以投之耳。韭蓱虀是擣韭根雜以麥苗耳。牛奔不遲，良由馭者逐不及反制之，可聽蹁轅則駃矣。」於是悉從之，遂爭長焉。崇後知之，因殺所告者。蘇軾《豆粥》詩詠此云：「又不見金谷敲冰草木春，帳下烹煎皆美人。萍虀豆粥不傳法，咄嗟而辦石季倫。」

〔六〕無論是盛於簡陋的沙瓶，還是豪奢的翠釜，豆粥都是一樣的酥腴適口。以上言豆粥。

〔七〕朱熹《豆腐》詩云：「種豆豆苗稀，力竭心已腐。早知淮南術，安坐獲泉布。」題下小注：「世傳豆腐本乃淮南王術。」按西漢淮南王劉安好方術，多招致方術之士於門下。後世製豆腐者奉劉安爲行業祖師神而祭之。

〔八〕清吏：清廉之官。《清異録》：時戢爲青陽丞，潔己勤民，肉味不給，日市豆腐數個。邑人呼豆腐爲「小宰羊」。按縣丞又稱「小宰」。以上言豆腐。

〔九〕以水浸豆而生芽蘖，即所食之豆芽。

〔一〇〕《圖經》：黄卷，以生豆爲蘖，待其芽出，便暴乾取用，方書名「黄卷皮」，産婦藥中用之。

〔一一〕權輿：物之起始。此言豆芽之製作，原始於入藥之黄卷。

〔一二〕《歷代賦彙·補遺》卷十二作《豆芽菜賦》。

白大豆〔一〕

大豆，昔人多以爲即黄豆，然自是兩種。大豆花如稨豆，有黄、白各色，豆有白者、黄者、緑者、褐者、黑者。緑有透骨、鴨蛋等名。市中以爲「烘青豆」者是褐者，俗曰「茶豆」，形長圓，大抵皆炒以爲茶素。〔二〕種者皆於蜀秫隙地植之，不似黄豆用廣。黄豆今俗呼「毛豆」，種植極繁，始則爲蔬，繼則爲糧，民間不可一日

缺者。其花極小，豆色黄，或有黑臍，形微扁。亦有大小早遲各種，聚而觀之，乃能詳辨。

〔一〕「白大豆」，原本誤作「大白豆」。

〔二〕茶素爲飲茶所用之零食，今之所謂「茶點」者。清李調元《南越筆記》卷十六有「茶素」一條，云廣州之俗，尋常婦女以茶素相饋問，然多爲油炸小面食。

粟

粟，《别録》中品。諸説即粱之細粒者，一類而種各異，固始通呼「寒粟」。〔一〕耐旱而遲收，凡畏水之地，伏潦後始種之。〔二〕北地惟以粱與粟爲粥飯，故獨得穀名。《齊民要術》謂今人專以稷爲穀，具載晚早數十種，有「赤粟」、「白粟」、「蒼白稷」諸名，則名粟者即稷矣。《爾雅注》以「江東呼粟爲粢」釋「稷」，謂粟爲稷，〔三〕其來已古。考《説文》嘉穀實曰粟，〔四〕蓋兼禾、黍。今之粟專屬此種，與古異。其種名尤繁，北諺曰「百歲老農，不識穀種」，爲粱、粟言也。俗語簡質，渾曰「小米」，〔五〕而穀種益難辨，姑以俗之呼粟者圖之。既與粱有

別，而方言無呼此爲「稷」者，泥古則不能通俗，故仍標「粟」名。

〔一〕固始縣：位於今河南省東南部，爲吴其濬故鄉。

〔二〕伏潦：伏天雨澇。

〔三〕《爾雅·釋草》「粢，稷」，郭璞注：「今江東人呼粟爲粢。」是以「粟」爲「稷」。

〔四〕《説文》卷七上：「粟，嘉穀實也。」

〔五〕渾曰：籠統而稱之。

小麥

小麥，《別録》中品。《廣雅》云：「大麥，牟也。小麥，來也。」〔一〕土燥亦燥，土濕亦濕。南北不同，故貴賤異。

雩婁農曰：「此物大熱，何故食之？」此西方人語，《本草》無是説也。近世醫者多以麥性燥，戒病者勿食。北人渡江，三日不餐麪，即覺骨懈筋弛，夫豈有患熱者哉？大抵穀種皆藉熱蒸而成，稻之新也，濕熱尤甚，風戾而廩之，〔二〕經時即平和滋益矣。北之麥，南之稻，人所賴以生。然稻能久藏，所耗少；麥經歲則蟲生，其色

黑，故俗呼曰牛。簸揚輒減十之二三。「穀之飛亦爲蠱」，〔三〕爲麥筮也，〔四〕三十年之蓄尚稻而不尚麥者以此。〔五〕余既爲麥雪謗而並及之。

〔一〕牟，通「麰」，即大麥。來，小麥。

〔二〕戾：吹乾。

〔三〕見《左傳》昭公元年。

〔四〕意謂經傳中的「穀飛爲蠱」，講的就是麥粒生蟲。

〔五〕糧食無能儲三十年者。古人有云：「三年耕，必有一年之蓄；三十年耕，必有十年之儲。」此言「三十年之蓄」，實即備用十年之儲糧。

大麥

大麥，《别録》中品。陶隱居謂爲「稞麥」。《唐本草》遂云出關中，即「青稞麥」，《本草拾遺》已斥之。今青稞出西北塞外，性黏尤寒，與大麥異種。大麥北地爲粥極滑。初熟時用碾半破，和餹食之，曰「碾黏子」。爲麨、爲餳、爲酢、〔一〕爲酒，用至廣。大、小麥用殊而苗相類，大麥葉肥，小麥葉瘦，大麥芒上束，小麥芒旁散。諺曰：「穀三千，麥六十。」得時之麥，粒逾六十，此其數矣。

〔一〕酢：即醋。

穬麥

穬（kuàng）麥，《别録》中品。蘇恭以爲大麥，〔一〕陳藏器以爲麥殼，〔二〕《圖經》以爲有大、小二種，言人人殊。今山西多種之，與大麥無異。熟時不用打碾，仁即離殼，但仁外有薄皮如麩，打不能去。《山西通志》：「穬麥皮肉相連似稻，土人謂之草麥，造麯用之，亦有碾其皮以食者。」考《齊民要術》「穬麥，大麥類，早晚無常」，《九穀考》〔三〕以爲「大麥之别種」，是也。《説文》：「穬，芒粟也。」麥爲芒穀，不應此種獨名穬。西北志書多載「露仁麥」，似即穬麥，又或以爲青稞。《説文》：「稞，穀之善者。一曰無皮穀。」青稞與穬麥迥異，然皆不需碾打而殼自落，疑「穬麥」即「稞麥」一聲之轉，而青稞以色青獨著。《唐書》謂吐蕃出青稞，〔四〕而《齊民要術》已有青稞之名，與穬麥用同。蓋外國方言皆無正字，如山西之呼「莜」、呼「油」，皆本蒙古人語。而作《唐書》者以中國之産，譯爲青稞，非必來自外國也。《天工開物》謂穬麥獨産陝西，一名「青稞」，即大麥隨土而變，皮成青黑色。此則糅雜臆斷，不由目覩也。

〔一〕蘇恭即蘇敬，唐初人，高宗顯慶中爲監門衛長史。時司空英國公李勣等修陶隱居所注《神農本草經》，增爲七卷，世謂之《英公唐本草》。蘇敬重加訂注，增藥一百一十四種，凡二十卷，目録一卷，別爲《藥圖》二十五卷，《圖經》七卷，共五十三卷，世謂之《唐新本》。本書所引多出宋人文獻，宋人諱「敬」，改蘇敬爲「蘇恭」。

〔二〕陳藏器，四明人，唐開元中爲三原縣尉，撰《本草拾遺》，李時珍贊其「博極群書，精覈物類，訂繩謬誤，搜羅幽隱，自《本草》以來，一人而已」。原書不存，其説多見於《證類本草》。本書所引，或標《本草拾遺》書名，或作「陳藏器云」。

〔三〕《九穀考》，清乾隆時學者程瑤田所著。

〔四〕見《舊唐書·吐蕃傳》：「其地气候大寒，不生秔稻，有青稞麥、䝁豆、小麥、喬麥。」

粱

粱，《别録》中品。種有黄、白、青各色。蘇頌〔一〕謂粟、粱一類，粟雖粒細而功用無别，是以粒大者爲粱，細者爲粟。李時珍謂穗大而毛長粒粗者爲粱，穗小而毛短粒細者爲粟，其説相符。然二者迥别，而種尤繁。今北地通呼「穀子」，亦有粘不粘之分。《氾勝之書》「粱爲秫粟也」。西北皆呼「小米」。固始呼粟爲「野人毛」，正肖其形。其稈爲秫，〔二〕牧者以其豐歉爲繁羸也。

雩婁農曰：「穀」、「粟」皆粒食總名。《周禮注》以粟爲稷，《齊民要術》從之，蓋以稷爲穀長，故獨以粟名。〔三〕後世以穀爲粱，以粟爲粱之細穗者，此自俗間稱謂，不可以訂古經也。秫爲粱、粟之黏者，《説文》以爲稷，《爾雅注》以爲粟，《圖經》以爲黍，《古今注》以爲稻，説各不同。按糯爲稻之黏者，而他穀之黏者亦多曰「糯」，即藥草亦然，則「秫」似亦可通稱也。

〔一〕蘇頌，字子容，北宋人。仁宗嘉祐二年，與掌禹錫、林億等著《嘉祐補注本草》，同時又修《本草圖經》。

〔二〕秫，牲畜飼料。

〔三〕以稷爲穀長，故獨以粟名：因爲稷爲穀類之長，所以它也以穀類總名之「粟」作爲别名。

藊豆

藊（biǎn）豆，《别録》中品，即「蛾眉豆」。白藊豆入藥用，餘皆供蔬。或云病瘧者食之即發，蓋即陶隱居所謂「患寒熱者不可食」之義。

雩婁農曰：藊豆供蔬供餌佳矣。觀其矮棚浮緑，纖蔓縈紅，麑眼臨溪，〔一〕蛩聲在户，〔二〕新苞總角，彎莢學眉，萬景澄清，一芳摇漾。楊誠齋詩「白白紅紅徧豆花」，〔三〕秋郊四眄，此焉情極！若乃凄霖苺長，〔四〕清飈籜隕，〔五〕破茆零落，亂葦欹横，斷橋潰港，枯樹孤根，無數牽纏，有限條達，〔六〕褪花色涴，〔七〕餘莢棱高，〔八〕豆葉黄，野離離，當此之時，何以堪之！夫繁華滿徑，易於推排；冷秀棲園，難爲淡泊。天寒翠袖，倚竹獨憐；〔九〕陌暖金鉤，採桑成曲。〔一〇〕況復秋蕁漸老，〔一一〕頃豆將萁，〔一二〕除架何時，抛藤焉往？蟲聲不去，雀意何如？〔一三〕縱此流連，豈殊寂寞哉！

〔一〕鹿眼：竹籬。籬格斜方如鹿眼，故名。宋陸游《山行》詩：「緣崖曲曲羊腸路，傍水疏疏鹿眼籬。」

〔二〕蛩，此指蟋蟀。《詩・豳風・七月》：「五月斯螽動股，六月莎雞振羽，七月在野，八月在宇，九月在户。」

〔三〕楊萬里《秋花》詩原文作：「道邊籬落聊遮眼，白白紅紅匾豆花。」

〔四〕凄霖莓長：秋雨凄凄，莓苔漸長。

〔五〕清飈籜隕：秋風清勁，竹葉隕落。

〔六〕無數牽纏，有限條達：藊豆的莖蔓大多枯萎地卷纏着，有條理的已經不多。

〔七〕褪花色涴：殘剩的豆花顏色黯污。

〔八〕餘莢棱高：豆莢老時，豆粒的輪廓就很突出了。

〔九〕杜甫《佳人》詩：「天寒翠袖薄，日暮倚修竹。」

〔一〇〕王褒《燕歌行》：「遥聞陌上採桑曲，猶勝邊地胡笳聲。」

〔一一〕《晉書》：張翰因見秋風起，乃思吴中菰菜、蓴羹、鱸魚膾，曰：「人生貴得適志，何能羈宦數千里以要名爵乎！」

〔一二〕漢楊惲詩：「種一頃豆，落而爲萁。人生行樂耳，須富貴何時。」

〔一三〕杜甫《除架》詩：「秋蟲聲不去，暮雀意何如。」注：架除而鳥失棲也。

黍

黍，《別録》中品。有丹黍、黑黍及白、黄數種。其穗長而疎。多磨以爲餻。苗可爲帚，京師所謂「黍子條帚」也。

雩婁農曰：黍、稷盛於西北，河南、朔〔一〕已不偏植，江左南渡，議禮諸家固無由覩其狀而嚌其味也。〔二〕《内則》：「飯黍、稷、稻、粱。」黍至黏，近世亦不甚以爲飯，而糗餌粉餈則資之。〔三〕我朝祀事，薦黍薦稷。尚方有打漿餻，〔四〕糜之擣之，法如餈，〔五〕白者比玉，黄者侔金。五月五日薦角黍，〔六〕以黍作之，不用糯也。丹黍、秬黍，北方亦種之，而黄、白者用廣。稷有赤、白、黄、黑數種，而種黄色者多。京師有攤於案而負以售者，計錢多少削之，呼曰「切餻」，蓋以黍與豇豆和合爲之。稷則通呼爲穈，亦曰穄。黄者獨曰「黄米」，與《唐本草》符。民間以爲飯且釀。又摶爲饅首而空其中，形如鐘，曰「黄米麪窩窩」，皆畿輔之製也。黍、稷雖相類，然黍穗聚而稷穗散，亦以此別。大抵南方以稻、北方以麥與粱爲常餐，黍、稷則鄉人之食，士大夫未嘗取以果腹，即官燕薊者偶食之，亦誤認爲黄粱耳。余所詢於輿臺者如此。〔七〕他日學稼，尚諏於老農。

《説文》：「黍，禾屬而黏者也。」故「黏」字從「黍」。「黏」或曰「䵒」。《説文》引《左氏》「不義不暱」作「不䵒」，黏也。今謂物之膠滯者爲膩，當作䵒。又作「䵖」，《爾雅》「䵖，膠也」，注：「膠，黏䵖。」疏引《方言》「䵖，𪏆黏也」。《釋文》女一切，則音同䵒。《集韻》音刃。俗謂物之相凝著曰「濘」，宜作「䵖」；𪏆或作「𪐀」，音汝，今乳鉢宜作此字。又曰「䵂」，《集韻》「黏也」。今通作「紐」，飴餹有紐勁字，宜作此字。又曰「䵚」，《集韻》音護，黏也。今「糊」字俗作去聲讀，宜作此字。又曰「𪏝」，《廣韻》音謹，黏也。與「䵖」音相近。又曰「𪐁」。當與「䵒」字通。《類篇》乃禮切，《玉篇》黏也。又曰「黏」，《説文》黏也，《集韻》音胡。一曰煮黍米及麪爲鬻，則「餬口」之「餬」可通。或作粘、䶈、糊、𪍿、麹、粐、䵌。又曰「䵗」，曰「𪐴」、「𪏾」，或作𪐿。曰「䵜」，曰「黐」，所以黏鳥。曰「𪐰」，音摶，義同。曰「𪏼」。凡黏之字皆從「黍」，則穀屬黏者無逾於黍矣。其異名則曰「䵘」，《説文》穄也。曰「𪐃」，冀州謂之堅，《集韻》作𪐅。皆穄也，而從黍，則洵黍類矣。《説文》「䵑，黍屬」。似稻者爲稗，則䵑其野黍歟？其潰葉曰「𪏰」，《説文》「治黍禾豆下潰葉」也，音菔，或音愎。其疎長之貌曰「𪐀」，《集韻》音鬑，黍禾疏貌。其香氣曰「𪏯」，與「馝」同。而「香」本字從「黍」，則黍爲穀之最馨者歟？其豉皮爲「𪏐」，其不黏則曰「𪐇」，音曬。觀從黍之字與音，則其形狀性味，不亦瞭然不紊哉？《説文》「黎，履黏也」。作履黏以黍米，則古用黍黏，正如今人以麥麪爲黏。

〔一〕河南、朔：即河南、河北。

〔二〕江左：即江東，此指建都於江南的諸王朝。江左如宋、齊、梁、陳，南渡如東晉、南宋。嚌：淺嘗。

按：古人宗廟祭禮，例用黍、稷二米，故議禮者多及之。

〔三〕言製作糗餌粉糍等點心則以黍爲原料。

〔四〕按滿洲祭禮，供品有打餻、淋漿餻，此處「打漿餻」應是打餻、漿餻二種。

〔五〕研磨擣摶，如製糍粑之法。

〔六〕角黍即粽子。

〔七〕輿臺：奴僕。

稷

稷，《别録》下品。陶隱居云「稷米亦不識」。〔一〕此北穀，蘇恭始以穄爲稷。朱子釋《詩經》，稷小於黍。各説以粘者爲黍，不粘者爲穄，姑以穄圖之。直隸人謂黍稈生而有毛，穄稈無毛，其色於根苗可辨。穄亦有粘者，特不似黍之極黏耳。近世《九穀考》、《廣雅疏

證》〔二〕皆以高粱爲稷，比音櫛字，〔三〕創博無前，已録入《長編》，以廣異聞。但閎儒博辨之學，與習俗相沿之語不妨並存。穄音近稷，農家久不知稷，但知有穄，高粱則不聞呼稷也。黍性固粘而粗於粱，穄小於黍而粗於黍，山西以米爲餅，衹呼爲「黄」，以售於市，或漉粉以漿衣，蓋穀之賤者，謂之疏食亦宜。〔四〕

又湖南有一種「稷子」，其形似稗，與黍、穄、粱、粟皆不類。《通志》據《畫墁録》以爲粟，〔五〕殆宋時以舊説謂稷爲粟，故載筆仍曰「粟」耳。今湘人皆曰稷，無呼粟者。北方之稼遺種江湘，正如宋、蔡、唐之裔播遷湖、黔，禮失求野，此其類與？但古書不詳稷之狀，究未敢遽信無差，仍别圖湖南稷子，以俟博考。

〔一〕《證類本草》引陶隱居云：「稷米亦不識，書多云黍與稷相似。又有稌音渡，亦不知是何米。《詩》云『黍稷稻粱，禾麻菽麥』，此即八穀也，俗人莫能證辨。如此穀稼尚弗能明，而況芝英乎？」按《詩・豳風・七月》作「黍稷重穋，禾麻菽麥」，《唐風・鴇羽》有「王事靡盬，不能蓺稻粱」句。

〔二〕清王念孫撰。

〔三〕比音櫛字：逐字逐音梳理比對。

〔四〕疏食：粗糲的飯食。

〔五〕《通志》指乾隆間修《湖南通志》。宋張舜民《畫墁録》載湖南稷子之始云：「李元則再守長沙。

湖湘之地下田藝稻穀，高田水力不及，一委之蓁莽。元則一日出令曰：『將來並納粟米稈草。』湖湘之農夫以爲患，且未知粟米稈草爲何物也。或曰惟襄州有之，可購致也。湘民皆往襄州，每一斗一束，至湘中爲錢一千。自爾誓以田藝粟。至今湖南無荒田，粟米妙天下。」

湖南稷子

湖南沿湖多種稷，五月上旬即可收穫，伏漲未來，澤農賴之。〔一〕其苗、實似北地水稗，俗皆呼「稷」，或稷踰江而變。

雩婁農曰：《湖南志》謂湘中舊不蒔雜穀，遇旱潦無稻，民即無食。有駐兵其地者，令民納芻，必以粟稈，相率渡湖赴襄樊，僦載以來，費且重勞，乃致其種漫布於磽确潃涘，而供其禾藁焉，蓋以爲厲民也。〔二〕後歲凶，遂藉以充腸而免道殣。今瀕洞庭，近牂牁，水無防，〔三〕山無泉者，皆蒔之。其穗與北地粱、粟稍異，蓋人力不專也。夫民可與樂成，難與慮始，非嚴其罰則令不行；令行而游移牽掣，〔四〕則民得其擾而不得其利。褚衣冠，伍田疇，〔五〕不及三年而易相，則東里終爲蠆尾矣。〔六〕江南沮洳，〔七〕水耕刀耨，〔八〕而藝粱、粟者不乏收；然則河北高卬之田，既宜麥菽矣。其污邪水潦所鍾，〔九〕獨不可以江南之種種之乎？元時於畿甸開渠灌田，其利甚鉅，明季以轉漕厮留，議復故蹟，有倡爲風水之説者，事遂寢。今淶水、潞水、灤水、洺水之傍，皆有引以稼下地者，擴而行之，不在人爲哉？李元則守長沙，令民納粟米稈草，事見《畫墁録》。又曰：「至今湖南無荒田，粟米妙天下。」

《烏臺筆補》：「范陽督亢舊陂，歲收稻數十萬石。」《燕山叢録》：「房山石窩稻，色白，味香美，爲飯雖盛暑，經數宿不餲。」〔一〇〕《遵化州志》：稻有東方稻、雙芒稻、虎皮稻，糯有旱糯、白糯、黄糯。《河間府志》：「隋時滄州魯城縣地生野稻，水穀二千餘頃，燕、魏民就食之。」《邢臺志》：稻有紅口芒稻。《廣平府志》：「府西引滏水灌田，白粲不減江浙。」〔一一〕按《畿輔通志》所載如此，今稻田益擴矣。瀛、莫之間，是生旅稻，鍾水阜物，陂而稼之，所收當何如耶？

〔一〕伏漲：伏天江湖漲汛。澤農：居於水澤之農。

〔二〕厲民：勵民。此即《畫墁録》所載李元則事，見前篇注。

〔三〕有水而無堤防，則水不能留。

〔四〕游移牽掣：或游移不定，或爲人干擾。

〔五〕《左傳》襄公三十年：鄭子産從政一年，輿人誦之曰：「取我衣冠而褚之，取我田疇而伍之。孰殺子産，吾其與之！」及三年，又誦之曰：「我有子弟，子産誨之。我有田疇，子産殖之。子産而死，誰其嗣之？」

〔六〕此言若不到三年而罷子産之相，則子産遺惡名於世矣。東里：地名，子産所居。後人稱美子産輒曰「東里子産」。蠆尾：蝎子之毒聚於尾端，喻子産之政害民如蝎毒。《左傳》昭公四年：鄭子産作丘賦。國人謗之，曰：「其父死於路，已爲蠆尾。以令於國，國將若之何？」子寬以告。子産曰：「何害？苟利社稷，死生以之。且吾聞爲善者不改其度，故能有濟也。民不可逞，度不可改。」

〔七〕沮洳：低濕沼澤之地。

〔八〕水耕刀耨：指最原始簡單的耕作方法。

〔九〕污邪：地勢低下之田。

〔一〇〕餲：食物變質。

〔一一〕白粲：白米。

稻

稻，《别録》下品。曰「糯」，曰「粳」，曰「秈」，凡宜稻之區，種類輒别，志乘所紀，不可殫悉。然細者粒光，粗者毛長，早者耐旱，晚者

廣收，其大較也。粳，中品。

雩婁農曰：《本經》不載稻，《别録》列下品。《説文》：「沛國謂糯爲稻。」〔一〕蓋糯性滯不易消，故養生者慎食之；抑大河以北宜麥、粟，民有終身不嘗稻者，性亦弗喜，中原九穀並用，〔二〕江以南則唯稻是飫。〔三〕注《本草》者以粳與秈皆附於稻，爲下品，殆未解古人意歟？然《生民》一詩，述后稷之穡曰「荏菽」，曰「禾役」，曰「麻麥」，曰「秬秠」，曰「穈芑」，而獨不及稌、稻，豈粒食之始尚缺水耕火耨邪？抑下地之稼，〔四〕其性果出黍、稷下耶？雖然，稻味至美，故居憂者弗食。膏粱厭飫則精力委薾，君子欲志氣清明，固宜尚粗糲而屏滑甘。《别録》厠稻於下品，夫亦謂所以「交於神明」者，非食味之道也。〔五〕

《天工開物》云：「五穀遺稻者，以古昔著書聖賢皆在西北。」按《職方氏》，〔六〕并州「宜五種」，幽州「宜三種」，鄭康成注皆云黍、稷、稻，雍州、冀州獨「宜黍、稷」。然《豳風》「穫稻」，〔七〕《豐年》「多稌」，〔八〕汧、渭之間未嘗無滮池也。〔九〕今渭南、韓城爲關中上腴。〔一〇〕《史記·河渠書》：鄭國鑿涇，溉鹵澤之田；徐伯穿渭通漕，肥地得穀；而河東守番係言「引汾溉皮氏、汾陰下，引河溉汾陰、蒲坂下」，實爲山西水利之始。《舊志》：聞喜、臨汾、文水産粳糯。今太原晉水、趙城霍泉稻田尤饒，其緣滹沱、汾、澮州縣及沃泉、曲沃以泉得名。濫泉，清源等處皆平地湧泉。澗溪瀏汋，無不穿地厮渠。而塞外天鎮、陽高、大同亦間引溜灌注，勺澤踣涔，惜如甘醴，然歲常苦暵，夏潦未降，經瀆千里，輒不能濡軌。惟漳、沁所從來者高，難瀦爲利。聞河内舊有沁渠，昔西門豹引漳灌鄴。或疑沙壖地不可爲稼，蓋未知西北所溉者大抵麥菽禾黍，如澆園蔬，俗曰「飲田」，不盡稻生止水也。〔一一〕蒲、解間往往穿井作輪車，駕牛馬以汲，殆井渠之遺，然不宜稻。

〔一〕《説文解字》卷七上「稬」字作：「沛國謂稻曰稬。」稬、糯字通。

〔二〕中原九穀謂黍、稷、秫、稻、麻、大豆、小豆、大麥、小麥。

〔三〕飫：飽食。

〔四〕下地：低洼之地。

〔五〕此言《别録》區分三品，不是以其物之甘美適口，而是以能否薦於宗廟、交於神明爲標準。

〔六〕見《周禮·夏官司馬》。

〔七〕《豳風·七月》：「十月穫稻。」

〔八〕《周頌·豐年》：「豐年多黍多稌。」

〔九〕《小雅·白華》：「滮池北流，浸彼稻田。」滮：水流貌。

〔一〇〕上腴：上等肥沃之田。

〔一一〕今北方猶稱「飲田」，「飲」讀去聲，僅灌水使田濕透，田中並不積水也。

雀麥

雀麥，《唐本草》始著録，《救荒本草》圖説極晰。與燕麥異，前人多合爲一種。按《爾雅》：「蘥，雀麥。」《説文》作「爵麥」，别無異名，郭注乃以爲「即燕麥」。今燕麥附莖結實，離離下垂，尚似青稞。雀麥一莖十餘小穗，乃微似穄。二種皆與麥同時而葉相似，其實殊非麥類。《唐本草》僅以催乳録之，又云「一名燕麥」。他方衹云「雀麥」。古謂食燕麥令人脚弱，其性蓋下行。但旅生穀，〔一〕實熟即落，故古歌云：「道傍燕麥，何嘗可穫？」〔二〕醫者取其易生易落，以治難産，則二種應可通用。或謂《七發》「穱麥服處」〔三〕即此雀麥，段氏《説文注》已駮之。〔四〕

〔一〕旅生：野生。

〔二〕《太平御覽》卷九百九十四引古歌曰：「田中菟絲，何嘗可絡？道邊燕麥，何嘗可穫？」

〔三〕漢枚乘《七發》「穱麥服處，躁中煩外」，《文選注》云：「以穱麥分劑而食馬。馬肥，故中躁而外煩也。」

〔四〕段玉裁云：《招魂》、《七發》皆云「穱麥」，「穱」即「穛」字之異文。許慎云：「穛，早取穀也。」王逸注《招魂》亦云：「擇麥中先熟者。」

青稞麥

青稞，即「莜麥」，一作「油麥」。《本草拾遺》謂「青稞似大麥，天生皮肉相離，秦隴、巴〔一〕西種之」是也。山西、蒙古皆産之，形如燕麥，離離下垂，耐寒遲收，收時苗葉尚有青者。雲南近西藏界亦産，或即呼爲「燕麥」。《麗江志》誤以爲雀麥。《維西聞見録》〔二〕：「青稞質類麰麥，莖葉類黍，耐霜雪。阿墩子及高寒之地皆種之，經年一熟，七月種，六月穫。夷人炒而舂麫，入酥爲糌粑。」今山西以四五月種，七八月收。其味如蕎麥而細，耐饑，窮黎嗜之。性寒，食之者多飲燒酒、寢火炕以解其凝滯。南人在西北者不敢餌也。將熟時，忽有稞粒皆黑者，俗名「厭麥」，亟拔去，否則雜入種中，來歲與豆同畦，則豆皆華而不實，老農謂「厭麥能食豆」云。滇南麗江府粉爲乾餱，〔三〕水調充服。考《唐書》吐蕃出青稞麥，《西藏記》拉撒穀屬産青稞，〔四〕亦釀酒，淡而微酸，名曰「嗆其」。裹塘臺

地寒，不産五穀，喇嘛皆由中甸、麗江攜青稞售賣，則沿西内外産青稞者良多。《唐本草注》誤以大麥爲青稞，宜爲陳藏器所訶。《山西志》但載油麥，《咸陽志》謂大麥露仁者爲青稞，皆不如《維西聞見録》之詳核也。

〔一〕「巴」，原本作「以」，據《本草拾遺》改。

〔二〕清余慶遠撰。

〔三〕乾餱：乾糧。

〔四〕「拉撒」，原誤作「拉撤」。拉撒即拉薩也。

東廧

東廧（qiáng），《本草拾遺》始著録。相如賦「東廧雕胡」，〔一〕《魏書·烏丸傳》「地宜東廧，似穄」，〔二〕《廣志》「東廧粒如葵子，苗似蓬，色青黑，十一月熟，出幽、涼、并、烏丸地」。臣伏讀聖祖御製《幾暇格物編》：「沙蓬米，凡沙地皆有之，鄂爾多斯所産尤多。枝葉叢生如蓬，米似胡麻而小。性暖，益脾胃，易於消化，

好吐者食之，多有益。作爲粥，滑膩可食。或爲米，可充餅餌、茶湯之需。向來食之者少，自朕試用之，知其宜人，今取之者衆矣。」仰見神武遠敷，翠華所届，仰觀俯察，纖芥不遺，遂使窮塞小草上登玉食，姒后菲飲，〔三〕《豳風》勤稼，〔四〕千載符節。小臣備員山右，〔五〕得覩此穀，時際豐盈，民少攈摭。考《保德州志》「産登相子，沙地多生，一名沙米，作羹甚美」，又《天禄識餘》云「《遼史》西夏出登相。今甘、涼、銀、夏之野，沙中生草，子細如罌粟，堪作飯，俗名登粟」，皆東廧也。然則今之沙蓬米即古東廧。爰繪斯圖，恭録聖製，俾撫斯民者知沙漠寒朔亦有良産，勿躭膏粱，罔知艱難云爾。

〔一〕見司馬相如《子虛賦》。

〔二〕《魏書》無《烏丸傳》。《三國志·魏書·烏丸傳》注引《魏書》，原文云「地宜青穄、東牆。東牆似蓬草，實如葵子」，並無「似穄」之説。

〔三〕姒后指大禹，禹爲姒姓，后即王。《論語·泰伯》：子曰：「禹，吾無間然矣。菲飲食而致孝乎鬼神，惡衣服而致美乎黻冕，卑宫室而盡力乎溝洫。」

〔四〕《詩序》：「《七月》，周公遭變，故陳后稷、先公風化之所由，致王業之艱難也。」

〔五〕山右即山西。道光二十五年吴其濬任山西巡撫。

黎豆

黎豆，或作「狸豆」。《本草拾遺》始著録。按《爾雅》「欇，虎櫐」，注：「今虎豆，纏蔓林樹而生，莢有毛刺，江東呼欇欇。」陳藏器謂「子作狸首文，人炒食之。陶隱居所謂黎豆即此」。細核其形，蓋即固始所呼「巴山虎豆」也。細蔓攀援，花大如稨豆花，四五莢同生一處，長瘦如菉豆莢。豆細長如鼠矢而不尖，滇南即呼爲「鼠豆」，蓋肖形也。有白、紅、黑、花各種。花者褐色黑斑，殆即陳氏所云「狸首文」也。俗以紅、黑豆和米爲粥，碾破爲餛沙餡，白花者爲豆芽。恐亦小豆别種，本野生而後種植耳。李時珍以「櫐」訛爲「狸」，〔一〕余謂古人謂黑爲「黎」，而色雜亦曰「黎」：天將昕曰「黎明」，則明暗甫分也；面目曰「黎黑」，則赤與黑兼滯也。牛之雜文曰「犂牛」，犂、黎字古通用，文雜而色必晰，故物之劃然者亦曰「犂」。然則豆之文駁而分明者，名之曰「黎」亦宜。《書注》「黎民」、「青黎」皆訓黑，秦改「黎民」爲「黔首」，其義正同。孔《傳》則訓衆，「黎明」或作「遲明」，《漢書注》黎訓比，是皆異義。《爾雅正義》引《古今注》「虎豆一名虎沙，似狸豆而大」，又云：郭注《山海經》以櫐爲虎豆、貍豆之屬，貍豆一名黎

豆，虎豆則虎櫐也。蓋一類，以大小、色紋異名。

〔一〕《本草綱目》：「《爾雅》虎櫐，即貍豆也。古人謂藤爲櫐，後人訛櫐爲貍也。」

緑豆

緑豆，《開寶本草》始著録。高阜旱田種之，遲早皆以六十日而收。豆用甚廣，又爲解毒去熱良藥。

雩婁農曰：「菉豆」不見於古字，或作「緑」，亦侔其色。《農桑通訣》：「北方用最多。爲粥爲飯，爲餌爲炙，爲粉爲麪，濟世之良穀也。南方間種之。」〔一〕宋《孫公談圃》乃謂「粵西無此物，每承舍入京，包中止帶斗餘，多則至某江輒遇風浪，不能渡。到彼中，凡患時疾者，用等秤買。一家煮豆，香味四達，患病者聞其氣輒愈」。〔二〕其説近奇。按《湘山野録》：「真宗聞占城稻耐旱，西天菉豆子多而粒大，各遣使以珍貨求其種，得菉豆二十〔三〕石。」然則菉豆至宋而始重。如宋真宗之深念稼穡，亦何異於《豳風》、《無逸》耶？〔四〕菉豆去毒清熱、解暑祛疫功誠鉅，而養老調疾則莫如粉。〔五〕陳達叟贊

曰：「碾彼緑珠，撒成銀縷。熱趯金石，清徹肺腑。」〔六〕

〔一〕《農桑通訣》爲元人王禎《農書》所録之一種。以上所引實見於《農書》卷七之《百穀譜》。

〔二〕所引見明王象晉《群芳譜》，不見於《孫公談圃》。清康熙時編《廣群芳譜》，於上事前加一條，引自《談圃》，吴氏遂誤以此事屬之《談圃》。

〔三〕「十」字原闕，據《湘山野録》卷下補。

〔四〕古時賢君或講《豳風》、《無逸》之篇，或繪《豳風》、《無逸》之圖，以知祖宗創業、生民稼穡之艱難。《豳風》指《詩·豳風》之《七月》，《詩序》言《七月》爲周公所作，陳后稷先公風化之所由，致王業之艱難也。《無逸》指《書》之《無逸》篇。按《無逸》：「周公曰：『君子所，其無逸。先知稼穡之艱難，乃逸，則知小人之依。』」

〔五〕粉：粉絲，即下文所言「銀縷」。

〔六〕宋陳達叟有《疏食譜》一卷，載食品二十種，各繫以贊，皆粗糲草具，故曰疏食。

蕎麥

蕎麥，《嘉祐本草》始著録，字或作「荍」。然荍爲荆葵，非此麥也。一名「烏麥」。北地夏旱則種之，霜遲則收。南方春秋皆種。性能消積，俗呼「淨腸草」，又能發百病云。

雩婁農曰：《本草綱目》附入「苦蕎」，蓋野生也。滇之西北山雪谷寒，乃以爲稼，五穀不生，唯蕎生之，茹蘖而甘，比餦餭焉。〔一〕中原嘆則莳蕎，秋霜零即殺之矣。〔二〕苦蕎獨以味苦、耐寒，易凍塗爲穀地，〔三〕殆造物憫衣裘飲酪之氓，俾粒食於不毛之土，而不盡以弋獵之具戕生以養其生歟？

〔一〕餦餭：以食糧製作之糖。

〔二〕零：徐徐而降。

〔三〕將寒凍之土變爲植穀之田。

威勝軍亞麻子

《宋圖經》：「亞麻子出兖州威勝軍。味甘，微温，無毒。苗葉俱青，花白色。八月上旬採其實用。」又名「鵶麻」，治大風疾。李時珍以爲即「壁蝨胡麻」，臭惡，田家種植絶稀。

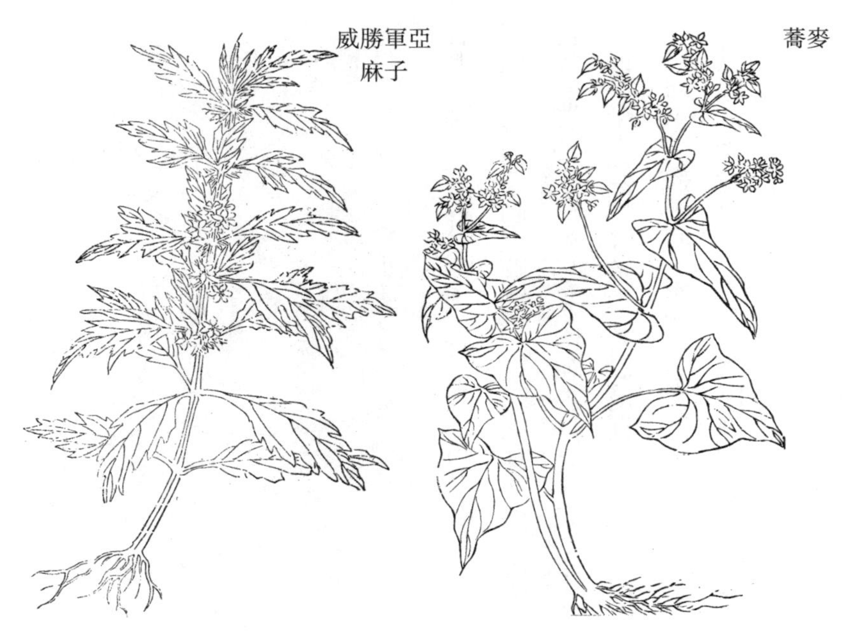

蠶豆

蠶豆，《食物本草》始著録。《農書》謂蠶時熟，故名。〔一〕滇南種於稻田，冬暖即熟，貧者食以代穀。李時珍謂蜀中收以備荒。蓋西南山澤之農，以其豆大而肥，易以果腹，冬隙廢田，尤省功作，故因利乘便，種植極廣，米穀視其豐歉以定價矣。〔二〕

雩婁農曰：蠶豆，《本草》失載。楊誠齋亦謂蠶豆未有賦者，戲作詩曰：「翠莢中排淺碧珠，甘欺崖蜜輭欺酥。」〔三〕可謂凌厲無前矣。夫其植根冬雪，落實春風，點墜爲花，〔四〕刻翠作莢。與麥爭場，高豈藏雉；〔五〕同葚並熟，候恰登蠶。〔六〕嫩者供烹，老者雜飯，乾之爲粉，熓之爲果。《農書》云接新充飽，和麥爲餻，〔七〕尚未盡其功用也。《益部方物記》有「佛豆，粒甚大而堅，農夫不甚種，唯圃中蒔以爲利，以鹽漬煮食之，小兒所嗜」。〔八〕《雲南通志》謂即蠶豆。豈宋時尚未徧播中原，宋景文至蜀始見之耶？明時以種自雲南來者絶大而佳，滇爲佛國，名曰佛豆，其以此歟？雖然，滇無蠶，以佛紀，若江湖蠶鄉，以爲蠶候，則曰蠶宜。

〔一〕見元王禎《農書》之《百穀譜》。

〔二〕蠶豆豐收，則米穀價隨之降低，反之亦然。可見種植之廣，民生賴之。

〔三〕楊萬里《招陳益之、李兼濟二主管小酌，益之指蠶豆云未有賦者，戲作七言。蓋豌豆也，吴人謂之蠶豆》詩。

〔四〕毉：黑色琥珀。

〔五〕唐張蠙詩：「甸麥深藏雉。」

〔六〕葚：桑葚。《禮記·月令》：「季春之月……蠶事既登。」

〔七〕王禎《農書·百穀譜》：「蠶豆，百穀之中，最爲先登，接新代飯充飽。今山西人用豆多麥少，磨麫可作餅餌而食。」

〔八〕《益部方物記》，即《益部方物略記》，一卷，宋宋祁撰。祁謚景文。按：《益部方物略記》在本書中又略作《益部方物略》，或誤作《益部方物記略》。

蜀黍

蜀黍，《食物本草》始著録。北地通呼曰「高粱」，釋經者或誤爲黍類。《農政全書》〔一〕備載其功用，然大要以釀酒爲貴。不畏潦，過頂則枯，水所浸處即生白根，摘而醬之，脆美無倫。雩婁農曰：吾嘗雨後夜行，有聲出於田間如裂帛，驚聽久之。輿人曰：「此蜀秫拔節聲也。久旱而澍，則禾驟長，一夜幾逾尺。」昔人謂鹿養茸數日便角，其生機速於草木。若蜀秫之勃發，顧何如者？又見婦稚相率入禾中，褫其葉，以爲疎之使茂實耳，詢之，則織爲簟也，〔二〕緝爲蓑也，篾爲笠也，爇爲炊也，一葉之用如此！若其稈，則簿之堅於葦，〔三〕揞以柴而床焉；〔四〕籬之密於竹，〔五〕樊於圃而壁焉。〔六〕煨爐則掘其根爲榾柮，〔七〕搓棉則斷其梢爲葶軸。聯之爲筐，則櫛比而方，婦紅所賴以盛也；〔八〕析之爲筊，〔九〕則糯疎而皙，稚子所戲以籠也。〔一〇〕卬田足穀之家，如崇如墉，蓋有不可一日闕者。顧其米澀，不雜以麥與豆則棘口，而造酒乃醇以勁，利膈達腹，喻之以刀，敵雪衝風，比之以襖。利之所生，凡釀者販者，皆譏而稅其什一，〔一一〕其不脛而走，達於江、淮、閩、粵者，益美烈而加馨，嗜者每以得其涓滴爲快，而常慮其贋，且或羼以他酎。〔一二〕故青旗之標，〔一三〕出畿輔者曰「京東」，出山西者曰「汾潞」，出江北者曰「沛」，出遼左而泛海者曰「牛莊」，皆都會也。惟蜀秫之名，不見於經。《博物志》謂種蜀黍地多蛇，〔一四〕北地固少虺蜴，亦未稔其即此穀與否？而利民用如此其溥，殆古所謂「木

禾」、「木稷」者歟？〔一五〕然稻蟹之鄉既不插蒔，而河朔以其易生而廣收，亦目爲粗稼。有以麥與蜀秫麪合爲「薄夜」相餉者，〔一六〕表毣毣如積雪，而背殷紅侔丹砂焉。吾戲謂曰：宗軍人粗食如此甘美，〔一七〕其所矜精鑿者，必崑圃之珠塵玉屑耶？〔一八〕木稷見《廣雅》。〔一九〕《山西通志》：「高粱，土人又稱茭子，在太原屬者苗低穗緊，在汾州屬者苗高穗鬆，在平陽、絳州諸屬者有早秫、晚秫二種。早秫有大老漢、小老漢諸種，晚秫有紅、黑、黄、白、蓬頭諸種。蓬頭穗下垂，紅、黑、白三種穗上生，黄穗四面分披。粒無殼者米硬，可爲粥；粒有殼者米軟，可爲酒醋。」按高粱之類，此爲詳盡。

附：蜀黍即稷辯

蜀黍非惟經傳無聞，即《本草》亦不載，惟《博物志》始著其名，《食物本草》著其用，而又謂南人呼爲「蘆穄」。今亦不聞有呼「蘆穄」者。《九穀考》剏謂即稷，引據博奥，一掃舊説，《廣雅疏證》、《説文解字注》皆主之。段氏之言曰：「漢人皆冒粱爲稷，而稷爲秫秫。鄙人能通其語者，士大夫不能舉其字，可謂撥雲霧而覩青天矣。」尊崇獨至，亦蜀黍之大幸也。但北地呼「蜀黍」，音重即爲「秫秫」，如蜀葵亦呼爲「淑纈」，阮儀徵相國所謂「淑氣」是也。〔二〇〕《九穀考》以《説文》「秫，稷之粘者」，遂以蜀黍定爲秫，而蜀黍之不黏者別無異名，不得不謂「不黏者」，亦通呼爲「秫秫」。夫穀多有黏、不黏二種。稻黏爲糯，不粘爲秈。稷之黏者爲秫，不應不黏者亦爲秫也。《九穀考》又謂天下之人呼高粱爲「秫秫」，呼其稭爲秫稭，舊名在人口中，世世相受。夫以蜀黍音同秫秫，定爲黏稷之秫，彼以稷、穄雙聲，指穄爲稷，亦西北之人至今相承語也。蜀黍有黍名，不得指爲黍；高粱有粱名，不得定爲粱，獨可以其秫秫之稱而即定爲稷之名秫者耶？

《説文解字注》謂「以穄爲稷，誤始蘇恭」。蘇氏之誤多矣，如以青稞爲大麥，則大、小麥幾不能辨，獨其以穄爲稷，則尚有説。考《本草》有稷無穄，或即以穄爲黍。而《齊民要術》備列北方之穀，獨謂稷爲穀，其云「凡黍穄田，黍黏者收薄，穄味美者亦薄；刈穄欲早，刈黍欲遲」，黍與穄或一類，或二種，皆在疑似之間。而《説文》「秫」下即曰「穄，穈也」。二字相厠，「梨爲黍穰」，「穰爲黍梨已治者」，皆不連綴。而凡黍之字皆從黍。則曰「穈，穄也」，則謂穄爲稷，謂穄爲黍。以近日治《説文》之法求之，二者皆可相通，果孰從耶？

獨是蘇氏謂稷與黍爲秈、秫，故其苗同類，是誠考之未審。古以黍、稷爲二穀，若同類而分秈、秫，則稻之糯、粳亦將别爲二種乎？且以今之種黍子、穄子者驗之，則黍穗斂束，穄穗鬅沙，黍粒長，穄粒圓或扁，黍用多而穄用少。大凡北地之穀，種粱者什七，種黍者什二，種穄者什或不得一焉。三者初生皆相似，而穎粟苞秀則漸異，〔二〕農家分畦别隴，蓋取用不同也。

李時珍承蘇氏及羅氏之説，但謂黍爲稷之黏者。爾後紀載，轉相沿襲，不復目驗而心究，其爲諸通人所厭菲而吐棄，誠無足怪。

而吾謂秫之爲稷，穄之爲黍，其説亦不自《九穀考》始。《經典釋文》謂「北方自有秫穀，全與粟相似，米黏，用之釀酒，其莖稈似禾而粗大」。按其形，惟蜀黍之通呼「秫秫」者可以當之。《珍珠船》〔二二〕訾徐鉉説「楚人謂之稷，關中謂之䵮，其米爲黄米」〔二三〕爲「認黍爲稷」，是即《九經考》以䵮爲黄黍之嚆矢，〔二四〕乃獨以稷爲粟米，考《爾雅注》「今江東呼粟爲粢」，説經者斥爲六朝謬説，通於彼而又窒於此矣。

而《爾雅正義》詳繹其説，謂黄米與稷相似而垂穗較疎，則黄米與穄又别爲種，與蘇氏諸人之説稍異。而其釋稷粢也，直云「北方所謂稷米」，又不著其形狀，豈以同時方掊擊穄之爲稷，而以稷易穄耶？抑穄、稷實有兩種耶？余遍詢直隸、山西人，皆謂䵮、穄爲一，與《説文》同，而以軟硬爲黍、穄之分，且云穄無黏者，則是秫爲黏稷，不惟無其名，亦失其種。

段氏注《説文》，多云「爲淺人更改」或「佚脱」，此「秫」字下即非竄移，又求其説而不得，則不敢不托「蓋闕」之義。夫諸儒上下千古，研貫百家，持論閎矣。余少便鞅掌王務，〔二五〕所見卷軸何能半袁豹？〔二六〕但諸儒以俗呼秫秫爲稷之黏秫，而於俗呼䵮之米爲稷米則斥之，謂晉人以粟爲稷爲誤，而並以漢人之説稷者爲皆不識稷；且以《管子》「黍秫之始」一言滋惑，疑爲後人所加，則自三代迄今舉無可從，惟俗語爲徵信，而俗語之言稷者不足信，獨言秫者爲足信，是亦未能折服昔賢，而使天下後世俱以高粱爲稷而無敢異議也。余既植黍與穄而審別之，縱不可以穄冒稷，而斷不能信以蜀黍爲稷。夫北地之呼粟、黍、穄者，皆曰「小米」耳。統言之，幾無不可通，而細究之，則古無今有、古有今無者曷可勝數？以余所見，乃太倉稊米而已。段氏有言：「草木之名，實多同異，雖大儒亦不能無誤。」此論允矣。故《長編》中諸説備載，而不復置辯。

按《齊民要術》：「『穀』者總名，非止爲粟也。然今人專以稷爲穀，望俗名之耳。」即引孫、郭諸人稷粟之説。〔二七〕又云「按今世粟名多以人姓字爲名目」云云，臚列近百種，俱有穀、粟、糧、稷名，而別白精粗。其云「今人俗名」者，恐即指「江東呼粟爲粢」及稷、粟之説，而特疑其籠統。觀其言種穀法至詳至悉，夏種黍、穄，與植穀同時，地必欲熟，種粱、秫法則欲薄地，種與植稷同。一曰「植穀」，一曰「植稷」，穀、稷互見，又非盡書穀。而粱、秫欲薄地，或即《釋文》所云北方秫種似禾而高大者，否則當以秫入穀，不應別立條。細繹賈氏之意，蓋以粱、粟、稷皆爲穀。今人專以稷爲穀，乃俗名，非正也。

《農政全書》遂謂「古所謂稷，今通謂穀，或稱粟、粱與秫，則稷之別種」，是真以稷、粱爲一矣。獨其所謂「穄爲黍之別種，今人以音相近，誤稱爲稷」，此《九穀考》「以穄爲黍」之所本。又《閩書》「稷，明祀用之」，《歐冶遺事》〔二八〕「穄米與黍相似而粒大」，按此説，是蜀黍也。直省志書載稷者多有，〔二九〕都無形狀，惟《歙縣志・物産》「穄有黑穄，秈穄也；赤穄，糯穄也；長如蘆葦，號蘆穄，皆古之稷」。此皆《九穀考》以蜀黍爲稷之説。而程氏，歙人也，〔三〇〕蓋其里先有是言，而益推衍之，以《説文》爲歸宿，非首發難端耳。《農政全書》載有《齊民要術》「種蜀黍」一條，文義不類，恐沿上一條「種粱秫」而誤書。又曰「遺其本書」，當是《農書》中語耳。

又按《説文》、孫炎、郭璞諸説，蓋皆傳聞異辭，各存別名。《九穀考》謂近人無呼粟爲秫者，是誠然矣。又謂他穀之黏者亦假借，通稱曰秫，則黏粟、黏稷皆可名秫。孫、郭之説已不爲謬。《古今注》謂秫爲糯稻，今南方通呼秈、秔、糯，不聞有呼秫稻者，則不呼秫粟，亦猶秬、秠、虋、芑，今亦無是稱也。〔三一〕余嘗謂江左諸儒足跡不至北地，徒以偏傍音訓推求經傳名物，往往不得確詁，顔黄門所辨者皆是也。〔三二〕程徵君久僑燕薊，就北方之音聲以駁文士之講説，所見正與余同。而於北音尚有未盡然者。段氏《説文注》「榆」字云：「《齊民要術》分姑榆、山榆、刺榆爲三種。依許説，山榆即刺榆，賈氏言植物，皆種植，得諸目驗，豈許有未諦」云云，則段氏亦曾以賈氏之言爲可據矣。按《齊民要術》種粱秫法與植稷同，則非謂秫即稷。細繹前説，「黍黏收薄，穄美亦收薄，種秫與稷同」，不云「與穄同」，恐亦以穄爲黍；穄無黏者，故但言美，美則軟似黍耳，言其美則亦非一種。蘇氏獨云「黄米」，亦褊矣。鄭司農注「九穀」，〔三三〕稷、秫並舉，固不以秫爲稷。後鄭不從，恐亦未必即以秫、稷爲一物。以粟易秫，粱可兼秫，秫不可兼粱，未知後鄭意如何。漢儒多家西北，且嘗躬耕，其於稷種蓋習見，以爲人人皆知，無煩訓詁。故鄭氏《三禮注》、《詩箋》獨不詳稷之形狀，而班固、服虔諸儒亦何至不知其土宜，如周子之不辨菽麥乎？〔三四〕如蓬蒿諸草，漢儒多不詳其形狀，遂啓後人辨證，未必漢儒皆不知也。叔重汝南人，〔三五〕吾同郡也。漢時種菽，吾不能知，今則以稻、麥、豆、高粱、穀子爲大田，非惟不植穄，亦無識黍者。大抵農人逐利，與時貴賤，古所重而今棄者良多。今西北植穄者亦少，恐異時並其種而失之矣。諸儒但謂高粱爲北種，不知漳、泉皆曰「番黍」，而黔中苗寨菽植無隙地也。又如玉蜀黍一種，於古無徵，今遍種矣。《留青日札》謂爲「御麥」，《平涼縣志》謂爲「番麥」，一曰「西天麥」，《雲南志》曰「玉麥」，陝、蜀、黔、湖皆曰「包穀」，山氓恃以爲命，大河南北皆曰「玉露秫秫」。其種絶非蜀黍，類名以麥而非麥，名以穀而非穀。若據河南北方言以爲秫，則亦得爲稷之别種耶？

按漢儒以粟爲稷，至晉不易，陶隱居亦云「粟粒細於粱，或呼爲粢米」。蘇恭曰：「粟與粱有别。」今農人種小米者猶曰某穀、曰某粟，其穗粒俱不同，一望而知，不似黍、穄之分尚須細别也。《齊民要術》備列粟名，曰朱穀、黄聒穀、加支穀、李穀、白鹾穀、調母粱、赤巴粱，則穀、粱、粟洵一類矣，而獨系以「今人專以稷爲穀」一語。玩其詞意，殆以「穀」是總名，稷本一種，而今人以爲穀，則稷、粟、粱同有穀名，遂皆並載。惟既云「專以稷爲穀」，則所載名穀者乃是稷，而别名粱者必非稷矣。蘇恭知粱、粟有别，而斥陶呼粢之非，則粟不爲稷，自蘇氏始，亦非近時諸儒剏論。但蘇非謂粟即是粱，李時珍乃謂「粟，粱也」，則粟之爲粱，乃自李氏始。

蘇、李之説固不必與漢儒注經相校，但即以《别録》論之，白粱、青粱、黄粱皆云味甘，粟别一條云味鹹，一類以大細爲别，不應甘鹹異味。陶但云「粟春熟令白，亦以當白粱」，則未嘗以爲真粱；又曰「粱是粟類」，亦概言之耳。《别録》分别性味，有粟、有粱、有稷、有秫，陶以粟爲粢，則無以釋稷，故云不識，而臆爲黍、稷相似之語，此大誤也。其釋秫云「北人以作酒」，亦不指爲何物。《齊民要術》以種植爲主，故凡俗之呼「穀」者，皆雜録於右，曰穀、曰粱、曰稷、曰粟，但隨俗呼名，不復識别，正如今人曰小米、曰穀子，其類乃不可究詰，夫豈一種哉？愚夫愚婦，展轉相傳，物以音變，音以地殊，凡古物在今不能指名者皆是也。南人之言，余不能譯。今山西以高粱爲茭子，以青稞爲莜麥，以荏爲葱，售於市，書於牘，無異辭，不覩其物，無由識之，安得以其俗語改古訓哉？

《别録》即漢以來名醫所録，既分載稷、粟，何得謂漢儒皆以粟冒稷？《氾勝之書》「粱爲秫粟」，秫之通稱，漢時已然。《説文》「黏稷」，蓋以稷爲穀長，姑舉一類，以統其餘。《匡謬正俗》謂「秫似黍米而粒小」，此殆是《説文》「黏稷」也。大抵稷、秫以黏不黏爲别，而粱、粟即以秫不秫爲别。舉稷之名秫，以爲凡黏穀之名，此乃所謂穀長矣。惟農家統以穀名，粱與粟與稷三種久已混淆，而秫、粟音尤相近，當時必有以秫、粟爲一者。諸儒相承，即以粟、稷互訓，或因俗稱，或傳寫以聲而訛，而欲别稷者，仍當於俗呼穀、粟之類别之。特古訓遺其形狀，難爲識别。蘇氏以穄爲稷，遂至謂稷無黏者。孫、郭以秫爲黏粟，遂致以秫爲黏粟之定名，而未考《氾勝之書》「粱爲秫、粟」，是則偶未細檢而措語稍偏。李氏之説，則正言直斷，敢於信矣，諸儒詆之，職此之由。余謂以穄爲稷，誠非有本之言，而以蜀黍之俗呼秫秫者定爲黏稷，則《詩集注》之黍似即指蜀黍，而鄉間塾師輒以高粱爲粱，一物而數名，吾誰適從？若以蜀黍種早指爲首種，今北地春而種麥，滇南蜀黍宿根自生，此豈可以訂古訓哉？

又按《齊民要術》：「種粱、秫並欲薄地，與植稷同。」一本「稷」作「穀」，益信賈氏之所謂穀者確是稷，而粱、秫、稷三種判然可知矣。粱爲秫粟，秫不得爲黏粱，而與植稷同時，則秫或即爲黏稷，與《説文》同。稷不黏而秫黏，一種二名，其性異，其狀未必異也。《氾勝之書》粱爲秫粟，粱、粟二名，其性異，其狀亦不應異也。農家貴糯種秫，粱爲常植。《圖經》謂能盡地力，故植薄地。漢、晉人以稷爲穀，穀與粟皆總名，名以穀並名以粟，而與粱之不黏者同名而滋混矣。

《爾雅翼》謂圓而細者爲粱之粟，吾疑圓而細者乃前儒所謂稷而得粟名者也。粱以大粒長毛與諸穀異，其不黏者亦不應穗粒圓細。且今之粱自有黏不黏二種，不黏者即粟矣，而又有粟一種，此粟非即稷乎？諸儒皆斥前人以粟冒稷，吾謂粱與稷同有粟名，而《本草注》不復細别，遂專以粟屬粱，並以稷之名粟者亦爲粱。吾非爲漢、晉諸儒作調人，〔三六〕特以今之通呼「穀」，與魏、晉人之呼「穀」一也。魏、晉之穀，粱、粟、稷皆厠其中；今日之穀，種亦繁矣，何得謂無稷也？湖南有稷子苗，似粱而穗散粒大，乃甚似高粱。蘿粱一名「木稷」，其以此歟？

〔一〕《農政全書》六十卷，明末徐光啓撰。

〔二〕簟：席。

〔三〕簿：編成片狀。

〔四〕揞：支撑。柴：木棒。

〔五〕籬：此作動詞，即做成籬笆。

〔六〕樊：用籬笆之類圍起來。

〔七〕榾柮：用於燒火取暖的木塊。

〔八〕即做女紅用的針綫筐。

〔九〕筊：小籠子。

〔一〇〕即裝蟈蟈之類草蟲用的小籠子。

〔一一〕譏：設關稽查。什一：十中抽一爲税。

〔一二〕酎：重釀的醇酒。

〔一三〕指酒招。

〔一四〕張華《博物志》卷四引《莊子》云：「地三年種蜀黍，其後七年多蛇。」今《莊子》無此文。

〔一五〕木禾：禾皆草本，木本之禾僅見於神話傳説，如《山海經》言崑崙山上有木禾，長五尋，大五圍之類。「木稷」見後注。

〔一六〕薄夜：薄夜餅，見《北户録》。疑「夜」之本字當是「葉」。

〔一七〕《宋書・宗慤傳》：宗慤鄉人庾業，家甚富豪，方丈之膳，以待賓客；而慤至，設以菜葅粟飯，謂客曰：「宗軍人，慣噉粗食。」慤致飽而去。

〔一八〕崑圃：神話傳説中崑崙山上有懸圃，爲仙人所居。

〔一九〕《廣雅》：「藋粱，木稷也。」李時珍以爲即蜀黍。

〔二〇〕阮元，字伯元，江蘇儀徵人。乾嘉時著名學者。官至體仁閣大學士，故稱相國。

〔二一〕穎：禾穗。粟：穀粒。苞：穀之外皮。秀：花穗。總指禾穀果實之外形。

〔二二〕「珍」，應作「真」。明胡侍撰。

〔二三〕見徐鉉《説文繫傳》「稷」字注。

〔二四〕嚆矢：響箭。此即「先聲」意。

〔二五〕《詩·小雅·北山》：「或棲遲偃仰，或王事鞅掌。」指職事匆忙紛擾。

〔二六〕半袁豹，有袁豹的一半。袁豹，晉丹陽太守，有文集。《晉書·殷仲文傳》：「仲文善屬文，爲世所重。謝靈運嘗云：『若殷仲文讀書半袁豹，則文才不減班固。』」言其文多而見書少也。」

〔二七〕孫炎，三國吴人，曾著《爾雅音義》。郭璞，晉人，著《爾雅注》。按：《爾雅》「粢，稷也」，孫炎曰「稷，粟也」，而郭璞注「今江東呼粟爲粢」。

〔二八〕宋福建人陳傳撰。《宋史》作《歐冶拾遺》。

〔二九〕直省：南、北直隸俱可稱直省，單言「直省」則指北直隸。

〔三〇〕《九穀考》作者程瑶田，安徽歙縣人。

〔三一〕《詩·大雅·生民》：「誕降嘉種，維秬維秠，維穈維芑。」穈，《爾雅》作「虋」。

〔三二〕顔黄門：即顔之推，初仕於梁，梁亡歸北齊，仕至黄門侍郎。著《顔氏家訓》，其中《音辭篇》以南方士族而輕詆北人音義多失，舉例甚多。而吴氏以爲顔氏所舉皆不得確詁。

〔三三〕鄭司農：鄭衆，東漢明、章帝時人，大經學家，官至大司農。爲與東漢末年的大儒鄭玄相區别，又稱鄭衆爲「前鄭」，稱鄭玄爲「後鄭」。

〔三四〕周子：春秋時晉悼公名。《左傳》成公十八年，晉立周子爲君。周子有兄，不慧，不能辨菽麥，故立周子。是不能辨菽麥者乃周子之兄。

〔三五〕《説文解字》作者許慎，字叔重。

〔三六〕調人：居中調解糾紛之人。

稔頭

稔（rěn）頭，一名「灰包」。蜀黍之不成實者，忽作一包白瓤如茭瓜，小兒輒取食之，味甘而酥，能噎人，亦可作茹；老則黑縷迸出成灰，亦有作粒者，輒即黑枯。地不熟、功不至則生。余偶以嘗客，戲語之曰：「山西謂蜀黍爲茭子，俗亦謂苽爲茭，鄭康成以苽列九穀，〔一〕此不可謂苽耶？」客曰：「吾食茭瓜而不知爲雕胡，〔二〕食蜀黍而不知有稔頭。微君言，吾固不辨爲二穀。請作《食經》，以充吾廚；勿談《太玄》，以覆吾瓿。」〔三〕

〔一〕按鄭衆注《周禮》「九穀」爲黍、稷、秫、稻、麻、大小豆、大小麥。而鄭玄（康成）謂九穀無秫、大麥，而有粱、苽。又按，苽，鄭玄注《禮記・内則》曰：「苽，彫胡也。字又作菰。」菰即今之茭白，其實即菰米，亦稱雕胡，故列入九穀。

〔二〕茭瓜即茭白，而雕胡爲其實，二者也算是一物。

〔三〕《漢書·揚雄傳》：雄作《太玄》。劉歆謂雄曰：「空自苦。今學者有禄利，然尚不能明《易》，又如《玄》何？吾恐後人用覆醬瓿也。」西漢時字寫在簡牘上，所以可以蓋醬缸。

植物名實圖考卷之二　穀類

稗子

《救荒本草》：「水稗生水田邊，旱稗生田野中。苗葉似穇子，葉色深綠，脚葉頗帶紫色。梢頭出匾穗，結子如黍粒大，茶褐色，味微苦，性微温。採子搗米煮粥食，蒸食尤佳，或磨作麪食皆可。」

雩婁農曰：稗能亂苗，〔一〕亦有二種：有圓穗如黍者，有扁而數穗同生者。與米同舂則雜而帶殼，別而杵之則粒白而細，煎粥滑美。北地多種之於塍，非稂莠比也。〔二〕《爾雅》「稊，荑」，〔三〕注謂「似稗，布地生穢草」。又古詩云「蒲稗相因依」，〔四〕則稊爲陸生、稗爲澤生歟？《農政全書》諄諄以種稗爲勸，備豫不虞，仁人之用心哉！

〔一〕稗能亂苗：與稻秧相混而不易分別。

〔二〕稂莠：對禾苗有害之雜草。

〔三〕「送」，《爾雅·釋草》作「芵」。

〔四〕謝靈運《石壁精舍還湖中作》。

稗子

光頭稗子

光頭稗子

光頭稗子，莖葉俱同茭菰，生陸地，穗出葉中，扁淨無毛，故名。爲炊香美。水稗形如禾，生於水田，蓋即《淮南子》所謂「離先稻熟」。〔一〕而陸生穢地者爲稊，其即此歟？

〔一〕見《淮南子·泰族訓》。高誘注云：「稻米隨而生者爲離，與稻相似，耨之，爲其少實。」

䅟子

《救荒本草》：「䅟（cǎn）子，生水田中及濕地内，苗葉似稻，但差短，梢頭結穗，彷彿稗子穗。其子如黍粒大，茶褐色，味甘。採子擣米煮粥，或磨作麪蒸食亦可。」黔山多種「鷹爪稗」，〔一〕亦呼「䅟子」，雲南曰「鴨掌稗」。

雩婁農曰：䅟子，稗類，於書尠見。其穗駢出，參差如大小指，或以「摻摻」得名耶？〔二〕《廣群芳譜》：「一名『龍爪粟』，一名『鴨爪稗』。北地荒坡處種之。苗葉似穀，至頂抽莖，有三棱，開細花簇簇。結穗分數歧，如鷹爪之狀。」形容極肖。《日照縣志》：「䅟子，粟之賤者。有黑白二種，宜濕地，石得米二斗餘，民賴以餬口。」而《三峽志》〔三〕謂「自滇中來，曰雲南稗，一曰雁爪稗。亦播種畦植，與穀爭價。東南所無」。蓋峽中石田，艱於嘉種耳。余過章、貢間，〔四〕河壖極磽，時黄雲徧野，擿摭弗及，安得謂東南無此？黔山陋瘠，無異峽中，溪頭峰角，種植殆徧。秋日穗稔，赭緑壓蹊，駢者如掌，鉤者如拳，既省工力，亦獲篝車，〔五〕民恃爲命，敢云「農惡」哉？《救荒》圖與此稍異，或一類亦有二種。

〔一〕黔山：貴州多山，遂以黔山爲貴州代稱。

〔二〕《詩・魏風・葛屨》：「摻摻女手，可以縫裳。」

〔三〕《三峽志》，《廣群芳譜》引作《三峽考》。

〔四〕章、貢，二水名，二字合爲「贛」字，故以章貢指贛江流域。

〔五〕篝：筐籠。篝車：即滿篝滿車，指豐盈的收獲。《史記・滑稽列傳》：淳于髡對齊威王：「今者臣從東方來，見道傍有禳田者，操一豚蹄，酒一盂，祝曰：『甌窶滿篝，汙邪滿車，五穀蕃熟，穰穰滿家。』臣見其所持者狹，而所欲者奢，故笑之。」

山黑豆

《救荒本草》：「山黑豆，生密縣山野中。〔一〕苗似家黑豆，每三葉攢生一處，居中大葉如菉豆葉，傍兩葉似黑豆葉，微圓。開小粉紅花，結角比家黑豆角極瘦小，其豆亦極細小，味微苦。苗葉嫩時採取，煠熟，〔二〕水淘去苦味，油鹽調食。結角時採角煮食，或打取豆食皆可。」雲南山中亦有之，花實較肥大，人弗採摘。

雩婁農曰：吾嘗渡河而北，大風沙擊車帷，有聲如雹。及抵驛，一廛盡喧，皆曰「天雨豆」。亟取視，正如黑豆，小而堅，不類田隴間所藝。豈崇巖邃谷，穭穀自生，〔三〕陳陳堆聚，久而從風飄颺者耶？然絶無斷莖敗莢相雜，如出諸倉箒者，〔四〕抑猿鼠所窖，大風有隧，〔五〕因而發其覆耶？羅泌《路史》博載史傳雨金、雨粟、雨毛、雨血、雨魚諸異，然未得於目覩，而志五行者或附會以爲休咎。〔六〕是邑也，時有小旱，不爲災，亦無他異。蓋風雨奇怪，非常理可測。至池魚飛越，或有龍雷震攝。吾偶過野塘，一卒擊鑼，聲未絶，游魚撥刺飛水上數尺，有自擲於岸者。静極驟動，不可卒制，理固然爾。

《古今注》：元康中南陽雨豆，永平中下邳雨豆，似槐實。《宋史》：元豐中忠州南賓縣皆雨豆；大觀中，廬州雨大豆。《金史》：大定中，雨豆於臨潢之境，形上鋭而赤，味苦。《元史》：至元中，鄱陽雨豆，民取食之。《癸辛雜識》：至元中，永嘉雨黑米；泉州雨紅豆，如丹砂，可爲飯。《漢陽府志》：明時雨小豆，種之蔓生，不實；又黟、歙、常熟皆雨豆。鞏昌府安會雨豆，破之有麪，味苦澀。又陝西雨黑豆，食之氣悶。六合雨紅豆，有二瓣，食作腥氣。同安雨豆，扁而細，或黄或黑，有掃之盈升者。雨豆一也，或可食，或不可食，其有似豆而非豆者耶？抑以此别災祥耶？

〔一〕密縣：在今河南鄭州西南百里。
〔二〕煠：用開水燙熟。
〔三〕穭穀：野生之穀。
〔四〕篅：盛穀之器，圓形。
〔五〕《詩·大雅·桑柔》：「大風有隧，有空大谷。」毛《傳》謂「隧，道也」。西風謂之大風。此處指大風吹入猿鼠之洞穴。
〔六〕志五行者：諸史志多設《五行志》，專記載災異所預兆吉凶。

山菉豆

《救荒本草》：「山菉（lǜ）豆，生輝縣太行山車箱衝山野中。〔一〕苗莖似家菉豆，莖細，葉比家菉豆葉狹窄。艄開白花，結角亦瘦小。其豆黯綠色，味甘，採取其豆煮食，或磨麪攤煎餅食亦可。」

〔一〕輝縣：在今河南新鄉西北。

苦馬豆

《救荒本草》：「苦馬豆，生延津縣郊野中，〔一〕在處有之。苗高二尺許，莖似黄芪苗，莖上有細毛。葉似胡豆葉微小，又似蒺藜葉却大。〔二〕枝葉間開紅紫花，結殼如拇指頂大。內有子如䅟子大，茶褐色。子、葉俱味苦。採葉煠熟，换水浸去苦味，淘淨，油鹽調食；及取子水浸，淘去苦味，晒乾，或磨或擣爲麪，作燒餅、蒸食皆可。」按山西平隰亦多有之。〔三〕花如豆花，色極紅，結實空薄，一簇十餘。内子甚小，往往有蟲跧伏其中，氣惡，俗呼「馬屁胞」。饑饉薦臻，捃拾及此，枯魚銜索，幾何不蠹？〔四〕

〔一〕延津：今屬河南新鄉市。

〔二〕「大」字後原本有「半」字，據《救荒本草》删。

〔三〕平隰：低而平的濕地。

〔四〕「蠹」，原本誤作「蠹」。此句大意謂：災荒相繼而至，饑民靠採食「馬屁胞」之類維生，正如脱水之魚穿到繩子上，距被蠹蟲所食還能有多久呢？《韓詩外傳》：「枯魚銜索，幾何不蠹？二親之壽，忽如過隙。」

川穀

《救荒本草》："川穀，生汜水縣田野中。〔一〕苗高三四尺，葉似初生薥秫葉微小，葉間叢開小黄白花。結子似草珠兒微小，味甘。採子擣爲米，生用冷水淘淨後，以滚水湯三五次，去水下鍋，或作粥，或作炊飯食皆可，亦堪造酒。"

〔一〕汜水：今屬河南滎陽。

川穀

山扁豆

山扁豆

《救荒本草》："山扁豆，生田野中。小科，〔一〕苗高一尺許，葉似蒺藜葉微大，根葉比苜蓿葉頗長，又似初生豌豆葉。開黄花，結小匾角兒，味甜。採嫩角煠食。其豆熟時，收取豆煮食。"

〔一〕科：此處與「棵」意同。

回回豆

《救荒本草》：「回回豆，又名『那合豆』，生田野中。莖青，葉似蒺藜葉，又似初生嫩皂莢葉〔一〕而有細鋸齒。開五瓣淡紫花，如蒺藜花樣。結角如杏仁樣而肥，有豆如牽牛子微大，味甜。採豆煮食。」

〔一〕「葉」字，原本闕，據《救荒本草》補。

回回豆

野黍

野黍

野黍，生北方田野。《救荒本草》録之。粒稀早穗，實熟易落。

雩婁農曰：余聞之野人曰：凡穀實皆有野生者，其苗短，其粒瘦，種之肥地則方苞穎栗，〔一〕與田禾無異。然則鴻荒甫闢，誕降嘉種，亦唯荒穢於繇條塗泥之中而未有區別。〔二〕聖人出，嘗之而知其益於人也，於是茀之、萊之、藝之、役之而爲畎畝，〔三〕動之、散之、潤之、暄之而爲埔櫛，〔四〕溝之、澮之以備灌溉，堰之、坊之以禦浸潦，奏庶日艱食，〔五〕豈一手一足之爲烈哉！後世值水旱之祲，而始鰓鰓然求自然之穀以救孑遺。〔六〕嗚呼！滌滌山川，〔七〕野無青草，即生瓜籠稻，〔八〕亦安可得？然自來饑饉荐臻之後，或旅生以蘇喘息，或歧穗以補困窮，蓋造物仁愛，未嘗一息或停。而氣數之厄，造物亦無如何。彼耐暵耐濕之種，固不乏矣，而田家五行，所占多驗，課問勤則徵應不爽，休咎之兆，龜筮有不及者。吾居鄉時，春雨足而夏澤屢愆，〔九〕播種於田，所獲不能倍於種。盛暑中偶憩一農家，則場圃盡築，穜稑倉積矣。訊其故，則曰：「稻種有『六月稜』者，早種速穫，其米糙而收薄。數年來，田家皆以夏暵失其業，吾及尺澤而耕，〔一〇〕徂暑而熟。〔一一〕祈雨者芻龍柳圈，鼓闐闐於隴首，〔一二〕吾以其時僦閒民，割吾禾於烈日中，雇錢少而秷秸且無損。〔一三〕所收雖約，然市無赤米，〔一四〕價方昂而未已，較之粒米狼戾，〔一五〕廢積不售，其贏殆倍蓰焉。」〔一六〕噫！一上農之力，能與造物爭盈虛如此。然則爲民上者，訪深明農事之人以爲田畯，〔一七〕又博求多種，相陰陽寒暑之不齊而增損之，使民之趨時赴功如救火追亡，人而力祛其呰窳偷生之習，〔二八〕詎不足補救災祲於萬一哉？徐元扈〔二九〕曰：「稗多收，能水旱，宜擇佳種于下田種之，災年便可廣植，勝於流移捃拾。」吾亦謂：有田者必預求能水旱之穀種，視地之高下各種數區，毋以收薄而鹵莽之。歲美俱美，歲惡必不俱惡，豈不愈於采稂莠而冀穭穀哉？然田家有能有不能者，則曰「必先去其貪」。

〔一〕《詩·大雅·行葦》：「方苞方體。」苞，植物初生。體，成形。《生民》：「實穎實栗。」穎，穗芒。栗，穀實。宋戴埴《鼠璞·樊遲學稼》：「禾麻菽麥，秬秠穈芑，各有土地之宜；方苞種裒，發秀穎栗，各有前後之序。」

〔二〕《書·禹貢》：「厥草惟繇，厥木惟條。」注：繇，茂也；條，長也。言草木繁茂狀。此句言洪荒之初，雖有美穀之種，亦混雜於叢草荒野之中，與尋常草木没什麼區别。

〔三〕《詩·大雅·生民》：「茀厥豐草。」茀，治也。以上爲芟治荒野、栽種作物以成良田。

〔四〕暄：暖。《詩·周頌·良耜》：「其崇如墉，其比如櫛。」此言既種之後的勞作及收穫，穀成熟之後而積聚衆多，倉庫崇如城墉，比次如櫛。

〔五〕《書·益稷》：「暨稷播，奏庶艱食鮮食。」孔《傳》：「艱，難也。衆難得食處，則與稷教民播種之。」

〔六〕鰓鰓然：戰懼貌。自然之穀：指野生之穀。

〔七〕《詩・大雅・雲漢》：「旱既太甚，滌滌山川。」滌滌，蕩然無物貌。

〔八〕《越絶書》：吴王夫差既爲越王所敗，率其餘兵，饑餓乏糧，視瞻不明，「據地飲水，持籠稻而餐之」。籠稻，未熟之稻。

〔九〕愆：失時。此言夏天的雨水屢屢不能及時降下。

〔一〇〕尺澤：池洼之小者。此指尚有小水之時。

〔一一〕《詩・小雅・四月》：「四月維夏，六月徂暑。」六月爲暑天初臨。

〔一二〕芻龍：以草編作龍形。柳圈：以柳條作成圓圈，戴在頭上。打鼓於田間。均爲祈雨之俗。

〔一三〕秷：禾穗。

〔一四〕赤米：質劣之米。《國語・吴語》：「大荒荐饑，市無赤米。」

〔一五〕《孟子・滕文公上》：「樂歲粒米狼戾。」意爲豐年糧食過剩，狼藉而棄於地。

〔一六〕倍蓰：一倍曰倍，五倍曰蓰。此言能赢數倍之利。

〔一七〕田畯：此指勸農的官員。

〔一八〕呰窳：苟且懶惰。

〔一九〕《農政全書》的著者徐光啓，字元扈。

燕麥

燕麥多生廢地，與雀麥異，《救荒本草》辨别極晰。《野菜贊》云「有小米，可作粥」。其稭細

長，織帽極佳，故北地業草帽者種之。

雩婁農曰：甚矣瘠土之民之苦也！《博物志》謂食燕麥令人骨軟，〔一〕《救荒本草》録之，亦謂拯溝壑耳。〔二〕《麗江府志》：「燕麥粉爲乾餱，水調充服，爲土人終歲之需。」維西苦寒，〔三〕其人力作，幾曾病足哉？蓼之蟲，桂之蠹，生而甘之，烏知其辛？〔四〕彼漿酒藿肉，〔五〕覞覞然呰食者，〔六〕其亦幸而不生雪窖冰天，得以填其慾壑耳。然而醉生夢死，與圈豕檻羊同其肥腯，冥然罔覺，以暴殄集其殃，其亦不幸也已！

〔一〕晉張華《博物志》卷四：「食燕麥令人骨節斷解。」

〔二〕饑民將輾轉而死於溝壑，燕麥可救饑。《孟子·梁惠王下》：「凶年饑歲，老弱轉乎溝壑，壯者散而之四方。」

〔三〕維西：中國西部，泛指雲、貴、西藏等地。

〔四〕苦蓼、桂樹中的蠹蟲，生而習慣，何知其苦辛？

〔五〕以酒爲漿，以肉爲藿，形容飲食優越。
〔六〕厚着臉皮而指責吃燕麥的人不懂養生。

胡豆

胡豆，《救荒本草》録之。豆可煮食，亦可爲麨。《本草拾遺》：「胡豆子生田野間。米中往往有之。」不述其形狀，當即此。

雩婁農曰：今胡豆野生，非古胡豆也。考《爾雅》「戎，菽」，注：「今胡豆。」《廣雅》、《齊民要術》胡豆與大豆異類。《名醫別録序例》云「胡豆，今青斑豆」，則是豆之有青斑者，大豆、飯豆中皆有之。蓋舊時胡麻、胡瓜，草木中多以「胡」名者，今皆異稱。胡麻既別爲山西一種，而胡豆則田野旅生，誠不能定古之胡豆爲今何豆也。《廣雅》：「胡豆，蜯䗃也。」李時珍以豇豆角雙指爲蜯䗃，《九穀考》以郭注「胡豆」或即今豌豆，亦本李説。夫蜯䗃，但以形聲臆度。而《廣雅》胡豆、豌豆兩釋，方言異字，彼此是非，蓋闕如也。《滇黔紀遊》〔一〕謂「太和戎菽，年前即采，土人謂之大莞豆」，此即蠶豆。文人泚筆動援古籍，〔二〕可無論耳。

〔一〕清初陳鼎撰。

〔二〕泚筆：以筆蘸墨，指著書作文。

玉蜀黍

玉蜀黍，《本草綱目》始入「穀部」。川、陝、兩湖凡山田皆種之。俗呼「包穀」。山農之糧，視其豐歉，釀酒磨粉，用均米麥。瓤煮以飼豕，稈乾以供炊，無棄物。

玉蜀黍

豇豆

豇豆

豇（jiāng）豆，《本草綱目》始收入「穀部」。此豆莢必雙生，故有「跭𨇾」之名。種有紅、

白、紫、赤、斑駁數色，可茹，可穀，亦能解鼠莽毒。〔一〕

〔一〕鼠莽即鼠莽草，可用以毒鼠。《本草綱目》「莽草」條：「此物有毒，食之令人迷罔，故名。山人以毒鼠，謂之鼠莽。」

豌豆或作「豋」。按《說文》豋訓豆飴，非豆名。

豌豆，李時珍以爲即「胡豆」，然《本草拾遺》所云胡豆非此豆也。古音義「胡」多訓大，後世輒以種出胡地附會其說，皆無稽也。豌豆、葉皆爲佳蔬，南方多以豆飼馬，與麥齊種齊收。《廣雅》：「畢豆、豌豆，留豆也。」〔一〕《本草》中皆未著録。

雩婁農曰：豌豆，《本草》不具，即詩人亦無詠者。細蔓儷蓴，〔二〕新粒含蜜，菜之美者，吾鄉之巢，〔三〕烏能相擬哉？按陸宣公狀云：〔四〕「京兆府先奏：『當管蟲食豌豆，請據數折納大豆。』度支續奏：『據時估，豌豆每斗七十價已上，大豆每斗價三十已下，望令各據估計錢數折納。』螟蝛爲災，豌豆全損，司府折納充數，已爲尅下從權；〔五〕度支準估計錢，乃是幸灾規利。〔六〕且豌豆爲物，其用甚微，舊例所

支，唯充畜料，準數迴給大豆，諸司誰曰不宜？」蓋昔時僅以秣馬，而未嘗供蔬，蹙既有誅，齒亦弗及。〔七〕至利計秋毫，冀益國用，自非程异、皇甫鎛之徒何能辨此？〔八〕

〔一〕《廣雅》原書作：「豍豆、豌豆，豱豆也。」

〔二〕儷蓴：可與蓴菜相比肩。

〔三〕巢即「巢菜」，薇即野豌豆，有結實不結實之分，不結實者莖、葉可食，謂之巢菜。

〔四〕陸贄，唐德宗時賢相，謚宣。下引文節自陸贄《請依京兆所請折納事狀》。

〔五〕變更規章以克扣百姓。

〔六〕利用天災以圖謀利益。

〔七〕雖因窮蹙而强制徵收，但徵收上來也不用來食用。

〔八〕程异、皇甫鎛在唐憲宗時以聚斂克剥齊名，但爲人却有不同。皇甫鎛爲御史大夫，專以克剥嚴急，聚斂媚上，險邪諂佞，爲有名的姦臣。而程异晚年改節，不剥下、不朘民而經費以贏。

刀豆

刀豆，《本草綱目》始收入「穀部」，謂即《酉陽雜俎》之「挾劍豆」。其莢醃以爲茹，〔一〕不任烹煮。

雩婁農曰：刀豆只供菜食，《救荒本草》所謂「煮飯作麨」者，亦饑歲始爲之耳。味短形長，非爲珍羞。《本草綱目》乃以爲即挾劍豆，樂浪澤物，何時西來？[二]且《諸皋》之記，亦摭子年誕詞耳。[三]尚有繞陰豆，其莖弱，自相縈纏；傾離豆，見日葉垂覆地，[四]又將以何種角穀當之？《杜陽雜編》[五]「靈光豆，大類菉豆，煮之如鵝卵」，尤奇。

[一]茹：蔬菜。

[二]《酉陽雜俎》卷十九言挾劍豆：「樂浪東有融澤，澤中生豆莢，形似人挾劍，横斜而生。」

[三]《酉陽雜俎》有《諸皋記》一篇，後人遂以《諸皋》代指《酉陽雜俎》。後秦方士王子年撰有《拾遺記》，言歷代諸國奇物，荒誕無稽。《酉陽雜俎》的「挾劍豆」即從《拾遺記》卷六中采來。

[四]以上兩種怪豆，均見於王子年《拾遺記》。

[五]唐蘇鶚撰，多記唐代奇物怪聞，亦《拾遺記》之屬。

龍爪豆

龍爪豆，産寧都州。[一]葉大如掌，角長四五寸，豆圓扁如大指，土人煮以爲飯。

雩婁農曰：吾過南豐以東，〔二〕見豆架而駭其呺然大也。〔三〕巨爪攫拏，森如熊蹯；〔四〕圓實的突，握若雀卵。殆日吞數枚，可以忘饑矣。然寠人飯之，而賓筵無薦者，視廣豐以簞笥饋人，〔五〕絶不相侔。邑人謂食多鬱滯，故不珍惜。《養生論》〔六〕曰「豆令人重」。心腹否則支體痿，〔七〕故曰重也。北人有諺曰：「趙北之魚，吃亦悔，不吃亦悔。」以其碩而無味也。然則是豆也，其劉表帳下八百斤之牛歟？〔八〕

〔一〕寧都州：今江西寧都。

〔二〕南豐：在今江西撫州南，地接福建。

〔三〕呺然：虛大貌。

〔四〕熊蹯：熊掌。

〔五〕廣豐：亦江西地名，在上饒東。此言廣豐以土産之龍爪豆作爲禮品贈人。詳見下條。

〔六〕三國魏嵇康撰。

〔七〕否：讀如痞，閉塞不通。

〔八〕《世説新語·輕詆》：桓温謂四座曰：「諸君頗聞劉景升不？有大牛重千斤，啖芻豆十倍於常牛，負重致遠，曾不若一羸牸。魏武入荆州，烹以饗士卒，於時莫不稱快。」辛棄疾《破陣子》「八百里分麾下炙」亦用此事，然「八百里駁」爲牛名，吴氏或誤記劉表之牛爲「八百斤」。

龍爪豆又一種。

龍爪豆即刀豆之類，豆大而扁如指頂，或有紋如荷包形。有紫、黑二種。

雩婁農曰：江西廣豐近封禁山，〔一〕産大豆角如爪，其實白質而赤章。味如扁豆而甘，且藏久無藥氣，土人亦珍之。移之南昌，〔二〕實未成而隕，疑秋風漸早也。顧吾邑所蒔「荷包豆」者，黑白紋極細，形狀正同，味稍薄，豈一類而黑紋者獨耐寒耶？《唐本草》：「稨豆，北人呼鵲豆，以其黑而白間如鵲羽。」凡稨豆皆然，惟李時珍謂有斑者或此類。

〔一〕封禁山即銅鈸山，位於贛、浙、閩三省交界處。

〔二〕江西南昌府，治所在今江西南昌，轄南昌、新建、豐城、進賢、奉新、靖安、武寧等縣。

雲藊豆

雲藊豆，白花，莢亦雙生，似藊豆而細長，似豇豆而短扁。嫩時並莢爲蔬脆美，老則煮豆食之。色紫，小兒所嗜。河南呼「四季豆」，或亦呼「龍爪豆」。

雲藊豆

烏嘴豆

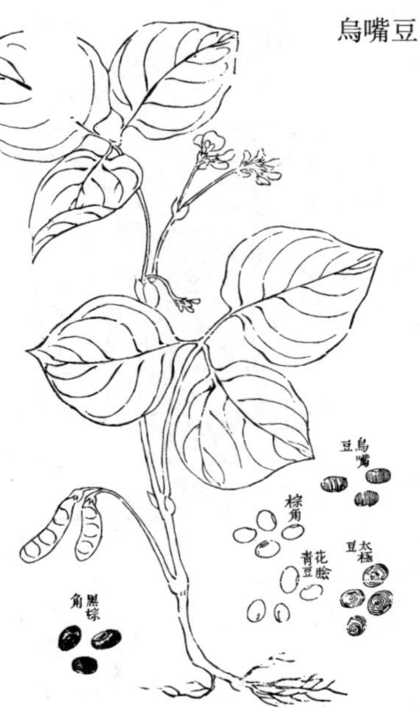

烏嘴豆

烏嘴豆，滇南有之。同茶豆而有黑暈。又有一種「太極豆」，褐色黑紋，微如太極圖形。又有「花臉豆」，青黃色，有黑暈，形微扁。又有「棕角豆」，圓形，褐色而綯，亦有黑者。皆豆種之巨擘也。

野豆花

野豆花，生雲南山阜。黃花、澀葉俱如豆，橫根頗長。

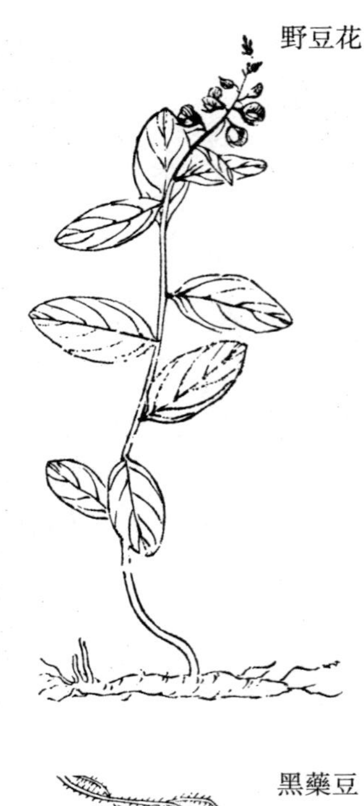

野豆花

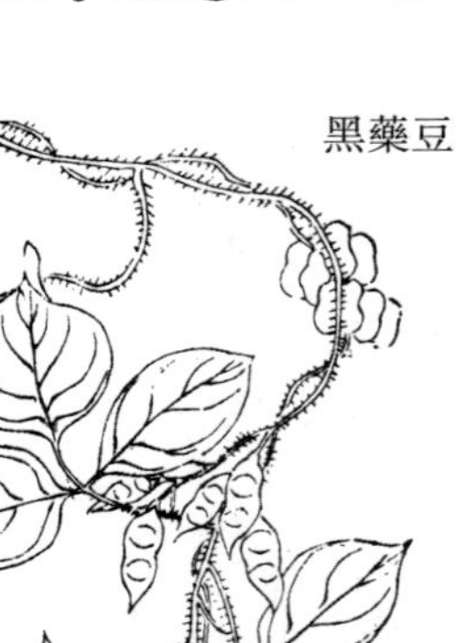

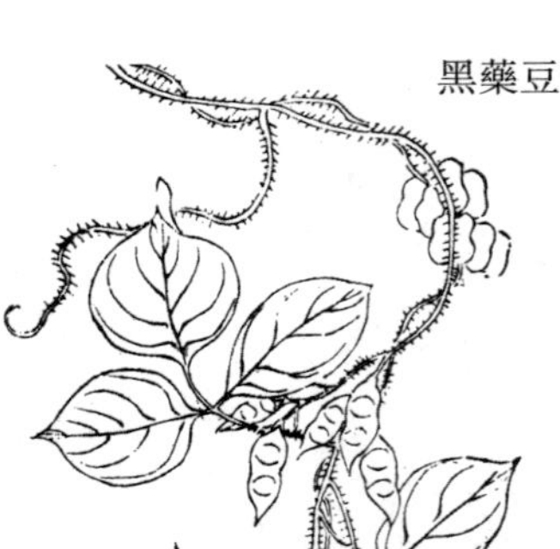

黑藥豆

黑藥豆

黑藥豆，生江西南安山林間。〔一〕形狀頗似蹘豆。花黃紫色。結角長六七分，内有黑豆二粒，光圓如人瞳子。俗云每日吞二粒，明目，至老不花。

〔一〕江西南安：今江西贛州大餘，大庾嶺北麓。

蝙蝠豆

蝙蝠豆，生雲南。花色淡黄，以形似名。

蝙蝠豆

黄麻

黄麻，生南安。紫莖，尖葉長寸餘，與火麻絶異。結子不殊。土人績之。大麻，李時珍謂俗名「黄麻」。今北地無此名，或即此也。

黄麻

山黄豆

山黄豆，蔓生，花葉俱如豆，花白作穗，蓋鹿藿之類。〔一〕

〔一〕鹿藿見卷三。

山黄豆

山西胡麻

山西胡麻

胡麻，山西、雲南種之爲田。根圓如指，色黄褐，無紋。叢生，細莖。葉如初生獨帚。發杈開花五瓣，不甚圓，有直紋，黑紫蕊一簇。結實如豆蔻，子似脂麻，滇人研入麪中食之。《大同府志》：「胡麻，莖如石竹。花小，翠藍色。子榨油，元大同歲貢油麪輸上都生料庫。」今民間糴之，油曰「大油」，省南北以茹、以燭，其利甚溥，惟氣稍膩。雁門山中有野生者，〔一〕科小子瘦，蓋本旅生，後莳爲穀。花時拖藍潑翠，〔二〕裊娜亭立，秋陽晚照，頓覺懷新。《本草》以巨勝爲胡麻，今名脂麻，而此草則通呼胡麻。《别録》謂胡麻生上黨，〔三〕不識指何種也。

〔一〕雁門：在今山西代縣。

〔二〕拖藍：宋荆浩《山水賦》「遠水拖藍」，本以喻水色。潑翠：東坡詩「亂翠曉如潑」，亦喻山色。此俱以寫花色之濃。

〔三〕上黨：今山西省東南部。

植物名實圖考卷之三　蔬類

冬葵

冬葵，《本經》上品，爲百菜之主。〔一〕江西、湖南皆種之。湖南亦呼「葵菜」，亦曰「冬寒菜」，江西呼「蘄菜」。葵、蘄一聲之轉。志書中亦多載之。李時珍謂今人不復食，殊誤。湘南節署東偏爲「又一村」，有菜圃焉。余課丁種葵兩三區，〔二〕終歲取足，晨浸夕茁，避露惜根，〔三〕吮其寒滑，藏神清而渴喉潤。〔四〕郵致其子於薊門故舊，北地泉冽土沃，含膏飽霜，味尤雋腴，金齏玉膾，〔五〕驟得南蔬，亦皆屬饜焉。考唐宋以前園葵諸作，皆述其烹飪之功，而物狀亦備，後人詠蜀葵、黃葵，侔色揣稱，〔六〕佳句膾炙，而葵菜與管城子無翰墨緣矣。〔七〕然王禎《農書》述葵之濟世，謂「無棄材」。《山家清供》、

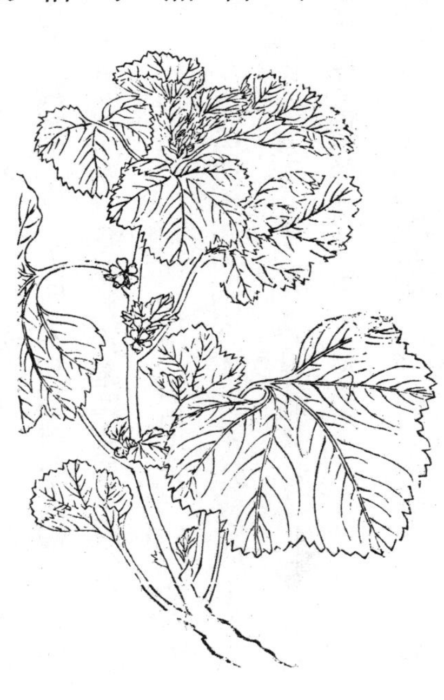

《救荒本草》皆云葵似蜀葵而小，明以前非無知者。唯王世懋云菜品無葵，〔八〕不知何菜當之，隨筆浪語，不足典要。李時珍博覽遠搜，厥功甚鉅，其書已爲著述家所宗，而鄉曲奉之尤謹，乃亦云「今人不復食之，亦無種者」。此語出而不種葵者不知葵，種葵者亦不敢名葵，遂使經傳資生之物與《本草》養竅之功〔九〕同作莊、列寓言，〔一〇〕豈不惜哉！夫不著其功用猶之可也，乃其發宿疾，動風氣，病者貿貿食之，〔一一〕何以示禁忌？嗚呼！以一人所未知而曰今人皆不知，以一人所未食而曰今人皆不食，抑何果於自信耶？郭景純注《山海經》，於詭異荒渺之物，不敢以爲世所未有，〔一二〕注《爾雅》，所不識，則云「未詳」，不以一己所見概天下，誠慎之也。《本草》之注，昔人所慎，一語之誤，乃至死生。然則任天下事，以己所不知而謂今人皆不知，己所不能而謂今人皆不能，其關於天下之人生死又何如耶？葵之名幾湮，葵之圖具在，按圖雖不得驥，要可得馬。今以後有不知葵者，試以冬寒菜、蘄菜與諸書葵圖較。《農政全書》冬葵圖極精細。

雩婁農曰：亨葵及菽，農夫之食。〔一三〕綠葵紫蓼，〔一四〕粟飧葵菜，〔一五〕高人志士山蔬，固應不惡。《遼史》張儉在相位二十餘年，致政歸第。會宋書辭不如禮，上將親征，幸儉第。進葵羹、乾飯，上食之美，徐問以策。儉極陳利害，且曰：「第遣一使問之，何必遠勞車駕？」上悦而止，復即其第賜宴。敬上敬下，情禮藹然，其風古矣。諫行言聽，且異於晉平公之於亥唐。〔一六〕

附：犨經堂《葵考》〔一七〕

葵爲百菜之主，古人恒食之。《詩·豳風》、《周禮·醢人》、《儀禮》諸篇、《春秋左氏傳》及秦漢書傳皆恒見之。《爾雅》于恒食之菜不釋其名，爲其人人皆知也，故不釋韭、葱之名，而但曰「藿，山韭」、「茖，山葱」。《爾雅》不釋葵，其曰菟葵、芹葵、戎葵、蔠葵，皆葵類，非正葵，亦韭葱之例也。六朝人尚恒食葵，故《齊民要術》載種葵術甚詳。鮑昭《葵賦》亦有「豚耳鴨掌」之喻。〔一八〕唐、宋以後，食者漸少，今人直不食此菜，亦無知此菜者矣。然則今爲何菜耶？曰：古人之葵，即今人所種金錢紫花之葵，俗名「錢兒淑氣」即「蜀葵」二字吴人轉聲。者，以花爲玩，不以葉充食也。今之葵花有四種。一向日葵，高丈許，夏日開黄花，大徑尺。一蜀葵，高四五尺，四五月開各色花，大如杯。此二葵之葉皆粗澀有毛，不滑，不可食。惟金錢紫花葵及秋葵葉可食。而金錢紫花葵尤肥厚而滑，乃爲古之正葵。此花高不過二尺許，花紫色，單瓣大如錢，葉雖有五歧而多駢，誠有如鮑明遠所謂「鴨掌」者，異于秋葵之葉大、多歧、不駢如鶴爪也。《齊民要術》稱葵菜花紫，今金錢葵花皆紫，無二色，不似蜀葵具各色、秋葵色淡黄也。《左傳》云「葵猶能衛其足」，杜預注云：「葵傾葉向日，以蔽其根。」曹植表〔一九〕云：「若葵藿之傾葉，太陽雖不爲之迴光，然向之者誠也。」《玉篇》云：「葵葉向日，不令照其根。」此皆言葵之葉能衛其根，即「葛藟庇本根」之義，〔二〇〕非言其花向日自轉也。藿爲豆葉，豆之花亦豈向日而轉哉？予嘗鋤地半畝，種金錢紫花之葵，翦其葉，以油烹食之，滑而肥，味甚美。南中地暖，春夏秋冬皆可采食。大略須地肥而葉嫩，大如錢，乃甘滑。《儀禮·士虞禮》稱之曰「滑」者以此。〔三〕又余嘗登泰山，其懸崖窮谷、曲磴幽石之間，無處無金錢紫花之葵，皆山中自生，非人所種，山中人采其葉烹食之，但瘦耳。然則世人雖久不食之，而名山古地尚有留存者矣。《説文》云：「藿，豆之少也。」余嘗種豆，採其葉苗食之，味亦美。葵葉之味，與藿正相似，益可知古人葵、藿並舉之義。秋葵葉嫩時亦可食，但此與葵性相近，終非正葵。葵之花開于夏，此則至秋始開，其葉不能四時常可種食耳。

按儀徵相國以金錢葵爲即葵菜，是真知葵者。唯葵菜花與金錢葵同而尤小。泰山崖谷之葵非菟葵耶？金錢葵亦有白花者，葵菜花則唯淡紫一色。向日葵乃一丈菊俗名，非葵類。

〔一〕王禎《農書·農桑通訣》：「葵爲百菜之主，備四時之饌。」

〔二〕課丁：此指督令工役。

〔三〕避露：王禎《農書》載農諺「觸露不掐葵」，言必待露水乾後，方可掐葉。惜根：杜甫《示從孫濟》詩云「刈葵莫放手，放手傷葵根」，蓋傷根則不生矣。

〔四〕藏：此即「臟」字。藏神：傳説人身中有五臟神，此喻五臟功能。

〔五〕精美珍貴的菜饌。

〔六〕擬其顏色，揣其名稱，指用詩文極力詠寫蜀葵、黄葵。

〔七〕管城子：指毛筆，見韓愈《毛穎傳》。翰墨緣：文章之緣。

〔八〕王世懋，明太倉人，世貞弟。嘉靖進士，官至太常寺少卿。著有《閩部疏》，記閩中動植方物。

〔九〕養竅：古人論藥，有「以酸養骨，以辛養筋，以鹹養脈，以苦養氣，以甘養肉，以滑養竅」之説，見《周禮·天官瘍醫》。葵滑，故其功在養竅。竅，七竅。

〔一〇〕《莊子》、《列子》書多寓言，雖有所寄托，而事均無稽。

〔一一〕貿貿：神志模糊狀。

〔一二〕郭璞，字景純，東晉人，博學善文，注《爾雅》、《山海經》、《穆天子傳》等書。其注《山海經》序曰：「世之所謂異，未知其所以異；世之所謂不異，未知其所以不異。何者？物不自異，待我而後異，異果在我，非物異也。……翫所習見而奇所希聞，此人情之常蔽也。」

〔一三〕《詩·豳風·七月》：「烹葵及菽……食我農夫。」

〔一四〕《南史·周顒傳》：顒清貧寡欲，終日長蔬，雖有妻子，獨處山舍。衛將軍王儉謂顒曰：「卿山中何所食？」顒曰：「赤米白鹽，緑葵紫蓼。」文惠太子問顒菜食何味最勝，顒曰：「春初早韭，秋末晚菘。」

〔一五〕《北史·盧叔彪傳》：魏收來訪，叔彪留飯，良久食至，但有粟飧葵菜，木碗盛之，片脯而已。

〔一六〕亥唐：晉賢人也。平公造之，唐言入，公乃入，言坐乃坐，言食乃食。雖蔬食菜羹，不敢不飽，敬賢者之命也。然僅此而已，不與之職，不與之政。見《孟子·萬章下》。

〔一七〕阮元撰，收入《揅經室三集》。

〔一八〕鮑昭即鮑照，字明遠。《葵賦》當作《園葵賦》，中有「白莖紫蒂，豚耳鴨掌」之句。

〔一九〕此指曹植上魏文帝《求通親親表》。

〔二〇〕《詩·王風》有《葛藟》，説《詩》者謂葛藟猶能庇其本根，故君子以爲比况國君：公族，公室之枝葉也，若去之，則本根無所庇蔭矣。

〔二一〕《士虞禮》云：「鉶芼用苦若薇，有滑，夏用葵，冬用荁，有柶。」

蜀葵

蜀葵，《爾雅》「菺，戎葵」，注：「今蜀葵。」《嘉祐本草》始著録。葉亦可食。滇南四時有花，根堅如木，滇花中「耐久朋」也。〔一〕

雩婁農曰：陳標《詠蜀葵》詩云：「能共牡丹爭幾許，得人輕處衹緣多。」流傳以爲絶妙好詞矣。余以歲暮至滇，百卉具腓，〔二〕一花獨婪，〔三〕雖太陽不及，亦解傾心，劉長卿《墻下葵》

詩：「太陽偏不及，非是未傾心。」如火如荼，何多之有！韓魏公詩：「不入當時眼，其如向日心。」〔四〕則人情輕多者，亦未具冷眼耳。〔五〕記兒時在京華，廚人摘花之白者，劑以麪油，灼食之，〔六〕甚美。邇來南北無以入饌者，毋亦衆口難調？

〔一〕《舊唐書·魏玄同傳》：「玄同素與裴炎結交，能保終始，時人呼爲『耐久朋』。」

〔二〕《詩·小雅·四月》：「秋日淒淒，百卉具腓。」腓：草木枯萎。

〔三〕婪：盛。酒巡至末座爲一小高潮，稱「婪尾」。花開至芍藥，爲春末花事最後之盛，故芍藥有「婪尾春」之稱。

〔四〕韓琦，北宋名臣，歷任仁宗、英宗、神宗三朝宰相，封魏國公。此處所録爲其《蜀葵》詩。

〔五〕冷眼：冷靜旁觀。

〔六〕灼：烘烤。

錦葵

錦葵，《爾雅》「荍，蚍衃」，注：「今荆葵也。似葵，紫色。謝氏云：小草，多華少葉，葉又翹起。」陸璣《詩疏》〔一〕：「似蕪菁，華紫緑

色，可食，微苦。」按花亦有白色者，逐節舒葩，〔二〕人或謂之「旌節花」。

雩婁農曰：葵有數種，皆登《爾雅》。《詩》「視爾如荍」，至以狀美色，〔三〕此即「梨花帶雨」之元胎也。〔四〕然人心不同，如其面焉，〔五〕玉環飛燕，肥瘠豈能同態？〔六〕《花草譜》謂錢葵止有粉間深紅一色，〔七〕不知滇南有白色者尤雅。萬彙蕃變，不可思議，若據所見以斷物類之有無，其必爲穆王之化人而後可。〔八〕

〔一〕《詩疏》：此爲《毛詩草木鳥獸蟲魚疏》之略稱。

〔二〕舒葩：展開花瓣。

〔三〕句見《陳風·東門之枌》。箋云：「男女交會而相説，曰我視女之顔色，美如芘芣之華。」

〔四〕白居易《長恨歌》：「玉容寂寞淚闌干，梨花一枝春帶雨。」元胎：元始胚胎。

〔五〕《左傳》襄公三十一年：子産曰：「人心之不同，如其面焉。」

〔六〕蘇軾《孫莘老求墨妙亭詩》：「杜陵評書貴瘦硬，此論未公吾不憑。短長肥瘦各有態，玉環飛燕誰敢憎？」趙飛燕，漢成帝皇后，小説言其身輕骨柔，可作盤上舞。唐玄宗貴妃楊氏，小字玉環，小説言其豐於肌。

〔七〕錦葵又名錢葵。

〔八〕《列子·周穆王》：「周穆王時，西極之國有化人來，千變萬化，不可窮極，既已變物之形，又且易人之慮。」

菟葵

菟葵，《爾雅》「莃，菟葵」，注：「頗似葵而小，葉狀如藜，有毛。汋啖之，〔一〕滑。」唐、宋《本草》皆詳晰。唯鄭樵以爲「天葵」，生於崖石，〔二〕殊謬。天葵不可食，江西、湖南山中有之。菟葵即野葵，比家葵瘦小耳。武昌謂之「棋盤菜」。雲南無種葵菜者，野葵浸淫，覆畦被隴，霜中作花，奚止「動揺春風」！〔三〕山西尤多，試以南方葵種種之，亦肥美，則有菟葵之處即可種葵。豳地早寒，七月烹葵，〔四〕殆不能耐霜雪耳。

雩婁農曰：文人之好奇也！〔五〕菟葵、燕麥，芟夷蘊崇之物耳。〔六〕種麥者惡其害麥，燕麥，害麥者也；種葵者惡其害葵，菟葵，害葵者也。凶年採以救饑，亦謂其易生，不至暵乾耳。若石崖之天葵，彼蒙袂輯屨貿貿然者，〔七〕尚能踰壑越澗耶？孟子曰：「道在邇而求諸遠，事在易而求諸難。」〔八〕

〔一〕汋：通「瀹」，水煮。

〔二〕鄭樵《通志・草木略》：「菟葵又名天葵。葉如錢而厚嫩，背微紫，生於崖石，凡丹石之類得此而後能神。」

〔三〕唐劉禹錫作《再遊玄都觀》詩，且言：「始謫十年還京師，道士植桃，其盛如霞。又十四年過之，無復一存，惟見兔葵、燕麥動摇春風耳。」

〔四〕《詩·豳風·七月》：「七月亨葵及菽。」豳：在今陝西西安西北之旬邑縣。

〔五〕文人之好奇，即指劉禹錫「兔葵、燕麥動摇春風」句。但劉禹錫借兔葵、燕麥鄙陋之物以喻庸材之得意，不必當時實有動摇春風之景物也。

〔六〕《左傳》隱公六年：周任有言曰：「爲國家者，見惡如農夫之務去草焉，芟夷蘊崇之，絶其本根，勿使能殖，則善者信矣。」蘊崇：把鋤下的野草堆積在一起，則漚腐不易再生。

〔七〕《禮記·檀弓下》：「齊大饑，黔敖爲食于路，以待餓者而食之。有餓者蒙袂輯屨貿貿然來。」蒙袂：不欲見人也。輯屨：疲極不能舉屨。貿貿然：頭昏眼花狀。俱爲餓極之態。

〔八〕見《孟子·離婁上》。

莧

莧（xiàn），《本經》上品。《蜀本草》：「莧凡六種：赤莧、白莧、人莧、紫莧、五色莧、馬莧。」《圖經》云「五色莧今亦稀有」，疑即「雁來紅」之屬。人莧，北地通呼，亦謂之「鐵莧」。「白莧、紫茄，以爲常餌」，〔一〕蓋莧以白爲美。《爾雅》：「蕢，赤莧。」《説文》：「萉，赤萉也。」今江西土醫書野莧爲「野萉」，蕢、萉同部，當可通。《説文》不以蕢爲莧名，而厠萉於茜，殆以其汁赤如茜也。或謂野莧炒食比家莧更美。南方雨多，菜科速長味薄，野莧但含土膏，無灌溉催促，固當雋永。《列子》「程生馬，馬生人」，〔一〕馬者，馬莧之類；人者，人莧之類。宋方岳《羹莧》詩「見説能醫射工毒，人間此物正騷騷」，可謂詩中《本草》。〔二〕

〔一〕《南史·蔡撙傳》：蔡撙口不言錢，爲吴興太守，不飲郡井，齋前自種白莧、紫茄，以爲常餌。詔褒其清。

〔二〕《列子·天瑞》：「久竹生青寧，青寧生程，程生馬，馬生人。」又見《莊子·至樂》。

〔三〕《集驗方》言莧能治衆蛇螫人，又射工毒中人，取赤莧合莖葉擣，絞汁，飲一升，再服則瘥。射工：此言江南溪中毒蟲。

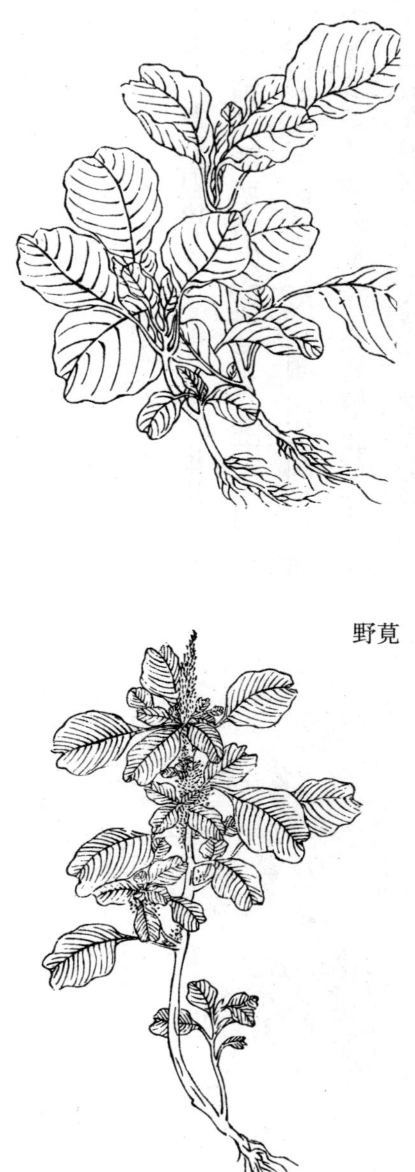

人莧

人莧，蓋莧之通稱。北地以色青黑而莖硬者當之，一名「鐵莧」。葉極粗澀，不中食，爲刀創要藥。其花有兩片，承一二圓蒂，漸出小莖，結子甚細。江西俗呼「海蚌含珠」，又曰「撮斗」、「撮金珠」，皆肖其形。《顏氏家訓》：「博士皆以參差者是莧菜，呼人莧爲人荇，亦可笑之甚。」宋人説部有以「人莧」二字爲奇者，〔一〕是殆記《兔園》册子者也。〔二〕

〔一〕宋史繩祖《學齋佔畢》卷四云：「余又特愛『人莧』二字甚新，可謂詩料。」吴氏當指此。

〔二〕《兔園册》：或作《兔園策》。《新五代史·劉岳傳》：「宰相馮道世本田家，狀貌質野，朝士多笑其陋。道旦入朝，兵部侍郎任贊與岳在其後，道行數反顧，贊問岳：『道反顧何爲？』岳曰：『遺下《兔園册》爾。』」《兔園册》者，鄉校俚儒教田夫牧子之所誦也，故岳舉以誚道。」而《舊五代史》記爲工部侍郎任贊事，「道知之，召贊謂曰：『《兔園册》皆名儒所集，道能諷之。中朝士子止看文場秀句，便爲舉業，皆竊取公卿，何淺狹之甚耶？』贊大愧焉」。又《北夢瑣言》云：「《兔園册》乃徐庾文體，非鄙朴之談，但家藏一本，人多賤之。」

馬齒莧

馬齒莧，《别録》謂之「馬莧」，《蜀本草》始别出。俗呼「長命菜」。今爲治痔要藥。《救荒本草》謂之「五行草」。淮南人家採其肥莖，以針縷之，浸水中，揉去其澀汁，曝乾如銀絲，味極鮮，且可寄遠。杜詩「又如馬齒盛，氣擁葵荏昏」。〔一〕若得此法製之，則「麤刺痕」皆爲「纏齒羊」，〔二〕當不咎「園官送菜把」。〔三〕

雩婁農曰：《易》曰：「莧陸夬夬。」莧，馬齒莧；陸，商陸。陸有毒，能致鬼神。莧感一陰之氣而生，拔而暴諸日不萎，《本草》以爲難死之草。「九五」與「上六」比，爲諸陽之宗，而牽於柔，〔四〕猶商陸與莧毒而難去，故重言「夬夬」，欲其決而又決，勿宴安鴆毒，而使陰類伏而不死也。〔五〕然陰之類終不能絶，「上六」孤乘，一變爲《姤》，而其勢熾矣。唐之五王不除三思，〔六〕宋之司馬不去蔡京，〔七〕小人之難死，人事耶？抑天道耶？老杜於人莧浸淫、馬齒掩蔬，皆以傷君子不遇爲比，〔八〕蓋有本於《易》，非爲觸物而泛及之。

〔一〕見杜甫《園官送菜》詩。原詩小序云：「園官送菜把，本數日闕，矧苦苣、馬齒，掩乎嘉蔬。」埋怨菜園之吏送來蔬菜一把，本來已經多日未送，送來的這把中好菜不多，多的是苦苣、馬齒莧之類惡草。

〔二〕《園官送菜》詩：「永挂贏刺痕。」《清異録》：貧家謂蔬茹爲「纏齒羊」。

〔三〕吴其濬開解道：如果老杜知道把馬齒莧曝乾之法，那麽粗惡的野菜就變成了可口的美蔬，自然就不會埋怨園吏了。

〔四〕《夬》之九五爲「莧陸夬夬，中行无咎」，而上六爲「无號終有凶」，九五爲陽剛，而下與上六陰柔相比聯，是雖陽剛長而陰柔不滅，爲後之遺患。

〔五〕此言除惡務盡。

〔六〕武周末年，則天病重，張柬之、敬暉等五大臣發動政變，殺張昌宗兄弟，迎中宗即位。張柬之勸中宗除滅武氏，不聽。不久，中宗封柬之等爲王，而大權則歸武三思。次年，武三思誣五王以罪，盡殺之。

〔七〕宋神宗死，哲宗即位，年幼，高太后臨朝聽政，用司馬光執政。司馬光盡廢新法，而知開封府蔡京本爲新黨，此時極力迎合司馬光，大受稱賞。蘇軾言蔡京擾民，應治罪，司馬光不聽。次年司馬光去世。及哲宗親政，重用蔡京，朝中正人貶流一空。

〔八〕杜甫《園官送菜》詩序有「傷小人妬害君子，菜不足道也」句。

菥蓂

菥（xī）蓂（mì），《本經》上品。《爾雅》：「菥蓂，大薺。」俗呼「花薺」，味不如薺。《蜀本草》「似薺而細」者是。

菥蓂

苦菜

苦菜

苦菜，《本經》上品。《釋草小記》〔一〕考述極詳：鋪地生葉，數十爲簇，開黃花甚小，花罷爲絮，所謂荼也。根細有鬚，味極苦。北地野菜中之先苗者，亦采食之。至苣蕒生，而此菜不復入筠籃矣。〔二〕《救荒本草》謂苦苣有花葉、光葉二種，驗之信然，今併圖之。但《嘉祐本草》分苦苣、苦蕒二種。《救荒本草》所云苦苣似即苦蕒，其所圖苦蕒，梢葉如鴉嘴形，俗名「老鸛菜」，自别一種。大抵苦蕒花小而繁；苦苣俗呼「苣蕒」，花稀而大，正同蒲公英花。園圃所種皆苣蕒。《嘉祐本草》之「家苦蕒」，恐以葉之花、光分别，未見人家有種苦蕒者。野菜相似極多，而稱名以地而異。僅見一二種强爲附麗，終無當於古所云爾。

雩婁農曰：余少時以暮春入都門，始茹苦蕒，和以蔗餹，其苦猶强於甘，徒以其性能抑熱，强噉之，非佳饈也。河以南無食之者，無論江、湖。〔三〕《本草》及小學家辨别良苦，然孰是提挑菜之櫯而烹炊其之釜者乎？〔四〕西北春遲，四月中新荑纖纖、挺露積沙中者，〔五〕如老人短髮，歷歷可數。齠齓男女，坐地以指掘其根芽，就而咀嚼之。葉稍舒，則挈以歸，雜糠覈煮爲飯，或剉以飼雞豕，無寸青尺緑委於踐履者，故無一物不爲之名。〔六〕程徵君瑶圃有言曰：「簡策陳言，其在人口中者，雖經數千百年，有非兵燹所能劫、易姓改物所能變者。」此言誠然。然唯西北語質，其聲音輕重尚可以古韻求之耳。太行、中條以南，〔七〕土沃候暖，萌達句出，〔八〕率不過旬日，即苕發穎豎，〔九〕蒙茸於蓬蒿藜莠中，幾荒蕪而不可治。自非曠土隙壤，無不芟夷殆盡，尚有能盡名其物者乎？余嘗以苦蕒詢之開封人，或以爲「燕兒苗」，然則《救荒本草》所云苦苣者，乃以《本草》之名名之，非俗語如是也。昔有令治獄，獄成，以付吏，吏爲定爰書。〔一〇〕令視之，詫曰：「此非昔所鞫獄辭也。」吏出袖中舊牘以進曰：「凡治獄，必改易其辭如舊牘，始與律比。」〔一二〕令熟思良久，曰：「汝言是也。若並其人名而易之，則與舊案無一字不比矣。」然則《本草》、小學諸書所謂「某草即古某草」者，無亦有如今之治獄，欲併易其人名以比於舊牘者乎？

〔一〕程瑶田著。本書多處稱「瑶田」爲「瑶圃」。

〔二〕筠籃，竹籃。

〔三〕此指兩江、兩湖諸省。

〔四〕指這些本草家及小學家都没有實地採摘及品嘗的經驗。

〔五〕新荑：新生的嫩芽。

〔六〕由於西北百姓珍惜各種野菜，所以每種野菜都取有名字。

〔七〕此太行指太行山脈之南端。中條山，横亘山西省南部。

〔八〕草木之芽，曲者爲句，直者爲萌。萌達句出，即草木滋生萌芽。

〔九〕草花爲苕，莖穗爲穎。

〔一〇〕爰書：此指判决書。

〔一一〕以罪狀與相應的法律條文相比，然後定罪。但罪狀不能用平時用語，必須改爲法律名詞，方能與法律相比對。

光葉苦蕒

光葉苦蕒（mǎi），與苣蕒絶相類，而根不白，亦無赤脈，開花極繁，與家種者無異。味極苦，賣苣蕒者斷其根羼之，多不能辨。

光葉苦蕒

滇苦菜

滇苦菜

滇苦菜，即李時珍所謂胼葉似花蘿蔔菜葉，上葉抱莖似老鸛嘴，每葉分叉，攛挺如穿葉狀，而《别録》以爲生益州，凌冬不死者也。滇人亦呼「苦馬菜」，貧人摘食之，四季皆有。江、湖間亦多，故李時珍以爲即苦菜。與北地苦蕒迥異。中州或謂爲蒲公英，用治毒亦效。蓋性皆苦寒，所主固可同耳。《畿輔通志》：「苦益菜，生溝塹中，可生食，亦可黴乾。」即此。

苣藚菜

苣（qǔ）藚菜，北地極多，亦曰「甜苣」。長根肥白微紅，味苦回甘，野蔬中佳品也。以餹與醬拌食，或焯熟茹之。其葉長數寸，鋸齒森森，中露白脈，開花正如蒲公英。《齊民要術》引《詩義疏》「藘，苦葵，〔一〕青州謂之芑」是也。陸璣《詩疏》云「芑似苦菜，西河鴈門尤美」。曰「似苦菜」，則與苦菜異物。今山西野生者極肥，土人嗜之，元恪之言信有徵矣。〔二〕南方多種以爲蔬，沃土澆溉，形味稍異。《釋草小記》云「葉如劍形而本有歧，莖老時如此」。又有一種野苦藚亦相類，具別圖。

〔一〕「葵」，《齊民要術》卷三引《詩義疏》作「菜」。按此《詩義疏》實即《毛詩草木鳥獸蟲魚疏》，吴氏誤以爲別有一書，故下文復引陸璣《詩疏》云云，其實正是《齊民要術》所引。

〔二〕元恪，陸璣字。

野苦蕒

野苦蕒，南北多有。葉附莖，有歧如翦，根苦。北地春時多採食之，小兒提籃以售。《救荒本草》：「苦蕒菜，俗名老鸛菜，生田野中，脚葉似白菜，小葉抪莖而生，梢葉似鴉嘴形，每葉間分叉，攛葶如穿葉狀，梢開黄花。」即此。《釋草小記》「苣蕒葉末略似劍形，近本處有歧出者厚而勁」，乃正相類；但「莖瘦色赭，根極細短」，與苣蕒迥別。《救荒本草》但言「苗葉煠熟，油鹽調食」，不言其根可茹，與苣蕒洵非一種矣。

家苣蕒

家苣蕒，江西種之成畦，高至五六尺，披其葉茹之。《齊民要術》所謂畦種足水，繁茂甜脆勝野生者也。《嘉祐本草》謂「江外、嶺南、吴人無白苣，嘗植野苣以供厨饌」。然則此本野生，

野苦蕒

家苣蕒

特移植肥壯耳，非别一種。但謂爲苦苣味苦，不知其回甘也。近時江右亦有白苣，惟葉瘦，不如北地生菜脆肥，萵苣亦然。江右有一種「柳蕒」，與苣蕒無異，而葉白有紫縷，抽莖長四五尺，莖葉細長如柳，故名。

紫花苦苣

紫花苦苣，山西平隰有之。夏開紫花，餘無異。土人謂黄花爲「甜苣」，語重如「鐵苣」，此爲苦苣。

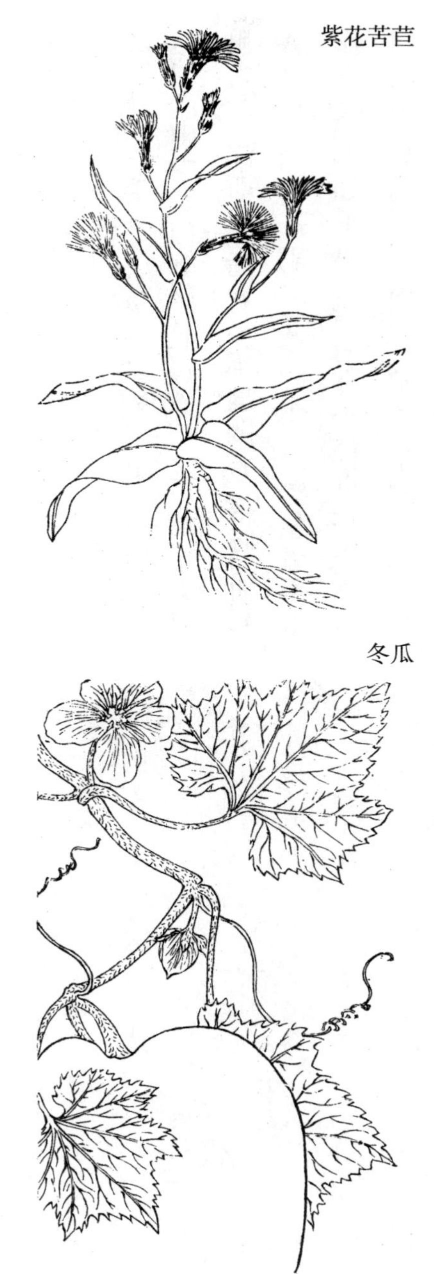
紫花苦苣

冬瓜

冬瓜

冬瓜，《本經》上品。一名「白瓜」。削敷癰疽、分散熱毒最良。子可服食。皮治跌撲傷損。

葉治消渴，傅瘡。《滇南本草》：「治痰吼氣喘，又解遠方瘴氣、小兒驚風；皮治中風，煨湯服效。」又有「象腿瓜」，長圓有溝，皮白，肉與冬瓜無異，子如南瓜子，味在二瓜之間，有南瓜之甘而無其濁，有冬瓜之嫩而勝其淡，亦佳蔬也。

薯蕷

薯蕷(yù)，《本經》上品。即今「山藥」，生懷慶山中者白細堅實，入藥用之。種生者根粗。〔一〕江西、湖南有一種扁闊者，俗呼「脚板薯」，味淡，其子謂之「零餘子」。野生者結莢作三棱，形如風車。雲南有一種根長尺餘，色白而扁，葉圓，《滇本草》謂之「牛尾參」，蓋肖其形。按《物類相感志》謂藷「手植如手，鋤鍪等物植隨本物形狀」，〔二〕似未可信。然種類實繁，《南寧府志》有人薯、牛脚、籬峒、鵝卵各薯，《瓊山縣志》有鹿肝薯、鈴蔓薯，《石城縣志》有公薯、木頭薯，《高要縣志》有雞步薯、胭脂薯，《番禺縣志》有掃帚薯，《漳浦縣志》有熊掌薯、薑薯、竹根薯，大要皆因形色賦名也。文與可有《謝寄希夷陳先生服唐福山藥方》詩，〔三〕唐福在蜀江之東，其詩曰「壯士臂」，曰「仙人

掌」，〔四〕則亦牛尾、脚板之類，蓋野生者耳。《文昌雜録》載乾山藥法，風掛、籠烘皆佳。《山家清供》謂以玉延磨篩爲湯餅、索餅，〔五〕取色、香、味爲三絶。《宋史》王文正公旦病甚，〔六〕帝手和藥并薯蕷粥賜之。今仕宦家不復入食單矣。〔七〕唯《雲仙雜記》載「李輔國大畏薯藥，或示之，必眼中火出，毛髮瀝血」。〔八〕其禽獸之腸與人異耶？

〔一〕種生：人工栽培。

〔二〕《物類相感志》：宋僧贊寧撰，原書十八卷，已散佚不全，今傳世者久非原本。此謂藷蕷以手栽植，則其形如手；如用鋤鍬之類栽植，則其形如鋤鍬。

〔三〕文同，字與可，北宋大畫家，以畫竹名世。與蘇軾相善。

〔四〕原詩句云：「有時巖頭倒垂三尺壯士臂，忽然洞口直舉一合仙人掌。」

〔五〕玉延：即薯蕷。《爾雅翼》卷六「藷藇」條：唐代宗諱預，故呼署藥。至宋又諱曙字，故呼爲山藥，一名「山芋」，秦、楚名「玉延」，鄭、越名「土藷」。

〔六〕王旦，北宋真宗時爲宰相十年，知人善任，公忠奉國，爲一代名臣。卒謚文正。

〔七〕食單：食譜，特言富貴人家飲食奢侈。晉武帝時官太尉何曾，性奢豪，廚膳滋味，過於王者，日食萬錢，猶曰無下箸處。《通雅》載何曾有「安平公食單」。

〔八〕李輔國：唐肅宗時權閹，握兵掌政，勢傾天下，宰相李揆至以子姓事之。擠太上皇（玄宗）遷西内，致怏怏死。先與皇后張良娣内外勾結，後爲立嗣君事反目，擅殺張皇后及二王。代宗立，竟以宦豎而爲中書令（宰相）。代宗忌其横，遂漸失勢。死於刺客。

百合

百合，《本經》中品。生山石上者根嫩多汁，瓣小；種生沙地者根大，開大白花。《南都賦》「藷蔗薑䪥」，〔一〕䪥，百合蒜也。近以嵩山産者爲良。江西廣、饒懸崖倒垂，〔二〕玉綻蓮馨，〔三〕根謝土膏，味含雲液，〔四〕療嗽潤肺，洵推此種。滇南夷門植此爲業，〔五〕以肥甘不苦者爲佳。滇南土沃，乃至翦採如薪，供瓶經夏。《本草綱目》引王維詩「冥搜到百合，真使當重肉」，按全詩云：「少陵晚崎嶇，天隨自寂寞」，《輞川集》豈應有此？〔六〕蓋宋王右丞，非摩詰也。〔七〕又云「果堪止淚無」，用《本草》止涕淚之説，肺氣固則五液歛也。

〔一〕《南都賦》，東漢張衡撰，收入《昭明文選》。

〔二〕廣、饒：江西廣信府、饒州府。

〔三〕其花色如玉而香似蓮。

〔四〕因生於懸崖，故其根不受泥土之養，而吞吐雲煙之潤。

〔五〕夷門：戰國時魏都大梁城之東門，後即爲大梁（開封）之别稱。

〔六〕少陵：杜甫。天隨：天隨子，陸龜蒙之號。《輞川集》，王維詩集名。

〔七〕宋人王右丞，名失載。摩詰：王維字。

山丹

山丹，葉狹而長，枝莖微柔，花紅四垂，根如百合而小，少瓣。〔一〕《洛陽花木記》有「紅百合」，即此。或曰「渥丹花」，殷紅有餤。陳傅良詩「山丹吹出青藜火」，〔二〕摹其四照也。朱子詩：「昔遊嶺海間，幾見蠻卉折。素英溥夕露，朱蘤爛晴日。〔三〕歸來今幾年，晤對祇寒碧。因君賦山丹，怳復見顔色。」嶺南花多朱殷，他處如此炫晃者蓋少，前賢掉詠無妄語如此。〔四〕《群芳譜》：「根大者供食，味與百合無異。」

〔一〕瓣：指根莖如蒜之瓣。

〔二〕王子年《拾遺記》卷六：「劉向校書天禄閣，專精覃思。夜有老人着黄衣，植青藜杖……乃吹杖端，爛然大明，因以照向，説開闢以前事。」

〔三〕藹：花。

〔四〕掉詠：掉舌而吟詠。

卷丹

卷丹，葉大如柳葉，四向，攢枝而上。其顛開紅黄花，斑點星星，四垂向下，花心有檀色長蕊。〔一〕枝葉間生黑子。根如百合。《本草衍義》所述百合形狀即此。京師花圃藝之爲玩，不以入饌。或謂根種一年則梢開一花云。《草花譜》「番山丹」，《花木記》「黄百合」，《群芳譜》「珍珠花，紅有黑點」，皆此花也。滇南謂之「倒垂蓮」，燕薊謂之「虎皮百合」。東坡「錯落瑪瑙盤」句，應是詠此。穎濱詩「山丹非佳花」，又云「盈尺爛如綺」，〔二〕山丹不能盈尺，亦嘉卉，以詠卷丹則稱。

〔一〕檀色：深黄如檀木之色。

〔二〕蘇轍自號潁濱遺老，其《西軒種山丹》詩有句云：「山丹非佳花，老圃有深意。宿根已得土，絶品皆可寄。明年春陽升，盈尺爛如綺。」

乾薑

乾薑，《本經》中品。生薑，《別録》中品。又有乾生薑，性畏日喜陰，亦有花，與山薑同，而抽莖長尺餘。余於贛南薑區見之。《吕氏春秋》：「和之美者，楊樸之薑。」〔一〕薑、桂之滋，古以爲味而已。《齊民要術》有蜜薑法。梅都官《糟薑詩》「醃芽費糟丘」，〔二〕此法吴中尚之。又有梅薑，《遵生八牋》所謂「五美薑」也。〔三〕李義山詩「蜀薑供煮陸機蓴」，〔四〕今人以水蔬爲茹，必加薑以制其性，其來舊矣。《東坡雜記》「有僧服薑四十年。其法取汁貯器中，澄去其上黄而清者，取其下白而濃者，乾，刮取如麪，謂之薑乳。飦溲爲丸，或末置酒食茶飲中食之。無力治此，和皮嚼爛，温水嚥之。初固稍辣，久則甘美」云。五味皆有偏勝，習慣則甘。今江、湖人茹之、飲之、咀嚼之，非此不能勝濕。「食蓼不知辛」，殆有斯須不能去者。東坡詩「先社薑芽肥勝肉」，〔五〕蜀固多薑，乃甘於肉。東坡又云：「食薑粥甚美，一甌夢足，得不汗出如漿

耶？」陶隱居謂：「久服少智，少志，傷心氣。」《唐本草注》：「《本經》言久服通神明，陶氏謬爲此說。」朱子詩：「薑云能損心，此謗誰與雪？」〔六〕則蘇氏已雪之於前矣。劉原父戲爲「道非明民，將以愚之」之説，誠堪解頤，〔七〕然孔稱「不徹」，〔八〕裴乃不食，〔九〕人之所嗜，固自不同。《史記》：「千畦薑韭，其人與千户侯等。」蓋爲和、爲蔬、爲果、爲藥，用芽、用老、用乾、用炮、用汁，其爲用甚廣。諺曰：「養牛種薑，子利相當。」此言非謬。李杲謂：〔一〇〕「秋不食薑。走氣瀉肺，故禁之。」《晦翁語録》亦有「秋薑夭人天年」之語。李時珍謂積熱、患目、病痔人多食兼酒，立發；癰瘡人多食則生惡肉。此皆覆鑒，〔一一〕好而知惡者鮮矣。

〔一〕楊樸：地名，在西蜀。

〔二〕梅聖俞《謝劉原父糟薑》。聖俞北宋人，晚年官至都官員外郎。《嘉祐雜志》：「梅聖俞轉都官員外郎，原甫戲之曰：『詩人有何水部，其後有張水部，鄭都官復有梅都官。』」

〔三〕用嫩薑一斤、白梅半斤外，另用甘松、甘草、檀香末，故稱五美。

〔四〕李商隱《贈鄭讜處士》詩：「越桂留烹張翰鱠，蜀薑供煮陸機蓴。」《晉書》：吴滅後，陸機與弟雲俱入洛。嘗詣侍中王濟，濟指羊酪謂機曰：「卿吴中何以敵此？」答云：「千里蓴羹，未下鹽豉。」時人稱爲名對。

〔五〕蘇軾《揚州以土物寄少游》詩。

〔六〕朱熹《次劉秀野蔬食十三詩韻·子薑》。

〔七〕《東坡雜記》：王安石多思而喜鑿。嘗與劉貢父食，輟箸而問曰：「孔子不徹薑食，何也？」貢父曰：「《本草》『生薑多食損智』。道非明民，將以愚之。孔子以道教人者也，故不徹薑食，將以愚之也。」介甫欣然而笑，久之乃悟其戲己也。

〔八〕《論語·鄉黨》：孔子「不撤姜食，不多食」。朱子曰：「薑通神明，去穢惡，故不撤。」

〔九〕《南史·周捨傳》：周捨「占對辯捷，嘗居直廬，語及嗜好，裴子野言從來不嘗食薑。捨應聲曰：『孔稱不徹，裴乃不嘗。』一坐皆悦」。

〔一〇〕李杲：金代名醫，史稱「金元四大家」之一。

〔一一〕覆車之鑒。

葱正作「蔥」，今從俗。

葱，《本經》中品。有冬葱、漢葱、胡葱、樓葱；野生爲山葱。冬葱即小葱，一曰「慈葱」。漢葱莖硬，一名「木葱」。胡葱根大似蒜。樓葱即「羊角葱」，一名「龍爪葱」。山葱即「茖」，汁爲葱涕。西北樓葱肥白，少辛氣，寸斷烹茹。《内

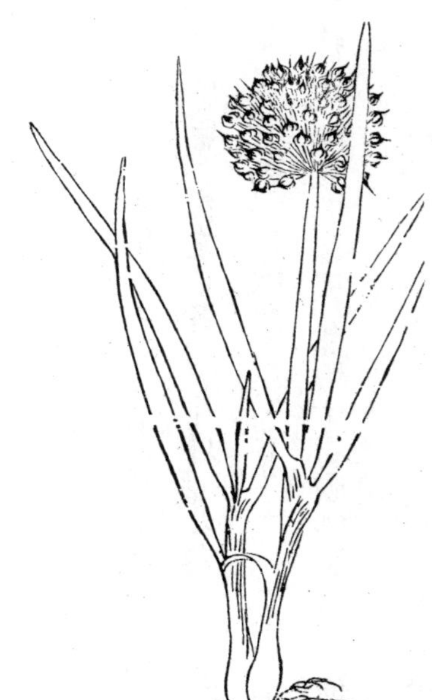

則》注：「涤，蒸葱也。」〔一〕《清異録》：「趙、魏間有盤盞葱，大如拄杖，粗盈尺。」孔奮在姑臧，但食葱菜。〔二〕劉先主歸曹瞞，聞雷失箸；〔三〕曹瞞覘之，方披葱，使厮人爲之，不端正，以杖擊之。〔四〕屈突通莅官勁正，語曰：「甯食三斗葱，不逢屈突通。」〔五〕蓋不比江左芼羹用大官葱，〔六〕但呼曰「和事草」也。〔七〕葱葉無可味，麥飯葱葉，食之寠者，故井丹推去之。〔八〕然其中空，用以通耳鼻諸竅皆有驗。東坡詩：「總角黎家三小童，口吹葱葉送迎翁。」〔九〕小兒游戲，即蘆笙矣。若其治脱陽、金瘡、便閉、卒死諸危症，回陽氣於須臾，盤飧中有靈妙寶丹，非他蔬所敢儕輩也。

〔一〕《内則》：《禮記》篇名。

〔二〕後漢孔奮，守姑臧長，養母至謹，備極膳羞，妻子但食葱菜。

〔三〕《三國志・蜀書・先主傳》：曹操食間與劉備論天下英雄，曰：「今天下英雄，唯使君與操耳。袁紹之徒，不足數也。」劉備驚而失箸。《華陽國志》云：於時正當雷震，備因謂操曰：「一震之威，乃至於此！」

〔四〕王褒《僮約》：「種瓜作瓠，别茄披葱。」披葱即分秧栽葱。《三國志・蜀書・先主傳》注引《吴歷》曰：曹公數遣親近密覘諸將，有賓客酒食者，輒因事害之。備時閉門，將人種蕪菁，曹公使人闚門。「披葱」事當即此之另一説。

〔五〕《新唐書·屈突通傳》：屈突通仕隋爲左武衛將軍，莅官勁正，有犯法者，雖親無所回縱。其弟蓋爲長安令，亦以方嚴顯。時爲語曰：「寧食三斗艾，不見屈突蓋；寧食三斗葱，不逢屈突通。」

〔六〕芼羹：以菜和肉爲羹。陸游《葱》詩：「瓦盆麥飯伴鄰翁，黄菌青蔬放箸空。一事尚非貧賤分，芼羹僭用大官葱。」江左：江南。陸游爲會稽人。芼羹，此指百姓家儉約的菜肴。大官葱：或作「太官葱」，會稽人稱小而美者曰「太官葱」。太官，天子御厨也。

〔七〕《清異録》：葱和美衆味，文言曰「和事草」。

〔八〕《後漢書·逸民傳》：井丹通《五經》，善談論，性清高，未嘗謁人。建武末，沛王等五王皆好賓客，更遣請丹，不能致。信陽侯陰就乃詭説五王，約能致丹，而别使人要劫之。丹不得已，既至，就故爲設麥飯葱葉之食。丹推去之，曰：「以君侯能供甘旨，故來相過，何其薄乎？」更置盛饌，乃食。

〔九〕見《被酒獨行，遍至子雲、威徽、先覺四黎之舍》詩，時東坡在儋耳。黎家：黎族。

山葱

山葱，《爾雅》：「茖，山葱。」《千金方》始〔一〕著録。《救荒本草》謂之「鹿耳葱」，山石原澤皆有之。而澤葱細嫩叢生，故詩人以爲「翠管」。《西河舊事》「葱嶺山高大，上生葱，故曰葱嶺」，《淮南子》「山上有葱，下有銀」，〔二〕此山葱也。生沙地曰「沙葱」，曹唐詩「隴上沙葱葉正齊」是也。〔三〕晉令有「紫葱」，〔四〕《唐書·西域傳》泥婆羅獻「渾提葱」，〔五〕皆葱肆所不具。《西域聞見録》：「不雅斯類野蒜，頭大如雞子，葉似葱而不中空，味辛。甘肅人呼爲『沙葱』，回人嗜之。」其「渾提」類耶？

〔一〕「始」，原本誤作「如」。

〔二〕《淮南子》無此語。《管子・地數》：「山上有赭者其下有鐵，上有鉛者其下有銀。」

〔三〕曹唐：唐末詩人。引句見《病馬五首》。

〔四〕《藝文類聚》卷八十二引《晉令》：「居洛陽内園菜欲課以當者耳，其引長流，灌紫葱，丁各三畝。」

〔五〕泥婆羅國在吐蕃之西。

薤

《爾雅》作「䪥」，《禮記》作「薤」，俗皆從薤。

薤（xiè），《本經》中品。《爾雅》：「䪥，鴻薈。」李時珍以爲即「藠子」，開花如韭而色紫白，其根層層作皮，與蒜異。炒食或醋浸。江

西、湖南極多，或云非薤也。老杜詩「衰年關鬲冷，味暖並無憂」，〔一〕蓋栝〔二〕樓薤白湯、半夏薤白湯皆治胸痺。《内則》「膏用薤」，又「切葱若薤，實諸醯以柔之」。〔三〕今湖湘人炒食、醋浸，其亦猶行古之道也。薤美在白。《圖經》以爲性冷，故食之留白，是殆不然。庾元規、温太真同推陶侃爲盟主，元規矯情，談宴噉薤留白，謬云可種。是時侃方慮朝廷猜疑，見元規舉止瑣屑，以爲易與，故相稱嘆，豈真服其有爲政之實耶？〔四〕韓滉盛帳延賓，晚問詰責所費，爲人所輕。舉大事者，安得猥碎？〔五〕薤本相連，拔薤喻抑强宗。〔六〕東坡詩：「細思種薤五十本，大勝取禾三百廛。」《龔遂傳》令人口種百本薤，蓋取屬對耳。〔七〕香山詩「酥暖薤白酒」，或謂以酥炒薤白，投酒中，此味吾所不解。

〔一〕《秋日阮隱居致薤三十束》詩。

〔二〕「栝」，原本誤作「枯」。

〔三〕醯：醋。

〔四〕晉成帝咸和二年，蘇峻反，庾亮（字元規）敗投陶侃，與温嶠（字太真）聯合討蘇峻。事見《世説新語・儉嗇》：陶侃性儉吝，及食噉薤，庾亮故意迎合陶侃，留薤白不食。陶問用此何爲，庾云：「故可種。」於是陶大歎庾「非唯風流，兼有治實」。此處吴氏做了另一種解釋。

〔五〕韓滉爲唐代名臣，歷仕肅、代、德諸朝，在朝以户部侍郎判度支，出鎮則調糧帛以濟朝廷。雖過手金帛無數，而性甚節儉，衣裘至十年一易。詰責所費，似不應謂爲猥碎。

〔六〕薤根纏繞，拔則相連而起。强宗：豪門巨族。《後漢書·龐參傳》：龐參爲漢陽太守。郡人任棠者，有奇節，隱居教授。參到，先候之，棠不與言，但以薤一大本、水一盂置户屏前，自抱孫兒伏於户下。參思其微意，良久曰：「水者，欲吾清也。拔大本薤者，欲吾擊强宗也。抱兒當户，欲吾開門恤孤也。」

〔七〕東坡《次韻段縫見贈》詩，前句用《漢書·龔遂傳》事，傳言種薤百本，東坡改爲五十本，爲與下句相對也。

山薤

山薤，《爾雅》：「葝，山䪥。」《本草拾遺》有「蓼蕎」，李時珍以爲即「山薤」。今湖南山中亦有之。葝山何在，羅願所訶。〔一〕《農書》亦云「天薤」，不多有。〔二〕蓋「白薤負霜」，久非魯、衛之詩，〔三〕雖有穭菜，〔四〕亦與菟葵、燕麥摇動春風耳。湘人呼曰「野藠頭」，唯其有之，是以識之。《思州府志》：「薤，俗名『藠頭』。小者名『苦藠』，大者名『鵝腿藠』。」山薤或即苦藠。《救荒本草》謂之「柴韭」，山西亦呼「野韭」。

〔一〕宋羅願《爾雅翼》卷五「葝」條言：《物類相感志》稱《列仙傳》昔有人隱葝山，服亢䪥之葉。或云亢䪥爲天地間六氣之名，非山中之草，如此則「薤則不當復稱亢䪥也，葝山又當安在乎」？

〔二〕王禎《農書·百穀譜》「薤」條：「一種麥原中自生者，俗呼爲『天薤』，即野薤也。葉比家薤較小，味亦辛，即《爾雅》所載『葝，山薤』也。亦可供食，但不多有耳。」

〔三〕晉潘岳《閑居賦》：「緑葵含露，白䪥負霜。」宋謝靈運《山居賦》：「緑葵眷節以懷露，白薤感時而負霜。」魯、衛與周爲兄弟之國，最爲親近。潘、謝詠白薤之時，已然失勢，故以背陰凝霜之薤自況。

〔四〕穭菜：野生之菜。

苦瓠

苦瓠（hù），《本經》下品。即「壺盧」。有苦、甜二種，甜者爲蔬，苦者爲器。《詩經》「匏有苦葉」，〔一〕味苦者也；「幡幡瓠葉」，〔二〕味甘者也。《滇南本草》：「苦瓠，採葉爲末，盛瓶内。出行渴時，取一分服之，不中水毒。加雄黄，能解啞瘴山嵐之毒。凡中夷人之毒，服此方二三分俱可，不可多用。」按苦瓠能吐人，〔三〕凡瘴

毒多以吐解。其甘者，河以北皆茹之。唐柳玭、鄭餘慶皆以常食瓠爲清德，〔四〕陶穀《清異録》乃謂之「淨街槌」，〔五〕真不知菜根味者。但北地種多風燥，烹之暴之，無不宜之。南方種植既稀，久雨，或就籬乾癟。佳者製爲玩具，頗得善價。《山家清供》以岳珂〔六〕勳閥，有詩曰「去毛切莫拗蒸壺」，嘆其知野人風味。余以爲岳詩亦只隸事耳。〔七〕若責南人以食壺爲儉，則當與盛筵中之黄芽白菜、營盤磨姑並駛而爭雄矣。〔八〕元范梈詩序「或言種瓠蔓長，必翦其標乃實。齋前因樹爲架，蔓緣不已，果多虚花」云。凡蓏皆然，不獨瓠也。高季迪詩：「自笑詩人骨，何由似爾肥。」肥白如瓠，誠爲食肉相，〔九〕然如益州張裔如瓠壺外澤内粗，〔一〇〕其與無竅而堅者何異？〔一一〕瓜花多黄，瓠花色白。杜詩「幸結白花了」，自是瓠架。〔一二〕

〔一〕見《邶風》。

〔二〕見《小雅·瓠葉》。

〔三〕吐人：令人嘔吐。

〔四〕《新唐書·柳玭傳》：柳玭嘗述家訓以戒子孫曰：「余舊府高公先君兄弟三人，俱居清列，非速客不二羹胾，夕食，齕葡、瓠而已，皆保重名於世。」《盧氏雜説》：鄭餘慶召親朋食，呼左右曰諭廚家：「爛蒸去毛，莫拗折項。」諸人以謂必蒸鵝鴨。良久就食，每人前粟米飯一盂，爛蒸葫蘆一枚。公食甚美，諸人强進而罷。

〔五〕《清異録》：「瓠少味無韻，葷素俱不相宜，俗呼淨街槌。」

〔六〕「珂」，原本誤作「柯」。

〔七〕林洪《山家清供》：「岳珂《書食品付庖者》詩云：『動指不須占染鼎，去毛切莫拗蒸壺。』岳勳閱閥也，而知此味，異哉！」按岳珂雖爲岳飛之孫，但贓濫不法，驕侈逾度，故吴氏不信其能知野人風味，譏其僅用鄭餘慶故事作詩而已。

〔八〕《本草綱目》卷二十六云：「南方之菘，畦内過冬，北方者多入窖内。燕京圃人又以馬糞入窖壅培，不見風日，長出苗葉皆嫩黄色，脆美無滓，謂之黄芽菜，豪貴以爲嘉品，蓋亦仿韭黄之法也。」《熱河志》卷九十二《物産》：「口蘑，又曰營盤蘑菰，以屯營之地糞壤肥沃，所産尤鮮美。」

〔九〕《史記·張丞相列傳》言張蒼「坐法當斬，解衣伏質，身長大，肥白如瓠」。

〔一〇〕《三國志·蜀書·張裔傳》：「張裔爲益州太守，雍闓曰：『張府君如瓠壺，外雖澤而内實粗。』」

〔一一〕《韓非子·外儲説左上》：「齊有居士田仲者，宋人屈穀見之曰：『……今穀有樹瓠之道，堅如石，厚而無竅，獻之。』仲曰：『夫瓠所貴者，謂其可以盛也。今厚而無竅，則不可剖以盛物。而任重如堅石，則不可以剖而以斟。吾無以瓠爲也。』」

〔一二〕見杜甫《除架》詩。架，瓜架也。

水蘄

水蘄（qín），《本經》下品。陶隱居以爲「合在上品，未解何意，乃在下」。《别録》謂「生南

水蘄

旱蘄

海池澤」。此是常蔬，不識何以云生南海，殆非人所種者耶？芹菹加豆之實，〔一〕而《列子》云「人有美戎菽、甘枲莖、芹萍子者，對鄉豪稱之，鄉豪取而嘗之，蜇於口，慘於腹」。其所謂「芹子」，必非園圃中物矣。按《詩》「觱沸檻泉，言采其芹，」〔二〕蓋古時以爲野蔬。青州有芹泉，榆林有芹葉水。〔三〕老杜詩多言芹，青泥、烏觜，亦自生之蔌耳。〔四〕《二老堂詩話》：「蜀人縷鳩爲膾，配以芹菜。或爲詩云：『本欲將芹〔五〕補，那知弄巧成。』」〔六〕言雖謔而可諷。

雩婁農曰：羊鼻公嗜醋芹，此常饈耳，《龍城録》三杯食盡之説，近狎侮矣。〔七〕太宗敬文貞甚至，不應有此。「臣執作從事，獨僻此收斂物」，文貞豈以口腹之故而爲嗇夫喋喋者？〔八〕

昌歜、羊棗，聖賢不以爲病。〔九〕若於飲食之間而覘朝臣所短，則漢景賜食而不設箸，〔一〇〕孫皓〔一一〕燕飲，澆灌取足，〔一二〕豈盛德事哉？昔人謂《龍城録》爲僞書，其言猶信。〔一三〕

〔一〕《周禮·天官冢宰》：「醢人掌四豆之實。……加豆之實：芹菹、兔醢、深蒲……」

〔二〕見《小雅·采菽》。

〔三〕青州在山東北部，榆林在陝西北部。

〔四〕杜甫《崔氏東山草堂》詩：「盤剥白鴉谷口栗，飯煮青泥坊底芹。」青泥坊，地名。《暇日小園散病，將種秋菜，督勒耕牛，兼書觸目》詩：「飛來兩白鶴，暮啄泥中芹。」蔌：蔬菜。

〔五〕「芹」，原本誤作「勤」。

〔六〕原句「本欲將勤補，那知弄巧成」，用歇後語俱爲「拙」字。此用「芹」諧音。

〔七〕《龍城録》：魏徵退朝，太宗笑謂侍臣曰：「此羊鼻公不知遺何好而能動其情？」侍臣曰：「魏徵好嗜醋芹，每食之，欣然稱快。」明旦，召賜食，有醋芹三杯。公見之，欣喜翼然，食未竟而芹已盡。太宗笑曰：「卿謂無所好，今朕見之矣。」公拜謝曰：「君無爲，故無所好。臣執作從事，獨僻此收斂物。」太宗默而感之。公退，太宗仰睨而三歎之。按魏徵謚文貞。

〔八〕《漢書·張釋之傳》：文帝登虎圈，問上林尉禽獸簿，虎圈嗇夫從旁代尉對上所問，對應無窮。文帝詔釋之拜嗇夫爲上林令。釋之前曰：「陛下以絳侯周勃何如人也？」上曰：「長者。」……釋之曰：「此兩人言事曾不能出口，豈效此嗇夫喋喋利口捷給哉！」

〔九〕周文王嗜昌歜菹。曾皙嗜羊棗。

〔一〇〕《史記・絳侯世家》：景帝召條侯周亞夫，賜食。獨置大胾，無切肉，又不置櫡。條侯心不平。上起，條侯因趨出。景帝以目送之，曰：「此怏怏者非少主臣也！」

〔一一〕「皓」，原本誤作「歆」。

〔一二〕《三國志・吴書・韋曜傳》：吴主孫皓每饗宴，坐席無論能飲否，率以七升爲限，雖不悉入口，皆澆灌取盡。

〔一三〕《龍城録》署唐柳宗元撰，實爲宋人王銍僞作。

堇〔一〕

蘄，同芹，堇（jǐn），音謹。《爾雅》「芹，楚葵」，注：「今水中芹菜。」而《唐本草》别出「堇菜」，云：「野生，非人所種。葉似蕺菜，花紫色。」李時珍以爲即「旱芹」。按《爾雅》「齧，苦堇」，注：「今堇葵也。葉似柳，子如米，汋食之，滑。」與蘄菜殊不類，近時亦無蒸芹而食之者。唯《疏》〔二〕引《唐本草》「堇菜」釋之，余疑《本草》「堇」别一種。惟諸家皆以爲「水蘄」，當有所據。又按《詩》「堇荼如飴」，《傳》：「堇菜也。」《疏》〔三〕以爲「烏頭」。烏頭毒草，豈可釋菜？《内則》堇、荁同列，未必異物。《士虞禮》「冬用荁，夏用葵」，〔四〕然則堇其葵之類耶？《爾雅》芹與苦堇兩釋，究不可定爲一種。烏頭之堇音覲，與堇葵亦異讀。

〔一〕原本無圖。

〔二〕邢昺《爾雅疏》無此文，或是《爾雅翼》之誤。

〔三〕此《疏》指《毛詩·大雅·綿》「周原膴膴，堇荼如飴」之孔穎達疏。

〔四〕《士虞禮》原文爲「夏用葵，冬用荁」。

紫芹

紫芹，《宋圖經》始著録。莖紫葉肥，根白長，香甜。河南多種之。

紫芹

馬芹

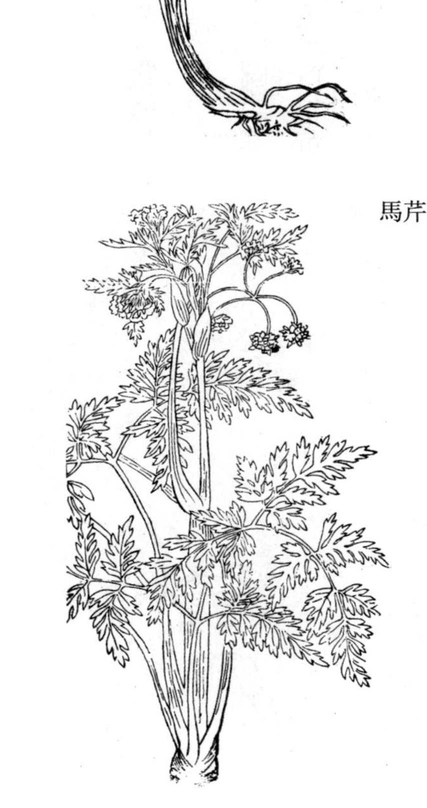

馬芹

馬芹，《唐本草》始著録。多生廢圃中，高大易長，南人不敢食之。滇南水濱，高與人齊，通呼「水芹」。《滇本草》謂主治發汗，與麻黄同功。一小兒發熱月餘，得一方：水芹菜、大麥芽、車前子，水煎服，效。

鹿藿

鹿藿，《本經》下品。《爾雅》「蔨，鹿藿，其實莥」，注：「今鹿豆。」葉似大豆，根黄而香，蔓延生。又曰「登豆」。《救荒本草》圖説詳晰。湖南山坡多有之，俗呼「餓馬黄」，以根黄而馬喜齕也。俚醫用以殺蟲。李時珍以《野菜譜》野菉豆爲䗖豆，殊不類。

薺

薺，《别録》上品。《爾雅》：「蒫，薺實。」湖南候暖，冬初生苗，已供匕筯。〔一〕春初即結實。其花能消小兒乳積，投之乳中，旋化爲水。肉食者可以蕩滌腸胃，俗亦謂之「淨腸草」，故

燒灰治紅白痢有效。陸放翁詩目有《食薺糝甚美，蓋蜀人所謂東坡羹也》。今燕京歲首亦作之，呼爲「翡翠羹」，牛乳抨酥，洵無此色味。放翁又有《食薺》詩云：「挑根擇葉無虛日，直到開花如雪時。」真知食菜者矣。《清異録》：「俗號薺爲『百歲羹』，言至貧亦可具，雖百歲可常享。」然金李獻能詩「曉雪没寒薺，無物充朝飢」，則苦寒之地有求之不得者。《珍珠船》：「池陽上巳日，以薺花點油，祝而灑之，謂之油花卜。」《物類相感志》：「三月三日收薺菜花，置燈檠上，則蚊蟲飛蛾不敢近。」伶仃小草有益食用如此。

雩婁農曰：孟東野云「食薺腸亦苦」，放翁亦云「傳誇真欲嫌荼苦，自笑何時得瓠肥」，咬斷菜根者，得不令人疑其勉而爲瘠耶？〔二〕冰壺先生沉醉大嚼，適然之妙，非必醒酒鮓也。〔三〕高力士「氣味不改」一語，〔四〕王右丞、鄭司户恐未能道。〔五〕薺爲靡草，阨於夏，〔六〕南方不可居些。「金生而生，水王而王，木茂而茂。」「歲欲甘，甘草先生」，薺成而告甘焉。〔七〕乾端坤倪，牙於小草，故君子曰「慎微」。

〔一〕匕筯：羹匙和筷子。供匕筯即供食用。

〔二〕《山堂肆考》卷一百二十三引《青谿類藁》：宋汪信民嘗言：「咬得菜根斷，則百事可做。」

〔三〕江少虞《事實類苑》卷十五：蘇易簡對宋太宗云：「臣憶一夕寒甚，擁爐燒火，乘興痛飲大醉。四鼓始醒，咽吻燥渴。時中庭月明，殘雪中覆一虀盎，披衣掬雪，以兩手滿引數缶，咀虀數莖，燦若金脆。臣此時自謂上界仙厨，鸞脯鳳腊，殆恐不及。屢欲作《冰壺先生傳》記其事，因循未暇也。」

《南史·虞悰傳》：悰家富於財而善爲滋味。武帝就悰求諸飲食方，悰秘不出。上醉後體不快，乃獻醒酒鯖鮓一方而已。

〔四〕《舊唐書·高力士傳》：高力士爲李輔國所構，配流黔中道。至巫州，地多薺而不食，因感傷而詠之曰：「兩京作芹賣，五谿無人採。夷夏雖不同，氣味終不改。」

〔五〕安禄山破西京，王維、鄭虔陷於賊。賊平，王維貶官，鄭虔貶台州司户參軍。

〔六〕《爾雅翼》卷四「薺」條：「枝葉細靡，通謂之靡。」《月令》：「孟夏之月，靡草死。」

〔七〕《淮南子·墜形訓》：「薺冬生，中夏死。」注言：「薺，水也。水王而生，土王而死。」《師曠占》：「歲欲豐，甘草先生。甘草，薺也。」與此處所引均有所不同。

菘

菘，《别録》上品。相承以爲即「白菜」。北地産者肥大，昔人謂北地種菘變爲蔓菁，〔一〕殊不然。考《嶺表録異》「嶺南種蔓菁，即變爲芥」，今北地種芥多肥大，亦似變爲蔓菁也。按

菘菜種類有「蓮花白」、「箭幹鈴」、「杵杓白」各種，惟「黄芽白」則肥美無敵，王世懋謂爲蔬中神品，不虚也。北無菘菜，前人已爲洗謗。南方之種，多從燕薊攜歸。《閩書》謂張燕公自函京攜種歸曲江種之，閩中呼爲「張相公菘」。〔一〕以余所至，如湖廣之襄陽、施南、辰州、沅州，〔三〕皆産之，可與黄芽爲厮輿。〔四〕湖南之長沙縣有數區地宜種，則燕薊之雲礽也。〔五〕聞廣東雷州亦佳，然羊城初筵，〔六〕皆海舶冬致。東吴、兩浙、江右糧艘歸帆，不脛而走。味勝於肉，亦非無食肉相者所能頓頓捫腹也。〔七〕滇南四時不絶，亦少渣滓。似此菜根，良有滋味，惟怪古人歌詠不及。范石湖《田園雜興》詩：「撥雪挑來塌地菘，味如蜜藕更肥濃。」此尚是黑葉白菜之類，〔八〕若北地大雪，菜皆僵凍，瓊漿玉液，頓成枯枿矣。又菘以心實爲貴，其覆地者，〔九〕北人謂之「窮漢菜」，亦曰「帽纓子」，誠賤之也。《清異録》：「江右多菘菜，粥筭者惡之，〔一〇〕詈曰『心子菜』。」蓋筭虚中而菘實中也。《雒南縣志》：「有圓根者，療饑濟荒，與蔓菁同功。」今北地連根煮食，味亦甘，微作辛氣。李時珍謂「根堅小，不可食」，亦少所見。

〔一〕《唐本草注》：「菘菜不生北土，有人將子北種，初一年半爲蕪菁，二年菘種都絶。」

〔二〕函京：指長安。曹植《贈丁儀王粲》詩曰：「從軍度函谷，驅馬過西京。」按燕公爲張説，張説與曲江無關，應是張九齡之誤。九齡，韶州（今廣東韶關）曲江人。《閩書》原文即爲張九齡，而「張相公菘」作「張相菘」。

〔三〕施南：在今湖北西南。辰州：今湖南懷化市沅陵縣。沅州：今湖南芷江。

〔四〕厮輿：僕役。湖廣所産諸種品味較差，只堪爲黄芽白之奴僕。

〔五〕雲礽：遠孫輩。

〔六〕羊城：今廣州别稱。初筵：新登宴席，即嘗鮮。

〔七〕無食肉相者：指窮書生。黄庭堅《戲呈孔毅父》詩：「管城子無食肉相，孔方兄有絶交書。」

〔八〕黑葉白菜：即後條之「烏金白」，産於南方者。

〔九〕覆地者：指菜葉鬆散，披離於地。

〔一〇〕粥：即「鬻」字。

烏金白

烏金白，即菘菜之黑葉者。湖南産者葉圓少皺，色青黑，有光，味稍遜。其「箭桿白」與他處同。

葵花白菜

葵花白菜，生山西。大葉青藍如劈藍。四面披離，中心葉白如黄芽白菜，層層緊抱如覆椀，肥脃可愛。汾、沁之間，菜之美者，爲齏爲羹，無不宜之。《山西志》無紀者。日食菜根，乃缺蔬譜，俗訛爲「回子白菜」。

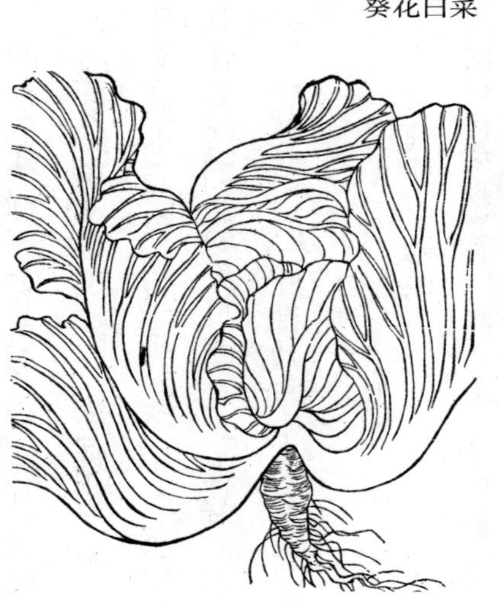
葵花白菜

芥

芥

芥，《别録》上品。有青芥、紫芥、白芥，又有南芥、旋芥、花芥、石芥。南土多芥，種類殊夥。宋《開寶本草》别出白芥，今入藥多用之。又《上海縣志》：矮小者曰「黄農芥」，更有細莖扁心名「銀絲芥」，亦名「佛手芥」。《長洲縣志》有「雞脚芥」。湖南有「排菜」，蓋即「銀絲芥」。然老圃所常藝者兩種耳：其科大根小曰「辣菜」，根大葉瘦曰「芥圪笞」，亦曰「大頭菜」。南方芥爲常膳，而王世懋乃以燕京「春不老」爲最。蓋南芥辛多甘少，北芥甘多辛少；南菘色青，北菘色白；南芥色淡緑，北芥色深碧，此其異也。江西芥尤肥大，煮以爲羹，味清滑，不似晦翁《南芥》詩「輟餐時擁鼻」也。〔一〕寧都州冬時生薹如萵苣筍，甚腴，土人珍之，曰「菜腦」。南昌則二月中有之，寒暖氣遲早耳。滇中一歲數食之。東坡詩：「芥藍如菌蕈，脆美牙齒響。」〔二〕余謂其味美於回，勝於良蕈一爽無餘。石芥、紫芥皆未得入饌。錢起《石芥》詩「山芥緑初嘗」，吴寬《紫芥》詩「此種乃野生」，又云「氣味既不辛，卻與芥同行」，蓋非圃畦，〔三〕亦芥之别宗耳。

〔一〕朱熹號晦庵，又稱晦翁。

〔二〕《雨後行菜圃》詩。「齒」字今本作「頰」。

〔三〕畦，原本誤作「鮭」，據文意改。圃畦：指菜園所產。

花芥

芥之别，《本草》諸書詳矣，然不及其根。王世懋《蔬疏》：「芥之有根者，想即蔓菁，京師大

而脆，爲蔬中佳味。擕子歸種之。移植他所，輒不如初。」如所言，則江以南芥無大根，宜諸書不詳而《葅疏》誤以爲蔓菁也。蔓菁根圓，味甘而大，芥根味辛而小，形微長，北地呼爲「芥矻磘」，醬漬者爲「大頭菜」，醃而封之，辛辣刺鼻，謂之「閉甕菜」。往往誤買蔓菁，則味甘而無趣。《嶺南異物志》：「南土芥高者五六尺，子如雞卵，爲鹹葅埋地中，〔一〕有三十年者。」疑以其根爲子。《遵義府志》：「大頭菜，各邑俱産，滇中尤多。花葉卵根，辛爽可人，醬醃與京華相埒。」《淄川縣志》：「圃種者根葉肥大，俱可食。昔人屢著芥辣法，而未知根之辣妙於子莖。」日用飲食，非必忽焉不察，殆地宜之囿人矣。〔二〕

〔一〕鹹葅：醃菜。

〔二〕地土物産之宜與不宜，對人的識見有所限制。

苜蓿

苜(mù)蓿(xu)，《别録》上品。西北種之畦中，宿根肥雪，緑葉早春，與麥齊浪，被隴如雲，「懷風」之名，信非虚矣。〔一〕夏時紫萼穎豎，映日爭輝。《西京雜記》謂「花有光采」，不經目驗，殆未能作斯語。《釋草小記》藝根審

實，叙述無遺，斥李説之誤，褒群芳之核，可謂的矣。〔二〕但李説黄花者，亦自是南方一種野苜蓿，未必即水木樨耳，亦別圖之。滇南苜蓿穭生，圃園亦以供蔬，味如豆藿，訛其名爲「龍鬚」。

雩婁農曰：按《史記·大宛列傳》祇云「馬嗜苜蓿」，《述異記》始謂張騫使西域，得苜蓿菜。晉華廙苜蓿園，阡陌甚整，其亦以媚盤飧耶？〔三〕山西農家摘茹其稚，亦非常饈。大利在肥牧耳，〔四〕土人謂芻秣壯於棧豆。谷量牛馬者，〔五〕其牧必有道矣。《元史》世祖初令，各〔六〕社防饑年，種苜蓿，未審其爲騋牝、爲黔黎也。〔七〕陶隱居云：「南人不甚食之，以其無味。」唐薛令之「苜蓿闌干」詩，清況宛然，〔八〕《山家清供》謂「羹茹皆可，風味不惡」。膏粱芻豢，〔九〕濟以野蔌，正如敗鼓鞾底，〔一〇〕皆可烹飪，豈其本味哉？階前新緑，雨後繁葩，忽誦「宛馬總肥秦苜蓿」句，〔一一〕令人有撻伐之志。〔一二〕

〔一〕《西京雜記》：樂遊苑中自生玫瑰樹，樹下多苜蓿，一名「懷風」，或謂「光風」。風在其間蕭蕭然，日照其花有光彩，故名苜蓿爲「懷風」。

〔二〕李時珍《本草綱目》卷二十七言苜蓿：「年年自生，刈苗作蔬，一年可三刈。二月生苗，一科數十莖，莖頗似灰藋。一枝三葉，葉似決明葉而小如指頂，緑色碧艷。入夏及秋開細黄花，結小莢，圓扁，旋轉有刺。數莢累累，老則黑色，内有米如穄米，可爲飯，亦可釀酒。」程瑶田認爲李時珍誤以黄花之木樨爲紫花之苜蓿。

〔三〕華廩：晉人。《晉書》本傳言「帝登陵雲臺，望見廩苜蓿園阡陌甚整」。媚盤飧：取媚於食盤，即供食用。

〔四〕肥牧：爲畜牧之草秣。

〔五〕《史記·貨殖列傳》言大畜牧主烏氏倮，與戎王交易，至用谷量馬牛。

〔六〕各，原本誤作「冬」，據《元史·食貨志一》改。

〔七〕種苜蓿防饑年，不知是爲了防馬匹之饑，還是防百姓之饑。

〔八〕薛令之爲東宮侍讀。時宮僚簡淡，以詩自悼云：「朝日上團團，照見先生盤。盤中何所有，苜蓿長闌干。飯澀匙難滑，羹稀筯易寬。只可謀朝夕，何由保歲寒。」

〔九〕芻豢：供食用的家畜。

〔一〇〕破鼓之皮，皮靴之底。

〔一一〕見杜甫《贈田九判官梁丘》詩。

〔一二〕撻伐：征討。馬肥利於用兵。杜詩中有「河隴降王款聖朝」句，紀天寶間哥舒翰敗吐蕃，復河源九曲事。

野苜蓿

野苜蓿，俱如家苜蓿，而葉尖瘦，花黄三瓣，乾則紫黑。唯拖秧鋪地，不能植立，移種亦然。

《群芳譜》云「紫花」，《本草綱目》云「黄花」，皆各就所見爲説。《釋草小記》斥李説，以爲黄花是水木犀。按水木犀，園圃所植，婦稚皆知，李氏不應孤陋如此。或程徵君偶爲人以水木犀相誑耳。

野苜蓿

野苜蓿（又一種）

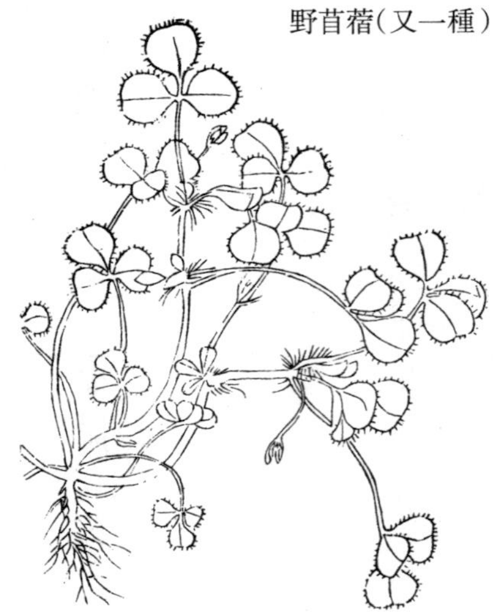

野苜蓿又一種。

野苜蓿，生江西廢圃中，長蔓拖地，一枝三葉，葉圓有缺，莖際開小黃花，無摘食者。李時珍謂「苜蓿黃花」者當即此，非西北之苜蓿也。宜爲《釋草小記》所詠。

蕪菁

蕪菁，《别録》上品。即蔓菁。昔人謂葑、須芥、蕵、蕪、蕘、蕪菁、蔓菁七名一物，蜀人謂之「諸葛菜」。今辰、沅有「馬王菜」，亦即此。袁滋《雲南記》：「巂州界緣山野間有菜，大葉而粗莖，其根若大蘿蔔。土人蒸煮其根葉而食之，可以療飢，名之爲『諸葛菜』。云武侯南征，用此菜蒔於山中，以濟軍食，亦猶廣都縣山櫟木謂之『諸葛木』也。」袁氏殆未知其爲蔓菁耶？《周禮》「菁菹」，〔一〕鄭司農以爲「韭菹」，康成破謂「蔓菁」，〔二〕二説皆通。若包匭菁茅，蠻方貢菜，則荔支、龍眼不爲疲尉堠矣，〔三〕恐亦非物土之宜。先主在曹，閉門種蕪菁，〔四〕陸遜聞韓扁爲敵所獲，方催人種葑豆，〔五〕軍行齎種，蓋亦兵家之常。孟信爲趙平守，素木盤盛蕪菁菹，清德可風，亦西土之美。〔六〕放翁詩：「往日蕪菁不到吴，如今幽圃手親鋤。」楊誠齋詩：「早覺蔓菁撲鼻香。」南方舊已有種者。蕪菁、蘿蔔，《别録》同條，陶隱居亦有分曉，後人乃以葉根强别。《兼明書》不知其誤，而博引以實之，何未一詢老圃？〔七〕

雩婁農曰：吾觀《麗江府志》而知食蔓菁之法。武侯之遺，不僅爲行軍利也，世以此爲蔬耳。而《志》云：「夏種冬收，户户曬乾囤積，務足一歲之糧，菽餻稗粥外，饔飧必需，惟廣積之家，用以代料飼馬。」麗江西陲苦寒，春盡無青草，土人至以燕麥爲乾餱，大麥作饅首，煮蔓菁湯咽之，小麥非享客不敢用，稻惟沿江産，其與貉俗異者幾希！〔八〕蔓菁耐寒，割而復生，又爲復生菜，然則蔓菁之用於維西也大矣。余留滯江、湖，久不覩蕪菁風味，自黔入滇，見之圃中，因爲《諸葛菜賦》，以「蔓菁六利，諸葛種之」爲韻，〔九〕其詞曰：

魏闕霄三，〔一〇〕滇山仞萬。駕余馬兮將煩，〔一一〕加余餐兮孰勸。時則稷霰天霏，葭霜夕噴。敗蒲枯葦，林渡冰澌；蔓草荒榛，楂城風健。惆悵煨芋之爐，〔一二〕棖觸折秔之飯。〔一三〕穴有凍雀之號，塊無野人之獻。〔一四〕顧見園菁，向陽舒蔓。寒畦擢穎，膏壤叓榮。玉槔猶潤，金耜纔耕。耐冬不萎，踏雪復生。試共采衛原之菲，〔一五〕何殊貢荆匭之菁？辨葑蕵之同異，〔一六〕味豐芥之生烹。〔一七〕偉此伶仃之小草，猶留宇宙之大名。〔一八〕憶昔武侯，時逢逐鹿，居南陽而就顧者三，〔一九〕表北征而未解者六。〔二〇〕方其志燮中原，先以威戡南服。〔二一〕地入不毛，〔二二〕士持半菽。〔二三〕怨春日兮祁纇，〔二四〕牧秋原兮苜蓿。碧雞滇海，〔二五〕誰備裹荷？〔二六〕白飯浮圖，〔二七〕難分寶粥。慮同斜谷之乏糧，〔二八〕計效湟中之屯穀。〔二九〕披草萊於索嶺、盤江，〔三〇〕携蔬種於蠶叢、魚復。〔三一〕小駐儲胥，〔三二〕預謀旨蓄。〔三三〕興古新封，〔三四〕句町舊地。〔三五〕瓜戍雲屯，〔三六〕芑田星萃。〔三七〕麾羽扇以經營，拄杖笻而布置。竹落布而紆青，〔三八〕柳營開而含翠。〔三九〕人閑賓叟，蹔作園官；〔四〇〕峰接烏蒙，頓成葱肆。〔四一〕况乃薇蕨易生，亦復菅蒯可棄。〔四二〕豈比咼種之千金，〔四三〕信爲軍儲之六利。〔四四〕方其龍川春早，犁水風徐，〔四五〕士輕藤甲，日暖毳廬。三尺鹿盧之劍，〔四六〕一肩鴉嘴之鋤。隴上蘆笙，齊來挑菜；帳中銅斗，小煮摘蔬。〔四七〕苞香緑濕，葉嫩紅舒，芬超五弋，馨越七葅。〔四八〕爰調和以蒟醬，應儕輩夫桃諸。〔四九〕若乃萬栅森寒，千屯曠闊，風卷旌頭，葉飛木末。冰堅黑水，尚有凍荄；雪壓蒼山，猶存枯枿。劚玉根兮芳肥，提筠籃兮襭捋。〔五〇〕踏金馬以遄歸，喜木牛之初達。〔五一〕數聲鑾鼓，士飽馬騰；萬竈寒烟，香升翠潑。不數豌巢，〔五二〕無論菘、葛。迄於今白國皆饒，〔五三〕朱提徧種。〔五四〕染釵股而同餐，〔五五〕薦木槃而常供。〔五六〕非堯韭之祥珍，〔五七〕豈姬菖之鄭重？〔五八〕寒庖則羹憶老蘇，〔五九〕方物則圖傳小宋。〔六〇〕長卿之嘉話猶傳，〔六一〕昌黎之感詩可誦。〔六二〕疇則懷日食之二升，〔六三〕而緬天威於七縱。〔六四〕試思當時，雲棧出師，文書夜掃，壘壁晨移，刈比成周之麥，〔六五〕踐同魯國之葵。〔六六〕臨渭愴屯田之役，〔六七〕闕門想種菜之疑。中興不再，舊陣空遺；〔六八〕浮雲變古，〔六九〕野蔌如斯。遥悵望兮無盡，輒流連而賦之。

〔一〕見《天官冢宰》「醢人」。

〔二〕鄭玄破開「菁菹」二字，單解「菁」爲蔓菁。

〔三〕「包匭菁茅」，見《尚書·禹貢》。包匭：進貢所用之匣。菁爲醃製的菁菹，茅爲祭祀縮酒所用之草，此皆荆州所貢，故稱蠻方。此句的意思是：菁是菁菹，而不是蔓菁，如是蔓菁，就成了從楚國蠻荒之地向中原進貢新鮮蔬菜。果真如此，那麼後世的進貢龍眼、荔枝，也就算不上疲憊驛馬、驚動天下了。尉堠：傳遞貢物的官吏和驛站。《東漢會要》：東漢時，「南海獻龍眼、荔支，十里一置，五里一候」。

〔四〕見本卷「葱」條注〔四〕。

〔五〕事見《三國志·吴書·陸遜傳》。韓扁爲陸遜親信，上表吴主途中爲魏軍所擒。魏軍盡知吴主行蹤，而陸遜鎮定自若，方催人種葑豆，與諸將弈棋射戲如常。

〔六〕《北史·孟信傳》：孟信爲趙平太守。山中老人曾以犺酒餽之，信和顔接引，殷勤勞問，乃自出酒，以鐵鐺温之，素木盤盛蕪菁而已。

〔七〕蔓菁、蘿蔔本爲二物，而《兼明書》卷五「蔓菁」條云：「近讀《齊民要術》，乃知蔓菁是蘿菔苗，即醫方所用蔓菁子皆蘿菔子也。蘿菔、蔓菁爲一物，無所疑也。」

〔八〕貉：北方少數民族。

〔九〕《爾雅翼》卷六「葑」條：「諸葛亮所止，令軍士獨種蔓菁者，取其纔出甲可生啖，一也；葉舒可煮食，二也；久居則隨以滋長，三也；棄不令惜，四也；回則易尋而採之，五也；冬有根可斸而食，六也。三蜀、江陵之人，今呼爲『諸葛菜』。」

〔一〇〕魏闕指朝廷。霄：雲霄。言遠離朝廷如隔九霄。

〔一一〕煩：煩苦。

〔一二〕《甘澤謡》：衡岳寺有僧號懶殘，李泌往見，正撥火煨芋啖之。取其半授泌曰：「勿多言，領取十年宰相。」

〔一三〕《三國志·魏書·王朗傳》注引《魏略》：曹操嘲王朗昔在會稽，曾食折秔米飯。折秔：即折下稻穗，連殼也不去就倉促爲飯。

〔一四〕《左傳》僖公二十三年：重耳出奔，「乞食於野人。野人與之塊。公子怒，欲鞭之。子犯曰：『天賜也。』稽首受而載之」。

〔一五〕《詩·邶風·谷風》：「采葑采菲。」此衛人之詩也。

〔一六〕《爾雅·釋草》：「須，葑蓯。」《谷風》之「葑」爲蔓菁。於是有辨葑蓯與葑之同異者。詳見明毛晉《陸氏詩疏廣要》。

〔一七〕蘴：即葑，蔓菁。芥亦蔓菁。葑、須、蕪菁、蔓菁、蕵蕪、蕘、芥，七者一物。

〔一八〕杜甫《詠懷古迹五首》：「諸葛大名垂宇宙。」

〔一九〕諸葛亮《出師表》：「先帝不以臣卑鄙，猥自枉屈，三顧臣於草廬之中，諮臣以當世之事。」

〔二〇〕諸葛亮《後出師表》，其中有「臣之未解」者六。

〔二一〕南服：南方化外之地。

〔二二〕《後出師表》：「五月渡瀘，深入不毛。」

〔二三〕半菽：此指軍隊口糧僅够一半。

〔二四〕《詩·小雅·出車》：「春日遲遲，卉木萋萋。倉庚喈喈，采蘩祁祁。」蘩：白蒿也。

〔二五〕漢越巂郡有碧雞、金馬之神。後即以金馬碧雞爲雲南代稱。

〔二六〕無人裹荷飯食相迎。

〔二七〕白飯：白飯王。滇有白國，其先有西海阿育王，奉佛惡殺，不茹葷腥，日食白飯，人稱爲白飯王。浮圖：佛寺。

〔二八〕諸葛亮伐魏，於斜谷乏糧，以木牛流馬運之，事在南征之後。

〔二九〕西漢趙充國征羌，屯田於湟中。

〔三〇〕關索嶺、盤江均在雲南。

〔三一〕蠶叢、魚鳧均爲蜀地古帝王，此處代指蜀地。「魚復」或作「魚鳧」。

〔三二〕儲胥：此指修建城栅。

〔三三〕旨蓄：儲備食物。

〔三四〕諸葛亮南征，平四郡，分建寧、牂牁爲興古郡。

〔三五〕雲南在三代時爲句町國。

〔三六〕《左傳》莊公八年：「齊侯使連稱、管至父戍葵丘。瓜時而往，曰：『及瓜而代。』」後即以瓜戍指軍隊戍守。此處是説戍守的軍隊如雲屯聚。

〔三七〕芑田：種植粱粟之田。

〔三八〕竹落：竹子建的聚落。

〔三九〕西漢周亞夫駐軍細柳，軍容嚴整，人稱「細柳營」。

〔四〇〕賨爲雲南等地的少數民族。此言用當地的老人看管菜園。

〔四一〕烏蒙山在雲南。葱肆：此指菜市。

〔四二〕《逸詩》：「雖有絲麻，無棄菅蒯。」

〔四三〕傳説蒿苣之種自咼國傳來。

〔四四〕言蔓菁之種雖不珍貴，但對軍隊食儲却有六大好處。

〔四五〕龍川即龍川江。犂水疑指梨花江。

〔四六〕古樂府《陌上桑》：「腰中鹿盧劍，可直千萬餘。」

〔四七〕銅斗：即刁斗，行軍時白天煮飯，夜以擊更。

〔四八〕「弋」字疑誤。《周禮·天官冢宰》：「醢人掌共五齊、七菹。」七菹謂韭、菁、茆、葵、芹、箈、筍。

〔四九〕桃諸：即桃菹，晾乾的桃實。

〔五〇〕襭：撩起衣襟塞到腰帶上，用以兜採集的果實。

〔五一〕諸葛亮用木牛流馬運送軍實。

〔五二〕不數：不亞於。豌巢即巢菜，見卷二「豌豆」條注。

〔五三〕雲南蒙化府，唐以前爲白國。

〔五四〕朱提：雲南地名，産銀。

〔五五〕《荆楚歲時記》注：仲冬之月，采擷蕪菁、葵等雜菜乾之，並爲鹹葅，作金釵色，美稱「金釵股」。

〔五六〕孟信事，見前注。

〔五七〕堯韭：菖蒲也。傳説堯時有天星降精，於庭爲韭，感百陰爲菖蒲。

〔五八〕姬指周文王，文王嗜昌歜葅。

〔五九〕蘇軾《送笥芍藥與公擇二首》有句：「我家拙厨膳，彘肉芼蕪菁。送與江南客，燒煮配香粳。」

〔六〇〕宋祁字景文，與兄宋庠稱大小宋。祁爲成都府尹，著有《益州方物志略》。

〔六一〕唐韋絢撰《劉賓客嘉話録》，多記劉禹錫日常論談。「蔓菁六利」即劉禹錫對韋絢所談。

〔六二〕韓愈《感春》詩：「黄黄蕪菁花，桃李事已退。」

〔六三〕《三國志·蜀書·諸葛亮傳》注引《魏氏春秋》曰：亮使至，司馬懿問其寢食及其事之煩簡。使對曰：「諸葛公夙興夜寐，罰二十以上，皆親擥焉。所噉食不至數升。」

〔六四〕七擒七縱孟獲事。

〔六五〕《左傳》隱公三年：「四月，鄭祭足帥師取温之麥。秋，又取成周之禾。」

〔六六〕《列女傳》：魯漆室之女曰：「昔有客繫馬園中，馬逸踐葵，使予終歲不飽葵。」

〔六七〕諸葛亮與司馬懿相持於渭南。亮患糧不繼，分兵屯田，耕者雜於渭濱居民之間。

〔六八〕杜甫《八陣圖》詩：「功蓋三分國，名成八陣圖。江流石不轉，遺恨失吞吳。」

〔六九〕杜甫《登樓》詩：「錦江春色來天地，玉壘浮雲變古今。」

韭

韭，《別録》中品。《本草拾遺》謂之「草鍾乳」，醃韭汁治吐血極效。北地冬時培作韭黄，味美，〔一〕即漢時温養之類。〔二〕陶隱居以其「辛臭，爲養生所忌」。而諸醫以爲温而宜人，有「草鍾乳」、「起陽草」諸名。治噎膈及胃口死血作痛用韭汁，治漏精用韭子，根葉之用尤多，亦蔬中良藥也。一種屢翦。古諺云「日中不翦韭」，〔三〕而夜雨留賓，遂爲詩人膾炙。〔四〕然則翦忌日而喜雨，其物性宜耶？昔人謂韭黄豪貴所珍，東坡詩「漸覺東風料峭寒，青蒿黄韭試春盤」，〔五〕蒿生而韭黄非窖藏之時矣。〔六〕放翁詩「雨足韭頭白」，〔七〕蓋紀實也。韭花逞味，實謂珍饈，〔八〕鼎雉禁臠，得之尤妙。〔九〕石崇冬月得韭蓱齏，亦何足異？〔一〇〕但薊門春盤，〔一一〕亦多以麥苗雜之。庾郎食鮭「二十七種」，〔一二〕

李令公一食十八種，〔一三〕一以貧而誇，一以富而恡。《三國典〔一四〕略》謂北齊後宮冬月皆食韭芽，〔一五〕然則「韭芽帶土蕨如拳」，〔一六〕癯儒用篕，比玉食矣。「朝事之豆，其實韭菹」，〔一七〕司農訓菁菹亦爲韭菹，一物再薦，〔一八〕見韭、祭韭，《小正》特書，〔一九〕豈果有取於性温而種能久耶？「政道得則陰物變爲陽」，〔二〇〕若葱變爲韭，後秦、周、隋皆有之矣，果何道而致此？張耒詩注：「俗言『八月韭，佛開口』。」〔二一〕味肥而忘其葷，甚美甚惡，孰則辨之？

〔一〕王禎《農書》卷八「韭」條：「至冬，移韭根藏於地屋蔭中，培以馬糞，煖而即長，高可尺許，不見風日，其葉黃嫩，謂之韭黃，比常韭易利數倍，北方甚珍之。」

〔二〕温養：此指温室培育。

〔三〕《爾雅翼》卷四「葵」條：「語曰：觸露不掐葵，日中不翦韭。」

〔四〕東漢郭林宗，有友人夜冒雨至，翦韭作炊餅食之。杜甫《贈衛八處士》詩：「夜雨剪春韭，新炊間黃粱。」

〔五〕見《過范縣訪德孫》詩。

〔六〕蒿生於春，而韭黃育於冬月。

〔七〕陸游《縱筆》詩：「雪晴蓼甲紅，雨足韭頭白。雖無萬錢具，野飯可留客。」

〔八〕楊凝式《韭花帖》：「當一葉報秋之初，實韭花逞味之始。助其肥羜，實謂珍羞。」

〔九〕鼎雉禁臠：指帝王之宴。鼎雉，《書・高宗肜日》孔《疏》：「高宗既祭成湯，肜祭之日，於是有雊鳴之雉在於鼎耳。」禁臠：晉元帝初鎮建業，公私窘罄，每得一豚，以爲珍膳，項上一臠尤美，輒以薦帝，群下未嘗敢食，時呼爲「禁臠」。

〔一〇〕石崇事見卷一「大豆」條注〔五〕。

〔一一〕薊門：此指北京。立春日，薦春餅生菜，號春盤。

〔一二〕《南齊書・庾杲之傳》：庾杲之清貧，食唯有韭葅、瀹韭、生韭雜菜。或戲之曰：「誰謂庾郎貧？食鮭常有二十七種。」言「三九」也。

〔一三〕《洛陽伽藍記》卷三：李崇爲尚書令，儀同三司，富傾天下而性吝，惡衣粗食，食常無肉，止有韭茹、韭葅。崇家客李元祐語人曰：「李令公一食十八種。」人問其故，元祐曰：「二九一十八。」聞者大笑，世以此爲譏。

〔一四〕「典」，原本誤作「世」，據上下文改。

〔一五〕《三國典略》：北齊太上後宮無限，衣皆珠玉，一女歲費萬金，寒月盡食韭芽。

〔一六〕蘇軾《春菜》詩：「蔓菁宿根已生葉，韭芽戴土拳如蕨。」戴土之韭芽爲最鮮。

〔一七〕見《周禮・天官冢宰》：「醢人掌四豆之實。朝事之豆，其實韭菹、醓醢、昌本、麋臡，菁菹……。」

〔一八〕司農：指東漢經學家鄭衆，又稱「前鄭」。朝事之豆中既有韭菹，又有菁菹，如依前鄭之說，是一物而再薦。

〔一九〕《夏小正》正月有「見韭」、「祭韭」之文。

〔二〇〕《隋書・王劭傳》：時左衛園中葱皆變爲韭。王劭附會爲祥瑞，上表云：「《稽覽圖》又云：『治道得，則陰物變爲陽物。』鄭玄注云：『葱變爲韭亦是。』」

〔二一〕見張耒《秋蔬》詩注。耒爲蘇門四學士之一。

山韭

山韭，《爾雅》：「藿，山韭。」《千金方》始著録。今山中多有之。《救荒本草》有「背韭」，似韭而寬，根如葱；又有「柴韭」，亦可食。《韓詩》「六月食鬱及藿」，〔一〕《爾雅翼》本其説，以爲山韭可以食賤老，但其形似燈心，不甚似韭。輝縣九山、咸陽野韭澤、鄉寧縣硃砂山、句容仙韭山、定遠縣韭山、安化縣韭菜崙、重慶府邑梅司韭山，皆以産韭得名。《志》謂比家韭長大，而咸陽澤坦鹵不生五穀，惟野韭自生於蓬蒿莎草中，則又徧及原澤，而非宗生高岡。《北征録》〔二〕：「北邊雲臺戎地多野韭、沙葱，人採食之。」許有壬詩：「西風吹野韭，花發滿沙陀。氣較葷蔬媚，功於肉食多。濃香跨薑桂，餘味及

瓜茄。我欲收其實，歸山種澗阿。」蓋皆此物。玩許詩，乃勝於家韭也。滇南山韭亦似燈心草，《滇本草》「一名『長生草』，味甘，能養血健脾，壯筋骨，添氣力，根汁治跌損；同赤石脂搗，擦刀斧傷，爲金瘡聖藥」，與《奉親養老書》「藿菜羹治老人脾弱」同功而加詳。唯山草似韭者尚多，或可食不可食。孝文韭、諸葛韭，雖因人命名，然形味不具，非若野葱、野蒜，處處擷摭助匕箸也。《北户録》「水韭生池塘中」，引《字林》「荾，水中野韭」。與《説文》「韱，山韭」音同，宜可通。

〔一〕《豳風·七月》。《毛詩》此句作「六月食鬱及薁」。

〔二〕明金幼孜撰。永樂間幼孜從成祖出塞北征時所記。

蘘荷

蘘荷，《别録》中品。古以爲蔬，《宋圖經》引據極晰，他説亦多紀其種植之法。惟《本草綱目》退入「隰草」，而「蔬譜」不復品列矣。《滇本草》圖其形，貴州諸志皆載之，此蔬固猶在老圃也。余前至江西建昌，〔一〕土醫有所謂「八仙賀

壽草」者，即疑其爲蘘荷。以示滇學使家編修荔裳，〔二〕編修曰：「此正是矣。吾鄉植之南墻下，抽莖開花青白色，如荷而小，未舒時摘而醬漬之，細瓣層層，如剥蕉也。」余疑頓釋。他時再菹而啖之，種而蕃之，使數百年堙没之嘉蔬，一旦伴食鼎俎，非一快哉？編修名存義，泰興人。

雩婁農曰：夫物顯晦固有時，乃有晦之而愈顯、顯而愈晦者，何也？蘘荷，嘉草也。其葉如荷，故名以荷；其功除蠱，故名以嘉。依陰藏冬，〔三〕列於蔬焉。詞人詠之，《本草》圖之，無異説也。近世《山居録》、《野菜譜》亦俱詳矣。楊升菴偶未之見，遂據「蘘荷一名甘露」，而以芭蕉之結甘露者當之。《本草綱目》、《農政全書》轉相附會，而《滇志》乃謂「芭蕉根可爲菹，惜無試者」。夫芭蕉，世無不知者，以芭蕉易爲蘘荷，能使人不名芭蕉而名蘘荷乎？蘘荷，農圃皆知之，以蘘荷爲即芭蕉，能使人種蘘荷如種芭蕉乎？芭蕉根不堪噉，脱以爲茹，螫於口而剌於腹，不幾如蔡謨食蟛蜞，幾爲《勤學》死乎？〔四〕按《貴州志》有「洋荷花」，未開時取苞醋漬以食，《湖南志》有「陽藿」，《廣西志》有「洋百合」，謂即蘘荷。江西建昌土音呼如「仙賀」，皆方言聲音輕重耳，俗醫乃書作「八仙賀壽草」，誠堪解頤，然絶不以《本草》有芭蕉之説而强目爲蕉也。獨怪耳食之徒，捫鍾揣籥，〔五〕且矜芭蕉、甘露之同名，以爲能獨識蘘荷，於是蘘荷之名雖顯，而蘘荷之實益晦。且馬之貴者似鹿，有以鹿爲馬者，馬果即鹿耶？雉之文者似鳳，有以雉爲鳳者，雉果即鳳耶？唐時諛墓之文，言孝則曾、閔，〔六〕言忠則稷、卨，〔七〕言經術則鄭、服，〔八〕言文詞則賈、馬。〔九〕讀其文者，有以爲即曾、閔、稷、卨、鄭、服、賈、馬耶？有善謔者云：於深山中見古衣冠人，詢之，曰：「吾某邑某也，官於朝無奇績，亦無愧事，歿葬於某原。越數年，有豐碑突起於墓道，視之爲吾姓名，而碑所紀皆古賢人事，非吾也。過者每捫之而頌古賢人，嘖嘖不絶口，吾懼矙，故逃之。」今蕉之葉可以書，皮可以織，露可以飲而止餧，於世非無益者，乃忽有對芭蕉而頌其葉似荷，功治蠱，咀其露，掘其根，以爲旨蓄禦冬，〔一〇〕蕉若有知，不以爲晦其所長而顯其所短耶？嗚呼！郲庶其之奔，不書盜而實盜首；〔一一〕曹孟德之死，乃書漢而實漢賊。事不崇實，蓋之而彌彰，彰之而轉没，一人之口，烏能使天下皆爲悠悠之毁譽哉？

〔一〕建昌府，治所在今江西南城，轄南城、瀘溪、新城、南豐、廣昌五縣。

〔二〕吴存義，號荔裳，道光二十二年由翰林院編修出任雲南學使，吴其濬亦於是年任雲南巡撫。

〔三〕《爾雅翼》卷七「蘘荷」條：「蘘荷宜在林木陰下種之，故古人云蘘荷依陰。」藏冬：收藏過冬。

〔四〕《晉書·蔡謨傳》：「謨初渡江，見彭蜞，大喜曰：『蟹有八足，加以二螯。』令烹之。既食，吐下委頓，方知非蟹。後詣謝尚而説之，尚曰：『卿讀《爾雅》不熟，幾爲《勸學》死。』」《西溪叢語》謂「勸學」乃「勸學」之誤，因《荀子·勸學篇》有「蟹六跪而二螯」之語也。

〔五〕蘇軾《日喻》：生而盲者不識日，「或告之曰日之狀如銅槃。扣槃而得其聲。他日聞鐘，以爲日也。或告之曰日之光如燭。捫燭而得其形。他日揣籥，以爲日也」。

〔六〕孔子弟子曾參、閔子騫俱以孝名。

〔七〕帝舜之臣稷及契皆忠於所事。禼：即契。

〔八〕鄭玄、服虔爲東漢著名經師。

〔九〕賈誼、司馬相如文章著名於西漢。

〔一〇〕旨：甘旨。旨蓄：蓄食糧以過寒冬。《詩・邶風・谷風》：「我有旨蓄，亦以禦冬。」

〔一一〕《左傳》襄公二十一年：「邾庶其以漆、閭丘來奔。季武子以公姑姊妻之，皆有賜于其從者。」邾國之庶其以漆、閭丘二邑投奔魯國。魯執政季武子把襄公之姑姊嫁給庶其，並賞賜其隨從者。此後魯國多盜，季武子欲治盜，臧武仲以爲不能治，曰：「子召外盜而大禮焉，何以止吾盜？」

蒜

蒜，《别録》下品。葫，《别録》下品。小蒜爲蒜，大蒜爲葫，諸家説同。唯李時珍以瓣少者爲小蒜，瓣多者爲大蒜；其野生小蒜别爲山蒜。范石湖在蜀爲蒜所薰，致形譏嘲，〔一〕若北地則頓頓伴食，同於不徹，〔二〕行炙而不得鹽蒜，其能斆張融摇指半日而口不言耶？〔三〕祈

寒暑暍，〔四〕得之者以爲滹沱粥、清涼散。〔五〕《避暑録話》：一僕暑月馳馬，仆地欲絶，王相教用大蒜及道上熱土各一握，研爛，以新汲水一琖和，取汁，抉齒灌之，即甦。今官道勞人，囊盛而趨，活人殆無算也。曾見負戴者蹲而大嚼，不止晉帝盡兩盂燥蒜矣，〔六〕然目不赤而腹不螫，異於袁子所覩。〔七〕食冶葛而粥硫黃，性固有偏。五月五日食卵及蒜，哀牢以東，〔八〕風俗同之。《小正》「納卵蒜」之訓，〔九〕奕禩遵行，順民情也。損性伐命，服食所忌。然裴晉公有言：「雞猪魚蒜，遇着即食，何況餘子！」〔一〇〕閔仲叔含菽飲水，周黨遺以生蒜，受而不食。〔一一〕李恂爲兖州刺史，所種小麥、胡蒜，悉付從事而不留。〔一二〕清介之士，不取一介如此。

雩婁農曰：《離騷》「索胡繩之纚纚」，王逸注：「香草言紉，索胡繩令澤好，以善自約束。」洪慶善云：「胡繩，謂草有莖葉可作繩索者。」〔一三〕皆望文生義而不能名其物。吴仁傑《草木疏》〔一四〕以胡爲葷菜，本陶隱居「今人謂大蒜爲葫」也；以繩爲繩毒，本《廣雅》「蛇床一名繩毒」也。蛇床氣味微芬，宜近香澤；葫氣至穢。「一薰一蕕，十年有臭」，〔一五〕無乃移鮑魚之肆以近芝蘭之室乎？草木名「胡」者多矣，固不可盡以「葫」當之。而胡繩一物，古無確詁，以爲虺床，尚各從其類耳。

〔一〕范成大有詩，題云「巴蜀人好食生蒜，臭不可近。……今來蜀道，又爲食蒜者所薰」。

〔二〕徹，疑爲「撤」字之誤。《論語·鄉黨》：「不撤薑食。」注：「撤，去也。齋禁薰物，薑辛而不臭，故不去。」此處以「不撤」代指薑。

〔三〕《南史·張融傳》:「豫章王大會賓僚。融食炙,始行畢,行炙人便去。融欲求鹽蒜,口終不言,方摇食指,半日乃息。」

〔四〕祈寒:極寒。暑暍:中暑。

〔五〕滹沱粥,見卷一「大豆」條注〔四〕。

〔六〕《晉書·惠帝紀》:匈奴劉淵反,帝奔洛陽。「所在買飯以供。……宫人有持升餘秔米飯及燥蒜、鹽豉以進帝,帝噉之。……次獲嘉,市粗米飯,盛以瓦盆,帝噉兩盂」。是兩盂者爲粗米飯,非燥蒜也。

〔七〕《袁子正書》:「袁子曰:吾嘗與陳子息於鄴東門之外,見一父老方坐而食,其子受之蒜,食必有餘,欲棄則惜,欲持去則暑,遂盡食,於是火辛螫其腸胃,兩目盡赤。」

〔八〕哀牢山,在雲南中部。

〔九〕《大戴禮·夏小正》:「十二月,納卵蒜。」納:納於君。卵蒜:蒜實如卵者。

〔一〇〕《因話録》卷二:裴度不信術數,不好服食,每語人曰:「雞猪魚蒜,逢著則喫。生老病死,時至則行。」

〔一一〕見《後漢書·閔仲叔傳》。

〔一二〕見《東觀漢記》。

〔一三〕見宋洪興祖《楚辭補注》。

〔一四〕即《離騷草木疏》。

〔一五〕見《左傳》僖公四年。

山蒜

山蒜，《爾雅》：「蒚，山蒜。」《本草拾遺》始著録。《救荒本草》：「澤蒜，又曰小蒜。」黄帝登蒚山得蒜，其説近創。然京口之山，以蒜得名，〔一〕則軒轅所歷，無妨以蒚名矣。在山曰山，在澤曰澤。〔二〕今原隰極繁，顆大如指，甘脃多漿，洵非圃中物可伍。自來醫者以此爲小蒜，宜爲李時珍所斥。

〔一〕京口即今鎮江。古有蒜山，宋元時已經淪入長江。

〔二〕生於山名山蒜，生於澤名澤蒜。

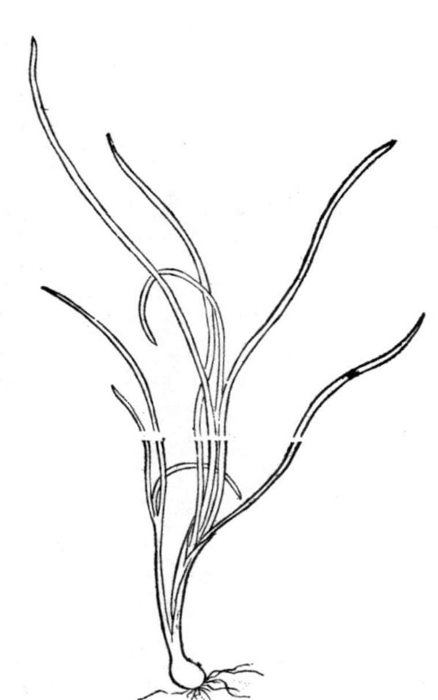

植物名實圖考卷之四　蔬類

菾菜

菾（tián）菜，《别録》中品。即「莙薘菜」，湖南謂之「甜菜」。有紅莖者不中噉，人種以爲玩。

按：莙薘，《嘉祐本草》始著録。李時珍以菾、甜聲近，遂併爲一物，然與諸説葉似升麻及蒴藋皆不類，姑仍其説。菜味甜而不正，品最劣。易種易肥，老圃之惰孏者植之，與《唐本注》「蒸炰食之，大香美」殊異。〔一〕又夏月與菜作粥食，解熱，近時亦無以爲粥者。《滇本草》：「治中膈冷，痰存於胸中，不可多食。」滇多珍蔬，固宜見擯。

雩婁農曰：人之嗜甘，同也。甘而苦者雋，甘而酸者爽，甘而辛者疏，甘而鹹者津。一於

甘若琴瑟之專壹，誰能聽之？然甘而清，甘而腴，猶有嗜者，嗜之久則齒蟲與胃蚘蠆生焉。穀之飛亦爲蠱，甘而無所制也。至甘而濁且邪，則士大夫、農圃皆賤之，荼菜是也。人之以甘悦人者多矣，而有悦有不悦，豈獨非同嗜乎？毋亦如荼之濁且邪爲人所賤耶？諛人者，好諛者必能辨之。

〔一〕炰：煮。

芋

芋，《别録》中品。芋種甚夥，大小殊形。湖南有開花者，一瓣一蕊，長三四寸，色黄。野芋毒人，山間亦多。嶺南、滇、蜀芋名尤衆。《南寧府志》：宜燥地者曰大芋，宜濕地者曰麪芋。有旱芋、狗爪芋、水芋、璞芋、韶芋。《蒙自縣志》有棕芋、白芋、麻芋。〔一〕《會同縣志》有冬芋、水黎紅、口彈子、薑芋、大頭風芋，〔二〕《瓊山縣志》有雞母芋、東芋，〔三〕《石城縣志》有青竹芋、黄芋、番芋，〔四〕《瑞安縣志》有兒芋、麪芋，蓋未可悉數。《滇海虞衡志》以爲滇芋巨甲天下，殆未確。《札璞》謂「滇芋熟早味美，莖可作羹」。〔五〕

蘇玉局《玉糝羹》詩有「香如龍涎，味如牛乳」之誇，〔六〕而山谷詠薯蕷有「略無風味笑蹲鴟」之貶，〔七〕放翁則曰「莫笑蹲鴟少風味，〔八〕賴渠撐拄過凶年」。枵腸轉雷，玉延、黄獨，〔九〕托以爲命，亦安所擇？然只是詠蹲鴟耳。若三吴芋奶，〔一〇〕滑嫩如乳，調以蔗飴，入喉自下，亦何甘讓居玉延下耶？又《農政全書》謂芋汁洗膩衣潔白如玉。《東坡雜記》云：「蜀人接花果，皆用芋膠。」〔一一〕其餘波尚供民用如此。枯葉煨芋，〔一二〕自是山人辟穀宿糧。若《雲仙雜記》燒絶品炭，以龍腦裹煨芋魁，《山家清供》大耐糕，以大芋去皮心，焯以白梅、甘草，填以松子、欖仁，豈復有霜晚風味？唐馮光進校《文選》，解「蹲鴟」云：「即是著毛蘿蔔。」〔一三〕肉食之人，何由識農圃中物，奚唯面牆！〔一四〕

雩婁農曰：滇之芋，有根紅而花者，其狀與海芋、南星同類也。斷其花之⿱艹⿰耳欠，剥而煠之，烹以五味，比芥藍焉。根盤不可食。夫蹲鴟濟世，厥功實偉。章貢之間，瀟湘之曲，其爲芋田多矣，不覩其萼，間有之，詫爲異，〔一五〕怯者或懼其爲鴆。滇人飽其魁而羹之，而煨之，而屑之，又獨得有花者而餐之，儷於萱與藿，草木之在滇者抑何阜耶！萬物生於東，成於西，滇居西南，歲多閶闔風。〔一六〕物在秋而遒，精華聚而升，故木者易華，草者易榮，晝煦以和，夜揫以肅，〔一七〕發之收之，勿俾其洩，早花而遲實，物勞而不憊。然滇之地有伏而荑，有臘而苞，〔一八〕景朝多陰，景夕多風，〔一九〕直其偏也，惟大理以東北致役乎坤。〔二〇〕

〔一〕蒙自：今雲南蒙自。

〔二〕會同：今湖南會同，屬懷化市。

〔三〕瓊山：在今海南海口市。

〔四〕石城：在今江西贛州。

〔五〕《札璞》：清學者桂馥撰。今書名有作「札樸」者。

〔六〕蘇東坡曾爲玉局觀提舉，故稱蘇玉局。其詩原題爲《過子忽出新意，以山芋作玉糁羹，色香味皆奇絶。天上酥陀則不可知，人間决無此味也》，詩曰：「香似龍涎仍釅白，味如牛乳更全清。莫將北海金虀鱠，輕比東坡玉糁羹。」

〔七〕黄庭堅《和七兄山蕷湯》詩：「能解飢寒勝湯餅，略無風味笑蹲鴟。」

〔八〕陸游《芋》詩，「莫笑」作「莫誚」。

〔九〕玉延即薯蕷，見卷三「薯蕷」條注〔五〕。黄獨：又名土芋、土卵、土豆。

〔一〇〕即「芋艿」。

〔一一〕嫁接花果，用芋膠封其刀口接縫。

〔一二〕陸游《閉户》詩云：「地爐枯葉夜煨芋，竹筧寒泉晨灌蔬。」

〔一三〕蹲鴟：大芋，以其形似名之。宋曾慥《談賓録》：唐開元中，蕭嵩奏請注《文選》，東宫衛佐馮光進解「蹲鴟」云：「今之芋子，即是著毛蘿蔔。」

〔一四〕《尚書・周官》：「不學牆面，莅事惟煩。」孔穎達《疏》：「人而不學，如面向牆無所覩見，以此臨事，則惟煩亂不能治理。」

〔一五〕荂：草木之花。此句謂所種芋無花，偶爾有開花的，見者輒驚詫以爲怪異。

〔一六〕《淮南子・天文訓》有「八風」，按八方分，其西方者爲閶闔風。

〔一七〕揫：收斂、聚集。

〔一八〕有伏天而生芽者，有臘月而結苞者。

〔一九〕景：日影也。《周禮・地官司徒》言以土圭測日影：「日南則景短，多暑；日北則景長，多寒；日東則景夕，多風；日西則景朝，多陰。」

〔二〇〕《易・説卦》：「帝出乎震，齊乎巽，相見乎離，致役乎坤。」又云：「坤也者，地也，萬物皆致養焉，故曰致役乎坤。」

落葵

落葵，《别録》下品。《爾雅》「終葵，繁露」，注：「承露也。」大莖小葉，華紫黄色，即「臙脂豆」也。湖南有白莖緑葉者，謂之「木耳菜」，尤滑。

繁縷

繁縷，《别録》下品。《爾雅》「蔜，蕿蔞」，注：「今繁縷也。或曰雞腸草。」《唐本》相承無異。李時珍以爲「鵝兒腸」，非「雞腸」。今陰濕地極多。

雩婁農曰：余初至滇，見有粥鵝腸菜於市者，甚怪之，以爲此江湘間盈砌彌坑，結縷糾蔓，薙夷不能盡者。及屢行園，〔一〕不獲一見，命園丁蒔之畦中，亦不甚蕃，始知滇以尠而售也。〔二〕李時珍以爲「易於滋長，故曰滋草」，殆不然矣。滇城郭外皆田疇，無雜草木，而山花之可簪可瓶，野草之可藥可浴，根核果蓏之可茹可玩者，玀玀皆持以入市，〔三〕故不出户庭而四時之物陳於几案。

〔一〕行園：巡視園圃。

〔二〕尠：稀少。

〔三〕彝族舊稱玀玀。

雞腸草

雞腸草，《别録》下品。李時珍辨别鵝腸、雞腸二物甚晰。但雞腸俗名亦多，今以《救荒本草》雞腸菜圖之。

雞腸草

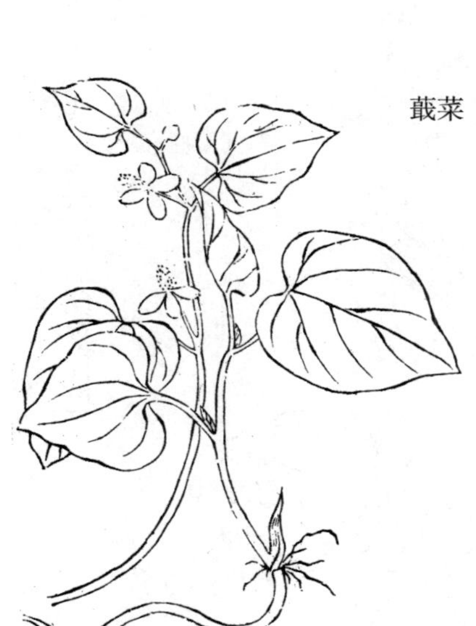
蕺菜

蕺菜

蕺（jí）菜，《别録》下品。即「魚腥草」。開花如海棠，色白，中有長緑心突出。以其葉覆魚，可不速餒。〔一〕湖南夏時煎水爲飲以解暑。《爾雅》「蘵，黄蒢」，注：「草似酸漿，華小而白，中心黄。江東以作葅。」《通志》以爲即蕺。蕺、蘵音近，其狀亦相類。《吴越春秋》：「越王嘗糞，惡之，遂病口臭。范蠡令左右食岑草以亂其氣。」注：「岑草，蕺也。凶年飢民劚其根食之。」《齊民要術》有蕺葅法。今無食者，醫方亦鮮用，唯江湘土醫莳爲外科要藥。《遵義府志》「側耳根」，即蕺菜，荒年民掘食其根。《本草》：味辛。《山陰縣志》：味苦。損陽消髓，聊緩溝壑瘠耳。〔二〕

〔一〕餒：腐爛。

〔二〕凶年饑民食此，對身體損傷很大，只是用來延緩生命，晚一些做溝壑中的餓莩而已。

蕓薹菜

蕓（yún）薹（tái）菜，《唐本草》始著録。即「油菜」。冬種冬生，葉薹供茹，子爲油，莖肥田，農圃所亟菜。〔一〕爲五葷之一，〔二〕非唯道家所忌，士大夫亦賤之。然有「油辣菜」、「油青菜」二種。辣菜味濁而肥，莖有紫皮，多涎，微苦，武昌尤喜種之，每食易厭。油青菜同菘菜，冬種生薹，味清而腴，逾於萵笋，佐菌毛羹，滑美無倫，以厠葱韭，可謂蒙垢。〔三〕李時珍以爲，羌隴氏

胡，其地苦寒，冬月種此，故謂之「寒菜」。今北地凍圃如滌，有此素蔬，老傖不羶酪矣。〔四〕近時沿淮南北水旱之祲，冬輒耰種於田，民雖菜色，道免饑饉。穭生亦時有之。若其積雪初消，和風潛扇，萬頃黄金，動連山澤，覺「桃花淨盡菜花開」語爲倒置。〔五〕古人詩如范石湖「菘心青嫩芥薹肥」，〔六〕楊誠齋「菘薹正自有風味」，〔七〕皆指芥菜，得非以其葷而不置齒牙間乎？

〔一〕爲菜農愛種之菜。

〔二〕道家以韭、薤、蒜、蕓薹、胡荽爲五葷。

〔三〕把它列於葱韭之儔，實爲對它的玷污。

〔四〕老傖：本爲南人對北人的蔑稱，但在此處則是戲稱了。

〔五〕劉禹錫《再遊玄都觀》詩。倒置：此地菜花開於桃花之前，則劉禹錫之詩把順序顛倒了。

〔六〕范成大《四時田園雜興》詩。

〔七〕楊萬里七古無題。

懷香

蘹（huái）香，《唐本草》始著録。圃中亦種之，土呼「香絲菜」。

瓠子

《唐本草注》：「瓠味皆甘，時有苦者。面似越瓜，長者尺餘，頭尾相似，與甜瓠瓠體性相類。但味甘冷，通利水道，止渴消熱，無毒，多食令人吐。」按瓠子，方書多不載，而《唐本草》所謂「似越瓜，頭尾相似」，則即今瓠子，非匏瓠也。《滇本草》：「瓠子又名『龍蛋瓜』，又名『天瓜』。味甘寒，治小兒初生周身無皮，用瓠子燒灰，調菜油擦之，甚效。又治左癱右瘓，燒灰用酒服之。亦治痰火、腿足疼痛，烤熱包之，即愈。又治諸瘡、膿血流潰、楊梅結毒、横擔、魚口，用蕎麪包好，入火燒焦，去麪爲末，服之最效。作藥，服之不宜多，恐腹痛、心寒、嘔吐。葉治瘋癩、發狂。根治痘瘡。倒壓子煨湯服，治啞瘴。夷人治棒瘡、跌打損傷，擦之甚效。用生薑同服，治咽喉腫痛甚效。」按所治症甚夥，而自來《本草》遺之，足以補闕。

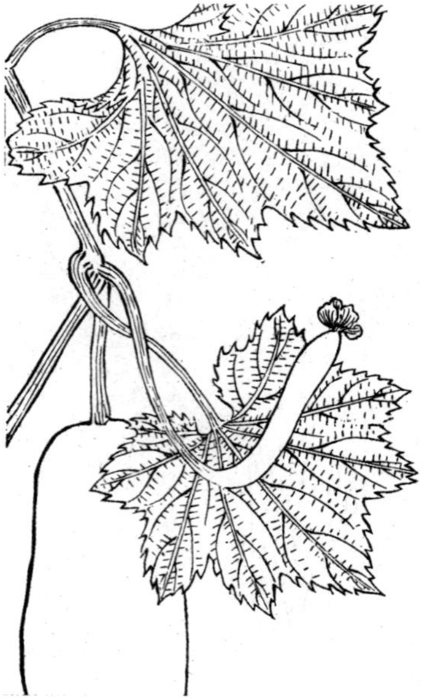

萊菔

萊菔（fú），《爾雅》「葖，蘆萉」，注：「萉宜爲菔。」《唐本草》始著録。種類甚夥，汁、子皆入藥。《滇海虞衡志》：「滇産紅蘿蔔頗奇，通體玲瓏如胭脂，最可愛玩。至其内外通紅，片開如紅玉板，以水浸之，水即深紅。粵東市上亦賣此片，然猶以蘇木水發之，兹則本汁自然之紅水也。羅次〔一〕人刨而乾之以爲絲，拌糟不用紅麴，而其紅過之。」《寧州志》〔二〕：「蘿蔔紅者名『透心紅』，移去他郡則變。」亦即此。食法生熟皆宜。東坡詩「中有蘆菔根，尚含曉露清」，〔三〕以蔓菁同爲羹，固可鬭勝酥酪，至搥根爛煮，研米爲糝，寬胸助胃，不必以味勝矣。寇萊公同地黄並餌，髭鬚早白，〔四〕物性相制，驗之不爽。近人服何首烏者食之，亦能白髮，蓋引消散之品入血分也。消食醒酒，紀載備述。小説謂一老醫病嗽，飲村民煮蘿蔔乾水稍止，即以此治一官久嗽，尋愈，亦蘿蔔子治喘嗽之效。而味甘平，於久嗽氣虚尤宜。《緗素雜記》以萊菔爲菘，《甕牖閒評》斥之，是矣。然譏東坡山丹如瑪瑙盤，〔五〕沈括鈴鈴草爲蘭爲非，〔六〕亦不自知其誤也。

雩婁農曰：蘿蔔，天下皆有佳品，而獨宜於燕薊。冬飈撼壁，圍爐永夜，煤餤燭窗，口鼻炱

黑。忽聞門外有賣水蘿蔔賽如梨者，無論貧富耄稚，奔走購之，唯恐其過街越巷也。瓊瑶一片，嚼如冰雪，齒鳴未已，衆熱俱平。當此時，曷異醍醐灌頂！都門市諺有「冷官熱做，熱官冷做」之語。余謂畏寒而火，火盛思寒，一時之間，氣候不同，而調劑適宜，則冷而熱，熱而冷，如環無端，亦唯自解其妙而已。

〔一〕羅次：在今雲南禄豐。

〔二〕寧州：在今雲南華寧縣。

〔三〕《狄韶州煮蔓菁蘆菔羹》詩。

〔四〕宋寇準，封萊國公。方以智《物理小識》卷九：「生萊菔與地黄相反，熟則無害。」

〔五〕宋袁文《甕牖閒評》卷七：「蘇東坡詩云：『堂前種山丹，錯落馬腦盤。堂後種秋菊，碎金收辟寒。』菊比碎金固然，不知山丹何以比馬腦盤耶？今世所謂山丹者，其狀宛類鹿葱，但差小耳。此乃和其弟子由詩，疑東坡蜀人，不識山丹，誤認爲鶯粟耳。」

〔六〕《甕牖閒評》卷七：沈存中「於蕙乃云『今俗謂之鈴鈴香』，亦非也。蕙别是一種花，……豈是鈴鈴香也？」則此處之「蘭」應是「蕙」字之誤。

蕨

蕨，《本草拾遺》始著録。《爾雅》「蕨，虌」，又「綦，月爾」，注：「即紫綦也，似蕨可食。」蓋紫、緑二種。又水蕨生水中，北地謂之「龍鬚菜」。《山堂肆考》：范文正公奉使安撫江淮，還，進貧民所食「烏昧草」，呈乞宣示六宫戚里，用抑奢侈。《安徽志》以爲即蕨。今江、湖、滇、黔山民，皆研其根爲餌。《遵義府志》：「一種甜蕨，根如竹節，掘洗擣爛，曰『蕨凝』。和水掬汁，以椶皮濾滓，隔宿成膏，曰『蕨粉』。搏粉爲餅，曰『蕨巴』。灑粉釜中，微火起之，曰『蕨線』，煮之如水引。一種苦蕨，亦可食。又有『猫蕨』，初生有白膜裹之，不可食。水邊生者曰『荳蕨』。」余舟行潕水，〔一〕有大聲出於硤中，就視之，則居人以木桶就溪杵蕨，如所謂「舂堂」者。〔二〕明羅永恭詩：「南村北村日卓午，萬户喧囂不停杵。初疑五丁驅金牛，又似催花撾羯鼓。」非目覩者不解其所謂。又云「堆盤炊熟紫瑪瑙，入口嚼碎明琉璃」，則爲溝壑之瘠增氣色矣。陳藏器云「多食弱人脚」，朱子《次惠蕨》詩「枯筇有餘力」，意亦謂此。而或者釋蕨爲鼈，且云負荷者不肯食。以余所見，黔中之攀附任重、頂踵相接者，無不甘之如飴。宋方岳詩「偃王妙處原無骨，鉤弋生來已作拳」，〔三〕刻畫至矣。楊誠齋詩則曰「食蕨食臂莫食拳」。滇蜀山民，腊而鬻之，長幾有咫。而孤竹之墟所産尤肥。〔四〕以蕨、絶音同，更曰「吉祥」，伏臘燕享，轉以佳名登翠釜，不復憶

夷、齊食之而夭矣。〔五〕至其灰可以燒瓷，粉可以漿絲，民間習用而紀載闕如。

〔一〕潕水在今河南。

〔二〕唐劉恂《嶺表録異》卷上：「廣南有舂堂，以渾木刳爲槽，一槽兩邊約十杵，男女間立，以舂稻糧。敲磕槽舷，皆有遍拍。槽聲若鼓，聞于數里。」

〔三〕方岳《采蕨》詩。傳説西周時徐偃王有筋無骨。鉤弋：漢武帝寵姬，傳説初生時手拳不解。

〔四〕古孤竹國，在今河北盧龍。

〔五〕夷齊：伯夷、叔齊，古孤竹君之二子。義不食周粟，隱於首陽山，采薇而食，遂餓死於首陽山。是采薇而非采蕨，然薇蕨多連稱，《草蟲》之詩，采薇而兼采蕨矣；又餓死首陽，亦非孤竹。此句係游戲文字，不過由孤竹而聯想至夷、齊，顛倒其辭，不必細究。

薇

薇，《爾雅》：「薇，垂水。」陸璣《詩疏》：「蔓生，似豌豆。」項安世〔一〕以爲即野豌豆之不實者。《本草拾遺》始著録。《禮》：「鉶芼，羊苄，豕薇。」〔二〕漢時官園種之，以供宗廟祭祀。而《字説》以爲「微者之食」，〔三〕何其謬耶！古

今南北飲食不同，地黄葉，唯懷慶人得食之，亦將謂在下者之食耶？「薇，垂水」注云：「生於水邊。」考據家以登山采薇，薇自名「垂水」，不可云水草。今河畔棄壖，蔓生尤肥，莖弱不能自立，在山而附，在澤而垂，奚有異也？杜詩「今日南湖采蕨薇」。〔四〕蕨有山、水二種，薇亦然矣。《説文》薇似藿菜之微者，〔五〕形義俱足。陳藏器以爲葉似萍，亦與豌豆葉相類。而釋者或曰「迷蕨」，或曰「金櫻芽」，或曰「白薇」，宜爲前人所詰。此菜亦有結實、不結實二種。結實者豆可充饑，不結實者莖、葉可茹，余得之牧豎云。

〔一〕項安世，南宋初人。

〔二〕《儀禮·公食大夫禮》：「鉶芼，牛藿，羊苦，豕薇，皆有滑。」《今文》「苦」爲「苄」。

〔三〕王安石撰《字説》，多師心自造，憑空附會。

〔四〕杜甫《解悶》詩原句作「今日南湖采薇蕨」。

〔五〕《説文解字》原文爲「薇，菜也，似藿，從艸微聲」。

野豌豆

野豌豆，生園圃中，田隴陂澤尤肥。結角長半寸許，豆可爲粉。與薇一類而分大小。《野菜譜》謂之「野菉豆」。

翹摇

翹摇，《爾雅》「柱夫，摇車」，注：「蔓生，細葉紫華，可食。今俗呼『翹摇車』。」《本草拾遺》始著録。吴中謂之「野蠶豆」。江西種以肥田，謂之「紅花菜」，賣其子以升計。湖北亦呼曰「翹翹花」。淮南北、吴下鄉人尚以爲蔬。士大夫蓋不知，東坡欲致其子於黄，殆未見田隴間春風翹摇者耶？〔一〕然其詩曰「豆莢圓且小，槐芽細而豐」，又曰「此物獨嫵媚」，枝葉花態，詩中畫矣。放翁詩「此行忽似蟆津路，自候風爐煮小巢」，亦以蜀中嗜之，非吴中無是物也。〔二〕湘南節署隙地徧生，紫萼緑莖，天然錦罽。〔三〕滇中田野有之，俗呼「鐵馬豆」。《滇本草》：「治寒熱來往肝勞，與古法治熱瘧、活血、明目同症。」又有黄花者，名「黄花山馬豆」。滇中草花多非一色，唯形狀不差耳。《詩》曰「邛有旨苕」，〔四〕苕，一名「苕饒」，即「翹摇」之本音。苕而曰「旨」，〔五〕則古人嗜之矣。《野菜譜》有「板蕎蕎」，亦當作「翹翹」。

〔一〕時東坡在黄州，作《元修菜》詩，有序云：「菜之美者，有吾鄉之巢。故人巢元修嗜之，余亦嗜之。

元修云：『使孔北海見，當復云吾家菜耶？』因謂之元修菜。余去鄉十有五年，思而不可得。元修適自蜀來，見余於黄。乃作是詩，使歸致其子，而種之東坡之下云。」吴氏以爲，黄州本有此菜，特東坡未至田隴間一見也。

〔二〕陸游《巢菜》詩序云：「蜀蔬有兩巢，大巢，豌豆之不實者，小巢生稻畦中，東坡所賦元修菜是也。吴中絶多，名漂摇草，一名野蠶豆，但人不知取食耳。予小舟過梅市得之，始以作羹，風味宛如在醴泉蓬頤時也。」

〔三〕錦罽：即織錦。

〔四〕見《陳風·防有鵲巢》。

〔五〕旨有美味之意。

甘藍

甘藍，《本草拾遺》始著録，云是「西土藍」。《農政全書》：「北人謂之擘藍。」按此即今北地「撇藍」，根大有十數斤者，生食醬食，不宜烹飪也。《山西志》謂之「玉蔓菁」，縷以爲絲，皓若爛銀，浸之井華，〔一〕劑以醯醢，胞美爽喉；一

入沸湯，辛軟不任咀嚼矣。葉以爲虀，曰「酸黃菜」，尤美。《滇本草》沿作「苿藍」：「治脾虚火盛、中膈存痰、腹内冷痛、夜多小便，又治大痲、瘋癩等症，服之立效。生食止渴，煨食治大腸下血。燒灰爲末，治腦漏、鼻疳，吹鼻治中風不語。葉貼瘡皮，治淋症最效。」

雩婁農曰：蔓菁、蘿蔔，二物也，醫者或誤一之。甘藍盛於西北，俗書「擘」、「撇」，乃無正字，醫者以爲「大葉冬藍」，可謂按圖索驥矣。余移種湘中，久不拆芽，視之腐矣。畏濕喜燥，其性然也。滇南終歲可得，夏秋尤美。此物根生土上，復有直根如插橛。花繁葉碩，與風摇動，若懸擢然，〔二〕初覯者或以爲奇。余生長於北，終日食之而不識其狀。西南萬里，藝之小圃，朝夕晤對。彼足不至西北者，雖欲「一物不知，以爲深恥」，〔三〕將如之何？〔四〕

〔一〕井華：清晨新汲之井水。

〔二〕「擢」，疑是「櫂」字之誤。懸櫂：懸空的船棹。

〔三〕唐劉知幾《史通·雜説中》引古人語云：「一物不知，君子所恥。」

〔四〕「將」，原本誤作「蔣」。

萵苣

萵（wō）苣（jù），《食療本草》始著録。《墨客揮犀》謂「自咼國來，故名」。有紫花、黃花兩種。醃其薹食之，謂之「萵笋」，亦呼爲「薹乾」。李時珍謂苦苣、萵苣、白苣俱不可煮食，通可曰

「生菜」。然苦苣生食固已，萵苣葉薹，爓之羞之，五味皆宜。唯白苣則北人以葉包飯食之，脆甘無儕，且耐大嚼，故以「生菜」屬之。而萵苣之美則在薹，鹽脯禦冬，響牙齏也。〔一〕老杜《種萵苣》詩序：「堂下理小畦，種一兩席許萵苣。向二旬矣，而苣不坼甲，〔二〕獨野莧青青。傷時君子，或晚得微禄，轗軻不進。」野莧滋蔓，是誠然矣。苣不坼甲，毋乃種不以法？淺根孤露，栽培未至，雖易生之物，植者希矣。菠薐過朔乃生，〔三〕園荽經雨乃茁。凡物有用於人，皆有本性，用之而拂之，其轗軻又誰咎耶？〔四〕萵苣一名「千金菜」。《清波雜志》云：紹興中，車駕巡建康新豐鎮，頓物皆備，〔五〕忽索生菜兩籃。前頓傳報，生菜遂爲珍品。物有時而貴千金，其適然矣。〔六〕

〔一〕響牙齏：嚼起來很脆的腌菜。

〔二〕「坼甲」，原序各本均作「甲坼」。另「坼」字，原本作「拆」，據原序改。即「甲坼」，種子殼裂開發芽。

〔三〕朔：初一。《種樹書》：菠薐過月朔乃生。今月初一初二種，與二十七八日間種者，皆過來月初一乃生。

〔四〕拂：違逆。用物而違逆物之本性，遭遇坎坷，那又責怪誰呢？

〔五〕頓：停頓。此指皇帝臨時駐蹕之處。

〔六〕適然：偶然機遇。

白苣

白苣，《嘉祐本草》始著録。與萵苣同而色白。剥其葉生食之，故俗呼「生菜」，亦曰「千層剥」。

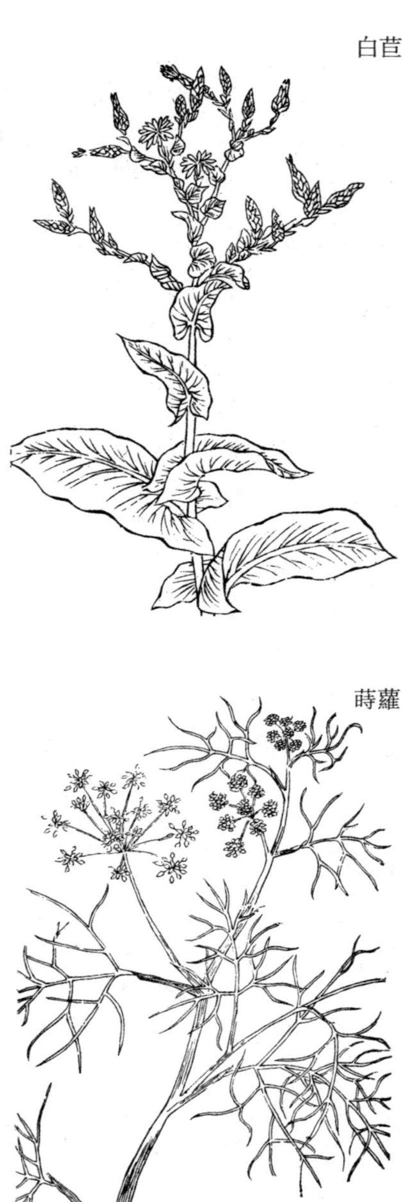
白苣

蒔蘿

蒔蘿

蒔（shí）蘿（luó），《開寶本草》始著録。即「小回香」。子以爲和治腎氣，方多用之。

東風菜

東風菜，《開寶本草》始著録。嶺南多有之，與菘菜相類。

東風菜

越瓜

越瓜

越瓜，《開寶本草》始著録。即「菜瓜」。形長，有直紋，惟汴中産者圓。《詩》「是剥是菹」，〔一〕注：「瓜成，剥削淹漬爲菹，而獻皇祖。」《齊民要術》瓜菹法詳矣。汴梁作「包瓜」，以薑及杏仁、核桃等包而醬漬之。亦有豐歉。士大夫家習製之，則「剥菹獻祖」之遺風也。《倦游雜録》：韓龍圖贄，山東人。鄉里食味，好以醬漬瓜啗，謂之「瓜齏」。韓爲河北都漕，廨宇在大名府，諸軍營多鬻此物。韓嘗，曰：「某營佳，某次之。」有人曰：「歐陽永叔撰《花譜》，〔二〕蔡君謨著《荔支譜》，〔三〕今須請韓龍圖撰《瓜齏譜》矣。」余謂韓誠不敢與歐、蔡伍，若作《瓜齏譜》，則逾二公甚遠。

〔一〕《小雅·信南山》：「是剥是菹，獻之皇祖。」

〔二〕歐陽修有《牡丹譜》。其年少時爲河南從事，目擊洛陽牡丹之盛，遂作此。

〔三〕蔡襄著《荔枝譜》，品第荔枝三十餘種。

茄

茄，《開寶本草》始著録。《本草拾遺》：「一名落蘇，有紫、白、黄、青各種，長圓大小亦異。」《嶺表録異》：「茄樹其實如瓜。」〔一〕余親見之。茄蒂根燒灰治皸瘃，〔二〕莖灰入火藥用。茄種既繁，鼎俎惟宜。《遵生八牋》有糖蒸、醋糟、淡乾、鵪鶉各法，〔三〕然未盡也。水茄甘者可以爲果。山谷有《謝銀茄》詩云：「君家水茄白銀色，絶勝埧裏紫彭亨。」白固勝於紫，然唐以前但云「崑崙紫瓜」，〔四〕白茄曰「渤海」、曰「番茄」，蓋後出也。段成式云：「茄乃蓮莖

之名。今呼茄菜，其音若伽，未知所自。」〔五〕小説有「草」下作「佳」、作「召」、作「音」之譃。《白獺髓》：趙希倉倅紹興，令庖人造燥子茄，欲書判食單，問廳吏「茄」字。吏曰：「草頭下着加。」遂援筆書「草」下「家」字，都人目曰「燥子蒙」。

〔一〕《廣群芳譜》卷十七引《嶺表録異》言「其實如瓜」，今本《嶺表録異》則無此句。

〔二〕皸瘃：手足凍皸生瘡。

〔三〕《遵生八牋》卷十二有食香瓜茄、糟瓜茄、糖醋茄、鵪鶉茄，與此稍異。

〔四〕《大業拾遺録》：隋煬帝改茄子名「崑崙紫瓜」。

〔五〕見《酉陽雜俎》卷十九「草編」。

胡荽

胡荽（suī），《嘉祐本草》始著録。《南唐書》謂種胡荽者作穢語則茂。〔一〕今多呼「蒝荽」。《東軒筆録》：呂惠卿語王安石：「園荽能去面䵟。」〔二〕蓋皆有所本。

〔一〕宋曾慥《類説》：李退夫爲事矯怪。一日種胡荽，俗傳須主人口誦猥語則茂。退夫撒種密誦

曰：「夫婦之道，人倫之性。」不絕於口。

〔二〕䵟：面有黑氣。《東軒筆録》：「吕惠卿嘗語王荆公曰：『公面有䵟，用園荽洗之當去。』荆公曰：『吾面黑耳，非䵟也。』吕曰：『園荽亦能去黑。』荆公笑曰：『天生黑於予，園荽其如予何！』」

茼蒿

茼蒿，《嘉祐本草》始著録。開花如菊，俗呼「菊花菜」。汪機不識茼蒿，殆未窺園，李時珍斥之固當。〔一〕但茼蒿究無蓬蒿之名，蓬、茼音近，義不能通。《千金方》以茼蒿入「菜類」。蓬蒿野生，細如水藻，可茹而非園蔬。若大蓬蒿，則即白蒿，與此别種。此菜葉如青蒿輩，氣亦相近。而黄花散金，自春徂暑，老圃容華，增其縟麗，可爲晚節先導。

〔一〕汪機：明代名醫，著有《本草會編》，於「茼蒿」下云：「《本草》不著形狀，後人莫識。」李時珍斥之：「今人常食者，而汪機乃不能識，輒敢擅自修纂，誠可笑慨。」窺園：親往園中驗視。

邪蒿

邪蒿，《嘉祐本草》始著録。葉紋即邪，味亦非正，人鮮食之。紋斜遂以「邪」名，味辛亦多艾氣。北齊邢峙授經東宮，命厨宰去邪蒿，曰：「此菜有不正之名，非殿下所宜食。」〔一〕養正之功，固在慎微。

〔一〕見《北齊書·儒林傳》。

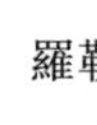

羅勒

羅勒，《嘉祐本草》始著録。即「蘭香」也。術家以羊角、馬蹄燒灰撒濕地，即生羅勒云。

《救荒本草》「香菜，伊洛間種之」，即此。《甕牖閒評》不識羅勒，乃斥《事物紀原》因石勒諱改名蘭香爲非，且援鄭穆夢蘭爲證，是直以蘭香爲蘭草矣。〔一〕金銀、白及，〔二〕泚筆便誤，多識下問，固當不妄雌黃。

〔一〕此處「鄭穆夢蘭」事有誤。按《甕牖閒評》卷七云：「《事物紀原》載蘭香本名羅勒，後避石勒諱，改曰蘭香，至今以爲然。然春秋時鄭文公有賤妾燕姞，夢天使與己蘭，且曰：『以蘭有國香，人服媚之。』如是，故生穆公而名之曰蘭。《事物紀原》何以謂先名羅勒耶？」

〔二〕《劉賓客嘉話録》：韓愈之子昶，嘗爲集賢校理，史傳有「金根車」，昶以爲誤，悉改爲「金銀車」。《宋史·儒林傳》：田敏「雖篤于經學，亦好爲穿鑿，所校《九經》，頗以獨見自任，如改《尚書·盤庚》『若網在綱』爲『若綱在網』，重言『綱』字。又《爾雅》『椵，木槿』注曰『日及』，改爲『白及』。如此之類甚衆」。

菠薐

菠薐（léng），《嘉祐本草》始著録。《嘉話録》：「種自頗陵國移來，訛爲菠薐。」味滑，利

五臟。此菜色味皆佳。廣舶珊瑚，〔一〕以色如菠菜莖者爲貴，則亦可名「珊瑚菜」矣。南中四時不絶，以早春初冬時嫩美。東坡詩：「北方苦寒今未已，雪底菠薐如鐵甲。豈知吾蜀富冬蔬，霜葉露芽寒更茁。」大抵江以南皆富冬蔬，而北地之窖生者色尤碧、味尤脃也。惟此菜忽有澀者，乃不能下咽，豈瘠土不材耶？北地三四月間，菜把高如人，肥壯無筋，焯而腊之，〔二〕入湯鮮緑可愛，目之曰「萬年青」。聞黑龍江菠薐厚勁如箭鏃，則洵如「鐵甲」矣。

〔一〕廣舶：廣州與海外交易的商船。

〔二〕焯熟後晾成乾菜。

灰藋

灰藋（diào），《嘉祐本草》始著録。即「灰條菜」。其紅心者爲「藜」。一種圓葉者名「和尚頭」，味遜。《爾雅》：「釐，蔓華。」説者云「釐」即「萊」。陸璣《詩疏》：「萊，即藜也，其子可爲飯。」《救荒本草》謂之「舜芒穀」。藜藿之羹，昔賢所甘，唐宋詩人猶形歌詠，而後人或以爲「落帚」，《蓬窗續録》乃以爲「苜蓿」，何其陋

也！《詢芻録》：「古稱藜即灰莧，老可爲杖，蓋藜杖也。」余鄉居時，摘而焯爲疏，味微鹹，特未蒸以爲羹耳。其莖秋時伐爲杖，輕而有致，髹以漆，則堅耐久，杖鄉者曳扶至便，〔一〕比户奉之，非難識也。北地採其子以備荒。菸中有所謂「蘭花子」者，皆是物充之。王世懋《蔬疏》「藜蒿多生江岸」，得不誤爲「蔞」耶？明饒介詩序：「藜科旅生庭中，白露日割而爲帚，謂是日取藜無蟻，諺云。」〔二〕藜，未聞可帚，亦恐誤爲「落帚」也。二草絶不相蒙。雷斆云「白青色是妓女莖」，〔三〕不知何故以爲一類。富貴之家，不噉粗食，窗前草芟夷勿使能植，何由得見？「敝襟不掩肘，藜羹常乏斟」耶？〔四〕《滇本草》：「灰滌銀粉菜，作菜食令人不噎隔反胃，煎服治火眼疼痛，洗眼去風熱。」可補諸《本草》。《爾雅》「拜，蔏藋」，注：「亦似藜。」疏引《莊子》「藜藋柱宇」。〔五〕蓋紅者爲藜，白者爲藋。

按：《爾雅》郭注：「王蔧似藜。」《説文繫傳》：「今落帚或謂落藜，初生可食，藜之類也。」二物皆生穢地，科茂如樹，葉俱可茹，故曰同類，其實枝葉自迥別。《救荒本草》有「水落藜」，亦是灰藋，非落帚也。又《繫傳》：「藋，釐草也。」徐鍇謂即「灰藋」。《爾雅》「拜，蔏藋」，郭注：「亦似藜。」《説文》舉其一類，郭注別其二種，本自明顯。徐氏不以「釐」釋「藜」，《爾雅正義》以萊、釐、藜爲一物，而釋蔏藋仍以有紅線者爲灰藋，不採《嘉祐本草》「白藋入藥、紅藜堪杖」之説，皆偏舉而未融貫也。

〔一〕《禮記·王制》：「五十杖於家，六十杖於鄉，七十杖於國，八十杖於朝。」

〔二〕饒介此詩題即此「序」，「是」字前原本漏一「謂」字，據《珊瑚木難》卷八補。

〔三〕《本草綱目》引雷斆《炮炙論》作「妓女莖」，《證類本草》卷二十四引則作「忌女莖」。

〔四〕見陶淵明《詠貧士》詩。

〔五〕《爾雅》邢昺《疏》作「藜藋柱宇」，今《莊子·徐無鬼》本文作「藜藋柱乎」。

蕹菜

蕹（wèng）菜，詳《南方草木狀》。《嘉祐本草》始著録。花葉與旋花無異，惟根不甚長，解冶葛毒。湖南誤食水莽草，亦以此解之。江右、湖南種之，不減閩、粵。余疑與「葍葍苗」爲一物，南方種爲蔬，北地則野生麥田中，徒供腯豕耳。其心空中，嶺南夏秋間疑有蛭藏於内，多不敢食。種法如番薯，掐蔓插之即活，一畦足供八口之食。味滑如葵，在嶺南則爲嘉蔬。王世懋云：「南京有之，移植不生。」易生物亦有不遷地者，何異匹夫不可奪志？

雩婁農曰：余壯時以盛夏使嶺南，瘴暑如焚，〔一〕日啜冷齏。抵贛，驟茹蕹菜，未細咀而已下咽矣。每食必設，乃與五穀日益親。蓋其性滑能養竅，中空能疏滯，寒能抑熱。近時阿芙蓉毒天下，〔二〕有倡爲「蕹菜膏」者，云可以已癮。余疑鴉片膏中必雜以冶葛，故生吞者毒烈立斃，吸其煙則灼薰積於肺腑，毒發稍緩，如服硫黃然。蕹者，冶葛之所畏也，因其畏而治之，如人面瘡之畏貝母、心腹蟲之畏藍與地黄歟？否則藉其寒滑，以爲利導，而熄無根之火耳。然必受害淺者或可以已，不然者，吾以爲杯水車薪之喻。

〔一〕瘴暑：酷暑。

〔二〕阿芙蓉即鴉片。

胡瓜

胡瓜，《嘉祐本草》始著録。即「黄瓜」。杜寶《拾遺録》云：「隋避諱改黄瓜也。」陳藏器謂石勒諱「胡」改名，説少異。瓜可食時色正緑，至老結實，則色黄如金，鼎俎中不復見矣。有刺者曰「刺瓜」。《齊民要術》無藏胡瓜法，蓋不任糟醬。《遵生八牋》蒜瓜法：「醃瓜，以大

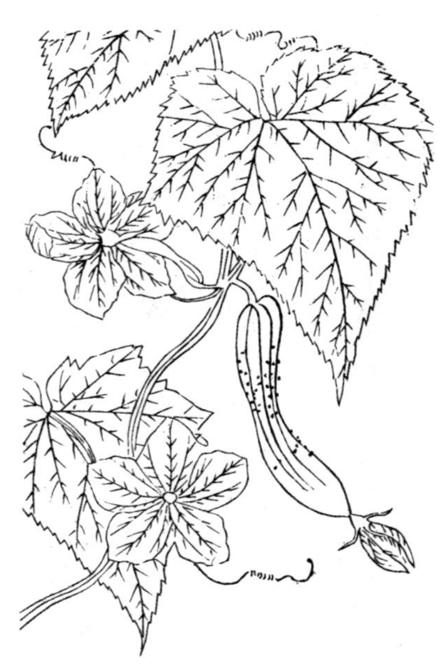

蒜瓣搗爛，與瓜拌勻，酒醋浸。」北地多如此，近則與辣子同浸，無蒜氣而耐藏。其秋時結者，曝乾，與萵笋薹同法作蔬，極甘脆。

資州生瓜菜

《宋圖經》：生瓜菜，生資州平田陰畦間。味甘微寒，無毒，治走疰，攻頭、面、四肢及陽毒、傷寒、壯熱、頭痛、心神煩躁，利胸膈。俗用擣自然汁飲之，及生擣貼腫毒。苗長三四寸，作叢生。葉青圓似白莧菜。春生莖葉，夏開紫白花，結黑細實。其味作生瓜氣，故以爲名。花、實無用。

草石蠶

草石蠶，《本草會編》始著録。即「甘露子」。莖、花與水蘇同，而根如連珠。北地多種之以爲蔬。按：《拾遺》雖有「草石蠶」

草石蠶

資州生瓜菜

之名，而謂根有毛節，葉如卷柏，生山石上，此即俗呼「返魂草」，已入「石草」，非甘露也。惟《本草會編》所述地蠶形狀，正是《救荒本草》甘露兒，祇可供茹，若除風破血，恐無此功用。姑仍《綱目》舊標而辨正之。

雩婁農曰：地蠶味腴，處處食之，而《本草》不載，其無當於君臣佐使耶？〔一〕楊升菴以芭蕉之甘露爲蘘荷，後人復因甘露之名以地蠶爲蘘荷。但古今不聞以芭蕉爲蔬者，或者附會以爲其根可茹，而無人試之可信否耶？甘露兒未必即蘘荷，然以補蘘荷之缺，奚不可者？屠本畯《玉環菜》詩云：「甘露草生何闌珊，堪綴步摇照玉環。」則玉環即此菜矣。明人不識蘘荷，而屠本畯云「白者白裏，赤者赤穰」，此何物耶？其味辛，蓋薑類。

〔一〕君臣佐使：按中醫配方，諸藥有君臣佐使，以宣攝合和。有一君、二臣、三佐、五使之説。

白花菜

白花菜，《食物本草》收之。圃中亦有種者，味近臭，惟宜腌食。亦有黄花者，白瓣黄鬚，臭有致，而氣味乃不得相近。圃人種而自食，不

知其味若何，久而不聞其臭，彼固日在鮑魚之肆也。存此以見窮民惡食，未必即以臭爲香。

黄瓜菜

黄瓜菜，《食物本草》始著録。似苦蕒而花甚細。《救荒本草》「黄鵪菜」即此。此草與薺苣齊生，而味肥俱不如。彼爲膏粱，此爲草芥矣。翦以飼鵞，蓋鶏鶩不與爭也。

植物名實圖考卷之五　蔬類

野胡蘿蔔

《救荒本草》：「野胡蘿蔔生荒野中，苗葉似家胡蘿蔔俱細小。葉間攛生莖叉，梢頭開小白花。衆花攢開，如傘蓋狀，比蛇床子花頭又大，結子比蛇床子亦大。其根比家胡蘿蔔尤細小，味甘。採根洗淨，去皮生食亦可。」按：此草處處有之。湖南俚醫呼爲「鶴蝨」，與「天名精」同名，亦肖其花，白如鶴子，細如蝨耳。

地瓜兒苗

地瓜兒苗，詳《救荒本草》。方莖，葉似薄荷，微長，根如甘露兒更長，味甘。江西田野中

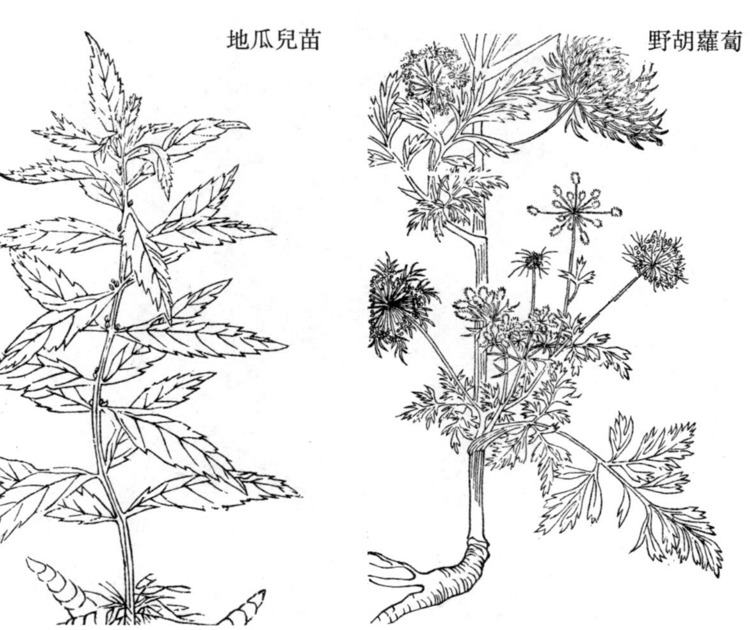

亦有之。

野園荽

《救荒本草》：「野園荽，生祥符縣西北田野中。〔一〕苗高一尺餘。苗、葉、結實皆似家胡荽，但細小瘦窄。味甜，微辛香。採嫩苗葉煠熟，油鹽調食。」按：野園荽，南方廢圃砌陰極多，似野胡蘿蔔而科瘦根小。春時開花結子，五六月即枯。野胡蘿蔔多生田野，至秋深尚有之。

〔一〕祥符：今河南省開封市祥符區。

遏藍菜

《救荒本草》：「遏藍菜，生田野中下濕地。苗初搨地生，葉似初生菠菜葉而小，其頭頗圓。葉間攛葶分叉，叉上結莢兒，似榆錢狀而小。其葉味辛香，微酸，性微溫。採

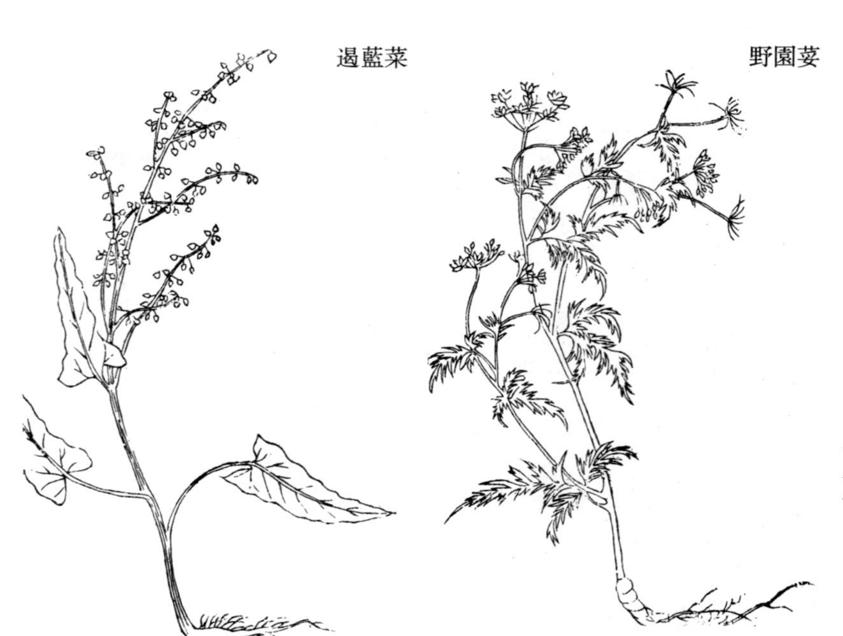

葉煠熟，水浸取酸辣味，復用水淘淨作齏，油鹽調食。」按：此草，湖南山坡春時有之，俗呼「犁頭草」，象其形。有爲蚊蝱嚙者，嚼葉敷之止癢。

星宿菜

《救荒本草》：「星宿菜，生田野中，作小科苗。生葉似石竹子葉而細小，又似米布袋葉微長。梢上開五瓣小尖白花。苗葉味甜，採苗葉煠熟，油鹽調食。」按：此草，江西俚醫呼爲「單條草」，以洗外腎紅腫。

苦瓜

苦瓜，《救荒本草》謂之「錦荔枝」，一曰「癩葡萄」。南方有長數尺者。瓤紅如血，味甜，食之多衄血。徐元扈云：「閩、

粵嗜之。」余所至江右、兩湖、雲南，皆爲圃架時蔬，京師亦賣於肆，豈南烹北徙耶？〔一〕肥甘之中，搰以苦薏，〔二〕俗呼解暑之羞。苦口藥石，固當友「諫果」而兄「破睡侯」矣。〔三〕貧者藜藿不糝，五味失和，〔四〕非有茹蘗之操，〔五〕何以堪此？《滇本草》：「治一切丹火毒氣、金瘡結毒。遍身芝麻疔、大疔，疼不可忍者，取葉曬乾爲末，每服三錢，無灰酒下，神效。又治楊梅瘡。取瓜花煅爲末，治胃氣疼，滚湯下；治目痛，燈草湯下。」皆昔人所未及。

〔一〕南方之食物遷移於北方。

〔二〕搰：摻雜。薏：蓮子之心，味苦。

〔三〕宋周密《齊東野語》卷十四以野笋、橄欖爲「諫果」，因其先苦而後甘，如諫者之言也。又茶雖苦，而有滌煩破睡之功，故戲稱「破睡侯」。

〔四〕糝：米粒。藜藿中摻以米，方能五味調和，而貧者無米可摻，故五味失和。

〔五〕茹蘗：即茹苦。

地梢瓜

《救荒本草》：「地梢瓜，生田野中。苗高尺許，作地攤科。生葉似獨帚葉而細窄，光硬又似沙蓬葉亦硬。週圍攢莖而生莖葉，開小白花。結角長大如蓮子，兩頭尖艄，狀又似鴉嘴形，名『地梢瓜』，〔一〕味甘。其角嫩時，摘取煠食。角若皮硬，剥取角中嫩穰生食。」按：山西廢圃中極多，花如木犀，長柄下垂，清香出叢，瓜花皆駢，亦具異狀。瓜有白汁，老則子作絮，正如蘿藦，直隸人謂之「老鸛瓢」。按《詩義疏》：「蘿藦，幽州人謂之雀瓢。」《唐本草》「女青」注：「此草即雀瓢也。生平澤，葉似蘿藦，兩相對。子似瓢形，大如棗許，故名雀瓢。根似白微，莖葉並臭。」又云：「蘿藦葉似女青，故亦名雀瓢。」據此，則北語「老鸛瓢」即「雀瓢」矣。蘇恭謂子似瓢形，頗肖，而葉則迥異蘿藦。或謂生肥地葉亦肥，似旋花葉。草木相似極多，究未知蘇説雀瓢又有別否。大抵二種，子皆如針線，固應一類。《詩義疏》謂之「雀瓢」，蓋統言之。李時珍未見此草，輒以蘇説根實形狀爲誤，可謂孟浪。而李氏所謂「與蘿藦相似，子如豆」者，乃「臭皮藤」，南方至多，北地無是物也。惟女青有「雀瓢」之名，而諸説紛紛無定解，故不即以入女青。此草花香，而莖葉皆有白汁，氣近臭，亦可謂「薰蕕同器」矣。

〔一〕此言角實亦名「地梢瓜」。

水蘇子

《救荒本草》：「水蘇子，生下濕地。莖淡紫色，對生莖叉，葉亦對生。其葉似地瓜葉而窄，邊有花鋸齒，三叉尖葉下，兩傍又有小叉。葉梢開花黃色。其葉微辛。採苗葉煠熟，油鹽調食。」

水蘇子

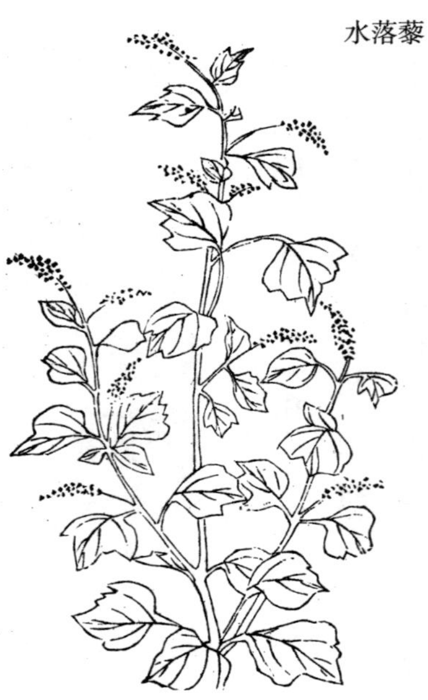
水落藜

水落藜

《救荒本草》：「水落藜，生水邊，所在處處有之。莖高尺餘，莖色微紅，葉似野灰菜葉而瘦小。味微苦澁，性涼。採苗葉煠熟，換水浸淘洗淨，油鹽調食，曬乾煠食尤好。」

山蘿蔔

《救荒本草》：「山蘿蔔，生山谷間，田野中亦有之。苗高五七寸，四散分生莖葉。其葉似菊葉而闊大，微有艾香。每莖五七排生，如一大葉。梢間開紫花，根似野胡蘿蔔根而帶黲白色，味苦。採根煠熟，水浸淘去苦味，油鹽調食。」

山蘿蔔

水蘿蔔

水蘿蔔

《救荒本草》：「水蘿蔔，生田野中下濕地。苗初搨地生。葉似薺菜形而厚大，鋸齒尖花，葉又似水芥葉，亦厚大。後分莖叉，梢間開淡黄花，結小角兒。根如白菜根而大，味甘辣。採根及葉煠熟，油鹽調食，生亦可食。」

石芥

《救荒本草》：「石芥，生輝縣鴉子口山谷中。苗高一二尺，葉似地棠菜葉而闊短。每三葉或五葉攢生一處，開淡黄花，結黑子。苗葉味苦微辣。採嫩葉煠熟，换水浸去苦味，油鹽調食。」

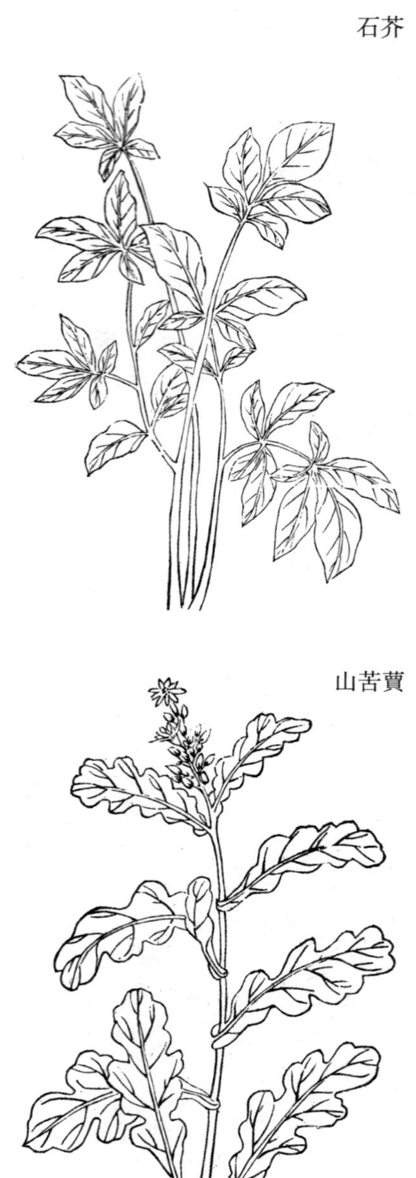

石芥

山苦蕒

山苦蕒

《救荒本草》：「山苦蕒，生新鄭縣山野中。〔一〕苗高二尺餘，莖似萵苣葶而節稠。其葉甚花，有三五尖，似花苦苣。其葉甚大，開淡棠褐花，表微紅，味苦。採嫩苗葉煠熟，水淘去苦味，油鹽調食。」

〔二〕新鄭：在今河南鄭州南。

山白菜

《救荒本草》：「山白菜，生輝縣山野中。苗葉頗似家白菜，而葉莖細長。其葉尖艄有鋸齒叉，又似莙蓬菜葉，而尖瘦，亦小。味甜微苦。採苗葉煠熟，水淘淨，油鹽調食。」

山白菜

山宜菜

山宜菜

《救荒本草》：「山宜菜，又名『山苦菜』，生新鄭縣山野中。苗初塌地生，葉似薄荷葉而大。葉根兩傍有叉，背白，又似青莢兒菜葉，亦大。味苦。採苗葉煠熟，油鹽調食。」

綿絲菜

《救荒本草》：「綿絲菜，生輝縣山野中。高一二尺，葉似兔兒尾葉，但短小；又似柳葉菜葉，亦比短小。梢頭攢生小蓇葖，開黲白花。其葉味甜。採嫩苗葉煠熟，水浸淘淨，油鹽調食。」

綿絲菜

鴉葱

鴉葱

《救荒本草》：「鴉葱，生田野中。枝葉尖長，搨地而生。葉似初生蜀秫葉而小，又似初生大藍葉，細窄而尖。其葉邊皆曲皺。葉中攛葶，吐結小蓇葖，後出白英。味微辛。採苗葉煠熟，油鹽調食。」

山葱

《救荒本草》：「山葱，一名『隔葱』，又名『鹿耳葱』，生輝縣太行山山野中。葉似玉簪葉微團。葉中攛葶似蒜葶，甚長而澀。梢頭結青葖似葱青葖，微開白花，結子黑色。苗味辣。採苗葉煠熟，油鹽調食，生醃食亦可。」

山葱

節節菜

《救荒本草》：「節節菜，生荒野下濕地。科苗甚小，葉似鰷蓬，又更細小而稀疎。其莖多節堅硬。葉間開粉紫花，味甜。採嫩苗揀擇淨煠熟，水浸淘過，油鹽調食。」

節節菜

老鴉蒜

《救荒本草》：「老鴉蒜，生水邊下濕地中。其葉直生，出土四垂。葉狀似蒲而短，背起劍脊。其根形如蒜瓣，味甜。採根煠熟，水浸淘淨，油鹽調食。」按：《本草綱目》以此爲「石蒜」，根形殊不類。

老鴉蒜

山莴苣

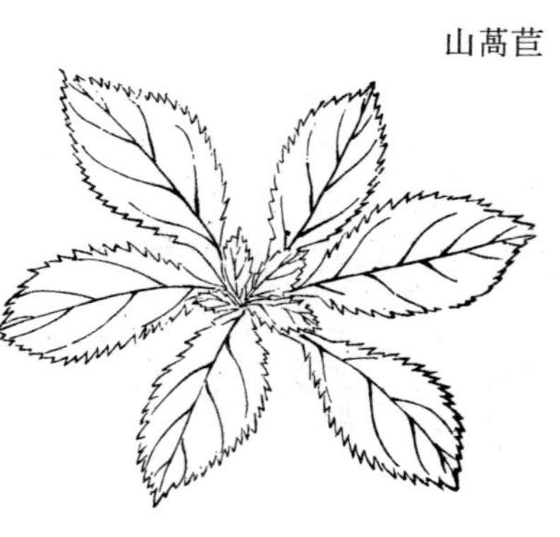

山莴苣

《救荒本草》：「山莴苣，生輝縣山野間。苗葉搨地生。葉似莴苣葉而小，又似苦苣葉而卻寬大。葉脚花叉頗少，葉頭微尖，邊有細鋸齒。葉間攛葶，開淡黃花。苗葉味微苦。採苗葉煠熟，水浸淘去苦味，油鹽調食，生揉亦可食。」

水蒿苣

《救荒本草》：「水蒿苣，一名『水菠菜』，水邊多生。苗高一尺許。葉似麥藍葉而有細鋸齒，兩葉對叉，又生兩枝。梢間開青白花，結小青蓇葖如小椒粒大。其葉味微苦，性寒。採苗葉煠熟，水淘淨，油鹽調食。」

水蒿苣

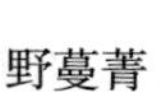
野蔓菁

野蔓菁

《救荒本草》：「野蔓菁，生輝縣栲栳圈山谷中。苗葉似家蔓菁葉而薄小。其葉頭尖艄。

葉脚花叉甚多，葉間花出枝叉上，開黄花，結小角，其子黑色。根似白菜根頗大。苗葉根味微苦。採苗葉煠熟，水浸淘淨，油鹽調食。或採根，换水煮去苦味，食之亦可。」

水蔓菁

《救荒本草》：「水蔓菁，一名『地膚子』。生中牟縣南沙堈中。〔一〕苗高一二尺，葉彷彿似地瓜兒葉，却甚短小，捲邊窊面；又似雞兒腸葉，頗尖艄。梢頭出穗，開淡藕絲褐花。葉味甜。採苗煠熟，油鹽調食。」

〔一〕中牟：在河南鄭州東。

山蔓菁

《救荒本草》：「山蔓菁，生鈞州山野中。〔一〕苗高一二尺，莖葉皆莴苣色。葉似桔梗葉，頗長艄而不對生，又似山小菜葉，微窄。

根形類沙參，如手指麄，其皮灰色，中間白色。味甜。採根煮熟，生食亦可。」

〔一〕鈞州：今河南禹州，在鄭州南。

山芹菜

《救荒本草》：「山芹菜，生輝縣山野間。苗高一尺餘，葉似野蜀葵葉，稍大，而有五叉；又似地牡丹葉，亦大。葉中攛生莖叉，梢結刺毬，如鼠粘子刺毬而小。開花黪白色。葉味甘。採苗葉煠熟，水浸淘淨，油鹽調食。」

銀條菜

《救荒本草》：「銀條菜，所在人家園圃多種。苗葉皆似萵苣長細，色頗青白。攛葶高二尺許，開四瓣淡黃花。結蒴似蕎麥蒴而圓，〔一〕中有小子如油子大，淡黃色。其葉味微甘，性涼。採苗葉煠熟，水浸淘淨，油鹽調

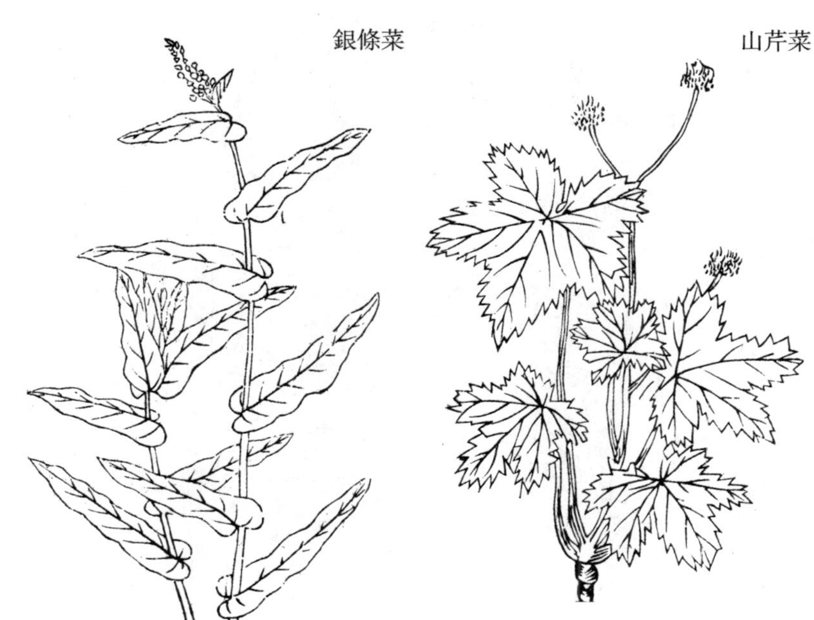

山芹菜　銀條菜

食，生揉亦可。」

〔一〕蒴：蒴實，形如房室，内盛種籽。

珍珠菜

《救荒本草》：「珍珠菜，生密縣山野中，苗高二尺許。莖似蒿稈，微帶紅色。其葉狀似柳葉而極細小，又似地梢瓜葉。頭出穗，狀類鼠尾草。穗開白花，結子小如菉豆粒，黄褐色。葉味苦澀。採葉煠熟，换水浸去澀味，淘淨，油鹽調食。」按：《黄山志》：「真珠菜，藤本蔓生，暮春發芽。每芽端綴一二蘂，圓白如珠。葉脆緑如茶。連蘂葉腊之，香甘鮮滑，他蔬讓美焉。」與此異種。

涼蒿菜

《救荒本草》：「涼蒿菜，又名甘菊芽，生密縣山野中。葉似菊花葉而長細尖艄，又多

花叉，開黄花。其葉味甘。採葉煠熟，换水浸淘淨，油鹽調食。」

雞腸菜

《救荒本草》：「雞腸菜，生南陽府馬鞍山荒野中。〔一〕苗高二尺許，莖方色紫。其葉對生，葉似菱葉樣而無花叉，又似小灰菜葉形樣微匾。開粉紅花，結碗子蒴兒。葉味甜。採苗葉煠熟，水淘淨，油鹽調食。」

〔一〕明南陽府，府治在今河南南陽市。

雞腸菜

鷰兒菜

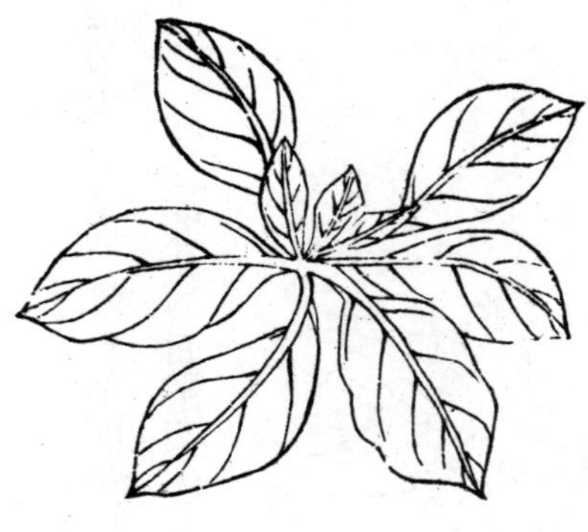

鷰兒菜

《救荒本草》：「鷰（yàn）兒菜，生密縣山澗中。苗葉搨地生。葉似匙頭樣頗長，又似耳朵菜而葉稍小，微澀；又似山萵苣葉，亦小，頗硬，而頭微團。味苦。採苗葉煠熟，換水浸淘淨，油鹽調食。」

歪頭菜

《救荒本草》：「歪頭菜，出新鄭縣山野中。細莖就地叢生。葉似豇豆葉而狹長，背微白，兩葉並生一處。開紅紫花，結角比豌豆角短小匾瘦。葉味甜。採葉煠熟，油鹽調食。」

歪頭菜

蠍子花菜

蠍子花菜

《救荒本草》：「蠍子花菜，又名『虼蚤花』，一名『野菠菜』，生田野中。苗初搨地生。葉似初生菠菜葉而瘦細。葉間攛生莖叉，高一尺餘。莖有線楞，梢間開小白花。其葉味苦。採嫩葉煠熟，水淘淨，油鹽調食。」

耬斗菜

《救荒本草》：「耬（lóu）斗菜，生輝縣太行山山野中。小科苗就地叢生，苗高一尺許，莖梗細弱。葉似牡丹葉而小，其頭頗圓。味甜。採葉煠熟，水浸淘淨，油鹽調食。」

耬斗菜

毛女兒菜

毛女兒菜

《救荒本草》：「毛女兒菜，生南陽府馬鞍山中。苗高一尺許，葉似綿系菜葉而微尖，又似兔兒尾葉而小。莖葉皆有白毛，梢間開淡黃花，如大黍粒，數十顆攢成一穗。味甘酸。採苗葉煠熟，水浸淘淨，油鹽調食，或拌米麪蒸食亦可。」

甌菜

《救荒本草》：「甌（ōu）菜，生輝縣山野中。就地作小科苗生莖叉。葉似山莧菜葉而有鋸齒，又似山小菜葉，其鋸齒比之卻小。味甜。採嫩苗葉煠熟，水浸淘淨，油鹽調食。」

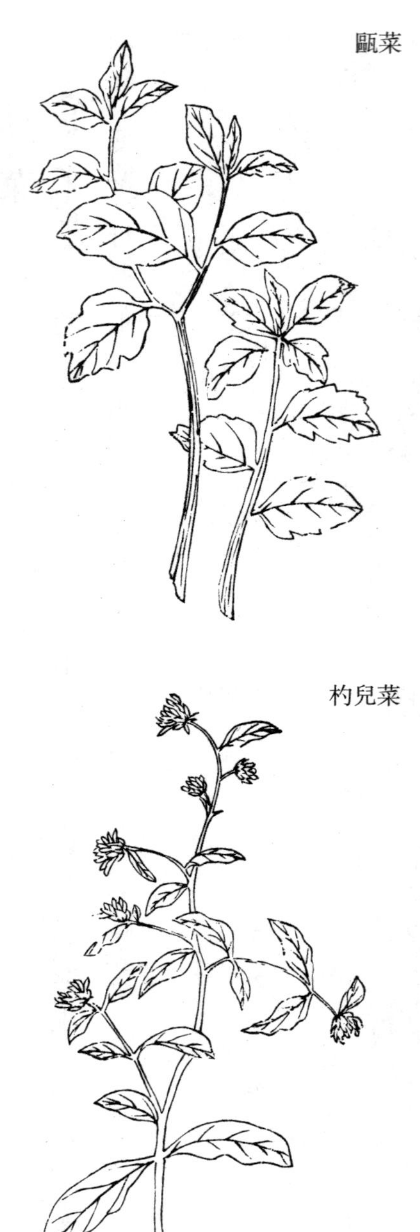

甌菜

杓兒菜

杓兒菜

《救荒本草》：「杓（sháo）兒菜，生密縣山野中。苗高一二尺。葉類狗掉尾葉而窄，頗長，黑緑色，微有毛澀；又似耐驚菜葉而小，軟薄，梢葉更小。開碎瓣淡黄白花。其葉味苦。採葉煠熟，水浸去苦味，淘洗淨，油鹽調食。」

變豆菜

《救荒本草》：「變豆菜，生輝縣太行山山野中。其苗葉初作地攤科生。葉似地牡丹葉，極大，五花叉，鋸齒尖，其後葉中分生莖叉。梢葉頗小，上開白花。其葉味甘。採葉煠熟，作成黄色，換水淘淨，油鹽調食。」

獐牙菜

《救荒本草》：「獐牙菜，生水邊。苗初塌地生。葉似龍鬚菜葉而長窄。菜頭頗團而不尖。其葉嫩薄。又似牛尾菜葉，亦長窄。其根如牙根而嫩，皮色黑灰。味甜。掘根洗淨煮熟，油鹽調食。」

獐牙菜

變豆菜

水辣菜

《救荒本草》：「水辣菜，生水邊下濕地中。莖高一尺餘。莖圓，葉似雞兒腸葉，頭微齊短；又似馬蘭頭葉，亦更齊短。其葉抪莖生，梢間出穗如黄蒿穗。其葉味辣。採嫩苗葉煠熟，换水淘去辣氣，油鹽調食，生亦可食。」按：此草江西、湖南河瀕亦有之，作蒿氣，與《唐本草注》「齊頭蒿」相類，殆即一草。詳「牡蒿」下。

獨行菜

《救荒本草》：「獨行菜，又名『麥稭菜』，生田野中，科苗高一尺許。葉似水棘針葉，微短小；又似水蘇子葉，亦短小狹窄作瓦隴樣。梢出細葶，開小黲白花，結小青蓇葖，小如菉豆粒。葉味甜。採嫩苗葉煠熟，换水淘淨，油鹽調食。」

獨行菜　水辣菜

葛公菜

《救荒本草》：「葛公菜，生密縣韶華山山谷間。苗高二三尺。莖方，窊面四楞，對分莖叉，葉方對生。葉似蘇子葉而小，又似荏子葉而大。梢間開粉紅花，結子如小米粒而茶褐色。其葉味甜微苦。採嫩葉煠熟，水浸去苦味，換水淘淨，油鹽調食。」

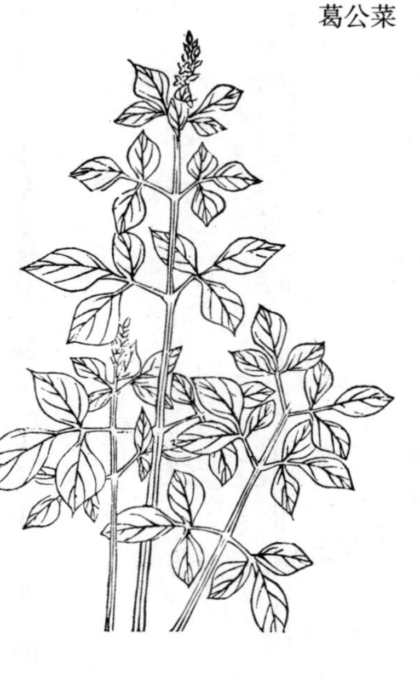

葛公菜

委陵菜

委陵菜

《救荒本草》：「委陵菜，一名翻白菜，生田野中。苗初塌地生，後分莖叉。莖節稠密，上有白毛，葉彷彿類柏葉而極闊大，邊如鋸齒形，面青背白；又似雞腿兒葉而却窄；又類鹿蕨葉，亦窄。莖葉梢間開五瓣黄花。其葉味苦微辣。採苗葉煠熟，水浸淘淨，油鹽調食。」

女婁菜

《救荒本草》：「女婁菜，生密縣韶華山山谷中。苗高一二尺。莖叉相對分生。葉似旋覆花葉，頗短，色微深緑，抪莖對生。梢間出青蓇葖，開花微吐白蘂，結實青子，如枸杞微小。其葉味苦。採嫩苗葉煠熟，换水浸去苦味，淘淨，油鹽調食。」

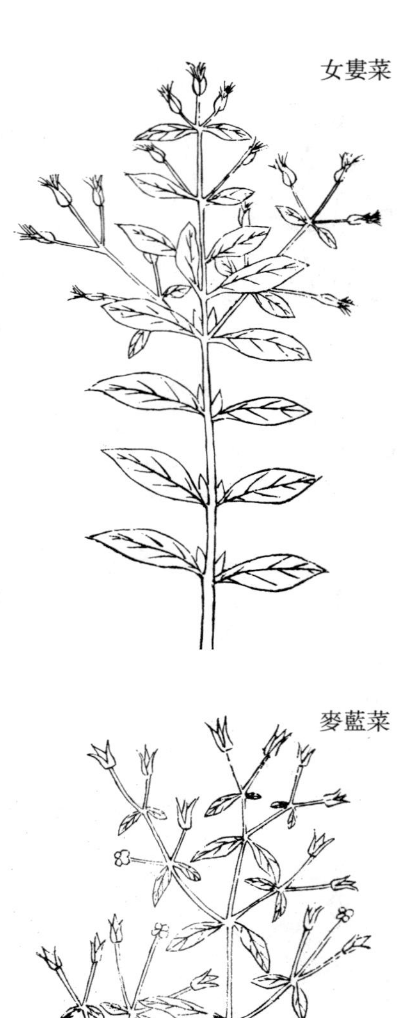
女婁菜

麥藍菜

麥藍菜

《救荒本草》：「麥藍菜，生田野中。莖葉俱深蒿苣色。葉似大藍梢葉而小，頗尖，其葉抱莖對生，每一葉間攛生一叉。莖叉梢頭開小肉紅花，結蒴有子，似小桃紅子。苗葉味微苦。採嫩苗葉煠熟，水浸淘淨，油鹽調食。」

匙頭菜

《救荒本草》：「匙頭菜，生密縣山野中。作小科苗。其莖面窊背圓。葉似圓匙頭樣，有如杏葉大，邊微鋸齒。開淡紅花，結子黃褐色。其葉味甜。採葉煠熟，水浸淘淨，油鹽調食。」

匙頭菜

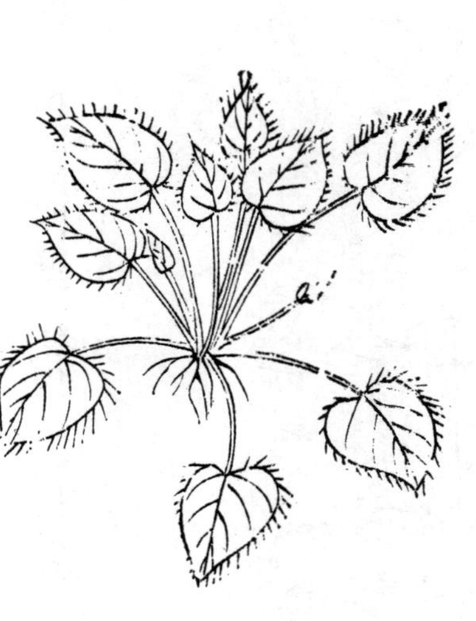

舌頭菜

舌頭菜

《救荒本草》：「舌頭菜，生密縣山野中。苗葉塌地生。葉似山白菜葉而小，頭頗團，葉面不皺，比小白菜葉亦厚，狀類猪舌形，故以爲名。味苦。採葉熟水浸去苦味，換水淘淨，油鹽調食。」

柳葉菜

《救荒本草》：「柳葉菜，生鄭州賈峪山山野中。苗高二尺餘，淡黄色。葉似柳葉而厚短，有澀毛。梢間開四瓣深紅花，結細長角兒。其葉味甜。採苗葉煠熟，油鹽調食。」

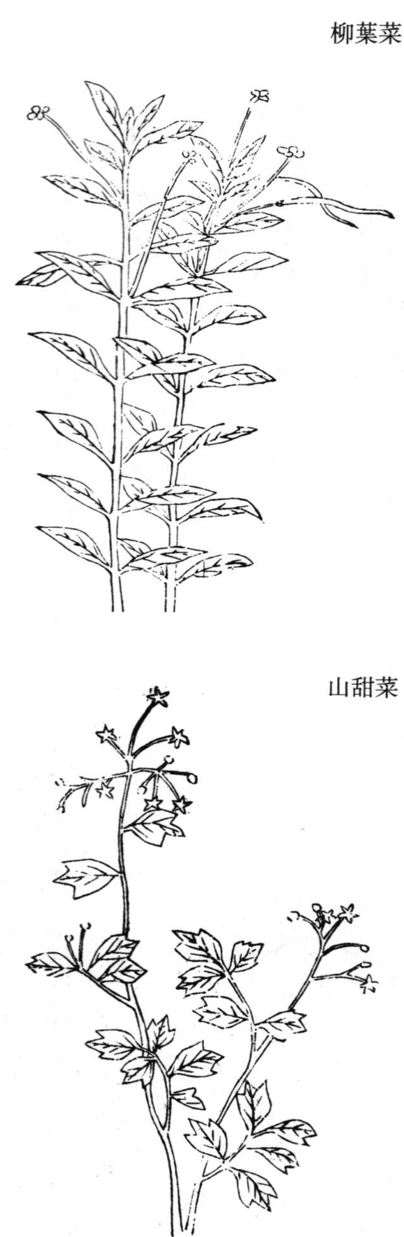

山甜菜

《救荒本草》：「山甜菜，生密縣韶華山山谷中。苗高二三尺，莖青白色。葉似初生綿花葉而窄，花叉頗淺。其莖葉間開五瓣淡紫花，結子如枸杞子，生則青，熟則紅。葉味苦。採葉煠熟，换水浸淘去苦味，油鹽調食。」

粉條兒菜

《救荒本草》：「粉條兒菜，生田野中。其葉初生就地叢生，長則四散分垂。葉似萱草葉而瘦細微短。葉間攛葶，開淡黄花。葉甜。採葉煠熟，淘洗淨，油鹽調食。」

粉條兒菜

辣辣菜

《救荒本草》：「辣辣菜，生荒野，今處處有之。苗高五七寸，初生尖葉，後分枝莖，上出長葉。開細青白花，結小匾蒴，其子似米蒿子，黄色。味辣。採嫩苗煠熟，水浸淘淨，油鹽調食。」

辣辣菜

青莢兒菜

《救荒本草》:「青莢兒菜,生輝縣太行山山野中。苗高二尺許,對生莖叉,葉亦對生。其葉面青背白,鋸齒三叉葉。脚葉花叉頗大,狀似荏子葉而狹長尖艄。莖葉梢間開五瓣小黄花,衆花攢開,形如穗狀。其葉味微苦。採苗葉煠熟,换水浸淘去苦味,油鹽調食。」

青莢兒菜

八角菜

八角菜

《救荒本草》:「八角菜,生輝縣太行山山野中。苗高一尺許,苗莖甚細。其葉狀類牡丹葉而大。味甜。採嫩苗葉煠熟,水浸淘淨,油鹽調食。」

地棠菜

《救荒本草》：「地棠菜，生鄭州南沙堈中。苗高一二尺。葉似地棠花葉甚大，又似初生芥菜葉，微狹而尖。味甜。採嫩苗葉煠熟，油鹽調食。」

地棠菜

雨點兒菜

雨點兒菜

《救荒本草》：「雨點兒菜，生田野中。就地叢生，其莖脚紫梢青。葉如細柳葉而窄小，抪莖而生，又似石竹子葉而頗硬。梢間開小尖五瓣白花，結角比蘿蔔角又大。其葉味甘。採葉煠熟，水浸淘過，淘洗令淨，油鹽調食。」

白屈菜

《救荒本草》：「白屈菜，生田野中。苗高一二尺，初作叢生。莖葉皆青白色，莖有毛刺，梢頭分叉，上開四瓣黄花。葉頗似山芥菜葉，而花叉極大；又似漏蘆葉而色淡。味苦微辣。採葉和淨土煮熟，撈出，連土浸一宿，換水淘洗淨，油鹽調食。」

白屈菜

蚵蚾菜

蚵蚾菜

《救荒本草》：「蚵（kē）蚾（bǒ）菜，生密縣山野中。苗高二三尺許。葉似連翹葉微長，又似金銀花葉而尖，紋皺卻少，邊有小鋸齒。開粉紫花，黄心。葉味甜。採嫩苗葉煠熟，水浸淨，油鹽調食。」

山梗菜

《救荒本草》：「山梗菜，生鄭州賈峪山山野中。苗高二尺許。莖淡紫色。葉似桃葉而短小，又似柳葉菜葉亦小。梢間開淡紫花。其葉味甜。採嫩葉煠熟，淘洗淨，油鹽調食。」

山梗菜

山小菜

山小菜

《救荒本草》：「山小菜，生密縣山野中。科苗高二尺餘，就地叢生。葉似酸漿子葉而窄小，面有細紋脈，邊有鋸齒，色深緑；又似桔梗葉頗長艄。味苦。採葉煠熟，水浸淘去苦味，油鹽調食。」

獾耳菜

《救荒本草》：「獾（huān）耳菜，生中牟平野中。苗長尺餘，莖多枝叉。其莖上有細線楞。葉似竹葉而短小，亦軟；又似萹蓄葉，却頗闊大而又尖。莖葉俱有微毛。開小黪白花，結細灰青子。苗葉味甘。採嫩苗葉煠熟，水浸淘淨，油鹽調食。」

獾耳菜

回回蒜

回回蒜

《救荒本草》：「回回蒜，一名『水胡椒』，又名『蠍虎草』，生水邊下濕地。苗高一尺許。葉似野艾蒿而硬，又甚花叉；又似前胡葉頗大，亦多花叉。苗莖梢頭開五瓣黄花，結穗如初生桑椹子而小；又似初生蒼耳實，亦小，色青，味極辛辣。其葉味甜。採葉煠熟，换水浸淘淨，油鹽調食。子可擣爛調菜用。」

地槐菜

《救荒本草》：「地槐菜，一名『小蟲兒麥』，生荒野中。苗高四五寸。葉似石竹子葉，極細短。開小黄白花，結小黑子。其葉味甜。採葉煠熟，水浸淘淨，油鹽調食。」

泥胡菜

《救荒本草》：「泥胡菜，生田野中。苗高一二尺，莖梗繁多。葉似水芥菜葉頗大，花叉甚深；又似風花菜葉，却比短小。葉中攛葶，分生莖叉。梢間開淡紫花，似刺薊花。苗葉

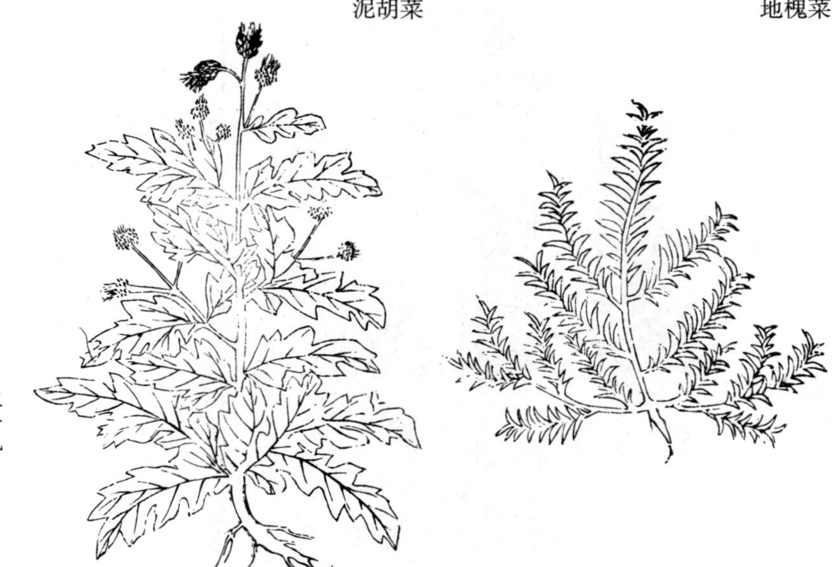
泥胡菜　地槐菜

味辣。採嫩苗葉煠熟，水洗淘淨，油鹽調食。」

山萮菜

《救荒本草》：「山萮（yú）菜，生密縣山野中。苗初塌地生。其葉之莖，背圓面窊。葉似初出冬蜀葵葉，稍五花叉，鋸齒邊；又似蔚臭苗葉而硬厚頗大。後攛莛叉，莛深紫色，梢葉頗小。味微辣。採苗葉煠熟，換水浸淘淨，油鹽調食。」

山萮菜

費菜

費菜

《救荒本草》：「費菜，生輝縣太行山車箱衝山野間。苗高尺許，似火燄草葉而小，頭頗齊，上有鋸齒。其葉㨌莖而生。葉梢上開五瓣小尖淡黃花，結五瓣紅小花蒴兒。苗葉味酸。採嫩苗葉煠熟，換水淘去酸味，油鹽調食。」

紫雲菜

《救荒本草》：「紫雲菜，生密縣傅家衝山野中。苗高一二尺，莖方紫色，對節生叉。葉似山小菜葉，頗長，㨌梗對生。葉頂及葉間開淡紫花。其葉味微苦。採嫩苗葉煠熟，水浸淘去苦味，油鹽調食。」

牛尾菜

《救荒本草》：「牛尾菜，生輝縣鴉子口山野間。苗高二三尺。葉似龍鬚菜葉，葉間分生叉枝，及出一細絲蔓；又似金剛刺葉而小，紋脉皆竪。莖葉梢間開白花，結子黑色。其葉味甘。採嫩葉煠熟，水浸淘淨，油鹽調食。」

牛尾菜　　紫雲菜

植物名實圖考卷之六　蔬類

甘藷

甘藷（shǔ），詳《南方草木狀》。即番藷。《本草綱目》始收入「菜部」。近時種植極繁，山人以爲糧，偶有以爲蔬者。南安十月中有開花者，形如旋花。又《遵義府志》有一種野生者，俗名「茅狗薯」，有製以亂山藥者，饑年人掘取作餑。按：甘藷，《南方草物狀》謂出武平、交阯、興古、九真，其爲中華産也久矣。《閩書》乃謂出西洋吕宋，中國人截取其蔓入閩，何耶？《海澄縣志》載余應桂爲令，嗜番薯，或啖不去皮，因有番薯之稱。今紅、白二種，味俱甘美。湖南洞庭湖壖尤盛，流民掘其遺種，冬無饑饉。徐光啓《甘藷疏》，諄諄仁人之言，惜未及見是物之踰

汶踰淮也。〔一〕

雩婁農曰：南北剛柔燥濕，民生其間者異宜。然數百年必遷移雜糅，而後有傑者出焉。漢焚老上之庭，而金日磾奕葉珥貂於長安，〔二〕晉之東遷，而王、謝盛於江左，〔三〕豈以非是不能變其剛柔而蕃其族類乎？中華之穀蔬草木，不可勝食、不可勝用矣。苜蓿、葡萄，天馬偕來；〔四〕胡麻、胡瓜，相傳攜於鑿空之使。〔五〕近時木棉、番藷，航海逾嶺，而江，而淮，而河，而齊、秦、燕、趙，冬日之陽，夏日之陰，不召自來，何其速也！夫食人衣人，造物何不自生於中土，必待越鞮壑、〔六〕探虎穴而後以生以息？豈從來者艱，而人始知寶貴耶？抑中土實有之，而培植取用不如四裔之精詳耶？《易》之爲書，八卦相錯，然則東西南朔之氣，必參伍錯綜，通變極數，而後大生廣生、无方无體歟？〔七〕

〔一〕徐光啓《甘藷疏》詳言甘藷之種法、藏種法，並力言甘藷有十三勝，北方宜種藷，「此種傳流，決可令天下無餓人」。汶水在山東。

〔二〕漢文帝時，匈奴老上單于始爲漢患。至文帝後二年，漢與匈奴和親，和親四年老上單于死。漢擊走匈奴，使其遠遁，是武帝時事。此處僅以「老上」代指匈奴單于。金日磾本匈奴休屠王太子。武帝元狩中，日磾以父不降見殺没入官，輸黄門養馬。後以功封侯，累世貴顯，爲漢世豪族。

〔三〕西晉亡，瑯琊王司馬睿稱帝江左，而王、謝南遷諸族以此而興盛。

〔四〕漢武帝征大宛爲得天馬，而苜蓿、葡萄則隨天馬而來中國。

〔五〕鑿空即開通，張騫開通西域，史稱「張騫鑿空」。一些西域植物由此傳入中國。而胡麻由騫攜來，僅是傳説。

〔六〕《漢書·地理志》：「會稽海外有東鯷人，分爲二十餘國，以歲時來獻見。」《初學記》卷六「鯷壑」條引作「東鯷壑」，言爲海東有滄溟巨壑也。

〔七〕《易·繫辭》：「夫乾，其靜也專，其動也直，是以大生焉。夫坤，其靜也翕，其動也辟，是以廣生焉。」又：「神無方而《易》無體。」

蔊菜

蔊（hàn）菜，《本草綱目》收之。俗呼「辣米子」，田野多有，人無種者，蓋野菜也。《江西志》以朱子供蔬，遂矜爲奇品，〔一〕云生源頭至潔之地，不常有，亦耳食之論。吾鄉人摘而醃之爲菹，殊清辛耐嚼。伶仃小草，其與薺殆辛、甘各據其勝。然薺不擇地而生，此草惟生曠野，喜清而惡濁，蓋有之矣。

〔一〕宋林洪《山家清供》：朱熹以蔊莖供嚴子陵灘石上。

胡蘿蔔

胡蘿蔔，《本草綱目》始收入「菜部」。南方秋冬方食，北地則終年供茹。或云元時始入中國。元之東也，先得滇，〔一〕故滇之此蔬尤富而巨。色有紅、黄二種，然其味與邪蒿爲近，嗜大尾羊者必合而烹之，其亦元之食憲章歟？〔二〕

〔一〕蒙古軍滅宋之前，攻四川，受阻於合川，南下入滇，滅大理國。

〔二〕《清異録》：唐丞相鄒平公段文昌精饌事，自編食經五十章，時稱「鄒平公食憲章」。

南瓜

南瓜，《本草綱目》始收入「菜部」。疑即《農書》「陰瓜」，〔一〕處處種之，能發百病。北省志書列東、西、南、北四瓜，「東」蓋

胡蘿蔔

南瓜

「冬瓜」之訛，北瓜有水、麪二種，形色各異，南産始無是也。〔二〕又有「番瓜」，類南瓜，皮黑無稜。《曹縣志》云：「近多種此，宜禁之。」瓜何至有禁？番物入中國多矣，有益於民則植之，毋亦白兔御史求旁舍瓜不得而騰言乎？〔三〕

〔一〕王禎《農書・百穀譜》：「嘗見浙間一種，謂之陰瓜，宜於陰地種之。」

〔二〕「始」，疑當作「殆」。

〔三〕「兔」，原本誤作「免」。《舊唐書・酷吏傳上》：武則天時有御史王弘義，「常於鄉里傍舍求瓜，主吝之。弘義乃狀言瓜園中有白兔，縣官命人捕逐，斯須園苗盡矣。內史李昭德曰：『昔聞蒼鷹獄吏，今見白兔御史』」。據改。

絲瓜

絲瓜，《本草綱目》始收入「菜部」。處處種之。其瓤有絡，俗呼爲甊，以代拭巾。〔一〕《綱目》備載諸方頗驗。此瓜無甚味而不宜人。鄉人易種而耐久，以隙地種之。江、湖間有長至五六尺者。宋杜北山詩：〔二〕「數日雨晴秋草長，絲瓜延上瓦墻生。」老圃秋藤，宛然在目。趙梅隱詩云：「黃花褪束綠身長，百結絲包困

曉霜。虛瘦得來成一捻，剛偎人面染脂香。」玩末句，殆以其可爲拭巾耶？《老學菴筆記》：「絲瓜滌研，磨洗餘漬皆盡而不損研。」〔三〕則菅蒯之餘，乃登大雅之席！

〔一〕此指搓澡之巾。

〔二〕杜汝能，字叔謙，北山爲其號。

〔三〕研：即石硯。

攪絲瓜

攪絲瓜，生直隸。花葉俱如南瓜。瓜長尺餘。色黄，瓤亦淡黄。自然成絲，宛如刀切，以箸攪取，油鹽調食，味似撇藍。性喜寒，攜種至南，秋深方實，不中食矣。

套瓜

套瓜，生雲南。蔓延都似金瓜，而瓜作兩層，如大瓜含小瓜。味淡不中噉，種以爲

攪絲瓜　套瓜

玩。山西亦有，不入蔬品。

水壺盧

水壺盧，山西、直隸皆有之。大體類南瓜而葉多花杈，花則無異。瓜有青、花、白數種。早種速成，肉縷多汁。而農圃不廣植，蓋烹以豢腴，〔一〕則得味外味，而煮以蔬鹽，則如水濟水。〔二〕膏粱者爽口之鯖，乃菜色者淨腸之草也。〔三〕

〔一〕豢腴：魚肉珍味。

〔二〕愈加淡而無味。

〔三〕鯖：魚膾。此指美味。水壺盧對於厭食膏粱的富貴人，是一品爽口的美味，但對食不果腹的窮人來説，只能把腸子刮得更乾淨了。

排菜

排菜，産長沙，芥屬也。花葉細長，細莖叢茁，數十莖爲族。〔一〕春抽葶如扁雞冠，闊幾二寸。葶上細莖，與花雜放。花如芥菜花，頭重莖彎如屈鈎。生不中噉，土人瀹以爲齏酸，頗醒脾，賣菜者皆焯以入市。黄色如金，羹臛油灼，蓋每食必設也。《上海縣志》：「芥有細莖扁心，名『銀絲芥』。」或即是此菜。味以酸辛爲上，芥之品盛於南，嗜辛者多也，不辛則鬱積而使之酸，乃津津有味。沈石田戲爲《疏介夫傳》，有曰：「平生口刺刺抉人是非，不少假借，被其中者或至流淚、出涕、發汗。」〔二〕每食芥輒憶其語，爲之噴飯。夫出涕發汗而人猶嗜之，毋亦肺腑中有所甚樂、欲已而不能者？彼一味於甘而不知他味者，必其胸間有物據焉，如小兒嗜土炭矣。〔三〕

〔一〕族：通「簇」。

〔二〕沈周，號石田，明代大畫家。《疏介夫傳》以芥擬人，云：「介夫姓疏名介，介有薑桂之性，愈老愈辣。」全文具《廣群芳譜》卷十四。

〔三〕小兒有好嚼土塊炭顆者。

霍州油菜

霍州油菜，〔一〕二月生苗，葉如豇豆葉而細柔，一枝三葉。莖緑肥如小指，作穗尤肥密。開花如刀豆花，色黄，結角，榨其子爲油。其莖與蕓薹同，味微苦。春遲草淺，此蔬早薦，〔二〕旅館案酒，〔三〕滿齒清腴。霍山以北不見此菜矣。〔四〕

〔一〕霍州：今山西霍州市。

〔二〕早薦：薦新，嘗新。

〔三〕案酒：作下酒菜。

〔四〕霍山：又名霍太山，在山西霍州境内。

芥藍

芥藍，嶺南及寧都多種之，一作「芥蘭」。《南越筆記》謂其葉有鉛，不宜多食。按：此是烹食。其葉亦擘取之。肥厚冬生，土人嗜之。其根細小，與北地擻藍迥别。自來紀述家多併爲一種，蓋北人知擻藍不見芥藍，閩、廣知芥藍不見擻藍，但取呼名相類耳。《嶺南雜記》：

「芥蘭，甘辛如芥，葉藍色，鍊之能出鉛。又名『隔藍』。僧云六祖未出家時爲獵户，〔一〕不茹葷血，以此菜與野味同鍋，隔開煮熟食之，故名。」《閩書》：「芥藍菜，葉如藍而厚，青碧色，蜀中萬年青極相類。但此一年一種，萬年青累歲不易，味稍苦耳。」則蜀中亦産，不止閩、粤。《廣東志》：「諺曰：『多食馬藍，少食芥藍。』」則不惟形狀與擻藍異，性亦迥異。

〔一〕六祖：禪宗六祖慧能。

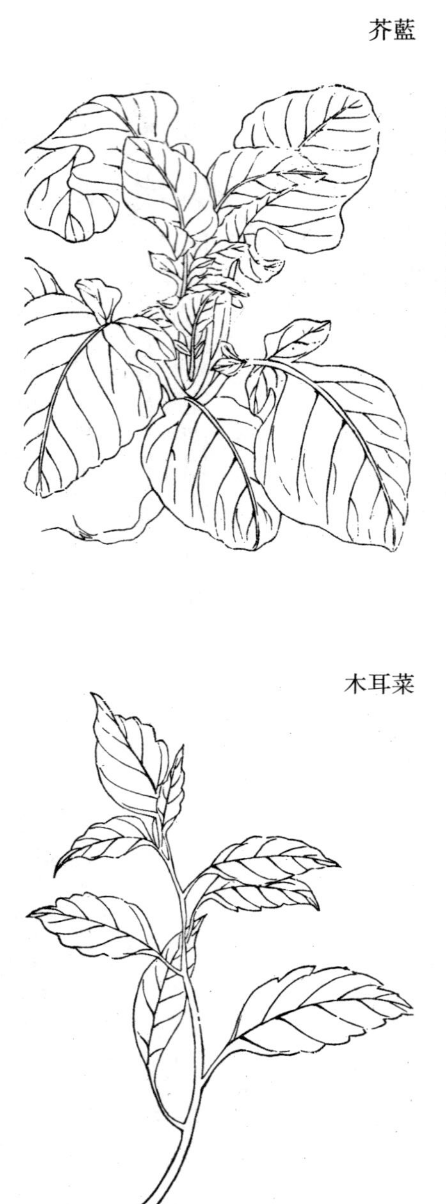
芥藍

木耳菜

木耳菜

木耳菜，産南安，一名「血皮菜」。紫莖，葉面緑，背亦紫。長葉如莧而多疎齒。土人嗜之，味滑如落葵。亦治婦科血病，酒煎服有效云。十八灘篙工皆贛人，〔一〕既喜茹其土之所産，又以價賤，買而齏之，曝之。箬篷餘緑，〔二〕菜把堆紅，樹零山瘦，霜隕灘清，滿如載丹葉而出秋林也。余戲謂贛人赤米、血菜、紅蘿蔔、紫甘藷，蔞葉賁灰，醉潮登頰，一飯之間，何止二紅？〔三〕

〔一〕十八灘：在江西贛州贛江上，行舟極險。

〔二〕箬篷：用竹箬編成的船篷。

〔三〕宋周去非《嶺外代答》卷六「食檳榔」條言：南人嚼檳榔，以水調蜆灰一銖許於蔞葉上，裹檳榔咀嚼，先吐赤水一口，而後噉其餘汁，少焉面臉潮紅，故詩人有「醉檳榔」之句。

野木耳菜

野木耳，生南安。斑莖，葉如菊而無杈歧。花如蒲公英，長蒂短瓣，不甚開放。花老成絮。土人食之，亦野菜也。

諸葛菜

諸葛菜，北地極多，湖南間有之。初生葉如小葵，抽葶生葉如油菜莖上葉，微寬，有圓齒，亦抱莖生。春初開四瓣紫花，頗嬌，亦有白花者。耐霜喜寒，京師二月已舒葶矣。瀹食甚滑。細根，非蔓青一名「諸葛菜」也。按：《爾雅》「菲，葸菜」，郭注：「菲草，生下濕地，似蕪菁，華紫赤色，可食。」陸璣《詩疏》：「菲，似葍，莖麤葉厚而長，有毛。三月中蒸鬻爲茹，滑美，可作羹。幽州人謂之『芴』，今河内人謂之『宿菜』。」按其形狀，正是此菜。北地至多，皆生廢圃中，無種植者。因宿根而生，故呼「宿菜」，不知何時誤呼「諸葛」也。江西有一種藤菜，與此相類，而葉似蘿蔔。然二菜皆無大根，非蔓菁比。《爾雅》又有「菲芴」，郭注以爲「土瓜」，固同名而異物矣。

辣椒

辣椒處處有之，江西、湖南、黔、蜀種以爲蔬。其種尖圓大小不一，有「柿子」、「筆管」、「朝天」諸名。《蔬譜》、《本草》皆未晰，惟《花鏡》有「番椒」，即此。《遵義府志》：「番椒，通呼『海椒』，一名『辣角』，每味不離。長者曰『牛角』，仰者曰『纂椒』，味尤辣。柿椒或紅或黃，中盆玩，味之辣至此極矣。或研爲末，每味必偕。或亦鹽醋浸爲蔬，甚至熬爲油、熂諸火而噉之者，〔一〕其胸膈寒滯乃至是哉？」古人之食，必得其醬，所以調其偏而使之平，故有食醫掌之。後世但取其味膏腴，炰炙既爲富貴膏肓，〔二〕貧者茹生菜，山居者或淡食，而産蔗之區乃以飴爲鹹。雖所積不同，而其留著胸中格格不能下則一也。薑桂之性，尚可治其小患，至脾胃抑塞，攻之不可，則必以烈山焚澤去其頑梗而求通焉，〔三〕番椒之謂矣。

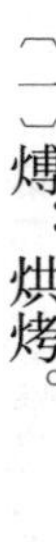

〔一〕熂：烘烤。

〔二〕意謂講究飲食成爲富貴人生病的要害。

〔三〕烈山焚澤：以火焚燒山澤中的植物。

豆葉菜

豆葉菜，廬山、衡山皆有之。葉莖如大豆，亦有毛。寺僧以爲蔬，矜言佛祖留此以養緇徒云。宋犖《西陂類稿》：「盤山拙公以野蔬見寄，蔬名『杏葉』、『豆葉』。豆葉惟盤山與匡廬有之。」《盛京志》：「杏葉菜，葉似杏，山蔬之可食者。」按《一統志》：「江西南昌羅漢菜，如豆苗，因靈觀尊者自西山持至，故名。湖廣蘄州二角山亦有之。舊傳有異僧所種，若雜葷物，便無味。」疑即此豆葉菜也。蓋大山中皆有之，特無拈出者，多不識耳。廬山有豆葉坪，實産此菜。余過廬山，遣力往取之，〔一〕道中不得烹飪，覩其形不知其味，可謂食肉不食馬肝。〔二〕《盤山志》：「豆苗菜，叢生似豆苗。山家采食之，極鮮美。」

〔一〕力：脚力。

〔二〕馬肝有劇毒。《漢書・儒林傳》：「食肉毋食馬肝，未爲不知味也。」

稻槎菜

稻槎(chá)菜，生稻田中，以穫稻而生，〔一〕故名。似蒲公英葉，又似花芥菜葉。鋪地繁密，春時抽小葶，開花如蒲公英而小，無蕊。鄉人茹之。

雩婁農曰：江、湖間多野蔬，而地卑濕，藴孽生蛆，〔二〕又虺蜴所徑竇，〔三〕故挑菜者有戒心焉。稻槎菜生於稻之腐餘，其性當與穀精草比，吾鄉人喜食之。《救荒本草》所列皆山野中物，採録亦弗及。每憶其黄花緑莖，繡塍鋪隴，覺千村打稻之聲猶在耳畔。

〔一〕生於割稻之後的田地。

〔二〕藴孽：草木叢集則風氣不通，而易生蟲。

〔三〕毒蟲所經孔道。

油頭菜

油頭菜，贛州有之。似大頭菜而扁。葉如蘿蔔，土人以根爲蔬，生食甘脆，亦以飣盤。〔一〕

此即蔓青種類，葉亦有芥味。贛州山地堅瘦，故所產根不能肥大。寧都州呼爲「柿餅蘿蔔」，形味俱肖。

雩婁農曰：贛處萬山中，石田沙隴。商賈行坐以通閩粵，〔二〕生齒日益繁，百穀成，不能足一歲之儲，山之民有不粒食者矣。果如橘柚，皆不堪與南城、南豐爲臺隸。〔三〕如油頭菜者，亦登上客之筵，風亦僿矣。〔四〕顧其地〔五〕饒松、杉、桐、茶、烏臼、旰蔗，嶺南之鹺與牢盆，〔六〕擅薪油鹽鹺之利，五嶺之間一都會也。又聞其山多奇卉靈藥。余屢至，皆以深冬山燒田菜，〔七〕搜採少所得，至今耿耿。

〔一〕將果蔬放到盤中。

〔二〕商賈行坐：即行商坐賈，通指經商。

〔三〕所產水果如橘柚，其品質低劣，連給南城、南豐所產的作奴僕都不配。

〔四〕僿：鄙野，不開化。

〔五〕「地」，原本誤作「他」，據文意改。

〔六〕牢盆爲煮鹽器具。此指贛州爲産鹽之地。
〔七〕冬燒田以除野草爲肥，即所謂「火種」也。

綿絲菜

綿絲菜，廣信、長沙極多。〔一〕一名「黄花菜」。初生葉如馬蹄，有深齒，宛似小葵。抽葶生葉，即多尖杈，開小黄花如寒菊。冬初發葶，至夏始枯。貧者取其嫩葉茹之，亦可去熱。

〔一〕江西廣信府，轄上饒、玉山、弋陽、貴溪、鉛山等縣。

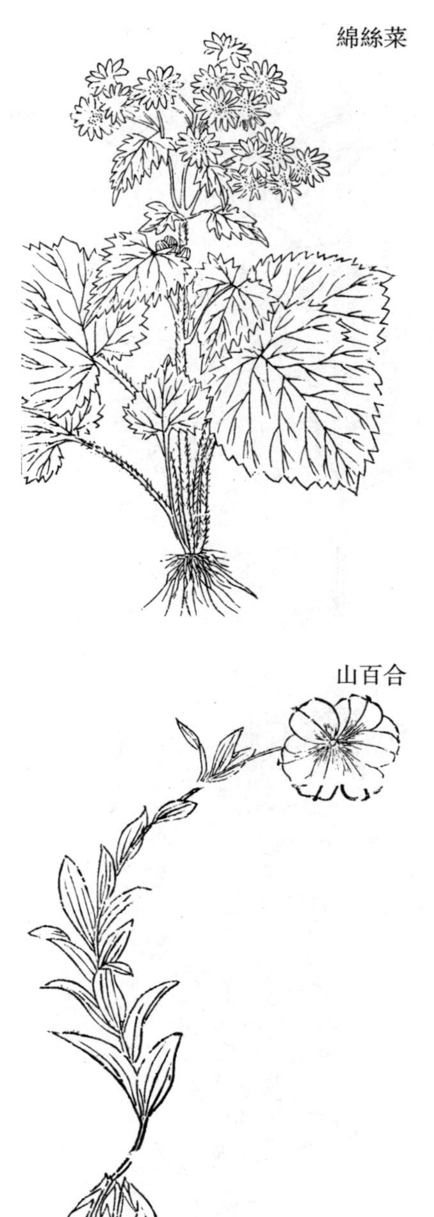

山百合

山百合，生雲南山中。根葉俱如百合。花黄緑，有黑縷，又有深緑者，尤可愛。

紅百合

紅百合，生雲南山中，大致如卷丹。葉短花肥，瓣色淡紅，内有紫點，绿心黄蘂中出一長鬚，圓突如乳，比卷丹爲雅。

紅百合

綠百合

綠百合

綠百合，雲南有之。花色碧綠，紫斑繡錯。香極濃，根微苦。

高河菜

高河菜，生大理點蒼山。〔一〕《滇黔紀遊》云：「七八月生，紅莖碧葉，味辛如芥。」桂馥《札璞》：「蒼山有草類芹，紫莖，辛香可食，呼爲高和菜，沿南詔舊名。」〔二〕《古今圖書集成》引舊志云：「若高聲則雲霧驟起，風雨卒至，蓋高河乃龍湫也。」余遣人致其腊者，〔三〕審其葉多花叉，參差互生，微似菊葉而無柄，味亦不辛，卻有清香。漬之水，水爲之緑。以爲齏，在菘、芥之上，以烹肉，絶似北地乾菠菜而加清雋，誠野蔬中佳品也。但蒼山高峻，傳聞皆以爲不易得，而此菜製如家蔬，或以鶩更雞耶？〔四〕抑有老圃移而滋之於圃耶？顧其色味皆佳，每咀嚼之，輒曰：「縱未得真高河菜，得此嘉蔬，亦足豪於嗑斷數十甕黄酸齏者。」〔五〕《琅鹽井志》有「嬾菜」，七八月治地布種，不須灌溉，至冬可茹，狀微相類，而老莖柴瘠，幾同齕藁矣。〔六〕吾鄉凡菜不經移種者皆曰「嬾婆菜」，以不經培蒔，則生機速而易老，科本密而多腊，故老圃賤之。而琅井之菜獨以嬾得名，然則人之以嬾成其高者，得無如高河菜之孤據清絶，令人仰其卧雪吸雲而不易致，而琅井之蔬，不假剔抉，乃全其

天真也耶？翟湯對庾亮曰：「使君自敬其枯木朽株。」〔七〕然則對斯菜也，亦當推食起敬。〔八〕

〔一〕即「洱海蒼山」之蒼山，在雲南大理城西。

〔二〕「蒼山」，《札樸》作「點蒼山」。「高和」，似當作「高河」。高河在大理西二百餘里。

〔三〕腊：風乾。此則近似於今之植物標本。

〔四〕以野鶩取代家雞。宋朱長文《墨池編》卷四：東晉庾翼，其書法少時與王羲之齊名，羲之後進，庾猶不忿，在荆州與都下書云：「小兒輩乃賤家雞，愛野鶩，皆學逸少書，須吾還，當比之。」

〔五〕黄酸齏：即醃酸菜。過去讀書人常用來自嘲未發迹前的艱苦生涯。蘇東坡《滑稽帖》：「王狀元未第時，醉墮汴河，爲水神扶出，曰：『公有三百千料錢，若死於此，何處消破？』明年遂登第。士有久不第者，亦效之，陽醉落河，河神亦扶出。士大喜曰：『吾料錢幾何？』神曰：『吾不知也，但三百甕黄虀無處消破耳。』」

〔六〕藁：乾草。

〔七〕翟湯：東晉尋陽隱士。篤行純素，仁讓廉潔，不屑世事。司徒王導辟，不就。隱於縣界南山。庾亮在江州，聞翟湯之風，束帶躡屐詣焉。湯見亮，備主客之禮甚恭。亮怪曰：「君道高世表，僕敢忘其恭耶？」湯曰：「使君忽敬其枯木朽株耳。」亮服其言語。見宋馬永易《實賓録》。

〔八〕推：推己及人之推。推食：推己之食以讓人。

金剛尖

金剛尖，生雲南山中。獨莖多細枝，一枝五葉，似獨帚而更尖長。山人摘以爲蔬，昆明採其嫩葉，芼以爲羹，清爽微苦，饒有風味，呼爲「良旺頭」。

金剛尖

芝麻菜

芝麻菜

芝麻菜，生雲南。如初生菘菜，抽莖開四瓣黄花，有黑縷。高尺許，生食味如白苣而微埴氣。〔一〕《滇本草》：「性微寒，治中風、暑熱之證。」

〔一〕埴氣：土腥氣。

陽芋

陽芋，黔、滇有之。緑莖青葉，葉大小、疎密、長圓形狀不一。根多白鬚，下結圓實。壓其莖，則根實繁如番薯，莖長則柔弱如蔓，蓋即黄獨也。療饑救荒，貧民之儲。秋時根肥連綴，味似芋而甘，似薯而淡，羹臛煨灼，無不宜之。葉味如豌豆苗，按酒侑食，清滑雋永。開花紫筩五角，間以青紋，中擎紅的，〔一〕緑蕊一縷，亦復楚楚。山西種之爲田，俗呼「山藥蛋」，尤碩大。花色白，聞終南山氓種植尤繁，富者歲收數百石云。

〔一〕紅的：紅點。

蕨萁

蕨萁（qí），如蕨而肥矮，有枝無杈，梢葉如粟，色緑。按《爾雅》「萁，月爾」，注：「即紫

陽芋

蕨萁

蓁也，似蕨可食。」或即此。疑有緑、紫二種。江右蕨經野燒再發，名「蕨基」，與此異。

紫薑

紫薑花，生雲南，夏時開淡紫花。

紫薑

陽藿

陽藿

陽藿，湖南、雲南皆有之。《黔志》作「陽荷」，葉如薑而肥，根如薑而瘦。夏時根傍發苞如筍籜，色紫，籜拆，〔一〕有纖笋十餘枝。笋中開花，微似蘭花，色深紫，三瓣一大二小。其跗有嫩籜，〔二〕反卷如淡黄花瓣。湘中摘其笋並花，與薑芽同醃食之，味亦辛。《辰谿志》載里諺曰「八月陽藿拌紫薑」，以爲珍味。長沙人但呼爲「薑花」，亦曰「薑笋」。《廣西志》：「洋百合，形如百合，色紫，與薑同器則色亦紫。」又曰：「洋百合即蘘荷。」未識與此種同異。桂馥《札璞》：「野薑花生葉傍，色紫。」即此，特以爲即「狗脊」，殊不可解。余過黔，索陽荷，里人以此進，且云：「此外無所謂陽荷者。」然則長沙以此爲薑花者道其實，而辰谿、黔中則相承以爲陽藿、陽荷，荷、藿一聲輕重耳。考《説文》「蘘荷，一名『葍蒩』」，《子虛賦》作「猼且」，《漢書》作「巴且」，王逸作「蓴菹」，顔師古云：「根傍生笋，可以爲菹。」《古今注》：「蘘荷似葍苴而白，葍苴色紫，花生根中，花未敗時可食，久置則爛。」今湘中亦呼此爲「薑笋」，而按其形狀，正與《古今注》「葍苴」相肖，則此菜其即葍苴矣。顧《説文》以葍苴爲即「蘘荷」，而黔呼「陽荷」，湘中呼「陽藿」，皆爲「蘘荷」轉音，似葍苴、蘘荷爲一物。惟《古今注》謂蘘荷似葍苴色白，則一類而異。然則吴中所謂蘘荷者，其即《古今注》之「蘘荷」歟？其莖葉殊不相似，要皆人家圃中所蒔，與《急就篇》「冬日藏」之語相合。〔三〕二種皆分別圖之，必有一當於蘘荷者，不似芭蕉、甘露非可鹽藏冬儲也。

雩婁農曰：《南越筆記》謂粤中草多似蕉與竹，故有「衣蕉食蕉，衣竹食竹」之諺。余以爲介於蕉與竹之間，薑是也。似薑，以薑名、不以薑名者不可勝計。然三者皆喜煖而惡燥，喜陰而惡寒，而薑則以不見日而生。夫物得陽則舒，得陰則鬱。薑鬱於陰而爲辛烈，其於人也，上至天庭，下及湧泉，〔四〕發揚排擊，無所不靡。然則人之鬱鬱而不得遂者，其發揚排擊豈不如草木哉？和風甘雨，舒物之鬱者也；震雷嚴霜，絶物之鬱者也。故爲治者準天之道，無使隱僻之民有所鬱焉，〔五〕則無形之患絶。

〔一〕籜：竹筍外皮。

〔二〕跗：花萼。

〔三〕《急就篇》曰：「老菁蘘荷冬日藏。」

〔四〕天庭穴在頭頂，湧泉穴在足底。

〔五〕隱僻：居住偏遠。

木橿子

木橿（jiāng）子，生黔中。獨莖長葉，高二三尺，如初生野雞冠花。梢端作穗，開花如水蘇輩，色淡紅。結小黑子，味辛辣如胡椒。黔山人植於圃隙山足，採爲食料。

珍珠菜

珍珠菜，安徽、河南山中皆有之。《黄山志》謂爲藤本蔓生，摘其花曰「花兒菜」，實曰「珠兒菜」，並葉茹之，味如茶，烹芼皆宜。

植物名實圖考卷之七　山草

人參《說文》作「蓡」，《廣雅》作「葠」，俗作「參」。

人參，《本經》上品。昔時以遼東、新羅所産皆不及上黨，〔一〕今以遼東、吉林爲貴，新羅次之。其三姓、甯古塔亦試採，〔二〕不甚多。以苗移植者爲「秧參」，種子者爲「子參」，力皆薄。黨參今係蔓生，頗似沙參苗，而根長至尺餘，俗以代人參，殊欠考覈。謹按：我朝發祥長白山，「周原膴膴，堇荼如飴」，〔三〕固天地之奥區、九州之上腴也。〔四〕長林豐草中，夜有光爥，〔五〕厥惟人參。定制：私刨者舉其物，罰其人；官給商引，出卡分採，歸以所得上之官，官視其參之多寡而納課焉；課畢，獻於内

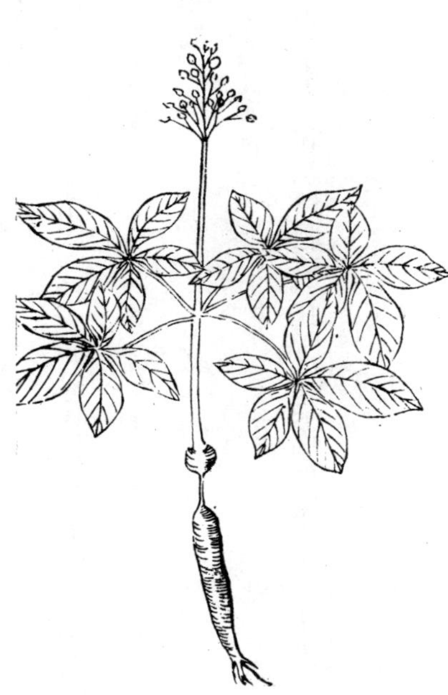

府，府第其品，上上者備御，其次以爲班賞，凡文、武二品以上及侍直者皆預。臣父、臣兄備員卿貳，〔六〕歲蒙恩賚。臣供奉南齋時，〔七〕疊承優錫。其私販越關入公者，亦蒙分賞。自維臣家俱飫仙藥，愧長生之無術，荷大造之頻施，〔八〕敬紀顛末，用示後人。考《圖經》繪列數種，多沙參、薺苨輩。今紫團參園已墾爲田，所見舒城、施南山參，〔九〕尚不及黨參。滇姚州、麗江亦有參，〔一〇〕形既各異，性亦多燥。惟朝鮮附庸、陪都所産，〔一一〕雖出人功，而氣味具體，人間服食至廣，即外裔如緬甸，亦由京都販焉。

〔一〕新羅：古國名，在今朝鮮半島，此處即指朝鮮半島。

〔二〕三姓：地名，在今黑龍江依蘭。甯古塔：在今黑龍江海林。

〔三〕見《詩·大雅·綿》。注：原，周之原，地在岐山之南。膴膴然肥美，其所生菜雖有性苦者，甘如飴也。此以周之發祥地譬長白山。

〔四〕奧區：深奧富饒之地。上腴：最肥沃的土地。

〔五〕爓：光亮。

〔六〕卿貳：九卿的副職，即各部侍郎級的高官。吴其濬之父吴烜官至禮部右侍郎，其兄吴其彦官至兵部右侍郎。

〔七〕南齋：皇帝讀書的書房，此指翰林院。吴其濬中嘉慶二十二年狀元，例授翰林院修撰。

〔八〕大造：天地之恩德。
〔九〕舒城：在安徽中部。施南：在湖北西南。
〔一〇〕姚州：今雲南姚安。
〔一一〕陪都盛京，今瀋陽。

黃耆

黃耆，《本經》上品。有數種，山西、蒙古産者佳，滇産性瀉，不入用。

雩婁農曰：黃耆，西産也。而《淳安縣志》云：嘉靖中，人有言本地出黃耆者，當道以文索之，無有，以俗名「馬首苜蓿」根充之。醫生解去，〔一〕遭杖幾斃，不得已，解價至三四十金而後已。嗚呼！先王物土宜而布之利，〔二〕後世乃以利爲害乎！夫任土作貢，〔三〕三代以來，莫之能改。然徵求多而饋問廣，〔四〕猶慮爲民病。洛陽兒女之花，莆田荔支之譜，〔五〕轉輸千里，容悦俄時，賢者有餘憾矣。舊時滇元江有荔支，〔六〕以索者衆，今並其樹刈之。昆明海亦時有蝦，漁者懼索，得而匿之，不敢以售於市。民

之畏官乃如鬼神哉！吾見志乘於物産，不曰「地窮不毛」，則曰「昔有今無」，懼上官之按志而求也，意亦苦矣！然吾以爲未探其本而因噎而廢食也。邑志物産，非注《爾雅》以淹博考證爲長，又非如賦京都者假他方之所有以誇靡富。〔七〕考其山林川原則知所宜，考其所宜則知民之貧富勤惰。《職方氏》曰「其利金、錫、竹箭，其畜宜六擾，其穀宜五種」，〔八〕不爲後世有貪墨者而稍減而諱之也。雖然，以志乘而累及官民者亦有之矣。夫天下之稻一也，而《弋陽志》則曰「其稻，他縣不能有也」，昔固以索弋稻爲累矣。天下之猪一也，而《贛州志》則曰「龍猪，他郡不能及也」，昔固以索龍猪爲累矣。志物者一時泚筆而矜其名，宰邑者因其所矜以媚其上，浸假而爲成例，〔九〕横徵旁求，饋者竭矣，受者未厭。〔一〇〕有强項吏遷延不致，〔一一〕則譙責隨之。故天下病民病官之弊，皆獻諛者實尸其罪。〔一二〕然則作志者必當曰「邑某里山澤，其穀畜果蓏宜某種；某里原隰，其穀畜果蓏宜某種；某里陿瘠，無宜也」，則民衣食之所資而窮富著矣；「林木萑葦出某里，藥草花蓲出某里」，則民養生送死、薪炊種藝所賴也。林木必著其所用，藥物必究其所主，既述其培植之勞，又記其水陸之阻，則物力之貴賤難易又著矣。若其金、錫、羽、毛，非盡地所宜，則必悉其得之之艱、出入之數。凡民生之不易，皆反覆三致意焉，使良有司按志而知若者宜因勢而導，若者宜改而更張，或種葱及薤，或拔茶植桑。交阯荔支之書，〔一三〕坊州杜若之駮，〔一四〕孔戣菜蚶之疏，〔一五〕子厚捕蛇之説，〔一六〕民生疾苦，洞若觀火。於以補偏救弊，利用厚生，王道之始，雖聖賢，豈能舍此而富民哉？否則如《淳安志》所云「强其無以瀆貨」，彼若索志乘而觀之，不將失其所恃歟？

〔一〕解：解送上級官府。

〔二〕土宜：不同土壤所宜生長的作物。物：動詞，指確定其地之物産。

〔三〕根據各地的具體情況，規定其地進貢的物産種類和數量。

〔四〕徵求：上級以官府名義向地方索求。饋問：互相贈送，或下級官員向上級敬獻。

〔五〕「洛陽兒女」即「洛陽女兒」，劉希夷《代悲白頭翁》「洛陽女兒惜顔色，坐見落花長歎息」，白居易《勸我酒》「洛陽女兒面似花」是也。洛陽牡丹甲天下，此處即指牡丹。宋歐陽修《風俗記》云：「洛陽之俗，大抵好花。……洛陽至東京六驛，舊不進花，自今徐州李相迪爲留守時始進御，歲遣衙校一員，乘驛馬，一日一夕至京師。」蔡襄，莆田人，撰《荔枝譜》。此處實指荔枝進御事。自東漢和帝永元間，嶺南即獻生荔枝，十里一置，五里一堠，晝夜傳送。後代相承未絶。

〔六〕元江：在雲南中南部。今爲元江自治縣。

〔七〕張衡《兩京賦》、左思《三都賦》之類。

〔八〕見《周禮・夏官司馬》。

〔九〕浸假：逐漸。

〔一〇〕厭：饜足。

〔一一〕《後漢書·黄宣傳》：湖陽公主蒼頭白日殺人，洛陽令董宣格殺之。公主即還宫訴帝，帝使宣叩頭謝公主，宣不從。强使頓之。宣兩手據地，終不肯俯。帝稱爲「强項令」。

〔一二〕尸其罪：爲其罪之責任承擔者。

〔一三〕《通志·昆蟲草木略》：東漢交趾七郡貢生荔枝。「孝和時，唐羌上書言狀，帝詔太官勿復受獻。此物易變，一日色變，二日味變，三日色味俱變。……近代奸幸之徒，連株以進，南人苦之。不知土地所産之異，而輒爲人患。」

〔一四〕《太平廣記》卷四百九十三「度支郎」條：唐貞觀中，「尚藥奏求杜若，敕下度支。有省郎以謝朓詩云『坊洲採杜若』，乃委坊州貢之。本州曹官判云：『坊州不出杜若，應由讀謝朓詩誤。郎官作如此判事，豈不畏二十八宿笑人耶？』」

〔一五〕《新唐書·孔戣傳》：明州歲貢淡菜、蚶蛤之屬。孔戣以爲自海抵京師，道路役凡四十三萬人，奏罷之。

〔一六〕柳宗元在永州，時有毒蛇之貢，作《捕蛇者説》，以爲苛政猛於虎。

甘草

甘草，《本經》上品。《爾雅》「蘦，大苦」，郭注：「今甘草。」《夢溪筆談》謂甘草如槐而尖，形狀極確。《詩經》：「采苓采苓，首陽之巔。」〔一〕首陽在今蒲州府。〔二〕晉俗，摘其嫩芽，溲麪蒸食，〔三〕其味如飴。疑采苓亦以供茹也。

雩婁農曰：甘草，藥之國老，〔四〕婦稚皆能味之。郭景純博物，注《爾雅》「蘦，大苦」曰：「今甘草也。蔓延生，葉似荷。或云：蘦似地黄。」甘草殊不蔓生，亦不類荷，蓋傳聞異或傳寫訛。與地黄尤非類。「或」之者，疑之也。陶隱居亦云：「河西、上郡，今不復通市。今從蜀漢中來，堅實者是枹罕草，最佳。」晉之東遷，西埵隔絶，江左諸儒不復目驗。《宋圖經》謂「河東蒲坂，甘草所生，先儒注首陽采苓，苗葉與今全別，豈種類不同」云云，殆以舊説流傳，不敢顯斥。沈存中乃刱謂郭注蔓延似荷者爲「黄藥」。今之黄藥，何曾似荷？《爾雅翼》云：「不惟葉似荷，古之『蓮』字亦通於『蘦』。」則直以音聲相通，不復顧形實迥別矣。《廣雅疏證》斥沈説之非，而以《圖經》諸説爲皆不足信。經生家言，墨守故訓，固與辨色嘗味、起疴肉骨者道不同不相謀也。余以五月按兵塞外，道傍轍中，皆甘草也，諦葉玩蘤，郄車載之。〔五〕聞甘、涼諸郡尤肥壯，或有以爲杖者。蓋其地沙浮土鬆，根荄直下可數尺，年久則巨耳。梅聖俞有《司馬君實遺甘草杖》詩，可徵於古。余嘗見他處所生，亦與

《圖經》相肖，嘗之味甘，人無識者。隱居所謂「青州亦有而不好」者，殆其類也。

〔一〕見《唐風・采苓》。苓即蘦。

〔二〕蒲州：今山西永濟。

〔三〕溲麪：和於面中。

〔四〕甘草調和衆藥，故有「國老」之號。

〔五〕藹：即花。《戰國策・齊策三》：「今求柴葫、桔梗於沮澤，則累世不得一焉；及之睪黍梁父之陰，則郄車而載耳。」所載物多，車重不前，曰郄車。

赤箭

赤箭，《本經》上品。陶隱居未能決識。《夢溪筆談》謂即「天麻」，止用治風爲可惜。《本草綱目》謂即「還筒子」。考柳公權有《求赤箭帖》，以爲扶老之用，則宋以前尚爲服食要藥。

赤箭

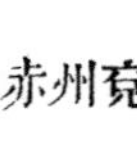

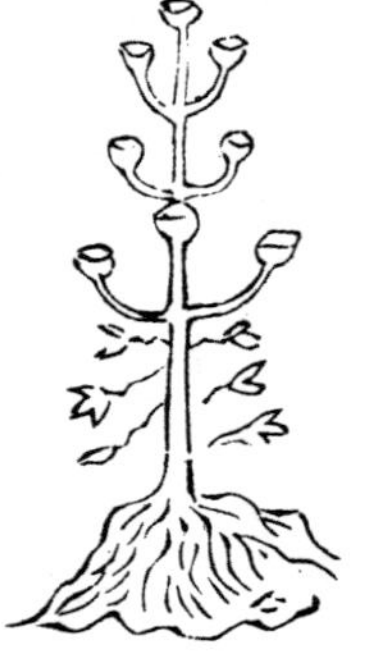

朮

朮(zhú)，《本經》上品。《爾雅》：「朮，山薊。楊，枹薊。」《圖經》以楊枹爲白朮。宋以後始分蒼、白二種，各自施用。

雩婁農曰：「楊，枹薊」，注以爲「馬薊」，范汪以馬薊爲續斷，〔一〕李時珍以馬薊爲大薊，乃又以爲白朮。朮名山薊，安得即以薊爲朮？昔産朮者，漢中南鄭也，蔣山、茅山也，〔二〕浙也，歙也，〔三〕幕府山也，〔四〕昌化也，池州也。〔五〕東坡云：「黄州朮一斤數錢，此長生藥也。」舒州朮花紫，難得。余莅江右，則饒州、九江皆有之。〔六〕莅湘南，則幕府山所産頗大，力亦不劣。山西葫蘆峪産朮甚肥壯，土人但以蒼朮用之。《南方草木狀》藥有「乞力伽」，〔七〕朮也。瀕海所産有至數斤者，深山大壑殆必有如瀕海者，特未遇耳。《仙傳拾遺》紀劉商得真朮，爲陰功篤行之所感。然則服朮而無效，所得者乃薊屬而非真朮耶？晉侯得良醫，而二豎居於膏肓；〔八〕《本事方》載以翦草治血疾，而鬼覆其鐺。無功德而訪仙藥，固緣木求魚，狂惑之疾雖得良醫真藥，亦何益之有？

〔一〕范汪：東晉人。布衣蔬食，燃薪寫書，博學多通，善談名理。其子即集解《穀梁傳》之范甯。

〔二〕蔣山即南京鍾山，茅山在江蘇句容。

〔三〕安徽歙縣。

〔四〕幕府山在今南京。然據下文，此幕府山又似在湘南，疑有誤。

〔五〕昌化在浙江，池州在安徽。

〔六〕江右即江西。江西饒州府，治所在今江西鄱陽，轄鄱陽、樂平、浮梁等縣。九江府，治所在今九江市，轄德化、德安、湖口、彭澤等縣。

〔七〕「南方草木狀」，原本誤作「南方草本狀」，據上下文改。

〔八〕《左傳》成公十年：晉侯病，秦伯使醫緩爲之。未至，公夢疾爲二豎子，曰：「彼，良醫也。懼傷我，焉逃之？」其一曰：「居肓之上，膏之下，若我何？」醫至，曰：「疾不可爲也。在肓之上，膏之下，攻之不可，達之不及，藥不至焉，不可爲也。」

沙參

沙參，《本經》上品。處處皆有，以北產及太行山爲上。其類亦有數種，詳《救荒本草》。花與薺苨相同，惟葉小而根有心爲别。

遠志

遠志，《本經》上品。《爾雅》「葽繞，棘蒬」，注：「今遠志也。似麻黄，赤華，葉鋭而黄。」語約而形容畢肖。《説文》「蒬，棘蒬」，《繫傳》：「即遠志。」又：「葽，草也。『四月秀葽』，劉向説此味苦，苦葽。」〔一〕則葽與葽繞異物，釋《詩》者或即以葽爲遠志。《圖經》載數種，所謂「似大青而小，三月開花白色」者，不知何處所産。今太原産者與《救荒本草》圖同。原圖解州遠志，不應與太原産迥異。李時珍謂有大葉、小葉二種。滇南甜遠志，葉大花黄，土人亦不以入劑，蓋習用之品，藥肆所採，較當時州郡圖上者爲可信也。

〔一〕「四月秀葽」見《豳風・七月》。以上引文見《説文解字》。

萎蕤

萎蕤（ruí），即《本經》「女萎」，上品。《爾雅》：「熒，委萎。」蓋《本經》亦是「委萎」，脱去「委」字上半，遂訛爲「女萎」。《救荒本草》云：「其根似黄精而小異。」今細核有二種，一葉薄如竹葉而寬，根如黄精多鬚長白，即萎蕤也；一葉厚如黄精葉圓短，無大根，亦多鬚，俚醫以爲别種。李衎《竹譜》亦俱載之。

雩婁農曰：古有委萎，或以爲即葳蕤，目爲瑞草。而黄精乃後出。諸書以委萎類黄精，然則古方蓋通用矣。陳藏器以青黏即萎蕤。東坡初閲《嘉祐本草》，乃知青黏是女萎，喜躍之至，而又不敢盡信。夫毛女食黄精，而輕捷翻飛如猿猱，委萎得無類是？〔一〕獨恠漆葉人所盡知，而醫方決不復用，然則即有華佗與之以方，其肯盡信乎？〔二〕大抵山居谷汲之民不見外事，無芻豢以濁其口腹，無靡曼以濁其耳目，〔三〕無欣戚以濁其神明，〔四〕獉獉狉狉，〔五〕湛然太古。草木之實，皆自然五穀。南陽飲菊水，〔六〕崖州食甘藷，皆獲上壽。〔七〕彼服委萎者，即不地仙，亦當卻病難老。後世貴極富溢，乃思神仙，秦皇、漢武姑不具論，李贊皇、高駢皆惑於方士，〔八〕宋之朝臣多服丹石，又希黄白，藏腑薰灼，毒發致危，良醫又製解丹毒之藥以拯之，其亦不智也已。記小説一事，山水陡發，有物與木石俱下，苔髮藍鬖。鄉人剔而視之，乃人也，蓋閉息不知幾年，而飛昇無術，塊然無知者，然其神氣清固。遠近聞以爲仙，爭迎供之。初尚内視，漸思飲食，未幾而茹葷酒，又未幾而思人道，叩之者既無要訣可傳，卒以醉慾而死。然則無靈根而得妙術，天上豈有愚盲神仙耶？噫嘻！天上又豈有不忠孝神仙耶？聖人云：「未知生，焉知死。」〔九〕若是知生，便是不死。

按：近時所用萎蕤，通呼玉竹，以其根長白，有節如竹也。與黄精絶不類，其莖細瘦有斑，圓緑，叢生，葉光滑深緑，有三勒道，背淡緑凸文。滇南經冬不隕，逐葉開花，結青紫實，與《爾雅》異。

〔一〕劉向《列仙傳》卷下：「毛女，字玉姜，在華陰山中，獵師時見之。自言爲始皇宫人，秦亡入山，食松葉，遂不饑寒，身輕如飛。」《抱朴子·仙藥》亦言毛女「食松葉松實」。

〔二〕《後漢書·華佗傳》：樊阿「從佗求方可服食益於人者，佗授以漆葉青黏散，漆葉屑一斗，青黏十四兩，以是爲率。言久服去三蟲，利五藏，輕體，使人頭不白」。

〔三〕靡曼：指聲色之娱。

〔四〕欣戚：喜怒哀樂。

〔五〕草木榛榛，鹿豕狉狉。指古人生活的原始狀態。

〔六〕盛弘之《荊州記》：漢南陽酈縣北八里有菊水，其源旁悉芳菊，水極甘馨。中有三十家，不復穿井，仰飲水，上壽百二十三十，中壽百餘，七十者猶以爲夭。

〔七〕晉嵇含《南方草木狀》：珠崖之地，海中之人，皆不業耕稼，惟掘地種甘藷，秋熟收之。大抵南人二毛者百無一二。惟海中之人壽百餘歲者，由不食五穀食甘藷故耳。

〔八〕李德裕，贊皇人，爲唐文宗、武宗時名相。高駢，唐末名將，晚年鎮守淮南，信妖人吕用之，卒致敗亡。

〔九〕見《論語·先進》。

巴戟天

巴戟天，《本經》上品。《唐本草注》：「俗名『三蔓草』，葉似茗，經冬不枯。」《圖經》辨別真僞甚晰。

肉蓯蓉

肉蓯（cōng）蓉，《本經》上品。《圖經》云：「人多取草蓯蓉以代肉者。」今藥肆所售皆鹹製，有鱗甲，形扁，色黑，柔軟。

肉蓯蓉

升麻

升麻

升麻，《本經》上品。《圖經》：「葉似麻葉，四五月花如粟穗，白色，實黑，根紫。」今江西、湖廣有「土升麻」，與《圖經》異，别入草藥。

雩婁農曰：《漢書·地理志》「益州牧靡」，〔一〕李奇注：「靡，音麻，即升麻，解毒藥。」

《酉陽雜俎》：「建寧郡有牧靡山。鳥食烏喙，中毒，輒飛集牧靡，啄牧靡草以解之。」則升麻固滇産也。滇多烏喙，其俗方所用者，蓋真升麻也。葉如麻而花作穗，與《圖經》茂州升麻符。〔二〕滇與蜀接，固應同彙。但《圖經》又列滁州、秦州、漢州三種。〔三〕漢州産者形如竹笋，今湖北土醫用以升表痘瘄者，〔四〕其狀正同。其餘枝葉皆相彷彿，或即隱居所謂「落新婦」者。江西産者花如絮，未知即滁州一類否也。李時珍盛稱升提之功，〔五〕然未述其狀，僅有「外黑内白，俗謂鬼臉升麻」一語，其何地所産耶？《圖經》四種，判若馬牛，其果功用俱同耶？聖人有言：「未達，不敢嘗。」〔六〕不覩厥物，聽命賣藥之手，可以謂之達耶？藥之生也，或離鄉而貴，或遷地弗良，醫不三世，不服其藥，以其明於風土所宜、人情所愜，非貿貿者取所不知之物以試其驗與否也。然則四方游手，〔七〕負藥籠以奔走逐食者，小則貪人病之痊以索酬，大則用迷惑之藥以肆劫。〔八〕彼有意安民者，得不如鷹鸇之逐鳥雀乎？慶鄭曰：「古者大事必乘其産，生其水土而知其人心，安其教訓而服習其道。」〔九〕用藥者亦何獨不然！余憫世之尚遠賤近者，不曰海舶之珍藥，則曰賈胡之齎劑。試思農皇所嘗，不聞逾海，〔一〇〕青囊一卷，豈來流沙？〔一一〕彼四裔之仰給大黄、茶葉者，亦曰非此不能生活，不知文軫未播桂海，〔一二〕聲教未燭冰天時，〔一三〕彼何以蕃其種族耶？嗚呼！以跬步之居而欲習梯航之俗，〔一四〕衛出公之好夷言，〔一五〕趙武靈之爲胡服，〔一六〕其用夷變夏，抑用夏變夷，五百年後當有知之者。

〔一〕「牧」，《漢書》作「收」。按舊籍亦有作「牧靡」者，不改。

〔二〕茂州：今四川汶山。

〔三〕滁州：今安徽滁州。秦州：今甘肅天水。漢州：今四川廣漢。

〔四〕升表：即發表，發散表邪。

〔五〕升提：中醫治療因中气下陷而出現的久瀉、脱肛、子宫脱垂等症的一種方法。

〔六〕《論語·鄉黨》：「康子饋藥，拜而受之，曰：『丘未達，不敢嘗。』」

〔七〕游手：不務正業的游民。

〔八〕肆劫：肆行劫掠。

〔九〕慶鄭：晉惠公時大夫。語見《左傳》僖公十五年。

〔一〇〕神農嘗百草，未聽説跨出海外。

〔一一〕青囊：原指風水地理之書，後亦指醫書。流沙：指西部大沙漠之外。

〔一二〕文軫：傳播文化的使車。桂海：指廣西等西南少數民族地區。

〔一三〕冰天指北方少數民族地區。

〔一四〕梯航：此指須登山跨水才能到達之處。

〔一五〕《左傳》哀公十二年：衛侯會吴於鄖，吴人藩衛侯之舍，即將其囚禁。後吴人釋放衛侯。「衛侯歸，效夷言。子之尚幼，曰：『君必不免，其死於夷乎！執焉，而又説其言，從之固矣。』」

〔一六〕《戰國策》：越武靈王胡服騎射以教百姓。

丹參

丹參，《本經》上品。處處有之。春花。亦有秋花者，南方地暖，得氣早耳。

丹參

徐長卿

徐長卿

徐長卿，《本經》上品。《唐本草注》：「所在川澤有之。葉似柳，兩葉相當，有光澤。根如細辛微粗長，黄色，有臊氣。」《蜀本草》：「子似蘿藦子而小。」核其形狀，蓋即湖南俚醫所謂「土細辛」，一名「九頭師子草」。惟諸書都未詳及其花爲疑。

雩婁農曰：《老子》云：「大道無名。」天非道耶？顯而在上，不名「天」耶？〔一〕聖非道耶？大而能化，不名「聖」耶？然匈奴謂天爲撐犁，則不以「天」名天；西方謂聖爲佛，則不以「聖」名聖。不以其名名，則天與聖果定名耶？醓雞以甕爲天，〔二〕豈非天而天之耶？酒客以清爲聖，〔三〕豈非聖而聖之耶？降而至於人物，其名非所獨耶？然子車鍼虎也，叔孫豹也，閔子馬也，令尹子蘭也，〔四〕非物也，人無名以物名名，豈以物之名而物之耶？而物之爲蠅虎，爲謝豹，爲駮馬，爲馬蘭者，〔五〕又豈以人名之而靳物名之耶？長卿也，王孫也，都郵也，使君也，〔六〕非人也，物無名以人名名，豈以人之名而人之耶？而人之爲長卿，爲王孫，爲都郵，爲使君者，又豈以物名之而諱人名之耶？言明實者曰「烏不烏，鵲不鵲」，〔七〕謂名烏必烏、名鵲必鵲耶？然天下之大，萬彙之繁，皆如烏之可名、鵲之可名耶？抑能使侏禁侏離之語，〔八〕名烏必呼烏，名鵲必呼鵲耶？由是推之，封邑、郡國，名之以別疆域也，古今地理之名有定耶？公卿、尹士，名之以別貴賤也，古今職官之名有定耶？地志無定而疆域改，以名改疆域耶？抑以疆域改名耶？官志無定而貴賤易，以名易貴賤耶？抑以貴賤易名耶？執實求名則名斯在，執名求實則名斯浮。名者實之賓，天下豈有一定之賓耶？故君子不爲名。

〔一〕意謂：天難道不是「道」麽，顯而在上，爲什麽不把道叫做「天」呢？

〔二〕醓雞：酒甕中之蠛蠓也。

〔三〕《太平御覽》卷八百四十四引《魏略》曰：「太祖（曹操）時禁酒，而人竊飲之，故難言酒，以白酒爲『賢人』，清酒爲『聖人』。」

〔四〕子車鍼虎等皆春秋、戰國時人名。

〔五〕蠅虎爲蜘蛛之一種，謝豹爲杜鵑之别名，駮馬爲檀木名，馬蘭爲蘭草名。

〔六〕以上皆爲草藥名。

〔七〕《戰國策·韓策》：史疾爲韓使楚。有鵲止於屋上者，曰：「請問楚人謂此鳥何？」王曰：「謂之鵲。」曰：「謂之烏可乎？」曰：「不可。」曰：「今王之國有柱國、令尹、司馬、典令，其任官置吏，必曰廉潔勝任。今盜賊公行而弗能禁也，此烏不爲烏、鵲不爲鵲也。」

〔八〕《孝經鉤命決》：「東夷之樂曰昧，南夷之樂曰任，西夷之樂曰侏離，北夷之樂曰禁。」此以代指四夷。

防風

防風，《本經》上品。《圖經》：「石防風，出河中。」又宋、亳間出一種防風，〔一〕作菜甚佳，恐别一種。《本草綱目》：「江淮所産多是『石防風』，俗呼『珊瑚菜』。」《安徽志》：「山葵葉翠

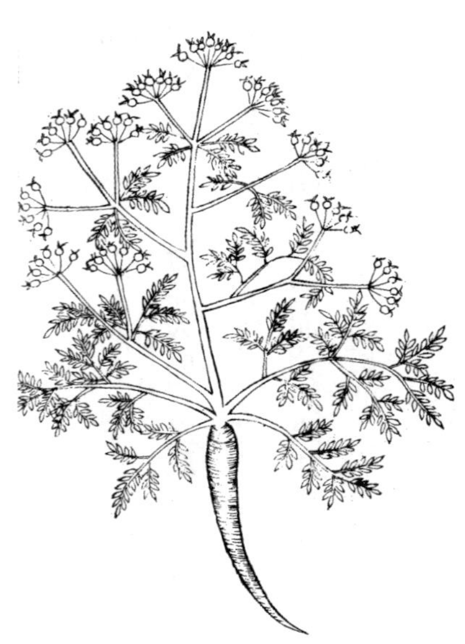

如雲，正、二月間浥露抽苗，香甘異常，土人美其名曰『珊瑚菜』。懷遠、桐城、太和俱出。」〔二〕蓋即石防風也。今從《救荒本草》圖之。山西山阜間多有，與《救荒》圖同而葉稍肥。

〔一〕河南商丘，安徽亳州。

〔二〕三地俱在安徽。

獨活

獨活，《本經》上品。《圖經》：「獨活、羌活，一類二種。」近時多以土當歸充之。湖南產一種獨活，頗似萊菔，葉布地生。有公、母，母不抽莖，入藥用；公者抽莖，紫白色。支本不圓如筧狀，末迺圓枝，或三葉，或五葉，有小鋸齒，土人用之，恐別一種。雲南獨活大葉，亦似土當歸，而花杈無定，粗糙深緑，與《圖經》文州產略相彷彿，〔一〕今圖之。存原圖五種。

〔一〕宋時文州在今廣西巴馬。

細辛

細辛，《本經》上品。《圖經》：「他處所出不及華山者真。」《夢溪筆談》以爲南方所用細辛皆杜蘅。今江西俚醫以葉大而圓者爲杜蘅，葉尖長者爲細辛，殊有分別。過劑亦能致人氣脱而死，不必華山所産。

雩婁農曰：《圖經》列細辛已數種，而及己、鬼都督、杜蘅輩又復相似。今江西、湘、滇所用細辛，輒與《本草》不類，然皆能發汗脱陽。夫參、茯、朮草，種既不繁，醫者或以他藥代之，不能效，且誤人病。彼搜伐侵削之品，何其多也！韓信謂漢高不善將兵而善將將，〔一〕古來名將如林，而能將將者，其郭令公、曹武惠乎？〔二〕良醫必如太倉公、華佗，〔三〕然後可用毒藥而不戕人；專閫必如郭令公、曹武惠，〔四〕然後可用毒將而不縱兵。否則謹斥堠、嚴刁斗、明軍令以行之，〔五〕不妄殺者，上將也。慎佐使、量緩急、度病勢而用之，不失一者，上醫也。將不可妄遣，藥不可妄投，事有大小，而能死人則一而已。《周官》瘍醫療瘍，以五毒之藥攻之。〔六〕《易》

《師》卦之彖曰：聖人「以此毒天下」。然則良醫之用藥，聖人之用兵，能起白骨登衽席，〔七〕而未嘗不深知其毒而慎之。彼喜方而誇良藥，好武而事佳兵者，誠哉其不祥也。

〔一〕《史記·淮陰侯列傳》：韓信曰：「陛下不能將兵，而善將將，此乃信之所以爲陛下禽也。且陛下所謂天授，非人力也。」

〔二〕唐郭子儀，宋曹彬。

〔三〕太倉公：即淳于意，漢初名醫，事見《史記·扁鵲倉公列傳》。

〔四〕專閫：大將出師，閫（郭門）以外之事可專之。

〔五〕刁斗：古時軍隊中所用器具，又名「金柝」、「鐎斗」。

〔六〕《周禮·天官冢宰》：「瘍醫掌腫瘍、潰瘍、金瘍、折瘍之祝藥劀殺之劑。凡療瘍，以五毒攻之，以五氣養之，以五藥療之，以五味節之。」

〔七〕使百姓脱離死境而登於牀席安穩之地。

柴胡 本作「茈胡」，通作「柴」。

柴胡，《本經》上品。陶隱居已以芸蒿爲柴胡。《圖經》有「竹葉」、「斜蒿葉」、「麥冬葉」數種。今藥肆所蓄，不知何草。江西所出，已非

一類，醫者以爲傷寒要藥，發散之劑，〔一〕無不用者，誤人至死，相承不悟，蓋不知非真柴胡也。《本草衍義》以治勞方用之，目擊人死，况非柴胡，可輕投耶？今以山西、滇南所産圖之，又一種亦附圖，蓋北柴胡也。餘皆附後，以備稽考。世有哲人，非銀州所産，〔二〕慎勿入方。

雩婁農曰：柴胡一名「山菜」，固可茹者。《圖經》具丹州、兗州、淄州、江寧、壽州五種，〔三〕有竹葉、麥門冬葉、斜蒿葉之别。《唐本草》以芸蒿爲謬，李時珍亦謂斜蒿葉最下，柴胡以銀夏爲良，而《圖經》又無銀州，所上者唯山西所産，及《救荒本草》圖，與蘇説同。〔四〕滇南有竹葉、麥門冬葉二種，土人以大小别之，與丹州、壽州者相類。江西所産，則不識爲何草。李時珍以《本草衍義》不分藏腑經絡、有熱無熱，一概擯斥爲非。余謂得真柴胡，固當審脈用湯，否則以寇説爲穩。〔五〕李時珍既謂銀柴胡不易得，而用北柴胡矣，儻鄉曲中又無北柴胡，可任土醫以不知何草投之，而謂此症必用此藥，乃望其治勞、退瘧乎？抑無此藥而遂委而去乎？世以「逍遥散」爲清熱及婦科要劑，余見有愈服愈甚者，方誤耶？抑藥誤耶？趙括與其父奢論兵，奢不能難。其所讀兵書，固即其父書也，而勝敗相反者，同甘苦之卒與離心之士也。廉頗一爲楚將，無功，曰：「我欲得趙人。」〔六〕廉頗之將一也，而能用趙不能用楚，知趙人之强弱而不知楚人之强弱也。不知之而用之，其不僨事者幾希！〔七〕故曰：「知人難而任人易。」醫者不知藥而用方，固趙括之易言兵也。君以爲易，其難也將至矣。

〔一〕發散：發汗散邪。

〔二〕產柴胡之銀州，指陝西神木縣。

〔三〕丹州在今陝西，兖州、淄州皆在山東，江寧即今南京，壽州在安徽。

〔四〕蘇：撰《宋圖經》之蘇頌。

〔五〕寇：政和時醫官寇宗奭，著《本草衍義》。所謂「寇説」，即指《本草衍義》中寇氏所説。

〔六〕以上皆見《史記·廉頗藺相如列傳》。

〔七〕僨事：敗事。

大柴胡

大柴胡，産建昌。初生葉鋪地，如馬蘭葉而大，深齒紫背，獨莖，上青下微紫，梢葉微窄，亦有齒稍細。頂頭開尖瓣小白花，黄蕊密長。秋深含苞，冬月始開一花，旬餘不萎。賣藥人以爲大柴胡。微似《救荒本草》竹葉柴胡而花異。

廣信柴胡附。

柴胡産廣信，叢生，形狀頗似三白草。紫莖柔脆，葉面青背微白，有直紋六七縷。土人以爲柴胡，志乘亦云「地産柴胡」。按之《圖經》，絶不相類，不知何草。

廣信柴胡

小柴胡

小柴胡

小柴胡，江西山坡亦有之。葉似大柴胡而窄。秋時梢頭開花，似細絲，赭色成毬，攢簇枝頭。土醫謂爲「小柴胡」。

黃連

黃連，《本經》上品。今用川産。其江西山中所産者，謂之「土黃連」。又一種「胡黃連」，生南海及秦隴，蓋即土黃連之類。湖北施南出者亦良。

雩婁農曰：黃連苦寒，而《漢武内傳》封君達服黃連五十餘年，《神仙傳》黑穴公服黃連得仙，〔一〕此非蔡誕欺人語耶？〔二〕秦少游論服黃連、苦參，久而反熱，其理極微。而東坡乃謂指麾使姚歡服黃連，愈癬疥而髮不白。其法酒浸焙乾，密丸酒吞，每二十丸。〔三〕或其人血過於熱，得此潤肺而行以酒，故效。若人人而用之，其可乎哉？王微贊「闡命輕身」，〔四〕江淹贊「長靈久視」，〔五〕皆拾道書剩語耳。俗名楷木爲黃連木，其葉味苦，微相類。《丹陽縣志》黃連山樹大十圍，即此。

〔一〕據《抱朴子·内篇》卷三，黑穴公爲彭祖之弟子。

〔二〕《抱朴子·内篇》卷四：五原有蔡誕者，好道而不得佳師，廢棄家業，坐消衣食。慙忿無以自解，於是棄家入深山中。三年饑凍辛苦，不堪而還家，因欺家云：「吾未能昇天，但爲地仙也。」

〔三〕見《東坡志林》。

〔四〕南朝劉宋王微《黃連贊》：「黃連味苦，左右相因。斷涼滌暑，闡命輕身。」

〔五〕梁江淹《黃連頌》：「黃連上草，丹砂之次。禦孽辟妖，長靈久視」。

防葵

防葵，《本經》上品。《宋圖經》云：「惟出襄陽，葉似葵，花如葱花及景天，根香如防風。」陶隱居誤以爲與狼毒同根，以浮沉爲別。《别録》云：「中火者不可服，令人恍惚見鬼。」與《本經》戾。《唐本草》及《本草拾遺》皆辨之，《本草綱目》仍與狼毒同入「毒草」，今移入「山草」。

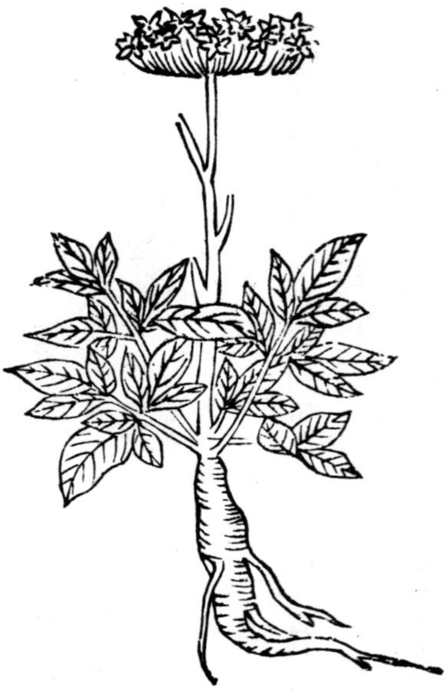

雩婁農曰：甚矣，君子之不可與小人爲緣也！防葵上品，陶隱居以爲狼毒同根，後人雖爲辨白，而方藥無用防葵者矣。蔡中郎嘆董卓之誅，〔一〕玉川子罹王涯之黨，〔二〕身既爲戮，而後世猶以無保身之哲爲咎。堅不磷，白不淄，聖人則可，賢人則不可。〔三〕班孟堅作《古今人表》，品第不盡衷於道，〔四〕其原傳可考也。陶隱居論藥物，未可全憑，《本草經》具在。若晉之九品流别出於中正，一經下品，遂同禁錮。〔五〕人之自立與論人者，不當知所懼哉？若謂草木無知，任其毁譽，則以輕薄處物，必不能以忠厚待人。

〔一〕《後漢書·蔡邕傳》：董卓被誅，邕在司徒王允坐，因卓有知遇恩，言之而歎，有動於色。允勃然叱之，即收付廷尉治罪，遂死獄中。

〔二〕《唐才子傳》卷五：唐盧仝號玉川子，賦詩譏切當時逆黨，奄人恨之。時甘露之變起，奄黨搜捕王涯等大臣。盧仝偶與諸客會食涯書館中，因留宿。吏卒掩捕，仝曰：「我盧山人也，於衆無怨，何罪之有？」吏曰：「既云山人，來宰相宅，容非罪乎？」蒼茫不能自理，竟同甘露之禍。

〔三〕《論語·陽貨》：子曰：「不曰堅乎，磨而不磷；不曰白乎，涅而不緇。」磷：薄也。涅可以染皁。緇：黑。染而不黑。

〔四〕班固《漢書》有《古今人表》，品第古今人物不盡合理。

〔五〕魏文帝立九品官人之法，州郡皆置中正。晉因之不改。凡被糾彈付清議者，即廢棄終身，同之禁錮。

黄芩

黄芩(qín),《本經》中品。《圖經》及《吴普本草》具載形狀而大小微異。〔一〕今入藥以細者良。

雩婁農曰:黄芩以秭歸產著。〔二〕後世多用條芩,滇南多有,土醫不他取也。張元素謂黄芩之用有九,然皆濕熱者一服清凉散耳。《千金方》有三黄丸,療五勞七傷、消渴諸疾,又謂久服走及奔馬。夫黄芩苦寒矣,又加以黄連、大黄,人非鐵石心腸,乃堪日朘而月削之也?夫世之陰淫、陽淫、雨淫、風淫、晦淫、明淫,其疾非一端,而所藥非所病,又或諱疾忌醫以自戕其生者固多矣。然有求長生,服金石,丹毒暴躁,癰疽背裂,是不同擣椒而飲藥乎?〔三〕又惜生太過,無病而爲越吟者,〔四〕紙裹銀鐺,〔五〕無時離手,喜寒喜熱,不節不時,卒使藏腑血肉之軀消磨於薰灼蕩滌之味,穀蔬不甘,尩羸益甚,若是人者,以不病而求病,果何所爲而爲此?夫漢、唐之不振,皆人主不恤民,而奸貪得以濁亂天下。梁冀、楊國忠之惡,〔六〕是物先腐而蟲生,人有疾而蟲甚,勢有固然,無足爲怪。從未有勵精求治,飾以經術,君勤於政,相持以廉,乃多方病民,

敲骨吸髓，使數百年平成之民一旦騷然不安其生，而始終不悟，如王安石之相宋神宗者。夫安石不過慕富國强兵之術，如俗人之求長生耳，而假托《官禮》，〔七〕以惑英明之主，與方士以房中術惑精强之人而妄稱神仙丹訣者何異？病勢既亟，有國醫者，排難而爲之鍼砭，幾幾乎沈痼去而神明生，乃又溺於侍疾者與覡巫之群吠而恐嚇，不至於僵仆而不已。吾不知彼以醫誤人、誤天下，又豈有所至樂而不得已耶？夫使宋神宗僅爲安靜守成之主，不汲汲於拓邊聚財、變亂舊法，宋雖弱，人心不去，或歷數傳而不至南徙。李文正公不進利害文字，〔八〕吕正獻公講「天錫勇智」而引《易》「神武不殺」，〔八〕司馬文正公以嵬名山欲取諒祚以降，謂滅諒祚復生一諒祚，至引侯景之事爲喻，〔九〕其與諫唐憲宗之服金石者非同一愛君之忱耶？〔一〇〕語云：「服食求神仙，多爲藥所誤。」此爲有爲者言之也。《漢書》曰：「無藥得中醫。」〔一一〕此爲中人言之也。孟子曰：「夭壽不貳，修身以俟之。」〔一二〕所以立命也。人主知命，則富强神仙之惑可免矣。人臣而知命，則慆淫服食之患可免矣。

〔一〕《神農本草經》至魏晉，有吴普更復損益，稱《吴普本草》。

〔二〕秭歸在湖北西部。

〔三〕毛晉《陸疏廣要》卷上之下：椒能殺人，故漢李咸欲爭竇后配桓帝，擣椒自隨，而齊建武中，欲併誅高武子孫，令太醫煮二斛椒，熟則一時賜死。

〔四〕越吟：病中之吟。《史記·張儀列傳》：「越人莊舃仕楚執珪，有頃而病。楚王曰：『舃故越之鄙細人也，今仕楚執珪，貴富矣，亦思越不？』中謝對曰：『凡人之思故，在其病也。彼思越則越聲，不思越則楚聲。』使人往聽之，猶尚越聲也。」

〔五〕紙裹：藥包。銀鐺：藥鍋。

〔六〕梁冀：東漢外戚，專朝政，權傾一時，後被誅死。

〔七〕《周禮》又稱《周官》，王安石新法多托《周官》爲説。

〔八〕宋李昉，卒謚文正。利害文字：以興利除害爲名而變更制度的奏疏。

〔八〕《書·仲虺之誥》：「天乃錫王勇智。」《易·繫辭》：「古之聰明睿知，神武而不殺者夫。」呂公著，神宗、哲宗時宰相，卒謚正獻。

〔九〕李諒祚，西夏國主李元昊之子。《續資治通鑑·宋紀六十五》：英宗治平四年，邊吏上言：西夏部將嵬名山，欲以横山之衆取諒祚以降。詔邊臣招納其衆。司馬光上疏極論，以爲：「名山之衆未必能制諒祚，幸而勝之，滅一諒祚，生一諒祚，何利之有？若其不勝，必引衆歸我，不知何以待之？臣恐朝廷不獨失信於諒祚，又將失信於名山矣。若名山餘衆尚多，還北不可，入南不受，窮無所歸，必將突據邊城以救其命。陛下獨不見侯景之事乎？」上不聽，遣將种諤發兵迎之，取綏州，費六十萬。西方用兵，蓋自是始。

〔一〇〕《資治通鑑·唐紀五十七》：憲宗晚年信方士之言，服食所謂長生之藥。起居舍人裴潾上言，以爲：「夫藥以愈疾，非朝夕常餌之物。况金石酷烈有毒，又益以火氣，殆非人五藏之所能勝也。」上怒，貶潾江陵令。

〔一一〕《漢書》原文作「有病不治，常得中醫」。

〔一二〕見《孟子·盡心上》。所謂「夭壽不貳」，意謂人之夭壽乃自天，非人之所能爲也。

白微

白微，《本經》中品。《救荒本草》：「嫩角嫩葉，皆有煠食。」江西、湖南所産皆同根長繁，故俚醫呼「白龍須」。按細辛、及已諸藥皆用根，而根長多鬚，大率相類。諸家皆以根黄白、柔脆、粗細爲别，然其苗葉皆絶不相類，而諸家或略之。故俚醫多無所從，唯因俗名採用，反不致誤亂也。

白鮮

白鮮，《本經》中品。《圖經》：「葉如槐，花似小蜀葵，根似蔓菁。俗名『金雀兒椒』。其苗可茹。」今湖南産一種白鮮皮，與此異，别入「草藥」。

白鮮

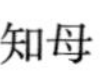

知母

知母

知母，《本經》中品。《爾雅》「薚，莐藩」，注：「一曰蝭母。」今藥肆所售根外黄肉白，長數寸。原圖三種，蓋其韭葉者。

貝母

貝母，《本經》中品。《爾雅》「莔，貝母」，注：「根如小貝，圓而白，華葉似韭。」陸璣《詩疏》：「葉如栝樓而細小，子在根下，如芋，子正白。」《圖經》云：「此有數種，韭葉者罕復見之。今有川貝、浙貝兩種。」按陸《疏》以爲似栝樓葉而細小，郭注以爲似韭葉，《宋圖經》以爲似蕎麥葉，各説既不同，原圖數種，亦不甚符。今川中圖者一葉一莖，葉頗似蕎葉。大理府點蒼山生者葉微似韭，而開藍花，正類馬蘭花，其根則無甚異，果同性耶？張子詩：〔一〕「貝母階前蔓百尋，雙桐盤繞葉森森。剛强顧我蹉跎甚，時欲低柔警寸心。」則又有蔓生者矣。

〔一〕宋理學家張載，尊稱張子。

元參

元參，《本經》中品。形狀詳《宋圖經》。有紫花、白花二種。

元參

紫參

紫參

紫參，《本經》中品。一名「牡蒙」。《唐本草注》：「紫參，葉似羊蹄。牡蒙葉似及己，乃『王孫』也。」《圖經》又謂：「莖青細，葉似槐葉，亦有似羊蹄者。五月花，白色，似葱花，亦有紅如水葒者。」蓋有數種，滇南山中多有之，與《圖經》同。其如水葒者，蓋作穗色粉紅相似，花仍類丹參輩。如葱花者，梢端開細碎白花成簇，實似水芹、蛇床等。葉比槐葉尖長，莖葉同緑，根鮮時不甚紫。近時方書少用。《滇本草》：「通行十二經絡，治風寒濕痺、手足麻木、筋骨疼痛、半身不遂，活絡强筋，功效甚多。宜温酒服。」

雩婁農曰：具收並蓄，醫師之良。今醫者但記十數湯頭，所知者不及百種，而治世間無窮之病。藥肆所收又不過目前人所盡知之藥，偶有缺乏，展轉替代。使人之五藏如木石無知則已耳，若其五味五色各以類應，其能聽醫師之假借乎？夫以方治病，猶以律斷獄。東坡云：「讀書不讀律，致君終無術。」然三代而後，果能廢棄科條以無爲治天下乎？〔一〕引律不當，何以斷罪？輕比重比，雖爲獄吏舞法之具，而究不能妄援他條、肆其刀筆者，律爲之也。記有竊賊例應刺左面者，吏誤以刺其右，檢例知其誤，乃腐去其刺而改涅焉。醫不知藥，其爲誤刺可勝數乎？

〔一〕蘇軾《戲子由》詩：「讀書萬卷不讀律，致君堯舜知無術。」《宋史全文》卷十二上：御史舒亶言：「蘇軾作爲歌詩，頗有譏切時事之言。蓋陛下發錢以本業貧民，則曰：『嬴得兒童語音好，一年强半在城中。』陛下明法以課試群吏，則曰：『讀書萬卷不讀律，致君堯舜終無術。』」是蘇軾此詩有譏切時政之意，故爲奸人摭拾成罪，但蘇軾並非欲廢棄法律而不講也。

紫草

紫草，《本經》中品。《爾雅》：「藐，茈草。」《圖經》：「苗似蘭，莖赤節青。二月花，紫白色。秋實白。今醫者治痘瘮、破血，多用紫草

茸。」《齊民要術》有種紫草法。近世紅藍利贏十倍，〔一〕而種紫草者鮮矣。《圖經》諸書皆未詳的。湘中徭峒及黔滇山中野生甚繁。根長粗紫黑，初生鋪地，葉尖長濃密，白毛長分許，漸抽圓莖，獨立亭亭，高及人肩，四面生葉，葉亦有毛。夏開紅筩子花，無瓣，亦不舒放，茸跗半含，柔枝盈幹，層蘤四垂，宛如瓔珞。《遵義府志》：「葉似胡麻，幹圓，結子如蘇麻子。秋後葉落幹枯，其根始紅。」較諸書叙述簡而能類。李時珍謂根上有毛，而未言其花葉，殆亦未見全形。按《説文》：「䓞，草也，可以染流黄。」臣鍇按：「《爾雅》『藐，紫草』，注：『一名茈䓞。』臣以爲史儀制多言緑綟綬，即此草所染也。又按五方之間色有留黄，其色紫、赤、黄之間。」蓋玄冠紫緌，萌於魯桓，〔二〕漢魏綰綸，遂同褻服。〔三〕貴紅藍而賤紫茢，鄭注「掌染草」謂之「紫茢」。〔四〕尚循奪朱之惡歟？〔五〕

〔一〕「紅藍」之草，其花可作胭脂。

〔二〕緌：下垂的冠帶。《禮記・玉藻》：「玄冠紫緌，自魯桓公始也。」注以爲是僭宋王者之後服。

〔三〕《晉書・五行志》：魏明帝著繡帽，披縹紈半袖以見臣下。「近服妖也。夫縹，非禮之色。褻服尚不以紅紫，况接臣下乎？」

〔四〕此《周禮・地官司徒》注。

〔五〕《論語・陽貨》：子曰：「惡紫之奪朱也，惡鄭聲之亂雅樂也，惡利口之覆邦家者。」

秦艽

秦艽（jiāo），《本經》中品。《圖經》：「河、陝州軍有之，〔一〕葉如萵苣，梗葉皆青。」今山西五臺山所産形狀正同。《唐本草》字或作「糺」、作「糾」、作「膠」，正作「艽」。按《唐韻》作「芁」。此草根作羅紋，則「芁」字爲近。古方爲治黄要藥，〔二〕今治風猶用之。

〔一〕河陝：河西（今山西）、陝西。宋代行政區劃有州有軍。

〔二〕黄：黄疸病。

黨參 附。

黨參，山西多産，長根至二三尺，蔓生，葉不對，節大如手指。野生者根有白汁。秋開花如沙參，花色青白。土人種之爲利。氣極濁。案：人參昔以産澤、潞、上黨及太行紫團

秦艽

黨參

者爲上，皆以根如人形，三椏、四椏、五葉、中心一莖直上爲真。今形狀迥殊，其可謂之參耶？舉世以代神草，莫知其非，而服者亦多胸滿氣隔之患。《山西通志》謂黨參今無産者，殆曉然於俗醫之誤，而深嫉藥市之售僞也。余飭人於深山掘得，蒔之盆盎，亦易繁衍。細察其狀，頗似初生苜蓿，而氣味則近黄耆。昔人有以野苜蓿誤作黄耆者，得非此物耶？舉世服餌，雖經核辯，其孰信從？但太行脈厚泉甘，此草味甜有汁，養脾助氣，亦應功亞黄耆。無甚感鬱之人，藉以充潤腸胃，當亦小有資補。若傷冒時疫，以此横塞中焦，羸尪雜症，妄冀蘇起沉疴，未覩其益，必蒙其害。世有良工，其察鄙言。

植物名實圖考卷之八　山草

淫羊藿

淫羊藿，《本經》中品。《救荒本草》詳列各名。〔一〕葉可煠食。柳柳州《仙靈脾詩》：〔二〕「乃言有靈藥，近在湘西原。服之不盈旬，蹩躠皆騰騫。」又云：「神哉輔吾足，幸及兒女奔。」蓋此草爲治腰刴之要藥。《救荒本草》云「密縣山中有之」，滇大理府亦產，不止漢中諸郡郄車而載。

〔一〕一名剛前，俗名黄德祖、千兩金、乾雞筋、放杖草、棄杖草，俗又呼三枝九葉草。

〔二〕唐柳宗元官終柳州刺史，故稱柳柳州。

狗脊

狗脊，《本經》中品。一種根黑色，一種有金黄毛，似貫衆，葉有齒。昔人多以菝葜爲狗脊。

狗脊

王孫

王孫

王孫，《本經》中品。《唐本草注》以爲即「牡蒙」，甘守誠謂旱藕爲蒙牡，今江西謂之「百節藕」，以治虚勞，俚醫猶有呼爲「王孫」者。其根類初生藕，白潤而嫩，芽微紅。姜撫所進，狀類葛粉，乾而研之，當無異矣。〔一〕《續博物志》因一名「黄昏」，遂誤以合歡爲王孫。《游宧紀聞》辨「探囊一試黄昏湯」爲「去五藏邪氣」，其論確核。〔二〕《嫏嬛記》「孫真人有黄昏散，夫妻反目，服之必和」，亦當是合歡。此藥自唐時方家久不用，而江西建昌、廣信俗方猶用之。陳藏器云：「甘平無毒，主長生不飢。」其性固非千歲藟比，而長生之説，得非踵姜撫邪説乎？

〔一〕《新唐書·方伎傳》：姜撫，宋州人，自言通仙人不死術。言終南山有旱藕，餌之延年，狀類葛粉。帝作湯餅賜大臣。

〔二〕宋張世南《游宦紀聞》卷九：陳師道《贈二蘇公》詩，末云：「如大醫王治膏肓，外證已解中尚强。探囊一試黄昏湯，一洗十年新學腸。」沙隨先生云：晚年因閲《本草》，王孫味苦平無毒，去五藏邪氣。蓋指當時癖學爲五藏邪氣耳。取義精深如此。

地榆

地榆，《本經》中品。荒岡田塍多有之。《救荒本草》：「葉可煠食，亦可作茶。」李時珍謂俚人呼爲「酸赭」，併入《别録》「酸赭」。

苦參

苦參，《本經》中品。處處有之。開花結角，俱似小豆。醫牛馬熱多用之。苦參至易得，而方用頗少。《史記》著漱齲齒之效，[一]後人常以揩齒，遂至病腰，此亦食古不化之害事也。余曾見捆載詣藥肆者，詢之，云：「牛馬病熱，必以此治之。」東皋農作，[二]需之尤亟。《本草》書皆未及，殆未從牛醫兒來耶？[三]

[一]見《扁鵲倉公列傳》。

[二]三國魏阮籍《辭蔣太尉辟命奏記》：「方將耕於東皋之陽，輸黍稷之税，以避當塗者之路。」泛指田畝。

[三]《後漢書·黄憲傳》：黄憲，字叔度。世貧賤，父爲牛醫。同郡戴良才高倨傲，而見憲未嘗不正容，及歸，罔然若有失也。其母問曰：「汝復從牛醫兒來邪？」對曰：「良不見叔度，不自以爲不及，既覩其人，則瞻之在前，忽焉在後，固難得而測矣。」此處雙關，兼指治《本草》者自以爲是，不能就教於民間牛醫。

龍膽

龍膽，《本經》中品。《圖經》述狀甚詳，山中多有之。《救荒本草》：「葉煠熟，浸去苦味，油鹽調食。」勿空腹服。此草苦寒，莖葉微細，欲求果腹，難矣。

雩婁農曰：龍膽草味極苦，故以「膽」名。爲清膽熱要藥，然不可過劑，蓋《易》所謂「苦節不可貞」也。〔一〕夏令陽氣方盛，一陰已伏。其味苦，而中央戊己，其味復甘。〔二〕參、耆味皆甘而微苦，陽中有陰，故性和而可久服。芩、連味純苦，專於陰，故性偏而不可過。《節》卦「九五」曰「甘節」，陽得中也；「上六」曰「苦節」，陰之窮也。得乎中則得時則駕，不得時則蓬纍而行。〔三〕盧懷慎之敝簀，〔四〕杜祁公之鬆器，〔五〕性之所安，其情甘也。「握耒甫田，而麾節忽若執鞭；啜菽嗽泉，而太牢同乎藜蓼，泰爾有餘」，〔六〕何苦之有？否則矯情抑欲，非僞則渝。〔七〕公孫弘故人譏其布被脱粟，〔八〕夏侯亶晚節致有奏妓隔簾。〔九〕《北山移文》，請逐俗士；〔一〇〕豹林辟穀，終喪清操。〔一〇〕和洽曰：「朝廷議吏，有著新衣、乘好車者，謂之不情；形容不飾，衣裘弊壞，謂之廉潔。以故污辱其衣，藏其輿服，朝府大吏或自挈壺飧以入官府。凡激詭之行，則容隱僞矣。」〔一一〕誠哉是言也！君子之道，素位而行，〔一二〕毋取苟難，〔一三〕國奢示儉，風之而已，强以所苦，流弊滋甚。苦藥生我，過則爲患。故道貴可行而法防終窮。抑又有説焉，人之豐豫者其情舒，舒，陽也；儉嗇者其情斂，斂，陰也。士君子安不忘危，富而能貧，功業盛大，守之以約，身名俱泰，剛柔中也。不然，則郭汾陽、寇萊公、李忠定、文文山諸公，〔一四〕譬如春夏萬物長嬴，天地爲之炫燿，識者雖不免盛衰消長之慮，然陽氣滿盈，君子道長，亦泰象也。又不然，則張安世之弋綈，〔一五〕馮道之茅庵，〔一六〕其硜硜自戢，〔一七〕取容當世，類皆性毗陰柔，迹非光大。其王恭、殷仲堪輩，徇小節，忘大義，尤無取焉。〔一八〕若又不然，則囚首喪面而談詩書，蘇老泉所謂「不近人情，鮮不爲大奸慝」者矣。〔一九〕世徒以藥之苦者爲良，人之苦者爲賢，其亦不可不辨。

〔一〕見《節》卦。《彖辭》曰：「『苦節不可貞』，其道窮也。説以行險，當位以節，中正以通。」

〔二〕仲夏五行屬土，在中央，天干爲戊己，五味爲甘。

〔三〕蓬虆：通作「蓬累」。《史記·老子韓非列傳》：老子謂孔子曰：「君子得其時則駕，不得其時則蓬累而行。」蓬累有數説：一謂頭戴物，兩手扶之而行。一説自覆蓋相攜隨而去。一説若蓬轉流移而行。

〔四〕盧懷慎：唐玄宗時宰相。《新唐書》本傳言懷慎「清儉不營産，服器無金玉文綺之飾，雖貴而妻子猶寒飢，所得禄賜，於故人親戚無所計惜，隨散輒盡。……既屬疾，宋璟、盧從愿候之，見敝簀單藉，門不施箔。會風雨至，舉席自障」。

〔五〕杜衍，宋仁宗時爲宰相，封祁國公。享客多用鬆器。客有面稱嘆曰：「公爲相，清貧乃爾耶？」公命侍人盡取白金燕器陳於前，曰：「衍非乏此，雅不好爾。」

〔六〕見晉葛洪《抱朴子・内篇・暢玄》。意謂身扶犁而耕，但視持節貴人如執鞭之役夫；飲水疏食，而視盛饌如同野菜之羹。

〔七〕渝：變化，言其僞不能持久則現本相。

〔八〕漢武帝丞相公孫弘。《西京雜記》：「公孫弘起家徒步，爲丞相，故人高賀從之，弘食以脱粟飯，覆以布被。賀怨曰：『何用故人富貴爲？脱粟布被，我自有之。』弘大慚。賀告人曰：『公孫弘内服貂蟬，外衣麻枲，内厨五鼎，外膳一肴，豈可以示天下？』於是朝廷疑其矯焉。」

〔九〕《梁書・夏侯亶傳》：「官歷六郡三州，不修産業，禄賜所得，隨散親故。性儉率，居處服用，充足而已，不事華侈。晚年頗好音樂，有妓妾十數人，並無被服姿容。每有客，常隔簾奏之，時謂簾爲夏侯妓衣也。」

〔一〇〕南齊孔稚珪，仕至太子詹事。鍾山在都城北，周彦倫先隱於此山，後應詔出爲海鹽縣令，欲却過此山。稚珪乃假山靈之意移之，使不許得至，故云《北山移文》。文末云：「請迴俗士駕，爲君謝逋客。」

〔一〇〕宋處士种放，長安人，隱居終南山之豹林谷。咸平中，遣使召赴闕，授左司諫，祥符間官至工部侍郎。种放無辟穀事，當因避世於豹林谷而致誤。

〔一一〕引文見《三國志·魏書·和洽傳》。

〔一二〕語出《禮記·中庸》：「君子素其位而行，不願乎其外。」素位：指當下所處的地位。素位而行指即以眼下之身份，既不僭侈，也不刻意儉抑。

〔一三〕苟難：刻意勉强自己而行難行之事。《韓詩外傳》：「君子行不貴苟難，説不貴苟察，名不貴苟傳，惟其當之爲貴。」

〔一四〕唐郭子儀前後受賜良田美器、名園甲館、聲色珍玩，堆積羨溢，不可勝紀。宋寇準少年富貴，性豪侈，喜劇飲，未嘗爇油燈，雖溷廁所在，必燃炬燭。李綱侍妾歌童，衣服飲食，極於美麗，每宴客設饌必至百品。文天祥性豪華，平生自奉甚厚，聲妓滿前。以上諸公皆爲名臣，平日自奉甚厚，而大事臨前，奮不顧身，茹苦含辛，視若平生。

〔一五〕西漢張安世，尊爲公侯，食邑萬户，然身衣弋綈，夫人自紡績。弋：黑色也。綈：厚繒也。

〔一六〕《舊五代史·馮道傳》：後唐明宗謂侍臣曰：「馮道性純儉。頃在德勝寨，居一茅菴，與從人同器食，卧則芻藁一束，其心晏如也。」

〔一七〕硜硜：自好貌。《論語·子路》：子曰：「言必信，行必果，硜硜然，小人哉！抑亦可以爲次矣。」

〔一八〕東晉王恭少有美譽，清操過人。家無財帛，唯書籍而已。殷仲堪在荆州，連年水旱，百姓饑饉，仲堪每食，盤無餘肴，飯粘落席間，輒拾以噉之。而一臨大事，倉皇失策，終爲桓玄所屠滅。

〔一九〕《宋史·王安石傳》：「安石未貴時，名震京師，性不好華腴，自奉至儉，或衣垢不澣，面垢不洗，世多稱其賢。蜀人蘇洵獨曰：『是不近人情者，鮮不爲大姦慝。』作《辯姦論》以刺之。」

白茅

白茅，《本經》中品。古以縮酒。〔一〕其芽曰茅針，白嫩可噉，小兒嗜之。河南謂之「茅荑」，湖南通呼爲「絲茅」。其根爲血症要藥。

雩婁農曰：《説文》：「䓛，茅秀也。從草，私聲。」《繫傳》云：「此即今茅華未放者也。今人食之，謂之茅揠。音軋。《詩》所謂『手如柔荑』，〔二〕荑，秀也。」汝南兒語，本古訓矣。紫茹未拆，銀線初含，苞解綿綻，沁鼻生津，物之潔，味之甘，洵無倫比。每憶餳簫吹暖，〔三〕繡陌踏青，拔彙擘絮，〔四〕繞指結環，〔五〕某山某水，童子釣遊，蓋因之有感矣。

〔一〕祭祀時用茅濾酒去渣，稱縮酒。

〔二〕見《衛風·碩人》。

〔三〕餳簫：賣餳小販所吹之簫。

〔四〕《易·泰》：「拔茅茹，以其彙。」拔下茅草的穗，湊成一簇。鄉間小兒以此爲戲。擘絮：掰開綿絮。此處似指白茅如絮。

〔五〕白茅柔軟。

菅

菅（jiān），《爾雅》：「白華，野菅。」葉莖如茅，而莖長似細蘆。秋開青白花，如荻而硬。結實尖黑，長分許，粘人衣。河南通呼爲「苓草」。《本草綱目》：「根可入藥，不及白茅。」

黄茅即地筋。

黄茅，生山岡。葉莖如菅而粗大，莖梢生葉。秋時開花結實，似菅而色黄，多針芒，尤刺人衣。種山者以覆屋、索綯、〔一〕供薪，用之頗亟。河南通呼曰「山草」，亦曰「荒草」。嶺南秋深，陰重有瘴，曰「黄茅瘴」，蓋蛇虺窟宅也。李時珍以其根爲「地筋」。今從之。

〔一〕索綯：編草繩。

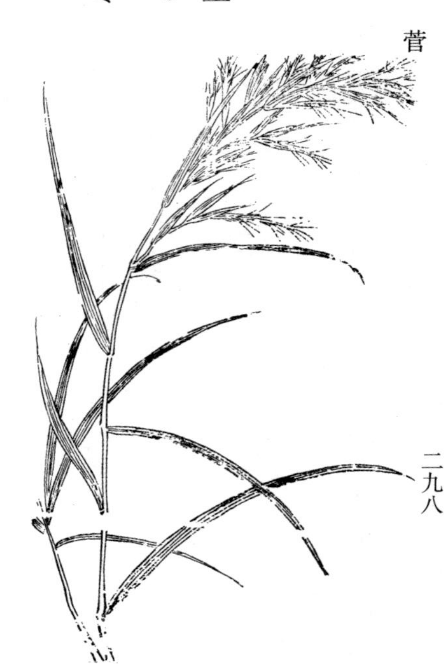

桔梗

桔梗，《本經》下品。處處有之。三四葉攢生一處，花未開時如僧帽，開時有尖瓣，不純，似牽牛花。

桔梗

白及

白及

白及，《本經》下品。山石上多有之。開紫花，長瓣，微似甌蘭。〔一〕其根即用以研朱者。凡瓷器缺損，研汁黏之不脱，雞毛拂之，即時離解。

雩婁農曰：黄元治《黔中雜記》謂：〔二〕「白芨根，苗婦取以浣衣，甚潔白。其花似蘭，色紅不香，比之箐雞羽毛，徒有文采，不適於用。」噫！黄氏之言，其以有用爲無用，以無用爲有用耶？白及爲補肺要藥，磨以膠瓷，堅不可坼，研朱點易，功並雌黄，〔三〕既以供濯取潔，又以奇艷爲容，陰崖小草，用亦宏矣！彼俗稱蘭草，僅存臭味，根甜蘊毒，葉勁無馨，徒爲婦稚之玩，何裨民生之計？軒彼輊此，〔四〕豈得爲平？然其叙述山川事勢，皆有深識，覽者不潛察其先見而綢繆預防，致數十年後復有征苗之師，其亦玩雄文之悚魄，而忽籌筆之遠猷，以有用之言爲無用之謀也乎？

〔一〕花如建蘭，産自甌江下游之温州，故稱。

〔二〕黄元治：清康熙時人。至乾隆初，貴州大箐苗民反，尋爲張廣泗所平。

〔三〕研磨銀硃，點讀書籍，其功用與雌黄相並。雌黄：涂改文字時所用的顔料。

〔四〕軒爲高，輊爲低。

白頭翁

白頭翁，《本經》下品。《唐本草注》謂：「花紫色似木槿，實大如雞子，白毛寸餘皆披下，似白頭老翁。」與《圖經》不同。今《寧都州志》云「産白頭翁」，採得，亦不甚相類，姑圖

其形狀以備考。陶、蘇兩説既大乖異，《圖經》宗陶説而加詳，然原圖殊不相肖。李青蓮有《見野草中有白頭翁者》詩，云：「如何青草裏，亦有白頭翁。」元張昱詩：「疎蔓短於蓬，卑棲怯晚風。祇緣頭早白，無處入芳叢。」詩人寓意有作，必非目所未見，而醫家乃至聚訟。《本草衍義》以蘇恭所述河南新安山中屢見之，太白往來東京，〔一〕或即指此，惜非詠物詩體，不復揣侔，然有「折取對明鏡，宛將衰鬢同」之句，則非根上白茸矣。滇南有「小一枝箭」，亦名「白頭翁」，花老作茸，久不飛落，真如種種白髮也。〔二〕鳥有白頭翁而無白頭婆，然則草之有白毛者，以翁名之皆可。

〔一〕唐以洛陽爲東京。

〔二〕種種：頭髮稀疏狀。

貫衆

貫衆，《本經》下品。《爾雅》「濼，貫衆」，注：「葉圓，鋭莖，毛黑。」《蜀本草》謂苗似狗脊，狀如雉尾，形容最切。其葉對生，無鋸齒，與狗脊異耳。諸書皆以治血症，而俗以祛疫，浸之井與缸中，飲其水，不患時氣，頗有驗。方

中有治豆瘡不快，快斑散用之，〔一〕蓋亦和血去邪之意。

雩婁農曰：范文正公所居宅，〔二〕必浚井，置青朮數斤以辟疫。吾先公居京師，每春暵，必置貫衆於井於甕。仁人之用心微矣！〔三〕人窮則呼天，疾痛則呼父母。夫疾痛未必即至阽危，而反側叫號，〔四〕旁觀者拊掌太息，有欲爲分其所苦而不得者。况家有嚴君，門内之婦子臧獲皆所托命，其瘅癘之毒，腫瘍之痛，寒暖燥濕之眚，〔五〕不早爲綢繆護持，迨至據榻呻吟，始貿貿然執途人而問醫，醫或一誤，則父之於子，夫之於妻，主之於僕，非自殺之，亦一間耳。〔六〕若如許世子之不嘗藥，則有《春秋》之律在。〔七〕昔人謂「爲人子者，不可不知醫」。〔八〕夫醫誠難知，知之不精，則罪更甚於不知。吾謂病未至而防之則易，醫已至而治之則難。椒、薑、葱、蒜之禦寒，瓜、果、菘、莧之滌熱，蒼朮、赤豆之辟疫，穀芽、神麯之消積，凡所謂春多酸、夏多苦、秋多辛、冬多鹹，默會而時和之，其除穢之香，屢效之丸，兼收並蓄，以備疹氣之不時，〔九〕自非心腹膏肓之疾，未有不獲效者。仰則視無形，聽無聲，俯則時其飽，時其煖，雖運數不可知，然譬之力田，旱則一溉者後枯，水則有隄者後浸，備豫不虞，古之善教，其斯爲家政一端乎！

〔一〕據《普濟方》，快斑散所治爲痘瘡出不快，是指小兒出痘不順暢。「不快」前似少一「出」字。

〔二〕范仲淹謚文正。

〔三〕微：精微。

〔四〕阽危：瀕臨危險。反側：輾轉，痛苦狀。

〔五〕托命：將性命托靠於人。眚：災禍。

〔六〕一間：相差無幾。

〔七〕《左傳》昭公十九年：「許悼公瘧。五月戊辰，飲太子止之藥卒。」太子奔晉。《春秋》書曰：「許世子止弒其君買。」

〔八〕唐王勃之語，見《新唐書》本傳。

〔九〕疹氣：疫毒之氣。

黃精

黃精，《别録》上品。《救荒本草》謂其苗爲「筆管菜」，處處有之。《抱朴子》云花、實可服食。今醫方無用者。山西産與《救荒》圖同。

雩婁農曰：黃精一名「葳蕤」，既與「委萎」同名。黃帝問天老曰「太陽之草，可以長生」，〔一一〕而《本經》乃祇載「委萎」，至《别録》

黃精

黃精

滁州黃精

丹州黃精

始出「黄精」。按圖列十種，丹州、相州細葉四五，同生一節，餘皆竹葉寬肥對生。《救荒本草》亦云「二葉、三葉、四五葉對節而生」，而萎蕤「葉似竹葉，闊短而肥厚，又似百合葉頗窄小，根似黄精而小異」。然則二物有別耶？無別耶？《宋圖經》「黄精苗高一二尺以來，葉如竹葉而短，兩兩相對」，不言四五葉同生一處；「萎蕤莖幹强直似竹箭，竿有節，葉狹而長，表白裏青」，與《爾雅注》符。則寬葉爲黄精，細葉四五同生一節者爲萎蕤，如此分別，自爲瞭目。但藥肆所售玉竹，細白極黏，與黄精全不相似，或即《圖經》所謂「多鬚」者。余採得細視，有細葉而多白鬚如藥肆所售者，亦有大根與黄精同者。土醫謂「根如黄精者是萎蕤，多白鬚者乃別一種，用之甚無力」。其説乃與古合。滇南山中尤多黄精、萎蕤，春初即開花。黄精高至五六尺，四面垂葉，花實層綴，根肥嫩可烹，肉大至數斤重。其偏精及鉤吻，皆以夏末秋初開花。偏精矮小，鉤吻有反鉤，根皆不肥，土人頗能辨之。太陰、太陽之説，相傳自古。蘇恭獨創爲「鉤吻蔓生」之説，後人遂以黄精、鉤吻絶不相類。東坡謂「恭注多立異，又喜與陶公相反，幾至於駡者。然細考之，陶未必非，恭未必是」。余謂陶説有未確，然尚爲疑似之詞，蘇則武斷者多，其不如陶遠矣。採黄精而並得鉤吻，是何異刺人而殺，而諉之曰兵？〔二〕所幸極陰之地，毒草所叢，採靈藥者所不至，而極陽所照，毒物必殲，故誤者絶少，否則著書非貽害哉？

又按：黄精原有對葉及數葉同作一層者，《圖經》雖列十種，大體不過兩端。今江、湘皆對葉，滇南數葉一層，其根肥大無異。按與黃精相似者，除鉤吻、偏精外，湘中代以山薑，其根色極相類。又有一種「觀音竹」，滇中謂之「淡竹」，其莖紫葉柔，都不分別，惟梢端發杈生枝間、花微紫爲異。此十圖内或不免有形似者耶？

〔一〕晉張華《博物志》卷五：黃帝問天老不死之藥，天老曰：「太陽之草，名曰黃精，餌而食之，可以長生。太陰之草，名曰鉤吻，不可食，入口立死。人信鉤吻之殺人，不信黃精之益壽，不亦惑乎？」

〔二〕諉過於兵器。

黃精苗

《救荒本草》：「黃精苗，俗名『筆管菜』，一名『重樓』，一名『菟竹』，一名『雞格』，一名『救窮』，一名『鹿竹』，一名『萎蕤』，一名『仙人餘糧』，一名『垂珠』，一名『馬箭』，一名『白及』。生山谷，南北皆有之，嵩山、茅山者佳。根生肥地者大如拳，薄地者猶如拇指。葉似竹葉，或二葉，或三葉，或四五葉，俱皆對節而生。

救荒本草黃精圖

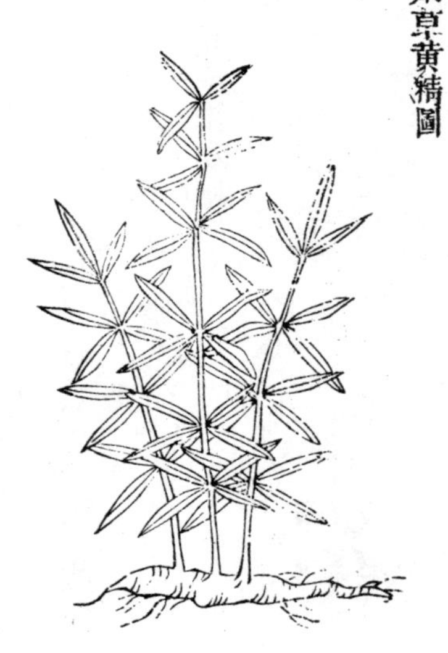

味甘性平，無毒。」又云：「莖光滑者謂之『太陽之草』，名曰『黄精』，食之可以長生。其葉不對節，莖葉毛鈎子者，謂之『太陰之草』，名曰『鈎吻』，食之入口立死。」又云：「莖不紫、花不黄爲異。」

按：圖即《爾雅》「委萎」。滇南所産黄精頗似之，此正鈎吻相似者。

墓頭回

墓頭回，生山西五臺山。緑莖肥嫩，微似水芹，葉歧細齒。梢際結實，攢簇如椒，有毛。《五臺志》載入「藥類」，蓋俚方習用者。《本草綱目》載《集驗方》「治崩中、赤白帶下，用墓頭回一把，酒、水各半盞，童尿半盞，新紅花一捻，煎七分，卧時温服，日近者一服，久則三服，其效如神」，當即此草。

薺苨

薺苨（nǐ），《爾雅》「苨，菧苨」，注：「薺苨。」《别録》中品。《本草綱目》謂「杏葉沙參」，即此。根肥而無心。山中多有之。

薺苨

前胡

前胡

前胡，《别録》中品。江西多有之。形狀如《圖經》。《救荒本草》：「葉可煠食。」

雩婁農曰：前胡有大葉、小葉二種。黔、滇山人採以爲茹，曰「水前胡」。俗呼「姨媽菜」，方言不可譯也。或曰本呼「夷鬼菜」，夷人所食。斯爲陋矣！古人重芳草，芍藥和羹，鬱金合鬯，〔一〕有飶其馨，〔二〕人神共享。後世茴香、縮砂、蓽撥、甘松香之屬，或來自海舶重洋之外，飲食異華，然其喜潔而惡濁，尚氣而賤腐，口之味，鼻之臭，與人同耳。前胡與芎藭、當歸，氣味大體相類。《爾雅》以「薜，山蘄」與山韭、山葱比類釋之，則亦以爲菜屬。江南採防風爲蔬，江西種芎藭爲餌，滇人直謂芎爲芹，然則草之形與味似芹者多矣，其皆芹之儕輩耶？《救荒本草》凡蛇床、藁本、前胡諸草，皆煠其嫩葉調食，此豈夷俗哉？伊蒲塞之饌，或取香花助之，〔三〕彼誠夷矣，然視嗜痂逐臭、〔四〕蒸乳豚而探牛心者，〔五〕將謂爲華風否耶？

又按：黄元治《黔中雜記》云：「柴胡英似野芹，土人采而虀之，謂之『羅鬼菜』。」方言「前」與「柴」音相近，蓋未考矣。「羅鬼」爲苗民之一種，其山多前胡云。《貴州志》：「前胡遍生山麓，春初吐葉，土人採以爲羹，根入藥也。」

〔一〕鬱金之塊根有香氣，以其汁調和鬯酒。鬯酒，祭祀用的酒。

〔二〕《詩·周頌·載芟》：「有飶其香，邦家之光。」注：飶，芬香也。

〔三〕伊蒲塞：即優婆塞，在家奉佛之男子，女曰優婆夷。

〔四〕《宋書·劉穆之傳》：劉邕嗜人瘡痂，以爲味似鰒魚，見則拾而食之。《洛陽伽藍記》：彭城王元勰曰：「海上有逐臭之夫，里内有學顰之婦。」

〔五〕《晉書·王濟傳》：武帝幸王濟宅，「供饌甚豐，悉貯琉璃器中，蒸豚甚美。帝問其故，答曰：『以人乳蒸之』」。又：「王愷以帝舅奢豪，有牛名『八百里駮』，常瑩其蹄角。濟請以錢千萬與牛對射而賭之。愷亦自恃其能，令濟先射，一發破的，因據胡牀叱左右：『速探牛心來！』須臾而至，一割便去。」

白前

白前,《别録》中品。陶隱居云:「根似細辛而大,色白,不柔易折。」《唐本草注》:「葉似柳,或似芫花,生沙磧之上,俗名『嗽藥』。今用蔓生者,味苦非真。」核其形狀,蔓生者即湖南所謂「白龍鬚」,已入「蔓草」,草藥其似柳者即此。滇南名「瓦草」,又蔓生一種。

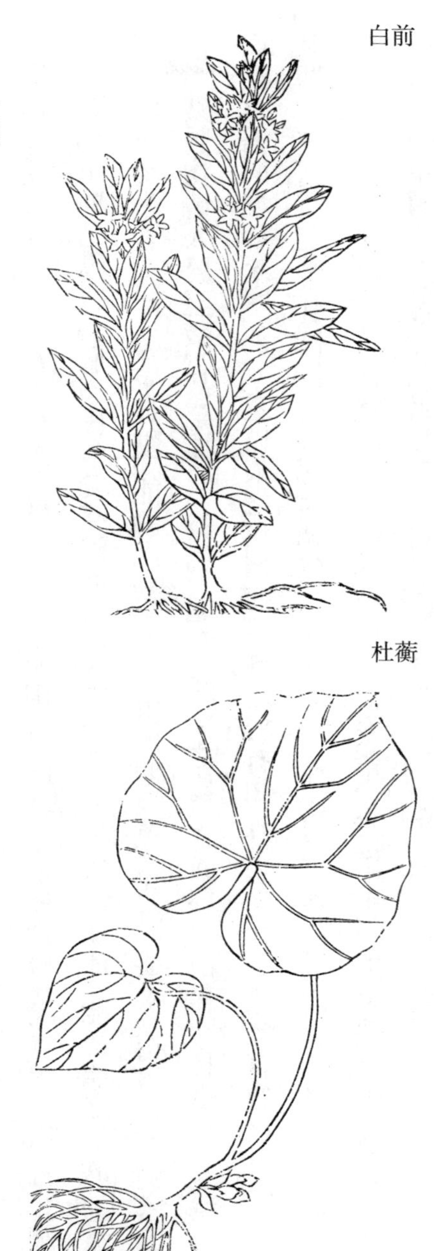

杜蘅

杜蘅(héng),《别録》中品。《山海經》有之。《爾雅》「杜,土鹵」,注:「杜蘅也。似葵而香。」《圖經》所述綦詳,惟不釋細辛形狀。陶隱居云:「杜蘅,根葉都似細辛。」則俚醫以葉圓、長分別二種，不爲無據。

雩婁農曰：《山海經》云：「杜蘅可以走馬。」注謂「佩香草能令馬疾走」，其語不詳，豈物類相制，如《淮南萬畢術》而今不傳耶？〔一〕否則馬食杜蘅而有力善走，如宛馬嗜苜蓿耳。聖人格物，本於盡性，〔二〕若予草木鳥獸，虞廷以命柏翳，此豈尋常委瑣事哉？〔三〕《周官》設閩隸、貊隸，掌與鳥獸言；服不氏掌養猛獸而教擾之；〔四〕夏后氏之豢龍，能得龍之嗜欲；〔五〕宣王時有梁鴦者，〔六〕善養鳥獸，能馴虎豹。〔七〕後世如種魚、兕雞、醫牛、相鶴，《禽經》、《蠶書》，其體物情入於至微，甚至捕蛇、鬭鶉、蟋蟀、蠅虎之屬，亦教養有術焉。且獸醫，賤業也，而與食醫同隸於冢宰，〔八〕蓋以人之疾痛疴癢推之於有知有生，而知夭札瘥癘無不由於燥濕饑寒，〔九〕故一一求其性情所喜惡而調燮之、時節之。況馬爲國畜，地用所亟，夏庌、冬獻，教駣、攻駒，其法至詳。〔一〇〕而漢時西北諸國，皆以能逐水草，谷量牛馬，稱富强，故馬政以善牧爲亟。夫一束芻、三升豆，此常料耳。東海之島有龍芻焉，馬食之，一日千里。〔一一〕西北多良馬。《酉陽雜俎》曰：「瓜州飼馬以蘴草，沙州飼馬以茨萁，安北飼馬以沙蓬。」譬之人焉，豆令重，榆令瞑，〔一二〕而服餌參朮者，亦能卻病而致康强。以此類物，將無同乎？人第見有馬者多鹽車之賈人，〔一三〕御馬者多魯國之東方，〔一四〕否則衣文繡、啖棗脯以養之者害之。〔一五〕世無王良、造父，〔一六〕則所謂相馬、通馬語者，洵爲虛誕之説矣。詩人美衛武公之勤民，終以「騋牝三千」，而舉其要曰「秉心塞淵」。〔一七〕爲此詩者，其知道乎！

〔一〕《淮南萬畢術》，傳爲漢淮南王劉安撰，多記物類相感雜事，今不傳，僅餘片斷於諸書。

〔二〕盡性：順物之性。

〔三〕虞廷：即虞舜之朝。柏翳：即伯益，《書・舜典》：「舜曰：『誰能馴予上下草木鳥獸？』皆曰益可。於是以益爲朕虞。」

〔四〕貊：通貉。《周禮・秋官司寇》：「閩隸，掌役畜養鳥而阜蕃教擾之。」「夷隸，掌役牧人養牛馬，與鳥言。」「貉隸，掌役服不氏而養獸而教擾之，掌與獸言。」

〔五〕《左傳》昭公二十九年：夏時有劉累，學擾龍於豢龍氏，以事夏后孔甲，能飲食之。孔甲嘉之，賜氏曰御龍。

〔六〕「鶱」，原本誤作「鴛」。

〔七〕《列子・黄帝》：「周宣王之牧正有役人梁鶱者，能養野禽獸，委食於園庭之内，雖虎狼鵰鶚之類無不柔馴者。」

〔八〕見《周禮・天官冢宰》。

〔九〕夭札：因癘疾而夭亡。

〔一〇〕見《周禮・夏官司馬》。

〔一一〕梁任昉《述異記》：東海有島名龍駒川，爲周穆王養八駿處，有草名龍芻，馬食之，日行千里。

〔一二〕晉嵇康《養生論》云：「豆令人重，榆令人瞑，合歡蠲忿，萱草忘憂。」

〔一三〕《戰國策·楚策四》：汗明曰：「夫驥之齒至矣，服鹽車而上太行，蹄申膝折，尾湛胕潰，漉汁灑地，白汗交流，中阪遷延，負轅不能上。」

〔一四〕「東方」二字疑是「東野」之誤。東野，魯定公之御人東野畢也。《韓詩外傳》卷二：顏淵侍坐魯定公於臺，東野畢御馬於臺下。定公曰：「善哉，東野畢之御也。」顏淵曰：「善則善矣，其馬將佚矣。」定公不說。顏淵退。俄而東野畢之馬果佚。定公趣召顏淵，曰：「不識吾子何以知之？」顏淵曰：「臣以政知之。昔者舜工於使人，造父工於使馬。舜不窮其民，造父不極其馬，是以舜無佚民，造父無佚馬也。今東野畢之御，上車執轡，銜體正矣；周旋步驟，朝禮畢矣；歷險致遠，馬力殫矣，然猶策之不已，所以知其佚也。」

〔一五〕《史記·滑稽列傳》：楚莊王「有所愛馬，衣以文繡，置之華屋之下，席以露牀，啗以棗脯，馬病肥死」。

〔一六〕王良：春秋時晉大夫郵無卹子良。造父：爲周穆王駕車西遊者。俱古之善御者。

〔一七〕見《鄘風·定之方中》。末句爲「秉心塞淵，騋牝三千」。解云：其心充實而淵深，則宜其有騋牝三千也。按：《詩序》云：「美衛文公也。」此作「武公」，應是筆誤。馬七尺以上曰騋。

及己

及己，《别録》下品。《唐本草注》：「此草一莖四葉。」今湖南、江西亦呼爲「四葉細辛」，俗名「四大金剛」。外科要藥。

及己

鬼都郵

鬼都郵，《唐本草》始著録。徐長卿、赤箭皆名鬼都郵。《唐本草注》：「苗惟一莖，莖端生葉若繖狀，根如牛膝而細黑。與徐長卿别。」《蜀本草》云：「根横生無鬚，花生葉心，黄白色。」此種山草形狀亦多有之，而莫能决識。

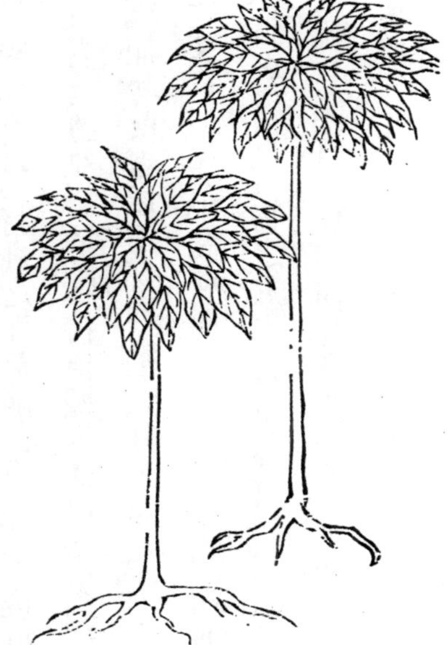
鬼都郵

雩婁農曰：漢太守置督郵，厥有南、北、東、西、中五部，司耳目而備咨諏焉。〔一〕孫寶爲京兆尹，署侯文以立秋，乃欲按豺狼之當道，以成天地之始遒。〔二〕若乃趙勤行縣，葉與新野之令望風而休，則桓虞以爲良鷹之下韝也。〔三〕閎孺部汾北，翁歸部汾南，所舉既當，而傷者亦無敢仇。〔四〕至魏郡守索賄，欲逐繁陽令，而都郵獨以異政留陳球。〔五〕蓋雖不免簿尉之罹箠楚，而於守猶縿之與輈。〔六〕彼徐長卿、赤箭之同名，殆病豎懼其傷焉，將逃之而莫能留也。〔七〕後世嚇老魅以鍾馗，而除瘧之草皆詺曰「鬼見愁」，〔八〕又昔有靈巫曰瑶旄，持拾櫨木棒以擊鬼，遂呼爲「無患」，〔九〕此非其儔歟？唐以後廢其官於郡，而尋藥者遂溝瞀回惑，眩其説而互紊，非郯子所云「不能紀遠，乃紀於近」耶？〔一〇〕三代以還，文質迭進，小儒詹詹，〔一一〕懵于古訓，而通千里之忞忞，〔一二〕乃益鄙而益信。雖然，物之盛也，百名皆貴；物之衰也，百名皆廢。戰國尚王孫，今猶有見春草而念來歸者乎？〔一三〕漢時重社叢，今猶有見枌榆而知神所憑依者乎？〔一四〕《冬官》補以《考工》，誰識司空古官屬耶？〔一五〕將作尊以大匠，誰識主章司林麓耶？〔一六〕唐進士侯生戲爲除遷，〔一七〕羌活帶「兩平章」之號，黄芩備「苦督郵」之員，胡盧巴列都尉于胥曹，荆三棱以中尉而破堅。〔一八〕官名久汰，宜無傳焉。嗚呼，越王之頭猶在，不必購以千金；〔一九〕仙人之棗何存，孰敢誕爲五利？〔二〇〕漢官唐典，珥貂蟬，拖金紫，登臺閣而遊府寺者，徒令人感朽腐而墮涕淚，又何責備于依草附木、假托名位、冉冉焉不知春秋之百卉？

〔一〕漢每郡設督郵，爲太守屬吏，代太守案行屬縣，有五部督郵。

〔二〕《漢書·孫寶傳》：孫寶以立秋日署侯文爲東部督郵。文入見，寶敕曰：「今日鷹隼始擊，當順天氣取姦惡，以成嚴霜之誅。」古以秋氣肅殺，當行刑，此爲「順天氣」。

〔三〕《東觀漢記·趙勤傳》：東漢南陽太守桓虞，時葉令及新野令皆不遵法，遂以趙勤爲督郵，二令聞風解印去。虞乃嘆曰：「善吏如良鷹矣，下鞲即中。」

〔四〕《漢書·尹翁歸傳》：田延年爲河東太守，以尹翁歸爲督郵。河東二十八縣分爲兩部，閎孺部汾北，翁歸部汾南，所舉應法，得其罪辜，屬縣長吏雖中傷，莫有怨者。

〔五〕《後漢書·陳球傳》：陳球爲繁陽令，「時魏郡太守諷縣求納貨賄，球不與之。太守怒而撾督郵，欲令逐球。督郵不肯，曰：『魏郡十五城，獨繁陽有異政，今受命逐之，將致議於天下矣。』太守乃止」。

〔六〕古時戰車之轅稱輈，而緣爲車上之旌旗。

〔七〕病豎：即「二豎居於膏肓」之豎，見卷七「朮」條注〔七〕。

〔八〕詺：命名。

〔九〕崔豹《古今注》：昔有神巫，曰瑶眊，能以符劾百鬼，得鬼則以櫨木爲棒棒殺之。世人相傳此木爲衆鬼所畏懼，取此木爲器，以壓却邪魅，故號曰「無患」。

〔一〇〕溝瞀：無知。回惑：迷惑。郯子語見《左傳》昭公十七年。

〔一一〕詹詹：言辭瑣碎，不得要領。

〔一二〕揚雄《法言·問神》：「彌綸天下之事，記久明遠，著古昔之𠮾𠮾，傳千里之忞忞者，莫如書。」注謂𠮾𠮾爲目所不見，忞忞爲心所不了。千里之忞忞，即千里之外不能明曉之事。

〔一三〕見春草而思王孫，不始於戰國，乃見於西漢淮南小山之《招隱士》：「王孫遊兮不歸，春草生兮萋萋。」吴氏因是騷體而誤記爲屈宋。另，此意見於後世詩詠者尚多，如王維「春草年年緑，王孫歸不歸」之類。

〔一四〕社叢：即神社叢祀。《西京雜記》：「高祖少時常祭枌榆之社。及移新豐，亦還立焉。」

〔一五〕《周禮》僅餘天、地、春、夏、秋五官，《冬官司空》佚失，後人即以《考工記》補爲冬官。

〔一六〕漢承秦制，初設將作少府，掌治宫室。至景帝時更名將作大匠。其屬官有主章，掌修建所用大材。

〔一七〕侯寧極，唐天成中進士，撰《藥譜》，其中有些是以官爵戲稱藥物的。

〔一八〕侯寧極《藥譜》戲稱胡盧巴爲「腎曹都尉」，荆三棱爲「削堅中尉」。

〔一九〕晉嵇含《南方草木狀》：椰子，俗謂之「越王頭」，云昔林邑王與越王有故怨，遣俠客刺得其首，懸之於樹，俄化爲椰子。林邑王憤之，命剖以爲飲器，南人至今效之。

〔二〇〕漢武帝時，方士李少君言於上曰：「臣嘗遊海上，見安期生，安期生食巨棗，大如瓜。」武帝遂遣人往海上求神仙。後少君病死，又有方士欒大者，亦言嘗往來海中，見仙人安期、羨門之屬。又言黄金可成，河決可塞，不死之藥可得，仙人可致。於是武帝封欒大爲五利將軍。見《史記·封禪書》。

芒

芒，《爾雅》：「芒，杜榮。」《本草拾遺》始著録。今人以爲薦。多生池堰邊。秋深開花，遥望如荻，有紅、白二種。生山者瘦短，爲石芒。湖南通呼爲「芭茅」。

芒

莄草

莄草

莄（ìi）草，即小芒草，生岡阜。秋抽莖開花，如莠而色赤。芒針長柔，似白茅而大。其葉織履頗韌。

長松

長松，《本草拾遺》始著録。生關内山谷松下。根類薺苨。釋慧祥有《清涼傳》，宋人詩集多及之。

長松

辟虺雷

辟虺雷

辟虺（huǐ）雷，《唐本草》始著録。狀如蒼朮，峨眉諸山有之，解毒辟瘟，消痰卻熱。

仙茅

仙茅，唐開元中，婆羅門僧進此藥。《開寶本草》始著録。今大庾嶺産甚夥，土人以爲茶飲。蓋嶺北泉凋陰寒，藉此辛烈以爲温燥。服食者少，或有中其毒者。川中産亦多。

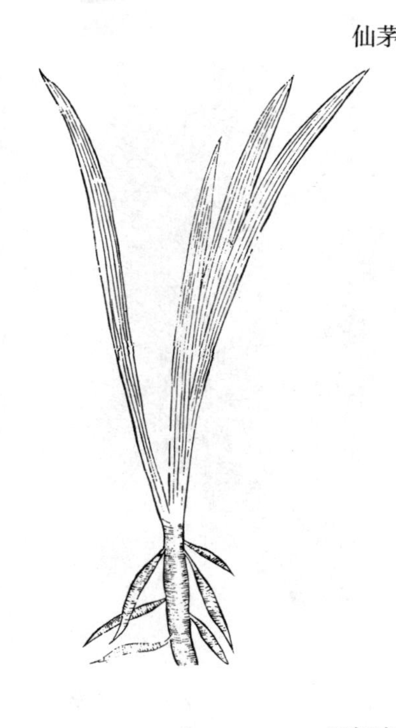
仙茅

延胡索

延胡索

延胡索，《開寶本草》始著録。宋人《藥名詩》：「到處遷延胡索人。」〔一〕其入藥蓋已久。今茅山種之，爲治婦科腹痛要藥。

〔一〕宋吴處厚《青箱雜記》卷一：宋陳亞仕至太常少卿，滑稽之雄，好以藥名入詩。或曰：「延胡索可用乎？」亞因朗吟曰：「布袍袖裏懷漫刺，到處遷延胡索人。此可贈游謁窮措大。」聞者莫不大笑。

鬼見愁

鬼見愁，生五臺山。紫毛森森如蝟刺，梢端作緑苞。《清涼山志》云：「生臺麓，能驅邪，俗以懸門首，云能畏鬼。或亦呼爲『鉢蓮』。」

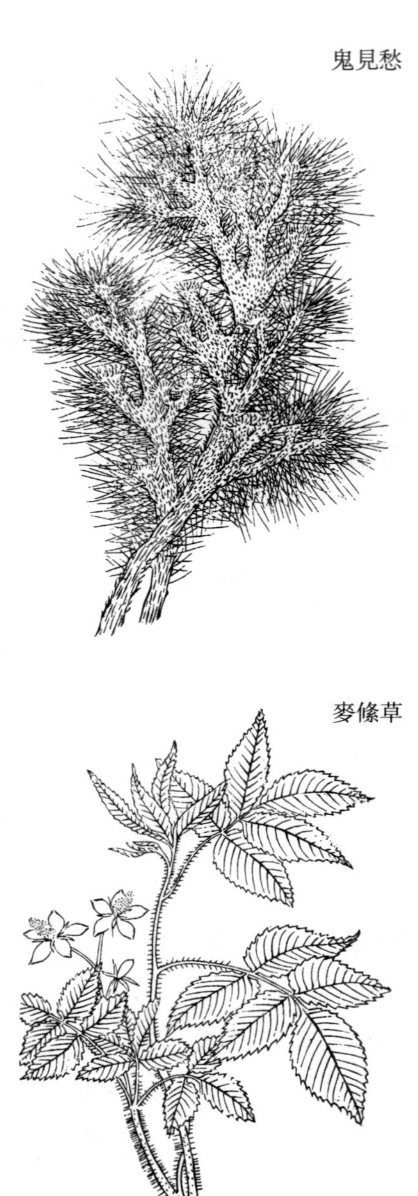
鬼見愁
麥條草

麥條草

麥條草，一名「空箭包」，建昌謂之「虎不挨」。紅莖紅刺，尖細如毛，對葉排比，如榆葉而寬大，發杈開五瓣白花，緑心突出長三四分，極似魚腥草花。土醫以治痧斑熱證。

白馬鞍

白馬鞍，生建昌。獨莖上紅下緑，旁枝對發。葉如梅葉，嫩緑細齒，或三葉，或五葉，排生一枝。土人採根敷毒。

白馬鞍

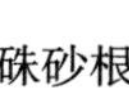

硃砂根

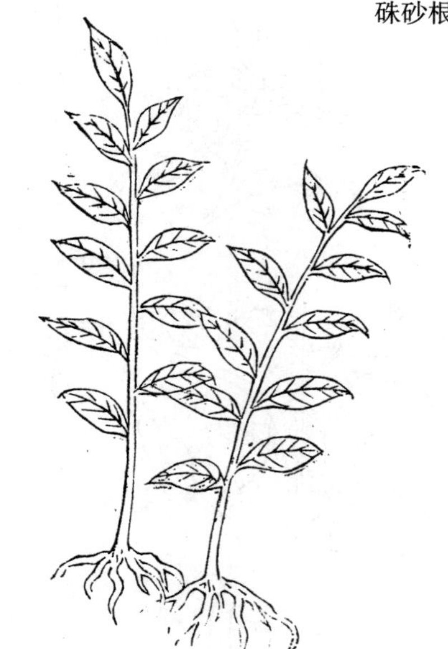

硃砂根

硃砂根，《本草綱目》始著録。生太和山。〔一〕葉似冬青葉，背甚赤。根大如筯，赤色。治咽喉腫痛，磨水或醋嚥之。

〔一〕太和山：即湖北武當山。

鐵線草

鐵線草

鐵線草，《宋圖經》「外類」：「生饒州，治風腫消毒。」余至彼訪之，未得。

都管

都管

都管草，《宋圖經》「外編」：「生宜州。〔一〕根似羌活，葉似土當歸。主風腫、癰毒、咽喉痛。」《桂海虞衡志》云一莖六葉。

〔一〕宋宜州在今廣西。

永康軍紫背龍牙

《宋圖經》：「紫背龍牙，生蜀中。味辛甘無毒。彼土山野人云：解一切蛇毒甚妙，兼治咽喉中痛，含嚥之便效。」其藥冬夏長生，採無時。

永康軍紫背龍牙

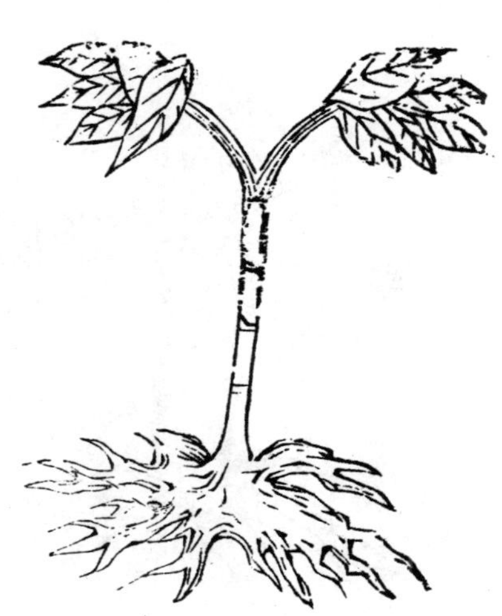

施州半天回

施州半天回

《宋圖經》：「半天回，生施州。〔一〕春生苗高二尺已來，〔二〕赤斑色，至冬，苗葉皆枯。其根味苦澀，性温無毒。土人夏月採之，與雞翁藤、野蘭根、崖椶等四味洗淨，去麄皮，焙乾，等分擣羅爲末，温酒服二錢匕，療婦人血氣并五勞七傷。婦人服忌羊血、雞、魚、濕麪，丈夫服無所忌。」

〔一〕宋施州在今湖北恩施。

〔二〕已來：多，餘。

施州露筋草

《宋圖經》：「露筋草，生施州。株高三尺已來。春生苗，隨即開花結子，四時不凋。其子碧緑色，味辛澀，性涼，無毒。不拘時採其根，洗淨焙乾，擣羅爲末，用白礬水調，貼蜘蛛、蜈蚣咬傷瘡。」

施州露筋草

施州龍牙草

施州龍牙草

《宋圖經》：「龍牙草，生施州。株高二尺已來。春夏有苗葉，至秋冬而枯。其根味辛澀，温，無毒。春夏採之，洗淨，揀擇去蘆頭，焙乾，不計分兩，擣羅爲末，用米飲調服一錢匕，治赤白痢，無所忌。」

施州小兒群

《宋圖經》：「小兒群，生施州。叢高一尺已來。春夏生苗葉，無花，至冬而枯。其根味苦，性涼，無毒。採無時。彼土人取此并左纏草二味，洗淨焙乾，等分擣羅爲末，每服一錢，温酒調下，療淋疾，無忌。」左纏草乃旋花根也。

施州小兒群

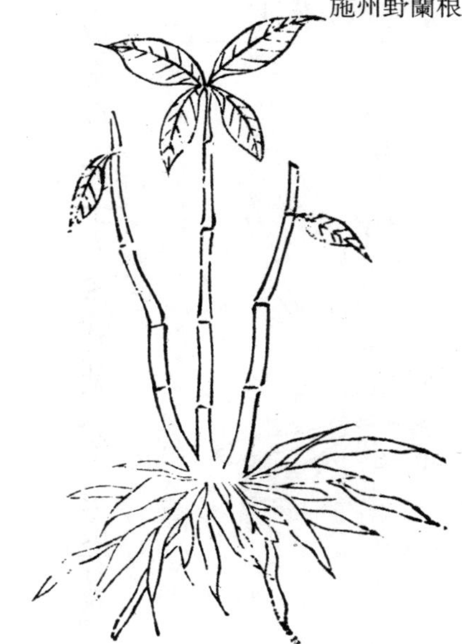
施州野蘭根

施州野蘭根

《宋圖經》：「野蘭根，出施州。叢生，高二尺已來。四時有葉無花。其根味微苦，性温，無毒。採無時。彼土人取此并半天回、雞翁藤、崖椶等四味，洗淨去麁皮，焙乾，等分擣羅爲末，温酒調服二錢匕，療婦人血氣並五勞七傷。婦人服之忌雞、魚、濕麪、羊血，丈夫無所忌。」

天台山百藥祖

《宋圖經》：「百藥祖，生天台山中。〔一〕苗葉冬夏常青。彼土人冬採其葉入藥，治風有效。」

〔一〕天台山在浙江天台縣。

天台山百藥祖

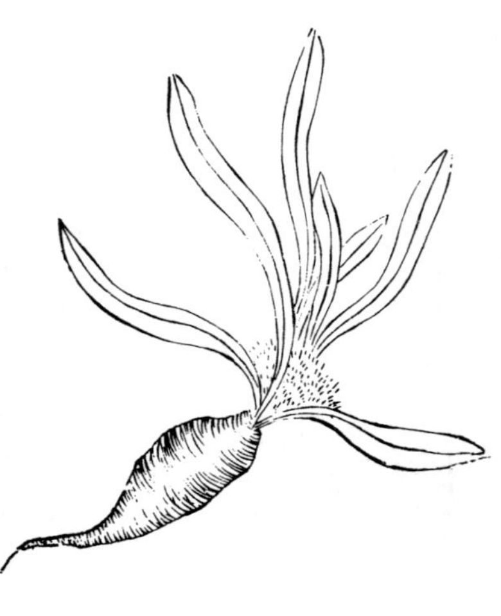
威州根子

威州根子

《宋圖經》：「根子，生威州山中。〔一〕味苦、辛，温。主心中結塊久積、氣攻臍下。根入藥用。採無時。其苗葉花實並不入藥。」

〔一〕宋威州在今四川汶川。

天台山黄寮郎

《宋圖經》：「黄寮郎，生天台山中。苗葉冬夏常青。彼土人採其根入藥，治風有效。」

天台山黄寮郎

天台山催風使

天台山催風使

《宋圖經》：「催風使，生天台山中。苗葉冬夏常青。彼土人秋採其葉入藥，用治風有效。」

半邊山

《宋圖經》：「半邊山，生宜州溪澗。味微苦辛，性寒。主風熱上壅、咽喉腫痛及項上風癧，以酒摩服。二月、八月、九月採根，其根狀似白朮而軟，葉似苦蕒厚而光。一名『水苦蕒』，一名『謝婆菜』。」

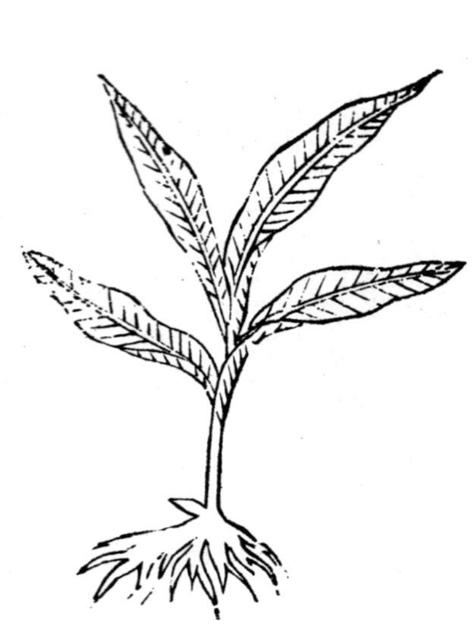

半邊山

信州紫袍

《宋圖經》：「紫袍，生信州。〔一〕春深發生，葉如苦益菜。至五月生花，如金錢，紫色。彼方醫人用治咽喉口齒。」

信州紫袍

〔一〕宋信州在今江西上饒。

福州瓊田草

《宋圖經》：「瓊田草，生福州。春生苗葉，無花。三月採根葉，焙乾，土人用治風，生擣羅，蜜丸服之。」

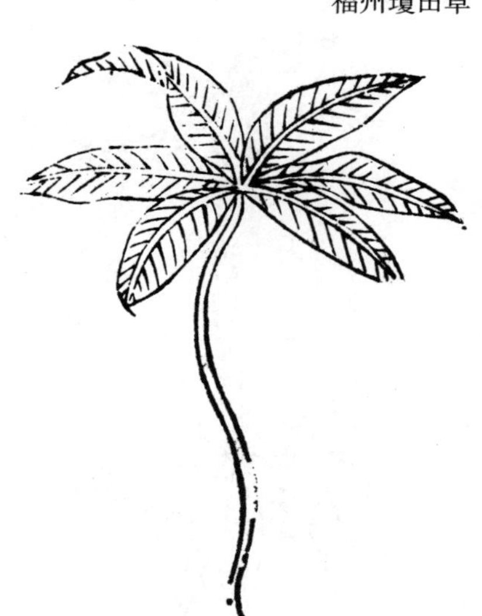
福州瓊田草

福州建水草

福州建水草

《宋圖經》：「建水草，生福州。其枝葉似桑，四時常有。彼土人取其葉，焙乾碾末，煖酒服，治走疰風。」

福州雞項草

《宋圖經》：「雞項草，生福州。葉如紅花葉，上有刺青色，亦名『千鍼草』。根似小蘿蔔。枝條直上。三四月苗上生紫花，八月葉凋。十月採根，洗，焙乾，碾羅爲散，服治下血。」

福州雞項草

福州赤孫施

福州赤孫施

《宋圖經》：「赤孫施，生福州。葉如浮萍草，治婦人血結不通。四時常有，採無時。每用一手搦，淨洗細研，煖酒調服之。」

信州鵫鳥威

《宋圖經》：「鵫鳥威，生信州山野中。春生青葉，至九月而有花，如蓬蒿菜花，淡黄色，不結實。療癰癤腫毒。採無時。」

信州鵫鳥威

福州獨脚仙

福州獨脚仙

《宋圖經》：「獨脚仙，生福州，山林傍陰泉處多有之。春生苗，至秋冬而落葉。葉圓，上青下紫，其脚長三四寸。夏採根葉，連梗焙乾爲末。服治婦人血塊，酒煎半錢。」

信州茆質汗

《宋圖經》：「茆（máo）質汗，生信州。葉青花白，七月採。彼土人以治風腫行血，有效。」

信州茆質汗

鎖陽

鎖陽

鎖陽，《本草補遺》始著録。見《輟耕録》，生韃靼田地。〔一〕補陰氣，益精血，潤燥治痿。

〔一〕《輟耕録》卷十「鎖陽」條言「韃靼田地，野馬或與蛟龍交，遺精入地，久之，發起如笋」云云。

通草

通草，即《爾雅》「離南，活脱」，〔一〕《山海經》「寇脱」。《法象本草》收之。〔二〕《拾遺》曰「通脱木」。形狀、功用具《圖經》。其葉莖中空，梢間作苞，開白花如枇杷。此草植生如木，頗似水桐，冬時莖亦不枯。《本草綱目》云蔓生，殊誤。今入於「山草類」。

雩婁農曰：郭注「零、桂人植而日灌之，以爲樹」。〔三〕《酉陽雜俎》：「瓤輕白可愛，女工取以飾物。」寇脱之製物飾，晉、唐已有之矣。《爾雅翼》引《潛夫論》譏花采之費，以爲今通行於世，〔四〕其意以批黄判白、插髻飾髩爲縟麗而靡物力也。然余以此物行而物力始省，自作繪絺繡，五采彰施，〔五〕人文漸起，而賦物肖形，嘗巧鬬妍。譬如天地之於草木，

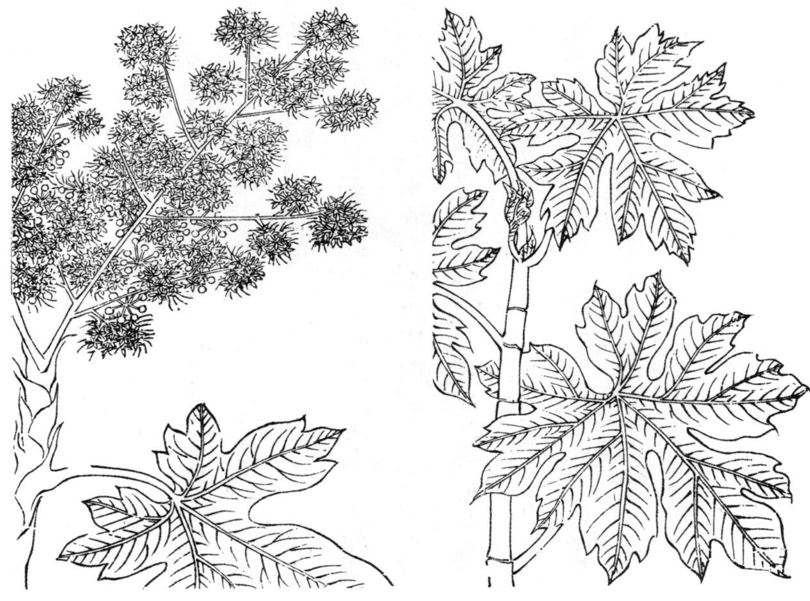

句萌於春，蕍葟於夏，〔六〕洩其精英，以炫目睫而蕩心志者，日出而不可遏抑。雕文刻鏤傷農事，錦繡纂組害女工，朝廷雖以儉德風天下，然以樸而華如益薪爨火，以華而樸如逆阪走丸。富家明璫翠羽，花鈿蔽髻，一物之直，逾於露臺。〔七〕晉以金爲步摇，後宫倣效，朝成夕毁，競爲新奇。此風日扇，不熸益熾。〔八〕《管子》摧銕之法，一女必有一刀一鍼。今以中人之産計之，一女必有一簪，一釵，一鈴，一搔頭、花勝、環瑱、條脱、指環，其糜朱提之浮，豈可勝數？〔九〕至於翦綵爲花，撚蠟作鳳，刻玉成葉，染牙製柄，織金抽縷，箔金銀銅錫而爲塗附者，朝侈神奇，暮裂朽腐，戕天下可以易衣易食、一成不敗之物，還之太虚無何有之鄉，此亦造物之所大不忍，而賈長沙所爲長太息者矣。〔一〇〕寇脱之葉觰抄而不可爲笠，〔一一〕花猥碎而不可供瓶，質輕虚而不可以爲薪、爲器，易生而扇地，〔一二〕徒蓬勃於蠻煙瘴雨之中，入藥裹者萬分無一，其無益於世久矣。損其膚以登副笄，〔一三〕千紅萬紫，引蝶欺蜂，而染絹盤絲，一見無顔色矣。且質不及錙，價不逾銖，雖富者亦愛其便，而後鷸冠、金勝亦少休息於秋箑之篋笥，〔一四〕而三條廣陌或因此而減墮珥遺簪之奢縱乎？〔一五〕然則造物生此，謂非拯翠之生、〔一六〕完繒之裂、防金銀寳玉之虚空粉碎耶？智者創物，巧者述之，吾以爲始飾物者雖以西陵氏之祀享奉之可也。〔一七〕京師有草花市，乃謁東嶽，百卉萋萋，實爲東方司令報賽，不爲無稽。

〔一〕「活脱」，《爾雅》原書作「活莌」。

〔二〕《法象本草》指元李杲之《用藥法象》。

〔三〕見《山海經・中山經》「寇脱」郭璞注。零、桂：零陵、桂陽也。

〔四〕此處截略《爾雅翼》文字過簡而欠順，原文云：「按此物爲飾，不知起自何世。漢王符《潛夫論》固已譏花采之費，至梁宗懍記荆楚之俗，四月八日有染絹爲芙蓉，捻蠟爲菱藕，亦未有用此物者。今通行於世矣。」

〔五〕見《書・益稷》。「作繪」或作「作會」，以五采成畫。葛之精者曰絺，五色備曰繡。

〔六〕蕍蒀：草木榮華。

〔七〕《漢書・文帝紀》：漢文帝欲作露臺，召匠計之，直百金。曰：「百金，中人十家之産也。」

〔八〕熸：熄滅。

〔九〕朱提：雲南古地名，産銀，稱朱提銀，後即以朱提爲銀之代稱。

〔一〇〕西漢賈誼官至長沙王太傅。曾上《治安疏》於文帝，中有「可爲痛哭者一，可爲流涕者二，可爲長太息者六」之語，而可長太息者之一即富室侈靡逾度。

〔一一〕觰抄：葉角張開之狀，今或作「乍撒」。

〔一二〕扇地即遮地，地被遮則不能復生别種草木。扇，現在通用「苫」字。

〔一三〕《詩・鄘風・君子偕老》：「君子偕老，副笄六珈。」鄭玄箋：「副，既笄而加飾，如今步摇上飾。」

〔一四〕鷸冠：聚鷸鳥之羽以爲冠。金勝：花形的金首飾。箑：扇子。入秋天凉，團扇無用而藏於篋笥。

〔一五〕《新唐書·后妃上》：每十月，明皇帝幸華清宮，楊妃諸姊妹皆從，五宅車騎別爲隊，爛若萬花，川谷成錦繡，遺鈿墮舄，狼籍於道，香聞數十里。周密《武林舊事》卷二記臨安元宵燈節之盛，夜闌則有持小燈照路拾遺者，謂之掃街，遺鈿墮珥，往往得之。

〔一六〕古人以翠鳥之羽爲首飾。

〔一七〕西陵氏：即黄帝元妃嫘祖，因始勸蠶事，爲後世祀爲先蠶。

杏葉沙參

細葉沙參

杏葉沙參

細葉沙參

三七

《廣西通志》：「三七，恭城出。〔一〕其葉七莖三，故名。根形似白及，有節，味微甘。以末摻豬血中，化爲水者真。」

《本草綱目》李時珍曰：「彼人言其葉左三右四，故名『三七』，蓋恐不然。或云本名『山漆』，謂其能合金瘡，如漆粘物也，此説近之。『金不換』，貴重之稱也。〔二〕生廣西南丹諸州番峒深山中。採根暴乾，黄黑色團結者，狀略似白及，長者如老乾地黄，有節，味微甘而苦，頗似人參之味。或云試法：以末摻猪血中，血化爲水者乃真。近傳一種草，春生苗，夏高三四尺，葉似菊艾而勁厚有岐尖，莖有赤稜，夏秋開黄花，蕊如金絲，盤紐可愛，而氣不香，花乾則吐絮，如苦蕒絮。根葉味甘，治金瘡折傷出血及上下血病甚效，云是『三七』。而根大如牛蒡根，與南中來者不類，恐是劉寄奴之屬，甚易繁衍。根氣味甘，微苦，温，無毒，主治止血、散血、定痛、金刃箭傷、跌撲杖瘡、血出不止者，嚼爛塗或爲末摻之，其血即止。亦主吐血、衄血、下血、血痢、崩中、經水不止、産後惡血不下、血運、血痛、赤目、癰腫、虎咬蛇傷諸病。此藥近時始出南人軍中，用

爲金瘡要藥，云有奇功。又云：凡杖撲傷損，淤血淋漓者，隨即爛嚼罨之，即止，青腫者即消散。若受杖時先服一二錢，則血不衝心，杖後尤宜服之。産後服亦良。大抵此藥氣温，味甘微苦，乃陽明厥陰血分之藥，故能治一切血病，與騏驎竭、紫鉚相同。葉主治折傷跌撲、出血，傅之即止，青腫經夜即散，餘功同根。」

按：廣西三七、金不換，形狀各别，《通志》俱載之，辨其非一物。《本草綱目》殆沿訛也。其所述葉似菊艾者，乃「土三七」，江西、湖廣、滇南皆用之。《滇志》：「土富州産三七。」其地近粤西，應是一類。尚有土三七數種，俱詳「草藥」。余在滇時，以書詢廣南守，答云：「三莖七葉，畏日惡雨，土司利之，亦勤培植。」且以數缶蒔寄。時過中秋，葉脱不全，不能辨其七數，而一莖獨矗，頂如葱花。冬深茁芽，至春有苗及寸，一叢數頂，旋即枯萎。昆明距廣南千里而近，地候異宜，而余竟不能覩其左右三七之實，惜矣。因就其半萎之莖而圖之。余聞田州至多，〔三〕採以煨肉，蓋皆種生，非野卉也。又《赤雅》云：「凡中蠱者，顔色反美於常，夭姬望之而笑。必須叩頭乞藥，出一丸啖之，立吐奇怪，或人頭蛇身，或八足六翼如科斗子，斬之不斷，焚之不燃，用白礬澆之立死，否則對時復還其家。予久客其中，習知其方，用三七末、荸薺爲丸，又用白礬及細茶等分爲末，每服五錢，泉水調下，得吐則止。按古方取白蘘荷，服其汁，并卧其根，知呼蠱者姓名，則其功緩也。」三七治蠱，前人未曾述及。有蠱之地，即産斷蟲之藥。物必有制，天道洵好生哉！

〔一〕恭城：即今廣西恭城瑶族自治縣。

〔二〕《綱目》以三七又名「金不换」。

〔三〕明、清田州在今廣西田陽。

錦地羅

錦地羅，《本草綱目》始著録。生廣西慶遠、柳州。根似萆薢，治山嵐瘴氣、瘡毒。

植物名實圖考卷之九　山草

平地木

平地木，《花鏡》載之。生山中，一名「石青子」。葉如木樨，夏開粉紅細花，結實似天竹子而扁。江西俚醫呼爲「涼繖遮金珠」，以其葉聚梢端，實在葉下，故名。根治跌打行血，和酒煎服。

六面珠

六面珠，産建昌。褐莖對葉，微似月季花葉而黄緑，微短附莖。秋結小圓紅實，四面環抱，攢簇稠密，的皪可愛。

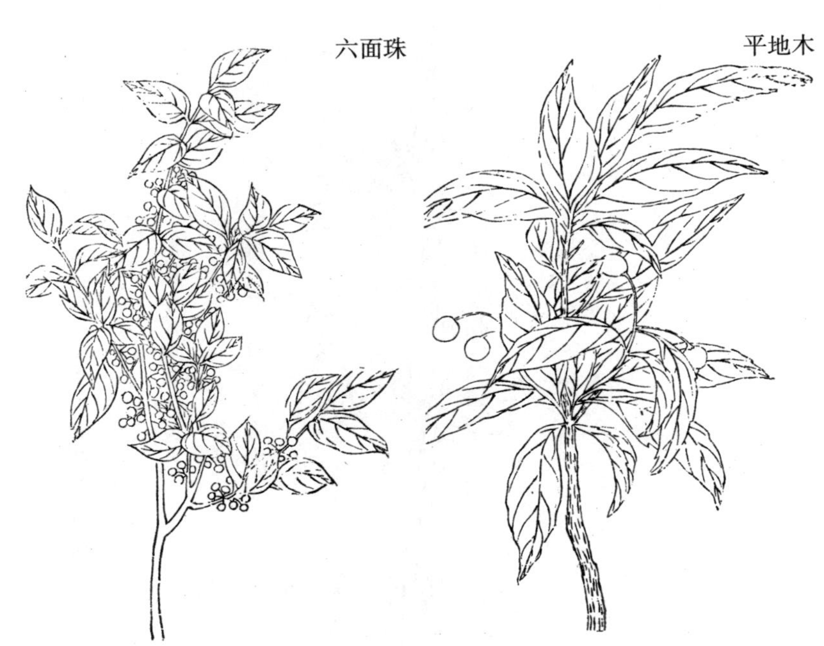

紅絲線

紅絲線，産南安。緑莖有毛，葉如山茶葉而薄。長柄下垂，結實如珠，生青熟紅，緑蔕托之。一名「血見愁」。俚醫擣敷紅腫，以爲良藥。

紅絲線

雞公柴

雞公柴

雞公柴，江西山中皆有之。叢生，赭莖，大根深赭色。葉似鳳仙花葉而寬，深齒對生。梢結紅實，如天竹子而大。建昌俚醫以根治白濁，和酒煎服。

鴉鵲翻

鴉鵲翻，生南安。叢生，赭莖。對葉如地榆而尖。結小子成攢，嬌紫可愛。氣味甘温。俚醫以治陡發頭腫、頭風，温酒服，煎水洗之；又治跌打損傷，去風濕。

鴉鵲翻

細亞錫飯

細亞錫飯

細亞錫飯，生大庾嶺。〔一〕硬莖叢生，葉如柳葉。附莖攢結長柄小實，嬌紫下垂。土人云可洗瘡毒。

〔一〕即庾嶺，在江西與廣東交界處。

紫藍

紫藍，生長沙嶽麓。〔一〕綠莖叢生。長葉對生，如大青葉而窄。秋結藍實如珠，攢簇梢頭。性涼，亦類大青。

〔一〕嶽麓山，在長沙城北。

紫藍

牛金子

牛金子

牛金子，江西處處有之。叢生小科，硬莖褐色。葉如榆葉而小，無齒，亦微團，附莖甚密。秋開小紫花，繁鬧如穗多鬚。結實似龍眼核，灰黑色，頂上有小暈。或云能散血。

天茄

天茄，生建昌。一名「杜榔子」。黑莖直勁，短枝發葉，似枸杞葉而圓，有直紋三四縷。俚醫以爲養筋和血之藥。

馬甲子

馬甲子，江西處處有之。小樹如蒺藜，赭莖。大葉如柿葉，亦硬，面绿背淡，有赭紋。開小白花，如棗花。結實形似鰒魚，圓小如錢，生青熟赭，有扁核，青時味如棗而淡，熟即生螬，小兒食之。土人採根治喉痛。按：《遵義府志》：「馬鞍樹開花結子，殼似五兩錢，子在錢内，熟時極紅。取子榨油可作燭。」又《思南府志》：「銅錢樹，一名『馬鞍』。秋開黃花，果三棱，淡紅色，子壓油不中食。」蓋即此。

滿山香

滿山香，生南安。黑莖屈盤。葉如椿葉，有赭紋。根亦糾曲。俚醫以治跌打損傷、風氣，煎水洗之。

滿山香

風車子

風車子

風車子，生南安。一名「四角風」。長蔓如藤而植立，赭色。葉長如枇杷葉而薄，中寬末尖，紋如楮葉，深刻細密，面凹背凸，面深緑，背淡青。結實如兩片榆莢十字相穿，極似揚穀風扇，四角平匀，生青熟黄。中有子一粒如稻穀，長三四分，皮黄如槐米。俚醫以祛風散寒，療風痺，洗風足，爲風病要藥。

張天剛

張天剛，生南安。叢生，硬莖有節，紅黄色。葉似水蘇葉。實如小罌，褐色。莖、葉、實俱有細刺如毛。根淡紅色，有鬚。氣味甘温。俚醫以治下部虚軟，補陰分。

樓梯草

樓梯草，産南安。獨莖圓緑，高不盈尺。長葉略似枇杷葉，大齒尖梢，粗紋横斜，面青，背黄緑。土人採治風痛、跌打損傷，煎酒服。

鐵拳頭

鐵拳頭，産南安。叢生。柔莖細緑，每枝三葉，葉如薄荷，中有赤紋。結黄實如小毬，硬尖如蝟。略似石龍芮，唯葉無歧爲異。土人採治失血，和猪蹄煮服。

鐵拳頭

大葉青

大葉青

大葉青，生南安山嶺。獨莖高二三尺，灰緑色，有濇毛，中空，白如蘆莖。葉三叉，中長寸許，大如掌，面淡青，背微白，澀毛粗紋，有露脈如麻葉。子附莖生葉下，如火麻子，薄殼，青褐色，亦有毛，中有細紅子一窠。俚醫以治下部濕痺。

小青

小青，生南安。與俗呼「矮茶」之小青同名異物。大根無鬚。綠莖粗圓，頗似初發梧桐。對葉排生，似大青葉而短微圓。俚醫以爲跌打損傷要藥，每服不得過三分，忌多服。

小青

紅孩兒

紅孩兒

紅孩兒，生南安。高尺許，根如薑而嫩，紅黄色。莖似魚兒牡丹。葉似木芙蓉而尖歧稍短。秋冬開花，極肖秋海棠。結實作角，如魚尾形而末小團，皮薄如榆莢子，紅黄色，亦似魚子。俚醫以治腰痛。

紅小姐

紅小姐，生南安。莖葉微似秋海棠，與紅孩兒相類，而葉面緑，無赤脈，背淡紅，紋赤，蓋一種而微異。俚醫以治婦人内竅不通，順經絡，升氣，補不足。氣味甘温。

紅小姐

九管血

九管血

九管血，生南安。赭莖，根高不及尺。大葉如橘葉而寬，對生。開五尖瓣白花，梢端攢簇。俚醫以爲通竅、和血、去風之藥。

四大天王

四大天王，生南安。綠莖赤節，一莖四葉，聚生梢端。葉際抽短穟，開小白花，點點如珠蘭，赤根繁密。俚醫以治風損跌打、無名腫毒。

四大天王

短脚三郎

短脚三郎

短脚三郎，生南安。高五六寸，横根赭色，叢發赭莖，葉生梢頭。秋結圓實下垂，生青熟紅。與小青極相類而性熱。治跌打損傷、風痛，孕婦忌服。

朝天一柱

朝天一柱，生南安。肉根圓赭，數條連綴，微似百部。綠莖疎節，對節生枝，長葉如柳。俚醫以治無名腫毒、虵咬，升氣補虛。

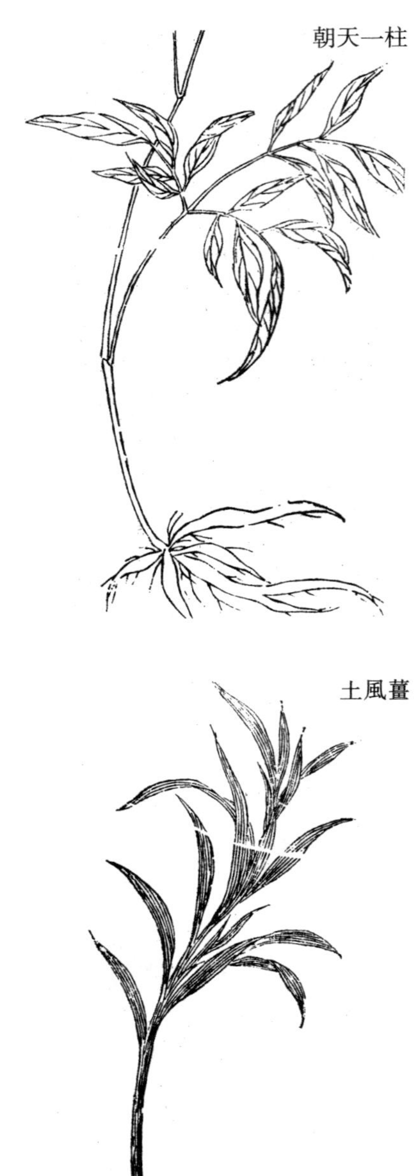

土風薑

土風薑，生南安。根似薑而有鬚，葉莖似薑而細瘦，微似初生細蘆。氣味辛温。治風損行周身。

見腫消

見腫消，生建昌。紅莖如秋海棠，圓節粗肥似牛膝。小葉多缺齒，大葉三叉，深齒末尖，面青背微白。土人採根敷瘡毒。

見腫消

薯莨

薯莨（liáng），産閩、廣諸山。蔓生，無花。葉形尖長如夾竹桃，節節有小刺。根如山藥有毛，形如芋子，大小不一，外皮紫黑色，内肉紅黄色。節節向下生，每年生一節。野生。土人挖取其根，煮汁染網罟，〔一〕入水不濡。留根在山，生生不息。《南越筆記》「薯莨，産北江者良，其

薯莨

白者不中用，用必以紅。紅者多膠液，漁人以染罛罾，〔二〕使苧麻爽勁，既利水，又耐鹹潮，不易腐。薯莨膠液本紅，見水則黑。諸魚屬火而喜水，〔三〕水之色黑，故與魚性相得。染罛罾使黑，則諸魚望之而聚」云。

〔一〕以竹爲架，上張網，稱罾。

〔二〕罛：大網。

〔三〕醫家以魚在五行屬火，獨鯽魚屬土。見《山堂肆考》卷二百二十四。

柊葉

柊（zhōng）葉，產粵東家園。草本，形如芭蕉。葉可裹粽，以包參茸等物，經久不壞。本高約二三尺。葉長尺許，青色，四季不凋。《南越筆記》有柊葉者，狀如芭蕉，葉濕時以裹角黍，乾以包苴物，封缸口。蓋南方地性熱，物易腐敗，惟柊葉藏之可持久，即入土千年不壞。柱礎上以柊葉墊之，能隔濕潤。亦能理象牙使光澤。計粵中葉之爲用，柊爲多，蒲葵次之。有油葵者，似椶葉而性柔，以作蓑衣，耐久不減蒲葵。諺曰：「油葵蓑，蒲葵笠，朝出風乾，夕歸雨濕。」又曰：「只賣葉，休賣花。花貧葉富，二葵成家。」

《廣州竹枝詞》云「五月街頭人賣葉，卷成片片似芭蕉」，謂柊葉也；「參差葉尾作蓑篷」，謂蒲葵也。篷形方大三尺許，以施於背遮雨，名曰「葵篷」。葵曰「蒲葵」者，以葉如蒲而倒垂，蓋蒲之類也。

觀音座蓮

觀音座蓮，生南安。形似貫衆而葉小，莖細多枝杈，高二三尺。根亦如貫衆，有黑毛，彷彿蓮瓣，層層上攢。蓋大蕨之類。

金雞尾

金雞尾，生建昌山中。一名「年年松」。叢生，斑莖，葉如箬葉，排生，中有金黃粗紋一道，面緑，背淡微白。露根似貫衆、狗脊。土人以解水毒，用同貫衆。

合掌消

合掌消，江西山坡有之。獨莖，脆嫩如景天。葉本方末尖，有疎紋，面緑，背青白，附莖攢生，四面對抱，有如合掌，故名。秋時梢頭發細枝，開小紫花，五瓣緑心。子繁如罌粟米粒。根有白汁，氣臭。俚醫以爲消腫、追毒良藥。

合掌消

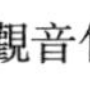

觀音竹

觀音竹

觀音竹，饒州山坡有之。似千層喜。春時短葉中抽細葶，發小葉。梢開緑花，長柄如石斛，一瓣長圓如小指甲，向上翹如首，下有三細尖瓣，下垂如足；復有一長瓣，彎細如尾，白心點點，頗似青蛙翻肚。莖花齊發，長六七寸，殊狀罕儷。

鐵燈樹

鐵燈樹，江西、湖南皆有之。鋪地生，一葉一莖。葉似紫菀而寬，本圓末尖。夏間中抽一葶，長五六寸，頗似枯莖。秋深始從四面發小葉，隨作苞，開細瓣小白花。赭蒂長二三分，葉蒂攢密，青赭斑駁。俚醫以根止痛活血，酒煎服。

鐵燈樹

鐵樹開花

鐵樹開花

鐵樹開花，生建昌。一莖一葉，似馬蹄而尖，有微齒，與犁頭尖相類。而葉背白，細根。俚醫以治隔食症，同猪肺煮服。

一連條

一連條，生建昌。赤莖長枝獨葉。葉如苧麻而尖長，面青背白，細紋微齒。土醫取幹、葉搗敷腫毒。

一連條

鐵骨散

鐵骨散，生建昌。叢生，粗根似薑，赭莖有節。對葉排比，似接骨草而微短亦寬，面綠，背微黄。俚醫以根洗脚腫，同甘草煎水。

鐵骨散

土三七

《本草綱目》李時珍曰：「近傳一種草，春生苗，夏高三四尺。葉似菊艾而勁厚有歧尖，莖有赤稜。夏秋開花，花蕊如金絲，盤紐可愛，而氣不香。花乾則吐絮如苦藚絮。根、葉味甘，治金瘡、折傷、出血及上下血病甚效。云是三七，而根大如牛蒡根，與南中來者不類，恐是劉寄奴之屬，甚易繁衍。」按：土三七亦有數種。治血衄、跌損有速效者，皆以「三七」名之。此草，今處處種之盆中。俚醫以葉面青背紫，隱其名曰「天青地紅」。凡微傷，但折其葉裹之即愈。《辰谿縣志》：「澤蘭，一名土三七，一名葉下紅。根、葉傅金瘡、折傷之要藥，非《本草》所云澤蘭也。」《簡易草藥》：「散血草，即和血丹，土名三七，能破血去瘀，散血消腫，通治五勞七傷、跌打損傷。春出秋枯。」其形狀功用盡於此矣。

土三七

土三七，生廣西。莖葉俱似景天，而不甚高厚。葉有汁無紋，周圍有圓齒。伏日拔置赫曦中，〔一〕經月不槁。無花實，摘葉種之即生，亦名「葉生」。根畏寒，經霜即腐。主治涼血，止吐血。

〔一〕赫曦：烈日。

土三七(前)

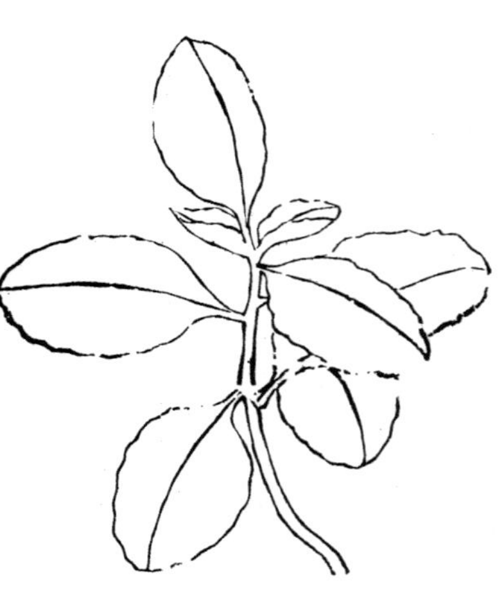

土三七(後)

土三七

土三七，廣信、衡州山中有之。〔一〕嫩莖亦如景天，葉似千年艾葉，無歧有齒，深緑柔脆，惟有淡白紋一縷。秋時梢頭開尖細小黄花。俚醫以治吐血。

〔一〕衡州府治在今湖南衡陽，轄衡陽、衡山、耒陽、常寧、安仁等縣。

洞絲草

洞絲草，生寧都金精山。高六七寸，緑莖赭節。葉如鳳仙花葉，兩兩對生。冬開紫花如絲，復有細茸。土醫詫爲奇藥而悋其方。〔一〕

〔一〕悋：即「吝」字。悋其方：即不肯把藥方示人。

洞絲草

紫喇叭花

紫喇叭花

紫喇叭花，生寧都金精山。莖葉俱如洞絲草。冬開紫花，頗似地黄，花有白心數點。

水晶花

水晶花，廣信、衡州山中有之。小科。葉如女貞葉，亦光潤。梢端夏開五出小白花，細如銀絲，朵朵如穗。俚醫用之。

水晶花（前）

水晶花（後）

水晶花

水晶花，衡山生者葉似繡毬花葉而小，紫莖有節。花如銀絲，作穗長寸許。夏至後即枯。

急急救

急急救，江西山坡有之。根鬚黄柔，一莖一葉。葉莖嫩緑似初生蜀葵葉，無歧而尖，深齒如鋸，面、背皆有細毛。土醫以根同紅棗浸酒，通骨節，達四肢。

急急救（前）

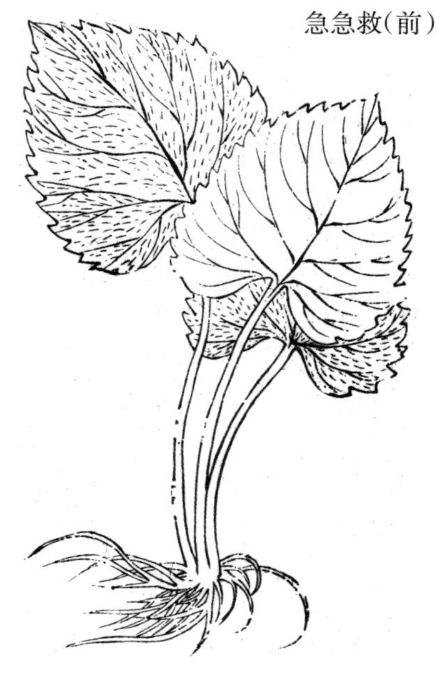

急急救（後）

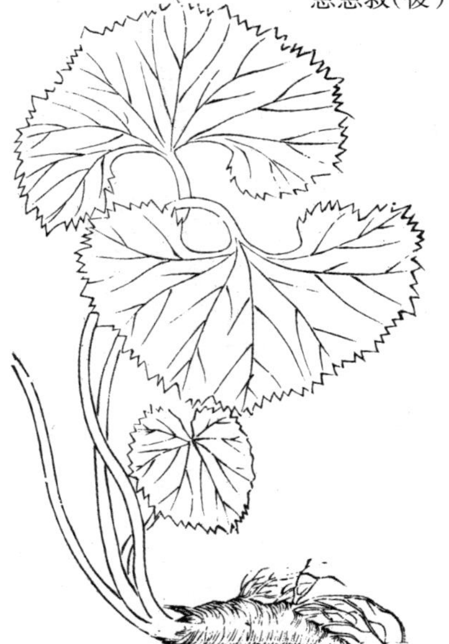

急急救

急急救，生廬山者葉如馬蹄而大，根粗如大指，餘同。

山芍藥

山芍藥，生建昌。叢生，綠莖高三四尺。大葉如馬蹄而尖，甚長，深齒粗紋，面深綠，背淡青。秋深開紫花，瓣尖如鍼，端有鬚，綠跗如刺，密攢而上。土醫以根葉治風寒。

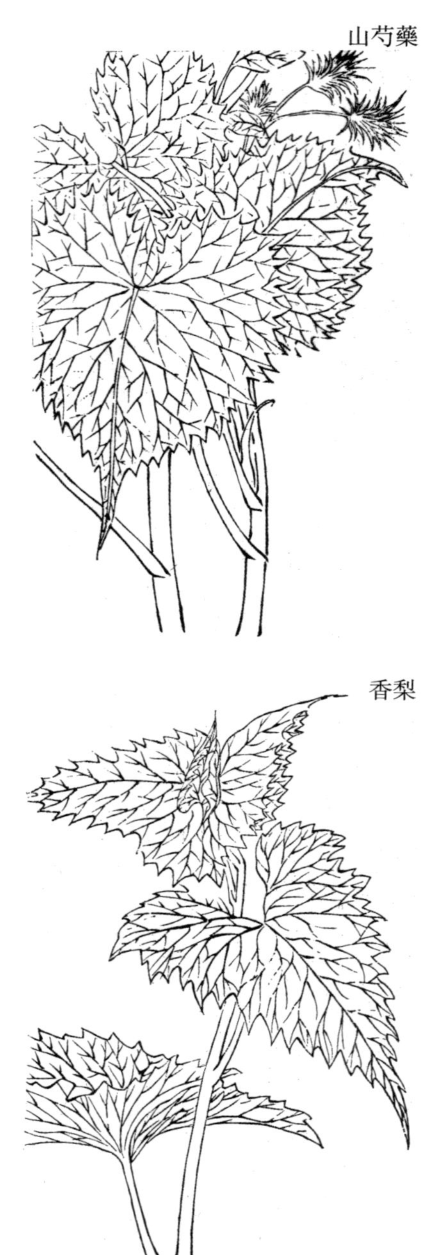

香梨

香梨，生建昌。綠莖大葉，葉作三叉形，前尖獨長，大過於掌，深齒半寸許，粗紋欹斜，面綠，背淡青。可擦傷，或以爲大戟。

肺筋草

肺筋草，江西山坡有之。葉如茅，芽長四五寸，光潤有直紋。春抽細葶，開白花，圓而有叉，如石榴花，蒂大如米粒，細根亦短。

肺筋草

翦刀草

翦刀草

翦刀草，生建昌。獨莖高尺許。對葉尖長，微似鳳仙花葉而無齒，面綠，背青白。梢端抽長條，結黃實如薏仁而小，層綴如穗而疎。一名「羊尾鬚」。土醫以治頭瘡，〔一〕煎水洗之。

〔一〕「頭」，原本作「順」，據文意改。

四季青

四季青，生建昌。形如蓼而莖細無節，葉尖錯生。秋時梢開白花，成穗如蓼花而疎。土人取根敷傷。

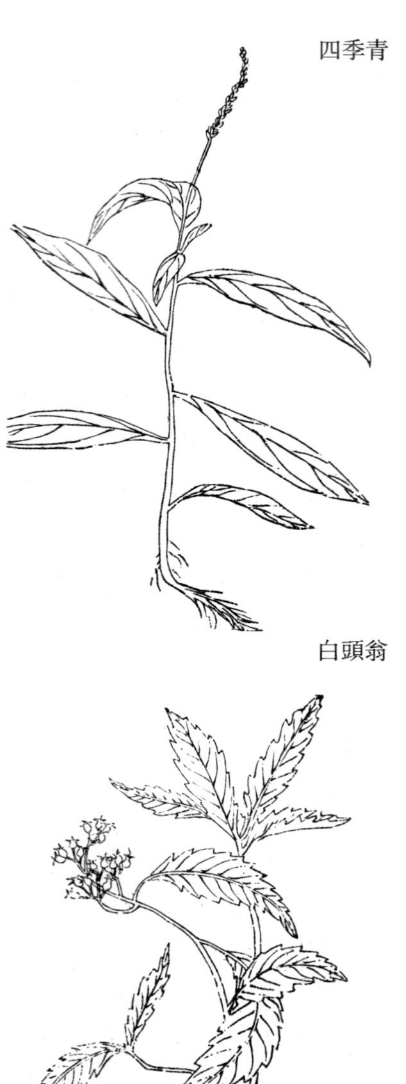
四季青
白頭翁

白頭翁

白頭翁，生建昌。赭莖梢緑。長葉斜齒，面緑，背淡。夏結青蓇葖，上有三四鬚，細如蠅足。土人云根解毒藥。

鐵繖

鐵繖，生南安。綠莖如蒿，有直紋，旁多細枝。厚葉翠綠，背微紫，似平地木葉而齒圓長。俚醫以爲活氣、行血、通絡之藥。此草葉韌，聚生梢端，故有「鐵繖」之名。

鐵繖

一枝香

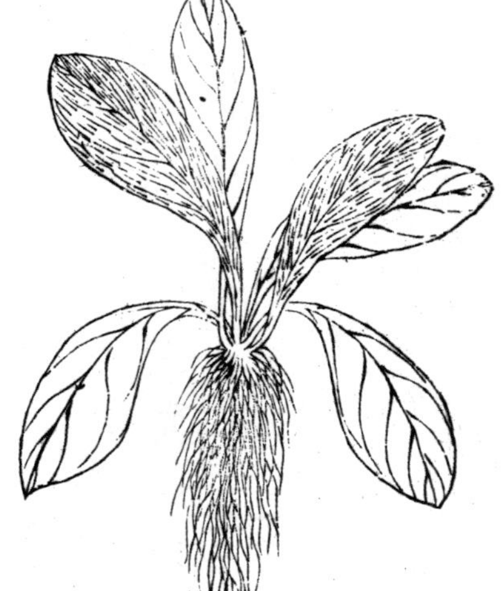

一枝香

一枝香，生廣信。鋪地生。葉如桂葉而柔厚，面光綠，背淡，有白毛。根鬚長三四寸，赭色。土人以治小兒食積。

鹿銜草

鹿銜草，九江、建昌山中有之。鋪地生。緑葉紫背，面有白縷，略似蕺菜而微長。根亦紫。土人用以浸酒，色如丹，治吐血、通經有效。按：《本草》有「鹿銜」，形狀不類。《安徽志》：「鹿銜草，性益陽，出婺源。」即此。湖南山中亦有之，俗呼「破血丹」。滇南尤多。土醫云性温無毒，入肝、腎二經，强筋健骨，補腰腎，生精液。

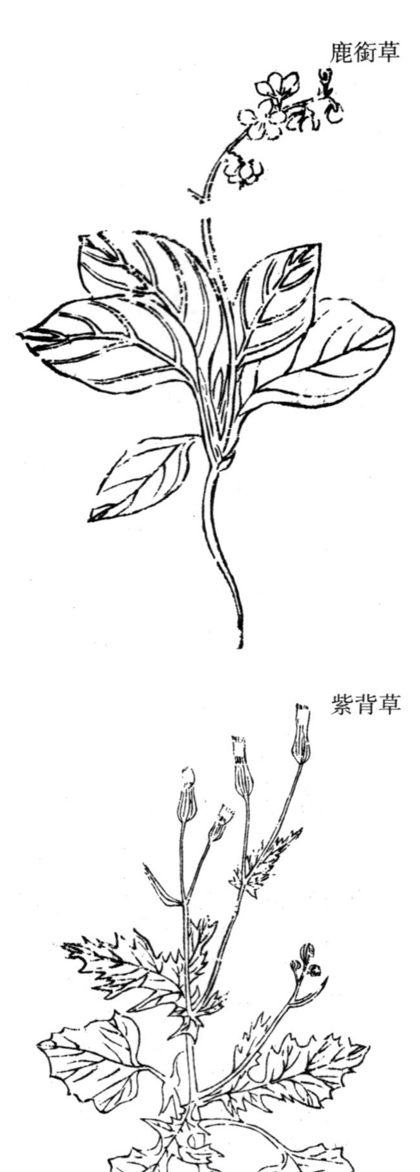

紫背草

紫背草，生南、贛山坡。〔一〕形全似蒲公英而紫莖。近根葉叉微稀，背俱紫。梢端秋深開紫花，似秃女頭花，不全放，老亦飛絮。功用同蒲公英。

〔一〕南、贛：江西南安府、贛州府連稱。

七厘麻

七厘麻，江西山中有之。似吉祥草葉，而紋理粗直。横根緑潤有節，似竹根而嫩。土醫以治筋骨疼痛。

七厘麻

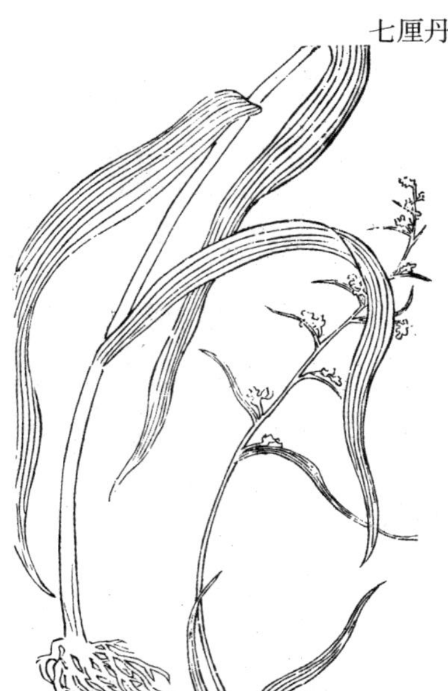
七厘丹

七厘丹

七厘丹，南安、廣信山中有之。春時抽莖，生葉似蘆而軟，葉有間道直紋，長弱下垂。夏發細葶小葉，葉際開花如粟，紫黑色。細根赭褐。俚醫以治骨癰、跌打損傷，忌多用，故以「七厘」爲名。

白如樱

白如樱，一名「仙麻」，江西、湖南山中多有之。狀如初生樱葉，青白色，有直紋微皺。抽莖結實，如建蘭花實。獨根。土醫採治風損、婦科敗血。

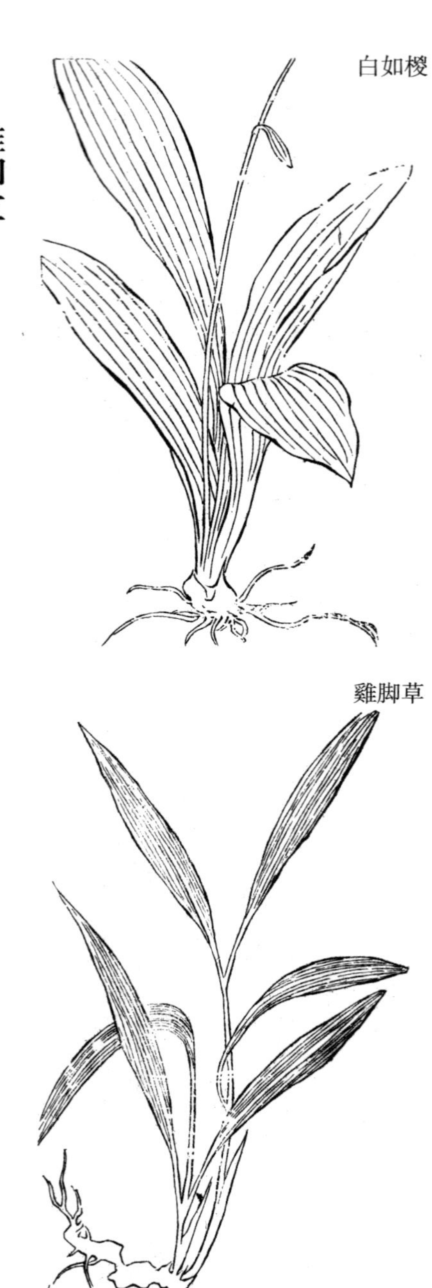

雞脚草

雞脚草，生建昌。形狀如吉祥草，而葉不光澤，有直紋如竹，面緑，背黄緑，與莖同色。根如薑而瘠，有鬚。土醫以治勞損、乳毒。勞損取根煎酒服，乳毒蒸雞蛋食之。按：《本草拾遺》有「雞脚草」，形狀、主治不類。

蜘蛛抱蛋

蜘蛛抱蛋，一名「飛天蜈蚣」，建昌、南贛皆有之。狀如初生椶葉，下細上闊，長至二尺餘，粗紋靭質，凌冬不凋。近根結青黑實如卵。橫根甚長，稠結密鬚，形如百足，故以其狀名之。土醫以根卵治熱症。南安土呼「哈薩喇」，以治腰痛、咳嗽。

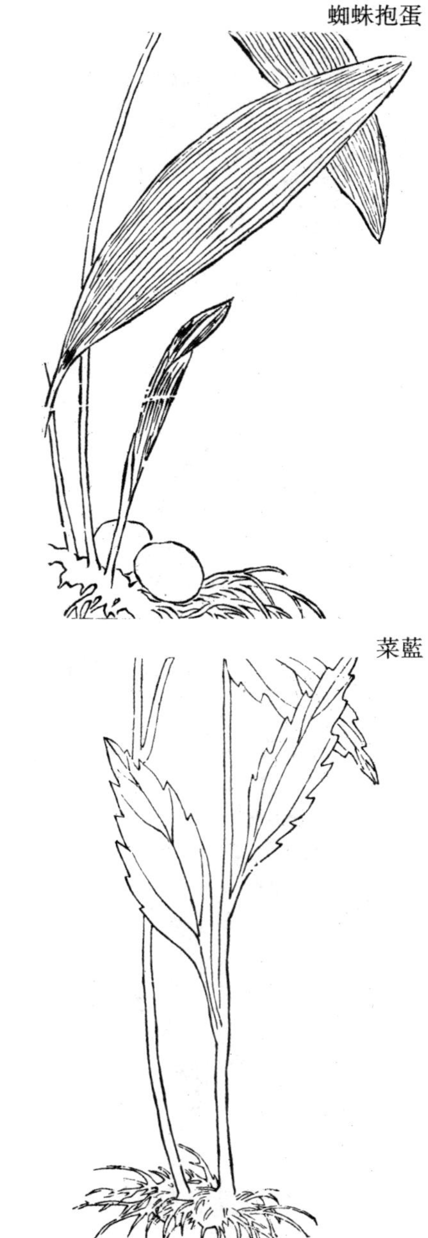

菜藍

菜藍，生廣信。黑根有鬚。叢生。緑莖，微有疎節。葉似大葉柴胡，粗紋疎齒，一名「大葉仙人過橋」。土人採治跌打損傷。

地茄

地茄，生江西山岡。鋪地生。葉如杏葉而小，柔厚，有直紋三道。葉中開粉紫花團，瓣如杏花，中有小缺。土醫以治勞損。根大如指，長數寸，煎酒服之。

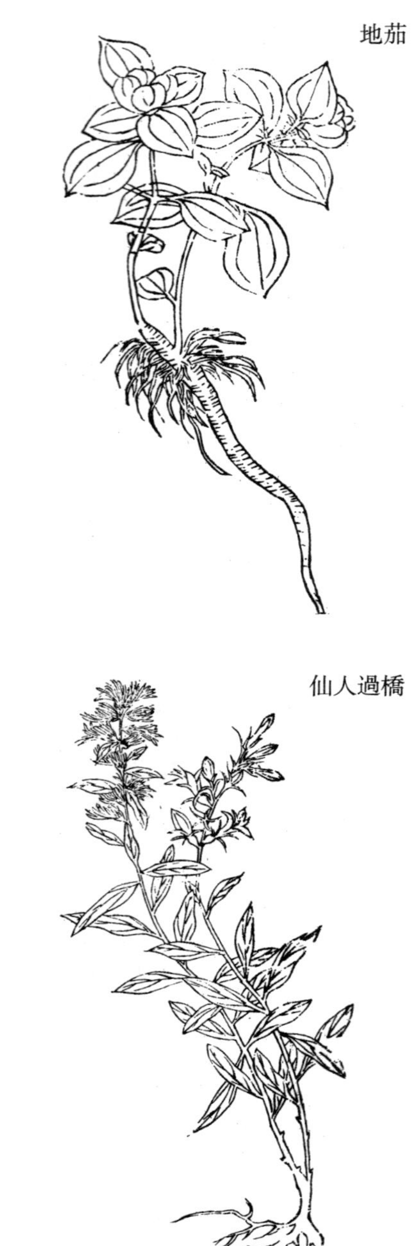

地茄

仙人過橋

仙人過橋

仙人過橋，建昌、南贛山坡皆有之。叢生，高不盈尺。細莖，葉如柳葉。秋時梢端開紫筩子花，略似桔梗花而小，開久瓣色退白，黄蕊迸露。土人採根、葉煎洗瘡毒。

山柳菊

山柳菊，一名「九里明」，一名「黄花母」，南贑山中皆有之。叢生。細葉似石竹葉，緑莖有節。秋開黄花如菊，心亦黄。土醫以洗腫毒，不可食。

山柳菊

野山菊

野山菊

野山菊，南贑山中多有之。叢生。花葉抱莖如苦藚，而歧齒不尖，莖瘦無汁。梢端發杈，秋開花如寒菊。土醫以根、葉搗敷瘡毒。

一枝黄花

一枝黄花，江西山坡極多。獨莖直上，高尺許，間有歧出者。葉如柳葉而寬。秋開黄花，如單瓣寒菊而小。花枝俱發，茸密無隙，望之如穗。土人以洗腫毒。

植物名實圖考卷之十　山草

山馬蝗

山馬蝗，産長沙山阜。獨根有短鬚，褐莖多叉。每枝三葉，葉微似竹，面青，背白，疏紋無齒。葉間發小莖，開紫白小花如粟。俚醫以治哮。此草與小槐花枝葉相類，唯附莖團團結角似蛾眉豆而扁小。有雙角連生者，亦黏人衣。葉老則漸圓，與豆葉無異，紋亦澀亂。

和血丹即胡枝子。

和血丹，生長沙山坡。獨莖小科。一枝三葉，面青黄，背粉白，有微毛，似豆葉而長。莖方有稜，赭黑色。直根四出，有細鬚。俚醫以爲被血之藥。按：《救荒本草》：「胡枝子，俗名『隨軍茶』，生平澤中。有二種，葉形有大小。大葉者類黑豆葉，小葉者莖類蓍草，葉似苜蓿葉而

長大。花色有紫、白，結子如粟粒大。氣味與槐相類，性温。採子微春即成米，先用冷水淘淨，復以滾水湯三五次，去水下鍋，或作粥，或作炊飯，皆可食。加野菉豆，味尤佳。及採嫩葉蒸晒爲茶，煮飲亦可。」此即是葉似黑豆葉者，其氣味頗似茶葉，北地茶少，故凡似茶者皆蓄之。南土則多供樵薪，採摘所不及矣。

和血丹

小槐花

小槐花

小槐花，江西田野有之。細莖發枝，一枝三葉，如豆葉而尖長。秋結豆莢，細如菉豆而有毛。莖、葉略似山馬蝗，而結角不同。

無名一種〔一〕

生嶽麓。〔二〕獨莖，參差生葉，三葉攢聚。葉似胡頽子葉微小，面深緑，背白，皆有微毛。梢頭發叉，開小白花似蛾眉豆花，黄鬚點點。

〔一〕原本無題，今補「無名一種」字。後同。

〔二〕「生」上，原本有三字空格，待補藥名也。

無名一種

白鮮皮

白鮮皮，生長沙山坡。叢生。赭莖，莖多斜刺，交互極密。嫩莖青緑，長葉排生，如蒴藋而

白鮮皮

有細齒，葉上亦有暗刺甚澀，面緑，背青白。俚醫以散痰氣，行筋骨。按：形狀與《本草》白鮮皮異，别是一種。

土常山

土常山，江西多有之。形狀頗似黄荆，唯每枝三葉，葉寬有大齒。氣味辛烈如椒。俚醫云：閩中負販者口含此葉，行半日不渴，且能辟暑。蓋其氣味辛苦，能通竅、散熱、生津、降氣，故有殊功。

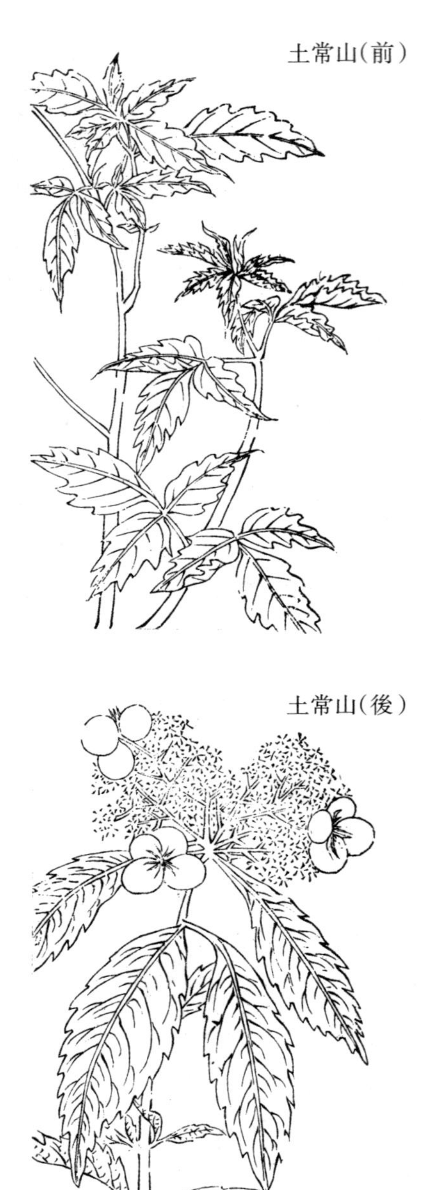
土常山（前）

土常山（後）

土常山

土常山，江西廬山、麻姑山皆有之。叢生。緑莖圓節，長葉相對，深齒粗紋。夏時莖梢開四圓瓣白花。花落結子如黄粟米，纍纍滿枝。俚醫以治跌打。形狀、主治俱與《圖經》異。

土常山

土常山，長沙山坡有之。赭根有鬚，根莖一色，有節，對節生葉。葉如榆，面青背白，背紋亦赭。春間葉際開小花如木樨，色黄白，無香。俚醫以治濕熱。

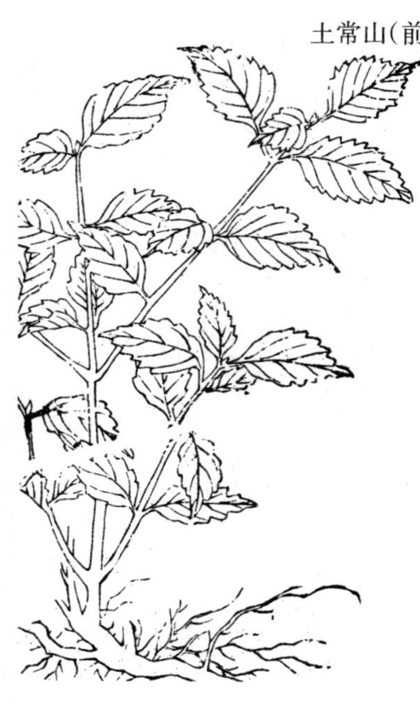
土常山（前）

土常山（後）

土常山

土常山，長沙山阜有之。細莖微赭，兩葉相當。葉如桑葉，有鋸齒。夏間開小黄花，微似苦蕒。

按：《宋圖經》：「常山有如茗葉者，有如楸葉者。」又天台土常山，苗、葉極甘。木不一類，今俗以常山爲治瘧要藥，凡可止瘧者皆以「常山」名之，故有數種。

黎辣根

黎辣根，生長沙山岡。叢生小科。赭黑細莖。長葉光硬，本狹末寬，有尖，面濃緑，背淡，有赭紋。近莖黑根圓大，細尾長五六寸。俚醫用以殺蟲、敗毒。秋結實，生青熟黑，味甜可食。

黎辣根

野南瓜

野南瓜

野南瓜，一名「算盤子」，一名「柿子椒」。撫、建、〔一〕贛南、長沙山坡皆有之。高尺餘，葉附莖對生，如槐檀葉，微厚硬。莖下開四出小黃花，結實如南瓜形，小於梟茈。秋後迸裂，子綴殼上如丹珠。土人取莖及根治痢證，煎水和白糖服之，亦能利濕、破血。

〔一〕江西撫州府，治所在今江西撫州。建昌府，治所在今江西南城。

釘地黄

釘地黄，生長沙嶽麓。一名「貢檀兜」，一名「降痰王」。黑莖小樹，葉似女貞葉而不光澤。春開五瓣小白花，白鬚茸茸，繁密如雪。根長二尺餘，赭黄堅勁。俚醫以治痰火、清毒。

美人嬌

美人嬌，生長沙山阜。叢生小木。赭莖細勁，參差生葉。葉如榆葉，深齒如鋸。俚醫以爲散淤血、治無名種毒之藥。其名不可究詰。《本草綱目》「九仙子」亦名「仙女嬌」，俗語固多如是。

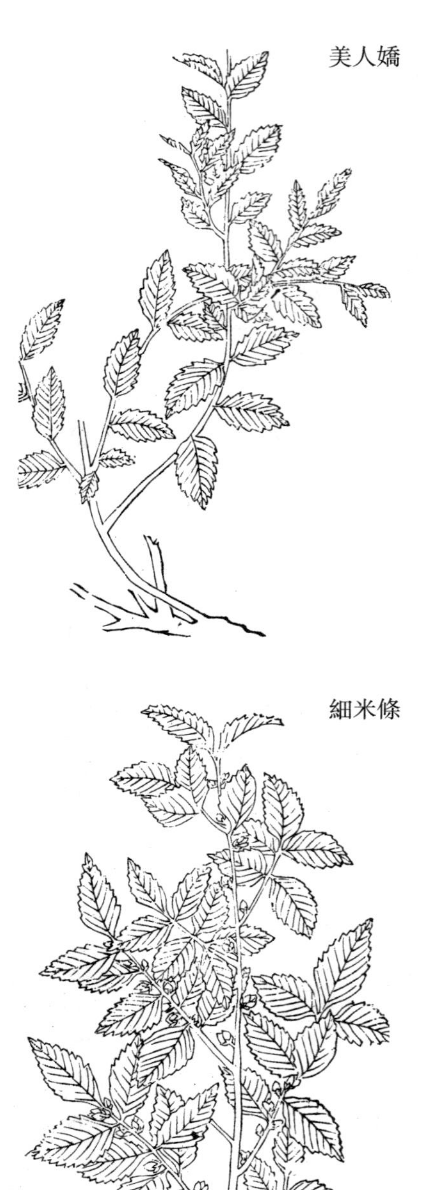
美人嬌

細米條

細米條

細米條，江西撫、建有之。赭莖如荆，横生枝杈，排生密葉。葉微似地棠葉。葉間開小黄花，略似烏藥。俚醫搗敷腫毒。一名「水麻」。

山胡椒

山胡椒，長沙山坡有之。高二三尺，黑莖細勁，葉大如茉莉花葉而不光潤，面青，背白，赭紋細碎。九月間結實如椒。

山胡椒

千觔拔

千觔(jīn)拔，産湖南嶽麓，江西南安亦有之。叢生，高二尺許。圓莖淡緑，節間微紅，附莖參差生小枝。一枝三葉，長幾二寸，寬四五分，面、背淡緑，皺紋極細。夏間就莖發苞，攢密如毬，開紫花。獨根外黄内白，直韌無鬚，長至尺餘。俚醫以補氣血，助陽道。亦呼「土黄雞」，

千觔拔

南安呼「金雞落地」，皆以其三葉下垂如雞距云。〔一〕

〔一〕雞距：雞爪。

青莢葉

青莢葉，一名「陰證藥」，又名「大部參」，産寶慶山阜。高尺餘，青莖有斑點，短杈長葉，粗紋細齒，厚韌微澀。每葉上結實二粒，生青老黑，頗爲詭異。俚醫以治陰寒病。

山豆根

山豆根，生長沙山中。矮科。硬莖，莖根黑褐，根梢微白。長葉光潤如木犀而韌柔，微齒圓長，有齒處邊厚如卷。梢端結青實數粒如碧珠。俚醫以治喉痛。按：形似與《圖經》不類，根味亦淡，含之有氣一縷，入喉微苦，又一種也。秋深實紅如丹，與小青無異，

山豆根

又名「地楊梅」。

陰行草

陰行草，産南安。叢生。莖硬有節，褐黑色，有微刺。細葉，花苞似小罌，上有歧瓣，如金櫻子形而深緑，開小黄花，略似豆花。氣味苦寒。土人取治飽脹，順氣化痰，發諸毒。湖南嶽麓亦有之，土呼「黄花茵陳」。其莖葉頗似蒿，故名。花浸水，黄如槐花。治證同南安。陰行、茵陳，南言無别。《宋圖經》謂茵陳有數種，此又其一也。滇南謂之「金鐘茵陳」，既肖其實形，亦聞名易曉。主利小便，療胃中濕、痰熱發黄，或眼仁發黄，或周身黄腫，與茵陳主療同。其嫩葉緑脆，似亦可茹。

九頭師子草

九頭師子草，産湖南嶽麓山坡間。江西廬山亦有之。叢生，數十本爲族。附莖對葉，如鳳仙花葉稍闊，色濃緑，無齒。莖有節如牛膝。細根長鬚。秋時梢頭、節間先發兩片緑苞，宛如榆錢，大如指甲，攢簇極密。旋從苞中吐出兩瓣粉紅花，如秋海棠而長，上小下大，中有細紅鬚一二縷。花落苞存，就結實。摘其莖，插之即活，亦名「接骨草」。俚醫以其根似細辛，遂呼爲「土細辛」，用以發表。

九頭師子草

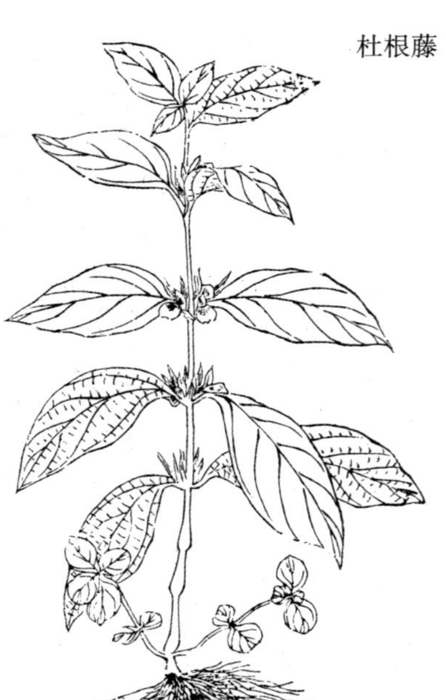
杜根藤

杜根藤

杜根藤，產湖南寶慶府山坡間。狀與九頭師子草極相類，唯獨莖多鬚，鬚亦綠色。開花亦如九頭師子草，而只一瓣，色白無苞。

省頭草

省頭草，生湖南寶慶府山谷中。圓梗厚葉，柔緑一色，上有白粉，頗似蔪棍。葉長二寸餘，寬幾一寸。本末俱尖瘦，有疎齒。梢葉小不幾寸，無齒。赭根有短鬚甚細。俚醫用之。寶慶近猺，其草名多難深攷，無由譯其「省頭」之義。

省頭草

葉下紅

葉下紅

葉下紅，産建昌。一名「小活血」，一名「紅花草」。鋪地生，頗似紫菀。葉面青背紫，碎紋粗澀如芥，背微光滑。長莖長葉。土人取根、葉，搥敷虵頭指。按：《本草綱目》：「葉下紅，主飛絲入目腫痛，同鹽少許，絹包，滴汁入目。仍以塞鼻，左塞右，右塞左。」不詳其形狀，殆同名也。

鬮骨草

鬮（zuān）骨草，産湖南寶慶山阜。鋪地生。葉如初生芥菜葉而尖，面青，背白，圓齒齊匀。夏抽莖，細莖開小白筩子花，下垂，結角子尤細。俚醫用之。

鬮骨草

地麻風

地麻風

地麻風，生寶慶山中。鋪地長莖，莖色青、赤。葉似白菜，面深緑，背淡青。葉有圓暈，面凹背凸，白脈數縷。俚醫用之。

赤脛散

赤脛散，生寶慶山中。黄根黑鬚。紫莖有節似蓼，有細白毛。參差生葉，葉形宛似箭鏃，邊緑，内紫黑色，紋赤。俚醫用之。滇南生者尤長大，開粉紅花如蓼，土呼「土竭力」。

赤脛散

落地梅

落地梅，生湖南寶慶山阜。叢生。青莖紅節，節葉對生。梢葉攢聚，葉中發緑苞成簇，細絲如鍼，開碎白花。花落苞黄，經時不脱，搓之有細黑子。俚醫用之。

落地梅

野百合

野百合，建昌、長沙洲渚間有之。高不盈尺，圓莖直韌。葉如百合而細，面青，背微白。枝梢開花，先發長苞，有黄毛蒙茸下垂，苞坼花見，似豆花而深紫。俚醫以治肺風。南昌西山亦有之，或呼爲「佛指甲」。

野百合

冬蟲夏草

冬蟲夏草

《本草從新》：「冬蟲夏草，甘平保肺，益腎，止血化痰，止勞嗽。産雲、貴。冬在土中，身如老蠶，有毛能動。至夏則毛出土上，連身俱化爲草，若不取，至冬復化爲蟲。」按：此草兩廣多有之，根如蠶葉，似初生茅草。羊城中采以饌，云鮮美，蓋與啖禾蟲同。

野雞草

野雞草，江西、湖南坡阜多有之。長莖細葉如辟汗草。秋時葉際開小黄花，如豆花而極小，與葉相間，宛如雉尾。湖南謂之「白馬鞭」。治證與野辟汗草同，蓋一種。

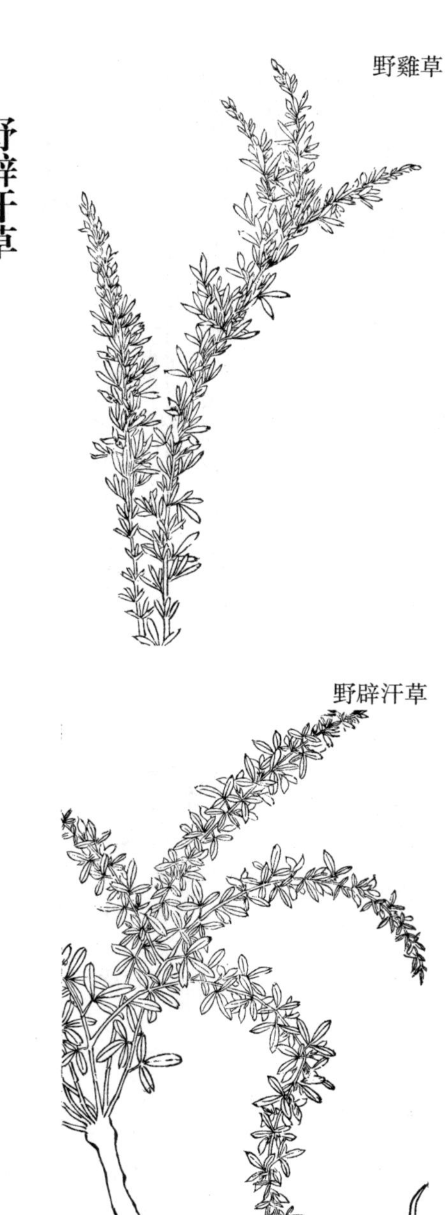

野辟汗草

野辟汗草，産江西、湖南山坡間。一名「趙公鞭」。初生獨莖似辟汗草。附莖生葉，三葉攢生，長五六分，亦能開合，類雞眼草而大。莖長尺許，梢頭發一緑毬，團如彈子，漸次黄黑，終不脱落。莖上始生小枝，枝上葉小如麥粒。莖既柔弱，毬復重欹，附枝紛披，宛欲低舞。按：

《本草拾遺》：「無風獨摇草，帶之令夫婦相愛。生嶺南。頭如彈子，尾若烏尾，兩片開合，見人自動，故曰『獨摇草』。土醫以祛邪熱。」形頗似之。

茶條樹

茶條樹，江西、湖廣山坡極多。叢生，高尺許。赭莖近根有刺。附莖對葉，葉如郁李葉而短小。梢端開五瓣小筩子花，似芫花而白，未開時作赭色筩子，一簇百餘，硬艄不甚鮮明，夏開，至秋深猶有之。

無名一種

長沙山坡有之。〔一〕莖對枝，葉亦相當，似繡毬花葉而小。秋時梢端結實，長如小棗而扁，生青熟紅。

〔一〕「長沙」前，原本有三字空格。

茶條樹　　無名一種

無名一種

生長沙嶽麓。〔一〕莖葉如麻葉，粗澀，柄細長。枝梢結實如算盤子，淡緑有微毛，一顆三粒相合。

〔一〕「生」前，原本有三字空格。

無名一種

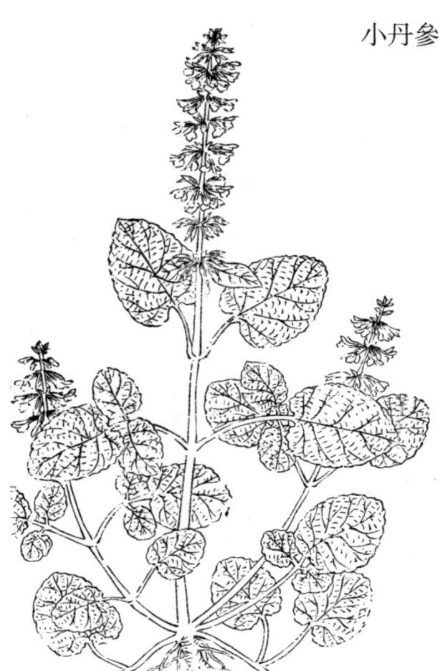

小丹參

小丹參

小丹參，江、湘、滇皆有之。葉似丹參而小，花亦如丹參，色淡紅，一層五葩，攢莖並翹。唐錢起《紫參歌》序「紫參五葩連萼，狀飛鳥羽舉，俗名『五鳳花』」，按形即此。而《本草注》但謂青穗、葱花，「亦有紅紫似水葒者」，無五葩之説，殆詩人誤以「丹」爲「紫」耶？

勁枝丹參

勁枝丹參，與小丹參同，而葉小排生，花亦五葩並翹。

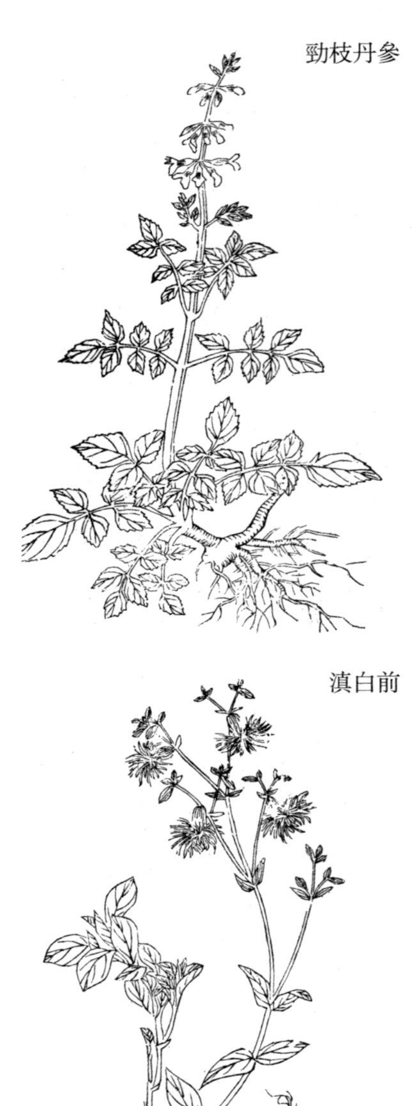

勁枝丹參

滇白前

滇白前

白前，《別録》已載。諸家皆以根似細辛而粗直，葉如柳、如芫花。陶隱居以用蔓生者爲非是。然按圖仍不得其形。滇産根如沙參輩，初生直立，漸長莖柔如蔓，對葉亦微似柳，莖、葉俱緑，葉亦輭。秋開花作長蔕似萬壽菊，蔕端開五瓣銀褐花，細碎如翦。又有一層小瓣，内吐長鬚數縷，枝繁花濃，鋪地如綺。《滇本草》：「瓦草一名白前，味苦辛，性寒。開關竅，清肺熱，利小便，治熱淋。」主治亦相類。

滇龍膽草

滇龍膽，生雲南山中。叢根族莖。葉似柳微寬，又似橘葉而小。葉中發苞開花，花如鐘形，一一上聳，茄紫色，頗似沙參花，五尖瓣而不反捲，白心數點。葉既蒙密，花亦繁聚，逐層開舒，經月未歇。按形與《圖經》信陽、襄州二種相類。〔一〕《滇本草》：「味苦性寒，瀉肝經實火，止喉痛。」治證俱同。

〔一〕襄州：即今之襄陽。

甜遠志

甜遠志，生雲南大華山。〔一〕獨根獨莖，長葉疏齒，馬《志》所謂「似大青而小」

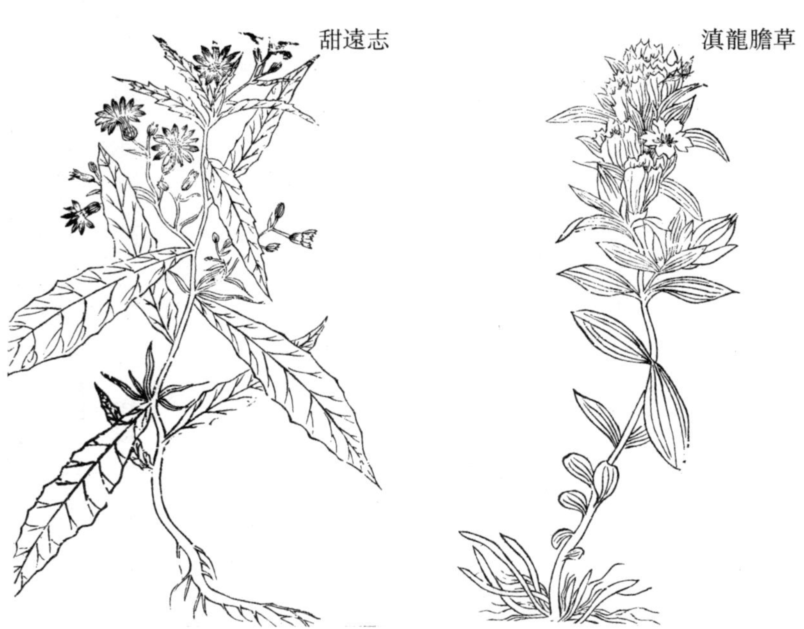

者，〔二〕蓋即此。根如蒿根，色黄，長及一尺，皆與《圖經》説符。李時珍分大葉、小葉，《滇本草》分苦、甜。苦即小葉，甜即大葉耳。補心血，定驚悸，主治略同。但《本經》只言味苦。《滇本草》苦遠志，治證悉如古方，甜者僅云同雞煮食。蓋苦能降，甜惟滋補耳。《救荒本草》圖亦是小葉者。夷門所産，〔三〕自是小草。

〔一〕山在今雲南大理雲龍縣。

〔二〕此指明馬理所修《陝西通志》。

〔三〕夷門：代指河南開封。

滇銀柴胡

滇銀柴胡，緑莖疎葉。葉如初生小竹葉，開碎黄花，根大如指，赭黑色，有微馨，蓋即《本草》所謂「竹葉」者。前人謂「銀柴胡」以銀州得名。〔一〕滇以韭葉者爲「猴柴胡」，竹葉者爲「銀柴胡」，相承如此，亦未可遽斥其妄。

〔一〕産柴胡之銀州，指陝西神木縣。

滇黃精

滇黃精，根與湖南所産同而大，重數斤。俗以煨肉，味如山蕷。莖肥色紫。六七葉攢生作層，初生皆上抱。花生葉際，四面下垂如瓔珞，色青白，老則赭黃。此種與鉤吻極相類，滇人以其葉不反卷、芽不斜出爲辨。按《救荒本草》：鉤吻、黃精，「莖不紫、花不黃爲異」。今北産莖緑，滇産莖紫，又惡可以此爲別？大抵北地少見鉤吻，故皆言之不詳。具見「毒草類」。

滇黃精

蘄棍

蘄棍

蘄（qí）棍，一名「豆艾」，生建昌。高不及尺。圓莖長葉，白毛如粉，葉厚而柔，兩兩下垂，惟直紋兩三縷，亦不甚露。土醫以治腫毒，去風熱。

面來刺

面來刺，贛州山坡有之。叢生，硬莖赭色。葉似榆葉，三葉攢生，中大旁小，面濃緑黑紋，背外緑内赭，有刺如鋮。或云可退煩熱，通肢節。

面來刺

小二仙草

小二仙草

小二仙草，生廬山。叢生，赤莖高四五寸。小葉對生如初發榆葉，細齒粗紋，兩兩排生，故名。

土升麻

土升麻，湖北武昌有之。綠莖如竹，高四五尺。無葉無枝，僅有小叉。俚醫治痘疹用之，以爲升提之藥，故名。按：李衎《竹譜》：「筍草，出湖北田野間。叢生，亦有籜葉，一如竹筍。漸長成竿，高三五尺，亦如竹，但無枝葉，至秋乃死。《莊子》所謂『不筍』者是也。〔一〕江淮之間亦有之。」核其形狀，即此草也。

〔一〕似竹而不生筍者曰「不筍」。

土升麻

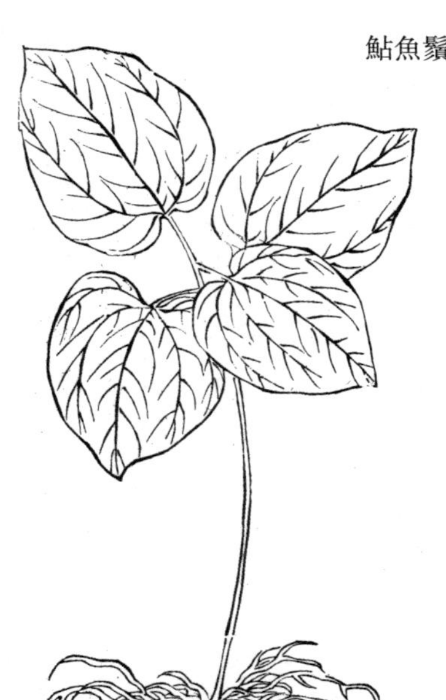

鮎魚鬚

鮎魚鬚

鮎魚鬚，生建昌。細莖如竹，有節，近根及梢皆紫色。葉聚頂巔，四面錯生，如扁豆葉而團，面緑，背本白，末淡緑。赭根攢簇，細長如魚鬚。土醫以根治勞傷，酒煎服。

抱雞母

抱雞母，生廣信。一名「石竹根」，一名「一洞仙」。柔莖下紫上緑，莖上發苞如玉簪花，苞中抽莖。葉生莖端，如竹葉而寬，有直紋三縷，面青，背緑，背紋稍多。柄弱下垂，薄葉偏反，赭根圓長。俚醫以治跌打及番肛痔。

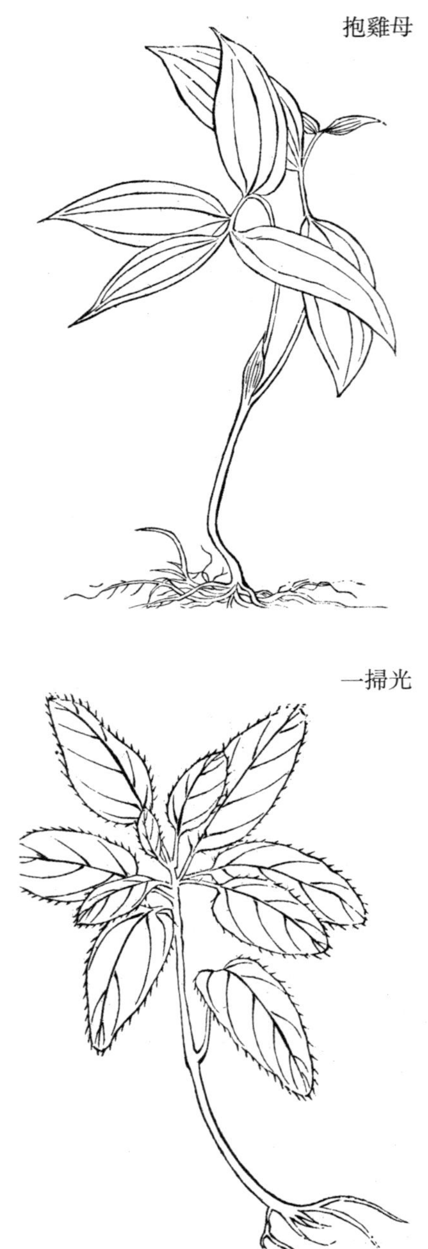

一掃光

一掃光，生廣信。獨莖高尺餘，紅莖，梢葉密攢。葉如木樨葉而薄柔，面青，背淡，邊有軟刺。土醫以治楊梅瘡毒。

大二仙草

大二仙草，生廬山。紫莖圓潤，對節生枝。長葉深齒，面緑，背淡。近莖大葉下輒又二小葉對生，葉尖内向，故有「二仙」之名。細根如絲，色黑。

大二仙草

元寶草

元寶草

元寶草，産建昌。赭莖有節。對葉附莖，四面攢生，如枸杞葉而圓。梢端開小黄花如槐米。土人採治熱證。

海風絲

海風絲，生廣信。一名「草蓮」。叢生，橫根。緑莖細如小竹。初生葉如青蒿，漸長細如茴香葉。俚醫以治頭風，利大小便。

海風絲

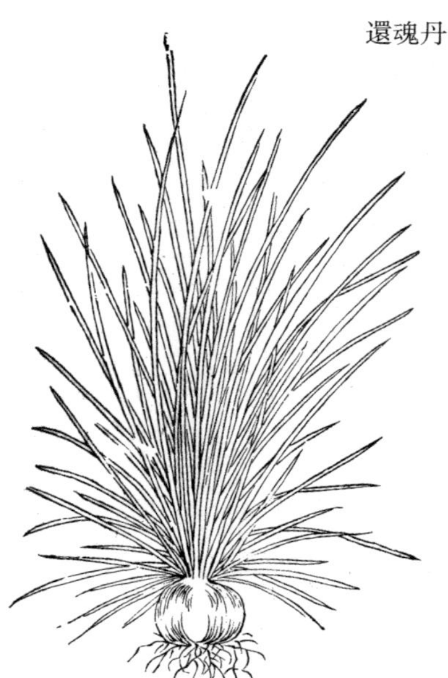
還魂丹

還魂丹

還魂丹，生四川山中。根如大蒜，黑褐色。葉似葧臍而更細密。土醫云治跌打，有起死之功，亦極難得。

四方麻

四方麻，產衡山。方莖，叢生。長葉如劉寄奴葉。秋發長穗，苞如粟粒，開尖瓣小花，色深紫，黄鬚茸密，盈條滿枝。衡山俚醫用之。

植物名實圖考卷之十一　隰草類

菊

菊，《本經》上品。《爾雅》：「鞠，治蘠。」服食延齡。舊以生南陽者良。其小而氣香者爲野菊。陳藏器以爲苦薏，「菊甘而薏苦」。有小毒，傷胃氣。俚醫以治癰腫疔毒，與甘菊花主治

懸殊。

雩婁農曰：菊種至繁，而或者爲「真菊」之説，獨以黄華爲正色。夫三代以還，文質遞尚，夏玄、商白、周赤，孰非正耶？〔一〕菊譜多矣，蒔也若子，〔二〕得一佳種，咳而名之，〔三〕尊酒燕賞，亦謂與人無患無爭矣。而褊者甚於鑽核，〔四〕抑何吝耶！護其葉逾於護花，非霜殘緑瘁，不忍翦折，視「萬花會」之暴殄，〔五〕獨爲厚幸。議者以爲古人東籬，〔六〕與後世批黄判白異，〔七〕然具忘言之妙，興晚節之思。今之菊猶古之菊，柳下見飴可以養老，盗跖見飴可以黏牡，飴一也，而見者異也。〔八〕玉樹朝新，〔九〕金谷園滿，〔一〇〕人則累物，物豈能累人？

〔一〕五行家言新王受命，俱應五德之運，易服色，改正朔。夏尚忠，商尚質，周尚文，而所尚之色亦因五行之運有轉移，夏尚黑，商尚白，周尚赤。

〔二〕培育菊花若養育兒子。

〔三〕《禮記·内則》：「父執子之右手，咳而名之。」以一手執子之右手，一手承子之頦，而予以名。

〔四〕褊：心胸褊狹。《世説新語·儉嗇》：王戎家有好李，常出賣之，恐人得種，恒鑽其核。

〔五〕《東坡志林》：揚州芍藥爲天下冠，蔡繁卿爲守，始作萬花會，用花十餘萬枝，既殘諸園，又吏因緣爲奸，民大病之。

〔六〕陶淵明《飲酒》詩：「採菊東籬下，悠然見南山。」

〔七〕批黄判白：指後世士大夫賞菊時評判優劣高下。

〔八〕見《淮南子·説林訓》。柳下：柳下惠，春秋時賢人。黏牡：牡，門閂，言糖性黏，可以黏門閂而行盗。

〔九〕《陳書·後主張貴妃傳》：陳後主每引賓客對貴妃等遊宴，則使諸貴人及女學士與狎客共賦新詩，採其尤豔麗者以爲曲詞，被以新聲。其曲有《玉樹後庭花》、《臨春樂》等，大指皆美張貴妃、孔貴嬪之容色。其略曰：「璧月夜夜滿，瓊樹朝朝新。」

〔一〇〕金谷：晉石崇在河陽金谷有别館，人稱金谷園。其《金谷詩序》云園内「雜果庶乎萬株」。園滿：用潘岳詩「河陽一縣花」句，言石崇之園花滿也。

菴蕳

菴蕳（lǘ），《本經》上品。詳《圖經》。李時珍以爲「葉如菊葉」者是。

雩婁農曰：《别録》：「駏驉食菴蕳神仙。」〔一〕世不知駏驉，安知其神仙？比肩獸其名曰蟨，爲駏驉嚙甘草，駏驉待蟨而食，〔二〕坐獲遐齡，宜乎求長生者覔方士，遊五嶽而採靈

藥矣。《圖經》謂菴䕡惟入諸雜治藥中，治踒折、瘀血，大抵蒿艾之類供薪蒸者，不知世復有用者否？《本經》上藥皆非奇異之品，詩人所採，觸目即是。〔三〕而古今用舍，渺若霄壤，豈亦如鄉舉里選、經明行修、詩賦策論，〔四〕因時遞變，有莫知其然而然耶？方其盛也，貴如麟角；及其衰也，賤如鼠璞。〔五〕不與世推移而爲貴賤，其藥籠中之參朮乎？「朝爲芙蓉花，暮作斷腸草」，〔六〕誰甘爲草木之無知！

〔一〕意謂食菴䕡而成仙。

〔二〕《爾雅·釋地》：「西方有比肩獸焉，與邛邛岠虚比，爲邛邛岠虚齧甘草，即有難，邛邛岠虚負而走，其名謂之蟨。」按《淮南子·道應訓》言蟨「鼠前而兔後，趨則頓，走則顛」。鼠前則前足短，兔後則後足長，故不能快走。

〔三〕言《本經》上品之草木，多見於《詩經》，爲常見之物。

〔四〕以上爲不同時代朝廷取士的制度。

〔五〕《尹文子·大道下》：「鄭人謂玉未理者爲璞，周人謂鼠未腊者爲璞。周人懷璞，謂鄭賈曰：『欲買璞乎？』鄭賈曰：『欲之。』出其璞視之，乃鼠也，謝不取。」

〔六〕李白《妾薄命》詩：「昔日芙蓉花，今成斷根草。」其説有本，據陶弘景《名醫别録》，芙蓉花之根即爲斷腸草。

蓍

蓍(shī)，《本經》上品。《白虎通》謂天子蓍長九尺，《史記》謂「長丈者百莖，不可得，得六尺者六十莖用之」，〔一〕此神物也。八尺以上之蓍誠不可得，而《家語》有婦人刈蓍薪而亡蓍簪者，〔二〕老子以蓍艾爲席，〔三〕《下泉》之詩浸蓍與蕭、稂同，〔四〕則蓍亦非奇卉矣。《唐本草注》亦云「處處有之」。《宋圖經》始云「出上蔡」。明楊塤《蓍草臺記》：「臺畔二十頃皆産蓍，洪武中禁民樵採，厥後臺荒地侵，汝太守重修之。」《上蔡縣志》：「舊時生蓍草，臺廟圈。圈廢，今生曠野。」唯《陳州志》「物産」：「蓍，羲陵者佳。」〔五〕余豫人也，一舟過陳州，再驅上蔡，皆未得登故墟而攬靈莽。〔六〕陳之人斷蓍尺餘，以通饋問。而曲阜之蓍，時時見於筮者。此外蓋無聞焉。天地靈秀之氣今古如一，古今人不相及，此亦不然之論，何獨至於物而恡之？鳳凰、麒麟在郊藪，龜、龍在宮沼，漢儒以爲大順之世。〔七〕鳳鳥不至，河不出圖，聖人憂之，〔八〕議者謂矰繳密，機械深，則德禽仁獸見機而遠徙。是誠然矣。然吾謂三代後疆埸日闢，山林日薙，城郭日盈，民生日擠，毒螫猛鷙者匿其爪

牙而不敢以攫噬，蓬蒡藜蒿化爲腴田，雖有不世出之物覽德煇而下之，將盡巢於阿閣而游於苑囿乎？〔九〕余觀黔、滇之山，以鳳至而名者有之矣。九苞之羽，〔一〇〕歸昌之音，〔一一〕其是非不得知，而百鳥伏而萬民聳，其不爲山人習見無疑矣。荒徼之池有豢龍焉，逃而獲之。滇之湫，金鱗游漾，時復一見可致之祥，何獨遇於遐陬？毋亦林箐深渺，種人不至，飛者、走者、游者得爲藏身之固耶？滇東楊林驛有啞泉碑，禁人渴不得飲，謂孔鶴之所翔集。今過之，無有矣。城西有阯山，《滇本草》謂是生不死之藥，斧斤所瘡痍，牛羊所踐履，孟夏之月，草木不長。然則蓍之不多見者，其野火殄燔、蕭艾同燼耶？平原豐草，厠彼菅茅，世無知者，老棄榛蕪耶？十室之邑，必有忠信，五步之內，必有芳草。余故不能已於披採。

〔一〕見《龜策列傳》。

〔二〕事見《韓詩外傳》，而爲《孔子集語》（非《家語》）所引。原文爲「刈蓍薪而亡簪」，亦非「蓍簪」。

〔三〕「老子」應作「老萊子」。劉向《列仙傳》言老萊子「蓍艾爲席」。

〔四〕《詩·曹風·下泉》：「冽彼下泉，浸彼苞稂。……浸彼苞蕭。……浸彼苞蓍。」

〔五〕羲陵：即伏羲陵，在陳州。

〔六〕莽：草也。

〔七〕順乎天道之世。

〔八〕《論語・子罕》：孔子曰：「鳳鳥不至，河不出圖，吾已矣夫。」

〔九〕《尚書中候》：「黄帝時，天氣休通，五行期化，鳳凰巢阿閣，讙於樹。」阿閣：帝王之高閣。

〔一〇〕《論語摘衰聖》：鳳有九苞：「一曰口苞命，二曰眼含度，三曰耳聰達，四曰舌詘伸，五曰色彩光，六曰冠矩周，七曰距稅鈎，八曰音激揚，九曰腹文户。」

〔一一〕《廣雅・釋鳥》：鳳「集鳴曰歸昌」。

白蒿

白蒿，《本經》上品。陸璣《詩疏》以蘩爲白蒿。《唐本草》以爲「大蓬蒿」，葉上有白毛錯澀者是。李時珍以「蔞蒿」爲即白蒿，不知《詩疏》「言刈其蔞」釋狀甚詳，分明兩種。〔一〕《圖經》亦辨之。

〔一〕陸璣《詩疏》：「蔞，蔞蒿也。其葉似艾，白色，長數寸，高丈餘。」

地黄

地黄，《本經》上品。《爾雅》謂之「苄」。羊苄、豕薇，古以爲茹。〔一〕今産懷慶，以沃土植之，根肥大多汁。；野生者根細如指，味極苦。《救荒本草》：「俗名『婆婆嬭』。北地謂之『狗嬭子』。葉味苦回甘，如枸杞芽。」今懷慶以爲羹臛。

雩婁農曰：地黄舊時生咸陽、歷城、金陵、同州，其爲懷慶之産自明始，今則以一邑供天下矣。懷之人以地黄故，遂多業宋清之業，〔二〕而善賈軼於洛陽。〔三〕然植地黄者必以上上田，其用力勤，而慮水旱尤甚。千畝地黄，其人與千户侯等。懷之穀亦以此減於他郡。余嘗寓直澄懷

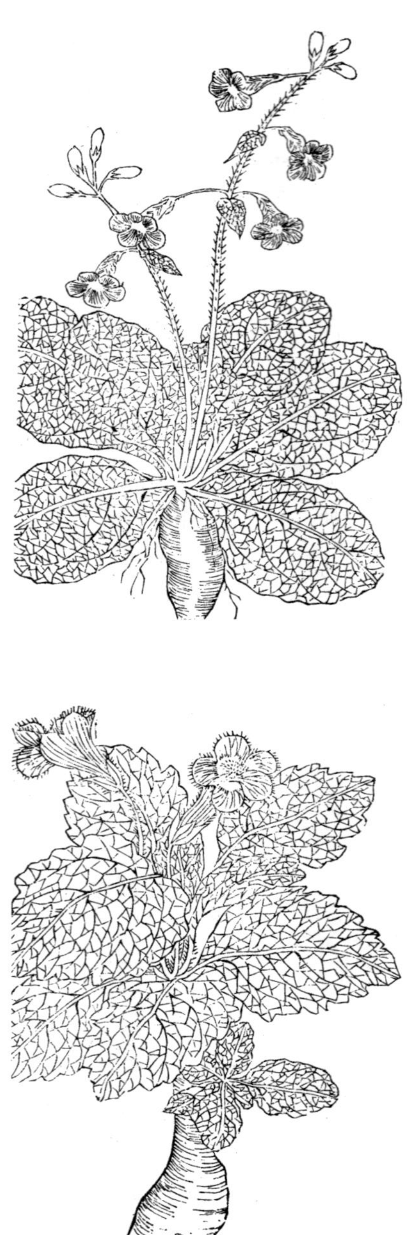

園，〔四〕階前池上皆地黄苗，小兒摘花食之，詫曰「蜜罐」。輒擬買一弓地，尋能植地黄者移而沃之，以爲服餌，屬藝花之農，空一二區，以種此爲業。既得善價，而浩穰中時癘將作，〔五〕得鮮地黄以除寒熱、温斑，其視大黄之峻利苦寒、一誤而不可救，當何如也？

〔一〕見《儀禮・公食大夫禮》。

〔二〕即收購囤積之藥賈。唐柳宗元有《宋清傳》云：「宋清，長安西部藥市人也。居善藥，有自山澤來者，必歸宋清氏，清優主之。」

〔三〕藥賈中善經營者則超過了洛陽。

〔四〕澄懷園：在圓明園綺春園墻外，爲入值南書房及上書房的詞臣寓所。

〔五〕浩穰：京師人衆甚多狀。

麥門冬

麥門冬，《本經》上品。處處有之，蜀中種以爲業。《本草拾遺》云「大小三四種」，今所用有大小二種，其餘似麥冬者尚有數種。醫書不具其狀，皆入「草藥」。

雩婁農曰：吾觀蘇長公《聞米元章冒熱到東園送麥門冬飲子》，〔一〕而知古人篤友朋之誼，

而善藥不離手也。清風萬錢，北窗買眠，以己畏熱之心而推人觸熱之苦，手煎飲子，既無未達不嘗之嫌，〔二〕而諷其無故奔馳，情寓於詞，可謂愛人以德矣。《潛夫論》曰：「治世不得真賢，譬如治病不得良醫。當得麥門冬，反得蒸穬麥，合而服之，疾以浸劇，乃反謂方不誠而藥皆無益於病，因棄後藥而弗敢飲。」夫麥門冬非難識之物也，求而得之，一舉手、一投足之勞也。欺以穬麥，不惜生死而試之，何其艱於用心而易於縻軀也？〔三〕滇有小園，護階除者皆麥門冬也。詢之守園者，茫然莫知。然則有疾而求麥門冬，必至欺以穬麥而後已。

〔一〕蘇長公即蘇軾，蘇氏兄弟同朝爲官，故稱。飲子，即飲料。原詩爲：「一枕清風直萬錢，無人肯買北窗眠。開心煖胃門冬飲，知是東坡手自煎。」

〔二〕《論語·鄉黨》：「康子饋藥，拜而受之。曰：『丘未達，不敢嘗。』」

〔三〕艱於用心：不肯動腦筋。

藍

藍，《本經》上品。李時珍分别五種，極確晰，爲澱則一，〔一〕而花葉全别。今俗所種多是蓼藍、菘藍，馬藍即「板藍」，其吴地種之木藍，俗謂之「槐葉藍」，亦間種之，《漢官儀》「蓼園供染緑紋綬，小藍白蓼」，《群芳譜》「小藍莖赤，葉緑而小，秋月煮熟染衣，止用小藍」是也。大藍，《爾雅》「葴，馬藍」，注：「今大葉冬藍。」則馬藍之爲大藍宜矣。《救荒本草》：「大藍，葉類

白菜。」則菘藍亦可名大藍。《本草衍義》：「藍實即大藍實，謂之『蓼藍』非是。」《爾雅》所説，則蓼藍亦得爲大藍矣。《宋圖經》：「馬藍謂即菘藍。」惟李時珍以葉如苦蕒爲馬藍。《圖經》明云福州又有一種馬藍，葉似苦蕒，恐非《爾雅》之冬藍也。《月令》：「仲夏之月，令民毋艾藍以染。」〔二〕説者皆以爲傷生氣，《爾雅翼》諄諄言之。按季夏之月，「婦官染采，黑、黄、蒼、赤，無敢詐僞」。〔三〕三代改易服色，嚴於所尚，故染人列於天官，〔四〕誠重之也。仲夏當獻絲供服之時，用藍尤亟，禁民染青，豈得爲便？崔寔《四民月令》亦云：「五月可刈藍。」藍至五月，適可供染。聖人慮民之盡刈，取給目前而不俟大利也，故令之使毋芟刈而已，非禁其染也。《夏小正》：

「五月啓灌藍蓼。」藍之叢生者，啓之則易滋茂，而啓之有餘科，足以染矣。如種菜然，拔其密者以供食，季夏藍益盛，可供婦官。《齊民要術》七月作坑刈藍，則《豳風》「鳴鵙」、「載黄」、「我朱」矣。〔五〕藍之灌當別移，可采取，不可刈。《詩》云：「終朝采藍，不盈一襜。五日爲期，六日不詹。」〔六〕《箋》：「五日，五月之日也，期至五月而歸。」此亦五月采藍之證。一襜一匊，〔七〕其非捆載而歸明矣。藍至五月可染，至七月則成，用普而利大。聖人授時先後皆有禁，蓋深燭後世爭先貴早之弊，夭物之生，減物之利，故樹木以時伐焉，禽獸以時殺焉，一物不遂其生成，即拂造物長養之德。「五月糶新絲，六月糶新穀」，窮民急於有獲，剜肉補瘡，不暇計利。〔八〕使絲成而俟織，穀成而俟舂，其利豈止倍蓰哉！求利而急，民將青苗而糶，官將青苗而租，豈復有上農之糞、一鍾之收哉？〔九〕其後時者，禽饗草宅，惰農自甘，〔一〇〕里布屋粟，罰宜同之。〔一一〕李時珍又謂：「蓼藍可三刈，故禁之。」夫再蠶有禁，掌於馬質，不掌於典絲。〔一二〕馬、蠶同物，故蠶神曰「馬頭」。〔一三〕原蠶則害馬，〔一四〕故禁之。若藍之三刈，有益於民，而何損於物？葵之屢摘，韭之屢翦，麻之屢割，稻且有再熟、三熟者，聖人烏能禁之？趙邠卿經陳留，〔一五〕見人以種藍染紺爲業，慨其遺本。民間逐利，不顧饑饉，其患匪細。近時江西廣、饒不可耕之山皆種藍，而黔中苗峒焚萊作澱，遠販江漢，負戴者頂趾接於蠶叢，〔一六〕裝載者艫艤銜於灘渦，〔一七〕蓋皆澗溪犖确之毛也。志謂利二倍於穀而費人力，故不全植。噫！盡黔壤而爲藍塢，〔一八〕民將安所得食？許渾詩「藍塢寒先燒」，藍喜暖。《黔志》亦云：「刀耕火耨，寒則不生。」上海縣五月黄梅時刈，凡五六刈。

雩婁農曰：余見憔悴之民，春無所得食，挼麥穗并其麩與汁而炙食之，〔一九〕比熟，所獲者無幾矣。三代之時，户有蓋藏，故令之而行，禁之而止。否則苟有可獲，將糴之以蘇喘息，豈能拭淚忍飢而聽命哉？《詩》云：「握粟出卜，自何能穀！」〔二〇〕

〔一〕澱：即「靛」，靛青色顏料。

〔二〕艾：通「刈」。

〔三〕見《禮記・月令》。

〔四〕《周禮・天官冢宰》：「染人掌染絲帛。」

〔五〕《豳風・七月》：「七月鳴鵙，八月載績。載玄載黄，我朱孔陽，爲公子裳。」

〔六〕見《小雅・采緑》。

〔七〕《小雅・采緑》又云：「終朝采緑，不盈一匊。」襜：圍裙。匊：手捧。

〔八〕聶夷中《詠田家》詩云：「二月賣新絲，五月糶秋穀。醫得眼下瘡，剜卻心頭肉。」

〔九〕糞：爲田施肥。上農：家境上等的農夫。上農之糞即爲田地的收成而施以充足的肥料。鍾：八斛爲一鍾。畝産一鍾爲上好收成。

〔一〇〕《逸周書・大開武解》：「若農之服田，務耕而不耨，維草其宅之；既秋而不獲，維禽其饗之。人而獲饑，去誰哀之？」按：上引「去」疑當作「云」。

〔一一〕《周禮·地官司徒》："凡宅不毛者有里布，凡田不耕者出屋粟，凡民無職事者出夫家之征。"

〔一二〕《周禮·夏官司馬》："馬質掌質馬……禁原蠶者。"

〔一三〕唐《乘異集》載，蜀中寺觀多塑女人披馬皮，謂之馬頭娘，以祈蠶。

〔一四〕原：再也。再蠶者爲傷馬。

〔一五〕東漢趙岐，字邠卿，爲官廉直疾惡。曾爲《孟子章句》，傳於今。

〔一六〕蠶叢爲古蜀帝，此指蜀地。

〔一七〕急灘漩渦，爲江行極險處。

〔一八〕藍塢：種藍之園圃。

〔一九〕麧：麥皮。汁：麥未熟時僅有汁。

〔二〇〕"自"，原本誤作"其"，據《詩·小雅·小宛》改。

天名精

天名精，《本經》上品。《異苑》載劉𢖍活鹿事，故有"活鹿草"、"劉𢖍草"諸名。〔一〕《爾雅》"蘧麥"注："麥句薑。"《本草拾遺》非之。又"列薽，豕首"注："《本草》曰彘顱。"陶隱

居以爲即「豨薟」。《夢溪筆談》以鶴蝨、地菘皆天名精。而《蜀本草》云「地菘抽條如薄荷」，與《宋圖經》鶴蝨小異。今天名精形狀俱如《宋圖經》所述。

雩婁農曰：天名精，子極臭而剌人衣，南方冬不落盡而新荄生矣，〔二〕園丁惡之。諸家皆云子名「鶴蝨」。湘中土醫有用鶴蝨者，余取視之，乃野胡蘿蔔子，蓋其花白如鶴羽而子如蝨，故有是名。天名精子名此，則所未解。《救荒本草》僅以野胡蘿蔔根可救饑，而湘南以入藥裹，然則即以「鶴蝨」名之亦宜。

〔一〕宋劉敬叔《異苑》曰：宋元嘉初，劉儘射一麞，剖五臟，以草塞之，蹶然起走。儘怪而拔所塞草，便復還倒。如此三度。儘密録此草種之，治傷痍多愈。

〔二〕荄：草根。

豨薟

豨（xī）薟（xiān），陶隱居釋天名精，以爲即豨薟。《唐本草》始著録。成訥、張詠皆有《進豨薟表》。〔一〕《救荒本草》謂之「粘糊菜」，葉可煠食。李時珍辨別二種極細，今取以對

校，良是。蓋一類二種，皆長於去濕。今俗醫亦不甚别，故陶隱居合爲一也。

雩婁農曰：李時珍以豨薟、天名精互校，可謂詳矣。但二物形狀都不甚類。豨薟花時，莖跗有膩黏人手，故有「猪膏母」之名，《救荒本草》謂之「粘糊菜」，亦以此；氣亦不如天名精之臭。「金棱銀線，素根紫荄」，〔二〕極力形繪。山谷有《一夕風雨，花藥都盡，惟有豨薟一叢濯濯得意，戲題》，殆種之以備煮藥掘根也。成、張二表，此藥始著，然宋以來言服食者不多及之，豈信者尠歟？

〔一〕唐成訥《進豨薟丸方表》、宋張詠《進豨薟丸表》，俱載《廣群芳譜》。

〔二〕此二句爲張詠《進豨薟丸表》中語。

牛膝

牛膝，《本經》上品。處處有之，以産懷慶、四川者入湯劑，餘皆謂之「杜牛膝」。《救荒本

草》謂之「山莧菜」，苗葉可煠食。有紅、白二種，擣汁和鹽，治喉蛾，嚼爛罨竹木刺，俱神效。江西俚醫有用以打胎者，孕婦立斃，其下行猛峻如此。《廣西通志》謂之「接骨草」，治跌傷有速效云。

茵陳蒿

茵陳蒿，《本經》上品。《宋圖經》列叙數種，訖無定論。今以《蜀本草注》「葉似青蒿而背白，中州俗呼茵陳」者當之。江南所用或「石香菜」，或「大葉薄荷」，皆非蒿類。

雩婁農曰：因陳，昔醫皆謂因陳根而生，故名。日南多暑，冬草不死，北地之蒿，凍塗如滌，其陳根不拔者唯此耳。循名責實，何庸聚訟？杜詩「茵陳春藕香」，吾鄉亦摘其嫩芽食之。諺曰「四月茵陳五月蒿」，言至五月則老不中噉。《爾雅》：「蘩之醜，〔一〕秋爲蒿。」此草春爲茵陳，盛夏則蒿矣。其功著於去濕，而醫者無的識，「河魚腹疾，奈何」？〔二〕夫百草以蒿類最繁，而爲用亦衆，嘗之爲藥，茹之爲蔬，其臭也焚以爲薰，其明也燎以爲燭。蓋天之生物，必隨處而各足；聖人制物，必盡材而無遺。居陸者取給於陸，居澤者取給於澤，居山者取給於山。民生不見難得之貨，俯仰有資，不待他求，故民氣樸僿，重地著而賤遷移。其懋遷者不過山人足魚、水人足木而已，〔三〕雖有大賈駔儈，不敢以奇異剥民衣食之資。先王重本抑末，其制如此，非待重租税以困之也。後世貴野鶩而賤家雞，〔四〕凡日用之具，來愈遠則愈貴，乳酪之俗而嗜越醖，氈毳之鄉而服吴綿，其桑麻魚稻之區則又反之。一閧之市，必備南北之珍；萬家之邑，必具蕃舶之貨。商賈僦五致一，〔五〕而取贏十倍。由此觀之，民安得不靡，而户安得不貧哉？夫取蕭祭脂，〔六〕非不爲誠也，今則旃檀、沈速矣；〔七〕束緼請火，〔八〕非不爲明也，今則川蠟、胡麻矣。所有者視如糞土，所無者視如金玉，何其輕重倒置耶？雖然，《管子》之言輕重也，官山府海，〔九〕重其國之所輕，以輕隣國之所重，其富强亦一時計耳。厥後山之林木，衡鹿守之；藪之薪蒸，虞候守之；澤之萑蒲，舟鮫守之；海之鹽蜃，祈望守之。〔一〇〕擅百姓之利以爲利，而民利失；又縻其國之所利，以易隣國之利，而其國之利亦失。一輕一重，衡適爲動；一重一輕，衡適爲平。聖人以耕稼治天下，霸者以商賈治其國，孟子尊王賤霸，其以此歟？

〔一〕「醜」，原本誤作「魄」，據《爾雅·釋草》改。

〔二〕語見《左傳》宣公十二年。叔展曰：「有麥麴乎？」曰：「無。」「有山鞠窮乎？」曰：「無。」「河魚腹疾，奈何？」麥麴、山鞠窮皆禦濕之藥，叔展之意，既無禦濕之藥，如似河中之魚，久在內則生腹疾，無此二物，其奈濕何？

〔三〕《韓詩外傳》卷三：「聖人刳木爲舟，剡木爲檝，以通四方之物，使澤人足乎木，山人足乎魚。」

〔四〕見卷六「高河菜」注〔四〕。

〔五〕僦：賃也。僦五致一：謂賒賃五石而僅致一石之本金。

〔六〕見《詩·大雅·生民》。蕭荻即荻蒿，可作燭，有香氣，故祭祀以脂爇之爲香。

〔七〕沈速即沈水香，或稱沈香。

〔八〕束縕：以亂麻成束。

〔九〕由官府控制山海之利，徵收魚鹽之稅。

〔一〇〕以上見《左傳》昭二十年，晏子對齊景公語。

茺蔚

茺（chōng）蔚，《本經》上品。《詩經》「中谷有蓷」，陸《疏》：「益母也。」〔一〕有白花紅花，李時珍考辨甚晰。今南方濕地春時生一種野脂麻，其葉與紅花益母「葉如艾葉、有杈歧」者不類，俗名謂之「白益母草」，殆即《爾雅注》所謂「葉如荏，白華，華生節間」、《本草拾遺》

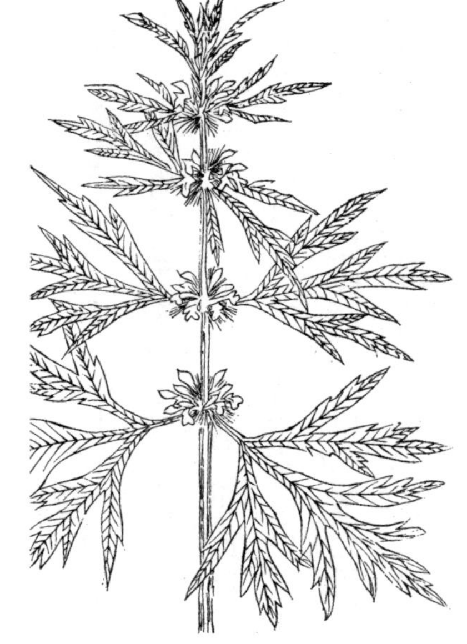

「蘬菜生陰地，似益母」者耶？

雩婁農曰：益母草，鄉人皆識之，而諸書乃多異同。紫花、白花，陸生、澤生，夏枯、夏花，彼此是非，各執其説。按「中谷有蓷」，舊説以爲「菴䕡」。陸元恪宗劉歆説，以爲「茺蔚」，郭注《爾雅》主之。但「萑蓷」注云「白華」，注「蓷，牛蘈」云「華紫縹色」，〔二〕李時珍即以此爲益母紫花者，不知《詩》「言采其蓫」，鄭注以爲即「牛蘈」，陸《疏》以爲「羊蹏」，殊無茺蔚之説。然則以白華爲益母者，其來久矣。紫花者爲野天麻，固非有本之言，而《返魂丹》以紫花爲益母，其方實出近世。余至滇南，時已歲暮，滿圃星星，則白花益母也，土人皆呼爲「夏枯草」。其別一種夏枯草則曰「麥穗夏枯」。然白花益母高僅尺餘，莖葉俱瘦，至夏果枯；其紫花者高大葉肥，湘中夏花，滇南則冬亦不枯。二物形狀雖近，然枯榮肥瘠迥不相同。前人各執其説，未可全非。《本草》以爲「生池澤」，毛《傳》云「陸草，生谷中」。余所見陸、澤皆饒，未可執《本草》以駁毛《傳》。此草雖生池澤，然不生於水，「傷水」之説，乃格物之至者也。故知「鬱臭」、「夏枯」諸名，洵非誤載。近時「益母膏」以京師天壇爲著，其神妙活人，蓋時有之。而羊城之「益母丸」，救危婦而肉白骨者，功亦大矣。北方生者紫花尤壯，亦有横枝。《救荒本草》「葉似荏，又似艾葉而薄小，開小白花」，乃舊説之益母也。藥物興廢，莫測由來。今日而執白花之夏枯者，以爲婦人胎産良劑，是幾訾醫師以昌陽引年而進豨苓矣。〔三〕事有從俗，不可泥古，故曰「禮，

時爲大」。〔四〕

〔一〕陸璣《詩疏》：「《韓詩》及《三蒼》、《説苑》云：萑，益母也。……故劉歆曰：萑，臭穢，即茺蔚也。」

〔二〕以上皆《爾雅》郭注。

〔三〕「陽」，原本誤作「羊」，據韓愈《進學解》改。韓愈《進學解》：「忘己量之所稱，指前人之瑕疵，是所謂詰匠氏之不以杙爲楹，而訾醫師以昌陽引年，欲進其豨苓也。」大意謂：指責醫生用昌蒲這種補益延年之良藥，却進用豨苓這種無養生之用的利瀉之藥。

〔四〕《禮記·禮器》：「禮，時爲大，順次之，體次之，宜次之，稱次之。」

蒺藜

蒺藜，《本經》上品。《爾雅》：「茨，蒺藜。」有刺蒺藜、沙苑蒺藜，形狀既殊，主治亦異。北方至多，車轍中皆有之。陶隱居云：「長安最饒，人行多著木履。」《晉書》：「蜀諸將燒營遁走，出兵追之，關中多蒺藜，軍士著軟材平底木屐前行，蒺藜悉著屐，然後馬步得進。」〔一〕則此物盛於西北。今南方間有之，亦不甚茂。近時

《臨證指南》一書用以開鬱，凡脅上乳間橫悶滯氣、痛脹難忍者，炒香入氣藥，服之極效。余屢試之，兼以治人，皆愈。蓋其氣香，可以通鬱，而體有刺橫生，故能橫行排盪，非他藥直達不留者可比。

〔一〕見《宣帝紀》，司馬懿事。時諸葛亮死於軍中，蜀軍潛遁。懿追至赤岸，方知諸葛已死。

車前

車前，《本經》上品。《爾雅》：「芣苢，馬舄。馬舄，車前。」釋《詩》者或以爲去惡疾，或以爲宜子，皆傳聞師說，未可非也。《逸周書》作「桴苢」，《韓詩》謂是木，似李可食，其說本此。古今草木同名異物、同物異名，何可悉數。郭注《爾雅》多存舊說，是可師矣。《救荒本草》謂之「車輪菜」。

雩婁農曰：《爾雅》：「芣苢，馬舄。馬舄，車前。」車前非難識者，《韓詩》説乃以爲「澤舄」，何耶？蓋漢承秦絶學之後，書缺有間，學者力守師說，口耳相承，雖有他解，不敢輒易，謹之至也。王安石出己意爲新學，不能通，輒即易一説以解之，而獨於新法以爲終不可廢，其視治國乃不如治經。

車前之名，三尺童子知之。滇南謂之「蝦蟆葉」，即「蝦蟆衣」之轉音也。絶域方言，其名猶古。

决明

决明，《本經》上品。《爾雅》「薢茩，芵光」，注：「芵明也。」有茳芏、馬蹄二種。茳芏决明，《救荒本草》謂之「山扁豆角」，豆可食；馬蹄决明，《救荒本草》謂之「望江南」，葉可食。今京師花圃猶呼爲「望江南」，栽蒔盆中也。杜老《秋雨嘆》一詩，而决明入詩筒矣。〔一〕東坡云「蜀人但食其花，潁州并食其葉」，山谷亦云「縹葉資芼羹」，則當列《蔬譜》。而北地少茶，多摘以爲飲。《山居録》謂久食無不中風者，李時珍以爲不可信。余謂農皇定穀蔬品，〔二〕皆取人可常食者，華實之毛，充腹者多矣，久則爲患，故不植也。决明味苦寒，調以五味，尚可相劑，若以泡茶，則祛風者即能引風，觀其同水銀、輕粉能治癬瘡蔓延，則其力亦勁。《廣雅》謂之「羊躑躅」，恐有脱簡，不應有此誤也。

〔一〕詩中有句云：「雨中百草秋爛死，階下决明顔色鮮。」

〔二〕農皇：神農。此指《神農本草經》中果菜、米穀之品第。

地膚

地膚，《本經》上品。《爾雅》「葥，王蔧」，注：「王帚也。江東呼之曰『落帚』。」今河南、北通呼「掃帚菜」。《救荒本草》謂之「獨帚」，可爲恒蔬，莖老則以爲掃帚。

地膚

續斷

續斷

續斷，《本經》上品。詳《唐本草注》及《宋圖經》。今所用皆川中産。范汪以爲即大薊根，恐誤。但大薊亦無「馬薊」之名，或別一種。諸説既異，圖列兩種又無「蔓生似苧、兩葉相當」者。此藥習用，並非珍品，不識前人何以未能的識。川中所産，往往與《本草》剌戾。今滇中生一種續斷，極似芥菜，亦多刺，與大薊微類，梢端夏出一苞，黑刺如毬，大如千日紅花苞，開花白，宛如葱花，莖勁，經冬不折，土醫習用。滇、蜀密邇，疑川中販者即此種，繪之備考。原圖俱別存。大薊既習見有圖，原圖亦不甚肖大薊也。

景天

景天，《本經》上品。《宋圖經》叙述極詳。今俗呼「火餤草」。京師謂之「八寶」，亦名「佛指甲」，盆盛養於屋上。南方秋深始開花。李時珍以《救荒本草》佛指甲爲景天。今景天花淡紅，繁碎，亦無白汁，非一種也。

雩婁農曰：景天名甚麗，如蘇頌言即「八寶草」，南北種於屋上以辟火，此不待訪詢而知也。李時珍乃謂莖有汁，開小白花，並云葉可煠食，抑異矣。廣州慎火，大三四圍，傳聞過甚耳。〔一〕近時嶺南皆種仙人掌、金剛纂，以阻踰折，〔二〕兼辟火，亦有甚巨者。疑「慎火」之名，不止一草。有星孛於大辰，西及漢，識者以爲有火災，而請瓘、〔三〕斝、玉瓚，子産以爲「天道遠，人道邇」。〔四〕厭勝之術，古有之矣。南中多火，皆「天道」耶？抑「人道」耶？火政不修，恃區區之小草與鴟尾爭逐畢方，王梅溪詩：「禁殿安鴟尾，騷人逐畢

方。」〔五〕豈能勝於斝、瓚乎？珠足以禦火災則寶之，火炎崑岡，將奈何？唯善以爲寶，如宋、鄭之卿可矣。〔六〕

〔一〕景天一名「慎火草」。陶隱居云：廣州州城外有一樹，云大三四圍，呼爲「慎火木」。

〔二〕踰籬而折枝。

〔三〕「瓘」，原本誤作「灌」，據《左傳》昭公十七年改。

〔四〕事見《左傳》昭公十七年、十八年。「識者」謂申須、梓慎、裨竈等人。裨竈，鄭人，言於子産曰：「宋、衛、陳、鄭將同日火，若我用瓘、斝、玉瓚，鄭必不火。」三物皆祭祀之器，欲以禳火。

〔五〕鴟尾：即蚩吻，傳説爲海中之獸。漢武帝時，柏梁臺災，越巫上厭勝之法，乃大起建章宫，設鴟尾之像於殿脊，以厭火災。畢方：《山海經》中之怪鳥，其鳴自叫，見則其邑有怪火。

〔六〕鄭之卿指子産。宋之卿指子罕。《左傳》襄公十五年：「宋人或得玉，獻諸子罕。子罕弗受。獻玉者曰：『以示玉人，玉人以爲寶也，故敢獻之。』子罕曰：『我以不貪爲寶。』」

漏蘆

漏蘆，《本經》上品。《宋圖經》有數種，今從《救荒本草》。

飛廉

飛廉，《本經》上品。《夢溪筆談》以爲方家所用「漏蘆」即飛廉。《本草綱目》以《圖經》漏蘆花萼下及根旁有白茸爲飛廉，二物蓋一種云。

雩婁農曰：今醫家罕用飛廉者，不能的識，《宋圖經》已云然。然則後之醫者，並其名而不知，宜矣。余至滇，見土人習用治寒、熱、毒瘡，以「臭靈丹」爲要藥，園圃中多有之，就而審視，乃飛廉也。陶隱居云：「極似苦芙，多刻缺，葉下附莖，輕有皮起似箭羽，其花紫色。」《蜀本草》：「葉似苦芙，莖似軟羽，花紫，子毛白，所在皆有。」今滇中所產，獨莖高三四尺，葉似商陸輩，粗糙多齒，齒長如針，莖旁生羽，宛如古方鼎棱角所鑄翅羽形。飛廉獸有羽善走，〔一〕鑄鼎多肖其形，此草有輭羽刻缺，齟齬似飛廉，故名。梢端葉際開花，正如小薊，色深紫而柔，刺不甚放展。按之陶、韓諸說，無不畢肖。即《圖經》謂「秦州漏蘆花，似單葉寒菊，紫色，五七枝同一榦」，亦彷彿似之。其蘇恭云生山岡者，葉相似而無缺，多毛，莖赤無羽，自又一種。若《圖經》「海州漏蘆，如單葉蓮花，紫碧色」，殆即《救荒本草》所圖「漏蘆」。《滇本草》雖別名「臭靈丹」，

而主治與《本草别録》同而加詳。又别出漏蘆一物，大理、昆明皆産，主治與《本草》亦相表裏，而形狀與《圖經》各種微異，亦别圖之。余既喜見諸醫所未見，又以此草本生河内，〔二〕乃中原棄而不用，邊陲種人藉手祛患物，〔三〕固有屈於彼而伸於此者，與士之知己不知己何異？特著其本名，而附《滇本草》於注，以資採訂。他時持以還吾里，按圖索之，必有得焉。嗚呼！嘗草之功，聖愚同性，夫婦所知，聖人有所不知，道大無遺，無謂言小。

〔一〕飛廉：或作「蜚廉」。《淮南子·俶真訓》：「騎蜚廉而從敦圄。」高誘注：「蜚廉，獸名，長毛有翼。」

〔二〕沿用漢河内郡之名，指今河南省北部焦作市所屬諸地。

〔三〕種人：指少數民族。

石龍芻

石龍芻，《本經》上品。今龍鬚草。湖南、廣西植之田中，織席上供。〔一〕《山海經》曰「龍蓨」。《别録》「龍常草」，有名未用。李時珍以爲即鼠莞似龍鬚之小者，俗呼「粽心草」云。

雩婁農曰：龍鬚草，生永州，〔二〕或云廣西

富川尤佳。其草長而無節，清而不寒，故爲任土之貢。亶臣歲命席人審尚方制度作之，〔三〕不過六領。物既少而直亦輕，非唯百姓無擾，即牧令亦無所預，豈比弘農《得寶》之歌，〔四〕樂天《賣炭》之什，〔五〕耗國儲而匱民力哉！竊疑《禹貢》「厥篚」「厥貢」，〔六〕多郊祀武備之用，曰「浮」曰「逾」，〔七〕計其水陸至詳至賅，獨於鉛、松、恠石僅爲器飾，〔八〕以登天府，致爲後世石花所籍口。〔九〕豈聖人獨不料其厲民哉？夫處黄屋，〔一〇〕作髹器，〔一一〕爲神農、黄帝之言者猶或非之。〔一二〕若湯之獻令，〔一三〕周之爻閭，〔一四〕王會貢圖，垂耀奕禩。〔一五〕召康公乃作《旅獒》之誡，〔一六〕蓋已默燭白狼白鹿、觀兵生玩、荒服不至之漸，〔一七〕故曰「不寶遠物則遠人格」，其言深切著明矣。然聖人不盡斥貢珍、却地圖，何也？天生一物，必畀一物之用。用其材而不時，與知其材而不用，皆曰「暴天物」。〔一八〕《考工記》曰：「智者創物，巧者述之。」百工之事皆聖人所作，是以攻木、攻金、攻皮、設色、刮摩、摶埴，無不曲盡其功致而別其良苦，〔一九〕如是則天下無棄物，無棄物則無棄財。聖人盡物之性，即以足財之源，非不知玉杯象箸日即於侈，〔二〇〕然以天下之大利即天下之大弊，其始也利勝於弊，其末也弊勝於利，利不遠則弊不深。蓋百工者，治世不竭之府，而亂世之大蠹也。聖人知後世必有以峻宇雕墻亡者，而不能不爲上棟下宇；知後世必有以甘酒嗜音亡者，而不能不爲醴酪笙簧，〔二一〕以爲後有聖君良相，必能推吾製作之精，黜奢崇儉，爲疾用舒，而縱欲者必貴異物，賤用物，故明著其禁曰：「無爲淫巧以蕩上心。」〔二二〕興其源而杜其流，法如是足矣。否則上有茅茨土階，〔二三〕而下有罔水行舟，〔二四〕聖人其如之何！

〔一〕上供：貢獻於朝廷。

〔二〕今湖南永州。

〔三〕席人：織席的工匠。尚方：管理製造宫廷用品的官屬。

〔四〕《舊唐書·韋堅傳》：天寶間，水陸轉運使韋堅取船三二百隻置於廣運潭側，其船皆署牌表之。若廣陵郡船，即於栿背上堆積廣陵所出錦、鏡、銅器、海味；丹陽郡船，即京口綾衫段；南海郡船，即玳瑁、真珠、象牙、沉香；豫章郡船，即名瓷、酒器、茶釜、茶鐺、茶碗，凡數十郡。又使婦人唱《得寶歌》，言：「得寶弘農野，弘農得寶耶！潭裏船車鬧，揚州銅器多。三郎當殿坐，看唱《得寶歌》。」和者婦人一百人，皆鮮服靚妝，齊聲接影，鼓笛胡部以應之。餘船洽進，至樓下，連檣彌亙數里，觀者山積。京城百姓多不識驛馬船檣竿，人人駭視。

〔五〕白居易樂府《賣炭翁》：「黄衣使者白衫兒，手把文書口稱敕，迴車叱牛牽向北。一車炭重千餘斤，官使驅將惜不得。半疋紅紗一丈綾，繫向牛頭充炭直。」

〔六〕篚：篚筐，入貢之物盛於篚中。厥篚即其篚，意指筐中所貢之物。

〔七〕浮指走水運，逾指渡過河流。

〔八〕《尚書·禹貢》：青州貢畎絲、枲、鉛、松、怪石。

〔九〕石花：指宋徽宗時的花石綱。一石之費，民間至用三十萬緡，民力盡竭，府庫爲空，東南騷動，卒起方臘之變。

〔一〇〕殷湯寐寢黄屋以示儉。黄屋：古帝王所用黄繒車蓋，藉指帝王之車或帝王居室。

〔一一〕於木器上塗漆。

〔一二〕爲神農之言者，指先秦諸子中的農家，如《孟子·滕文公上》中之許行。爲黄帝之言者，指漢初的黄老之學。二家皆主張返樸歸真，以傳説中的上古之世爲楷模。

〔一三〕湯時諸侯來獻，湯欲因其地勢所有獻之，必易得而不貴，遂使伊尹爲四方獻令。見《逸周書·王會解》。

〔一四〕周室既定天下，八方會同，各以其職來獻，於是「外臺之四隅張赤弈，爲諸侯欲息者皆息焉，命之曰爻閭」。見《逸周書·王會解》。

〔一五〕奕禩：世世代代。

〔一六〕周初，西戎遠國貢大犬，太保召公乃作《旅獒》，教訓周天子「人不易物，惟德其物。……玩人喪德，玩物喪志。……不作無益害有益，功乃成；不貴異物賤用物，民乃足。……不寶遠物則遠人格」云云。

〔一七〕《史記·周本紀》：周穆王征犬戎，得四白狼、四白鹿以歸。自是荒服者不至。

〔一八〕見《禮記·王制》。

〔一九〕功致：所造器物嚴整堅實。《禮記·月令》：「毋或作爲淫巧以蕩上心，必功致爲上。」

〔二〇〕《史記・宋微子世家》：紂始爲象箸，箕子歎曰：「彼爲象箸，必爲玉桮，爲桮則必思遠方珍怪之物而御之矣。輿馬宫室之漸，自此始。」

〔二一〕《尚書・五子之歌》：「訓有之：内作色荒，外作禽荒，甘酒嗜音，峻宇彫牆，有一于此，未或不亡。」

〔二二〕見《禮記・月令》。

〔二三〕傳説堯、舜之儉，其宫室采椽茅茨，土階三尺。

〔二四〕罔水行舟：無水而於陸地行舟。此即胡作非爲之意。《論語・憲問》有「奡蕩舟，不得其死」之句，解經者或以爲蕩舟即陸地推舟，而奡即堯子丹朱。

馬先蒿即角蒿。

馬先蒿，《本經》中品。陸璣《詩疏》：「蔚，牡蒿。三月始生，七月華，華似胡麻華而紫赤。八月爲角，角似小豆角，鋭而長。一名『馬新蒿』。」據此，則馬新蒿即角蒿。《唐本草》角蒿係重出。李時珍但以陸釋牡蒿爲非，而不知所述形狀即是角蒿，則亦未細審。今以馬先蒿爲正，而附角蒿諸説於後。

蠡實

蠡實，《本經》中品。《宋圖經》以爲即「馬藺」，北人呼爲「馬楝子」。又據《顔氏家訓》「『荔挺』，鄭注『馬薤也』」，[一]《説文》『荔似蒲而小，根可爲刷』」，其説甚核。余曾以葉實治喉痺，良驗。北地人今猶以其根爲刷，柔韌細潔，用久不敝。凡裹角黍、縛花接木，皆用其葉，亦便。

雩婁農曰：馬藺賤草，而《月令》記之，豈非以西北苦寒，冒土最先歟？三之日積雪欲消，[二]青青叢芽於輪蹄間者，非是物耶？其葉可繩，其實可藥，其根可刷。明吴寛詩「爲箒或爲拂，用之材亦良」，[三]根長者任之矣。又「高岸崩時合用栽」，[四]則此草乃堪護隄捍水耶？《詩》有之：「雖有絲麻，無棄菅蒯。」

[一]鄭玄注《禮記·月令》。

[二]三之日：三月之時日。

[三]詩題爲《記園中草木二十首》之《馬藺草》。

〔四〕詩題爲《詠吏部後園草木與屠公倡和》之《馬藺草》。

款冬花

款冬花，《本經》中品。《爾雅》「菟奚，顆涷」，注：「款冬也。」《圖經》列數種。《救荒本草》：「款冬，葉似葵而大，開黃花，嫩葉可食。」今江西、湖南亦有此草，俗呼「八角烏」，與《救荒本草》圖符，從之。

雩婁農曰：款冬無實而華于冬，傅咸賦序云：「冰凌盈谷，積雪被崖，顧見款冬，煒然始敷。」〔一〕《述征記》云：「洛水凝厲，款冬茂悦。」〔二〕余走炎鄉，久睽墳裂，〔三〕憶昔燕郊風饕雪饕，〔四〕曾未睹植堅冰爲膏壤，而吸霜雪以自豪者。〔五〕章江歲除，〔六〕始睹其蘤，〔七〕而詠物之作，輒以傲寒爲諛。郭景純云：「吹萬不同，陽煦陰蒸。物體所安，焉知渙凝？」〔八〕款冬擢穎，〔九〕信有徵矣。火丘之谷，有鼠與木；〔一〇〕雪山之淵，有蛆與蓮。〔一一〕陽以陰育，陰以陽全。陰極陽極，其氣則偏。偏而不返，所生乃反。曝之不殘，其性必寒；斂之不卷，其性必暖。暖者陽和，寒者陰賊。閉雪窖、留陰山而全節者，〔一二〕陽和之外溢也；視太陽、服硫磺而能敵

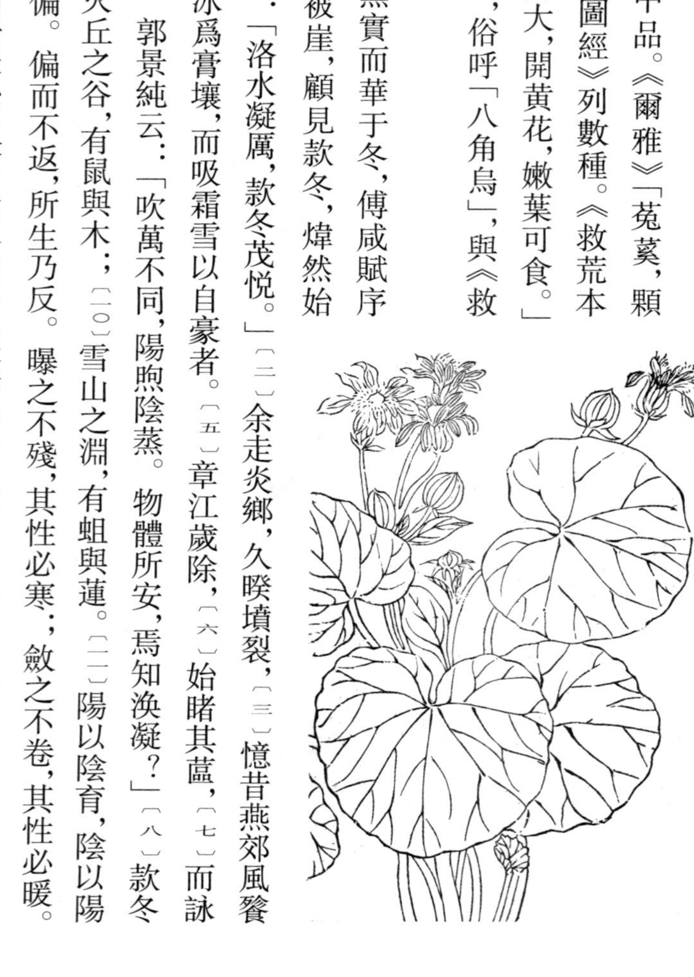

者，陰賊之内熾也。〔一三〕麗江小雪山有蛆焉，大者如兔，味如乳酥，多食鼻衄而口瘖。〔一四〕其奔子闌栗地坪有珠葠焉，實産雪疆，〔一五〕苦燥而强，純陰之地，所誕乃陽。永昌南直緬甸，黑壤如灰，得火而煤，是有「火把花」，毒於蝪虺，束而燎之，其蘖不煨。又有「相思草」焉，是能爲祟，遇婦則低，饋夫則制。〔一六〕陰勝於陽，故居陽地。無陰不生，所生乃陰；無陽不化，所化乃陽。宜化而化，宜生而生，道之至中；不生而生，不化而化，道之至大。物不窮極，不見道大；極而不極，復見道中。萬物迴薄，振蕩相轉，忽然爲人，何足控摶？百卉囷蠢，烏知其然？順四時而各有宜，毋輒惑其所偏。

〔一〕晉傅咸《款冬花賦》。

〔二〕《述征記》，晉郭緣生撰。

〔三〕久暌：久離。墳裂：指北方墳裂的凍土。

〔四〕此指風雪狂暴。

〔五〕此指耐寒傲雪之植物。

〔六〕章江即贛江，吴其濬於道光二十五年任福建巡撫。歲除：年終之時。

〔七〕藴：茂盛。

〔八〕見郭璞《款冬贊》。吹萬：風吹萬物。涣凝：因温度而融解或凝固。

〔九〕「擢穎」，原作「耀穎」，按郭璞《款冬贊》有「款冬擢穎」語，據改。

〔一〇〕《十洲記》：炎洲火林山有火鼠，織其毛爲布。《南史·夷貊傳》載扶南東大漲海中有洲，洲上樹生火中，爲火布。

〔一一〕宋陸游《老學庵筆記》卷六載蜀茂州雪山生雪蛆。明謝肇淛《滇略》卷三則言雪蛆産自雲南麗江之雪山。

〔一二〕指蘇武。匈奴單于欲降之，乃幽武置大窖中，又徙武北海上。

〔一三〕宋蔡京目視太陽久之而不瞬。

〔一四〕鼻流血而口舌乾燥。

〔一五〕「疆」，原本誤作「彊」。

〔一六〕將草送給丈夫，則可制伏之。

蜀羊泉

蜀羊泉，《本經》中品。《救荒本草》謂之「青杞」，葉可煠食。今從之。

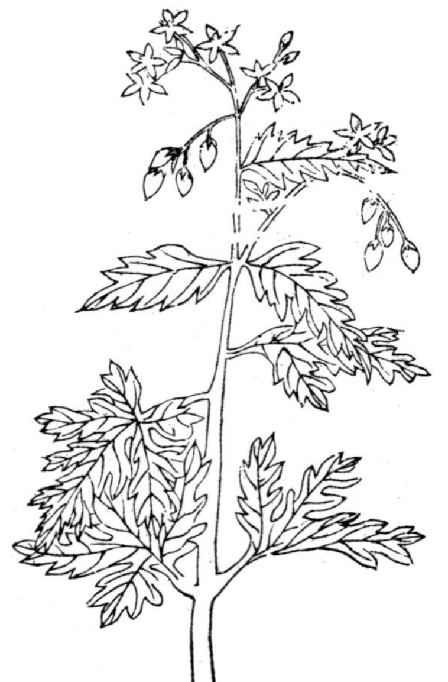

敗醬

敗醬，《本經》中品。李時珍以爲即苦菜，今江西所謂「野苦菜」也。秋開花如芹菜、蛇床子花。

酸漿

酸漿，《本經》中品。《爾雅》「葴，寒漿」，注：「今之酸漿草。」《夢溪筆談》以爲即「苦蘵」，今之「燈籠草」也。北地謂之「紅姑孃」。《救荒本草》謂之「姑孃菜」。葉、子可食。此草有「王母珠」、「皮弁草」諸名，皆象其實。元内庭亦植之。《夢溪筆談》：「河西番界中有盈丈者。」

《庚辛玉册》云：「川陜燈籠草最大，葉似龍葵，嫩時可食。滇産高不及丈而葉肥緑，有圭棱，異於北地，俗呼『九古牛』。」亦「紅姑娘」之訛也。又有一種微矮小，即「苦耽」。其根横長蔓延，數十莖叢茁，花如琖而五角，色白，與《蜀本草》「王不留行」同。但彼經秋子緑不紅，以此爲别。

雩婁農曰：《元故宫記》云：「椶殿前有紅姑娘草，絳囊朱實，頗形詠歎。」〔一〕不知此田塍間物耳，偶然得地，遂與玉樹琪花俱稱懸圃靈卉，抑何幸耶？〔二〕燕趙彼姝，披其橐鄂，〔三〕以簪於髻，渥丹的的，儼然與火齊、木難比麗。〔四〕元迺賢詩：「忽見一枝常十八，摘來插在帽簷前。」〔五〕氊廬板屋，細馬明駝，固非翠羽明璫所宜，况乃檀槽牙撥，鵾弦霜勁，歌轉玉圓，髩嬌珠顫，得不翩翩其若仙耶？是知厠楛釵於南威，〔六〕不損其明艷；飾步摇於宿瘤，〔七〕益增其支離。〔八〕苞茅納匭，百神可以來翔；〔九〕蘭茝漸滫，君子爲之不佩。〔一〇〕物無常貴，士無常賤，會逢其時，取舍乃判。

〔一〕見明徐一夔撰《元故宫記》。「椶殿」作「棕毛殿」，是。殿在大都。

〔二〕《淮南子·墬形訓》言崑崙山上有懸圃，是爲天帝所居之園。

〔三〕橐鄂：梧桐結角莢，老裂開如箕，謂之橐鄂。

〔四〕火齊、木難，此處皆指寶珠。

〔五〕《救荒本草》以爲毛連菜又名「常十八」。

〔六〕梏釵：簡陋的木釵。南威：春秋時晉國美女名。

〔七〕步摇：古代婦女的首飾，黄金製就，垂以珍珠，行步則摇。宿瘤：戰國時醜女。劉向《列女傳》：「宿瘤女者，齊東郭採桑之女，閔王之后也。項有大瘤，故號曰宿瘤。」

〔八〕支離：殘缺。

〔九〕《書・禹貢》：「包匭菁茅。」匭：匣也。古代祭祀時以苞茅縮酒，百神皆來享之。

〔一〇〕漸：爲水所漬。滫：污臭之水。《荀子・勸學篇》：「蘭槐之根是爲芷，其漸之滫，君子不近，庶人不服，其質非不美也，所漸者然也。」

葈耳

葈（xǐ）耳，《本經》中品。《詩經》「卷耳」，陸《疏》：「一名苓耳，一名葈耳。」今通呼爲「蒼耳」。《救荒本草》：「子可爲麪作餅，熬油，葉可煠食。」王逸注《離騷》，以葹爲葈耳。〔一〕《酒經》謂之「道人頭」，以爲麯蘗。北地今尚熬子爲油，氣清色緑，點燈宜目。

〔一〕《離騷》：「薋菉葹以盈室兮。」

麻黄

麻黄，《本經》中品。肺經專藥。根節能止汗。有一醫至蒙古氈廬，見有病寒者，煎麻黄一握，服之即愈。蓋連根、節並用也。醫家去其根、節，以數分與服，幾委頓不起。今江西南安亦有之，土人皆以爲「木賊」，與麻黄同形同性，故亦能發汗解肌。俚醫用木賊皆不去節，故誤用麻黄亦不至亡陽耳。〔一〕

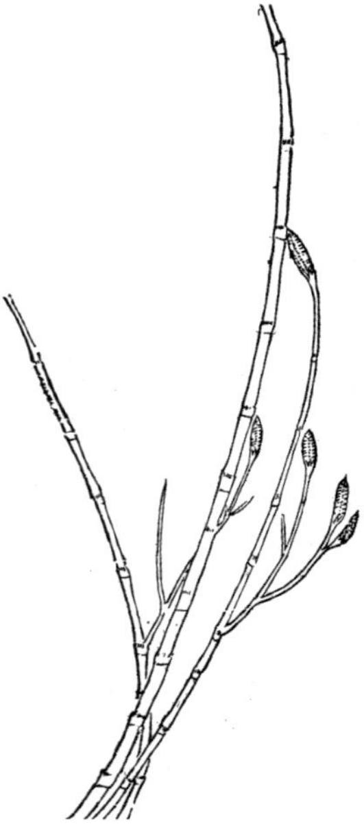

雩婁農曰：麻黄莖發汗，節止汗，一物而相反。或者疑之，此蓋未覩造物之大也。萬物美惡，皆歸於根，由根而幹，而枝葉，而華萼，〔二〕而實核，其去本也漸遠，則其氣越於外，其性亦漓於内。〔三〕況自根及實，其形、其色、其味無同者，形、色、味不同，則性之不同宜矣。非獨物也，黄帝之子二十五人，其得姓者十四人，同德則同姓，異德則異姓。〔四〕以石碏爲之父而有石厚，〔五〕以桓魋爲之兄而有司馬牛。〔六〕《傳》曰：「父不父，子不子；兄不友，弟不恭，不相及也。」〔七〕且天之生物無不自相制也。果藴蟲而生蠹，豆同根而相煎，木伐薪爲炭而植根乃畏炭，人食物爲積而燒灰乃治積。〔八〕五行之生也，子盛而母衰，生者剋之機也；五行之剋也，貪合而忘讐，剋者生之端也。人之於聲、色、臭、味，性也，君子不任性之自然，而知命以節性。其於父子、君臣、賓主賢者，天道命也，君子不聽命之適然，而盡性以立命。《荀子》云：「孰知夫士出死要節之所以養生，輕費用之所以養財，恭敬辭讓之所以養安，禮義文理之所以養情。」以自制爲自養，則陰陽舒慘，必無過不及，而存之爲中，發之爲和，天地萬物可以一理貫之矣。

〔一〕亡陽：虚脱。

〔二〕荂：與「華」同義。

〔三〕漓：淡薄。

〔四〕見《國語·晉語四》。

〔五〕見《左傳》隱公四年：石碏爲衛國老臣，其子石厚與公子州吁交，碏禁之，不聽。州吁之亂，石厚與之，石碏遣人殺厚。此即「大義滅親」成語所本。

〔六〕桓魋，春秋時宋國司馬，曾欲殺孔子。而其弟司馬牛則爲孔子弟子。

〔七〕《左傳》僖公三十三年，晉胥臣引《康誥》曰：「父不慈，子不祇，兄不友，弟不共，不相及也。」

〔八〕積：積食不化。

紫菀

紫菀（wǎn），《本經》中品。江西建昌謂之「關公鬚」，肖其根形。初生鋪地，秋抽方紫莖，開紫花，微似丹參。俚醫治嗽猶用之。

紫菀

女菀

女菀，《本經》中品。《唐本草注》以爲即「白菀」，功用與紫菀相似。今湖南嶽麓多有之。

女菀

瞿麥

瞿麥，《本經》中品。《爾雅》：「大菊，蘧麥。」注謂爲「麥句薑」。釋《本草》者皆以爲即瞿麥。《救荒本草》謂之「石竹子」，苗、葉可食。今南北多呼「洛陽花」。

雩婁農曰：余讀賈誼諸賦，而慨其以文勝也。方漢文郅隆之世，〔一〕而誼之策乃至痛哭太息，豈非循戰國賓客著書之習，縱横馳騁而忘其過激哉？觀其論諸侯之强，卒有七國之禍，而後行其衆建之法；〔二〕論大臣之體，其後卒有劉屈氂、公孫賀之族誅；〔三〕論大賈之侈富，其後卒有告緡、算軺之破産。〔四〕數十年後之利害，如燭照、數計而龜卜也，其亦非托諸空言矣。乃取忌大臣，〔五〕無一施用，南遷汨羅，悲弔湘纍，〔六〕惜哉！向使誼非筆舌之士，樸訥無華，信而後諫，以漢文聽言若渴之主，必能見用，而絳、灌武夫之屬，〔七〕亦不疑其貶刺而心害其能，言行而身顯，謂非誼之至幸歟？「非漢文之不能用生，生之不能用漢文」，〔八〕蘇氏之論，責備當矣。後世以誼早卒，不信誼之能致治安，輒以文章稱曰「賈馬」。夫司馬相如以詞賦著可已，誼豈其儔，而同爲詞人之諫一而勸百哉？藥中

有瞿麥，其花絶纖麗，人第玩其裝翠翦霞，摹之丹青，詠之雕鏤，至其通癃結，決癰疽，出刺去瞖，下難産，止九竅血，灼然有殊效者，雖學士大夫亦罕言之。其與士之以文掩其實者何異？賈生洛陽年少，瞿麥尤艷者曰「洛陽花」，洛陽古帝都，固極偉麗哉！

〔一〕郅隆：昌盛興隆。

〔二〕《漢書·賈誼傳》：賈誼見漢諸侯王强，將有尾大不掉之禍，建議「衆建諸侯而少其力，力少則易使以義，國小則亡邪心」。文帝不用。至武帝時終行「推恩」之法，諸侯可推恩分地與其子弟，於是齊分爲七，趙分爲六云云。

〔三〕《漢書·賈誼傳》：賈誼論大臣只知刀筆筐篋之俗務，不明禮義廉恥之大體，建議君上對有罪大臣「有賜死而亡戮辱」，「所以體貌大臣而厲其節也」。劉屈氂、公孫賀均爲武帝時丞相，俱因巫蠱事被禍，劉則腰斬東市，妻子梟首，公孫則父子死獄中，族誅。按，據《史記》，文帝對賈生此議並未拒絶，大臣有罪皆自殺，而大臣入獄被誅，則爲武帝用酷吏始。

〔四〕武帝時用楊可告緡之法，鼓動對商賈瞞産匿税檢舉告發，於是誣告之風起，中産以上者皆破家。算軺，則是對車船徵税。

〔五〕招來大臣之忌恨。

〔六〕《漢書·賈誼傳》：賈誼被謫爲長沙王太傅，意不自得，及渡湘水，爲賦以弔屈原。湘纍：指屈原投湘江而死。

〔七〕絳侯周勃、潁陰侯灌嬰均爲漢開國功臣，代指一班武臣。

〔八〕語見蘇軾《賈誼論》。

蓼

蓼（liǎo），《本經》中品。古以爲味，即今之「家蓼」也。葉背白。有紅、白二種，俗以其葉裹肉，煨食之，香烈。蓼種有七，《本經》唯別出「馬蓼」一種。

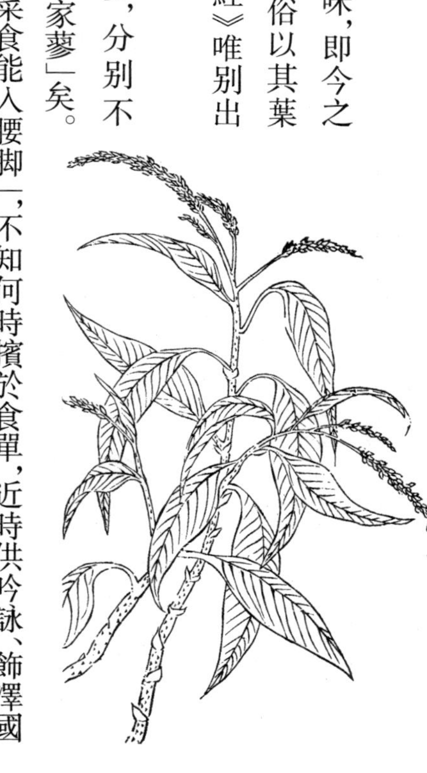

雩婁農曰：《内則》有蓼無蓼，分別不苟。〔一〕《齊民要術》有種蓼法，故云「家蓼」矣。魏、晉前皆爲茹，《本草拾遺》亦云「作菜食能入腰脚」，不知何時擯於食單，近時供吟詠、飾澤國秋容而已。元郝文忠公詩：「嗟嗟好花草，焉用生此處？祇因爲詩人，故故獨不去。嘗膽如啖蔗，食蓼猶膳御。」〔二〕蘇武囓雪，志豈在味哉？今皆野生，而俗稱猶有「家蓼」，古語尚未堙也。《千金方》屢著食蓼之害，或以此不登鼎鼐歟？

〔一〕指祭禮有用蓼者，有不用蓼者，分別極清晰。

〔二〕郝經仕元爲翰林學士，使宋，爲賈似道拘禁十六年始返，人比之蘇武。卒謚文忠。句見《野蓼》詩。

馬蓼

馬蓼，《本經》中品。葉有黑點，《本草綱目》以爲「墨記草」。

馬蓼

薇銜

薇銜

薇銜，《本經》上品。《唐本草注》謂之「鹿銜草」，言鹿有疾，銜此草即瘥。今鹿銜草，《安徽志》載之，治血病有殊功，而形狀與叢生似茺蔚者迥别。《本草拾遺》一名「無心草」。今無心草，平野春時多有，形狀既與《唐本草》不符，與《圖經》無心草亦異，皆别圖繪之，未敢合併。蓋諸家圖説不晰，方藥少用，姑存其名而已。

連翹

連翹，《本經》下品。《爾雅》：「連，異翹。」《本經》又有「翹根」，有名未用，李時珍以爲即連翹根也。《湖北通志》：黃州出連翹。

連翹

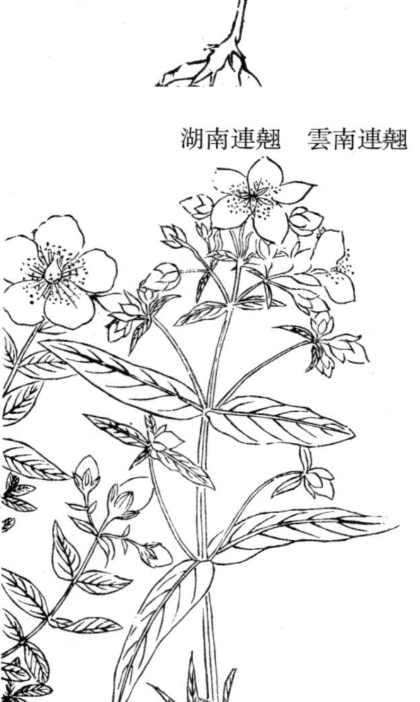

湖南連翹　雲南連翹

湖南連翹　雲南連翹

湖南連翹，生山坡。獨莖方棱，長葉對生，極似劉寄奴。梢端葉際開五瓣黃花，大如盃，長鬚迸露，中有緑心，如壺盧形，一枝三花；亦有一花者。土人即呼爲「黃花劉寄奴」，以治損傷、敗毒。雲南連翹，俗呼「芒種花」。赭莖如樹，葉短如柳葉而柔厚，花與湘中無異。按《宋圖經》：「大翹，青葉狹長如榆葉、水蘇輩。」「湖南生者同水蘇，雲南生者如榆。」《滇黔紀遊》所謂「洱海連翹，遍於籬落，黄色可觀」是也。滇、湖皆取莖根用之，蓋此藥以蜀中如椿實者爲勝，他處力薄，故不能僅用其實耳。

葶藶

葶（tíng）藶（lì）《本經》下品。鄭注《月令》：「靡草，薺、葶藶之屬。」《爾雅》「蕇，葶藶」，注：「一名狗薺。」今江西猶謂之「狗薺」。李時珍謂有甜、苦二種，此似因《炮炙論》「赤鬚子味甘」而云然也。

雩婁農曰：《滇本草》：「葶藶一名『麥藍菜』，生麥地。」余採得視之，正如薺，高幾二尺，葉大無花杈，醃爲蔬，脆而不甘，與薺味殊別。其花實亦似薺，蓋即「甜葶藶」也。《爾雅》「葶藶」郭注：「實、葉皆似芥。」此草正如初生白芥菜。其「狗薺」一種，南方至多，花黄，葉深緑，不堪入饌，《圖經》極詳晰，殆「苦葶藶」耳。陳藏器謂大薺即葶藶。然《爾雅》本分三種，以余考之，「蒫，薺實」，蓋今薺菜，葉長圓，味美，作葅羹皆佳；「菥蓂，大薺」，即今「花葉薺」，一名「水薺」，葉細碎，味淡。犍爲舍人云：「薺有小，故言大。」〔一〕此種科、葉易肥大。《唐本草注》「驗其味甘而不辛」，《蜀本草》「似薺菜而葉細，俗呼『老薺』」，皆此物也。葶藶一名「蕇」，而又有苦、甘二種。陶隱居云薺類甚多，《野菜譜》亦列數種，正恐併葶藶爲一類耳。

〔一〕犍爲舍人：亦注《爾雅》者。其注不存，僅有佚文數十條散見於別書。

蛇含

蛇含，《本經》下品。李時珍以爲即「紫背龍牙」。又「女青」，《本經》下品。《別録》以爲即「蛇含根」，《唐本草》非之。《宋圖經》：「蛇含，一莖或五葉，或七葉，有兩種，當用細葉黄花者。」似即《救荒本草》之「龍牙草」，未能決定。

夏枯草

夏枯草，《本經》下品。《救荒本草》：「葉可煠食。」今鄉人皆識之。

雩婁農曰：《月令》：「孟夏，靡草

蛇含

夏枯草

死。」〔一〕薺、葶藶之屬誠靡矣。夏枯草枝葉花實，擢聳自立，乃當長嬴，〔二〕而早成以揫，〔三〕獨名「夏枯」，其以此歟？《本草》「一名夕句」，前人多未繹其義。按物之西者皆爲「夕」，日東則曰「景夕」，屋傾則曰「室夕」，而最晚者亦爲夕，〔四〕非時之謁曰夕，〔五〕直宿之郎曰夕，〔六〕皆此謂也。草之屈生者謂之「句」，《月令》曰「句者畢出」是也。〔七〕此草得西方之氣而晚出，經歷雪霜，不能直達其勁挺之姿，故曰「句」耳。余偉茲草不與衆卉俱生，不與衆卉俱死，有特立之概，枯於暑而能祛暑，得嚴重之氣，乃爲賦曰：「苕黄籜零，乃蕃滋兮。苦霧悲泉，甘以怡兮。凍荄温萼，貫四時兮。與麥爲秋，〔八〕避恢台兮。〔九〕百英煒煌，獨沉寂兮。喜肅畏嬴，自忻戚兮。離景風而就不周，〔一〇〕其不爲詭激兮。非無懼無悶之儔，〔一一〕孰能敵兮。」

〔一〕枝葉靡細，故云靡草。

〔二〕《爾雅·釋天》：「春爲發生，夏爲長嬴，秋爲收成，冬爲安寧。」

〔三〕揫：收獲。

〔四〕最晚則爲夜，《詩》「今夕何夕」即是。

〔五〕《左傳》成公十二年：「百官承事，朝而不夕。」言臣子見君，當於朝時，夕見則非常。

〔六〕漢應劭《漢官儀》卷上：「黄門侍郎，每日暮，向青瑣門拜，謂之夕郎。」

〔七〕此《月令》「季春之月」。

〔八〕秋：禾穀成熟。

〔九〕宋玉《九辯》：「收恢台之孟夏兮，然欿傺而沈藏。」恢台：本廣大貌，此代指孟夏。

〔一〇〕《淮南子·天文訓》：東南風曰景風，西北風曰不周風。

〔一一〕《易·乾·文言》：「遯世無悶。」內心無苦惱煩躁。

旋覆花

旋覆花，《本經》下品。《爾雅》「蕧，盜庚」，注：「旋覆似菊。」《救荒本草》：「葉可煠食。」俗呼「滴滴金」。

雩婁農曰：「蕧，盜庚」，釋者以爲未秋有黃華爲盜金氣。〔一〕《列子》有言：人之於天地四時，孰非盜？〔二〕而況於小草。雖然，造物者亦何嘗不時露其所藏，以待人之善盜哉？水方盛而麋角解也，〔三〕衆草芳而鶗鴂鳴也；〔四〕月暈而礎潤也，〔五〕霜降而鶴警也；〔六〕鸑鷟來而周興也，〔七〕白蛇死而漢代也；〔八〕刲羊无血而亡於高粱也，〔九〕投龜大詬而辱於乾谿也；〔一〇〕肥遺見而兵也，〔一一〕畢方至而火也；〔一二〕海鳧爲東晉之徵也，〔一三〕鷗鴣爲南宋之漸

也；〔一四〕燈花之集行人也，目瞤之得酒食也；〔一五〕大之見於天地山川，細之見於蚑行喙息，造物者亦何時不示人以知所盜哉？然而庸人之情，未饑則思食，未寒則思衣，菽水則慕列鼎，布帛則願文繡，蓬户甕牖則祈廣廈洞房，下澤欵段則羨駟馬八騶，〔一六〕子孫足則冀錫爵擔圭，富貴極則求方丈、蓬萊，〔一七〕蓋無時而不蘄爲盜。而造物乃或慨而使之盜，或吝而拒之盜，其或使或拒者，非造物之有異於盜，而盜者之不能窺造物也。善爲盜者，智察於未然，明燭於無形。商之善盜也，人棄而我取；農之善盜也，脩防而瀦水；工之善盜也，入山而度木；士之善盜也，謀道而獲禄。方其盜也，無知其爲盜也。知其爲盜則不足以言盜。蟻未雨而爲垤，〔一八〕鳥未陰而徹土。〔一九〕豹未霧而惜其毛，〔二〇〕駝未風而埋其鼻。〔二一〕鷙鳥將搏，必匿其影；文狸將捕，〔二二〕必伏其身。無形之盜，雖天地萬物扃鐍固閉不能防。善視者之伺其隙，大力者之負而趍，〔二三〕而不然者，則清晝攫金之士耳。〔二四〕古之爲政者，星隕日珥以伺於天，河榮石移以伺於地，童謡市言以伺於人，多麋有蜮以伺於物，兢兢業業，惟恐造物諄諄命之而忽焉無以應也。於是金穰木康，〔二五〕盜於天而可富矣；土宜物生，盜於地而可富矣；足晝足夜，〔二六〕盜於人而可富矣；不胎不夭，〔二七〕盜於物而可富矣。是故欲取姑與者，使人不覺其爲盜；多與少取者，使人樂於其爲盜；與與取均者，使人不敢不聽其爲盜；有取而無與者，將悖入悖出，使人不能聽其終於爲盜。使人不覺其爲盜者，老莊之學是也；使人樂於其爲盜者，官禮之法是也；使人不敢不聽其盜者，輕重之法是也；〔二八〕使人不能聽其終盜者，孔僅、桑弘羊之屬是也。〔二九〕若乃置天變人言於不顧者，〔三〇〕是猶未嘗問計於盜，而掩目塞耳，匍匐而入五都之市，貿貿然遇物而摸索之，雖遺簪墮珥，尚未可得，况能探囊胠篋乎？〔三一〕昔有受欺以隱身草者，持以爲盜，吏執而紡之，〔三二〕盡褫其衣，既無所盜，而卒以予盜。若而人者，即造物亦無如其不善盜何。

〔一〕庚爲西方金。

〔二〕見《列子·天瑞》：「公公私私，天地之德。知天地之德者，孰爲盜耶？孰爲不盜耶？」

〔三〕《禮記·月令》：仲冬之月，「麋角解，水泉動」。冬屬水，而仲冬爲水盛之時。

〔四〕宋陸佃《埤雅》卷九「杜鵑」條：「鶗鴂春分鳴則衆芳生，秋分鳴則衆芳歇。」鶗鴂即杜鵑。

〔五〕古有「月暈則風，礎潤則雨」之説，未見有「月暈而礎潤」者。

〔六〕唐楊炯《幽蘭賦》：「白露下而警鶴。」非霜降。

〔七〕鸑鷟：即鳳凰。周人以鸑鷟鳴於岐山爲文王受命之符。

〔八〕《史記·高祖本紀》：劉邦醉行大澤中，有白蛇當道，斬爲兩段。後人來至蛇所，有一老嫗夜哭。人問何哭，嫗曰：「人殺吾子，故哭之。」人曰：「嫗子何爲見殺？」嫗曰：「吾子，白帝子也，化爲蛇，當道，今爲赤帝子斬之。」

〔九〕《易·歸妹》：「女承筐无實，士刲羊无血，无攸利。」《左傳》僖公十五年：「初，晉獻公筮嫁伯姬於秦，遇《歸妹》之《睽》。史蘇占之，曰：『不吉。其繇曰：「士刲羊，亦无衁也。女承筐，亦无貺也。」……

《歸妹》《睽》孤，寇張之弧，侄其從姑，六年其逋，逃歸其國，而棄其家，明年其死於高粱之虚。』」

〔一〇〕《左傳》昭公十三年：「初，楚靈王卜曰：『余尚得天下。』不吉。投龜，詬天而呼曰：『是區區者而不余畀，余必自取之。』」是年，公子比自晉歸楚，作亂，靈王死於乾谿。

〔一一〕《山海經》有三肥遺，一爲六足四翼之蛇，一爲一首兩身之蛇，一爲黄身赤喙之鳥。但僅言「見則天下大旱」。

〔一二〕《山海經》有二畢方，一爲其狀如鶴，一足，一爲人面一足之鳥。見則多訛火。

〔一三〕《晉書·張華傳》：西晉惠帝時，人有得鳥毛三丈，以示張華，華慘然曰：「此謂海鳧毛也，出則天下亂矣。」

〔一四〕宋邵伯温《邵氏聞見録》卷十九：北宋英宗時，邵雍與客散步天津橋上，聞杜鵑聲，慘然不樂，曰：「不二年，上用南士爲相，多引南人，專務變更，天下自此多事矣。」杜鵑即鷓鴣。

〔一五〕《西京雜記》卷三：陸賈曰：「目瞤得酒食，燈火華得錢財，乾鵲噪而行人至，蜘蛛集而百事喜。」吴氏所記有誤。目瞤：即眼皮跳。

〔一六〕《後漢書·馬援傳》：援述從弟少游之語曰：「士生一世，但取衣食裁足，乘下澤車，御款段馬，爲郡掾史，守墳墓，鄉里稱善人，斯可矣。致求盈餘，但自苦耳。」行澤之車短轂，稱下澤車。款段馬指行走緩慢的馬。

〔一七〕方丈、蓬萊爲傳説中的海上仙山，上有仙人及不死藥。

〔一八〕垤：蟻穴上面所堆之土。

〔一九〕《詩·豳風·鴟鴞》：「迨天之未陰雨，徹彼桑土，綢繆牖户。」桑土，桑根也。指剥取桑根之皮以編鳥巢。

〔二〇〕古人云「文豹隱霧」，似指豹惜其皮，故隱於霧中，不欲令人見。

〔二一〕流沙萬里，夏有熱風傷行人，風將發，老駝知之，即引項鳴，埋鼻沙中。

〔二二〕文狸：花貓。

〔二三〕《莊子·大宗師》：「藏舟於壑，藏山於澤，謂之固矣，然而夜半有力者負之而走，昧者不知也。」

〔二四〕《列子·説符》：「昔齊人有欲金者，清旦衣冠之市，適鬻金者之所，因攫其金而去。吏捕之，問曰：『人皆在焉，子攫人之金何？』對曰：『取金之時，不見人，徒見金。』」

〔二五〕《越絶書·越絶計倪内經第五》：計倪對越王曰：「太陰三歲處金則穰，三歲處水則毁，三歲處木則康，三歲處火則旱。」

〔二六〕晝夜不偷懶。

〔二七〕取物不傷於胎，不使其夭死。

〔二八〕春秋時管仲在齊行輕重之法。

〔二九〕孔僅、桑弘羊俱漢武帝時言利聚斂之臣，財雖聚於國，而民怨生於下。

〔三〇〕《宋史·王安石傳》言其謂「天變不足畏，祖宗不足法，人言不足恤」。

〔二〕胠篋：撬開箱子盜取別人東西。

〔三〕紡：捆綁。

青葙子

青葙（xiāng）子，《本經》下品。即「野雞冠」。有赤、白各種。葉可作茹，勝於家雞冠葉。一名草决明，鄉人皆知，以治目疾。

青葙子

藎草

藎（jìn）草，《本經》下品。《唐本草》以爲即《爾雅》「菉，王芻」注「菉蓐」也。此即水中草

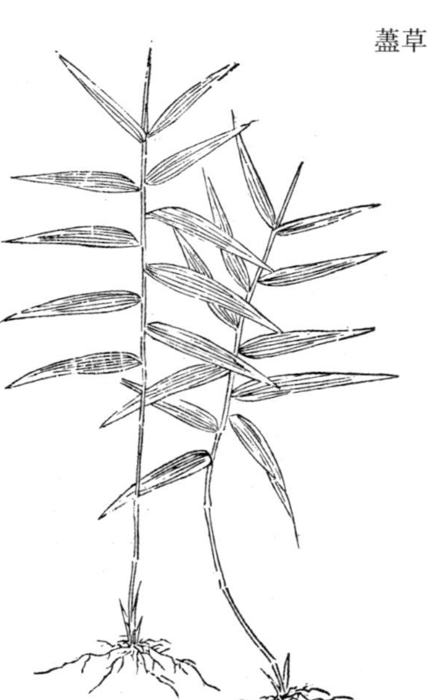
藎草

之似竹者，醫者罕用。

萹蓄

萹（biān）蓄，《本經》下品。《爾雅》：「竹，萹蓄。」《救荒本草》：「亦名扁竹，苗、葉可煠食。」今直隸謂之「竹葉菜」。

雩婁農曰：淇澳之竹，〔一〕古訓以爲「萹蓄」。此草喜鋪生陰濕地，美曰「如簀」，〔二〕誠善體物矣。《救荒本草》曰「扁竹」，猶中州古語也。江以南皆饒，而識者蓋寡。《滇本草》獨著其功用，按名而求，果得之。滇之草木名多始於楊慎，〔三〕此語或有所承。昔蘇軾謫儋耳，瓊之人至今奉之惟謹。楊慎謫居滇最久，三迤之人奉之無異瓊之奉髯蘇。〔四〕顧其流離顛沛，篋中無書可質，所箋釋大半得之强記，不能無訛誤，而滇之人無敢輕訾之者。彼生長先儒先賢之鄉，務求摘前人一語半字之瑕疵，詬厲抨擊，齗齗然不稍貸，不亦異於瓊、滇之奉二子耶？

〔一〕《詩·衛風·淇奥》：「瞻彼淇奥，緑竹猗猗。」「奥」亦作「澳」，與淇爲二水名。

〔二〕《詩·衛風·淇奥》：「瞻彼淇奥，緑竹如簀。」

〔三〕楊慎，字用修，號升庵。正德六年狀元。嘉靖初，因大禮議謫戍雲南永昌衛。在滇三十餘年，終未獲赦。博聞强記，著述甚多，與雲南有關的有《南詔野史》、《雲南山川志》、《滇候記》、《南中志》、《滇載記》等。

〔四〕三迤：指雲南，因清時先後在雲南設置迤東道、迤西道和迤南道也。

陸英

陸英，《本經》下品。《别録》謂之「蒴藋」，以爲即《爾雅》「芨，堇草」，與郭注「烏頭」苗異。詳考各説，蓋即今之「接骨草」。俚醫以爲治跌傷要藥，謂之「排風草」。固始謂之「珊瑚花」，象其實；亦曰「珍珠花」，象其花也。俗名甚夥，不可殫舉。《唐本草注》及《圖經》皆以陸英爲蒴藋，而《本草衍義》所述形狀尤詳，今從之。

王不留行

王不留行，《别録》上品。《宋圖經》謂之「翦金花」。《救荒本草》：「葉可煠食，子可爲麪食。」今從之。《蜀本草》所述，乃俗呼「天泡果」，又名「燈籠科」，囊似酸漿而短，實青白不紅，南方極多。又一種附於後。

雩婁農曰：王不留行，性峻利，而《别録》以爲上品，疑其名蓋古諺也。〔一〕席不煖，突不黔，聖賢遇焉。〔二〕有觸昔人遠舉高蹈之義，輒爲賦之。其詞曰：

伊大造之旭卉兮，〔三〕摶人物其均賦。〔四〕苟臭味之叶恰兮，〔五〕胡畛畦夫新故？〔六〕社枌櫟以祈報兮，〔七〕尸祝之其敢忘夫歆慕。〔八〕召跋涉而蔽芾兮，勿翦伐而封殖其嘉樹。〔九〕彼楊柳依依而繫馬兮，〔一〇〕小山叢桂醃馥以留人。〔一一〕樾蔭暍而扇武兮，松風雨以庇秦。〔一二〕既宿桑其難恝置兮，〔一三〕或班荆而情親。〔一四〕縶維白駒而食藿苗兮，聊永今夕以逡巡。〔一五〕遽辭條而棄溝水兮，何隕籜泛梗之不仁。〔一六〕芻轢軷以促駕兮，〔一七〕絜漫漫而失蹤。縱迷陽而傷足兮，〔一八〕棘榛苯蓴以蒙茸。〔一九〕朅車乘而率曠野兮，〔二〇〕齎萺蕡以爲宿舂。〔二一〕昔芙蓉之姣好兮，今祇轉此秋蓬。〔二二〕臣攬茝以行吟兮，〔二三〕姬采蘼而相逢。〔二四〕期椒桂之結隣兮，〔二五〕胡蕭艾捷徑以先容。〔二六〕荃不察此衷曲兮，〔二七〕鶗鴂簧鼓以訩訩。〔二八〕緬秕莠於鳴條兮，〔二九〕哀暴嬴逐客之不公。〔三〇〕羌既扈夫蘺芷兮，〔三一〕豈終萎絶乎不周之風。〔三二〕望懸圃其未達兮，〔三三〕琪葩琳樹雜遝乎雲中。〔三四〕折瓊茅而召彭咸兮，筳篿訊誶以所從。〔三五〕巫振振其有辭。謂彙茹其必有遻兮，〔三六〕明良慶而功巍。〔三七〕揚側陋而舉二八兮，〔三八〕曰俞哉而桑陰未移。〔三九〕濟舟楫而藥瞑眩兮，〔四〇〕置左右而阿衡焉依。〔四一〕漁坐茅而占熊羆兮，髮垂白而佐姬。〔四二〕感瓜苦與栗薪兮，〔四三〕勿穆卜而誦鳴鴞之詩。〔四四〕脱堂阜而薰釁兮，管夷吾治於高傒。〔四五〕戈雖逐而誓舅氏兮，投白璧於河麋。〔四六〕蕭翊赤以謀將兮，淮陰亡而身追。〔四七〕留辟穀而遊赤松兮，强加飯以輔持。〔四八〕讖帝秀以奉赤伏兮，〔四九〕許借寇而雄河内之師。〔五〇〕隱草廬而三顧兮，乃遂許以驅馳。〔五一〕相直臣而攬鏡兮，〔五二〕勉爲瘠而猶羈。〔五三〕信石水之相投兮，〔五四〕豈纖芥之能疑？樹桐梧於東廂兮，〔五五〕茁指佞於階墀。〔五六〕苟方鑿而枘圓兮，〔五七〕薰與蕕其差池。〔五八〕强指杙以爲楹兮，〔五九〕終斧柯其無資。〔六〇〕策兩馬而接淅兮，〔六一〕又伐柯而阽危。〔六二〕晝三宿而側無人兮，雖濡滯其奚爲？〔六三〕宫族行而虞無臘兮，〔六四〕炊扊扅而西歸。〔六五〕慘焚林綿上而寒食兮，何從行之不及子推也。〔六六〕問宣室而前席兮，絳、灌害之而南弔湘纍。〔六七〕有頗、牧而莫能用兮，律不應而坐之。〔六八〕青蠅弔於瘴鄉兮，〔六九〕薏苢肆其悽誹。〔七〇〕

懷鷙鷂而見畏兮，終猶仇其豐碑。〔七一〕陸扶危而扈忠州兮，〔七二〕望贊皇於海涯。〔七三〕親煨芋而賦黃臺兮，避浙東而畏譏。〔七四〕元祐賢而致政兮，麥飯熟而相唏。〔七五〕寇南遷而遂不返兮，楮掛竹以生枝。〔七六〕相鳥喙其不可共安樂兮，種受辱而金鑄蠡。〔七七〕楚醴廢而猖披兮，穆遠蹈而申胥靡。〔七八〕物萌芽其兆朕兮，莧陸夬而枯楊稊。〔七九〕奚荆棘之能刺兮，貴履坪而見機。〔八〇〕布皐墟之靈蓍兮，〔八一〕再扐卦而咨之。〔八二〕曰將起夫葛陂之龍竹兮，〔八三〕駕言秣脂而游乎八荒。〔八四〕翹蓬萊之金闕兮，攬若木於東皇。〔八五〕陪王公而投蓮驍兮，吻欲笑而掣電光。〔八六〕種芝玉以爲田兮，〔八七〕俟蟠桃以徜徉。神荼、鬱壘方執索搏鬼而供晨飧兮，〔八八〕著告余以不祥。夕轡崦嵫而經細柳兮，〔八九〕曖曖乎桑榆之昳陽。〔九〇〕挹穴居之戴勝兮，〔九一〕將俯崑崙而行觴。〔九二〕掃白雲之間隔兮，〔九三〕採聚窟返魂之馝香。〔九四〕柜格之松踆烏所入兮，〔九五〕聲隆隆驚人，煮羊脾未熟而天已明。〔九六〕蓐收白毛虎爪執鉞以辟人兮，〔九七〕流沙落木蕭蕭而增涼。翦鶉首而奏鈞天兮，藉帝醉而復下方。〔九八〕察蕭丘千里之烈燄兮，〔九九〕林鬱鬱而騰煇煌。遇丈人於丙丁兮，乞靈藥以長生。〔一〇〇〕尋自然之穀於岣嶁石囷兮，〔一〇一〕執箕舌以簸揚。〔一〇二〕乘六螭而極南溟兮，瞰鵬圖擊水以迴翔。〔一〇三〕雄虺封狐往來倏忽兮，〔一〇四〕黃茅冶葛填巨壑以莽蒼。〔一〇五〕曰瘴癘其難久滯兮，躡迴雁而北征。〔一〇六〕眺委羽於孤竹兮，〔一〇七〕曾冰皚皚崩摧以雷硠。〔一〇八〕木皮三寸墮於天山兮，〔一〇九〕白草炎暑而戴霜。探趙符於樹下兮，〔一一〇〕撻率然使亘橫。〔一一一〕燭龍銜景炯彼幽都兮，〔一二〕望斗車作作其有芒。〔一三〕謂暗曖其不可留兮，〔一四〕駟玉虬而上驤。冀帝閽之開關兮，倚閶闔而相望。〔一五〕陶白虎以先導兮，〔一六〕傅乘箕而來迎。〔一七〕媒匏瓜使擇匹兮，〔一八〕結柳宿以爲營。〔一九〕挹木精而游戲兮，〔二〇〕張天廚而飫酒漿。〔二一〕謁神農而勑醫星兮，〔二二〕絶惡草使不昌。攜棓櫰以翦薙兮，〔二三〕鞫蓬藋之礙行。〔二四〕掃茨藜而釋屩兮，〔二五〕鋪輕荑以走鸞衡。〔二六〕拭銅駝而叩靈瑣兮，〔二七〕覽天苑草木之欣榮。榆歷歷而成列兮，〔二八〕枝葉紛拏夫喬卿。〔二九〕傾寶甕於露壇兮，〔三〇〕將以浸沐夫芸生。靈氛爲余占以迪吉兮，〔三一〕信爻辭其必當。盍孟晉以勿疑兮，〔三二〕奚獨遲乎衆芳？

〔一〕「王不留行」者，賢人不爲王者所用而欲去，王者於其行不留也。《孟子·公孫丑下》：「孟子去齊，宿於晝。有欲爲王留行者，坐而言。」

〔二〕班固《賓戲》：「孔席不煖，墨突不黔。」孔爲孔子，墨爲墨子，言聖賢志在明道，不暇安居，遇不能用己志者，不待坐席之暖、竈突之黑，即起行也。

〔三〕大造：指天地之造化。旭卉：速疾也。

〔四〕摶人物：造化人類萬物。

〔五〕叶恰：諧恰，投合。

〔六〕何必區分是新交還是舊識？有「白首如新，傾蓋如故」之意。

〔七〕《漢書・郊祀志》：「高祖禱豐枌榆社。」晉灼注：「枌，白榆也。」顔師古注：「以此樹爲社神，因立名也。」櫟社：見本書卷二十四「射干」注〔九〕。

〔八〕尸祝：即祭祀。

〔九〕召：周之召公。《詩・甘棠》：「蔽芾甘棠，勿翦勿伐，召伯所茇。」鄭《箋》：「召伯聽男女之訟，不重煩勞百姓，止舍小棠之下而聽斷焉。國人被其德，説其化，思其人，敬其樹。」蔽芾：小貌，指小棠。句言召公不畏跋涉之勞，親行至棠下。

〔一〇〕《詩・小雅・采薇》：「昔我往矣，楊柳依依。」

〔一一〕淮南小山《招隱士》：「桂樹叢生兮山之幽，偃蹇連蜷兮枝相繚。」王逸注：桂樹芬香，以興屈原之忠貞也。山之幽，遠去朝廷而隱藏也。

〔一二〕秦始皇望祭山川，上泰山，風雨暴至，避於松下，因封其樹爲五大夫爵。

〔一三〕《後漢書・襄楷傳》：「浮屠不三宿桑下，不欲久生恩愛，精之至也。」注：「言浮屠之人寄桑下者，不經三宿，便即移去，示無愛戀之心也。」恝置：淡然置之，無掛於心。

〔一四〕陶潛《飲酒》詩：「班荆坐松下，數斟已復醉。」班荆：言朋友相遇於途，席地而坐。

〔一五〕《詩・小雅・白駒》：「皎皎白駒，食我場藿。縶之維之，以永今夕。」《詩序》：「《白駒》，大夫刺宣王也。」鄭《箋》：「刺其不能留賢也。」逡巡：遲疑不行貌。

〔一六〕杜甫《舟中出江陵南浦奉寄鄭少尹審》詩：「鳴螿隨泛梗。」此言辭離枝條，欲寄身於水中漂流之木梗竹籜，而不爲所容。

〔一七〕芻：以芻爲狗，祭祀所用，用畢即棄置。轢軷：古人出行之祭。

〔一八〕《莊子·人間世》：「迷陽迷陽，無傷吾行！吾行却曲，無傷吾足！」

〔一九〕苯蓴：草叢生貌。

〔二〇〕朅：離去。率：率行，無目的地行於曠野。

〔二一〕《詩·小雅·我行其野》：「我行其野，言采其蓄。」陸璣《詩疏》：「饑荒之歲，可蒸以禦饑。」蕢：澤瀉，葉可食。

〔二二〕李白《妾薄命》：「昔日芙蓉花，今成斷根草。」蓬草無根，秋風一起，四處漂泊。

〔二三〕《離騷》：「既替余以蕙纕兮，又申之以攬茝。」茝：芳草。《漁父》：「屈原既放，遊於江潭，行吟澤畔。」

〔二四〕古詩：「上山采蘼蕪，下山逢故夫。長跪問故夫，新人復何如。」

〔二五〕椒、桂，喻賢人。

〔二六〕《離騷》：「何昔日之芳草兮，今直爲此蕭艾也。」洪興祖補注以蕭艾賤草喻不肖。胡：何。此言何肯效不肖之求進。

〔二七〕《離騷》：「荃不察余之中情兮，反信讒而齌怒。」注：荃，香草，以喻君也。

〔二八〕鶗鴂：鳥名，一説即杜鵑。《離騷》：「恐鵜鴂之先鳴兮，使夫百草爲之不芳。」王逸注：以諭讒言先至，使忠直之士蒙罪過也。漢張衡《思玄賦》：「恃己知而華予兮，鶗鴂鳴而不芳。」亦以鶗鴂喻讒人。簧鼓，鼓如簧之舌。

〔一九〕緬：遥想。鳴條之風，能吹響枝葉。苗之莠，粟之秕，自難立足。

〔二〇〕暴嬴：暴秦。《史記·李斯列傳》：秦宗室大臣皆言：「諸侯人來事秦者，大抵爲其主游間於秦耳，請一切逐客。」秦王嬴政十年，大索逐客。李斯上書説，乃止逐客令。

〔二一〕《離騷》：「扈江離與辟芷兮。」扈：披也。蘺、芷皆香草名。

〔二二〕西北風曰不周風，立冬之時也。

〔二三〕懸圃：在崑崙山，懸於空中，神仙所居。

〔二四〕《離騷》：「索瓊茅以筳篿兮，命靈氛爲余占之。」瓊茅：靈草。筳篿：小竹破成片，亦占卜用。彭咸：殷賢大夫，諫其君不聽，自投水而死。召彭咸：即招彭咸之靈。《離騷》：「雖不周於今之人兮，願依彭咸之遺則。」寫屈原已有自沉之志。

〔二五〕神：彭咸之靈。迟迡：棲遲。未繇：未及説出占卜之繇辭。

〔二六〕彙茹：《易》：「拔茅茹，以其彙。」後以彙茅喻進用賢才。遌：遇。

〔二七〕明良：明君賢臣。

〔二八〕側陋：處於僻陋之地的賢者。二八：八元、八愷。《左傳》文公十八年：高陽氏有才子八人，天下之民謂之八愷。高辛氏有才子八人，天下之民謂之八元。舜舉八愷使主后土，舉八元使布五教於四方。

〔三九〕俞：表示許可、肯定。桑陰未移：喻時間很短。《抱朴子·清鑒》：「文王之接吕尚，桑陰未移，而知其足師矣。」

〔四〇〕《書·説命》：「若濟巨川，用汝作舟楫。」「若藥弗瞑眩，厥疾弗瘳。」《説命》三篇爲史官記載商高宗得賢臣傅説，立以爲相，與之反覆商較議論爲治之道。

〔四一〕阿衡：商官名。太甲時賢臣伊尹爲阿衡。

〔四二〕文王、吕尚事。周文王姬昌將出獵，卜之曰：「所獲非熊非羆，非虎非豹，兆得霸王之師。」昌於渭之陽，見吕尚坐茅而漁。與語大悦，遂立爲師。傳説吕尚年已八十。

〔四三〕《詩·東山》：「有敦瓜苦，烝在栗薪。」毛《傳》以此二事爲「言我心苦，事又苦也」。《詩序》謂：《東山》，周公東征，三年而歸，士大夫美之，故作是詩也。

〔四四〕此二句俱寫周公。穆卜：肅敬而卜。《書·金縢》：周既克商二年，武王有疾弗豫，太公、召公曰：「我其爲王穆卜。」周公曰「未可」云云。「鳴鴞之詩」，指《詩·豳風》中的《鴟鴞》一篇。《詩序》：「《鴟鴞》，周公救亂也。成王未知周公之志，公乃爲詩以遺王。」

〔四五〕《左傳》莊公九年：管仲被俘，至堂阜，鮑叔披而浴之，然後引見齊桓公，曰：管夷吾治國之才勝於高傒。高傒：齊卿高敬仲也。薰釁：以香草薰沐。

〔四六〕《史記·晉世家》：晉公子重耳流亡至齊，齊桓公妻以宗女。重耳愛齊女，無去心。趙衰、咎犯乃於桑下謀，醉重耳，載以行。行遠而覺，重耳大怒，引戈欲殺咎犯。重耳出亡十九歲而得歸晉。秦送重耳至河。咎犯曰：「臣從君周旋天下，過亦多矣。臣猶知之，況於君乎？請從此去矣。」重耳曰：「若反國，所不與子犯共者，河伯視之！」乃投璧河中，以與子犯盟。河麋：河湄，水濱。

〔四七〕蕭何、韓信事。蕭爲蕭何。劉邦爲赤帝子，翊赤即輔佐劉邦之帝業。謀將：物色大將。淮陰爲淮陰侯韓信。《史記·淮陰侯傳》：「韓信數與蕭何語，何奇之。至南鄭，諸將行道亡者數十人，信度何等已數言上，上不我用，即亡。何聞信亡，不及以聞，自追之。」何謂漢王曰：「至如信者，國士無雙。……必欲爭天下，非信無所與計事者。」

〔四八〕留：張良，張良封留侯。赤松：赤松子，神仙。《漢書·張良傳》：張良云：「今以三寸舌爲帝者師，封萬户，位列侯，此布衣之極，於良足矣。願棄人間事，欲從赤松子遊耳。」乃學辟穀，導引輕身。會高帝崩，吕后德留侯，乃强食之。

〔四九〕《後漢書·光武帝紀》：劉秀在河北，彊華自關中奉《赤伏符》，曰：「劉秀發兵捕不道，四夷雲集龍鬭野，四七之際火爲主。」於是群臣勸進，即帝位。

〔五〇〕寇：寇恂。劉秀徇河北，用鄧禹謀，以寇恂守河内。

〔五一〕諸葛亮事。

〔五二〕《舊唐書·魏徵傳》：唐太宗謂謂侍臣曰：「夫以銅爲鏡，可以正衣冠；以古爲鏡，可以知興替；以人爲鏡，可以明得失。朕常保此三鏡，以防己過。今魏徵殂逝，遂亡一鏡矣！」

〔五三〕「勉而爲瘠」，語見《禮記・檀弓下》，此處作勉力盡瘁解。羈：服官盡力。

〔五四〕《貞觀政要》卷三：魏徵疏：「夫君臣相遇，自古爲難。以石投水，千載一合；以水投石，無時不有。」

〔五五〕《初學記》卷二十八引《瑞應圖》：「王者任用賢良，則梧桐生於東廂。」

〔五六〕堯時有屈軼草生於庭，佞人入朝則屈而指之，一名指佞草。

〔五七〕《史記・孟子荀卿列傳》：「持方枘欲内圜鑿，其能入乎？」

〔五八〕《左傳》僖公四年：「一薰一蕕，十年尚猶有臭。」注：「薰，香草。蕕，臭草。」

〔五九〕杙：木椿。楹：廳柱。

〔六〇〕斧柯：斧柄，此指採而用之。

〔六一〕策兩馬爲換乘取速也。接淅：喻赴君召而行色之匆匆。《孟子・萬章下》：「孔子之去齊，接淅而行。」朱熹注：「接，猶承也；淅，漬米水也。漬米將炊，而欲去之速，故以手承水取米而行，不及炊也。」

〔六二〕《詩》有《伐柯》之篇，序以爲「美周公」，鄭《箋》：「成王既得雷雨大風之變，欲迎周公，而朝廷群臣猶惑於管、蔡之言，不知周公之聖德，疑於王迎之禮，是以刺之。」此處伐柯即爲朝廷所猜疑之意。阽危：瀕臨危險。

〔六三〕事見《孟子・公孫丑下》，言孟子千里而見齊王，不遇而去，然猶濡滯不行，三宿而後出晝。晝：地名。孟子三宿於晝，尚有「欲爲王留行者」在側，此則並無一人。

〔六四〕宫之奇諫假道伐虢事，虞公不聽，遂許晉。宫之奇以其族去虞。其冬，晉滅虢，還，復滅虞。見《左傳》僖公二年。無臘：即絶祀。

〔六五〕晉滅虞，虜其大夫百里奚，作爲陪嫁之奴媵秦穆姬。由晉入秦，故云西歸。秦大夫公孫枝以五羊皮贖之，薦於秦穆公，卒爲秦相。後代演義故事，言其妻來尋，至堂下，唱道：「百里奚，五羊皮。憶别時，烹伏雌，炊扊扅。今日富貴忘我爲。」扊扅即門栓，言家貧無柴，炊之烹雞，送百里奚出門求仕。見《顔氏家訓·書證》。

〔六六〕春秋時晉介子推事。介子推從晉公子重耳流離列國，及重耳返國爲晉文公，子推不言，賞亦不及子推。子推隱於綿山。文公求之，焚綿山，欲逼之出，子推抱木而死。

〔六七〕西漢賈誼事。《史記·屈原賈生列傳》：文帝見賈誼，一歲中超遷爲中大夫，欲任以公卿之位。絳侯（周勃）、灌嬰之屬乃短賈生「年少初學，專欲擅權，紛亂諸事」。於是文帝疏之，以賈生爲長沙王太傅。賈生過長沙，爲賦以吊屈原。後歲餘，文帝召見賈生於宣室，問鬼神之本。賈生因具道所以然之狀。至夜半，文帝傾聽，不覺前席。前席：移席而前以近聽。湘纍：指屈原。

〔六八〕戰國時趙廉頗、趙牧事。趙孝成王中秦反間計，以趙括代廉頗爲將，致長平之敗。廉頗再爲將，趙悼襄王又使樂乘代之，廉頗遂奔魏。李牧爲將，大破秦軍，秦用反間，趙王遷殺李牧，趙遂亡。

〔六九〕三國吴虞翻事。《三國志·吴書·虞翻傳》注引别傳：翻性剛直，忤孫權，徙交州。自云：「當長没海隅，生無可與語，死以青蠅爲吊客，使天下一人知己者，足以不恨。」

〔七〇〕東漢馬援事。見卷一「薏苡」條注。「悽誹」當作「萋斐」。

〔七一〕唐魏徵事。《通鑑·唐紀九》：唐太宗嘗自臂鷂，望見魏徵來，納之懷。徵奏事故久，鷂竟死懷中。徵前後諫諍，太宗雖無不採納，心有不平。及徵死方數月，太宗遂疑魏徵阿黨，毀其親立豐碑。

〔七二〕唐陸贄事。唐德宗時，朱泚叛逆，贄爲翰林學士從駕幸奉天，從容處置，賴以轉安。後爲執政，因被讒流放忠州，至死未賜還。

〔七三〕李德裕，贊皇人。文宗、武宗時兩度爲相，宣宗即位，被忌，貶崖州，死於貶所。

〔七四〕唐李泌事。《新唐書·十一宗諸子列傳》：肅宗時，建寧王李倓平叛有大功，爲李輔國、張良娣讒死。二奸復讒廣平王。李泌與肅宗素善，從容言曰：「陛下嘗聞《黄臺瓜》乎？……其言曰：『種瓜黄臺下，瓜熟子離離。一摘使瓜好，再摘令瓜稀。三摘尚云可，四摘抱蔓歸。』……陛下今一摘矣，慎無再！」帝愕然。廣平遂安，及即位，爲代宗。代宗用李泌爲翰林學士。後爲權臣元載排擠，避禍於浙東。煨芋：李泌與嬾殘禪師事，見卷三「蕪菁」條注，此處借用，喻與肅宗交談之從容。

〔七五〕元祐八年，宋哲宗親政，改元紹聖，用章惇爲相，打擊元祐黨人，蘇軾、蘇轍、黄庭堅等皆遭流放，朝賢一空。致政：罷官。唏：嘆息。「麥飯熟」，疑指蘇軾《五禽言》中「麥飯熟」一首。梅聖俞曾作《四禽言》，蘇軾貶黄州時，用其體作《五禽言》，「麥飯熟」爲鳥名，其鳴聲似「麥飯熟，即快活」，故名。其詩有「豐年無象何處尋，聽取林間快活吟」之句，以譏新法。然蘇軾貶黄州在元豐初，早於紹聖之謫十餘年。

〔七六〕寇準事。真宗受丁謂等讒，貶寇準雷州司户。宋彭乘《墨客揮犀》卷一：寇萊公卒於海康，詔許歸葬，道出荆南之公安縣。邑人迎祭於道，斷竹插地，以掛楮錢。竹遂不根而生，滋茂殆一畝。

〔七七〕范蠡、文種事。《吴越春秋》卷六：范蠡相越王勾踐長頸鳥喙，鷹視狼步，可以共患難，而不可共處樂，勸文種去越。文種不聽，卒爲越王所殺。范蠡去越，而越王使良工鑄金象范蠡之形，置之坐側。

〔七八〕西漢穆生事。《漢書·楚元王傳》：元王以穆生、白生、申公爲中大夫。敬禮申公等。穆生不嗜酒，元王每置酒，常爲穆生設醴。及王戊即位，常設，後忘設焉。穆生退曰：「可以逝矣！醴酒不設，王之意怠，不去，楚人將鉗我於市。」稱疾卧。申公、白生獨留。王戊淫暴，與吴通謀。二人諫，不聽，胥靡之，衣之赭衣，使杵臼舂於市。胥靡：服苦役。遠蹈：遠離而去。

〔七九〕《易·夬》：「莧陸夬夬中行。」《大過》：「枯楊生稊。」二卦爻辭在此處並無意義，只是用《易經》中提到的幾種植物來代表《易》。

〔八〇〕雖荆棘能刺人，但人行路時見機舉步，留意細微，就没有危險。垤：小土堆。

〔八一〕皞墟：太皞之墟，見本卷「蓍」條及卷三十三「桂寄生」條注。

〔八二〕手指之間曰扐。占筮時要把數餘之蓍草夾在手指之間，稱「歸奇於扐」，故「扐卦」即指占筮。

〔八三〕《後漢書·費長房傳》：長房既遇壺公，隨之學仙。既別，翁與一竹杖，曰：「騎此任所之，則自至矣。既至，可以杖投葛陂中也。」長房乘杖，須臾來歸，即以杖投陂，顧視則龍也。葛陂在新蔡縣西北。

〔八四〕秣脂：秣龍以脂麻。因此賦句句欲與一種植物牽合，故作脂麻理解。

〔八五〕若木初見於《山海經・大荒北經》，至《淮南子・墬形訓》更作發揮，云：「建木在都廣，衆帝所自上下，日中無景，呼而無響，蓋天地之中也。若木在建木西，末有十日，其華照下地。」東皇：即東皇太一，日神。

〔八六〕《神異經》：東王公與玉女投壺梟，而脱誤不接者，天爲之笑，開口流光，今電是也。驍：投壺術語，《西京雜記》卷五：漢武時郭舍人善投壺，以竹爲矢，不用棘也。古之投壺取中不求還，郭則激矢令還，謂之「驍」。

〔八七〕種玉：參見卷二十六「南天竹」條注。

〔八八〕《河圖括地象》：桃都山有大桃樹，盤屈三千里。上有金雞，下有二神，一名鬱，一名壘，並執葦索，伺不祥之鬼、禽奇之屬。將旦，日照金雞，雞則大鳴，飛下，食諸惡鬼。

〔八九〕《離騷》：「望崦嵫而勿迫。」崦嵫：日落之處。《淮南子》逸文：「日入崦嵫，經細柳。」注：細柳，西方之野。

〔九〇〕《淮南子・天文訓》：「日西垂，景在樹端，謂之桑榆。」昳陽：偏西的太陽。

〔九一〕《山海經・西山經》：玉山，是西王母所居也。西王母其狀如人，豹尾虎齒而善嘯，蓬髮戴勝。

〔九二〕《穆天子傳》：「天子觴西王母於瑶池之上。」

〔九三〕《穆天子傳》：西王母爲天子謡曰：「白雲在天，丘陵自出。道里悠遠，山川間之。」

〔九四〕《十洲記》：聚窟州有大樹如楓，而葉香聞數百里，名曰返魂樹。

〔九五〕「柜」，原本誤作「拒」，據《山海經》改。《山海經·大荒西經》：「西海之外，大荒之中，有方山者，上有青樹，名曰柜格之松，日月所出入也。」《淮南子·精神訓》：「日中有踆烏，而月中有蟾蜍。」踆烏即指日。

〔九六〕《資治通鑑·唐紀十四》：「骨利幹於鐵勒諸部爲最遠，晝長夜短，日没後天色正曛，煮羊脾適熟，日已復出矣。」按羊脾易熟，此形容其時短也。

〔九七〕《國語·晉語二》：虢公夢在廟，有神人面白毛虎爪，執鉞立于西阿之下。公懼而走。神曰：無走。帝命曰：『使晉襲於爾門。』」公覺，召史嚚占之。對曰：「如君之言，則蓐收也，天之刑神也。」

〔九八〕張衡《西京賦》：昔者天帝説秦繆公而覲之，饗以鈞天廣樂。帝有醉焉，乃爲金策，錫用此土而翦諸鶉首。注：自井至柳爲鶉首之次，秦之分也。翦，盡也，盡取鶉首之分爲秦境也。

〔九九〕《抱朴子·内篇·暢玄》：「火體宜熾，而有蕭丘之寒焰。」《金樓子》卷五：「火至熱，而有蕭丘之寒。」按蕭丘在海上，有自生火，春起秋滅。

〔一〇〇〕神仙中稱「丈人」者甚多，如太上丈人、龍威丈人等，地位在仙人中較高。丙丁爲南方，此丈人疑指衡山之南嶽真人。

〔一〇一〕衡山有岣嶁峰，而岣嶁又爲衡山代稱。《藝文類聚》卷七引《湘中記》：南陽劉道人嘗遊衡山，行數十里，有絶谷不得前，遥望見三石囷，二囷閉，一囷開。

〔一〇二〕箕舌：星名，或稱箕。《詩·小雅·大東》：「維南有箕，不可以簸揚。」

〔一〇三〕《莊子·逍遥遊》：「鵬之徙于南冥也，水擊三千里，搏扶摇而上者九萬里。」

〔一〇四〕屈原《天問》：「雄虺九首，儵忽焉在？」又宋玉《招魂》：「蝮蛇蓁蓁，封狐千里些。雄虺九首，往來儵忽，吞人以益其心些。」虺：蛇。封狐：大狐。儵忽：電光，言雄虺速及電光。

〔一〇五〕本書卷八「黄茅」條云：「嶺南秋深，陰重有瘴，曰黄茅瘴，蓋蛇虺窟宅也。」冶葛爲毒草，參見本書卷二十四「滇鉤吻」條。

〔一〇六〕迴雁峰，在衡山。

〔一〇七〕委羽之山，見《淮南子·墬形訓》，在雁門北，非浙江黄巖之委羽山。

〔一〇八〕曾冰：即層冰，厚冰。雷硍：山崩如雷。

〔一〇九〕《漢書·鼂錯傳》：「夫胡貉之地，積陰之處也，木皮三寸，冰厚六尺。」樹皮厚至三寸，爲天寒故也。

〔一一〇〕趙符：用信陵君竊符救趙事，借指兵符。

〔一一一〕率然：《孫子·九地》：「率然者，常山之蛇也，擊其首則尾至，擊其尾則首至，擊其中則首尾俱至。」故兵家有「率然之陣」。

〔一一二〕《天問》：「日安不到，燭龍何照？」王逸注：「言天之西北有幽冥無日之國，有龍銜燭而照之也。」

洪興祖補注：「《山海經・海外北經》云：鍾山之神，名曰燭陰，視爲晝，瞑爲夜，吹爲冬，呼爲夏，不飲不食，不喘不息，身長千里，人面蛇身赤色，注曰即燭龍也。」

〔一二三〕斗：北斗。《史記・天官書》：「斗爲帝車，運于中央。」作作：光芒四射狀。《天官書》：「作作有芒。」

〔一二四〕暗曖：昏暗不明狀。

〔一二五〕《離騷》：「吾令帝閽開關兮，倚閶闔而望予。」注：「帝謂天帝也。閽，謂主以昏閉門之隸也。閶闔，天門也。」

〔一二六〕《惜誓》：「蒼龍蚴虬於左驂兮，白虎騁而爲右騑。」陶：皋陶，爲白虎轉世。《春秋元命苞》：其母曰扶始，升高丘，睹白虎上有雲，感己生皋陶，明於刑法。堯爲天子，季秋下旬夢白虎，遂立皋陶爲大理。

〔一二七〕傅：傅説，商高宗賢相。星宿中有傅説星，在箕分，傳説爲傅説所化，故有「傅説乘東維，騎箕尾，而比於列星」（《莊子・德充符》）之説。

〔一二八〕天有匏瓜五星，在河鼓東。河鼓三星即傳説中的「牛郎」。曹植《洛神賦》：「歎匏瓜之無匹兮，詠牽牛之獨處。」阮瑀《止慾賦》：「傷匏瓜之無偶，悲織女之獨勤。」

〔一二九〕柳：二十八宿之一。此用周亞夫細柳營事。

〔一三〇〕木精即歲星。古有歲星木精、熒惑火精、鎮星土精、太白金精、辰星水精之説。

〔二一〕天有天廚星，主盛饌。

〔二二〕有天醫星，爲天之巫醫。

〔二三〕有天棓、天欃、天槍，皆彗星。

〔二四〕鞫：審問。

〔二五〕屩：草鞋。

〔二六〕蘅：嫩草。衡：車轅前端的横木。鸞衡：車衡刻畫爲鸞鳥之形，此即指車。又，衡亦爲北斗七星之一。

〔二七〕《水經注·穀水》：三國時魏明帝於鄴都閶闔南街置銅駝諸獸，銅駝高九尺。靈瑣：帝王宫門。

〔二八〕古樂府：「天上何所有，歷歷種白榆。」白榆，星名，即天錢星。

〔二九〕矞卿：矞雲、卿雲，即慶雲，祥雲也。

〔三〇〕王子年《拾遺記》卷一：黄帝時瑪瑙甕，堯時猶存，甘露在中，謂之寶露。及舜遷寶甕於衡山，故衡山有寶露壇。於壇下起月館，時有雲氣生於露壇。

〔三一〕《離騷》：「索藑茅以筳篿兮，命靈氛爲余占之。」注：靈氛，古明占吉凶者也。《書·大禹謨》：「惠迪吉。」從道而行事則吉。

〔三二〕《漢書·叙傳上》引班固《幽通賦》：「盍孟晉以迨群兮，辰倏忽其不再。」服虔注：「孟，勉也。晉，進也。」

王不留行又一種。

王不留行，《蜀木草》所述形狀，乃俗呼「天泡果」，《本草綱目》從之。

王不留行

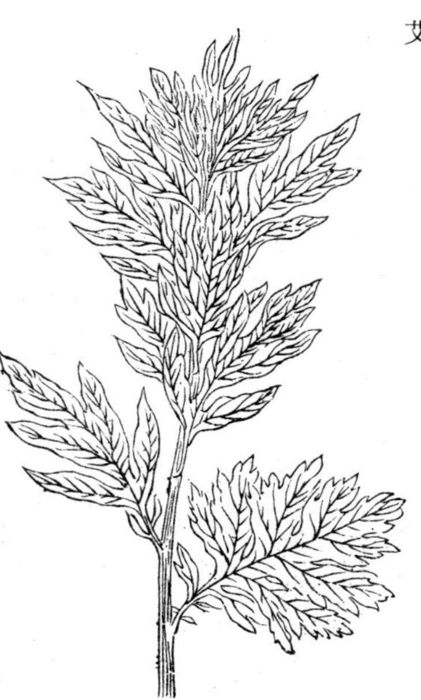
艾

艾

艾，《别録》中品。《爾雅》：「艾，冰臺。」古人以灸百病，其治滯下諸證，亦入煎用之。今以蘄州産者良。

雩婁農曰：民非水火不生活，非獨饔飧也。人秉五常之性，水内景而發於液，火外景而聚於目。〔一〕世徒知水泛則燥之，火揚則潤之，而不思涌溢者其源必塞，炎發者其根必虚。聖人以疏防命水官，〔二〕以出入均火政。〔三〕後世鑽燧之法湮，而掌火無官；醫者治病以湯，而習砭灸者亦尠。《素問》曰：「北方者，天地所閉藏之域也。藏寒生滿病，宜艾焫。」〔四〕注謂北方陰寒獨盛，陽氣閉藏，灸之，能通接元陽於至陰之下。《經》曰「陷下則灸之」，〔五〕蓋火鬱而不能發，則必違其炎上之性，物以類聚，用外火引内火，故陷者能升。子罕之救火，徹小屋，表火道，以慮其遏而熾，猶之壅而潰也。〔六〕凡發背及諸熱腫、諸風冷痰，皆可灸。風冷者温以驅之，毒熱者暖而導之。故治民及治病，務求其通，而不可稍迫，其理一也。孟子曰：「凡有四端於我者，若火之始然，泉之始達。」〔七〕雖設譬之辭，而人之性情心術，實則本諸水火五事。以配五行，則貌、言專與水、火爲儷。然木者水之子而火之母，金者水所生而火所制，土者火所洩而水所恃。水火得其宜，則性情和平，百病不生，而天機活潑，曰恭、曰從、曰明、曰聰、曰睿，無乖戾之拂其本性矣。《易》之書廣大悉備，而終以「既濟」、「未濟」。然則天地萬物，水火得則爲和甘時節，水火不相得則爲灾眚瘥癘。醫者知用水而不知用火，非所見之偏耶？

艾

〔一〕景：光也。《大戴禮·曾子天圓篇》：「天道曰圓，地道曰方，方曰幽而圓曰明。明者吐氣者也，是故外景；幽者含氣者也，是故内景。故火日外景，而金水内景；吐氣者施，而含氣者化，是以陽施而陰化也。」

〔二〕《周禮·地官司徒》：「稻人掌稼下地。以瀦畜水，以防止水，以溝蕩水，以遂均水，以列舍水，以澮寫水，以涉揚其芟作田。」

〔三〕《周禮·夏官司馬》：「司爟掌行火之政令。四時變國火，以救時疾。季春出火，民咸從之；季秋内火，民亦如之。」

〔四〕「炳」，原本誤作「炳」。見《異法方宜論》，有删節。

〔五〕《經》指《靈樞經》。

〔六〕事見《左傳》襄公九年。

〔七〕四端：《孟子·公孫丑下》：「惻隱之心，仁之端也；羞惡之心，義之端也；辭讓之心，禮之端也；是非之心，智之端也。」

惡實

惡實，《别録》中品。即牛蒡子。《救荒本

草》謂之「牛菜」，俗呼「夜叉頭」。根、葉皆可煮食。今爲斑瘮要藥，蓋除風傷之功。

雩婁農曰：牛蒡子多刺，而獨以「惡」名，何也？初生葉大如芋，形固可駭，莖尤肥，宜能果腹。醫者蓄其實爲良藥。竟體皆有功於人，而蒙不韙之名，名顧可憑乎？牛之名誠不得與騶虞、騏驥伍，〔一〕而爲用亦大矣。劉表帳下牛重八百斤，殺而享士，無異常牛，〔二〕龐其形而枵其實，爲人所輕，得名亦倖矣哉。

〔一〕騶虞：《詩·騶虞》毛《傳》：白虎黑文，不食生物，不履生草，人稱仁獸。

〔二〕見卷二「龍爪豆」條注〔八〕。

小薊

小薊，《别録》中品。《救荒本草》謂之「刺薊菜」。北人謂之「千鍼草」。與紅藍花相類而青紫色，葉爲茹甚美。

大薊

大薊，《别録》中品。性與小薊同。葉大多皺。《救荒本草》：「葉可煠食。根有毒。」醫書相承，多以續斷爲即大薊根。今江西贛産者根較肥，土醫呼爲「土人參」，或以欺人。其即鄭樵

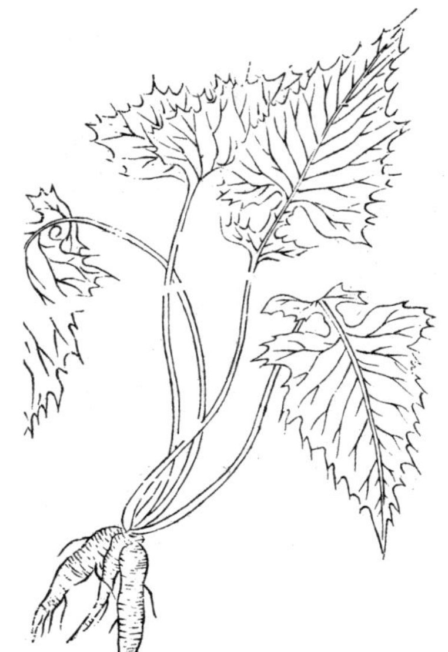

所云「南續斷」耶？

雩婁農曰：薊以氏州，〔一〕其山原皆薊也。刺森森，踐之則迷陽，〔二〕觸之則蜂蠆。顧其嫩葉，汋食之甚美，老則揉爲茸以引火，夜行之車繩之，星星列於途也。〔三〕性去濕，宜血劑。滇南生者高出人上。瘵瘠者餌根，比參耆焉。貌猙獰而質和淑，下堂執手，射雉始笑，〔四〕不聆其言、覩其技，惡乎知之？

〔一〕氏州：爲州之名。指薊州。

〔二〕迷陽：草名，有刺。《莊子・人間世》：「迷陽迷陽，無傷吾行！吾行郤曲，無傷吾足！」

〔三〕以薊爲火繩，夜行燃之以相識别。

〔四〕《左傳》昭公二十八年：昔叔向適鄭。鬷蔑惡，立於堂下。一言而善，叔向聞之曰：「必鬷明也！」執其手以上，曰：「昔賈大夫惡，娶妻而美，三年不言不笑，御以如皋，射雉，獲之，其妻始笑而言。賈大夫曰：『才之不可以已，我不能射，女遂不言不笑。』夫今子少不颺，子若無言，吾幾失子矣。」

大青

大青，《别録》中品。今江西、湖南山坡多有之。葉長四五寸，開五瓣圓紫花，結實生青熟黑。唯實成時花瓣尚在，宛似托盤。土人皆識之，暑月爲飲以解渴。湘人有《三指禪》一書，〔一〕以淡婆婆根治偏頭風，有奇效。余詢而採之，則大青也，鄉音轉訛耳。按《别録》主治時氣頭痛，其功素著。而古方治傷寒、黄疸、時疾、温疫，皆云能回困篤。今醫者多不知，而俚醫用之又不知其本名。國士在門而不以國士遇之，欲其相報之速也難矣。柯亭之竹，〔二〕爨下之桐，〔三〕得一知音，即爲千古佳話。安得多識

之士，遇物能名，如郭林宗之藻鑒群倫，〔四〕使山中小草皆得揚眉吐氣於階前咫尺之地哉！

〔一〕清湖南邵陽人周學霆撰。

〔二〕東漢蔡邕避難於會稽柯亭，仰見椽竹，知有奇音，取之作笛。東晉桓伊善音樂，爲江左第一，得蔡邕柯亭笛，常自吹之。

〔三〕蔡邕在吴，吴人有燒桐以爨者，邕聞火烈之聲，知其良木，因請而裁爲琴，果有美音。而其尾猶焦，故時人名曰焦尾琴。

〔四〕東漢郭太字林宗，知世將亂，不仕。性明知人，好獎訓士類。凡經評品，多成名士。

葒草

葒（hóng）草，《别録》中品。《爾雅》：「葒，蘢古。」陸璣《詩疏》：「游龍，一名『馬蓼』，高丈餘。」《圖經》：「即水葒也。」今北方亦呼爲「水葒」，音訛爲「蓬」。《救荒本草》：「嫩葉可煠食。」陳藏器以爲即《别録》有名未用之天蓼。

雩婁農曰：水葒至梅聖俞始入吟詠，〔一〕

劉克莊亦有「分紅間白」、「拜雨揖風」之句。〔二〕其餘詠蓼，蓋不分別。放翁詩「數枝紅蓼醉清秋」，非此花不能當也。

〔一〕宋梅堯臣字聖俞，有《水葒》詩。

〔二〕劉克莊，原誤作「劉克壯」，據上下文改。宋劉克莊《蓼花》詩：「分紅間白汀洲晚，拜雨揖風江漢秋。」

虎杖

虎杖，《別録》中品。《爾雅》「蒤，虎杖」，注：「似葒草而麄大。」《本草綱目》云：「莖似紅蓼，葉圓似杏，枝黃似柳，花狀如菊，色如桃。」

黃花蒿

黃花蒿，俗呼臭蒿，以覆醬豉。《本草綱目》始收入藥。

虎杖

黃花蒿

青蒿

青蒿，《本經》下品。與黄花蒿無異。《夢溪筆談》以色深青爲别。李時珍云：「青蒿結實大如麻子，中有細子。」湖南園圃中極多，結實如荚實大，北地頗少。

植物名實圖考卷之十二　隰草類

翻白草

翻白草，《救荒本草》録入，云「即『雞腿兒』，根白可食」。《本草綱目》收入「菜部」。考此草僅可充飢，不任烹醃，宜入「隰草」。

雁來紅

《救荒本草》：「後庭花，一名『雁來紅』。人家園圃多種之。葉似人莧葉，其葉中心紅色，又有黄色相間，亦有通身紅色者，亦有紫色者。莖葉間結實，比莧實差大。其葉衆葉攢聚，狀如花朵，其色嬌紅可愛，故以名之。味甜微澀，性涼。採苗葉煠熟，水浸淘淨，油鹽調食，曬乾煠食尤佳。」

雁來紅

金盞草

金盞草

《救荒本草》：「金盞兒花，人家園圃中多種。苗高四五寸，葉似初生萵苣葉，比萵苣葉狹窄而厚。抪莖生葉，莖端開金黄色盞子樣花。其葉味酸。採苗葉煠熟，水浸去酸味，淘淨，油鹽調食。」按：《宋圖經》：「杏葉草，一名『金盞草』，生常州。蔓延籬下，葉葉相對。秋後有子如雞頭實，其中變生一小蟲，脱而能行。中夏採花。」李時珍以爲即金盞花，夏月結實在萼内，宛如尺蠖蟲數枚蟠屈之狀，故蘇氏言其化蟲，實非蟲云。但此草之實不似雞頭，其葉如萵苣，不應有「杏葉」之名，未敢併入。

莠

莠，俗呼「狗尾草」。《救荒本草》收之。今北地饑年亦碾其實作飯充腹，亦呼曰「莠草子」。其莖可去贅瘤，具《本草綱目》。按《説文繫傳》：「蕢，草也。臣鍇按字書云：狗尾草也。」又：「莠，禾粟下揚生莠。臣鍇曰：粟下揚，謂禾粟實下播揚而生，出於粟秕。」以蕢爲狗尾草，不審出何字書。其説莠，乃與稂皇同類，則非「似苗之草」矣。

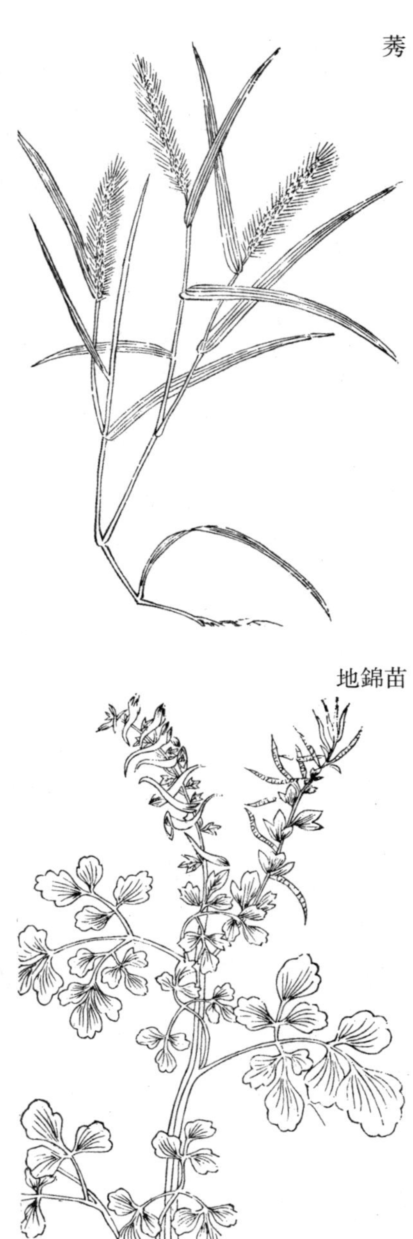

莠

地錦苗

地錦苗

地錦苗，江西園圃平野多有。春初發生，莖葉似胡荽，而葉末稍圓。梢杈開紫花，如小魚形，參差偃仰。跗當花中，尾尖首碩，有兩小瓣，開合如脣。花罷結角，入夏漸枯。按：《救荒本草》："「地錦苗，生田野中，小科苗高五七寸，莖葉似園荽。葉間開紫花，結小角豆兒。苗葉味苦。煠熟浸淨，油鹽調食。」即此。滇南謂之「金鈎如意草」，一名「五味草」。《滇本草》「味有五，故名『五味』。性微寒，祛風，明目，退翳，消散一切風熱、肺勞咳嗽發熱、肝勞發熱怕冷，走筋絡，治筋骨疼、痰火等症。昔太華山趙道人服此藥，輕身延年，聰耳明目」云。

蔞蒿

《詩經》「言刈其蔞」，陸璣《疏》："「蔞，蔞蒿也。其葉似艾，白色，長數寸。高丈餘，好生水邊及澤中。正月根芽生，旁莖正白，生食之，香而脆美。其葉又可蒸爲茹。」按：蔞蒿，古今皆食之，水陸俱生，俗傳能解河豚毒。《救荒本草》謂之蔄蒿。洞庭湖瀨，根長尺餘，居民掘而煮食之，儉歲恃以爲糧，與「蔞蒿滿地，河豚欲上」風景同而滋味異矣。〔一〕

〔一〕蘇軾《惠崇春江曉景二首》："「竹外桃花三兩枝，春江水暖鴨先知。蔞蒿滿地蘆芽短，正是河豚欲上時。」

白蒿

《救荒本草》：「白蒿生荒野中。苗高二三尺。葉如細絲，似初生松鍼，色微青白。稍似艾香，味微辣。採嫩苗葉煠熟，换水浸淘淨，油鹽調食。」按：此白蒿是細葉者，與野同蒿相類，而莖黑褐色，葉如絲，青白相間，稍長則輭弱紛披。蓋初發則青，老則白。因陳根而生，不至秋即枯，或即以爲山茵陳。《宋圖經》云：「階州以白蒿當茵陳。」其所謂白蒿，乃《唐本草》大蓬蒿，非此蒿也。

紫香蒿

《救荒本草》：「紫香蒿，生中牟縣平野中。苗高一二尺。莖方紫色，葉似邪蒿葉而背白，又似野胡蘿蔔葉微短。莖葉梢間結小青子，比灰菜子又小。其葉味苦。採葉煠熟，

水浸去苦味，油鹽調食。」按：此蒿，江西平隰亦間有之。紫莖亭亭。凡蒿初發莖青，漸老則紫，此蒿初生莖即紫，與他蒿不類。其葉亦似青蒿。《宋圖經》：「陰地厥生鄧州順陽縣内鄉山谷。〔一〕味甘苦，微寒，無毒。主療腫毒、風熱。葉似青蒿，莖青紫色，花作小穗微黄，根似細辛。七月採根苗用。」核其形狀正合。

〔一〕鄧州：在今河南。宋時轄穰、南陽、内鄉、順陽和淅川五縣。

堇堇菜

《救荒本草》：「堇（jǐn）堇菜，一名『箭頭草』，生田野中。苗初塌地生。葉似鈹箭頭樣，而葉蒂甚長。其後葉間攛葶，開紫花，結三瓣蒴兒，中有子如芥子大，茶褐色。味甘，採苗葉煠熟，水浸淘淨，油鹽調食。根葉擣傅諸腫毒。」

按：此草，江西、湖南平隰多有之，或呼爲「紫金鎖」，又呼爲「紫花地丁」。其結實頗似小白茄，北人又呼爲「小甜水茄」。其葉和麪切食，甚滑。實老裂爲三叉，子黄如粟，黏於殼上，漸次黑落。俚醫用根治火症，功同地丁。

犁頭草　寶劍草　如意草

犁頭草，即「堇堇菜」。南北所産，葉長、圓、尖、缺各異，花亦有白、紫之别。又有「寶劍草」、「半邊蓮」諸名，而結實則同。滇南謂之「地草果」，以治目疾乳腫。《滇南本草》：地草果，味辛酸，性微温。入肝經，走陽明，破血氣，舒鬱結。風火眼暴赤、疼痛，祛風退翳。蓋肝氣結而翳成，散結則雲翳自

寶劍草

犁頭草

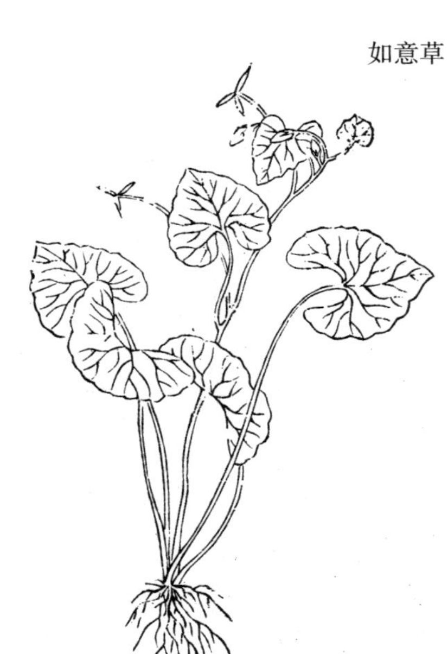

如意草

退。但肝實可用，肝虛忌之。紫花者治奶頭疼痛，或小兒吹著，或身體壓注、乳汁不通、頭痛怕冷、發熱口乾、身體困倦、乳頭乳傍紅腫脹硬。地草果二錢，天花粉一錢，川芎錢半，青皮五分，北柴胡一錢，白芷一錢，金銀花一錢，甘草節五分，水酒煎服。治目疾赤腫，用白花、緑花地草果一錢，川芎一錢，白蒺藜一錢，木賊五分，穀精草一錢，白菊一錢，支子一錢，蟬退一錢，引用羊肝一片。

《山西通志》：「如意草，一名『箭頭草』，象葉形也。夏開紫花，似指甲草而小，有香，土人嘗採蒸麥飯。結實三稜似瓜形，如豆大，熟則殼分，三角中各含子十餘粒，如粟大，色蒼黃。根似遠志，味苦辛。近醫多採葉陰乾，以末塗惡瘡，效。」

毛白菜

毛白菜，江西、湖南多有之。初生鋪地如芥菜，長葉深齒，白毛茸茸。夏間抽莖，抱莖生葉，攢附而上。梢間發小枝，開淡紫花，全似馬蘭稍大。俚醫以根葉同肉煮服，治吐血。按：《救荒本草》：「毛連菜，一名『常十八』，生田野中。苗初塌地生，後攛莖叉高二尺許。葉似刺薊葉而長大稍尖，其葉邊褔曲皺，〔一〕上有澀毛。梢間開銀褐花，味微苦。採葉煠熟，水浸淘洗，油鹽調食。」形狀極肖。又《天禄識餘》：「草花中有名『長十八』者。」元葛邏禄迺賢《塞上曲》云：「雙鬟小女玉娟娟，自捲氈簾出帳前。忽見一枝長十八，折來簪在帽簷邊。」下注曰：「長十八，草花名。」余至塞外，果有是花，未知即此否。

〔一〕衣領曰褔，邊褔即今云「邊沿」。

毛白菜

小蟲兒卧單

《救荒本草》：「小蟲兒卧單，一名『鐵線草』。苗塌地生。葉似星宿葉而極小，又似雞眼草葉，亦小。其莖色紅，開小紅花。苗味甜。採苗葉煠熟，水浸淘淨，油鹽調食。」

按：小蟲兒卧單，固始呼爲「小蟲兒蓋」，直

小蟲兒卧單

毛白菜

隸呼爲「雀兒頭」。李時珍《本草綱目》入《嘉祐本草》「地錦」下，併入有名未用。《别録》「地朕」，援據《本草拾遺》：「地朕，一名『地錦』，一名『地噤』，蔓延著地，葉光淨，露下有光。」又引掌禹錫曰：「地錦草，生近道田野。出滁州者尤佳。葉細弱，蔓延於地。莖赤，葉青紫色。夏中茂盛，開紅花，結細實。取苗子用之。」狀極相類。而李時珍所説則是「奶花草」。二種皆布地生。小蟲兒臥單莖細葉稀，無白汁，花不黄，非一草也。形狀未符，主治俱不載，以俟考。《山西通志》：「地錦一名『草血竭』，一名『雀兒單』，潞人稱爲『小蟲兒臥單』。」此草既有「草血竭」之名，則治血症應效。

地耳草

地耳草，一名「斑鳩窩」，一名「雀舌草」，生江西田野中。高三四寸，叢生。葉如小蟲兒臥單。葉初生甚紅，葉皆抱莖上聳，老則變緑。梢端春開小黄花。按《野菜譜》有「雀舌草」，狀亦相類，或即此。

野艾蒿

《救荒本草》：「野艾蒿，生田野中。苗葉類艾而細，又多花叉。葉有艾香，味苦。採葉煠熟，水淘去苦味，油鹽調食。」按：此蒿與大蓬蒿相類，而莖菜白，似艾。

野同蒿

《救荒本草》：「野同蒿，生荒野中。苗高二三尺，莖紫赤色。葉似白蒿，色微青黄；又似初生松針而茸細。味苦。採嫩苗葉煠熟，换水浸淘淨，油鹽調食。」按：野同蒿即蓬蒿。陸璣《詩疏》：「藻一種，莖大如釵股，葉如蓬蒿，謂之『聚藻』。」此蒿莖葉青緑一色，而葉細如絲，正與水藻相似。湖南亦謂之「青蒿」，云功用勝於似黄蒿之青蒿。李時珍以同蒿菜爲蓬蒿，殊誤。

野同蒿

大蓬蒿

《救荒本草》：「大蓬蒿，生密縣山野中。莖似黄蒿。莖色微帶紫，葉似山芥菜葉而長大。極多花叉，又似風花菜葉，叉亦多。又似漏蘆葉，卻微短。開碎瓣黄花。苗、葉味苦。採葉煠熟，水浸淘去苦味，油鹽調食。」

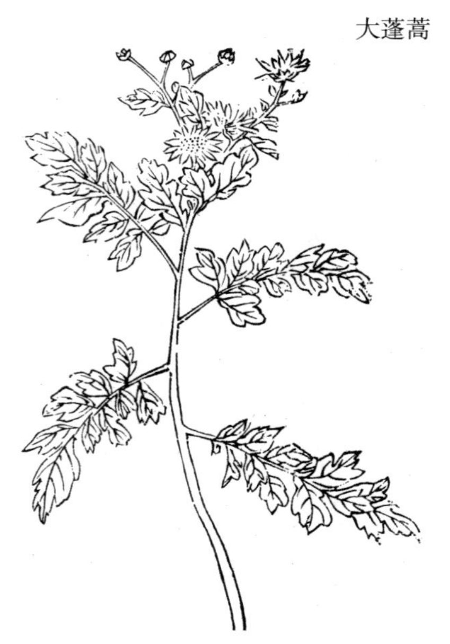
大蓬蒿

野同蒿

牛尾蒿

牛尾蒿，《詩經》「取蕭祭脂」，陸璣《疏》：蕭荻，今人所謂「荻蒿」者是也。或云牛尾蒿似白蒿，白葉莖麤。科生，多者數十莖。可作燭，有香氣，故祭祀以脂爇之爲香。許慎以爲艾蒿，非也。《郊特牲》云「既奠，然後爇蕭合馨香」是也。按：《爾雅》「蕭，荻」，郭注：「即蒿。」蓋牛尾蒿初生時與蔞蒿同，唯一莖，旁生横枝。秋時枝上發短葉，横斜欹舞，如短尾隨風，故俗呼以狀名之。其莖直硬，與蔞蒿同爲燭桿之用。李時珍以陸《疏》苹爲牛尾蒿，與今本不同。鄭漁仲以牛尾蒿爲青蒿子，大誤。

《爾雅正義》：〔一〕「苹，藾蕭」，注「今藾蒿也，初生亦可食」，《正義》：「此别蒿之類也。苹，一名藾蕭。《小雅》云『呦呦鹿鳴，食野之苹』，鄭《箋》以爲藾蕭。《疏》引陸璣《疏》云：『葉青白色，莖似蓍而輕脆，始生時可生食，又可蒸食。』按藾蕭爲蒿之别種，俗呼爲『牛尾蒿』，或以爲即今白蒿，非也。」又「蕭，荻」，注「即蒿」，《正義》：「《詩疏》引李巡云：『萩，一名蕭。』《天官·甸師》云：『祭祀，共蕭茅。』杜子春以爲『蕭，香蒿也』。後鄭謂《詩》所云『取蕭祭脂』，《郊特牲》云『蕭和黍稷，臭陽達於牆屋，故既薦，然後焫蕭爲馨香』者，是『蕭』之謂也。又鄭注《郊特牲》云：『蕭，薌蒿也，染以脂，合黍稷燒之。』《生民·詩》疏云：『宗廟之祭，以香蒿合黍稷，燒此香蒿，以合其馨香之氣。』是蕭爲蒿之香者也。『萩』，監本誤作『荻』，《唐石經》作『萩』。《釋文》『萩』音『秋』。今改正。案《春官·鬱人》疏引《王度記》云：『士以蕭，庶人以艾。』《白虎通義》亦引之。是蕭與艾定爲二物也。蕭、艾皆香草，而《離騷》云『何昔日之芳草，今直爲此蕭艾也』，蓋蕭可以爇，艾可以灸，古之長育群材者，芳草各有其用，而采蕭、采艾亦各以其時。今不辨其爲芳草，而與蕭、艾並見燒薙，故騷人歎之。説《楚辭》者不達其意，以蕭、艾爲惡草，誤矣。《管子·地員篇》云：『荓下於蕭，蕭下於薜。』辨庶草者，固各有其等差也。」

《説文解字注》：「蕭，艾蒿也。〔二〕《大雅》『取蕭祭脂』，《郊特牲》『焫蕭合馨香』，故毛公曰：『蕭，所以共祭祀。』鄭君曰：『蕭，薌蒿也。』陸璣曰：『今人所謂萩蒿也。或曰牛尾蒿。』

許慎以爲艾蒿，非也。按：陸語非是。此物蒿類而似艾，一名艾蒿，許非謂艾爲蕭也。齊高帝云『蕭即艾也』，乃爲誤耳。又按《曹風》傳曰：『蕭，蒿也。』此統言之，諸家云薌蒿、艾蒿者，析言之。從草，肅聲。〔三〕蘇彫切，古音在三部，音脩，亦與肅同音通用。《甸師》『共蕭茅』，杜子春讀『肅』爲『蕭』。蕭牆、蕭斧皆訓肅。萩，蕭也。從草，秋聲。〔四〕七由切，三部。古多以萩爲楸，如《左氏傳》『伐雍門之萩』、《史》《漢》『河濟之間千樹萩』是也。」

〔一〕清邵晉涵撰。

〔二〕「蕭，艾蒿也」爲《説文》原文，以下爲段注。

〔三〕「從草，肅聲」爲《説文》原文，以下爲段注。

〔四〕「萩，蕭也。從草，秋聲」爲《説文》原文，以下爲段注。

柳葉蒿

柳葉蒿，莖長二尺許，色青，心實，不類蒿。葉面青，背白，長而狹，有尖齒。頂端葉單似柳，以下葉漸分三歧或四歧，味清香似艾。生嶽麓山。秋開花如粟，與他蒿同。

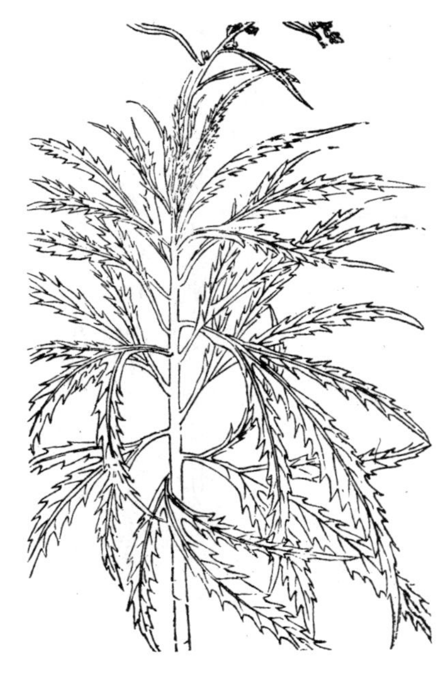

扯根菜

《救荒本草》：「扯根菜，生田野中。苗高一尺許。莖赤紅色，葉似小桃紅葉，微窄小，色頗綠；又似小柳葉，亦短而厚窄。其葉周圍攢莖而生。開碎瓣小青白花，結小花蒴似蒺藜樣。葉苗味甘。採苗、葉煠熟，水浸淘淨，油鹽調食。」按：此草，湖南坡隴上多有之，俗名「矮桃」，以其葉似桃葉，高不過二三尺，故名。俚醫以爲散血之藥。

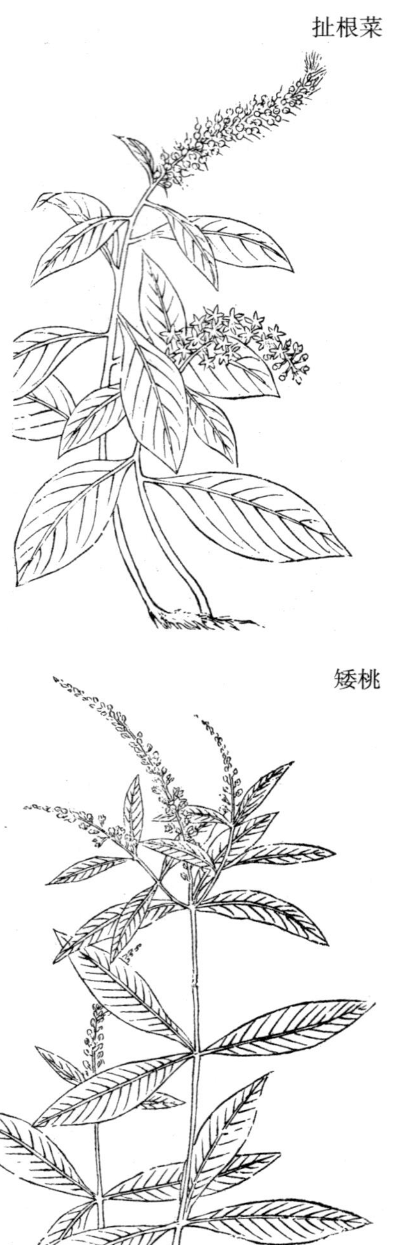

矮桃 又一種。

矮桃，生湖南，頗似扯根菜。三葉攢生，柔厚尖長。梢開青白小五瓣花，成穗。土人以爲即扯根菜一類，故俱呼「矮桃」。

龍芽草

《救荒本草》：「龍芽草，一名『瓜香草』，生輝縣鴨子口山野間。苗高尺餘。莖多澀毛，葉如地棠葉而寬大，葉頭齊團，每五葉或七葉作一莖，排生。葉莖脚上又有小芽，葉兩兩對生。梢間出穗，開五瓣小圓黃花，結青毛蓇葖，有子大如黍粒，味甜。收子或擣或磨，作麪食之。」按：此草建昌呼爲「老鸛嘴」，廣信呼爲「子目草」，湖南呼爲「毛脚茵」，以治風痰、腰痛。考《本經》「蛇含」，陶隱居云用有黃花者，李時珍以爲即「小龍芽」，或即此草。但《圖經》未甚詳晰。方藥久不採用，仍入「草藥」，以見「禮失求野」之義。《滇南本草》謂之「黃龍尾」，味苦，性温，治婦人月經前後紅崩、白帶、面寒、腹痛、赤白痢疾。杭芍二錢，川芎一錢五分，香附一錢，紅花二錢，黃龍尾三錢，行經紫黑加蘇木、黃芩，腸痛加延胡、小茴，白帶加白芷、木瓜，赤帶加土茯苓、赤木通、蛇果草、八仙草、甘草。

滿天星

滿天星，生水濱，處處有之。緑莖鋪地。花、葉俱類旱蓮草，葉小而花密爲異。俚醫以洗無名腫毒。按《救荒本草》：「耐驚菜，一名『蓮子草』，以其花之蓇葖狀似小蓮蓬樣，故名。生下濕地中。苗高一尺餘。莖紫赤色，對生莖叉。葉似小桃紅葉而長。梢間開細瓣白花而淡黄心。葉味苦。採苗葉煠熟，油鹽調食。」核其形味，即此。

水蓑衣

《救荒本草》：「水蓑衣，生水泊邊。葉似地梢瓜葉而窄。每葉間皆結小青蓇葖。其葉味苦。採苗、葉煠熟，水浸淘去苦味，油鹽調食。」按：此草，江西沙洲多有之，唯葉間青蓇葖略帶淡紅色。余取破之，其中皆有一小蟲

水蓑衣　　滿天星

跧伏其中。南方濕熱，草木蘊結，〔一〕化生蟲蛾，不可細詰，故挑野菜者絶少，不似北地黄壤，幾於草根樹皮皆成野蔬也。又小説家謂有「仙桃草」，四五月麥田中蔓生，葉緑莖紅，實大如椒，形如桃，中有一小蟲。宜在小暑節十五日内取之，先期則無蟲，後時則蟲飛出。趁未坼採之，烘乾研末，藏以待用，一切跌打損傷，服一二錢，可以起死回生。或云其葉煎水浴之亦妙。按狀與此草殊肖。

〔一〕蘊結：聚集糾結。此言草木叢聚，則不通風而易發熱。

地角兒苗

《救荒本草》：「地角兒苗，一名地牛兒苗，生田野中。塌地生，一根就分數十莖，其莖甚稠。葉似胡豆葉微小。葉生莖面，每攢四葉，對生作一處。莖旁另又生葶。梢頭開淡紫花，結角似連翹角而小，中有子，狀似蹹豆顆，味甘。採嫩角生食，硬角熟食。」按：此草，江西平野亦有之，土人無識之者。

雞眼草

《救荒本草》：「雞眼草，又名『掐不齊』，以其葉用指甲掐之，作劐不齊，〔一〕故名。生荒野中，塌地生。葉如雞眼大，似三葉酸漿葉而圓，又似小蟲兒卧單葉而大。結子小如粟粒，黑茶褐色，味微苦。氣與槐相類，性温。採子擣取米，其米青色。先用冷水淘淨，卻以滚水泡三五次，去水下鍋，或煮粥，或作炊飯食之，或磨麪作餅食亦可。」按：江西田野中有之，土人呼爲「公母草」。其葉皆斜紋，掐之輒復相勾連。或云中暑，搗取汁，涼水飲之即愈。

〔一〕劐：裂口。

狗蹄兒

狗蹄兒，處處平隰有之。初生小葉鋪地，圓如狗脚跡，故名。漸長，葉如長柄小匙。春

雞眼草

狗蹄兒

抽細莖，開五瓣小藍花，與小葉相間。鄉人摘其嫩葉茹之。王磐以入《野菜譜》。

米布袋

《救荒本草》：「米布袋，生田野中。苗塌地生。葉似澤漆葉而窄，其葉順莖排生。梢頭攢結三四角，中有子如黍粒大，微匾，味甘。採角取子，水淘洗淨，下鍋煮食。苗、葉煠熟，油鹽調食亦可。」

米布袋

雞兒頭苗

雞兒頭苗

《救荒本草》：「雞兒頭苗，生祥符西田野中。就地拖秧，生葉甚疎稀。每五葉攢生，狀如一葉。其葉花叉有小鋸齒。葉間生蔓，開五瓣黃花。根叉甚多，其根形如香附子，而鬚長，皮黑，肉白，味甜。採根，换水煮熟食。」

雞兒腸

《救荒本草》：「雞兒腸，生中牟田野中。苗高一二尺。莖黑紫色，葉似薄荷葉微小，邊有稀鋸齒；又似六月菊。梢葉間開細瓣淡粉紫花，黃心。葉味微辣。採葉煠熟，换水淘去辣味，油鹽調食。」

鹻蓬

《救荒本草》：「鹻蓬，一名『鹽蓬』，生水傍下濕地。莖似落藜，亦有綫楞。葉似蓬而肥壯，比蓬葉亦稀疎。莖葉間結青子，極細小。其葉味微鹹，性微寒。採苗、葉煠熱，水浸去鹹味，淘洗淨，油鹽調食。」山西鹻地多有之。

雞兒腸

鹻蓬

牻牛兒苗

《救荒本草》：「牻（máng）牛兒苗，又名『鬭牛兒苗』，生田野中。就地拖秧而生。莖蔓細弱，其莖紅紫色，葉似蒝荽葉，瘦細而稀疏。開五瓣小紫花，結青蓇葖兒，上有一嘴甚尖鋭，如細錐子狀，小兒取以爲鬭戲。葉味微苦。採葉煠熟，水浸去苦味，淘淨，油鹽調食。」按：汜水俗呼「牽巴巴」。牽巴巴者，俗謂啄木鳥也。其角極似鳥嘴，因以名焉。直隸謂之「燙燙青」，言其葉焯以水則逾青云。山西圃中極多，與苦菜、苣蕒同秀，葉味不甚苦，微澀。

牻牛兒苗

沙蓬

沙蓬

《救荒本草》：「沙蓬，又名『雞爪菜』，生田野中。苗高一尺餘。初就地上蔓生，後分莖叉。

其莖有細綫楞。葉似獨掃葉，狹窄而厚；又似石竹子葉，亦窄。莖、葉梢間結小青子，小如粟粒。其葉味甘性温。採苗、葉煠熟，水浸淘淨，油鹽調食。」

沙消

沙消，江西沙上多有之。紫莖，葉如石竹子葉而密。土人以利水道。其形與沙蓬相類。

沙消

水棘針

水棘針

《救荒本草》：「水棘針苗，又名『山油子』，生田野中。苗高一二尺。莖方四楞，對分莖叉，葉亦對生。其葉似荆葉而軟，鋸齒尖葉。莖、葉紫緑，開小紫碧花。葉味辛辣微甜。採苗、葉煠熟，水淘洗淨，油鹽調食。」

鐵掃箒

《救荒本草》：「鐵掃箒，生荒野中，就地叢生，一本二三十莖。苗高三四尺。葉似苜蓿葉而細長，又似細葉胡枝子葉，亦短小。開小白花。其葉味苦。採嫩苗、葉煠熟，換水浸去苦味，油鹽調食。」《爾雅正義》：「荓，馬帚」，注「似蓍，可以爲掃彗」，《正義》：「荓，一名馬帚。《夏小正》云：『七月荓秀，荓也者，馬帚也。』《廣雅》云：『馬帚，屈馬第也。』《管子·地員篇》云：『蔞下於荓。』」註「似蓍」至「掃彗」，《正義》：「《說文》云：『蓍，蒿屬，生千歲三百莖。』」按荓草似蓍，則亦蒿屬也。李時珍云：「此即蒿草，謂其可爲馬刷，故名馬帚。今河南人謂之『鐵掃帚』。」〔二〕李以荓爲鐵掃帚極肖，又云「即茘也」，殊誤，無蒿草之說。

〔一〕原本缺「北」字，據《本草綱目》卷十五補。

刀尖兒苗

《救荒本草》：「刀尖兒苗，生密縣梁家衝山野中。苗高二三尺。葉似細柳葉，硬而細，長而尖，葉皆兩兩抪莖對生。葉間開淡黄花，結尖角兒，長二寸許，麄如蘿蔔，角中有白穰及小匾黑子。其葉味甘。採葉煠熟，水淘洗淨，油鹽調食。」

刀尖兒苗

山蓼

山蓼

《救荒本草》：「山蓼，生密縣山野間。苗高一二尺。葉似芍藥葉而長細窄，又似野菊花葉而硬厚，又似水胡椒葉亦硬。開碎瓣白花。其葉味微辣。採嫩葉煠熟，換水浸去辣氣，作成黄色，淘洗淨，油鹽調食。」

六月菊

《救荒本草》：「六月菊，生祥符西田野中。苗高一二尺，莖似鐵桿蒿莖。葉似雞兒腸葉，但長而澀，又似馬蘭頭葉而硬短。梢葉間開淡紫花。葉味微酸澀。採葉煠熟，水浸去澀味，油鹽調食。」

六月菊

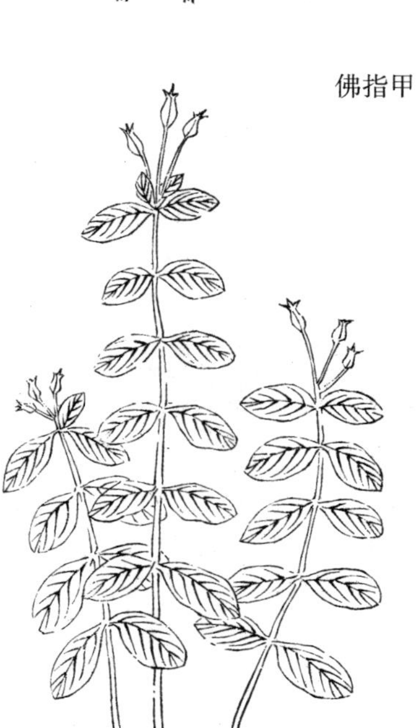
佛指甲

佛指甲

《救荒本草》：「佛指甲，科苗高一二尺。莖微帶赤黃色。其葉淡緑，背皆微帶白色。葉如長匙頭樣，似黑豆葉而微寬，又似鵝兒腸葉甚大，皆兩葉對生。開黃花，結實形如連翹，微小，中有黑子如小粟粒。其葉甜，可食。」按：《本草綱目》誤以爲即「景天」，其花、實絶不相類。

鯽魚鱗

《救荒本草》：「鯽魚鱗，生密縣韶華山山野中。苗高一二尺。莖方而茶褐色，對分莖叉，葉亦對生。葉似雞腸菜葉，頗大，又似桔梗葉而微軟薄，葉面卻微紋皺。梢間開粉紅花，結子如小粟粒而茶褐色。其葉味甜。採葉煠熟，水浸淘淨，油鹽調食。」

鯽魚鱗

婆婆納

婆婆納

《救荒本草》：「婆婆納，生田野中。苗塌地生。葉最小，如小面花黶兒，狀類初生菊花芽，葉又團邊微花如雲頭樣。味甜。採苗、葉煠熟，水浸淘淨，油鹽調食。」

野粉團兒

《救荒本草》：「野粉團兒，生田野中。苗高一二尺。莖似鐵桿蒿莖，葉似獨掃葉而小，上下稀疏。枝頭分叉，開淡白花，黄心。味甜辣。採嫩苗、葉煠熟，水浸淘淨，油鹽調食。」

野粉團兒

狗掉尾苗

狗掉尾苗

《救荒本草》：「狗掉尾苗，生南陽府馬鞍山中。苗高二三尺，拖蔓而生。莖方色青。其葉似歪頭菜葉，稍大而尖艄，色深緑，紋脈微多；又似狗筋蔓葉。梢間開五瓣小白花，黄心，衆花攢開，其狀如穗。葉味微酸。採嫩葉煠熟，水浸去酸味，淘淨，油鹽調食。」

猪尾把苗

《救荒本草》：「猪尾把苗，一名『狗脚菜』，生荒野中。苗長尺餘。葉似甘露兒葉而甚短小，其頭頗齊。莖、葉皆有細毛。每葉間順條開小白花，結小蒴兒，中有子，小如粟粒，黑色。苗、葉味甜。採嫩葉煠熟，換水浸，淘淨，油鹽調食。子可搗爲麪食。」

猪尾把苗

螺黶兒

螺黶兒

《救荒本草》：「螺黶（yǎn）兒，一名『地桑』，又名『痢見草』，生荒野中。莖微紅，葉似野人莧葉，微長窄而尖。開花作赤色小細穗兒。其葉味甘。採苗、葉煠熟，水浸，淘去邪味，油鹽調食。」

兔兒酸

《救荒本草》：「兔兒酸，一名『兔兒漿』，所在田野中皆有之。苗比水葒矮短，莖葉皆類水葒。其莖節密，其葉亦稠，比水葒葉稍薄小。味酸性寒，無毒。採苗、葉煠熟，以新汲水浸去酸味，淘淨，油鹽調食。」

兔兒酸

米蒿

米蒿

《救荒本草》：「米蒿，生田野中，所在處處有之。苗高尺許。葉似園荽葉微細。葉叢間分生莖叉，梢上開小青黄花，結小細角似葶藶角兒。葉味微苦。採嫩苗、葉煠熟，水浸過淘淨，油鹽調食。」

鐵桿蒿

《救荒本草》：「鐵桿蒿，生田野中。苗莖高二三尺。葉似獨掃葉，微肥短；又似扁蓄葉而短小。分生莖叉，梢間開淡紫花，黄心。葉味苦，採葉煠熟，淘去苦味，油鹽調食。」

鐵桿蒿

花蒿

花蒿

《救荒本草》：「花蒿，生荒野中。花葉就地叢生。葉長三四寸，四散分垂。葉似獨掃葉而長硬，其頭頗齊，微有毛澀。味微辛。採葉煠熟，水浸淘淨，油鹽調食。」

兔兒尾苗

《救荒本草》：「兔兒尾苗，生田野中。苗高一二尺。葉似水荭葉而短，其尖頗齊。梢頭出穗如兔尾狀，開花白色，結紅蓇葖如椒〔一〕目大，其葉微酸。採嫩苗、葉煠熟，水浸淘淨，油鹽調食。」

〔一〕「尖頗齊梢頭出穗如兔尾狀開花白色結紅蓇葖如椒」二十一字，原本闕，據《救荒本草》補。

兔兒尾苗

虎尾草

虎尾草

《救荒本草》：「虎尾草，生密縣山谷中。科苗高二三尺。莖圓，葉頗似柳葉而瘦短，又似兔兒尾葉，亦瘦窄；又似黃精葉頗軟。抪莖攢生。味甜微澀。採苗、葉煠熟，換水淘去澀味，油鹽調食。」

兔兒傘

《救荒本草》：「兔兒傘，生滎陽塔兒山荒野中。其苗高二三尺許。每科初生一莖，莖端生葉，一層有七八葉，每葉分作四叉，排生如傘蓋狀，故以爲名。後於葉間攛生莖叉，上開淡紅白花。根似牛膝而疎短。味苦微辛。採嫩葉煠熟，換水浸淘去苦味，油鹽調食。」

兔兒傘

柳葉菜

柳葉菜

《救荒本草》：「柳葉菜，生中牟荒野中。科苗高二尺餘。莖似蒿莖，葉似柳葉而短，抪莖而生。開小白花，銀褐心。其葉味微辛。採嫩葉煠熟，水浸淘淨，油鹽調食。」

莜蕿根

《救荒本草》：「莜（mào）蕿（sǎo）根，俗名『麪碌碡』，生水邊下濕地。其葉就地叢生，葉似蒲葉而肥短，葉背如劍脊樣。葉叢中間攛葶，上開淡粉紅花，俱皆六瓣。花頭攢開如傘蓋狀，結子如韭花蓇葖。其根如鷹爪黄連樣，色如墐泥色。味甘。採根揩去皴及毛，用水淘淨，蒸熟食，或曬乾炒熟食，或磨作麪蒸食，皆可。」

綿棗兒

《救荒本草》：「綿棗兒，一名『石棗兒』，出密縣山谷中，生石間。苗高三五寸。葉似韭葉而闊，瓦隴樣。葉中攛葶，出穗似雞冠莧穗而細小。開淡紅花，微帶紫色。結小蒴兒，其子似

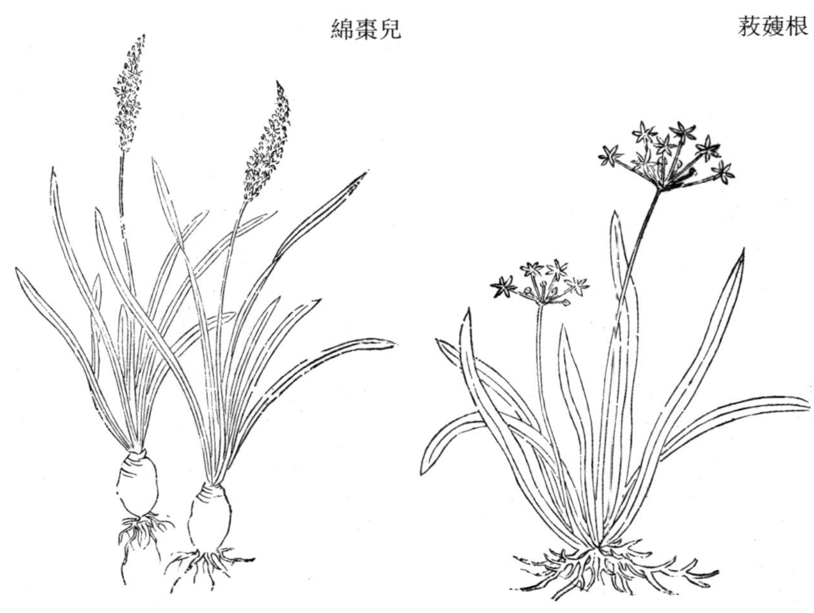

大藍子而小，黑色。根類獨顆蒜，又似棗形而白，味甜性寒。採取根，添水久煮極熟食之。不換水煮食後，腹中鳴，有下氣。」

土䜌兒

《救荒本草》：「土䜌（luán）兒，一名『地栗子』，出新鄭山野中。細莖延蔓而生。葉似菉豆葉，微尖艄，每三葉攢生一處。根似土瓜兒根，微團。味甜。採根煮熟食之。」

大蓼

《救荒本草》：「大蓼，生密縣梁家衝山谷中，拖藤而生。莖有線楞而頗硬，對節分生莖叉，葉亦對生。葉似山蓼葉，微短拳曲。節間開白花。其葉味苦微辣。採葉煠熟，换水浸去辣味，作成黄色，淘洗淨，油鹽調食。花亦可煠食。」

金瓜兒

《救荒本草》：「金瓜兒，生鄭州田野中。〔一〕苗初生，似小葫蘆葉而微小，又似赤雹兒葉。莖方，莖葉俱有毛刺。每葉間出一細藤，延蔓而生。開五瓣尖椀子黄花，結子如馬瓝大，生青熟紅。根形如雞彈微小，其皮土黄色，内則青白色。味微苦，性寒，與酒相反。掘取根，换水煮，浸去苦味，再以水煮極熟食之。」

〔一〕「州」，原本作「山」，據《救荒本草》改。

牛耳朵

《救荒本草》：「牛耳朵，一名『野芥菜』，生田野中。苗高一二尺。苗莖似蒿苣，葉似牛耳

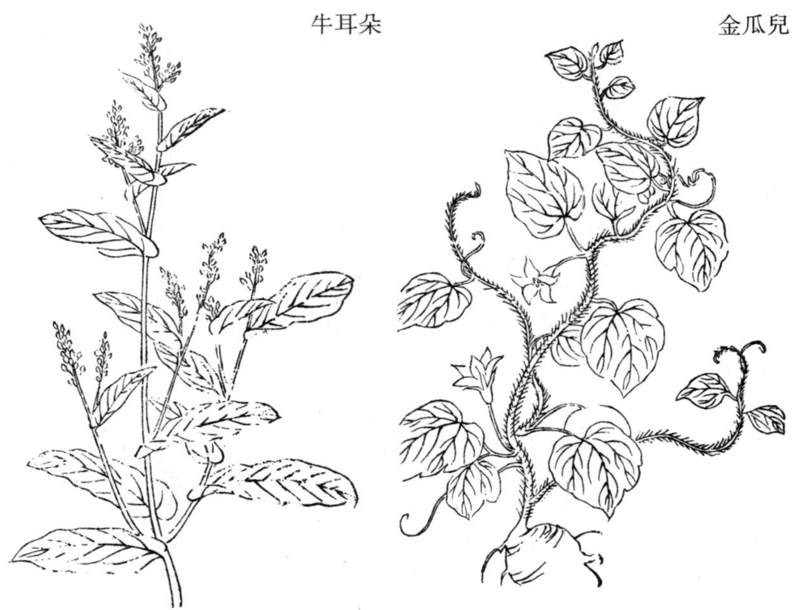

金瓜兒　牛耳朵

朵形而小。葉間分攛葶，又開白花，結子如棗粒大。葉味微苦辣。採苗、葉淘洗淨，煠熟，油鹽調食。」

拖白練

《救荒本草》：「拖白練，苗生田野中。苗塌地生，葉似垂盆草葉而又小。葉間開小白花，結細黃子。其葉味甜。採苗、葉煠熟，油鹽調食。」

拖白練

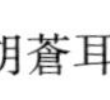

胡蒼耳

胡蒼耳

《救荒本草》：「胡蒼耳，又名『回回蒼耳』，生田野中。葉似皁莢葉，微長大，又似望江南葉而小，頗硬，色微淡緑。莖有綫楞。結實如蒼耳實，但長銷。味微苦。採嫩苗、葉煠熟，水浸去苦味，淘淨，油鹽調食。今人傳説治諸般瘡，採葉用好酒熬喫，消腫。」

野蜀葵

《救荒本草》：「野蜀葵，生荒野中。就地叢生，苗高五寸許。葉似葛勒子秧葉而厚大，又似地牡丹葉。味辣。採嫩葉煠熟，水浸淘淨，油鹽調食。」

野蜀葵

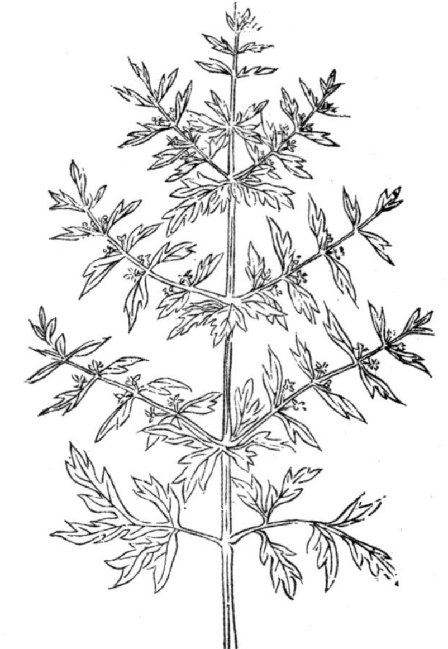
透骨草

透骨草

《救荒本草》：「透骨草，一名『天芝蔴』，生中牟荒野中。苗高三四尺。莖方，窊面四楞。

其莖脚紫，對節分生莖叉。葉似蔄蒿葉而多花，叉葉皆對生莖節間，攢開粉紅花，結子似胡麻子。葉味苦。採嫩苗、葉煠熟，水浸去苦味，淘淨，油鹽調食。今人傳説採苗擣傅腫毒。」《本草綱目》：「透骨草，治筋骨一切風濕疼痛、攣縮、寒濕脚氣。《孫氏集效方》：『治癘風、遍身瘡癬，用透骨草、苦參、大黄、雄黄各五錢，研末煎湯，於密室中席圍，先熏至汗出如雨，淋洗之。』《普濟方》：『治反胃吐食，透骨草獨科，蒼耳、生牡蠣各一錢，薑三片，水煎服。』楊誠《經驗方》：『治一切腫毒初起，用透骨草、漏蘆、防風、地榆等分煎湯，綿蘸，乘熱不住盪之，二三日即愈。』」

酸桶笋

《救荒本草》：「酸桶笋，生密縣韶華山山澗邊。初發笋葉，其後分生莖叉。科苗高四五尺。莖桿似水葒莖而紅赤色，其葉似白槿葉而澀，又似山格刺菜葉，亦澀，紋脈亦麄。味甘微酸。採嫩笋葉煠熟，水浸去邪味，淘淨，油鹽調食。」

地參

《救荒本草》：「地參，又名『山蔓菁』，生鄭州沙崗間。苗高一二尺。葉似初生桑科小葉，微短；又似桔梗葉，微長。開花似鈴鐸樣，淡紅紫花。根如拇指大，皮色蒼，内黪白色。味甜。採根煮食。」

地參

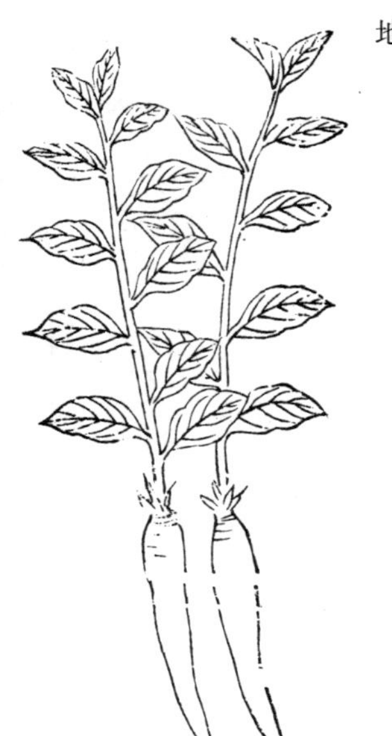

野西瓜苗〔一〕

野西瓜苗

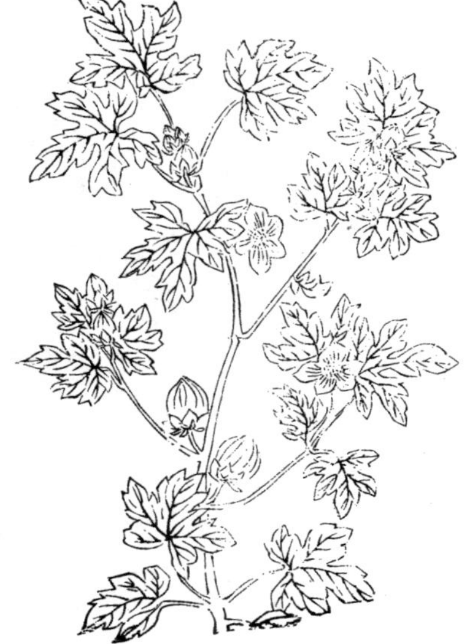

〔一〕原本有圖無文。

婆婆指甲菜

婆婆指甲菜，《救荒本草》：「生田野中。作地攤科生。〔一〕莖細弱，葉像女人指甲，又似初生棗葉微薄。梢間結小花蒴。苗、葉味甘。採嫩苗、葉煠熟，油鹽調食。」按：江西俗呼「瓜子草」，或云可清小便熱症。

〔一〕「攤」，原本作「那」，據《救荒本草》改。

植物名實圖考卷之十三　隰草類

還亮草

還亮草，臨江、廣信山圃中皆有之。〔一〕春初即生，方莖五棱，中凹成溝，高一二尺，本紫梢青。葉似前胡葉而薄。梢間發小細莖，横擎紫花，長柄五瓣，柄矗花欹，宛如翔蝶；中翹碎瓣尤紫艷，微露黄蕊。花罷結角，翻尖向外，一花三角，間有四角。一名「還魂草」，一名「對叉草」，一名「胡蝶菊」。取莖煎水，可洗腫毒。按：《本草綱目》：「桃朱術，生園中，細如芹，花紫。子作角，以鏡向旁敲之，則子自發。五月五日乃收子，帶之，令婦

人爲夫所愛。」其形極肖。

〔一〕江西臨江府，轄清江、新淦、新喻、峽江四縣。

天葵

天葵，一名「夏無蹤」。初生一莖一葉，大如錢，頗似三葉酸，微大，面緑，背紫。莖細如絲。根似半夏而小。春時抽生，分枝極柔，一枝三葉，一葉三叉，翻反下垂。梢間開小白花，立夏即枯。按：《南城縣志》：「夏無蹤，子名『天葵』。此草，江西撫州、九江近山處有之，即鄭樵所謂菟葵即『紫背天葵』者。春時抽莖開花，立夏即枯。質既柔弱，根亦微細，尋覓極難。秋時復茁，凌冬不萎。土醫皆呼爲『天葵』。」南城與閩接壤，故漁仲稔知之。〔一〕此草既小不盈尺，又生於石罅砌陰下，安能與燕麥動摇春風耶？建昌俚醫以敷乳毒，極效。

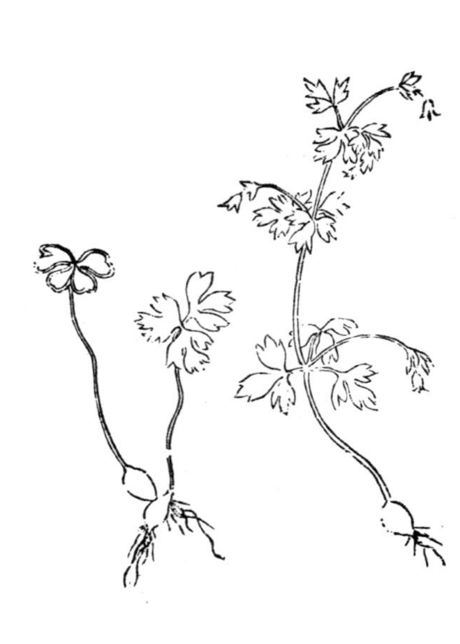

〔一〕鄭樵，字漁仲，福建莆田人。

天奎草

天奎草，生九江、饒州園圃陰濕地。一名「千年老鼠矢」，一名「爆竹花」。春時發細莖，一莖三葉，一葉三叉，色如石緑。梢頭横開小紫花，兩瓣雙合，一瓣上揭，長柄飛翹，莖當花中。赭根頗硬，上綴短鬚，入夏即枯。俚醫以治積年勞傷，酒煎服。

天奎草

黄花地錦苗

黄花地錦苗

黄花地錦苗，江西、湖南多有之。與紫花者相類，而葉、莖瘦弱。莖微赤，葉尖。細花有跗，亦結小角。

紫花地丁

紫花地丁，生田塍中。赭莖對葉，葉似薄荷而圓。梢開長紫花，微似丹參花而色紫不白，與《本草綱目》地丁異。

紫花地丁

活血丹

活血丹，産九江、饒州。園圃、階角、墻陰下皆有之。春時極繁，高六七寸。緑莖柔弱，對節生葉。葉似葵葉，初生小葉細齒深紋，柄長而柔。開淡紅花，微似丹參花，如蛾下垂。取莖、葉、根煎飲，治吐血、下血有驗。入夏後即枯，不易尋矣。

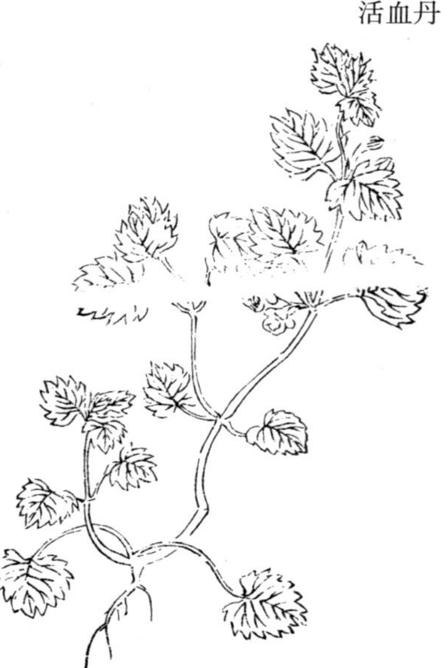
活血丹

七葉荊

七葉荊，生江西南昌田野中。高二尺餘。葉、莖俱微緑。葉如荊葉有齒。近根三葉攢生，上一層四葉，又上一層五葉，梢頭至七葉而止。土人以七葉者極難得，云爲鬼所畏，語極誕。但《南方草木狀》已有「指病」之説，〔一〕陶氏《真隱訣》亦有通神之語，〔二〕民間傳訛，固非無本。

〔一〕《南方草木狀》：「寧浦又有杜荊，指病自愈。節不相當者，月暈時刻之與病人身齊等，置牀下，雖危困亦愈。」

〔二〕《真隱訣》應作《登真隱訣》。《救荒本草》卷六：「陶隱居《登真隱訣》云：「荊木之華葉通神。見鬼精。」」

水楊梅

水楊梅，《本草綱目》：「生水邊，條葉甚多，子如楊梅。」按：此草，江西池澤邊甚多，

七葉荊

水楊梅

花老爲絮，土人呼爲「水楊柳」，與所引《庚辛玉册》地椒開黄花不類。

消風草

消風草，南安、長沙平野多有之。緑莖有白毛，葉似麻葉有歧，紋極碎亂，面濃緑，背白有毛。葉間開長蒂小粉紅花，結圓實，五瓣，有點紋，微似麻子。

消風草

寶蓋草

寶蓋草

寶蓋草，生江西南昌陰濕地，一名「珍珠蓮」。春初即生，方莖色紫，葉如婆婆納葉，微大，對生抱莖，圓齒深紋，逐層生長。就葉中團團開小粉紫花。土人採取煎酒，養筋活血，止遍身疼痛。

地錦

地錦，陰濕處有之。紫莖塌地生，葉如初生菊葉而短，深齒有光。開小粉紫花，大如粟，結實作毬。味微辛。湖南亦呼爲「半邊蓮」。可治跌損。疑陳藏器所謂「露下有光」者是此草。〔一〕

〔一〕《證類本草》卷三十引陳藏器云：「地錦一名地朕，一名地噤，蔓延着地，葉光淨，露下有光。」

地錦

過路黃

過路黃

過路黃，處處有之，生陰濕墻砌下。拖蔓鋪地，細莖，葉似薄荷，大如指頂。二葉對生，花生葉際，淡紅，亦似薄荷而小，逐節開放。歷夏踰秋，蔓長幾二尺餘。與石香菜、爵牀相雜，殊無氣味。

過路黄又一種。

過路黄，江西坡塍多有之。鋪地拖蔓，葉如豆葉，對生附莖。葉間春開五尖瓣黄花，綠跗尖長，與葉並茁。

過路黄

蒻草

蒻草，生江西九、饒山坡。〔一〕似相思草而葉對生不連，紫莖拖地。俚呼「蒻草」，亦曰「劉

蒻草

寄奴」，治跌損。按：《本事方》：「翦草似茜，治血症有殊功。」未知即此草否。

〔一〕九、饒：江西九江府、饒州府。

金瓜草

金瓜草

金瓜草，南昌平隰有之。鋪地抱葉，似初生車前，糙澀無紋。按：《唐本草》：「狗舌草，生渠塹濕地，似車前而無文理，抽莖開花黄白色。」疑即此。《圖經》不具，故不併入。

馬鞭花

馬鞭花

馬鞭花，廣、饒平野有之。〔一〕叢生，赭莖，對節生枝，葉如初生柳葉。枝梢葉際發小枝，開小黄花，大如粟米，頗似山桂而更小。

〔一〕廣、饒：江西廣信府、饒州府。

尋骨風

尋骨風，贛南沙田中有之。叢生，青黑莖。葉前尖後團，踈紋，面青，背白。結實如粟穗，緑苞白茸。或呼爲「尋骨風」，未知所用。

尋骨風

附地菜

附地菜

附地菜，生廣、饒田野，湖南園圃亦有之。叢生，軟莖，葉如枸杞。梢頭夏間開小碧花，瓣如粟米，小葉緑苞，相間開放。或云北地呼爲「野苜蓿」。

附地菜又一種。

附地菜，生田野。比前一種葉長大有星，莖有微毛，亦勁。開五圓瓣小碧花，結小蒴如鈴。雲南生者葉柔厚多毛，茸茸如鼠耳。俗呼「牛舌頭花」，又名「狗屎花」。土醫用之。《滇南本草》：「狗屎花，一名『倒提壺』，一名『一把抓』。味苦性寒，入肝、腎二經。升降肝氣，利小便，消水腫，瀉胃中濕熱，治黃疸、眼珠發黃、周身黃如金，止肝氣疼，治七腫疝氣。白花者治白帶，紅花者治赤帶，瀉膀胱熱。」

附地菜

雞腸菜

雞腸菜

雞腸菜，生陰濕處。初生鋪地。葉柄長半寸許，深齒疏紋，如初生車前葉大。抽葶發小葉，開五瓣小粉紅花，花瓣不甚分破，四瓣平翹，一瓣下垂，又似雲頭樣，微有黃心。鄉人茹之。與

《救荒本草》兩種皆異，此以其葶細長而名。

鴨舌草

鴨舌草，處處有之。固始呼爲「鴉兒觜」。生稻田中。高五六寸，微似茨菇葉，末尖後圓，無歧。一葉一莖中空。後莖中抽葶，破莖而出，開小藍紫花六瓣，小大相錯，黄蕊數點，褭褭下垂，質極柔脆。芸田者惡之。《湘陰縣志》云可煮食。

老鴉瓣

老鴉瓣，生田野中。湖北謂之「棉花包」，固始呼爲「老鴉頭」。春初即生，長葉鋪地如萱草葉，而屈曲縈結，長至尺餘。抽葶開五瓣尖白花，似海梔子而狹，背淡紫，緑心黄蕊，入夏即枯。根如獨顆蒜，鄉人掘食之，味甘，性温補。

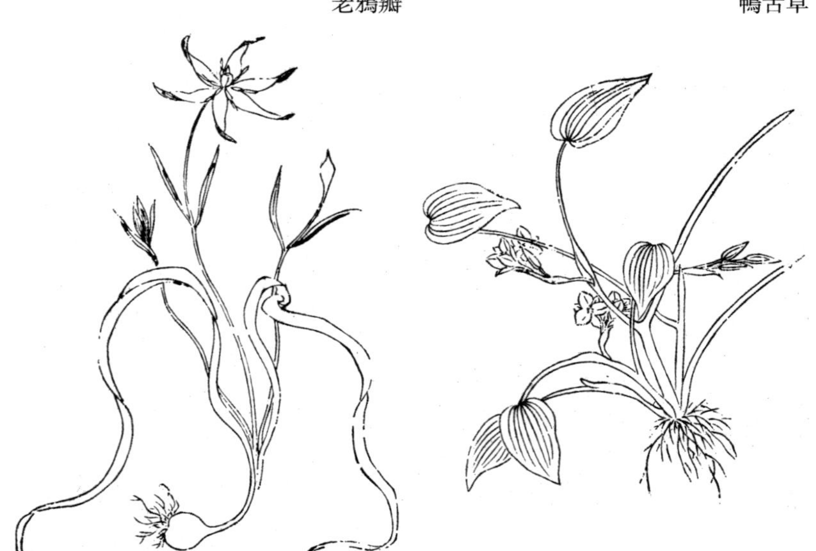

鴨舌草　老鴉瓣

雷公鑿

雷公鑿，江西平野有之，土人不識其名，固始呼爲「雷公鑿」。狀如水仙葉，長而弱，出地平鋪，不能挺立，本白末緑，有黑皮，極類水仙根而無涎滑。按：李時珍以老鵶蒜爲即「石蒜」，引及《救荒本草》，而《湖南志》中或謂荒年食之，有因吐致死者。余謂《救荒本草》斷不至以毒草濟人，此是《綱目》誤引之過。考《救荒本草》並無「花葉不相見」之語，其圖亦無花實。此草根葉與老鵶蒜圖符，而生麥田中，鄉人取以飼畜，其性無毒。余嘗之，味亦淡，荒年掘食，當即是此，斷非石蒜。

水芥菜

水芥菜，江西瀕湖多有之。初生葉如菠菜葉，微帶紫色，抽莖開小黄花如穗。按《救

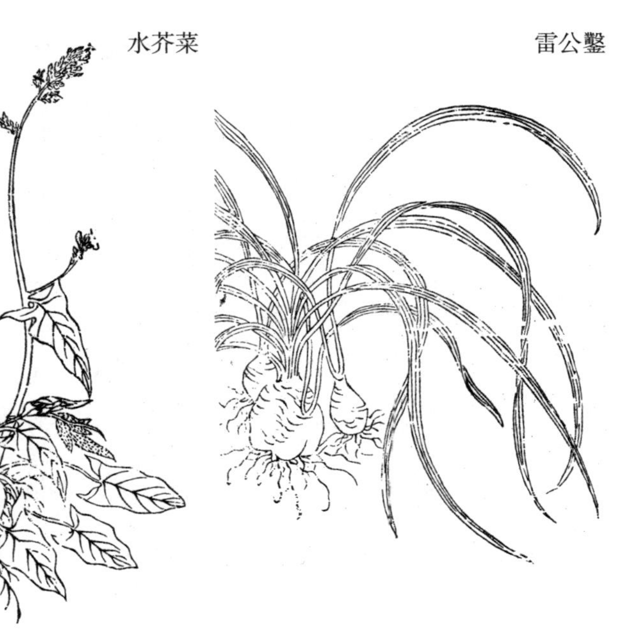

荒本草》：「水芥菜，多花叉。」與此微異，或開花後葉老多叉耳。

野苦麻

野苦麻，處處有之。多生麥田陂澤中。莖、葉俱似苦蕒，花如小薊而鍼細軟。花罷成絮。固始呼爲「秃女頭」。江西田中多蓄之以爲肥，儉歲亦摘食。按：《宋圖經》：「水苦蕒，生宜州，葉如苦蕒而厚，根似蒼朮。」不著其花。此草柔莖，花、葉似蕒，而根似朮，或即水苦蕒耶？

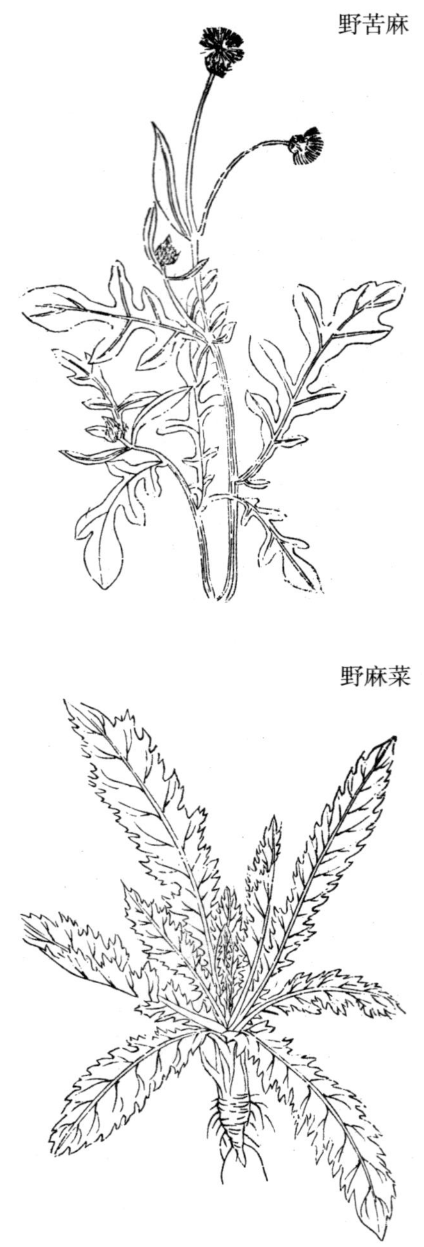
野苦麻

野麻菜

野麻菜

野麻菜，生廣、饒田澤。長葉布地，花叉如芥，近根微紅。根如白菜根，或云可食。

狼尾草

狼尾草，《爾雅》：「盂，狼尾。」《本草拾遺》始著録。葉如茅而莖紫，穗如黍而極細，長柔紛披，粒芒亦紫，湖南謂之「細絲茅」，河南亦謂之「莔草」。葉可覆屋。其粒極細。《救荒本草》所不載。《拾遺》云：「作飯食之，令人不飢。」未敢深信。

狼尾草

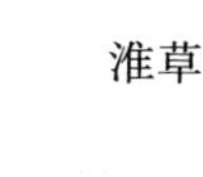

淮草

淮草

淮草，生山岡，田家亦種之。葉如茅，而莖梢開短穗數十莖，結實如粟而小。其葉以覆屋，可廿年不易。

水稗

水稗，田野陂澤極多。鋪地生。葉扁，莖如韭。秋抽梢發叉三四五枝，扁齊，結實如稗。經潦不枯，以爲牲芻。〔一〕

〔一〕牲芻：喂牲畜的草料。

水稗

莩草

莩草

莩草，《湘陰志》：「生湖地。色淡白，可蓋屋。」今平野亦多有之。莖似初生小蘆，秋結實作穗如水稗，有鍼，色青白。固始謂之「苓草」。

魚腥草

魚腥草

魚腥草，生陰濕地。細莖短葉，秋作細穗，如綫，三叉。天陰則氣腥，馬不食之。實極小，歉歲則茂，北地謂之「熱草」，亦採以充飢。

千年矮

千年矮

千年矮，生田野中。與水蓑相類，而脚葉無齒，大小葉攢生一處。葉間結小青子，或云浸酒服之有益。

千年矮又一種。

千年矮，生九江。横根叢生，高四五寸。紫莖柔脆，四葉攢生，面青，背淡。土醫以治牙痛。

千年矮

無心菜

無心菜

無心菜，江西、湖廣平野多有之。春初就地鋪生。細莖似三葉酸漿，葉大如小指，而頂有缺，密排莖上。湖北人多摘以爲茹，亦呼爲「豆瓣菜」。

小無心菜

小無心菜，比無心菜莖更細，棼如亂絲。葉圓有尖。春初有之。

小無心菜

湖瓜草

湖瓜草

湖瓜草，生沙洲上。高三四寸，如初生麥苗而細。抽莖結青實三四粒，實下有小葉一二片，如三棱草，牲畜食之。按：《救荒本草》：「磚子苗，根、子味俱甜，子磨麪食，根晒乾亦可爲麪。」形狀相同，但此瘦而彼肥，此係初生而彼係老根，故大小不類耳。

喇叭草

喇叭草，産撫、建荒田中。〔一〕高三四寸。長根赭莖，葉如榆葉。秋時附莖結實，長箭，有三叉外向。鄉人呼爲「喇叭草」，肖形也。

〔一〕江西撫州府、建昌府。

喇叭草

臭草

臭草，撫州平野有之。紫莖亭亭，細枝如蔓，一枝三葉，大如指甲。秋開五瓣小黄花，枝弱花疎，偃仰有致。

臭草

紐角草

紐角草，撫州田野中有之。叢生似獨帚。莖赭有節，葉亦似獨帚而稀。秋結小紫角，似緑荳而細，彎翹極繁。

紐角草

小蓼花

小蓼花，生溝塍淺水中。莖葉皆似水蓼，而花作團穗上擎，如覆盆子，色尤嬌嫩。

小蓼花

無名一種

生饒州田野。〔一〕緑莖類蔓，尖葉似萹蓄而色淡緑，又似鵝兒腸葉而瘦長。開五尖瓣淡黄花。蕊色亦淡。

〔一〕原本無題名，「生」上有三字空。下幾篇同。

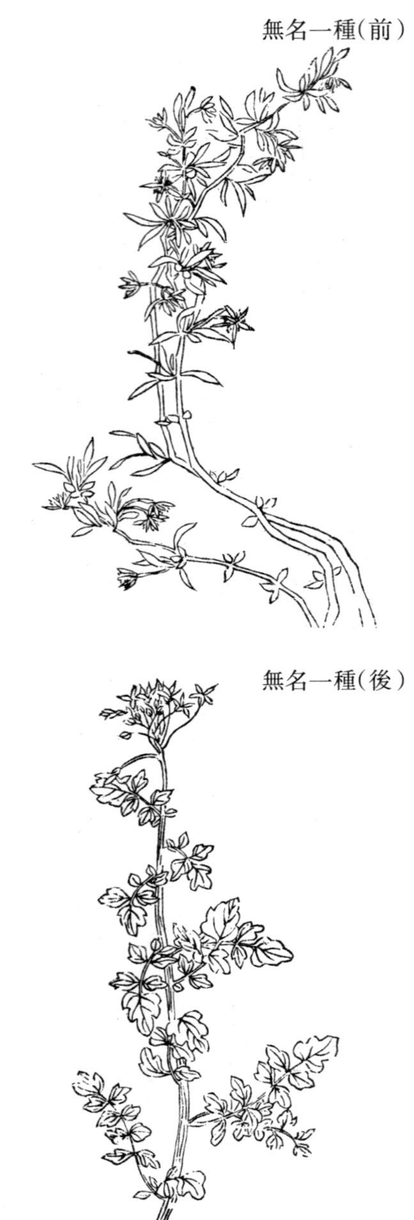

無名一種（前）

無名一種（後）

無名一種

生饒州田野。緑莖直紋，細枝極柔，葉似地錦苗而小，亦繁。梢開四出小白花，緑萼纖絲，平頭縈攢，亦復有致。

無名一種

產廣、饒田野中。叢生長條，葉如初生柳葉，微圓，赭莖。莖端夏開長柄絲萼白花，層層開放，長至數尺，下葉上花，亦殊有致。土人不識。

無名一種（前）

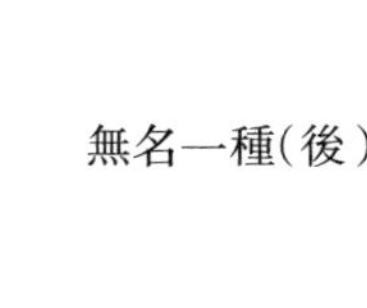

無名一種（後）

無名一種

產廣、饒河壖。硬莖盤屈如梅，葉亦如梅葉而無齒，有細毛附莖。發長條，開小白花如米粒。土人不識。

無名一種

生建昌田野。叢生，赭莖。葉似枸杞，本細末團，面緑，背淡。梢端葉間開碎白花，如蓼。逐節發小横枝，攢簇開放極密。土人不識。

無名一種（前）

無名一種（後）

無名一種

生廣、饒田野。獨莖青赭色，葉如長柄小匙而瘦，面緑，背青白，有直縷，無細紋。梢端結苞如葱韭，開五瓣長筩子小白花。葉間亦抽小葶，發小葉，開花不作苞。

紅絲毛根

紅絲毛根，産饒州平野。褐莖高尺餘。就莖生枝，葉如薄荷葉，淡青無齒。枝端開花成穗，細如粟米，青白色，長三四寸，裊裊下垂。

紅絲毛根

沙消

沙消

沙消，産九江沙洲上。叢生，高不盈尺。紫莖微節，抱莖生葉，四五葉攢生一處，頗似獨掃葉。小根赭色。九江俚醫以根煎酒治腰痛。亦名「鐵掃帚」。按《救荒本草》：「沙蓬，又名『雞爪菜』。生田野，苗高一尺餘。初就地蔓生，後分莖叉。其莖有細線楞。葉似獨掃葉，狹窄而厚；又似石竹子葉，亦窄。莖葉梢間結青子，小如粟粒。其葉味甘，性温。採苗、葉煠熟，水浸淘淨，油鹽調食。」疑即此。

竹葉青

竹葉青，生江西瑞州。〔一〕初生如葦茅，漸發長葉，似茅而闊，面青，背微白，紋如竹葉，有間道而澀。性涼。土人亦以淡竹葉用之。

〔一〕瑞州：今江西高安。

植物名實圖考卷之十四　隰草類

苧麻

苧麻，《别録》下品。陸璣《詩疏》：「紵，亦麻也。」《農政全書》謂「紵」從「絲」，非「苧」。北地寒，不宜。考《救荒本草》「苧根味甘，煮食甜美」，許州田園亦有種者。〔一〕蓋自淮而北，近時皆致力於棉花，禦寒時久而禦暑時暫，絺綌之用，〔二〕唯城市爲殷，故種蒔者少耳。野苧極繁，芟除爲難，不任績。山苧稍勁，花作長穗翹出，稍異。

雩婁農曰：徐元扈謂「北方無苧，《詩》『可以漚紵』，紵爲絲」。此誤也。苧，麻屬，故言漚，絲不可漚。菅、麻、苧皆草，絲則非其類。江南安慶、寧國、池州山地多有苧，要以江西、湖南及

閩、粵爲盛。江西之撫州、建昌、寧都、廣信、贛州、南安、袁州苧最饒，〔三〕緝纑織綫，〔四〕猶嘉、湖之治絲。〔五〕宜黄之「機上白」，〔六〕市者鶩其名，然非佳品。寧都州俗無不緝麻之家，敏者一日可績三四兩，鈍者亦兩以上。請織匠織成布，一機長者十餘丈，短者亦十丈以上。四五兩織成一丈布者爲最細，次六七兩，次八九兩，則粗矣。夏布墟則安福鄉之會同集，〔七〕仁義鄉之固厚集，懷德鄉之璜溪集，在城則軍山集，每月集期，土人商賈雜遝如雲。計城鄉所産，歲鬻數十萬緡，女紅之利普矣。《石城縣志》亦曰：「石邑夏布，歲出數十萬疋，外貿吴、越、燕、亳間。贛州各邑皆業苧，閩賈於二月時放苧錢，夏秋收苧，歸而造布，然不如寧都布潔白細密。苧以瘦韌潔白爲上，其黄者曰『糙麻』。婦功間日緝濯柔細，經時累月，織成一衣，曰『女兒布』，苧之精者無逾此，居人服之，商賈不可得也。」湖南則瀏陽、湘鄉、攸縣、茶陵、醴陵皆麻鄉。往時巴陵、道州、武陵、郴州皆貢練紵，〔八〕今則並瀏陽上供亦裁。肥地苧深四五尺，剥至三四次，擇避風處蒔之。夏有苧市，捆載以售。《溪蠻叢笑》云：「漢傳載『闌干』，闌干，獠言『紵巾』。有績治細白苧麻，以旬月而成，名『娘子布』。」則亦「女兒布」之類，非僅獠俗也。苗人據矮機席地而織，設虚場，〔九〕以麻布易所無也。《寰宇記》：「宜州有都洛麻，狹幅布。」〔一〇〕今語曰「多羅麻」。《廣西志》：「梧州出絡布，以絡麻織成，因名。」並苧類也。《桂海虞衡志》：「練子出兩江川峝，大略似苧布，有花紋者謂之花練，彼人亦自貴重。」《嶺外代答》：「邕州左右江溪峝産苧麻，土人擇其細長者爲練子，暑衣之輕涼離汗者也。花練一端長四丈，重數十錢，卷入之小竹筒，尚有餘地。以染真紅，尤易著色。厥價不廉，稍細者一匹數十緡也。」粤之新會有細苧，蓋左思所謂「筒中黄潤」者。[一一]凡疊布必成箭，一箭十端。而葛之大者，率以兩端爲一連，苧則一端爲一連，他布則以六丈爲端，四丈爲疋，此其别也。《禹貢》曰「島夷卉服」，《傳》曰島夷，南海島上夷也。卉，草也。卉服，葛越也。葛越，南方之布，以葛爲之，以其産於越，故曰『葛越』也。左思曰：『蕉葛升越，弱於羅紈。』」[一二]《正義》曰：「卉服。葛越，蕉竹之屬，越即苧麻也。」[一三]漢徐氏女贈其夫以越布，鄧后賜諸貴人白越是也。《漢書》云「粤地多果布之湊」，韋昭曰：「布，葛布也。」顔師古曰：「布謂諸雜細布皆是也。」其「黄潤」者，生苧也，細者爲絟，粗者爲苧。「苧」一作「紵」。《禹貢》曰「厥篚織貝」，[一四]《傳》曰：「織細紵也。」《疏》曰：「細紵，布也。」其曰花練，曰縠纑，曰細都，曰弱析，皆其類。志稱蠻布織「蕉竹」、「苧麻」、「都落」等。麻有青、黄、白、絡、火五種，黄、白曰「苧」，亦曰「白緒」，青、絡曰「麻」，火曰「火麻」。「都落」即「絡」也。馬援在交阯，嘗衣都布單衣。都布者，絡布也。絡者，言麻之可經可絡者也。其細者當暑服之，涼爽無油汗氣。練之柔熟，如椿椒、繭綢，可以禦冬。新興縣最盛，[一五]估人率以綿布易之。其女紅治絡麻者十之九，治苧者十之三，治蕉十之一，紡蠶作繭者千之一而已。又有「魚凍布」，莞中女子以絲兼紵爲之，柔滑而白若魚凍，謂紗羅多浣則黄，此布愈浣則愈白云。

〔一〕明許州在今河南許昌。

〔二〕葛布細者爲絺，粗者爲綌。

〔三〕袁州府，治所在今江西安源，轄宜春、分宜、萍鄉、萬載四縣。

〔四〕緝：析麻撚線。纑：麻縷。

〔五〕浙江嘉興、湖州。

〔六〕宜黄在江西。

〔七〕夏布墟：即專門流通夏布之定期市場。墟：即集市。

〔八〕練紵：粗紡之麻。

〔九〕「虚」字，疑是「墟」字之誤。

〔一〇〕宋宜州在今廣西。

〔一一〕「筒中黄潤」一語見揚雄《蜀都賦》，非左思賦。

〔一二〕以上所引爲孔穎達《疏》，文有删略。

〔一三〕上引爲《史記正義》中語。然「苧麻」原作「苧祁」。

〔一四〕「篚」，原本作「匪」，據《尚書·禹貢》改。

〔一五〕新興縣在今廣東。

苧麻〔一〕

〔一〕原本有圖無文。

苧麻

苦芺

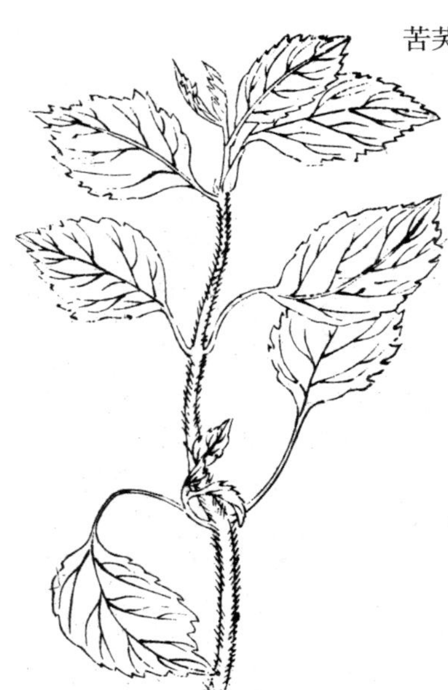

苦芺

苦芺（ǎo），《别録》下品。李時珍以爲《爾雅》「鉤，芺」即此。今江西有一種野苦菜，南安謂之「地膽草」，與李説符。

甘蕉

甘蕉，《別録》下品。生嶺北者開花，花苞有露極甘，通呼「甘露」。生嶺南者有實，通呼「蕉子」。種類不一，具詳《桂海虞衡志》諸書。李時珍以甘露爲蘘荷，説本楊慎，殊不確。

甘蕉

馬鞭草

馬鞭草，《別録》下品。李時珍以爲即《圖經》「龍牙草」。處處有之，人皆知煎水以洗瘡毒。

馬鞭草

牡蒿

牡蒿，《别録》下品。《爾雅》：「蔚，牡蒿。」陸璣《詩疏》以爲即「馬新蒿」。《本經》、《别録》分爲二物。《唐本草注》以爲「齊頭蒿」。李時珍所述形狀正似《救荒本草》之「水辣菜」。今澤瀕亦有之，微作蒿氣，姑存之。

牡蒿

蘆

蘆

蘆，《别録》下品。《夢溪筆談》以爲蘆、葦是一物，藥中宜用蘆，無用荻理。然今江南之荻通呼爲蘆，俗方殆無别也。毛晉《詩疏廣要》引證頗核，附以備考。〔一〕

雩婁農曰：强脆而心實者爲荻，柔纖而中虚者爲葦。澤國婦孺，瞭如菽麥。但南多荻，北多葦，北人植葦於污凹，曰「葦泊」；掘其芽爲蔬，〔一〕曰「葦笋」；織其花爲履，曰「葦絮」；緯之爲簾，曰「葦簿」；縷之爲藉，曰「蘆席」，以藩院曰「花障」，以幕屋曰「仰棚」；朽莖則以熵栗，新葉則以裹糉；提之爲籠，圍之爲囤；覆墻以禦雨，築基以避堿：〔三〕皆蘆之功也。大江之南，是多荻洲，爲柴爲炭，則竈窑所恃也；其灰可煨可烘，爲防爲築，則隄岸所亟也；其芽可食可飼。幽、燕以葦代竹，江、湖以荻代薪，故北宜葦而南宜蘆。又葦喜止水，荻喜急流，弱强異性，固自不同。

〔一〕見《植物名實圖考長編》卷九「蘆根」附録。《詩疏廣要》即《毛詩草木鳥獸蟲魚疏廣要》。

〔二〕疏：通「蔬」。

〔三〕堿：即鹽鹼之鹼。

鼠尾草

鼠尾草，《别録》下品。《爾雅》「葝，鼠尾」，注：「可以染皁草也。」《救荒本草》謂之「鼠菊」，葉可煠食。細核所繪形狀，與馬鞭草相仿佛。

龍常草

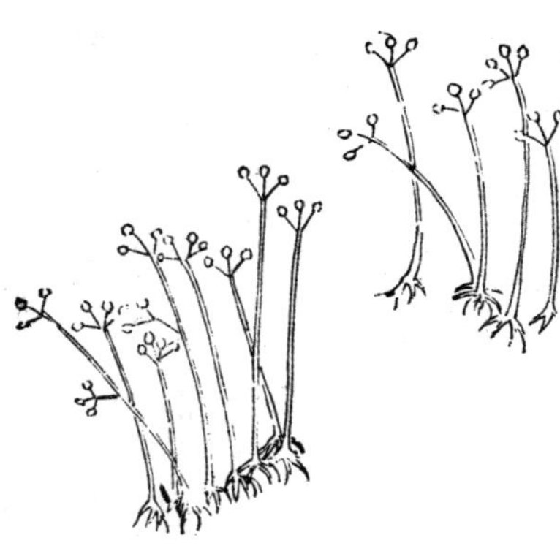
龍常草

龍常草，《别録》有名未用。李時珍以爲即「粽心草」，龍鬚之小者。

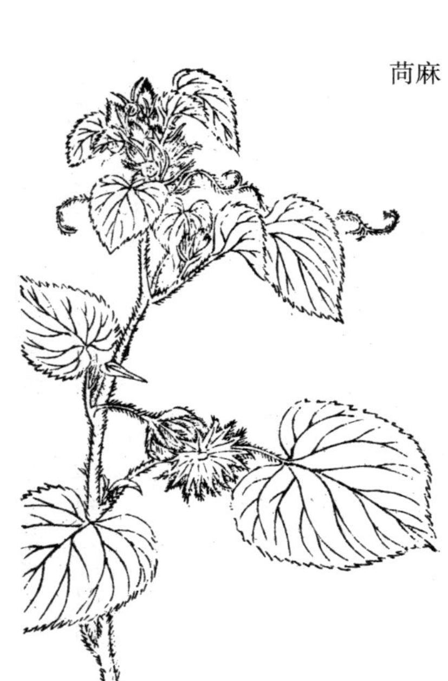
苘麻

苘麻

苘（qǐng）麻，《唐本草》始著録。今作「檾麻」，作繩索者，北地種之爲業。

雩婁農曰：《説文》：「檾，枲屬。」《周禮》「典枲，掌布緦、縷、紵之麻草之物」，〔一〕注：「麻，枲苴；草，葛蕒。」今枲苴已不列於穀食，衣棉花而絺葛、苧麻之爲用賤矣，獨檾以捆縛取用多，河濱數百里廣種之，以備隄工之購，與蜀黍之稭並亟。考《瓠子之歌》曰「搴長茭」，〔二〕

《宋史·河渠志》曰「辮竹糾芟」，大要皆索草爲綯耳。縈之直既逾於草，〔三〕而經久豈止相什百？然昏墊之患不息，〔四〕漢武有曰：「爲我謂河伯兮何不仁。」〔五〕今齊、豫、揚州間，其「間殫爲河」，〔六〕可勝紀哉！或謂隄防始於鯀，而舊説皆以爲鯀竊帝之息壤以堙洪水。〔七〕息壤在荆州，羅泌《路史》臚叙綦詳，〔八〕今《荆州志》亦載之，云：「非金非石，有篆不可識。昔歲大旱，邑人掘之，甫露其石屋，大風雨，江水驟漲，州幾爲魚。亟封之，水乃退。」其事甚恠。然則群山萬壑，下彝陵，〔九〕逾荆門，〔一〇〕而不横決郊郢、薳澨，〔一一〕與嶓冢、滄浪爭道者，〔一二〕其息壤之爲之耶？嗚呼！世無神禹，不能廝二渠以導九河，〔一三〕還之高地。儻復有息壤可竊，用塞衝決之口，其視以稭縈區區投黄金於虚牝者，〔一四〕其可同日語哉！

〔一〕「麻草」上「之」字原本闕，據《周禮·天官冢宰》補。

〔二〕見《史記·河渠書》。

〔三〕直：價值。

〔四〕昏墊：水災。

〔五〕見《瓠子之歌》。

〔六〕州間盡陷爲河。語見《瓠子之歌》。

〔七〕《山海經·海内經》：「洪水滔天，鯀竊帝之息壤以堙洪水，不待帝命。帝令祝融殺鯀于羽郊。」息壤：息生之土，長而不窮者也。

〔八〕見《路史》卷四十七「息壤」條。

〔九〕在今湖北宜昌。

〔一〇〕今湖北荆門。

〔一一〕今湖北鍾祥及京山。

〔一二〕此嶓冢、滄浪皆指漢水。

〔一三〕「斷二渠」見《史記·河渠書》。斷：疏導也。

〔一四〕虛牝：無底的空洞。

蒲公草

蒲公草，《唐本草》始著録。即「蒲公英」也。《野菜譜》謂之「白鼓釘」，又有「孛孛丁」、「黄花郎」、「黄狗頭」諸名。俚醫以爲治腫毒要藥。淮、江以南，四時皆有，取採良便。

鱧腸

鱧腸，《唐本草》始著録。即「旱蓮草」。李時珍謂有兩種，白花者爲鱧腸，黄、紫花而結房

蒲公草

鱧腸

如蓮房者爲「小連翹」。《救荒本草》「蓮子草，結實如蓮房」，即此。

三白草

三白草，《唐本草》始著録。《酉陽雜俎》亦載之。形狀詳《本草綱目》。湖南俚醫治筋骨及婦人調經多用之。

雩婁農曰：三白草，江南農候也。〔一〕余驗之，其葉白，不愆於素，〔二〕移植過時，乃不復白，不似他草木花可遲早也。望杏瞻蒲，〔三〕此爲的矣。陶、蘇皆未識。蘇所説乃馬蓼有黑點者。此草喜近水濱，江右、湘南土醫習用其方，多於《本草綱目》所載。大約江南諸藥，惟陳藏器搜羅最博核，惜不盡得其圖。《嘉祐本草》引列而未能詳釋，半爲有名未用，可謂遺憾。

〔一〕農候：與農事相關之物候。

〔二〕《左傳》宣公十一年：「事三旬而成，不愆於素。」即與素定之期不相差也。

〔三〕五代後蜀主孟昶《勸農詔》云：「望杏敦耕，瞻蒲勸穡。」望杏：望杏花之盛落而候農時，如杏花如何而可耕、杏花如何而可種之類。蒲：菖蒲。菖者百草之先生，以其生長定農候。

水蓼

水蓼，《爾雅》「薔，虞蓼」，注：「澤蓼。」《唐本草》始别出。與陸生者同，唯隨水深淺有大小耳。俚醫以陸生者爲「麯蓼」，不入藥；生水中者爲「地蓼」，能治跌打損傷，通筋骨，方書不載。

水蓼

劉寄奴

劉寄奴

劉寄奴，《南史》載宋高祖射蛇事，故名「劉寄奴」。〔一〕《唐本草》始著録，所述形狀與《本草綱目》微相類。今江西、湖南人皆識之。《蜀本草》「葉似菊花，白色」，與《救荒本草》「野生薑，一名劉寄奴」相類，蓋别一種，即「菊葉蒿」也。南方草藥治損傷有效者，多呼「劉寄奴」，别無他名，皆附於後。

〔一〕《南史·宋武帝紀》：劉裕小名寄奴，微時伐荻新洲，見大蛇長數丈，射之，傷。明日復至洲，聞有杵臼聲，見童子數人擣藥。問其故，答曰：「我王爲劉寄奴所射，合散傅之。」帝叱之，皆散去，乃收藥而反。此藥即「劉寄奴」。

劉寄奴 又一種。

劉寄奴，即「野生薑」。《蜀本草》以爲「劉寄奴葉如菊，排生，莖、花俱如蒿，而花色白，結黄白小蒴，俗呼『菊葉蒿』」。

龍葵

龍葵，《唐本草》始著録。李時珍以爲《圖經》「老鴉眼睛草」。俚醫亦曰「天泡果」，其赤

劉寄奴

龍葵

者爲「龍珠」，處處有之。

狗舌草

狗舌草，《唐本草》始著録。有小毒，塗瘡殺蟲。按圖多相肖而無的識，存原圖以備考。

狗舌草

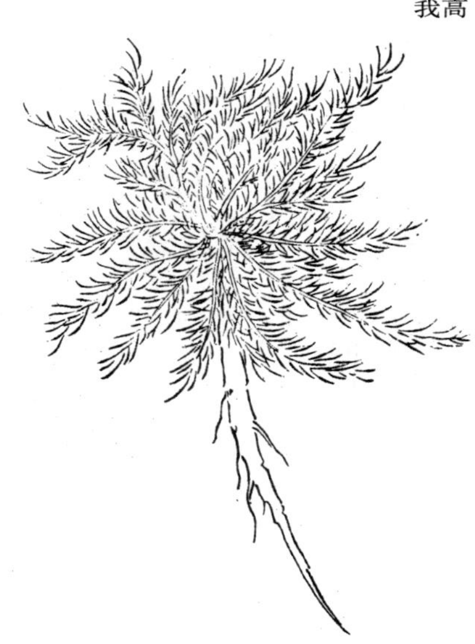

莪蒿

莪蒿

莪(é)蒿，《詩經》「菁菁者莪」，陸《疏》：「莪，蒿也。」《爾雅》「莪，羅郭」，注：「蘪蒿。」《本草拾遺》始著録。《本草綱目》以爲即「抱娘蒿」，《救荒本草》作「抪娘蒿」。葉碎，茸細如鍼，色黄緑，嫩則可食，與陸《疏》符合。《埤雅》以角蒿爲「蘪蒿」，殊爲臆説。

鼠麯草

鼠麯(qū)草，《本草拾遺》始著録。李時珍以爲即《别録》「鼠耳」、《藥對》「佛耳草」。《西陽雜俎》「蚍蜉酒，鼠耳也」，即此。今江西、湖南皆呼爲「水蟻草」，或即「蚍蜉酒」之意。煎餅猶用之。

雩婁農曰：鼠麴染糯作餻，色深緑，湘中春時粥於市。〔一〕五溪尚中尤重之，〔二〕清明時必採製以祀其先，名之曰「青」，其意以爲親没後又復見春草青青矣。嗚呼！「雨露既濡，君子履之，必有怵惕之心」，〔三〕彼雖蠻獠，其報本追遠，有異性乎？宋徽宗有詩曰：「鼠耳初生認禁煙。」〔四〕寒食賜火，〔五〕戚里尋春，〔六〕《清明上河圖》中一段美景，不知南渡後遥憶帝京景物，猶有廟貌如故、鍾簴不移之念否！〔七〕

〔一〕粥：通「鬻」，賣也。

〔二〕五溪：指西溪(今西水)、辰溪(今錦江)、無溪(今舞水)、雄溪(今巫水)、清溪(今清水江)。五溪流域所在諸峒實遍布於湘、黔、雲、貴數省。

〔三〕見《禮記·祭義》。

〔四〕據《詞苑叢談》，徽宗北行遇清明詩作「茸母初生認禁煙」。茸母即鼠麯草。

〔五〕唐時清明，取榆柳之火以賜近臣。

〔六〕戚里：外戚所居之地。

〔七〕鍾簴：懸鍾之架。皇帝祖廟設鍾簴，祭祀時奏樂用。《舊唐書·于公異傳》：「興元元年，收京城。公異爲露布上行在，云：『臣已肅清宫禁，祗奉寢園，鍾簴不移，廟貌如故。』德宗覽之，泣下不自勝。」

搥胡根

搥胡根，《本草拾遺》始著録。今江西、湖南亦有之，俗皆謂之「土當歸」。根似麥門冬而微黄，亦甜。

鴨跖草

鴨跖草，《本草拾遺》始著録。《救荒本草》謂之「竹節菜」，一名「翠蝴蝶」，又名「笪竹葉」，可食。今皆呼爲「淡竹」，無竹處亦用之。

鴨跖草

鬼鍼草

鬼鍼草

鬼鍼草，《本草拾遺》始著録。秋時莖端有鍼四出，刺人衣，今北地猶謂之「鬼鍼」。

毛蓼

毛蓼，《本草拾遺》始著録。主治癰腫、疽瘻，引膿生肌，今俚醫亦用之。其穗細長，花紅，冬初尚開，葉厚有毛，俗呼爲「白馬鞭」。

毛蓼

地楊梅

地楊梅

地楊梅，《本草拾遺》始著録，云「如莎草，有子似楊梅」。今小草中有之，治痢亦同。按圖似即水濱「水楊柳」，與原説不肖，姑存之以備考。

蟞菜

蟞（zàn）菜，《本草拾遺》始著録。李時珍以其似益母草，白花，遂以爲「白花益母草」。然原書謂「味甜有汁」，則非益母一類。存原圖俟考。

蟞菜

莤

莤

莤（yóu），《爾雅》「莤，蔓于」，注：「多生水中，一名『軒于』。」《本草拾遺》：「生水田中，狀如結縷草而長，馬食之。」李時珍併入《别録》有名未用之「馬唐」，又以爲即「薰蕕」之「蕕」，恐未確。江西水莤草極多，作志者多以爲即「蔓草」。按「蔓」亦非草名。

雩婁農曰：子産曰：「吾臭味也，而敢有差池？」〔一〕《大學》曰：「如惡惡臭。」臭必惡而後屏，〔二〕非與香對稱。周人尚臭，「臭陰」、「臭陽」、「灌用鬯臭」，〔三〕皆芳氣也。薰、蕕有臭，後人以蕕爲穢草，然則薰之臭亦穢耶？〔四〕寇宗奭以《拾遺》之「水蕕」釋薰蕕，孫公《談圃》以「香薷」爲莤，二説皆未知所本，然《談圃》説長。李時珍宗《衍義》而駁之，蓋未深考。

〔一〕《左傳》襄公二十二年：鄭子産對晉人，曰：「謂我敝邑，邇在晉國，譬諸草木，吾臭味也，而何敢差池？」

〔二〕屏：摒棄。

〔三〕皆見《禮記·郊特牲》。

〔四〕《左傳》僖公四年：「一薰一蕕，十年尚猶有臭。」薰：香草。蕕：臭草。

紅花

紅花，《漢書》作「紅藍花」，種以爲業。〔一〕《開寶本草》始著録。今爲治血要藥。《救荒本草》：「葉可煠食。」出西藏者爲「藏紅花」，即《本草綱目》「番紅花」。

雩婁農曰：紅藍，湖南多藝之，洛陽賈販

於吴越，歲獲數十萬緡，其利與棉花侔，故俗諺有「紅白花以染物，其直同於所染」。〔二〕然歷久不渝，紅既正色，又不爲燥濕寒暑變節，有士君子之行，顧價必善，或歲不登則益貴。江以南煮蘇方木浸之以爲樸，而潤色以紅藍，色近紫有耀，價貶易售，其殆士之乏其實而鶩其名以自衒者。然風日炎曝，雨黴沾濕，輒斑駮點涴，失其所耀，婦稚皆賤之。有其始不能要其終，求與黑、黄、蒼、藍爲伍而不可得，非所謂「的然而日亡」者歟？〔三〕故君子著誠而祛僞。

〔一〕此處有誤。《漢書》無「紅藍花」之文。《史記·貨殖列傳》「千畝巵茜」，《集解》徐廣曰：「巵音支，鮮支也。茜音倩，一名紅藍，其花染繒赤黄也。」疑吴氏指此而誤記爲《漢書》。

〔二〕此言以紅白花染物，成本甚高。

〔三〕《禮記·中庸》：「故君子之道闇然而日章，小人之道的然而日亡。」的：明亮，鮮明。此言小人之光耀，隨時間而愈暗淡。

燈心草

燈心草，《開寶本草》始著録。草以爲席，瓤以爲燈炷。〔一〕江西澤畔極多。細莖緑潤，夏從莖傍開花如穗，長不及寸，微似莎草花。俚醫謂

之「水燈心」，蓋野生者性尤清涼。

〔一〕燈炷：即燈芯、油捻。

穀精草

穀精草，《開寶本草》始著録。《本草綱目》述狀頗確。今以爲治目疾要藥。

穀精草

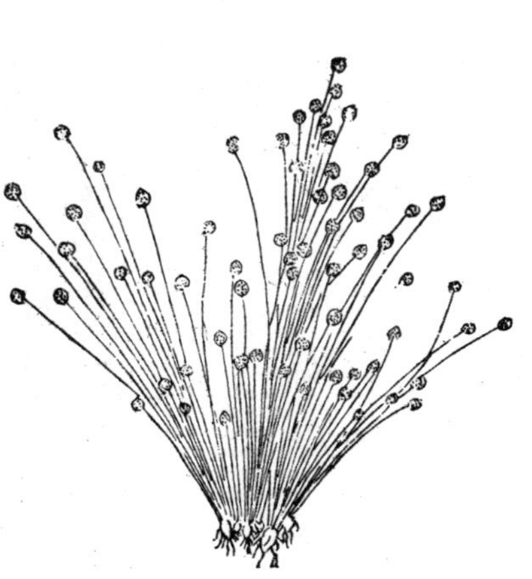

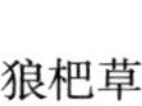

狼杷草

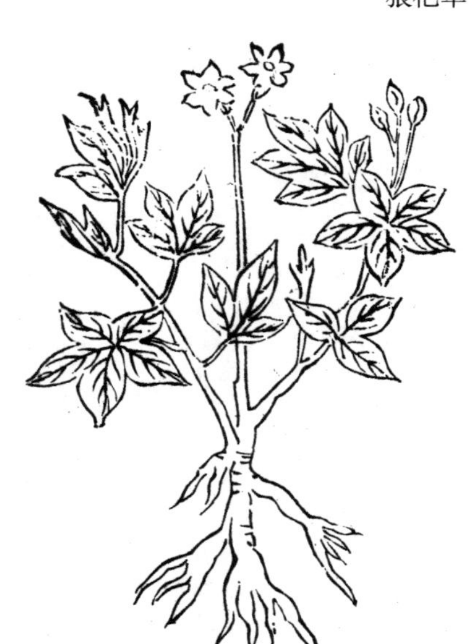

狼杷草

狼杷（pá）草，宋《開寶》始著録。療血痢至精。《爾雅》「欔，烏階」，注：「烏杷也。子連著狀如杷，〔一〕可以染皁。」疏：「今俗謂之『狼杷』是也。」李時珍併入《拾遺》「郎耶」，亦可，

但欔杷注釋甚晰，改「杷」爲「罷」，出於臆斷，亦近輕侮。〔二〕

〔一〕如杷：如杷齒也。

〔二〕李時珍《本草綱目》卷十六「郎耶草」下云：「此即陳藏器《本草》『郎耶草』也。閩人呼爺爲『郎罷』，則『狼杷』當作『郎罷』，乃通。」

木賊

木賊，《嘉祐本草》始著録。今惟治目翳用之。《物類相感志》：「木賊軟牙。」〔一〕蓋治木角之工所恃以爲光滑者。通呼爲「節節草」，亦肖其形。

〔一〕可使牙變軟，一説可使牙黄者變白。

黄蜀葵

黄蜀葵，《嘉祐本草》始著録。與蜀葵絶不類，俗通呼爲「棉花葵」，以其色似木棉花也。

黄蜀葵

木賊

花浸油塗湯火傷效，亦爲瘡家要藥。

萱草

萱草，《詩經》作「蘐」。〔一〕《嘉祐本草》始著録。有單瓣、重瓣。兖州、亳州種以爲菜。〔二〕皋蘇蠲忿，萱草忘憂，〔三〕《爾雅翼》以「焉得蘐草」謂：「安得善忘之草？世豈有此物哉？」萱、蘐同音，遂以命名。但《説文》『藼，令人忘憂草』。引《詩》作『藼』，又作『蕿』，則忘憂之名，其來已古。」《南方草木狀》：「水葱，花、葉皆如鹿葱，出始興。婦人佩其花生男，非鹿葱也。」則所謂宜男者，又他屬矣。〔四〕萱與鹿葱一類。晏元獻云：〔五〕「鹿葱花中有鹿斑文，〔六〕與萱小同大異。」則是以層多有點者爲鹿葱，單瓣者爲萱。《群芳譜》有黄、白、紅、紫、麝香數種，然皆以黄色分淺深。蜜萱，色如蜜，淺黄色；黄紫則深黄而近赤。至謂鹿葱葉枯而後花，花五六朵並開於頂，得毋以石蒜之黄花者爲鹿葱耶？忘憂宜男，鄉曲托興，〔七〕何容刻舟膠柱？世但知呼萱草，摘花作蔬，惟滇南婦稚皆指多層者爲鹿葱。邊地人質，〔八〕其名宜有所自。

雩婁農曰：宋林洪《萱草贊序》：「何處順宰六合時常食此，無亦邊事未平，憂心不忘

耶？」余觀丁謂之南竄也，其詩曰「草解忘憂憂底事」，丁蓋不知憂底事！〔九〕

〔一〕按《衛風・伯兮》「焉得諼草，言樹之背」，作「諼」。

〔二〕「亳」，原本誤作「毫」，據文意改。

〔三〕「皋蘇蠲忿」之説不確。按嵇康《養生論》：「合歡蠲忿，萱草忘憂。」而王朗《與魏太子書》云：「萱草忘憂，皋蘇釋勞。」

〔四〕萱草又名「宜男草」。

〔五〕晏殊謚元獻。原本誤作「晏文獻」。

〔六〕「文」，原本誤作「又」，據《雲麓漫鈔》卷四改。

〔七〕見本書卷一「苡薏」條注〔五〕。

〔八〕質：質樸。

〔九〕丁謂，宋真宗時奸臣，多智謀，而爲人狡詐貪婪，與王欽若等合稱「五鬼」，後被貶崖州。

海金沙

海金沙，《嘉祐本草》始著録。江西、湖南多有之。俚醫習用，如《本草綱目》主治。

鷄冠

鷄冠，《嘉祐本草》始著録。俚醫亦多以治紅白痢、崩帶血症。其性極峻，虚弱者慎之。

鷄冠

胡盧巴

胡盧巴

胡盧巴，《嘉祐本草》始著録。《圖經》云生廣州，蓋番蘆菔子種之而生，不具形狀。

火炭母草

火炭母草，《宋圖經》始著録。今南安平野有之，形狀與圖極符。俗呼爲「烏炭子」，以其子青黑如炭。小兒食之，冬秋初尚茂。俚醫亦用以洗毒消腫。

火炭母草

小青

小青

小青，《宋圖經》始著録，亦無形狀。今江西、湖南多有之，生沙壖地，高不盈尺。開小粉紅花，尖瓣下垂，冬結紅實，俗呼「矮茶」。性寒。俚醫用治腫毒、血痢，解虵毒、救中暑皆效。

雩婁農曰：此草短而凌冬，命曰「小青」，微之也。然粉花丹實，彌滿阬谷，而移植輒不茂。

百尺之松，盈握之梅，斷而揉之，盤屈於尊缶間，〔一〕以供世俗之狎玩，彼干霄傲雪之概亦安在哉？此小草乃有介然不可易者，因爲謌曰：「猗彼寸莖，被於陵阿。根髮如寄，葉棱不柯。生機斯淺，渺此么麽。從其么麽，霜霰若何？彼爾者華，其實則赤。在瘠而豐，處沃而腊。亦既封之，其葉有澤。雖則有澤，終不我懌。不懌奈何，亦返其初。巖巖苦霧，萋萋紫蕪。如鷦懸苕，〔二〕如鳩搶榆。〔三〕以生以蕃，何罦何罭。」〔四〕

〔一〕尊缶：此處指較小的銅陶容器。

〔二〕鷦鷯小鳥，長不過三寸，常懸茅葦爲巢。苕：花穗。

〔三〕《莊子·逍遥遊》：蜩與鸒鳩曰：「我決起而飛，搶榆枋，時則不至而控於地而已矣。」

〔四〕罦、罭爲羅網、樊籠。所需有限，没有奢望，自由自在地生存繁衍，何必入那些牢籠束縛？

地蜈蚣草

《本草綱目》：地蜈蚣草，生村落墠野間，左蔓延右，右蔓延左，其葉密而對生如蜈蚣形，其穗亦長，俗呼「過路蜈蚣」，其延上樹者呼「飛

天蜈蚣」。根、苗皆可用，氣味苦寒無毒。主治解諸毒及大便不通，擣汁療癰腫，擣塗并末服，能消毒排膿。蜈蚣傷者，入鹽少許擣塗，或末傅之。按：此草，湖南田野多有之，俚醫以爲通經行血之藥。《宋圖經》：「地蜈蚣，生江寧州村落間。〔一〕鄉人云水磨塗腫毒，醫方鮮用。」即此草也。李時珍遺未引及。

〔一〕宋江寧州治所在今南京，轄江寧、上元、溧水等縣。

攀倒甑

《圖經》：「攀倒甑（zèng），生宜州郊野。味苦，辛寒。主解利，風壅、熱盛、煩渴、狂語。春夏採葉研擣，冷水浸，絞汁服之，甚效。其莖葉如薄荷，一名『接骨草』，一名『斑杖莖』。」按：攀倒甑，湖南土呼「攀刀峻」，聲之轉也。形正似大葉薄荷，莖圓，枝微紫，對節生葉，梢頭開小黄白花如粟米。俚醫云性涼，能除瘴，與《圖經》主治亦同。《新化縣志》作「斑刀箭」，飼牛易肥，諺云：「要牛健，斑刀箭。」

秦州無心草

《宋圖經》：「無心草，生商州及秦州。〔一〕性温，無毒。主積血，逐氣塊，宜筋節，補虚損，潤顏色，療澼洩、腹痛。三月開花，五月結實，六七月採根、苗，陰乾用之。」

〔一〕宋商州治上洛，在今陝西商洛，轄上洛、商洛、洛南、豐陽、上津五縣。

秦州無心草

麗春草

麗春草

《圖經》：「麗春草，味甘，微温，無毒。出檀嵎山川谷。檀嵎山在高密界。〔一〕河南淮陽郡、潁川及譙郡、汝南郡等並呼爲龍羊草，河北近山鄴郡、汲郡名『蕢藺艾』。上黨紫團山亦有，名『定參草』。一名『仙女蒿』。今所在有。甚療癊黄，人莫能知。唐天寶中，因潁川楊正進名醫嘗用有效，單服之，主療黄疸等。其方云：麗春草療因時患傷熱變成癊黄，遍身壯熱，小便黄赤，眼如金色而又青黑，心頭氣痛，遶心如刺，頭旋欲倒，兼脇下有瘕氣及黄疸等，經用有驗。其藥，春三月採花陰乾，有前病者取花一升，擣爲散，每平明空腹，取三方寸匕，和生麻油一盞頓服之，日惟一服，隔五日再進，以知爲度。其根療黄疸，患黄疸者擣根取汁一盞，空腹頓服之，服訖須臾即利三兩行，其疾立已。一劑不能全愈，隔七日更一劑，永瘥。忌酒、麪、猪、魚、蒜、粉、酪等。」

游默齋《花譜》：「麗春紫二品，深者鬚青，淡者鬚黄。白亦二品，葉大者微碧，葉細者竊黄。而竊黄尤奇，素衣黄裏芳秀，茸若新鵝之毳。竊紅似芍藥中粉紅樓，特差小，視凡花之粉紅十倍。」

《本草綱目》李時珍曰：「此草有殊功，而不著其形狀。今罌粟亦名『麗春草』，『九仙子』亦名『仙女嬌』，與此同名，恐非一物也。當俟博訪。」

〔一〕今山東高密。

水英

《圖經》：「水英，味苦，性寒，無毒。元生永陽池澤及河海邊。臨汝人呼爲『牛葒草』，河北信都人名『水節』，河内連内黄呼爲『水棘』，劍南遂寧等郡名『龍移草』。蜀郡人採其花合面藥。淮南諸郡名『海荏』。嶺南亦有，土地尤宜，莖葉肥大，名『海精木』，亦名『魚精草』。所在皆有。單服之，療厀痛等。其方云：水英主丈夫婦人無故兩脚腫滿，連厀脛中痛、屈伸急强者，名骨風，其疾不宜針刺及灸，亦不宜服藥，惟單煮此藥浸之，不經五日即差，數用神驗。其藥春取苗，夏採莖、葉及花，秋冬用根。患前病者，每日取五六斤，以水一石，煮取三斗，及熱，浸脚兼淋膝上，日夜三四，頻日用之，以差爲度。若腫甚者，即於前方加生椒目三升，加水二大斗，依前煮取汁，將淋瘡腫，隨湯消散，候腫消，即摩粉避風乃良。忌油膩、蒜、生菜、猪、魚肉等。」

按：「水英」當對「陸英」而言。滇南有草，絶類蒴藋而實黑，莖中有紅汁，俗名「血滿草」，浸脚氣濕腫甚效，或即此。別入「草藥」，按圖形不類也。

見腫消

《圖經》：「見腫消，生筠州。〔一〕味酸澀，有微毒。治狗咬瘡，消癰腫。春生苗，葉、莖紫色，高一二尺。葉似桑而光，面青紫赤色。採無時。土人多以生苗葉爛搗貼瘡。」

〔一〕宋筠州，治所在今江西高安。

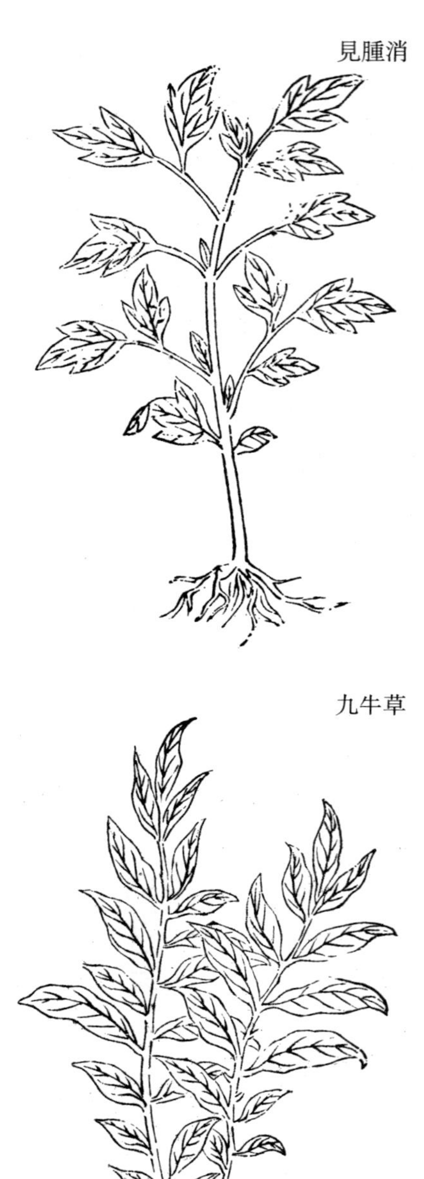

見腫消

九牛草

九牛草

《圖經》：「九牛草，生筠州山岡上。味微苦，有小毒。解風勞，治身體痛。二月生苗，獨莖高一尺。葉似艾葉，圓而長，背有白毛，面青。五月採，與甘草同煎服，不入衆藥用。」李時珍斥

《蒙筌》以爲「蘄艾」之誤，[一]甚確。余至瑞州，訪之未得。《滇本草》有「九古牛草」，「味苦，性寒，走肝經，筋骨疼，通經絡，破血，散瘰癧，攻癰疽紅腫，又治跌打損傷」。治症相類，未知即此草否也。仍分圖之。

〔一〕《蒙筌》即《本草蒙筌》，明陳嘉謨撰。

曲節草

《圖經》：「曲節草，生均州。〔一〕味甘平，無毒。治發背瘡，消癰腫，拔毒。四月生苗，莖方色青有節。七月、八月著花似薄荷，結子無用。葉似劉寄奴青軟。一名『蛇藍』，一名『緑豆青』，一名『六月淩』。五月、六月採莖、葉陰乾，與甘草作末，米汁調服。」李時珍以爲「六月霜」。不知何草。按「鬼箭羽」，湖南呼爲「六月冷」，亦結青實，或恐一物。原圖不晰，存以備考。

〔一〕今湖北丹江口市。

陰地厥

陰地厥，《宋圖經》收之，云「生鄧州内鄉山谷。〔一〕葉似青蒿，莖青紫色，花作小穗微黄」。按圖不作穗形。李時珍云江浙有之，引《聖濟總録》，治男婦後胸膈虚熱、吐血。依原圖繪以俟訪。

〔一〕「州」，原本誤作「川」，據文意改。

陰地厥

水甘草

水甘草

《圖經》：「水甘草，生筠州。味甘無毒。治小兒風熱、丹毒瘡，與甘草同煎飲服。春生苗，莖青色，葉如楊柳。多生水際。無花。十月、八月採，彼土人多單服，不入衆藥。」

竹頭草

李衎《竹譜》：「竹頭草，在處有之。枝如莠。葉長五七寸，寬一寸許，有細勒道，望之如簩竹。叢叢秋生，白花如菰蔣狀。〔一〕或云無竹處卒欲煮藥，取此藥以代之。其性與澹竹同，今東陽酒匠直呼此爲『澹竹葉』。〔二〕每歲夏伏採之。」按：陸《疏》：「芩草，莖如釵股，葉如竹。蔓生澤中下地鹹處，爲草真實，牛馬皆喜食之。」按其形狀，與此正合。牛馬皆喜食，信然。此草，《本草》諸書不載，故注《詩》者皆無引據。毛晉云「藥中黄芩」，與陸《疏》不同種。又按：葴菜亦名岑草，其葉亦不似竹。

〔一〕蔣即菰。參見卷十八「菰」條。

〔二〕「直」，原本誤作「真」，據《竹譜》改。

蒡竹

李衎《竹譜》：「蒡竹，喜生池塘及路傍。莖細節高，近下曲屈，狀若狗脚。南土多茅少草，馬見此物，必欲食之。」

蒡竹

迎春花

迎春花

《本草綱目》：「迎春花，處處人家栽插之。叢生，高者二三尺。方莖厚葉，葉如初生小椒葉而無齒，面青，背淡。對節生小枝，一枝三葉。正月初開小花，狀如瑞香花，黄色，不結實。葉氣味苦濇。平，無毒。主治腫毒、惡瘡，陰乾研末，酒服二三錢，出汗便瘥。」《滇志》云：「花黄色，與梅同時，故名『金梅』。」

千年艾

《本草綱目》：「千年艾，出武當太和山中。小莖高尺許。其根如蓬蒿。其葉長寸餘，無尖椏，面青，背白。秋開黄花，如野菊而小，結實如青珠丹顆之狀。三伏日采葉暴乾，葉不似艾而作艾香，搓之即碎，不似艾葉成茸也。羽流以充方物。〔一〕葉氣味辛，微苦，温，無毒。主治男子虛寒、婦人血氣諸痛，水煎服之。」按《南越筆記》：「洋艾，本不甚高，宜種盆盎，緑葉茸茸如車蓋。可療疾，兼卻火灾。」當即此草。而俗間以廣中所植皆呼爲「洋」，作記者仍其陋習，殆未深考。今京師多蓄於煖室，經冬不凋，尚呼爲「蘄艾」。

〔一〕羽流：道士之流。方物：此指方術之藥物。

翦春羅

《證治要訣》：「火帶瘡遶腰生者，採翦春羅花葉擣爛，蜜調塗之，爲末亦可。」

《本草綱目》李時珍曰：「翦春羅，二月生，苗高尺餘。柔莖緑葉，葉對生抱莖。入夏開花深紅色，花大如錢，凡六出，周迴如翦成可愛。結實大如豆，内有細子。人家多種之爲玩。又有『翦紅紗花』，莖高三尺，夏秋開花，狀如石竹花而稍大，四圍如翦，鮮紅可愛，結穗亦如石竹穗，中有細子。方書不見用者。其功亦應利小便、主癰腫也。」

李衎《竹譜》：「篛竹，生江浙、廣右、永湘間甚多。枝間有節，有葉似桃。其花如石竹差大，丹紅一色。人家盆檻内亦有種者，俗名『翦春羅』。」按：江西、湖南多呼爲「翦金花」，又「雄黄花」，以其色名之。

箬

箬（ruò），古今以爲笠蓬，亦呼爲篛，禦濕所亟。《本草綱目》始著録。棄物有殊功，故備載諸方，以著「無棄菅蒯」之義。

雩婁農曰：箬之用廣矣。笠以禦雨，篷以行舟，裹以避濕，摘以習書。《南史》：徐伯珍少孤貧，學書無紙，常以竹箭、箬葉、甘焦學書。葉如竹與蘆，而用勝於竹、蘆。乃字書皆未詳及，《説文》「若」訓「擇菜」，餘皆以箬訓竹，篛訓筍，唯詩家間有詠及耳。夫杜若既無定詁，〔一〕若木乃涉荒渺，〔二〕文人摭撦，如數家珍，而民間日用之物，忽焉不察，非所謂畫家喜畫鬼神而不畫犬耶？李時珍採以入藥，品其氣味，臚其治療，拔真才於灌莽，祓濯而薰盥之，脱堂阜於縲絏，〔三〕握齪蔑於庭階，〔四〕得一知己，沉淪者亦良幸矣。吾前過章貢山中，捋之擷之於蕪穢蒙密間，始識其全體。土人皆呼爲「遼葉」。李時珍謂「其葉疎遼，故名」。按字書「⿱艹遼，樹葉疎也」，則亦可作「⿱艹遼」。吾謂凡物之逖遠者皆曰遼：火燎於原，其光遠也；窗疎曰寮，目朗曰瞭，其見遠也；山民曰獠，外之至矣。此草不生平原而遠依山澤，謂之曰遼，亦外之而已。夫物爲人所外而有殊

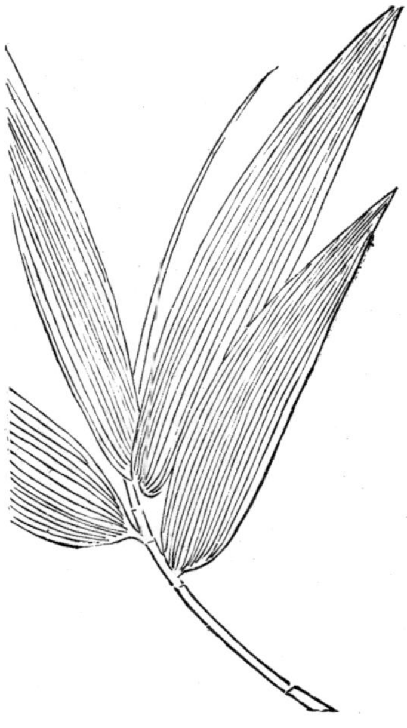

功，古所云「破天荒」者，非此類耶？蓽門圭竇之人而皆陵其上，其難爲上矣。春秋世禄，恃以爲獄，烏可爲訓。〔五〕

〔一〕詳見卷二十三「杜若」條。
〔二〕若木：見於《山海經·大荒北經》、《離騷》。
〔三〕齊管仲被俘，至堂阜，鮑叔拔而浴之三，然後引見桓公。
〔四〕見卷十一「大薊」條注〔四〕。
〔五〕春秋時貴族世襲爵禄，恃此以定人之貴賤賢不肖，豈可爲訓？

淡竹葉

淡竹葉，詳《本草綱目》。今江西、湖南原野多有之。考古方淡竹葉，《夢溪筆談》謂對「苦竹」而言，或又謂自有一種「淡竹」。唯李時珍以此草定爲「淡竹葉」。又有「竹頭草」，與此相類，《竹譜》亦謂可代淡竹葉。

半邊蓮

半邊蓮，詳《本草綱目》。其花如馬蘭，只有半邊。俚醫亦用之。

半邊蓮

鹿蹄草

鹿蹄草，《本草綱目》本軒轅述《寶藏論》收入「隰草」。闕氣味，蓋亦未經嘗也。主治金瘡、蛇犬咬毒。有圖存之。

鹿蹄草

水楊梅

水楊梅，《本草綱目》始著録。按圖亦與水濱水楊相類，生子微似楊梅，老則飛絮，俗無「水楊梅」之名，恐即一物，而兩存圖之。

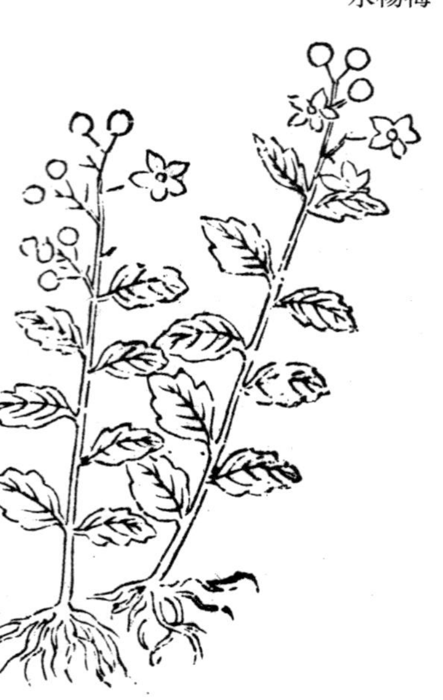
水楊梅

紫花地丁

紫花地丁

《本草綱目》：「紫花地丁，處處有之。其葉似柳而微細，夏開紫花結角。平地生者起莖，溝壑邊生者起蔓。《普濟方》云：鄉村籬落生者，夏秋開小白花，如鈴兒倒垂，葉微似木香花之葉。此與紫花者相戾，恐别一種也。氣味苦辛，寒，無毒。主治一切癰疽發背、疔腫、瘰癧、無名腫毒、惡瘡。」

按：各處所産紫花地丁皆不同，此又一種，依原圖繪之。

常州菩薩草

《宋圖經》：「菩薩草，生江、浙州郡，近京亦有之。味苦，無毒。中諸藥食毒者，酒研服之。又治諸蟲蛇傷，飲其汁及研傅之良。亦名『天□』，〔一〕主婦人妊娠咳嗽，擣篩蜜丸，服之立效。此草凌冬不凋，秋中有花直出，赤子似蒻頭。冬月採根用。」

〔一〕「天□」，原本「天」下一字爲空。按《四庫》本《證類本草》卷三十引《圖經》作「尺二」。

密州胡堇草

《宋圖經》：「胡堇草，生密州東武山田中。〔一〕味辛，滑，無毒。主五臟榮衛，肌肉皮膚中瘀血，止疼痛，散血，絞汁塗金瘡。科葉似

常州菩薩草

密州胡堇草

小董菜。花紫色，似翹軺花。一枝七葉，花出三兩莖。春採苗，使時擣篩，與松枝、乳香、花桑、柴炭、亂髮灰同熬如彈丸大，如有打撲損、筋骨折傷及惡癰癤腫破，以熱酒摩一彈丸服之，其疼痛立止。」

〔一〕宋密州治所在今山東諸城。

常州石逍遥草

《宋圖經》：「石逍遥草，生常州。味苦，微寒，無毒。療癱瘓諸風、手足不遂。其草冬夏常有，無花實，生亦不多。採無時，俗用擣爲末，煉蜜丸如梧桐子大，酒服二十粒，日三服，百日差。久服益血輕身。初服微有頭疼，無害。」

秦州苦芥子

《宋圖經》：「苦芥子，生秦州。苗長一尺已來，枝、莖青色。葉如柳。開白花似榆莢，〔一〕

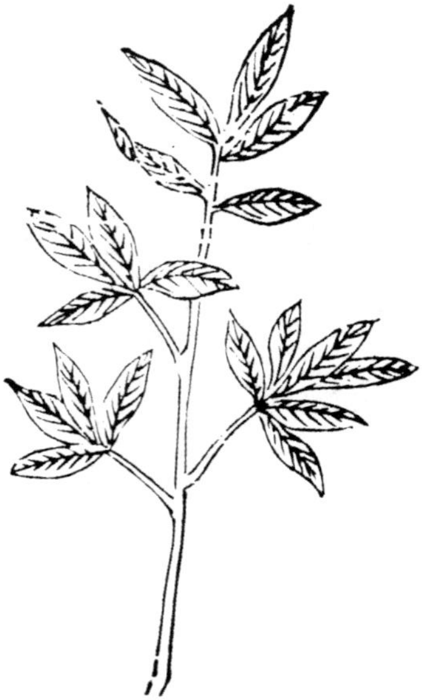

常州石逍遥草

秦州苦芥子

其子黑色。味苦，大寒，無毒。明眼目，治血風煩躁。」

〔一〕「莢」，原本誤作「英」，據《證類本草》引《圖經》改。

密州翦刀草

《宋圖經》：「翦刀草，生江、湖及京東近水河溝沙磧中。味甘微苦，寒，無毒。葉如翦刀形，莖𦶇似嫩蒲，又似三棱苗，甚軟，其色深青緑。每叢十餘莖，内抽出一兩莖，上分枝，開小白花，四瓣，蘂深黄色。根大者如杏，小者如杏核，色白而瑩滑。五月、六月、七月採葉，正月、二月採根。一名『慈菰』，一名『地栗』，一名『河鳧茨』。土人爛擣其莖葉如泥，塗傅諸惡瘡腫及小兒遊瘤、丹毒。以冷水調此草膏化如糊，以雞羽掃上，腫便消退，其效殊佳。根煮熟，味甚甘甜，時人作果子，常食無毒。福州别有一種，小異，三月生花，四時採根、葉，亦治癰腫。」

臨江軍田母草

《宋圖經》："田母草，生臨江軍。〔一〕性涼。無花實。二月採根用，主煩熱及小兒風熱，用之尤効。"

〔一〕宋臨江軍，治所在今江西樟樹市臨江鎮，轄清江、新淦、新喻三縣。

臨江軍田母草

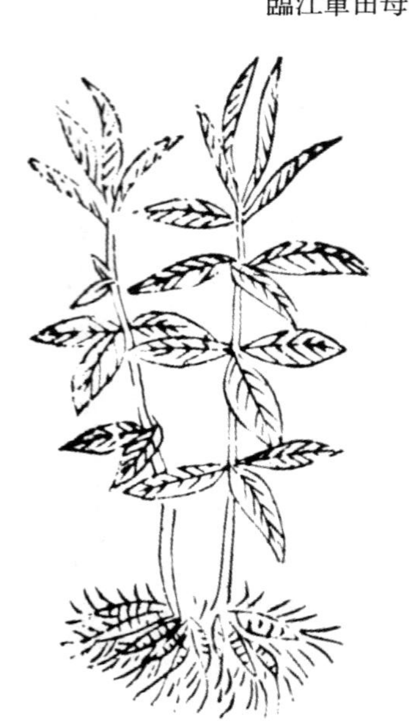

南恩州布里草

南恩州布里草

《宋圖經》："布里草，生南恩州原野中。〔一〕味苦，寒，有小毒。治皮膚瘡疥。莖高三四尺，葉似李而大。至夏不花而實，食之令人瀉。不拘時採根，割取皮，焙乾爲末，油和塗瘡疥，殺蟲。"

〔一〕宋南恩州，治所在今廣東陽江，轄陽江、陽春、恩平。

鼎州地芙蓉

《宋圖經》：「地芙蓉，生鼎州。〔一〕味辛，平，無毒。花主惡瘡，葉以傅貼腫毒。九月採。」

〔一〕宋鼎州在今湖南常德。

鼎州地芙蓉

信州黃花了

信州黃花了

《宋圖經》：「黃花了，生信州。春生青葉，至三月而有花，似辣菜花，黃色，至秋中結實。採無時，療咽喉、口齒。」

信州田麻

《宋圖經》：「田麻，生信州田野及溝澗傍。春、夏生青葉，七月、八月中生小莢子。冬三月採葉，療癰癤腫毒。」

植物名實圖考卷之十五　隰草類

竹葉麥冬草

竹葉麥冬草，生贛州、吉安荒田中。細莖拖地，短節小葉，似秋時小竹。梢開小紅白花，成簇。余以十月後船行章江，霜草就枯，場圃濯濯，荒草中見有紅萼新嬌，取視得此。後詢之建昌土醫，云：「可瀉心火，功同麥冬。」東海之棗，妄言妄對，〔一〕姑存其說。但小草凌冬，得霜而葩，或與秋菊同其喜涼畏炎之性。

〔一〕《史記·封禪書》：漢武帝時，方士李少君言於上曰：「臣嘗遊海上，見安期生，安期生食巨棗，大如瓜。」武帝遂遣人往海上求神仙。

瓜子金

瓜子金，江西、湖南多有之。一名「金鎖匙」，一名「神砂草」，一名「地藤草」。高四五寸，長根短莖，數莖爲叢。葉如瓜子而長，唯有直紋一綫。葉間開小圓紫花，中有紫蕊。氣味甘。俚醫以爲破血、起傷、通關、止痛之藥，多蓄之。雲南名「紫花地丁」。《滇南本草》：紫花地丁，味苦，性寒，破血解諸毒，攻癰疽、腫毒，治疥癩癬瘡，治小兒走馬牙疳潰爛。用紫花地丁新瓦焙爲末，搽患處效。

瓜子金

蝦鬚草

蝦鬚草

蝦鬚草，生陰濕地，處處有之。細莖淡赭色，柔弱不能植立。葉似萹蓄而薄，色亦淡綠，梢葉更細。葉間莖端出小枝，開三瓣淡粉紅花，瓣大如粟。性涼。

奶花草

奶花草，田塍陰濕處皆有之。形狀似小蟲兒卧單，而莖赤。葉稍大，斷之，有白汁。同鱔魚煮服，通乳有效。按：《嘉祐本草》：「地錦，莖赤葉青，紫紅花，細實。」當即此草。李時珍誤以小蟲兒卧單併爲一條，乃云「黄花，黑實」，與《圖經》相戾。今俗方治血病，不甚採用；而通乳，則里嫗皆識，故標「奶花」之名以著其功用云。

公草母草

公草、母草，産湖南田野間。高五六寸，緑莖細弱，似鵝兒腸而不引蔓。公草葉尖，長半寸許，附莖，三葉攢生。葉間梢頭復發細長莖，開小緑黄花，大如黍米，落落清疎。母草葉短微寬，兩葉對生，葉間抽短莖，一莖一花。

奶花草

公草母草

公草母草

八字草

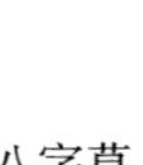

俚醫以治跌打，並入婦科，通經絡。二草齊用，單用不驗。

八字草

八字草，産建昌。小草蔓生，莖細如髮，本紅梢緑，微有毛。一枝三葉，似三葉酸而更小。葉極稀疏。土人搗碎敷漆瘡。按：《本草拾遺》：「漆姑草，如鼠跡大，生堦墀間陰處。氣辛烈。挼敷漆瘡，亦主溪毒。」主治既同，形亦相類，而《本草》不圖其形，未敢遽定。

夏無踪

夏無踪，產寧都。小草也。一莖一葉，葉如葵，多缺，有毛而小如錢，高數寸。長根多鬚。生治手指毒。又一種紫背，根如小麥冬者，同名異類。

夏無踪

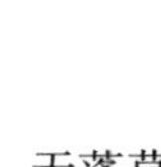

天蓬草

天蓬草

天蓬草，一名「涼帽草」，生建昌河壖。鋪地，細莖如亂髮，百餘莖爲族。莖端有葉三兩片，如初生小柳葉。黑根粗如指。土人以洗腫毒。

天蓬草 又一種。

天蓬草，比前一種莖赤而韌。附莖對葉，梢開小白花如菊，根細短。

天蓬草

粟米草

粟米草

粟米草，江西田野中有之。鋪地，細莖似萹蓄而瘦，有節。三四葉攢生一處。梢端葉間開小黃花如粟。近根色淡紅，根亦細韌。

瓜槌草

瓜槌草，一名「牛毛黏」，生陰濕地及花盆中。高三四寸，細如亂絲，微似天門冬而小矮，糾結成簇。梢端葉際結小實如珠，上擎纍纍。瓜槌、牛毛皆以形名。或云能利小便。雲南謂之「珍珠草」，俗方以治小兒乳積。《滇南本草》：「珍珠草，味辛，性温。治面寒痛。新瓦焙爲末，熱燒酒服。」

瓜槌草

飄拂草

飄拂草

飄拂草，南方墻陰砌下多有之。如初發小茅草，高四五寸。春時抽小莖，結實圓如粟米，生青老赭。或云煎水飲能利小便。

水線草

水線草，生水濱，處處有之。叢生，細莖如線，高五六寸。葉亦細長。莖間結青實如菉豆大，頗似牛毛黏，而莖稍韌，葉微大。赭根有鬚。俚醫以洗無名腫毒。

水線草

畫眉草

畫眉草

畫眉草，撫州山坡有之。如初生茅草，高三四寸。秋時抽葶，發小穗數十條，淡紫色，似蓼而小，殊有動摇之致。或云可治跌打損傷。亦名「榧子草」。

絆根草

絆根草，平野水澤皆有。俚醫謂之「塹頭草」。扁者白根，有鬚者、味甜者可用；圓者生水邊，味淡者不可用。治跌打損傷、破皮止血。寸節生根，志書多以爲即蔓草。《爾雅》「茜，蔓于」，或即此。《本草衍義》謂即「薰蕕」之「蕕」，恐未的。

絆根草

水蜈蚣

水蜈蚣

水蜈蚣，生沙洲，處處有之。横根赭色多鬚，微似蜈蚣形。發青苗如茅芽，高三四寸。抽莖結青毬，如指頂大。莖上復生細葉三四片。俚醫以爲殺蟲、敗毒之藥。按：《本草拾遺》：「地楊梅，苗如莎草，四五月有子，似楊梅。」形頗相肖，唯主治赤白痢不同。但濕地小草多利濕，當可通用。

無名一種

生吉安田野中。〔一〕細莖高三四寸，對葉如初生榆葉。十月中開小粉紅花，瓣大如米。蓋春草冬暖而已開花。

〔一〕原本無題名，「生」上有三字空格。下幾篇同。

無名一種（前）

無名一種（後）

無名一種

生贛州沙田中。宛似小麥門冬，高六七寸。有横根細鬚。攢之抽葶，冬結圓實，亦如麥門冬而黑紫色。

無名一種

江西平野有之。高四五寸，緑莖細柔。附莖生葉，如初生小菊葉。葉間開五圓瓣小白花，如梅花而小。

無名一種（前）

無名一種（後）

無名一種

生南康洲渚間。小草鋪地，細莖淡赭色。葉大如指，面濃緑，背淡青，而尖微紅，無紋理，宛似小桃。

仙人掌

《嶺南雜記》：「仙人掌，人家種於田畔以止牛踐，種於牆頭亦辟火災。無葉，枝青嫩而扁厚有刺。每層有數枝，杈枒而生，絶無可觀。其汁入目，使人失明。」《南安府志》：「《三國志》載『孫皓時有菜生工人吴平家，高四尺，厚三分，如枇杷形，上廣尺八寸，下莖廣三寸，兩邊生緑葉。東觀案圖，作平慮草』。按此即今『仙人掌』，人呼爲『老鴉舌』。郡中有高至八九尺及丈許者。」《桂平縣志》：「龍舌，青色，皮厚有脂，婦人取以澤髮，種土牆上可以辟火。《通志》附『仙人掌』下，當是潯州土名。」《南越筆記》：「瓊州有仙人掌，自下而上，一枝一掌，無花葉，可以辟火。」

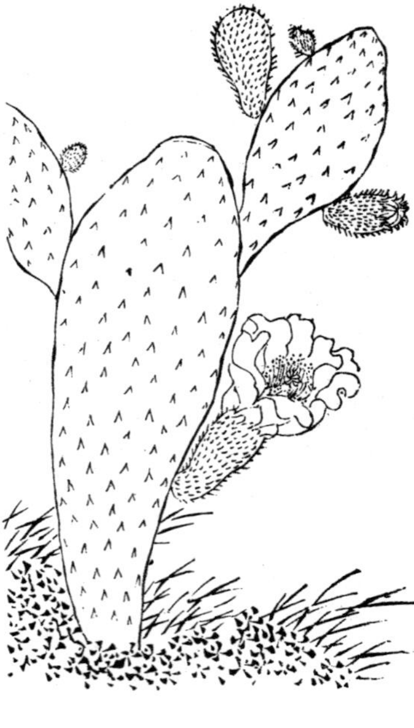

臣謹按：《南安志》據《吴志》以仙人掌爲即「平慮」，〔一〕足稱該洽。《南越筆記》云「廣州種以辟火」，殆即昔所謂「慎火樹」者。臣前在京師曾見之，生葉成簇，新緑深齒，綴於掌邊。道光乙未，供奉内廷，上命内侍出此草示臣，勅臣詳考，以補《群芳譜》所未備。惜彼時未檢及《吴志》，深慙疎陋。又據内侍口述，此草頃在禁籞，〔二〕忽開花，色如芙蓉，大若月季，禁中皆稱

「仙人掌上玉芙蓉」云。向陽花木，雨露曲承，舒葩獻媚，物理常然，固不足言異徵也。越八年，臣備員湘撫，繪《草木圖》敬述斯事，以見無知之物，偶經宸顧，尚能効靈。忝竊槐棘，〔三〕有懟葵藿，亦恐草木笑人。又三年，臣移撫雲南，檢《滇志》云「仙人掌肥厚多刺，相接成枝，花名玉英，色紅黄，實如小瓜，可食」。節署頗多，大者高及人肩。春末夏初開花結實，俱如志所述，因俾畫手補繪。迴憶持節嶺嶠，〔四〕依光禁籞，皆目覩斯卉。萬里昆明，與奇葩異萼晨夕染濡，蓋是夙緣。獨怪嶺南紀載殊不周詳，豈秉筆者未及審核？抑滇産異於他處耶？臣謹識。

〔一〕「盧」，原本誤作「露」，前《南安府志》引作「盧」，《三國志》本文亦作「盧」，據改。

〔二〕禁籞：本指宫墻，代指宫禁。

〔三〕按《周禮·秋官司寇》記外朝之法，面植三槐，左右各九棘，爲三公九卿之位。後即以「槐棘」代指公卿之位。

〔四〕嶺嶠：泛指五嶺地區。

萬年青

《花鏡》：「萬年青，一名蒀。闊葉叢生，深緑色，冬夏不萎。吴中人家多種之，以其盛衰占

休咎。造屋、移居、行聘、治壙、小兒初生，一切喜事無不用之，以爲祥瑞口號。至於結姻幣聘，雖不取生者，亦必剪造綾絹，肖其形以代之。又與吉祥草、葱、松四品並列盆中，亦俗套也。種法：於春、秋二分時分栽盆内，置之背陰處。俗云四月十四是神仙生日，當删剪舊葉，擲之通衢，令人踐踏，則新葉發生必盛。喜壅肥土，澆用冷茶。」按：九江俚醫以治無名腫毒、疔瘡、牙痛，隱其名爲「開口劍」，或謂能治蛇傷，亦呼爲「斬蛇劍」。

牛黄繖

牛黄繖，江西、湖南有之。一名「千層喜」。長葉緑脆，紋脈潤，層層抽長，如抱焦心，長者可三四尺，斷之有涎絲。俚醫以治腫毒，目爲難得之藥。亦間有花，即廣中「文殊

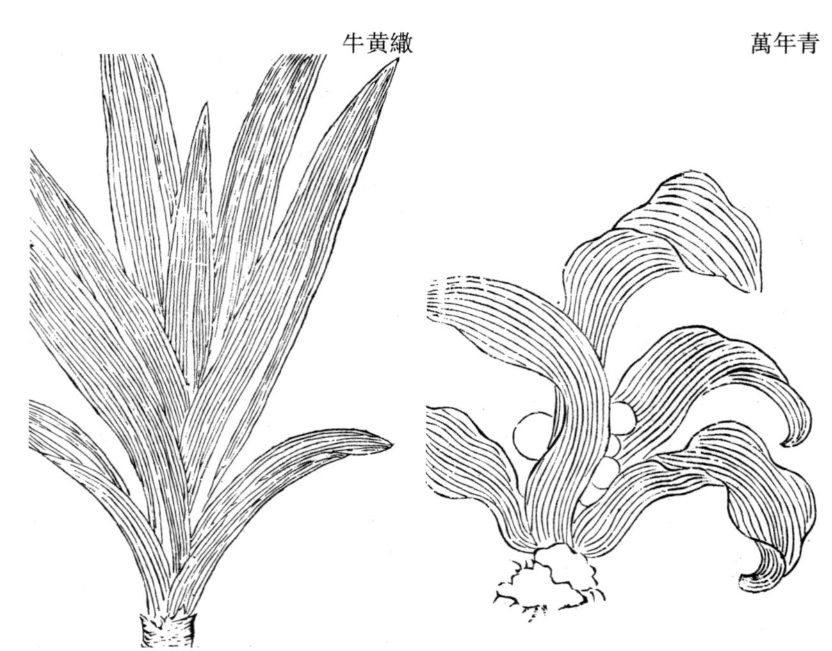
萬年青　牛黄繖

蘭」。踰嶺經冬葉隕，故少花。其葉甚長。仍兩圖之。又滇南有「佛手蘭」，葉亦相類。

金不换

金不换，江西、湖南皆有之。葉似羊蹄菜而圓，無花實。或呼爲「土大黄」。性涼。俚醫以治無名腫毒，消血熱。葉敷瘡。根止吐血，同猪肉煮服。

金不换

筋骨草

筋骨草

筋骨草，産南康平野。春時鋪地生。葉如芥菜葉，面緑，背紫，面上有白毛一縷，茸茸如刺。抽葶發小葉，花生葉際，相間開放。葉紫花白，花如益母，遥望蓬蓬，白如積灰，亦呼爲「石灰菜」。俚醫用之養筋、和血、散寒，酒煎服。鄉人亦掘以飼豕。

見血青

見血青，生江西建昌平野。亦名「白頭翁」。初生鋪地。葉如白菜，長三四寸，深齒柔嫩，光潤無皺。中抽數葶，逐節開白花，頗似益母草。花蒂有毛茸茸，又頂梢花白，故有「白頭翁」之名。俚醫擣敷瘡毒，殆亦蟴菜之類。

見血青

見腫消

見腫消

見腫消，產南昌。鋪地生。葉如芥菜，多皺而尖長，又似初生天名精葉，亦狹，中有白脉一道。根如初生小蘿菔，直下無鬚，赭褐色，有横紋。南昌俚醫蓄之以治腫毒。

魚公草

魚公草，江西、湖南有之。綠莖叢生。莖有細毛，附莖生葉，長如芍藥葉，有斜齒，歷落如鋸。俚醫云性寒。一名「青魚膽」。能通肢節、止痛、行血。

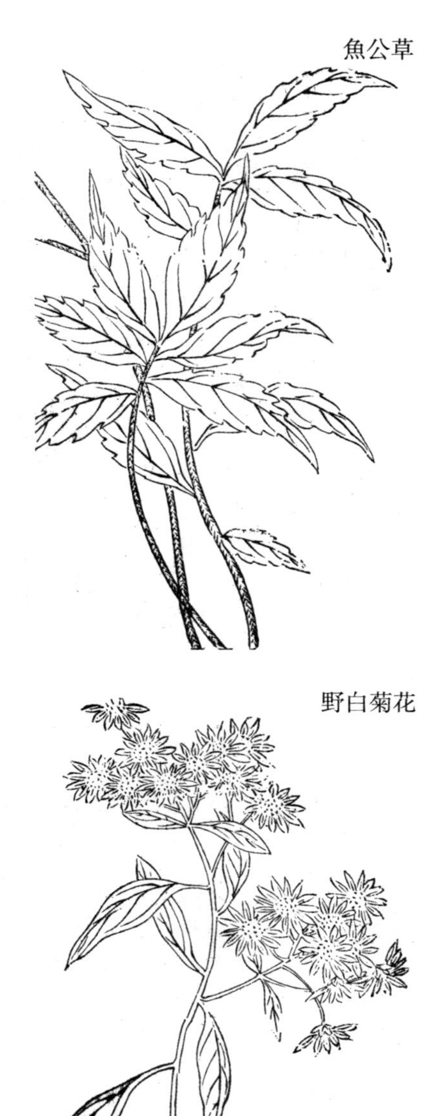
魚公草
野白菊花

野白菊花

野白菊花，處處平野有之。綠莖圓細，葉如鳳仙、劉寄奴，不對生。梢端開花，宛如野菊，白瓣黃心，大如五銖錢。俚醫云性涼，亦可煎洗無名腫毒。

野芝麻

野芝麻，臨江、九江山圃中極多。春時叢生。方莖四棱，棱青，莖微紫。對節生葉，深齒細紋，略似麻葉，本平末尖，面青背淡，微有澀毛。繞節開花，色白，皆上矗，長幾半寸，上瓣下覆如勺，下瓣圓小雙歧，兩旁短缺如禽張口。中森扁鬚，隨上瓣彎垂，如舌抵上齶，星星黑點。花萼尖絲，如針攢簇。葉、莖味淡，微辛，作芝麻氣而更膩。湖南圃中尤多，芟夷不盡，或即呼爲「白花益母草」。

鶴草

鶴草，江西平野多有之。一名「灑線花」，或即呼爲「沙參」。長根細白，葉似枸杞而小。秋開五瓣長白花，下作細筩，瓣梢有齒如剪。按：《救荒本草》沙參有數種，此殆細葉開白

野芝麻

鶴草

花者。

劉海節菊

劉海節菊，似黄花劉寄奴，而莖葉細瘦，花亦無長蕊。建昌俚醫採根治風火。

劉海節菊

白頭漊

白頭漊

白頭漊（pó），生長沙山坡間。細莖直上，高二三尺。長葉對生，疎紋微齒，上下葉相距甚疎。梢頭發葶，開小長白花，攢簇稠密，一望如雪，故有「白頭」之名。性涼。

天水蟻草

天水蟻草，生湖南平野。荆、湘間呼「鼠麯草」爲「水蟻草」，蓋與《酉陽雜俎》以鼠麯爲蚍蜉酒同義。〔一〕此草葉有白毛，極似鼠麯，而莖硬如蒿，亦微作蒿氣，高二尺許。俚醫以爲補筋骨之藥。

〔一〕《酉陽雜俎》原文作「蚍蜉酒草，一曰鼠耳，象形也」。

天水蟻草

黃花龍芽

黃花龍芽

黃花龍芽，湖南園圃中多有之。高三四尺，緑莖如蒿，長葉花叉，皺紋如馬鞭草而大，色稍淡。莖葉皆微有毛澀。秋開五瓣黄花，瓣小如粟，長枝分叉，點綴頗繁。俚醫與龍芽草同用。　按：縣志中多云黄花龍芽勝於紫花者，湖南謂《救荒本草》中龍芽草爲「毛脚茵」，則黄花當以毛脚茵爲正，而俚醫無別。

黄花龍芽 又一種。

黄花龍芽，生嶽麓。比前一種莖矮而黄，直硬有節，亦有毛。脚葉微瘦，餘皆四五葉攢生一處，細尖有歧，如初生蔞蒿。梢開小黄花，攢如黄粟米。蓋一類，而生於山陸，故肥瘦不同。

金窋耳

金窋（wā）耳，産湖南長沙山坡。高二尺餘，獨莖褐紫，參差生葉。葉如鳳仙花葉，面青，背白，微齒。秋開黄花如寒菊下垂，

黄花龍芽

金窋耳

旁莖弱欹，故有是名。俚醫云性涼，能除瘴氣。　按：《黔書》有「黃花根」，能除蠱瘴氣味，或相近。

土豨薟

土豨（xī）薟（xiān），生南昌園圃中。紅莖對葉，葉如鳳仙花葉而無齒。梢端葉際發細葶，柔嫩如絲，開黃花如寒菊，緑跗如蠅足抱之。土人或即以代豨薟。

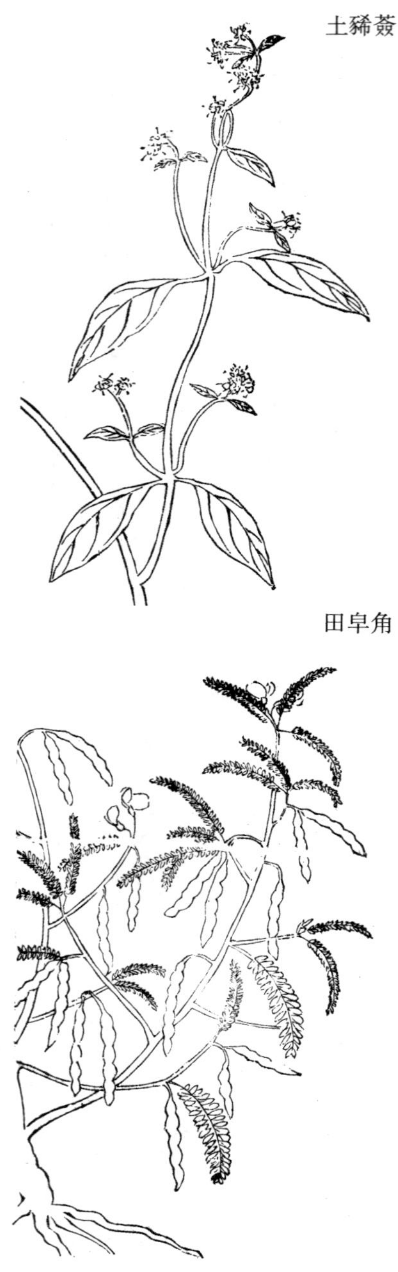
土豨薟

田皁角

田皁角

田皁角，江西、湖南坡阜多有之。叢生。緑莖，葉如夜合樹葉，極小而密，亦能開合。夏開黃花如豆花，秋結角如蕓豆，圓滿下垂。土人以其形如皁角樹，故名。俚醫以爲去風、殺蟲之藥。

七籬笆

七籬笆，生建昌。細莖翠緑，近根微紅。葉如小竹枝，梢三葉，旁枝二葉對生，共成七葉，狀亦娉婷。土醫以根治煩熱。

七籬笆

水麻艻

水麻艻（tiáo），生建昌。叢生。莖如蓼，淡紅色，緑節。葉三叉，前尖長，後短，面緑，背淡，有毛。俚醫擣漿，以新汲水冲服，療痧症。按：《本草綱目》有「牛脂艻」，無形狀。草藥多有以「芀」名者。

釣魚竿

《簡易草藥》：「釣魚竿，一名『逍遥竹』，一名『一枝箭』。治跌打損傷、筋骨痛疼要藥。清明前後有之，夏至後即難尋覓。」按：此草，建昌俗呼「了鳥竹」，細莖亭亭，對葉稀疏，似竹而瘦，中惟直紋一道。土醫以治勞傷。

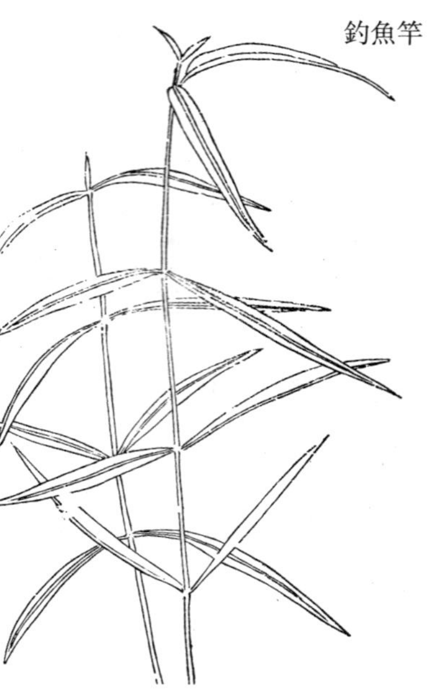
釣魚竿

臭牡丹

臭牡丹，江西、湖南田野廢圃皆有之。一名「臭楓根」，一名「大紅袍」。高可三四尺。圓葉

臭牡丹

有尖，如紫荆葉而薄，又似油桐葉而小。梢端葉頗紅，就梢葉内開五瓣淡紫花，成攢，頗似繡毬，而鬚長如聚針。南安人取其根煎洗脚腫。其氣近臭，京師呼爲「臭八寶」，或僞爲洋繡毬售之。湖南俚醫云：煮烏雞同食，去頭昏，亦治毒瘡，消腫，止痛。

斑珠科

斑珠科，生長沙平野。一叢數十莖，高尺餘。枝杈繁密，三葉攢生，極似雞眼草。俚醫以除火毒。

鐵馬鞭

鐵馬鞭，生長沙岡阜。緑莖横枝，長弱如蔓。三葉攢生，似落花生葉而小，面青，背白。莖、葉皆有微毛。俚醫以爲散血之藥。

斑珠科

鐵馬鞭

葉下珠

葉下珠，江西、湖南砌下墻陰多有之。高四五寸，宛如初出夜合樹芽。葉亦晝開夜合。葉下順莖結子如粟，生黃熟紫。俚醫云：性涼，能除瘴氣。

葉下珠

臭節草

臭節草

臭節草，生建昌。獨莖細綠，葉長圓如瓜子形，頂微缺，面深綠，背灰白。三葉攢生，中大旁小，一莖之上，小大葉相間，頗繁碎。土醫採根擣漿，洗腫毒有效。

臨時救

臨時救，江西、湖南田塍山足皆有之。春發弱莖，就地平鋪。厚葉緑軟，尖圓，微似杏葉而無齒。莖端攢聚，二四對生，下大上小。花生葉際，黄瓣五出，紅心，頗似磬口臘梅，中有黄白一

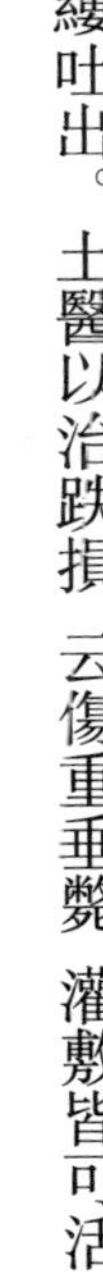

縷吐出。土醫以治跌損，云傷重垂斃，灌敷皆可活，故名。

臨時救

救命王

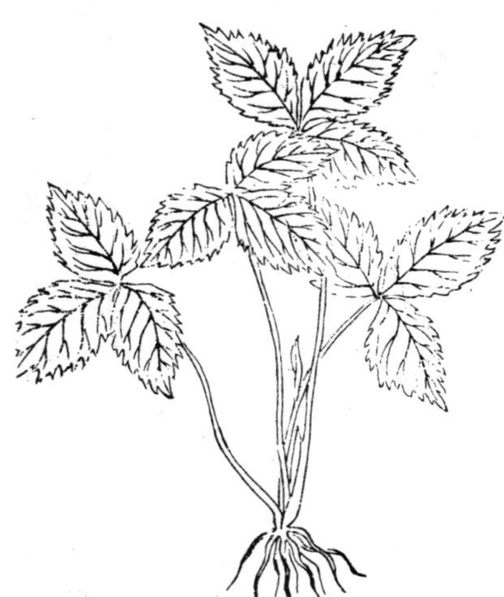

救命王

救命王，湘南平隰廢圃多有之。叢生，十數莖爲族，高五六寸。一莖三葉。初生時頗似蛇莓葉，漸大長七八分，深齒濃緑，微似刺榆。俚醫以治跌打全科，擣碎用童便或回龍湯冲服，雖

年久重傷，皆能有效。

鹿角草

鹿角草，産建昌。或謂之「草麥冬」，葉根俱似麥門冬，而柴硬與萱草根相類。土人取根煎水，亦可退熱。按：《本草綱目》「搥胡根」與此草甚肖，惟搥胡葉寬大如萱草，頗柔潤，根味甘，似天門冬。又一種「竹葉草」，根亦如麥冬。昔人謂麥冬有數種，皆其同類。

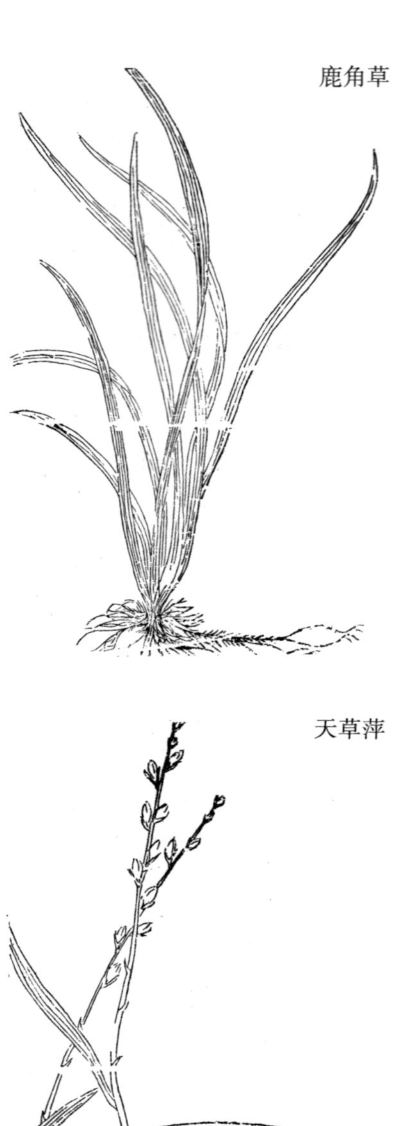

鹿角草

天草萍

天草萍

天草萍，産建昌。赭根横短，抽莖如萱草莖。就莖發葉，亦如萱草而狹。莖上開花，作苞如蘭花蕢葖。建昌俚醫用之，未及詢其所治何病。

盤龍參

盤龍參，袁州、衡州山坡皆有之。長葉如初生萱草而脆肥。春時抽葶發苞，如辮繩斜糾。開小粉紅花，大如小豆瓣，有細齒，上翹，中吐白蕊。根有黏汁。衡州俚醫用之，滇南以治陰虚之症。其根似天門冬而微細色黄。

蛇包五披風

蛇包五披風，江西、湖南有之。柔莖叢生。一莖五葉，略似蛇莓而大。葉、莖俱有毛如刺。抽葶生小葉，發杈開小緑花，尖瓣，多少不匀，中露黄蕊如粟。黑根粗鬚似仙茅。俚醫用治咳嗽。

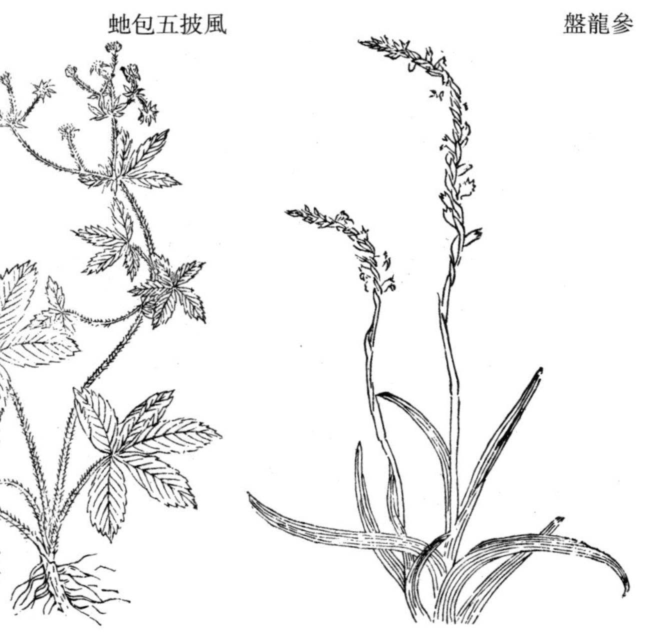
盤龍參　蛇包五披風

植物名實圖考校注

〔清〕吴其濬 撰　欒保群 校注

下

中華書局

植物名實圖考卷之十六　石草類

石斛

石斛，《本經》上品。今山石上多有之。開花如甌蘭而小，其長者爲木斛。又有一種，扁莖有節如竹葉，亦寬大，高尺餘，即《竹譜》所謂「懸竹」，衡山人呼爲「千年竹」，置之笥中，經時不乾，得水即活。

卷柏

卷柏，《本經》上品。詳《宋圖經》。〔一〕今山石間多有之。

〔一〕「經」字原缺。

卷柏

石韋

石韋，《本經》中品。種類殊多。今以面緑背有黄毛、柔韌如韋者爲石韋，〔一〕餘皆仍俗名以别之。

石韋

〔一〕韋：皮革。

石長生

石長生，《本經》下品。陶隱居云：「似蕨而細如龍鬚草，黑如光漆。」今蕨地多有之。

石長生

酢漿草

酢漿草

酢漿草，《唐本草》始著録。即「三葉酸漿」。生山石間，葉大如錢。

老蝸生

老蝸生，生長沙田塍。鋪地細蔓。似三葉酸漿，而蔓赭葉小，根大如指，微硬。俚醫以治損傷。

老蝸生

石胡荽

石胡荽

石胡荽，《四聲本草》收之。即「鵝不食草」，詳《本草綱目》。以治目翳，研末嗅之。《簡易草藥》有「滿天星」、「沙飛草」、「地胡椒」、「大救駕」諸名，亦治跌打損傷。或云能治痧症，蓋取其辛能開竅。

骨碎補

骨碎補，《本草拾遺》謂之「猴薑」。開元時，〔一〕以其主傷折，補骨碎，命名。凡古木、陰地皆有之。

〔一〕按《證類本草》引陳藏器云，「開元時」作「開元皇帝」。

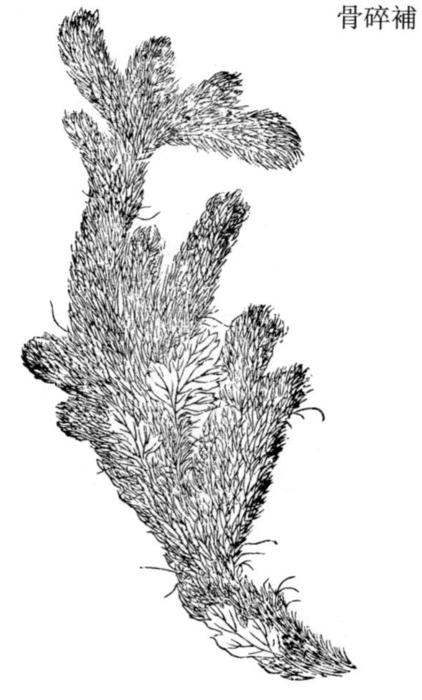

骨碎補

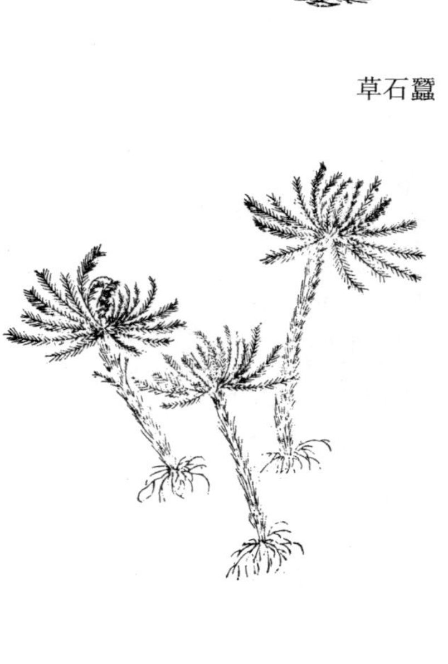

草石蠶

草石蠶

草石蠶，《本草拾遺》始著録。山石上多有之。毛莖如蠶，葉如卷栢。乾瘁，得濕則生。俚醫呼爲「返魂草」。《本草綱目》附注「菜部」石蠶下，蓋未的識。

金星草

金星草，《嘉祐本草》：「即石韋之有金星者。」石草結子，大率相類，即貫衆等亦然。凡俗名「金星」者皆以此。

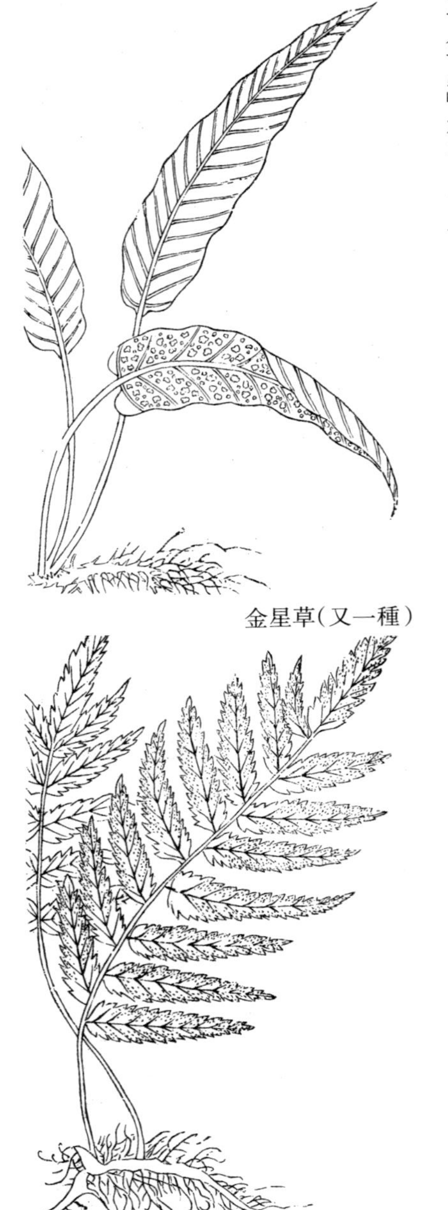

金星草

金星草（又一種）

金星草又一種。

金星草，生山石間。横根多鬚，抽莖生葉，如貫衆而多齒，似狗脊而齒尖。葉背金星極多，蓋狗脊之别種。

鵝掌金星草

鵝掌金星草，生建昌山石間。横根。一莖一葉，葉如鵝掌，有金星。《滇本草》謂之「七星草」，云此草形如雞脚，上有黄點，貼石生。味甘，性寒無毒。治五淋、白濁，又包敷無名大瘡，神效，又熨臍治陰寒。

鵝掌金星草

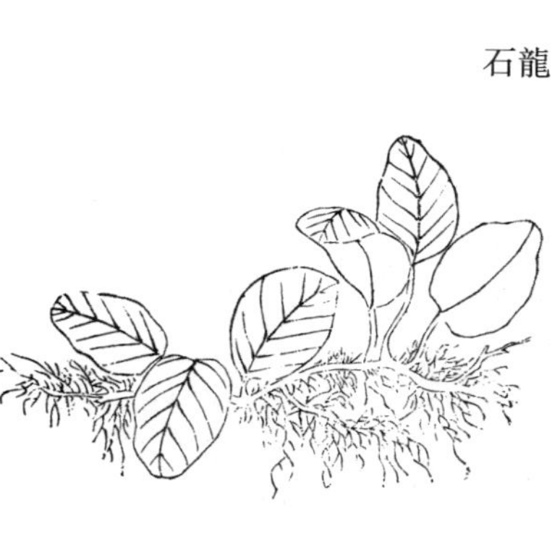
石龍

石龍

石龍，一名「石茶」。横根叢生。一莖一葉，高三四寸。葉如茶而厚如石韋，重疊堆砌。李時珍謂石韋「有如杏葉」者，殆即此。

劍丹

劍丹，生贛州山石上。叢生。長葉如初生萵苣，面緑，背淡，亦有金星如骨牌點。治跌打損傷，酒煎服。

劍丹

飛刀劍

飛刀劍

飛刀劍，生南安。即石韋之瘦細者，亦有金星。俚醫以治痰火，同瘦猪肉蒸服。

金交翦

金交翦，生建昌。横根生。葉似石韋而小，亦有金星。功同石韋。

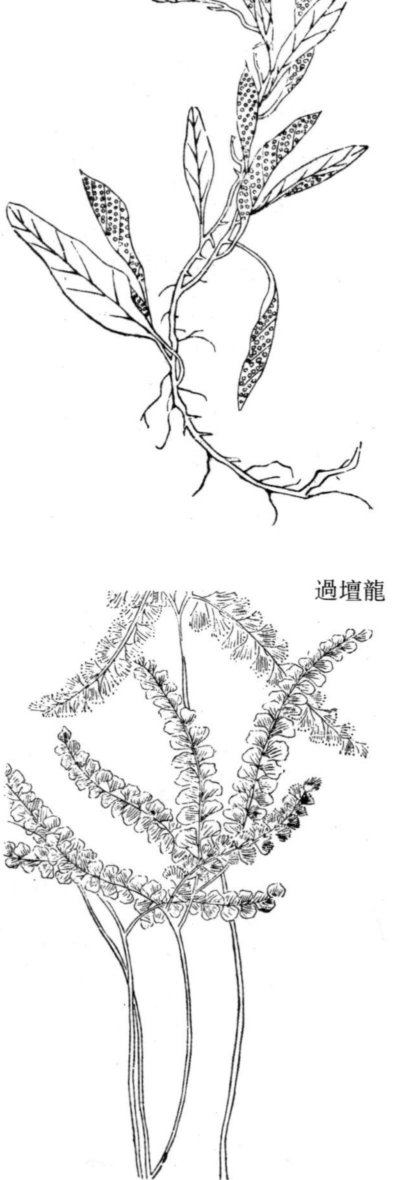

過壇龍

過壇龍，生南安。似鐵角鳳尾草，長莖分枝，葉稍大，蓋一類。治瘡毒，研末傅之，瘡破不可擦。

鐵角鳳尾草

鐵角鳳尾草，生建昌山石上。高四五寸，叢生。紫莖，對葉排生，生如指肚大，而末作細齒，背有細子，小如粟。治紅白痢，連根葉酒煎服。嶽麓亦多有之。

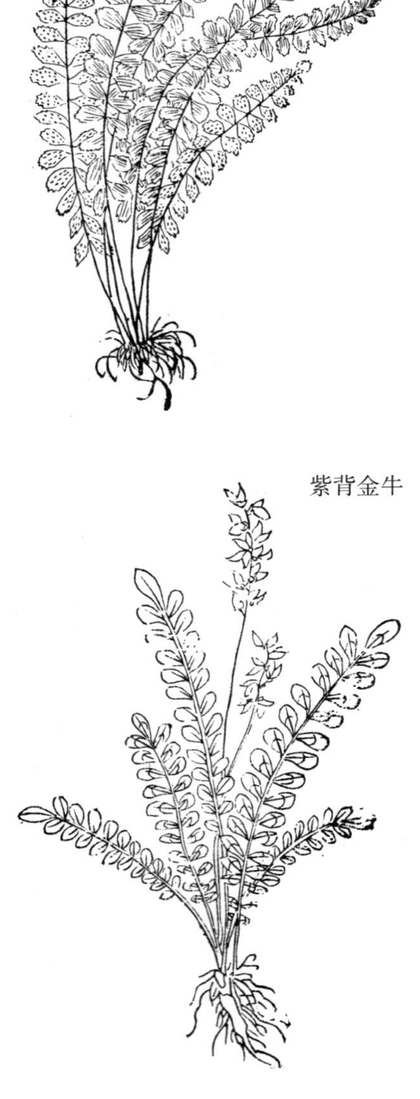

鐵角鳳尾草

紫背金牛

紫背金牛

紫背金牛，生四川山石間。似鐵角鳳尾草，而葉微團，面緑，背紫。抽莖開小紫花，微似薄荷花。　按：《宋圖經》有「紫金牛」，似小青，與此異。

水龍骨

水龍骨，生山石間。圓根横出，分杈藍白色，多斑，破之有絲。疎鬚數莖，抽莖紅紫。一莖一葉，葉長厚如石韋，分破如猴薑而圓，有紫紋。主治腰痛，酒煎服。

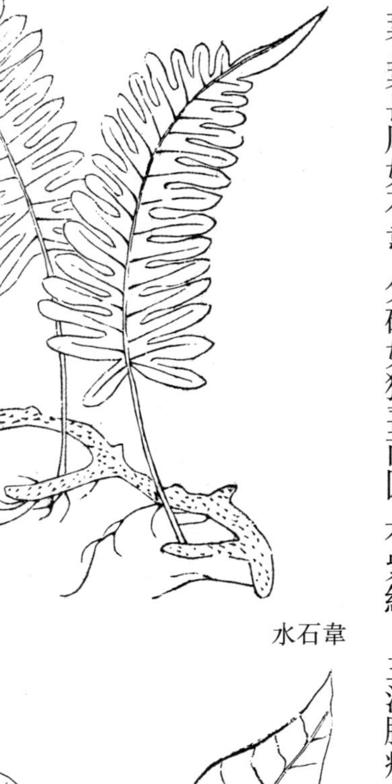

水龍骨

水石韋

水石韋

水石韋，生山石間。横根赭色。一莖一葉，長如石韋。而葉薄軟，面緑，背淡。一名「銀茶匙」，一名「牌坊草」。主治咳嗽，敷手指蛇頭。

鳳尾草

鳳尾草，生山石及陰濕處。有綠莖、紫莖者。一名「井闌草」，或謂之「石長生」。治五淋，止小便痛。

鳳尾草

鳳了草

鳳了草

鳳了草，生廬山。横根黑圓多鬚，紫莖似蕨，而葉長大對生。蓋即大蕨之類。

地膽

地膽，産大庾嶺。或呼爲「録段草」。高三寸許，葉如水竹子葉而寬厚。面緑，有直紋，紫白圓點相間；背紫，光滑可愛。或云治婦科五心熱症。按：《南越筆記》有「還魂草」，一名「地膽」，葉如芥，花如地茶，以蛤試之，能取死回生。産陽江山中。未知即此否。

地膽

雙蝴蝶

雙蝴蝶

雙蝴蝶，建昌山石向陰處有之。葉長圓，二寸餘，有尖，二四對生，兩大兩小。面青藍，有碎斜紋；背紅紫，有金線四五縷。兩長葉鋪地如蝶翅，兩小葉横出如蝶腹及首尾，短根數縷如足，極爲奇詭。搗敷諸毒。見日即萎。

紫背金盤

《宋圖經》：「紫背金盤，生施州。苗高一尺以來，葉背紫無花。」李時珍謂湖湘水石處有之。今湖南所産，引紫蔓長尺餘，葉背紫面緑，有圓齒。土名「破血丹」。與《圖經》主治婦人血氣痛、能消胎氣相符。李時珍所云「蔓似黄絲」，恐非此種。

紫背金盤

虎耳草

虎耳草

虎耳草，《本草綱目》始著録。栽種者多白紋，自生山石間者淡緑色，有白毛，卻少細紋。

治聤耳，〔一〕過用，或成聾閉，喉閉無音。用以代茶，亦治吐血。《簡易草藥》名爲「系系葉」。

〔一〕聤耳：耳道流膿。

巖白菜

巖白菜，生山石有溜處。鋪生如白菜。面緑，背黄，有毛茸茸。治吐血有效。

巖白菜

呆白菜

呆白菜

呆白菜，生山石間。鋪生不植立，一名「矮白菜」。極似莙薘，長根數寸。主治吐血。

石弔蘭

石弔蘭，産廣信、寶慶山石上。橫根赭色，高四五寸。就根發小莖，生葉四五。葉排生攢簇，光潤厚勁，有鋸齒，大而踈，面深緑，背淡，中唯直紋一縷。葉下生長鬚數條，就石上生根。土人採治通肢節、跌打、酒病。

石弔蘭

七星蓮

七星蓮

七星蓮，生長沙山石上。鋪地引蔓，與石弔蘭相似。而葉闊薄，有白脈，本細末團，圓齒。亂根如短髮。又從葉下生蔓，四面傍引。從蔓上生葉，葉下復生根鬚。一叢居中，六叢環外，根既别植，蔓仍牽帶，故有「七星」之名。俚醫以治紅白痢。

石花蓮

石花蓮，生南安。鋪地生，短莖。長葉似地黄葉而尖。面濃緑，有直紋極細，上浮白茸；背青灰色，濃赭紋，亦有毛。根不甚長，極稠密，黑赭相間。氣味寒，主治心氣疼痛、湯火、刀槍，煎服。

石花蓮

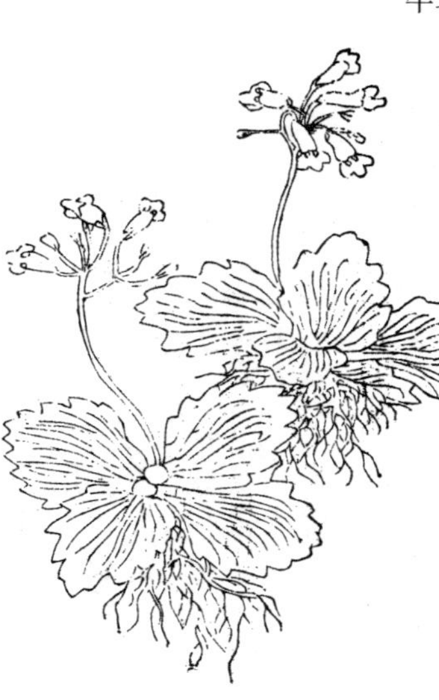

牛耳草

牛耳草

牛耳草，生山石間。鋪生。葉如葵而不圓，多深齒，而有直紋隆起。細根成簇。夏抽葶開花。治跌打損傷。湖南謂之「翻魂草」。《滇本草》謂之「石胆草」，云：「生石上，貼石而生，開花形似車前草，味甘，無毒。同文蛤爲末，烏鬚良，葉搗爛敷瘡，神效。」按此花作筩子，内微白，外紫，下一瓣長，旁兩瓣短，上一瓣又短，皆連而不拆，如翦缺然。葶高二三寸，花朵下垂。置之石盎拳石間，殊有致。

千重塔

千重塔，江西山中近石處皆有之。細莖密葉，叢生，高五六寸。葉微似落帚而短，稍寬。土人云：同螺蚌肉煎水服，能治咳嗽。

千層塔

千層塔，生山石間。蔓生，綠莖。小葉攢生，四面如刺，間有長葉，及梢頭葉俱如初生柳葉。可煎洗腫毒、跌打及鼻孔作痒。

千重塔　千層塔

風蘭

風蘭，産閩、粤，江西贛南山中亦有之。一名「弔蘭」。根露石上，莖葉向下倒卷而上，高四五寸。扁葉長二寸許，雙合不舒。五月開花，似石斛，瓣與心均微似蘭而小。以竹筐懸之檐間，得風露之氣，自生自開，或寄生老樹上。

風蘭

石蘭

石蘭

石蘭，南安山石上有之。横根，先作一蔕如麥門冬，色緑，蔕上發兩小葉，葉中抽小莖。開花瓣如甌蘭而短，心紅瓣緑，與甌蘭無異。花罷結實，仍如門冬，累累相連。蓋即石斛一種。

石豆

石豆，生山石間。似瓜子金，硬莖。初生一蔕大如豆，上發一葉如瓜子，微長而圓，厚分許。一名「石仙桃」，一名「魚鱉草」。性與瓜子金同。

石豆

瓜子金

瓜子金

瓜子金，山石上皆有之。毛根如猴薑，橫蔓細莖。葉如瓜子稍長，厚一二分，背有黄點。治風損，煎酒冲白糖服。

地柏葉

地柏葉，湖南山坡多有之。高四五寸，細莖。花、葉似側柏而光，色亦淡緑。四五莖作小叢，蓋與卷柏、千年松同類，而生於土，不生於石。俚醫用以去肺風。

地柏葉

萬年柏

萬年柏

萬年柏，生山石間。高三四寸，細莖光黑。葉如地柏葉而硬，面緑，背白，如紙剪成。可爲盆玩。

萬年松

萬年松，産峨眉山。置之篋中經年，得水即生。彼處以充饋問。其似柏葉爲「千年柏」，深山亦多有之。李時珍以釋《別録》「玉柏」，但與紫花不符。

萬年松

鹿茸草

鹿茸草

鹿茸草，生山石上。高四五寸，柔莖極嫩，白茸如粉。四面生葉，攢密上抱。葉纖如小指甲。春開四瓣桃紅花，三瓣似海棠花，微尖下垂，一瓣上翕，兩邊交掩，黄心全露。《進賢縣志》録入「藥類」，不著功用。《別録》：「玉柏，生石上，如松，高五六寸，紫花。用莖、葉。」殆此類也。又《廬山志》：「千年艾，觸油即萎。」此草色白如艾，是矣。

石龍牙草

石龍牙草，生山石上。根如小半夏。春無葉有花，細莖如絲，參差開五瓣小白花，花罷黄鬚下垂。高三四寸，小草尤纖。

石龍牙草

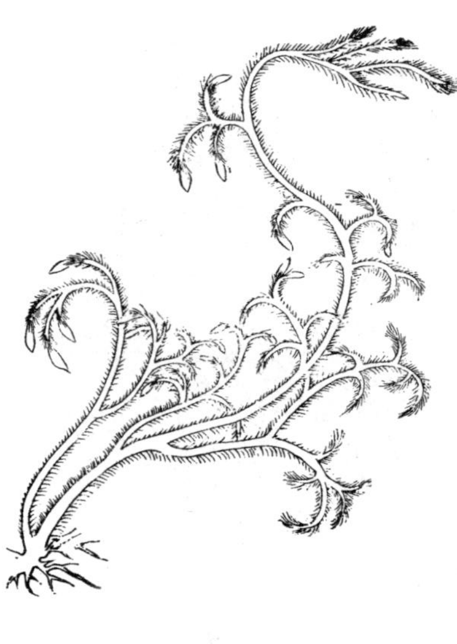
筋骨草

筋骨草

筋骨草，生山溪間。緑蔓茸毛，就莖生杈，長至數尺，著地生根，頭緒繁挐，如人筋絡。俚醫以爲調和筋骨之藥，名爲「小伸筋」。秋時莖梢發白芽，宛如小牙。滇南謂之「過山龍」。端午日，玀玀採以入市鬻之，云小兒是日煎水作浴湯，不生瘡毒、受濕痒。

牛毛松

牛毛松，生山石上。高三四寸。數十莖爲叢。葉細如毛，而硬似刺松。梢頭春開小黄花。置之巾箱，得雨可活。俚醫以治跌損。

牛毛松

佛甲草

佛甲草

佛甲草，《宋圖經》始收之。南方屋上墻頭至多，北方罕見。詳《本草綱目》。今人亦以治湯火灼瘡。

佛甲草又一種。

佛甲草，生山石上及瓦上。莖葉淡緑，高三四寸。葉如小匙，大若指頂，微有白粉，厚脆。夏開黄花，五瓣微尖。與前一種以莖不紫、葉不尖爲别。根亦微香。

佛甲草

水仙

水仙

水仙花，《本草會編》始收之。俗謂其根有毒，而《衛生易簡方》「療婦人五心發熱，同乾荷葉、赤芍等分爲末，白湯服之」，恐未可信。其花不藉土而活，應入「石草」。

烏韭

烏韭，《本經》下品。又名「石髮」。生石上及木間陰處，青翠茸茸，似苔而非苔也。

烏韭

馬勃

馬勃

馬勃，《别録》下品。生濕地及腐木上。紫色，虛軟，狀如狗肝，大如升斗。爲清肺、治咽痛要藥。

垣衣

垣衣，《别録》中品。在瓦曰「屋遊」。苔類。主治大略相同。

垣衣

昨葉何草

昨葉何草

昨葉何草，即瓦松。《唐本草》始著録。惟此草俗云有大毒，未可輕服。燒灰沐髮，搗塗湯火傷，皆常用之。且南北老屋皆生，而《唐本》獨云生上黨屋上，初生如蓬，高尺餘，遠望如松栽，酸平，無毒。余至晉，見此草果與他處有異。秋時作粉紅花，極繁，五瓣，白鬚，黑蘂數點，陽騎瓦灼，益復郁茂。蓋山西風烈，屋上皆落土尺許，草生其上，無異岡脊，氣飽霜露，味兼土木，較之鱗次雨飄、〔一〕僅藉濕潤而生，其性狀固不得同耳。

〔一〕鱗次：指瓦礱。

石蘂

石蘂，《本草拾遺》始著録。李時珍以爲即《别録》「石濡」。生高山石上，苔衣類也。狀如花蘂，故名。

石蘂

地衣

地衣

地衣，《本草拾遺》始著録。即陰濕地苔蘚經日曬起皮者，故名「仰天皮」。治中暑、陰瘡、雀盲，又主馬反花瘡，〔一〕生油調傅。

〔一〕反花瘡：肉反散如花狀，故名。

離鬲草

離鬲草，味辛寒，有小毒。主瘰癧、丹毒、小兒無辜寒熱、大腹痞、滿痰、飲膈、上熱，生研絞汁服一合，當吐出胸膈間宿物。生人家階庭濕處，高二三寸，苗葉似羃䍥。去瘧爲上。江東有之，北土無。

離鬲草

仙人草

仙人草

仙人草，主小兒酢瘡，煮湯浴，亦搗傅之。酢瘡頭小而硬，小兒此瘡或有不因藥而自差者。

當丹毒入腹，必危，可預飲冷藥以防之，兼用此草洗瘡。亦明目、去膚瞖，挼汁滴目中。生階庭間，高二三寸，葉細，有鴈齒，似離鬲草。北地不生也。

螺厴草

《本草拾遺》：「螺厴（yǎn）草，蔓生石上。葉狀似螺厴，微帶赤色而光如鏡，背有少毛。小草也。氣味辛。主治癰腫、風疹、脚氣腫，擣爛傅之，亦煮湯洗腫處。」按《救荒本草》有「螺靨兒」，形狀不相類，恐非一種。

螺厴草

列當

列當

列當，《開寶本草》始著録：「生原州、〔一〕秦州等州。即草蓯蓉。治勞傷，補腰腎，代肉蓯蓉。」即此。

〔一〕宋原州，在今寧夏固原。

土馬騣

土馬騣（zōng），《嘉祐本草》始著録。垣衣生於土牆頭上者，性能敗熱毒。

土馬騣

河中府地柏

河中府地柏

《宋圖經》：「地柏，生蜀中山谷，河中府亦有之。〔一〕根黄，狀如絲。莖細，上有黄點子，無花葉。三月生，長四五寸許。四月採，暴乾用。蜀中九月藥市多有貨之。主臟毒，下血神速，其方與黄耆等分末之，米飲服二錢。蜀人甚神此方，誠有效也。」

〔一〕宋河中府，在今山西南部，治所在今山西永濟，轄河東、猗氏、臨晉等縣。

施州崖椶

《宋圖經》：「崖椶（zōng），生施州石崖上。味甘辛，性温，無毒。苗高一尺已來。四季有葉無花。彼土醫人採根，與半天迴、雞翁藤、野蘭根等四味淨洗焙乾，去麄皮，等分擣羅，温酒調服二錢匕，療婦人血氣并五勞七傷。婦人服，忌雞、魚、濕麪。丈夫服，無所忌。」

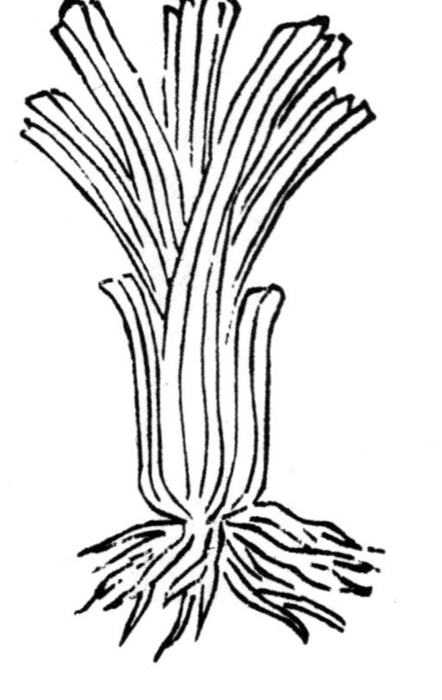
施州崖椶

秦州百乳草

秦州百乳草

《宋圖經》：「百乳草，生河中府、秦州、劍州。〔一〕根黄白色，形如瓦松。莖、葉俱青，有如松葉。無花。三月生苗，四月長及五六寸許。四時採其根晒乾，用下乳，亦通順血脉，調氣甚佳。亦謂之『百蘂草』。」

〔一〕宋秦州，在今甘肅南部，治天水。宋劍州，在今四川北部，治在普安，今劍閣。

施州紅茂草

《宋圖經》：「紅茂草，生施州。又名『地没藥』，又名『長生草』。四季枝葉繁盛，故有『長生』之名。大凉，味苦。春採根、葉焙乾，擣羅爲末，冷水調，貼癰疽瘡腫。」

施州紫背金盤草

《宋圖經》：「紫背金盤草，生施州。苗高一尺已來。葉背紫面青。根味辛澀，性熱，無毒。採無時。土人單用此物，洗淨去麁皮，焙乾擣羅，温酒調服半錢匕。婦人血氣，能消胎

施州紅茂草

施州紫背金盤草

氣，孕婦不可服。忌雞、魚、濕麪、羊血。」

福州石垂

《宋圖經》：「石垂，生福州山中。三月有花。四月採子，焙乾，生擣羅蜜丸。彼人用治蠱毒甚佳。」

植物名實圖考卷之十七

石草類　水草類

翠雲草

翠雲草，生山石間。緑莖小葉，青翠可愛。《群芳譜》録之。人多種於石供及陰濕地爲玩。〔一〕江西土醫謂之「龍鬚」，滇南謂之「劍柏」，皆云能舒筋絡。

〔一〕石供：觀賞石。

瓶爾小草

瓶爾小草，生雲南山石間。一莖一葉，高二三寸。葉似馬蹄有尖，光緑無紋。就莖作小穗，色緑微黄，貼葉如著。

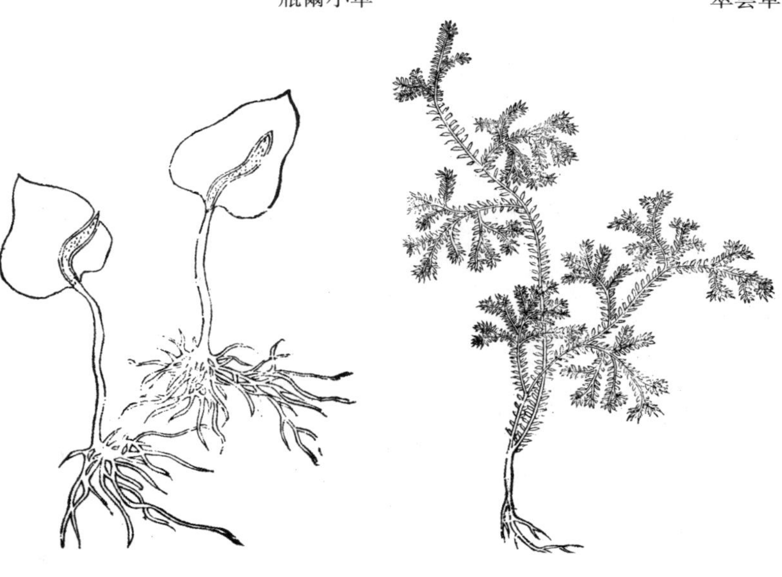

翠雲草　瓶爾小草

石盆草

石盆草，生雲南山石間。鋪地長葉，禿歧拖蔓，色紫。葉如馬齒莧，微長，頂有小缺。緑蔕白花。

石盆草

地盆草

地盆草

地盆草，生雲南山石間。鋪地生葉，粗澀如芥菜。紫葶高四五寸，開花如牛耳草，而色更紫。

石松

石松

石松，生雲南山石間。矮草大根，長葉攢簇似羅漢松葉。葉脱剩莖，粗痕如錯。

金絲矮它它

金絲矮它它

金絲矮它它，生雲南山石間。莖、葉皆如蕨而高不逾尺，横根。一莖一臼，臼皆突起如節。土醫以治筋骨、痰火。

石蝴蝶

石蝴蝶，生雲南山石間。小草高三四寸，如初生車前草。葉有圓齒。細葶，開五瓣茄色花，瓣不分坼，三大兩小，綴以紫心白蕊，可植石盆爲玩。

石蝴蝶

碎補

碎補

碎補，生雲南山石間。横根叢莖，莖極勁細。葉如前胡、藁本輩。石草似此種者甚多，而葉細碎無逾於此。

黑牛筋

黑牛筋，生雲南山石間。粗莖鋪地，逐節生枝。小葉木强，大體類絡石。開五瓣白花，紅苞如珠。

黑牛筋

蜈蚣草

蜈蚣草，生雲南山石間。赭根糾互，硬枝横鋪。密葉如鋸，背有金星。其性應與石韋相類。

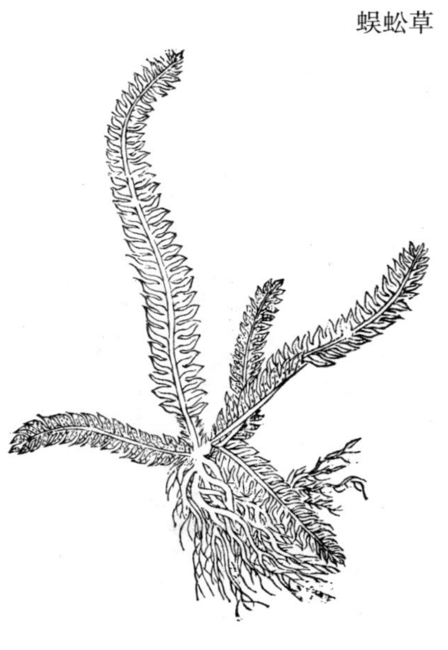

蜈蚣草

石筋草

石筋草，生滇南山石間。叢生易繁，紫緑圓莖。葉似烏蘞葉，淡緑深紋，勁脆有光。葉間抽細紫莖，開青白花，碎如黍米，微帶紫色。《滇本草》：「性微温，味辛酸。主治風寒濕痺、筋骨疼痛、痰火、痿軟、手足麻痺，活筋舒絡，方中用之良效。」

石筋草

紫背鹿銜草

紫背鹿銜草

紫背鹿銜草，生昆明山石間。如初生水竹子，葉細長，莖紫，微有毛。初生葉背亦紫。得濕即活，人家屋瓦上多種之。夏秋間，稍端葉際作扁苞如水竹子，中開三圓瓣，碧藍花，絨心一簇，長三四分，正如翦繒綃爲之，上綴黄點，耐久不斂。蘚花苔繡，長伴階除，秋雨蕭條，稍堪拈笑。

象鼻草

象鼻草，生雲南。一名「象鼻蓮」。初生如舌，厚潤有刺。兩葉對生，高可尺餘，邊微内翕。外葉冬瘁，内葉即生。栽之盆玩，喜陰畏暵，蓋即與仙人掌相類。《雲南府志》：「可治丹毒。產大理者，夏發莖，開小尖瓣黄花如穗。性凉，敷湯火傷良。」

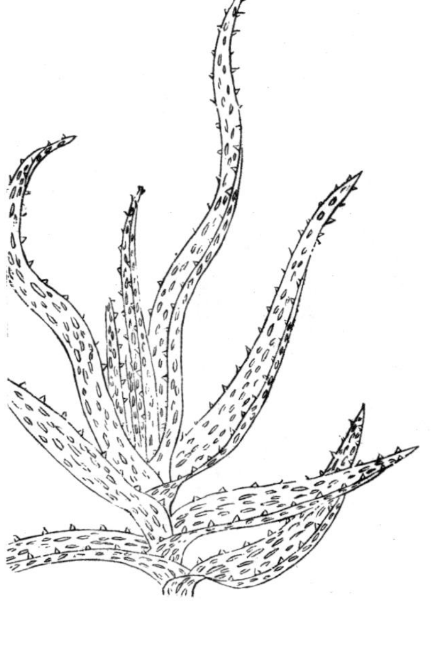
象鼻草

對葉草

對葉草

對葉草，生雲南山石上。根如麥門冬，累綴成簇，下有短鬚甚硬。根上生葉如指甲，雙雙對生。冬開小白花，四瓣，作穗長二三分。與瓜子金相類而花異，性亦應同石斛。

樹頭花

樹頭花，雲南老屋木板上皆有之。開三瓣紫花。《古今圖書集成》：「順寧府産『樹頭花』，〔一〕年久枯樹上所生，狀似吉祥草而葉稍大。開花如穗，一莖有花十餘朵，香遜幽蘭。」狀頗相類。

〔一〕順寧府在雲南，治在今鳳慶。

樹頭花

金蘭

金蘭

金蘭，即石斛之一種。花如蘭而瓣肥短，色金黄，有光灼灼。開足則扁闊，口哆中露紅紋，尤艶。凡斛花皆就莖生柄，此花從梢端發杈生枝，一枝多至六七朵，與他斛異。滇南植之屋瓦上極繁，且賣其花以插鬢。滇有五色石斛，此其一也。

石交

石交，生雲南山坡。高尺餘，褐莖如木，交互相糾。初附莖生葉，漸出嫩枝，三葉一簇，面緑，背紫，大者如豆，小者如胡麻，參差疏密，自然成致。《滇本草》：「性温，味苦辣，有小毒。走筋絡，治膈氣痛、冷寒攻心、胃氣疼、腹脹，發散瘡毒。」

石交

豆瓣緑

豆瓣緑

豆瓣緑，生雲南山石間。小草高數寸，莖葉緑脆。每四葉攢生一層，大如豆瓣，厚澤類佛指甲。梢端發小穗，長數分，亦脆。土醫云：性寒，治跌打。順寧有製爲膏，服之或有驗。惟滇南凡草性滋養者皆曰「鹿銜」，誕詞殊未可信，姑存其方。

六味鹿銜草膏

六味鹿銜草，皆生順寧縣瑟陰洞林岩。扳岩採取豆瓣鹿銜草、紫背鹿銜草、岩背鹿銜草、石斛鹿銜草、竹葉鹿銜草、龜背鹿銜草六味，加大茯苓，用桑柴合煎，去渣，更加別藥，熬一日夜，冰餹融膏。性平和，男女老幼皆可服。忌酸冷。治痰火，用苧根酒服。年老虚弱，頭暈眼花，用福圓大棗湯服。年幼先天不足、五痨七傷，火酒調服。患病日久，難以起欠，福圓大棗、茯苓姜湯服。此膏長服，益壽延年，鬚髮轉黑。

草血竭

草血竭，一名「回頭草」。生雲南山石間。亂根細如團髮，色黑。横生長柄，長葉微似石韋而柔，面緑，背淡，柄微紫。春發葶，開花成穗，如小白蓼花。《滇本草》：「味辛苦微濇，性温。寬中，消食，化痞，治胃疼、寒濕、浮腫、癥瘕、淤血。」男婦痞塊癥瘕積聚：草血竭一錢，焙末，砂糖熱酒服。氣盛者加檳榔台烏。寒濕浮腫：草血竭、茴香根、草果子共爲細末，煮鰌魚吃三四次，效。

郁松

郁松，生蒙自縣山中。緑莖，細葉，蒙茸荏柔，一叢數本，經冬不萎，故名爲「松」，而枝葉俱扁。土醫採治牙痛，無論風、火、蟲蝕，揉熟塞入患處，即止。

郁松

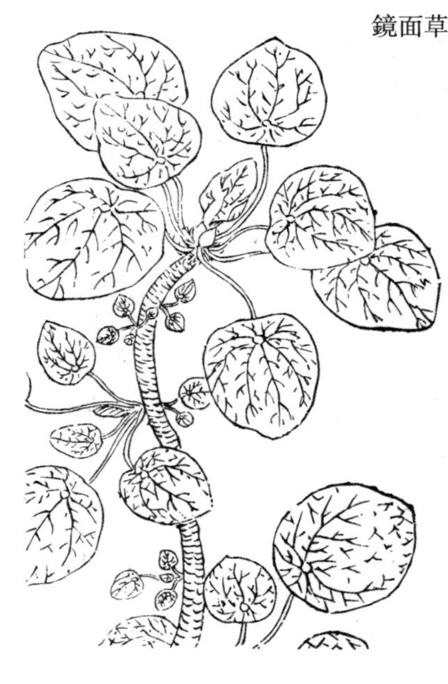
鏡面草

鏡面草

鏡面草，生雲南圃中。根莖黑糙。附莖附根發葉，葉極似蓴，光滑厚脆，故有「鏡面」之名。《雲南志》録之，云可治丹毒。此草性形大致同虎耳草。

石風丹

石風丹，生大理府。似石韋，有莖，梢開青花，作穗如狗尾草。俚醫用之，云性温，味苦，無毒，通行十二經絡，養血舒肝，益氣滋腎，入筋祛風，入骨除濕。蓋亦草血竭一類。

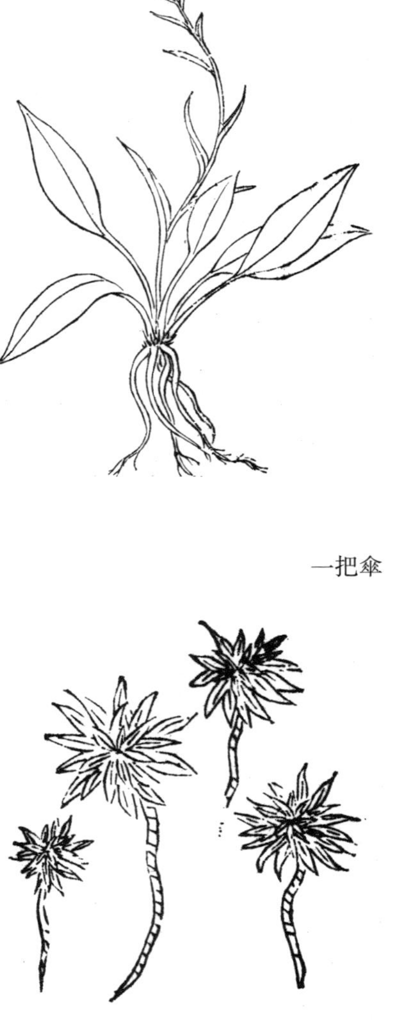
石風丹

一把傘

一把傘

一把傘，生大理府石上。似峨眉萬年松而葉圓。俚醫用之，云味甘澀，性温，入足少陰，補腰腎，壯元陽。

地捲草

地捲草，即石上青苔濕氣凝結成片，與「仰天皮」相似。面青黑，背白，蓋即石耳之類。《滇本草》：「味甘，性温，無毒。生石上，或貼地上。綠色細葉，自捲成蟲形。一名『蟲草』，一名『抓地松』。採取治一切跌打損傷筋骨如神。不可生用，生則破血。夷人呼爲『石青苔』，治鼻血效。」

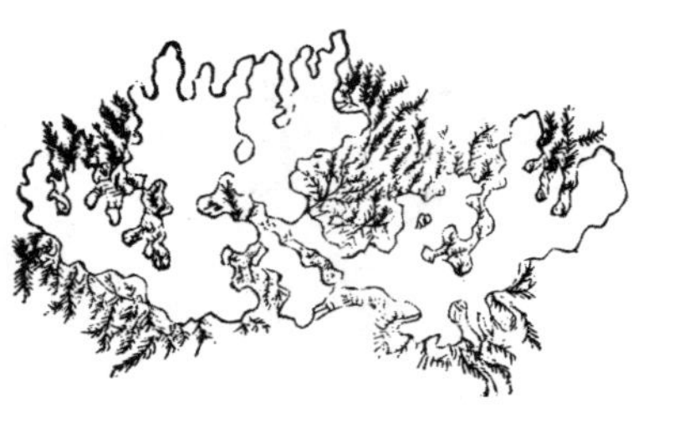

地捲草

石龍尾

石龍尾

石龍尾，生雲南山石上。獨莖，細葉四面攢生，高四五寸。頗似初生青蒿而無枝叉。大致如石松等，而莖肥葉濃，性應相類。

過山龍

過山龍，一名「骨碎補」，似猴薑而色紫有毛。雲南極多。味苦，性温。補腎，治耳鳴及腎虚、久瀉。

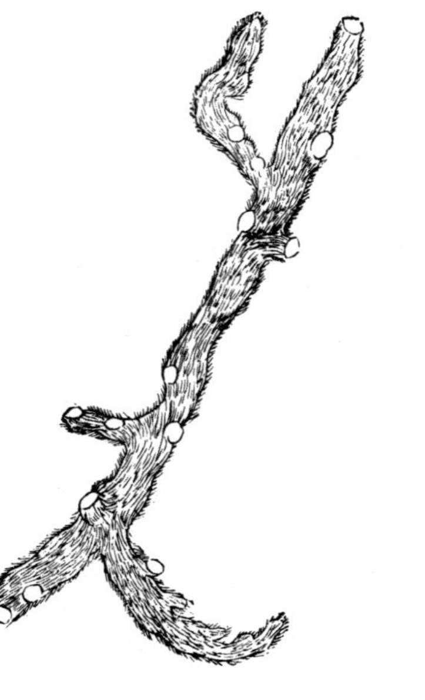
過山龍

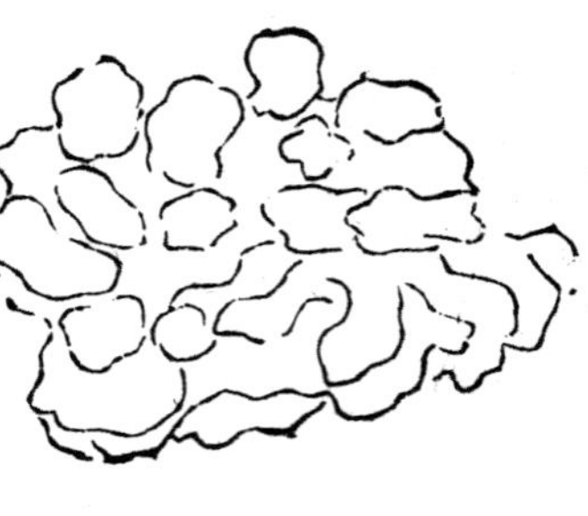
玉芙蓉

玉芙蓉

玉芙蓉，生大理府。形似楓、松樹脂，黄白色，如牙相粘，得火可然。俚醫云：味微甘，無毒，治腸痔瀉血。

獨牛

獨牛，生雲南山石間。初生一葉似秋海棠葉，而光滑無鋸齒，淡緑厚脆，疎紋數道，面有紫暈如指印痕。莖高三四寸，從莖上發苞開花。花亦似海棠，只二瓣，黄心一簇。盆石間植之，有別趣，且耐久。

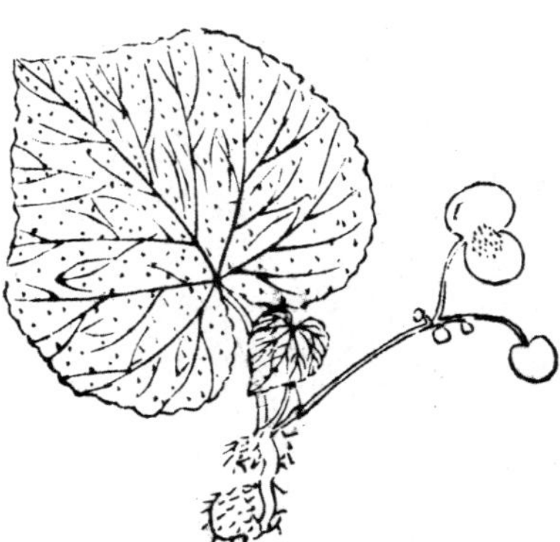
獨牛

半把繖

半把繖 一名雄過山。

半把繖，生雲南山石上。横根黑鬚如亂髪。莖端生葉，長二三寸，披垂如繖而闕其半，背有點如金星。

大風草

大風草，石韋之類，而葉長尺許，薄脆，横直紋皆類蕉葉，背有白緑點。蓋無風自摇者。

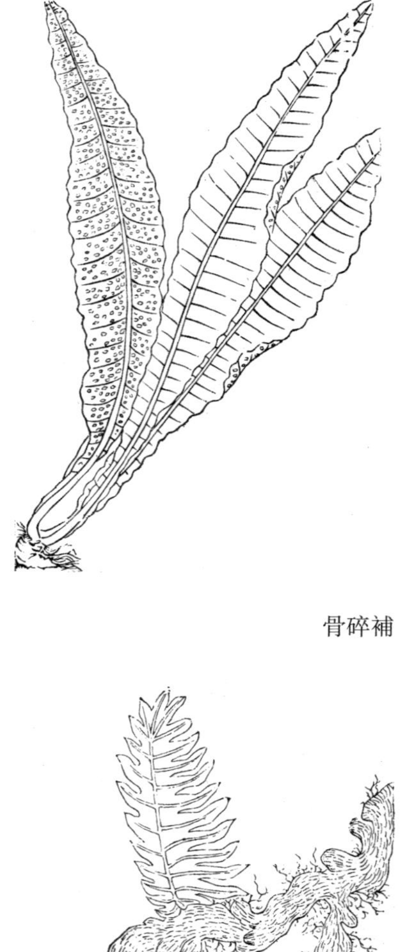
大風草

骨碎補

骨碎補

骨碎補，與猴薑一類。惟猴薑扁闊，骨碎補圓長，滇之採藥者别之。

還陽草

還陽草，大體類鳳尾草。細莖如漆，横根多毛，殆石長生之類。

還陽草

石龍參

石龍參，生昆明山石間。一莖一葉，如荇葉。根白，有黑横紋，宛似小蠶，復有長鬚十數條。

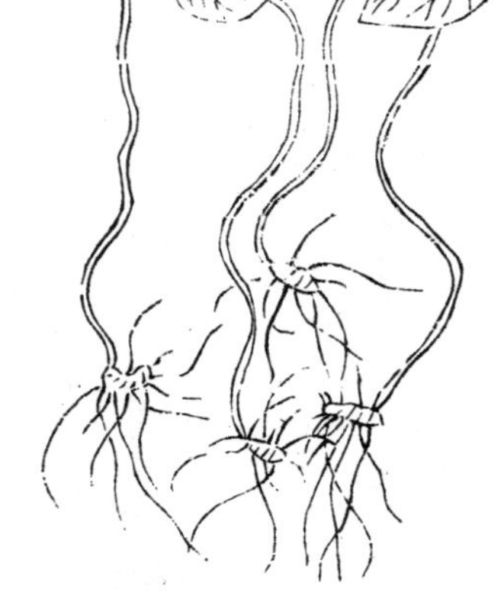

石龍參

小扁豆

小扁豆，生雲南山石上，長三四寸。紅莖對葉，開小紫花。作穗，結實如扁豆，極小。

小扁豆

子午蓮

子午蓮

子午蓮，滇曰「芘碧花」，生澤陂中。葉似蓴有歧，背殷紅。秋開花作綠苞，四坼爲跗，如大綠瓣，內舒千層白花如西番菊，黄心亦作千瓣，大似寒菊。《浪穹縣志》：〔一〕「莖長六七丈，氣清芬，采而烹之，味美於蓴。八月花開滿湖，湖名芘碧以此。」按《本草拾遺》：「萍蓬草，葉大如荇，花亦黄。」李時珍謂：「葉似荇而大，其花布葉數重，當夏晝開花，夜縮入水，晝復出。」則此草其即萍蓬耶？

〔一〕浪穹：即今雲南大理洱源縣。茈碧湖即在縣内。

馬尿花

馬尿花，生昆明海中，〔一〕近華浦尤多。葉如荇，而背凸起，厚脆無骨。數莖爲族，或挺出水面。抽短葶，開三瓣白花，相疊微皺。一名「水旋覆」。《滇本草》：「味苦微鹹，性微寒。治婦人赤白帶下。」按《野菜贊》云：「油灼灼，蘋類，圓大一缺，背點如水泡。一名『芣菜』。沸湯過去苦澀，須薑醋。宜作乾菜，根甚肥美。」即此草也。

〔一〕昆明滇池或稱滇海。

海菜

海菜，生雲南水中。長莖長葉，葉似車前葉而大，皆藏水內。抽葶作長苞，十數花同一苞。花開則出於水面，三瓣色白，瓣中凹，視之如『六』，大如杯，多皺而薄。黄蕊素萼，照燿漣漪。花罷，結尖角，數角彎翹如龍爪，故又名「龍爪菜」。水瀕人摘其莖煠食之。《蒙自縣志》：「莖頭開花無葉，長丈餘，細如釵股。卷而束之，以鬻於市，曰『海菜』，可瀹而食。」蓋未見植根水底、漾葉波際也。《滇海虞衡志》以爲其根即蓴，則並不識蓴。考《唐本草》有「蔛菜葉」，似澤瀉而小，形差相類，語既未詳，圖亦失真，不併入。

滇海水仙花

滇海水仙花，生海濱，鋪生。長葉如車前草而瘦，粗厚澀紋，層層攢密。夏抽葶，開粉紅花，

海菜

滇海水仙花

微似報春花，團簇作毬，映水可愛。疑即龍舌草之類。根甚茸細。

水毛花

水毛花，生滇海濱。三棱叢生，如初生茭蒲，高一二三尺。梢下開青黄花，似燈心草，微大。一莖一花，根如茅根。

水毛花

水金鳳

水金鳳

水金鳳，生雲南水澤畔。葉、莖俱似鳳仙花。葉色深緑。《滇南本草》：「味辛，性寒。洗筋骨疼痛、疥癩癬瘡，殆能去濕。夏秋時葉梢生細枝，一枝數花，亦似鳳仙，而有紫、黄數種，尤耐久。」

水朝陽草

水朝陽草，生雲南海邊。獨莖柔緑。葉如金鳳花葉而肥短，細紋密齒。梢端開花黄瓣，如千層菊，大如小杯。繁心孕實，密葉承跗，掩映蓼浦，欹側金盆，澤畔縟絢，不亞江南菰蘆中矣。《滇本草》：「味甘辛，無毒，性熱。似鼓錘草，包葉而生花，子朝陽生，故名。採煮靈砂成丹，名『純陽丹』，救一切病，其效如神云。」

水朝陽花

水朝陽花，生雲南海中。獨莖高四五尺。附莖對葉，柔緑有毛。梢葉間開四瓣長箭紫花，圓小嬌艷，映日有光。《滇本草》有「水朝陽草」，與此異。此草花罷結角，細長寸許，老則迸裂，白絮茸茸，如婆婆針線包而短，〔一〕應亦可敷刀瘡。

〔一〕「針」，原本誤作「計」，據文意改。

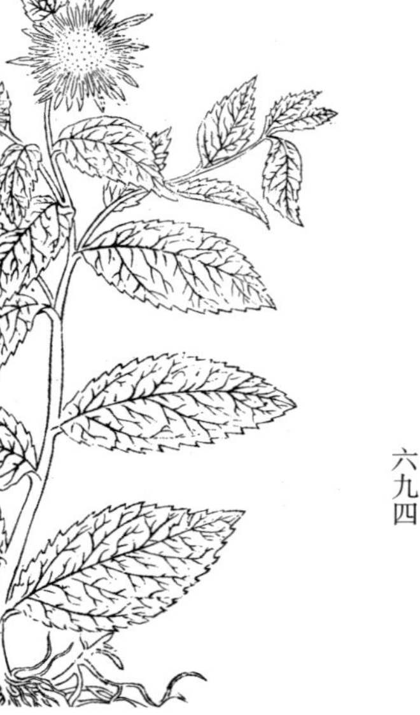

薺米

薺米，生陂塘。直隸謂之「薺米」，固始謂之「茶菱」，江西義寧謂之「藻心」。蔓生水中，長柄圓葉，似初生小葵而扁。一邊生葉，一邊結篩子，長四五分，端有三叉，俗亦呼「三叉草」。篩内實如蓮，鬚長二寸許。以芝麻拌爩，香氣撲鼻，可以飣盤，亦用爲茶素，潔馨頗宜脾胃。

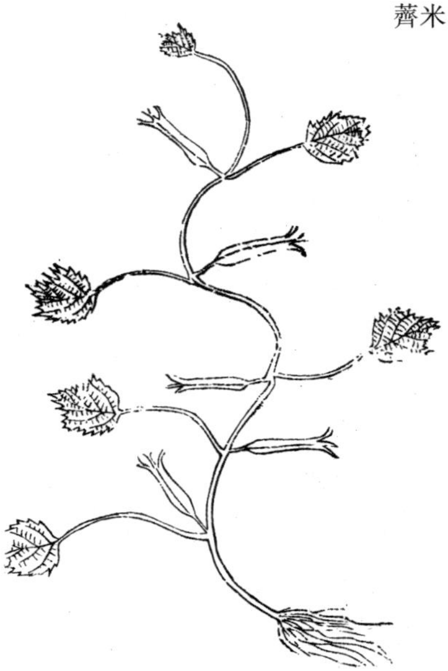

薺米

牙齒草

牙齒草

牙齒草，生雲南水中。長根横生，紫莖。一枝一葉，葉如竹，光滑如荇。開花作小黄穗。

《滇本草》：「味苦澀。止赤白痢、大腸下血、婦人赤崩帶下、恶血。」

植物名實圖考卷之十八

水草類

澤瀉

澤瀉，《本經》上品。《救荒本草》謂之「水蕍菜」。葉可煠食。《撫州志》：「臨川産澤瀉，其根圓白如小蒜。」

菖蒲

菖蒲，《本經》上品。石菖蒲也。凡生名山深僻處者，一寸皆不止九節。今人以小盆蒔之，愈剪愈矮，故有「錢蒲」諸名。

雩婁農曰：沈存中謂「蓀」即今菖蒲，〔一〕而《抱朴子》謂菖蒲須得石上一寸九節，紫花

澤瀉　菖蒲

尤善。〔二〕菖蒲無花，忽逢異萼，其可遇不可必得者耶？然《平泉草木記》又謂茅山谿中有谿蓀，其花紫色，〔三〕則似非靈芝天花、神仙奇藥矣。若如陶隱居所云，「谿蓀根形氣色極似石上菖蒲，而葉如蒲無脊，俗人誤呼此爲石上菖蒲」，〔四〕按其形狀，乃似今之「吉祥草」，不入藥餌，沈説正是。隱居所謂「俗誤」，而《抱朴子》乃併二物爲一彙耶？《離騷草木疏》引證極博，不無調停。詩人行吟，徒揣色相，仙人服餌，尤務詭奇，隱居此注，似爲的矣。

〔一〕《夢溪筆談》卷三作「所謂蘭蓀，即今菖蒲是也」。

〔二〕見《内篇·仙藥》。

〔三〕唐李德裕《平泉草木記》有《芳蓀》詩，自注云：「茅山溪中謂之溪蓀，其花紫色。」

〔四〕陶隱居此句後尚有「謬矣」二字。

香蒲

香蒲，《本經》上品。其花爲「蒲黄」，俗名「蒲棒」。《唐本草注》：「根可葅者爲『香蒲』，菖蒲爲『臭蒲』。」李時珍謂：「香蒲有脊而柔，泥菖蒲根大節白而疎，水菖蒲根瘦節赤稍密，

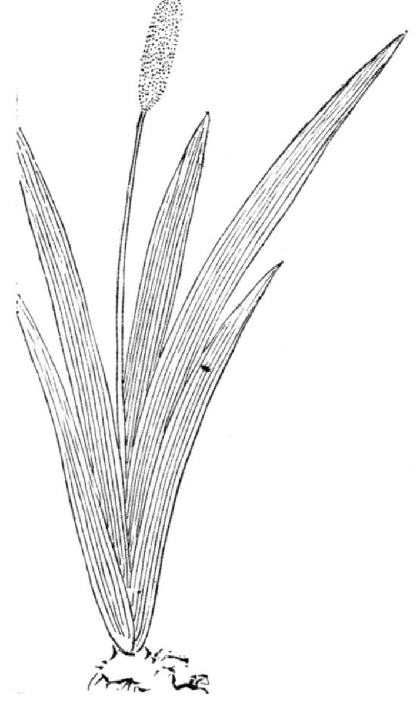

即『溪蓀』云。」

雩婁農曰：蒲槌怒擎，池中物耳，而《本草》以爲「香」。《楚詞》「豈維紉夫蕙茝」，〔一〕舊說皆以茝爲白芷，獨《草木疏》據《說文》「楚蘺，晉䕩，齊茝」之說，以爲即「莞，苻蘺」，乃「莞蒲」也。然則蒲爲香草信矣。出汙不染，沁粉屑金，媲之蓮芰芝蘭，縱不隣其發越，亦當結此幽貞。吴氏之說，獨標穎異，故不糠粃其言。〔二〕

〔一〕「維」，原本誤作「獨」，據《離騷》改。

〔二〕吴氏：指撰《離騷草木疏》之宋吴仁傑。其說見《離騷草木疏》卷一「茝虄」條，詞繁不引。

水萍

水萍，《本經》中品。《爾雅》：「苹，蓱。」「其大者蘋。」〔一〕《吴普本草》始別出蘋，即俗呼「田字草」。

〔一〕此四字爲《爾雅》郭注。

蘋

蘋，四葉合成一葉如「田」字形。或以其開小白花，因呼「白蘋」。或謂生水中者爲「白蘋」，生陸地者爲「青蘋」。水生者可茹云。

蘋

海藻

海藻

海藻，《本經》中品。《爾雅》「蕁，海藻」，注：「如亂髮，生海中。」蓋即俗呼「頭髮菜」之類。又《拾遺》有「海蘊」，蘊訓亂絲，亦其類也。

羊蹄

羊蹄，《本經》下品。《詩經》「言采其蓫」，〔一〕陸《疏》：「蓫，牛頽。揚州人謂之『羊蹄』。〔二〕」毛《傳》：「蓫，惡菜。」《爾雅》「藬，牛蘈」郭注未指爲「蓫」，所述狀亦與羊蹄稍異。今通呼「牛舌科」，亦曰「牛舌大黄」。子名「金蕎麥」，以治癬疥。

〔一〕見《小雅·我行其野》。

〔二〕「羊」，原本誤作「牛」，據陸璣《詩疏》改。

酸模

酸模，陶隱居云：「一種極似羊蹄而味醋，呼爲『酸模』。亦療疥。」〔一〕《日華子》始著録。《本草拾遺》以爲即「山大黄」，引《爾雅》「須，薞蕪」郭注「似羊蹄而稍細，味酸可食」爲證，亦可通。但《詩經》「采葑」毛《傳》：「葑，須也。」鄭注《坊記》以葑爲蔓菁。掌禹錫之説

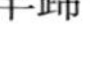
羊蹄

酸模

本此，李時珍駁之，過矣。〔二〕

〔一〕此爲陶隱居注《本草》「羊蹄」語。

〔二〕《本草綱目》卷十九「酸模」條：「時珍曰：『蘋蕪』乃『酸模』之音轉，『酸模』又『酸母』之轉，皆以味而名，與三葉酸母草同名。掌禹錫以蘋蕪爲蔓菁菜，誤矣。」

陟釐

陟釐，《别録》下品。即「側理」，海中苔纏牽如絲綿之狀。以爲紙，〔一〕亦可乾爲脯。

〔一〕即「側理紙」。

石髮

石髮，原附「海藻」下。《本草綱目》始分條。生海中，曰「龍鬚菜」，與石衣同名。〔一〕司馬温公詩：「萬古風濤浸石巖，老苔垂足細藍鬖。傳聞海底珠無數，何事從來散不

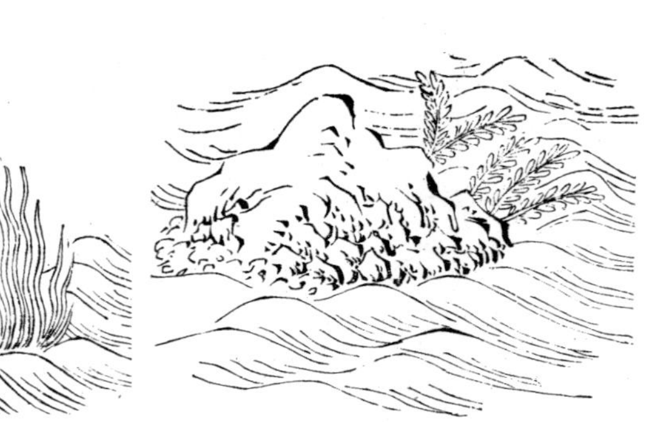

陟釐

石髮

簪。」〔三〕蓋生海涯石上。今通呼「頭髮菜」。

〔一〕石衣亦名「石髮」。

〔二〕司馬光《詠石髮詩》三首之一。

昆布

昆布，《别録》中品。今治癭瘤、瘰癧多用之。

昆布

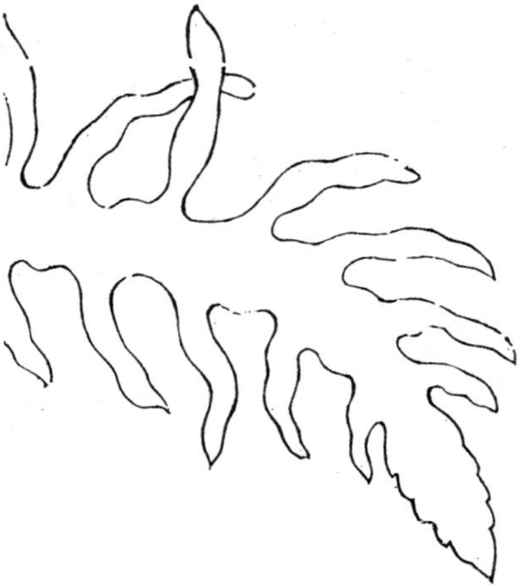

菰

菰

菰（gū），《别録》下品。或謂之「茭」，亦謂之「蔣」。中心薹謂之「菰首」，俗呼「茭白」，亦曰「茭瓜」。《宋圖經》謂《爾雅》「出隧，蘧蔬」即此。〔一〕秋時結實，謂之「彫胡米」。《救荒本草》：「菰根，謂之茭筍。」今京師所謂「茭耳菜」也。《湘陰志》：「茭草吐穗，開小黄花，實結莖端，細子相膠，大如指，色黑。小兒剥出，煨熟食之，味亦香美，謂之茭杷。」即菰米也。

〔一〕「蔬」，原本誤作「疏」，據《爾雅·釋草》改。

蓴

蓴（chún），「别録」下品。《詩經》「言采其茆」，陸《疏》：「茆與荇菜相類，江東謂之『蓴菜』，或謂之『水葵』。」今吴中自春及秋皆可食。湖南春夏間有之，夏末已不中啖。昔人有謂張季鷹「秋風蓴鱸」及杜子美《祭房太尉》詩爲非蓴菜時者，蓋因湘中之蓴而致疑也。〔一〕

〔一〕《晉書·張翰傳》：張翰知世將亂，因見秋風起，乃思吴中菰菜、蓴羹、鱸魚膾，曰：「人生貴得適志，何能羈宦數千里以要名爵乎？」遂命駕而歸。杜甫祭房太尉者，指《祭故相國清河房公文》，中有「九月辛丑朔二十二日壬戌，京兆杜甫謹以醴酒茶藕蓴鯽之奠」之句（全文見《文苑英華》

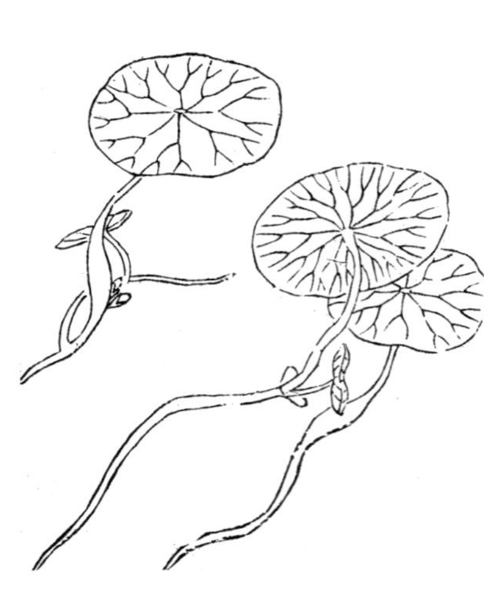

卷九百七十九)。吴氏誤以爲詩。按宋張邦基《墨莊漫録》卷四云:「杜子美祭房相國,九月用茶、藕、蓴、鯽之奠。蓴生於春,至秋則不可食,不知何謂?而晉張翰亦以秋風動而思菰菜、蓴羹、鱸膾,鱸固秋物,而蓴不可曉也。」

莕菜

莕(xìng)菜,《爾雅》:「莕,接余。」陸璣《詩疏》謂可以按酒。《唐本草》云「鳧葵」,即此。《救荒本草》謂之「荇絲菜」,一名「金蓮兒」。《湘陰志》「水荷,莖葉柔滑,莖如釵股,根如藕,人多以爲糝食」,亦即此類。

雩婁農曰:《詩傳》:〔一〕「茆,鳧葵。」「荇,接余。」二名瞭然。《唐本草注》以「猪蓴」爲荇,遂並鳧葵屬之,蓋誤以蓴爲荇也。《埤雅》從之,而鳧葵爲荇蓴通稱矣。物之在水者多名「鳧」,象鳧之出没波際耳。芍曰「鳧茈」,〔二〕人之泅水者亦曰「鳧」,其義同也。古人於菜之滑者多曰「葵」。終葵葉不似葵,其滑同也。二物處水而滑,故名易淆。陸元恪云「可案酒」,後世食者絶鮮。《南史》沈覬「採蓴荇根供食」,〔三〕《救荒本草》「嫩苗煠熟」,皆爲荒計。《巖棲幽事》云「爛煮味如蜜，曰荇酥」，然亦得於所聞。

〔一〕此《詩傳》指朱熹《詩集傳》。

〔二〕見《爾雅·釋草》。

〔三〕《南史·沈顗傳》：「逢齊末兵荒，與家人并日而食。或有饋其粱肉者，閉門不受，唯採蓴荇根供食，以樵採自資，怡怡然恒不改其樂。」

蔛草

蔛（hú）草，《唐本草》始著録。葉似澤瀉，堪蒸啖。江南人用以蒸魚云。

紫菜

紫菜，《本草拾遺》始著録。諸家皆以「附石」。〔一〕正青色，乾之即紫，然自有一種青者，滇南謂之「石花菜」，深山石上多有之。

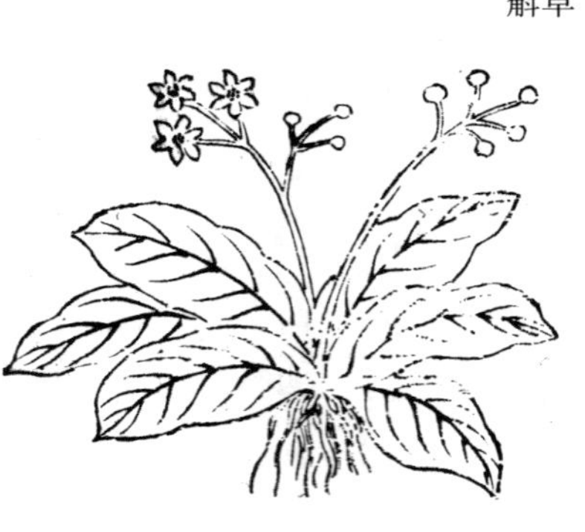

蔛草

紫菜

或生海中者色紫，生山中色青耳。

〔一〕謂附石而生。

海藴

海藴，《本草拾遺》始著録。主治癭瘤、結氣在喉間，下水。蓋海藻之細如亂絲者。

海藴

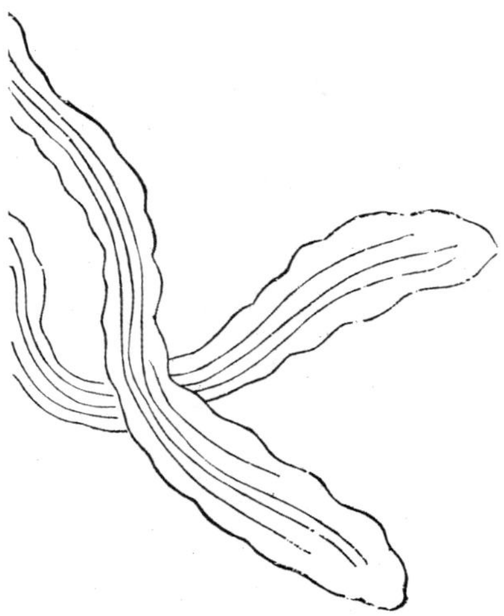

海帶

海帶

海帶，《嘉祐本草》始著録。今以爲海錯，俗云食之能消痰、去痔。

鹿角菜

鹿角菜，《食性本草》始著録。《通志》以爲即「綸」。〔一〕李時珍所述即今「鹿角菜」，與原圖不甚符，存以俟考。

〔一〕見《通志·昆蟲草木略》。

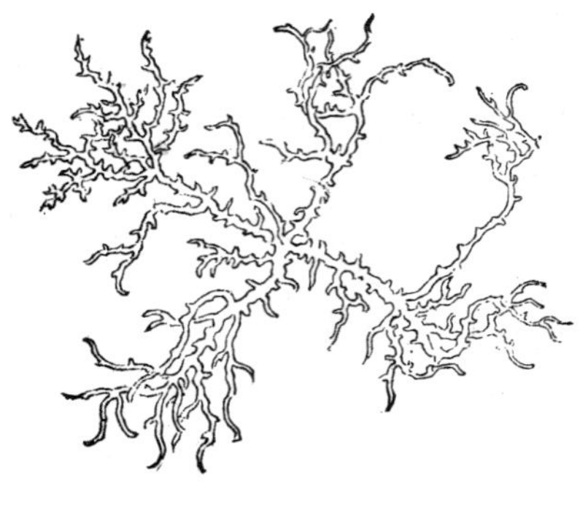

鹿角菜

石花菜

石花菜，《本草綱目》始著録。生海礁上，有紅、白二花，形如珊瑚，粗者爲「雞脚菜」。今海菜中有「鳳尾菜」，如珊瑚而扁，亦其類也。

石花菜

藻

藻，《爾雅》「莙，牛藻」，注：「似藻而大。」陸璣《詩疏》：「有二種，一似蓬蒿，一如雞蘇，皆可爲茹。」《本草綱目》始收入「水草」。《湘陰志》：「馬藻，兩兩葉對生如馬齒。牛尾藴，亦藻類，俗名『絲草』。」即大小二種也。

雩婁農曰：藻火絺繡，〔一〕尚矣。澗溪藴藻，可羞可薦。〔二〕後世屋上覆橑，〔三〕謂之藻井。以畫以織，名之曰罽，取其潔，取其文，取其禳火，不以賤而遺之也。魚朝恩有洞，〔四〕四壁夾安琉璃，板中貯水及魚藻，號魚藻洞，侈極矣，富者亦復效之。揚子云：「吾見斧藻其德。」〔五〕惟師曠云：「歲欲惡，惡草先生，惡草者藻也。」〔六〕藻爲惡草，豈以水潦將至之徵耶？凡浮生不根茇者，〔七〕生於萍藻。君子觀於藻，得澡身之義，〔八〕而戒其無根，則免於惡矣。

〔一〕古代官員衣服上所繡圖案。《書・益稷》：「宗彝、藻、火、粉米、黼黻、絺繡，以五采彰施於五色，作服。」

〔二〕《左傳》隱公三年："苟有明信，澗溪沼沚之毛，蘋蘩薀藻之菜，筐筥錡釜之器，潢汙行潦之水，可薦於鬼神，可羞於王公。"

〔三〕橑：屋椽。

〔四〕魚朝恩爲唐肅宗時權宦。

〔五〕揚子《法言》原文爲"吾未見好斧藻其德若斧藻其楶者歟"。斧藻：雕飾梁棟。楶：柱頭斗拱。

〔六〕《師曠占》："黄帝問師曠曰：吾欲知歲苦樂善惡，可知否？對曰：歲欲豐，甘草先生，甘草，薺也。歲欲苦，苦草先生，苦草，葶藶也。歲欲惡，惡草先生，惡草，水藻也。歲欲旱，旱草先生，旱草，蒺藜也。歲欲疫，病草先生，病草，艾也。"

〔七〕茇亦爲根。

〔八〕所謂"澡身而浴德"，儒者修身正己之意。

水豆兒

《救荒本草》："水豆兒，一名『葳菜』，生陂塘水澤中。其莖葉比菹草又細，狀類細線，連綿不絶。根如釵股而色白。根下有豆，如退皮菉豆瓣，味甘。採秧及根豆，擇洗潔淨，煮食，生醃食亦可。"

黑三棱

《救荒本草》：「黑三棱，舊云河陜、江淮、荆襄間皆有之。今鄭州賈峪山澗水邊亦有。苗高三四尺，葉似菖蒲葉而厚大，背皆三稜劍脊。葉中攛葶，葶上結實，攢爲刺毬，狀如楮桃樣而尖。顆瓣甚多，其顆瓣形似草决明子而大，生則青，熟則紅黄色。根狀如烏梅而頗大，有鬚蔓延相連。比京三棱體微輕，治療並同。其葶味甜，根味苦，性平，無毒。採嫩葶剥去麄皮，煠熟，油鹽調食。」

黑三棱

水胡蘆苗

水胡蘆苗

《救荒本草》：「水胡蘆苗，生水邊。就地拖蔓而生。每節間開四葉，而葉如指頂大。其葉尖上皆作三叉。味甜。採嫩秧連葉煠熟，水浸淘淨，油鹽調食。」

磚子苗

《救荒本草》：「磚子苗，一名『關子苗』，生水邊。苗似水葱，而麄大內實，又似蒲。葶梢開碎白花，結穗似水莎草，穗紫赤色，其子如黍粒大。根似蒲根而堅實，味甜，子味亦甜。採子磨麪食，及採根擇洗淨，換水煮食，或晒乾磨爲麪食亦可。」

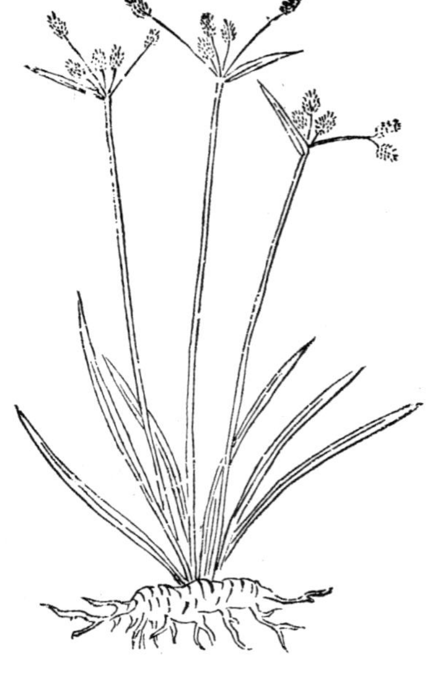
磚子苗

魚蘘草

魚蘘草

魚蘘（ránɡ）草，生湖北陂澤。獨莖，淡紫色，長葉如柳葉，圓齒黃筋。

水粟草

水粟草，生湖北陂澤。獨莖褐色。葉似菊而瘦，梢端開小黄花，如野菊而小。

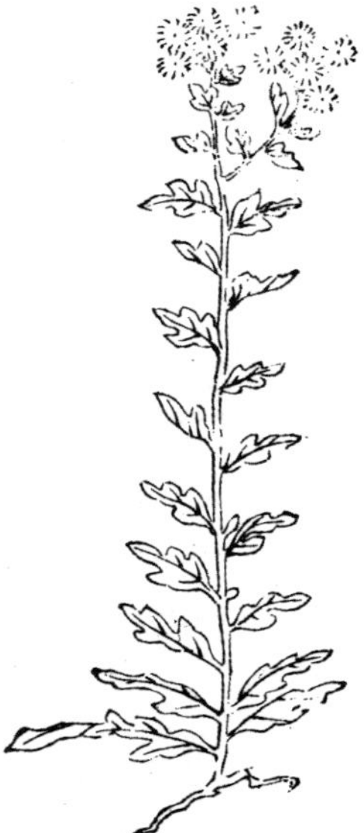

植物名實圖考卷之十九　蔓草類

紅梅消

紅梅消，江西、湖南河濱多有之。細莖多刺，初生似叢，漸引長蔓可五六尺。一枝三葉，葉亦似藕田藨，初發面青背白，漸長背即淡青。三月間開小粉紅花，色似紅梅，不甚開放。下有緑蒂，就蒂結實如覆盆子，色鮮紅，纍纍滿枝，味酢甜，可食。　按：藨屬甚多，李時珍亦未盡攷，故不云有紅花者。《辰谿縣志》：「山泡，有三月泡、大頭泡、田雞泡、扒船泡。」「泡」即「藨」，語音輕重耳。名隨地改，殆難全別。江西俚醫以紅梅消根浸酒，爲養筋、治血、消紅、退腫之藥。又取花汁入粉，可去雀斑。蓋色形味與蓬蘽、覆盆相類，其功用應亦不遠。李時珍分別入藥、不入藥，亦只以《本草》所有者言之。而

山鄉則可食者即多入藥，未可刻舟膠柱也。此草滇呼「紅瑣梅」，採作果食。湖南、北謂之「過江龍」。《簡易草藥》收之。其枝梢下垂，及地則生根，黔中謂之「倒筑傘」。《遵義府志》「枝葉結子與藸秧藨絶似。枝末柱地則生根，復起再長，拄地復然。大者不知其本末所在，根可入藥」云。

潑盤

《救荒本草》：「潑盤，一名托盤。生汝南荒野中，陳、蔡間多有之。苗高五七寸，莖、葉有小刺。其葉彷彿似艾葉，稍團，葉背亦白。每三葉攢生一處。結子作穗，如半柹大，類小盤堆石榴顆狀。下有蔕承如柹蔕形。味甘酸，性温。以潑盤顆粒紅熟時採食之，彼土人取以當果。按：李時珍云：「一種蔓小於蓬藟，一枝三葉，葉面青背淡白，而微有毛。開小白花，四月實熟，其色紅如櫻桃者俗名藸田藨，即《爾雅》所謂『藨』者也。故郭璞註云：『藨即莓也。』子似覆盆而大，赤色，酢甜可食，此種不入藥用。」即此。

虵附子

虵附子，産建昌。蔓生，莖如初生小竹，有節。一枝三葉，葉長有尖，圓齒疎紋，對葉生鬚。鬚就地生根，大如麥冬。俚醫以治小兒退熱，止腹痛，取漿冲服。

虵附子

大血藤

大血藤

《宋圖經》：「血藤，生信州。葉如蔢蕳葉。根如大拇指，其色黄。五月採。行血，治氣塊，彼土人用之。」李時珍按虞摶云：血藤即過山龍，未知的否，姑附之茜草下。按：過山龍俗名甚多，不圖其形，無從審其是否。羅思舉《簡易草藥》：「大血藤，即『千年健』，汁漿即『見血飛』，又名『血竭』。雌、雄二本，治筋骨疼痛，追風，健腰厀。」今江西廬山多有之，土名「大活血」，蔓生，紫莖。一枝三葉，宛如一葉擘分，或半邊圓，或有角而方，無定形，光滑厚韌。根長數尺，外紫内白，有菊花心，掘出曝之，紫液津潤。浸酒一宿，紅豔如血，市醫常用之。廣西《梧州志》：「千年健，浸酒祛風延年。」彼中人以遺遠，束以色絲，頗似「降真香」。

三葉挐藤

三葉挐（rú）藤，生長沙山中。蔓生，黑莖。新蔓柔細，一枝三葉。葉長寸餘而末頗團，面青，背白，直横紋皆細。俚醫以爲治跌損、和筋骨之藥。

山木通

山木通，長沙山中有之。粗莖長蔓，三葉攢生一枝，光滑厚韌。葉際開花，花罷殘蕊茸茸，尚在莖上。俚醫用以通竅利水。按：《圖經》：「木通，一枝五葉，葉如石韋。此藤

老，莖亦中空，葉亦似石韋，而只三葉，無實。」又別一種。

小木通

小木通，産湖口縣山中。〔一〕莖葉深緑，長蔓裊娜。每枝三葉，葉似馬兜鈴而細。俚醫用以利小便。按：俗間木通多種，以木通本功通利九竅，故藤本能利水者，多以「木通」名之。

〔一〕今江西湖口縣，在九江東。

小木通

大木通

大木通

大木通，産九江山中。一名「接骨丹」。粗藤如樹，短枝青緑，對葉排生，濃緑大齒。俚醫搗葉敷治脚瘡、爛毒；莖利小便。　按：形狀與《本草》圖異。蘇頌引《燕吴行紀》：「揚州甘泉東院有通草，其形如椿子垂梢際。」所説不同，或别一物。此草頗似椿葉，惟大齒不類。

三加皮

三加皮，産建昌山中。大根赭黑似何首烏，叢生。細莖老赭新緑。對發短枝，一枝三葉，葉勁無齒，形似豆葉而長，面緑，背青白，中直脈紋亦稀疏。俚醫以治風氣，故名「三加皮」，非與一名「金鹽」之「五加皮」一類也。

石猴子

石猴子，産南安。蔓生，細莖。莖距根近處有粗節手指大，如麥門冬，黑褐色。節間有細鬚繚繞。短枝三葉，葉微似月季花葉。氣味甘温。土人取治跌打損傷、婦人經水不調，

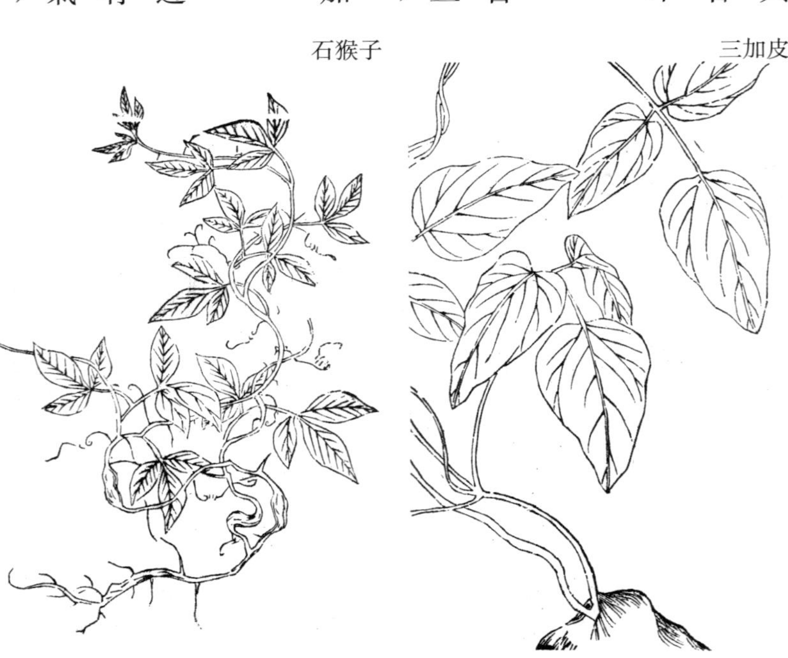

三加皮

石猴子

敷一切無名腫毒。 按：《本草拾遺》：「江西山林間有草，生葉，頭有癭，子似鶴𦐄，葉如柳，亦名『千金藤』。」或即此。

貼石龍

貼石龍，生南安。赤根無鬚，細莖青赤。一枝三葉，葉如柳葉。俚醫以治頭痛、腦風、牙痛，井水煎服。蛇咬，擦傷處，亦可服。

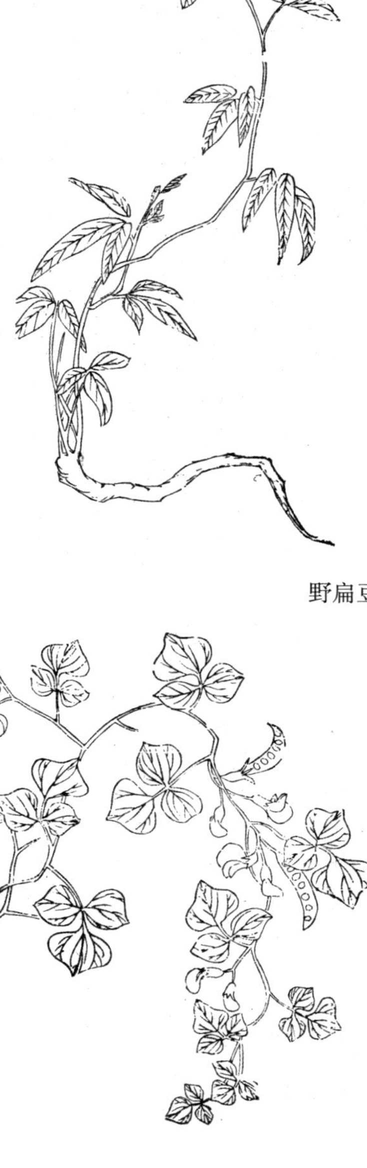
貼石龍
野扁豆

野扁豆

野扁豆，長沙坡阜有之。莖、葉俱似扁豆而小，開花亦如扁豆花而色黃，結扁角長寸許，子大如蒺藜。俚醫以洗無名腫毒。

九子羊

九子羊，産衡山。蔓生，細緑莖。葉如蛾眉豆葉，一枝或三葉，或五葉。秋開淡緑花如豆花，而内有郭如人耳，結短角。根圓如卵。數本同生，秋時掘取，輒得多枚。俚醫用之。

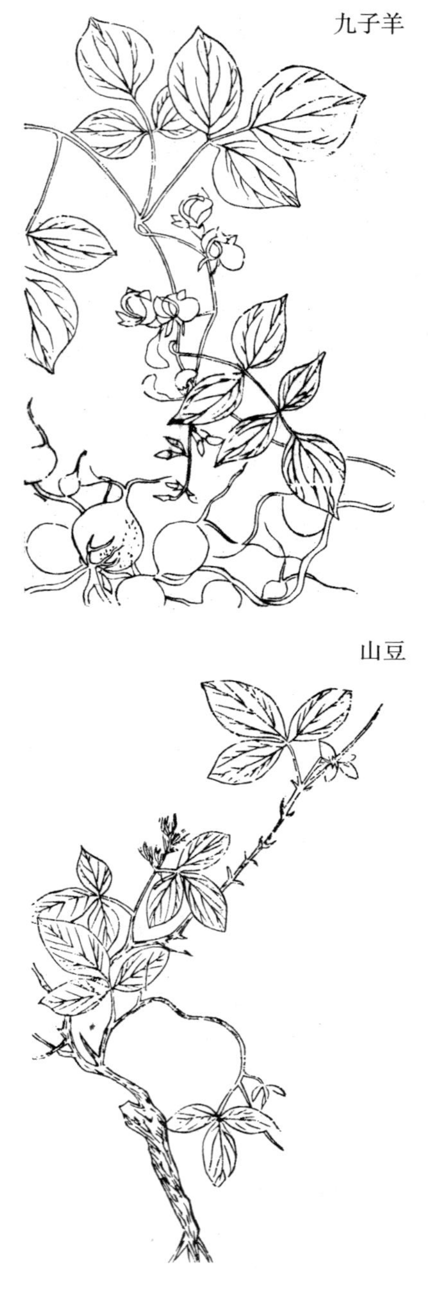

九子羊

山豆

山豆

山豆，産寧都。赭莖小科，莖短而勁。一枝三葉，如豆葉而小，面青，背微白。秋結小角，長三四分，四五成簇，有豆兩粒。赭根如樹根，長四五寸。俚醫以治跌打，能行兩脚。與廣西「山豆根」主治異。

金線草

金線草，生長沙岡阜間。蔓生，方莖。四葉攢生一處。莖、葉皆有澀毛，棘人衣，與茜草同，唯葉大而圓爲異。考《本事方》：「剪草似茜，治血證極效。」此草能行血治腰痛，俚醫用之，或即《本事方》之「剪草」。湖南呼茜草皆曰「鋸子草」，二草形頗相類，而土人分辨甚晰。

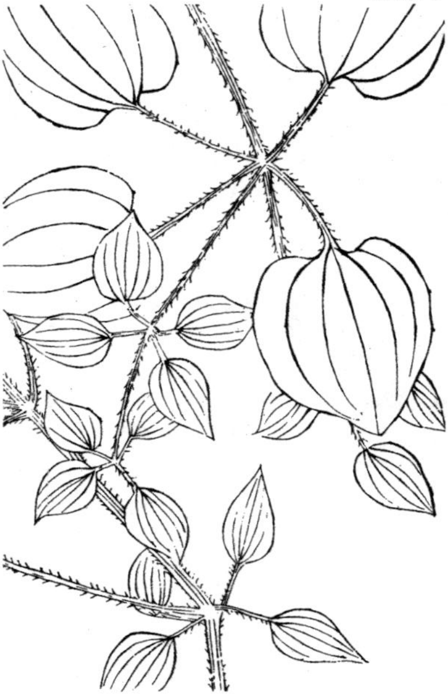

金線草

五爪金龍

五爪金龍

五爪金龍，産南安。横根抽莖，莖、葉俱緑。就莖生小枝，一枝五葉，分布如爪。葉長二寸許，本寬四五分，至末漸肥，復出長尖，細紋無齒。根褐色，硬如萆薢。

無名一種

江西、湖南多有之。〔一〕長蔓緣壁，圓節如竹，對節發小枝。五葉同生，似烏蘞苺而長，葉頭亦禿，深齒粗紋，厚澀如皺。節間有小鬚，粘壁如蠅足，與巴山虎相類。

〔一〕原本無篇名，「江」上有三字空格。

無名一種

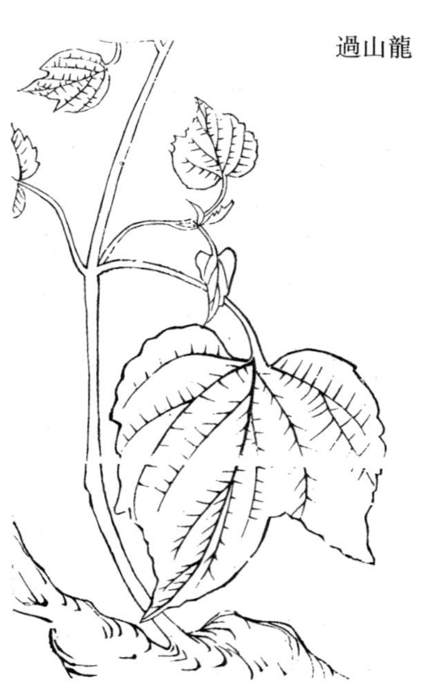

過山龍

過山龍

過山龍，江西山中有之。根大如小兒臂，長硬赭黑。莖碧有節，附莖對葉，大如油桐，有歧不匀，粗紋大齒。俚醫以治閉腿風，敷腫毒。

山慈姑

山慈姑，江西、湖南皆有之。非花葉不相見者。蔓生緑莖。葉如蛾眉豆葉而圓大，深紋多皺。根大如拳，黑褐色，四圍有白鬚長寸餘，蓬茸如蝟。建昌土醫呼爲「金線弔蝦蟆」，微肖其形，以爲敗毒、通氣、散痰之藥。余曾求坐「拏草」於永豐令，以此草應命，殆未必確。

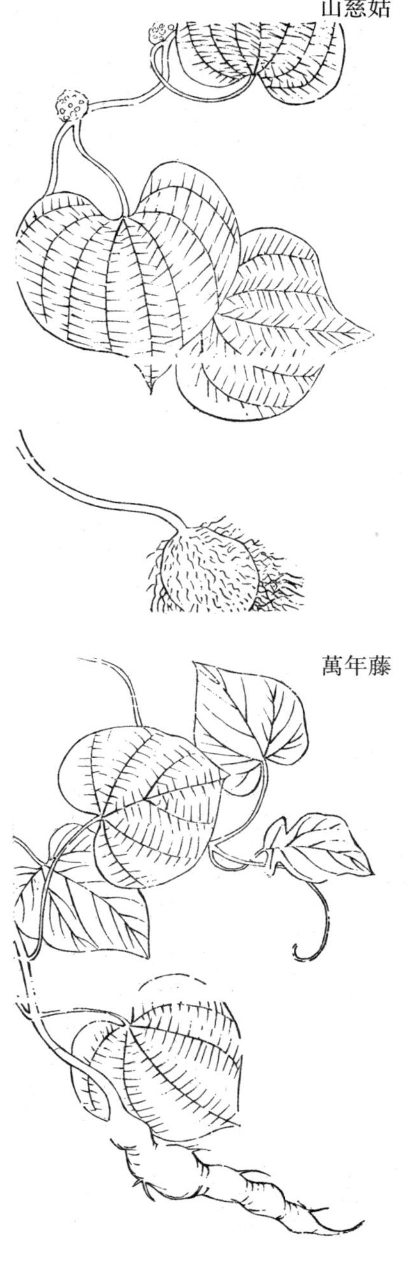

山慈姑

萬年藤

萬年藤

萬年藤，産建昌山中。蔓生硬莖，就莖兩葉對生，圓如馬蹄，有微尖，横直細紋，梢葉有缺，頗似白英。赭根長尺許，圓節。俚醫以洗瘡毒，滋陰生涼。

大打藥

大打藥，産建昌山中。蔓生緑莖，紫節如竹，一葉一鬚，鬚赭色。葉圓大如馬蹄，有尖，緑潤疎紋。赭根長一二尺餘。俚醫以治打傷，取根一段，煎酒服。

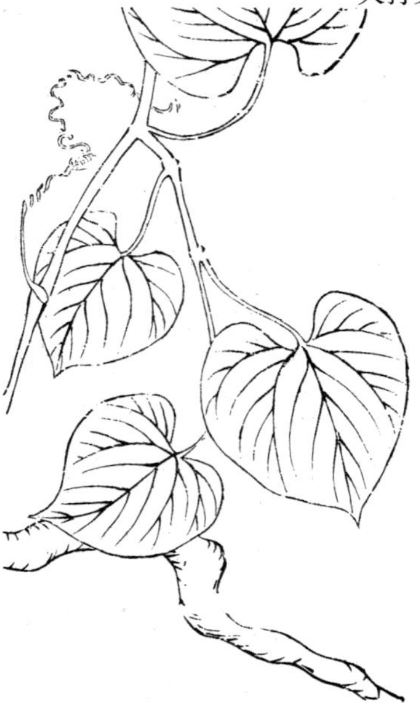

大打藥

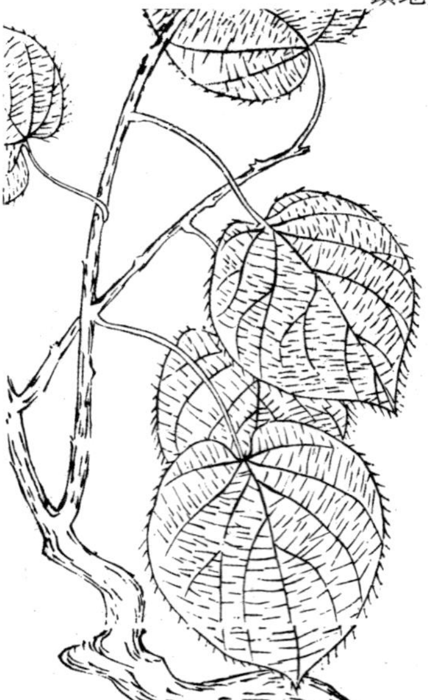

鑽地風

鑽地風

鑽地風，長沙山中有之。蔓生褐莖，莖根一色，不堅實。葉如初生油桐葉而圓，碎紋細齒。俚醫以治筋骨，行脚氣。

飛來鶴

飛來鶴，生江西廬山。莖葉似旋花，惟葉紋深紫，嫩根紅潤，小如箸頭，與他種異。

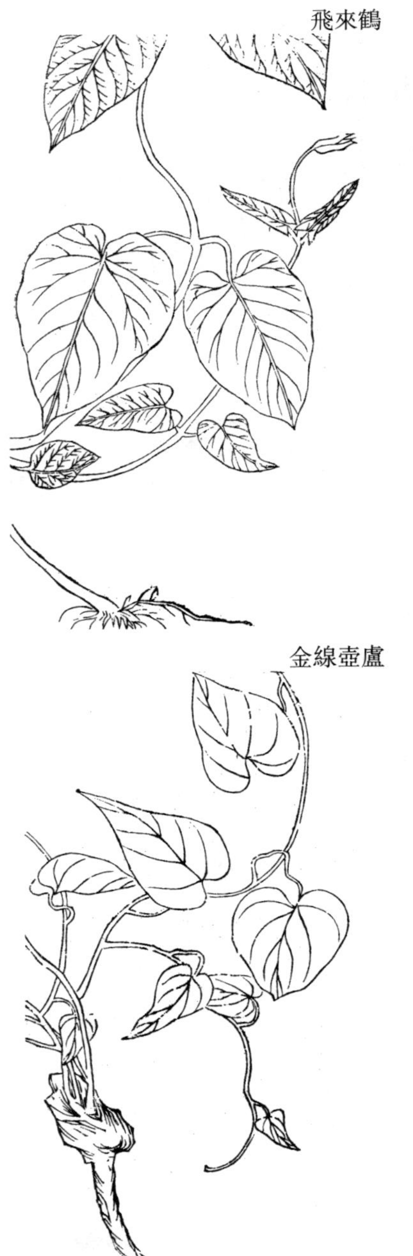

飛來鶴

金線壺盧

金線壺盧

金線壺盧，生江西建昌山中。硬根勁蔓，俱黑赭色。嫩枝細緑。葉柄長韌，葉本圓缺如馬蹄，而末出長尖，中腰微凹，有似細腰壺盧。俚醫用根醋磨，敷乳吹。

稱鉤風

稱鉤風，江西有之。蔓延墻垣，緑莖柔韌。葉有尖而禿，澀糙，有直紋數縷。土人未知所用。

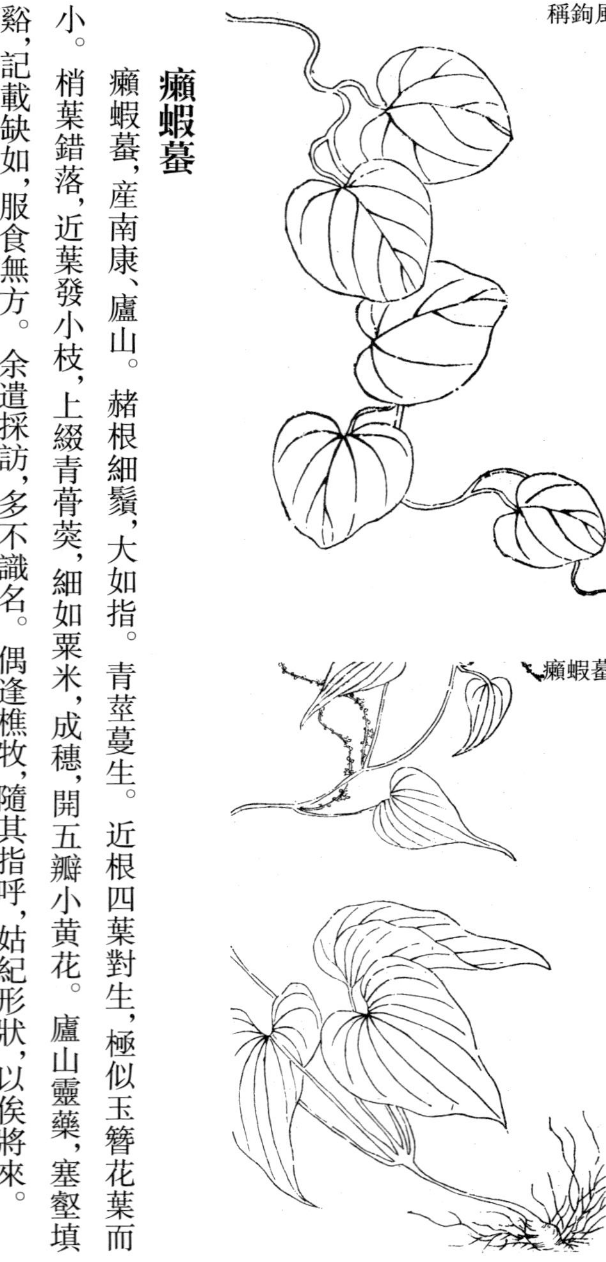

癩蝦蟇

癩蝦蟇，産南康、廬山。赭根細鬚，大如指。青莖蔓生。近根四葉對生，極似玉簪花葉而小。梢葉錯落，近葉發小枝，上綴青蓇葖，細如粟米，成穗，開五瓣小黄花。廬山靈藥，塞壑填谿，記載缺如，服食無方。余遣採訪，多不識名。偶逢樵牧，隨其指呼，姑紀形狀，以俟將來。

陰陽蓮

陰陽蓮，一名「大葉蓮」，産建昌山中。蔓生，細緑莖，淡紅節，有小刺。就節參差生葉，葉本如馬蹄，寬寸餘，末尖，長二寸許，面濃緑，背黄白，粗紋微澀。根大如指，横發枝蔓。俚醫以治婦科調經，取根、幹同桃仁煎酒服。

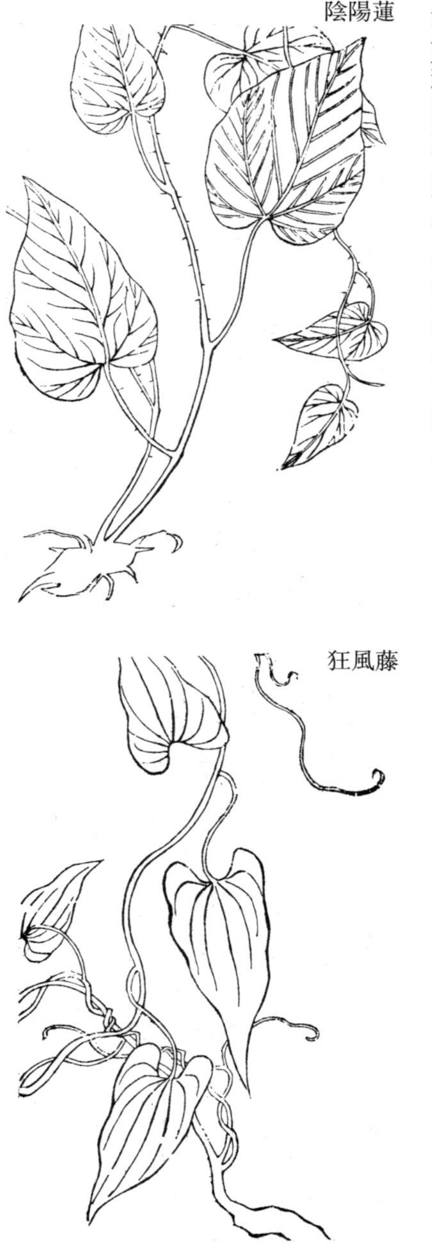

狂風藤

狂風藤，江西贛南山中有之。赭根緑莖，蔓生柔苒。參差生葉，長柄細韌，似山藥葉而長，僅有直紋數道。土人以治風疾。

金錢豹

金錢豹，產南安。蔓生，緑莖。葉圓而尖，近枝有微缺，深紋有皺，似牛皮凍葉而長。梢頭結實，楮殼纍纍，薄如蟬蜕，内含青子。土人以治嗽。又一種同名異類。余再至南安，遣人尋採，僅一見之。

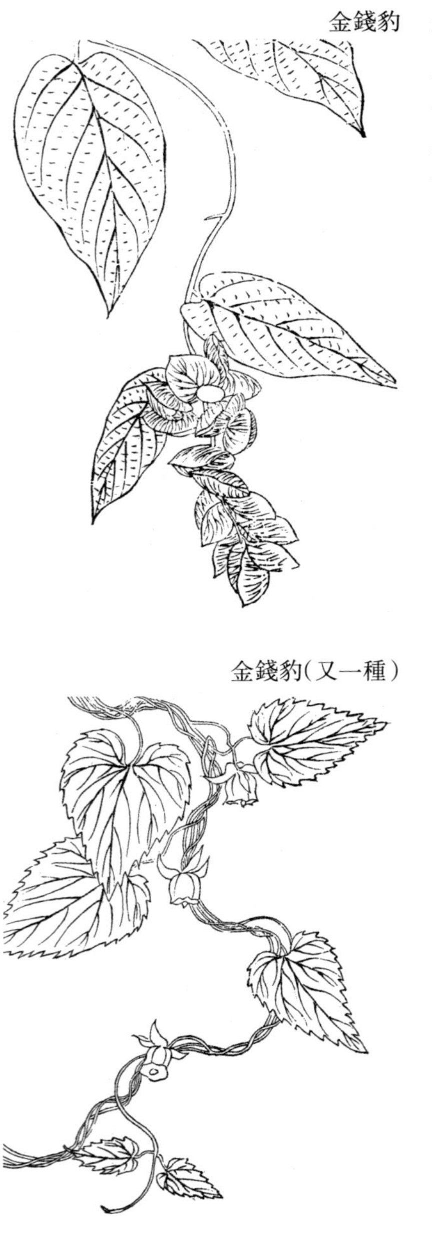

金錢豹

金錢豹（又一種）

金錢豹 又一種。

金錢豹，亦生南贛。蔓生，緑莖細柔。葉似婆婆針線包而窄，有細齒。緑蒂紫花，花瓣層疊，下垂作筩子，微向外卷，不甚開放。與前一種名同類異。

拏藤

拏藤，一名「毛藤梨」，産南城麻姑山。黑莖。大葉如麻葉，深齒疎紋，葉端尖長。結青實，如棠梨而小。

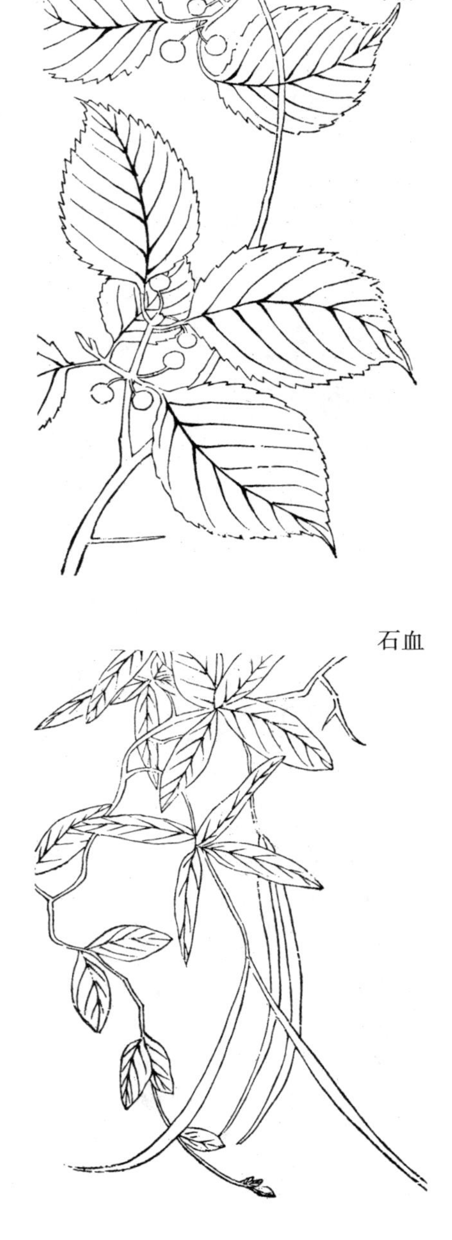
拏藤

石血

石血

《宋圖經》：「石血，與絡石極相類，但葉頭尖而赤耳。」按：江西山坡及墻壁木石上極多，葉紅如霜葉，掩映緑卉，尤增鮮明。但細審其葉，一莖之上，或尖或團，團如人手指，尖如竹葉。秋時結長角如豇豆，長六七寸，初青後赤，破之有子如蘿藦子，半如鍼，半如絨，絨亦白軟。

大約與絡石同種而結角則異，或以爲雌雄耳。

百脚蜈蚣

百脚蜈蚣，生江西廬山。緣石蔓衍，就莖生根，與絡石、木蓮同。葉似山藥，有細白紋，面綠，背淡。新莖亦綠。

百脚蜈蚣

千年不爛心

千年不爛心

千年不爛心，産建昌山中。蔓生如木，根莖堅硬，就老莖發軟枝。附枝生葉，微似山藥葉，色淡綠，背青黄。秋結圓實攢簇，生碧熟紅。俚醫用之。

石盤龍

石盤龍，江西山中多有之。横根赭黑，絡石蔓衍，緑莖糾結。葉比木蓮小而尖，亦薄弱，面青，背黄緑。俚醫採根，同檳榔煎酒，治飽脹。

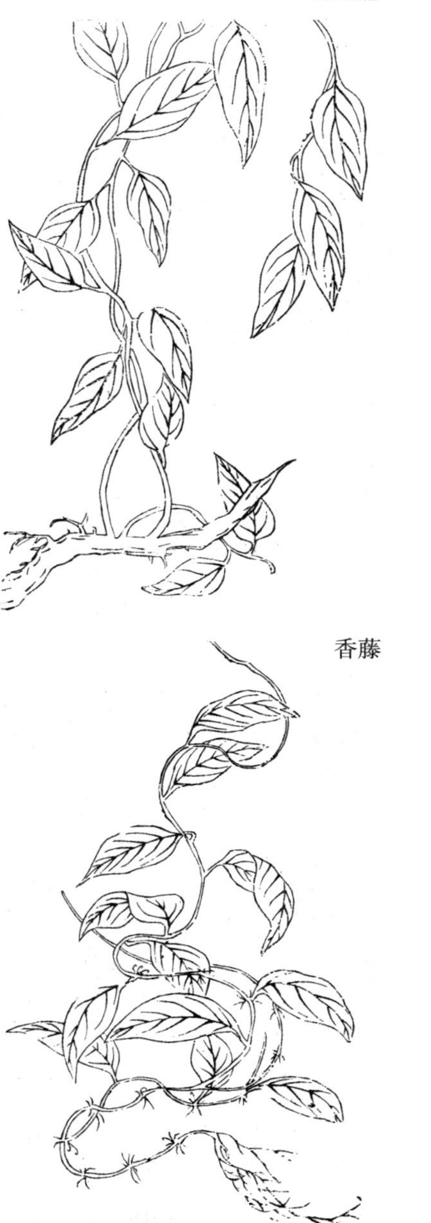
石盤龍

香藤

香藤

香藤，産南安。蔓生，褐莖有節，節間有鬚。葉如柳葉而寬，葉本有黑鬚數莖如棕。氣味甘温。主治和血、去風。

野杜仲

野杜仲，撫、建山中有之。蔓生盤屈，黑莖有星，勁脆如木。葉如橘葉而不光澤，疎紋無齒。短枝枯槎，頗似針刺。根亦堅實。俚醫以治腰痛，取皮浸酒，功似杜仲，故名。

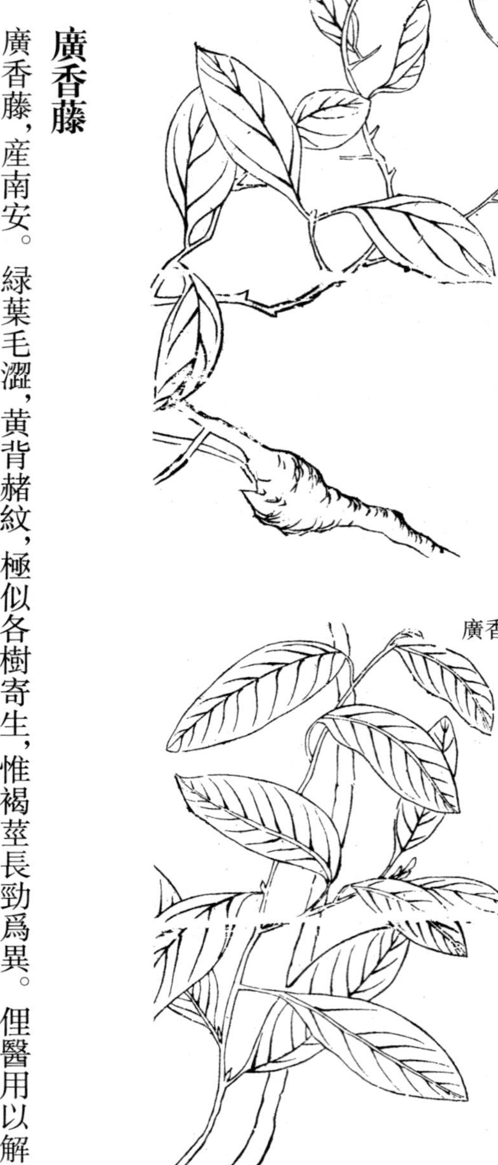

廣香藤

廣香藤，產南安。綠葉毛澀，黄背赭紋，極似各樹寄生，惟褐莖長勁爲異。俚醫用以解毒、養血、清熱。

清風藤

《圖經》：「清風藤，生天台山中。其苗蔓延木上，四時常有。彼土人採其葉入藥，治風有效。」按：清風藤，近山處皆有之。羅師舉《草藥圖》云：「清風藤，又名『青藤』，其苗蔓延木上，〔一〕四時常青。采莖用治風疾、風濕。凡流注、歷節、鶴膝、麻痹、瘙痒、損傷、瘡腫，入酒藥中用。」南城縣「尋風藤」，即清風藤，蔓延屋上。土人取莖治風濕。余詢之南城人，云：「藤以奩緣楓樹而出樹梢者爲真，奪楓樹之精液，年深藤老，故治風有殊效，餘皆無力。」遣人求得，大抵與木蓮相類。厚葉木强，藤硬如木，粗可一握，黑子隆起，蓋即絡石一種，而所緣有異。又《本草拾遺》：「扶芳藤，以楓樹上者爲佳。」恐即一物。「清風」、「扶芳」，一音之轉，土音大率如此。

〔一〕「苗」，原本誤作「木」，據《證類本草》卷三十引《圖經》改。

南蛇藤

南蛇藤，生長沙山中。黑莖長韌，參差生葉。葉如南藤，面濃緑，背青白，光潤有齒。根、莖一色。根圓長，微似蛇，故名。俚醫以治無名腫毒，行血氣。

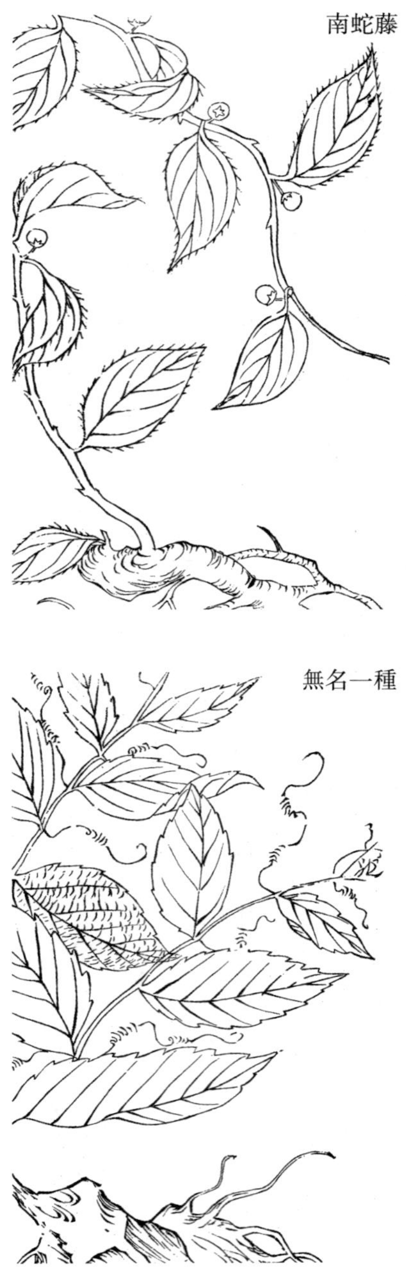

南蛇藤

無名一種

無名一種

江西山岡皆有之，〔一〕多與金剛萆薢叢廁糾纏。緑莖柔細，一葉一鬚，長葉大齒，深紋粗澀。根紫黑色，大於萆薢而堅。　按：《本草從新》有「開金鎖」，根、葉亦如萆薢、菝葜，皆此類。

〔一〕原本無篇名，「江」上有三字空格。

川山龍

川山龍，産南安。蔓生挺立，赤莖有星，參差生葉。葉圓而長，面緑，背青黄，直紋稀疎，圓齒不匀。根如老薑，褐黄色，赭鬚數莖。俚醫以爲跌打損傷要藥。

川山龍

扳南根

扳南根

扳南根，湖南園圃多有之。蔓生如葛，莖細而韌，葉亦似葛而小。褐根粗如巨擘，俚醫以治疔毒。江西呼爲「雞屎葛根」。　按：蘇恭注「黄環」云：「今太常所收劍州者，皆雞屎葛根。」當即此。

鵝抱蛋

鵝抱蛋（dàn），生延昌山中。〔一〕蔓生，細莖有節，本紫梢緑。葉如菊葉，深齒如歧。葉下有附莖，葉寬三四分。根如麥冬而大，赭長有横黑紋，五六枚一窠。俚醫取根燉酒，云散寒氣，能補益。　按：《宋圖經》有「鵝抱蔓」，似大豆，治熱毒。形與此異，主治亦别。

〔一〕清無延昌，疑是「建昌」之誤。

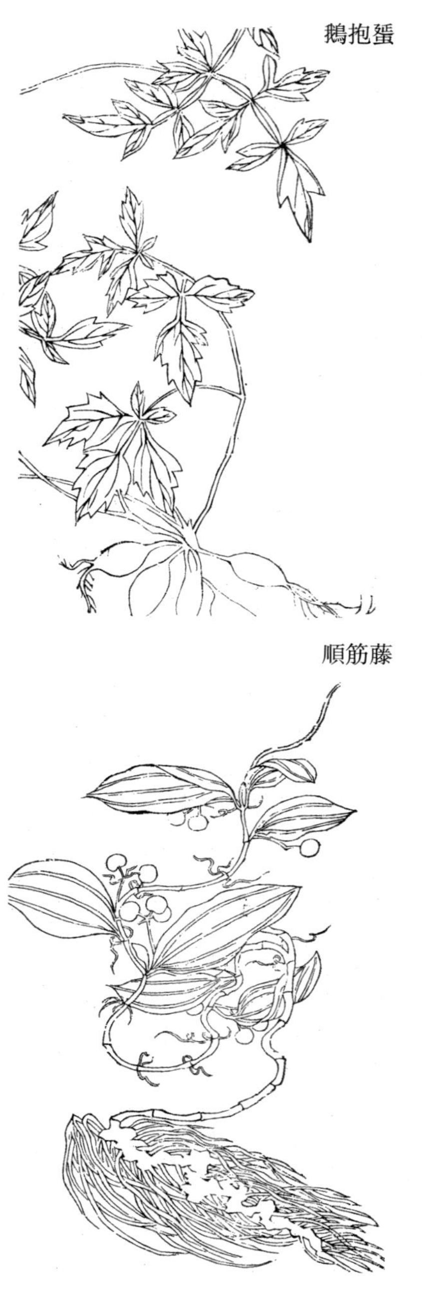

順筋藤

順筋藤，南安、長沙皆有之。蔓生繚曲，緑莖赤節，節間有緑鬚纏繞。葉如威靈仙葉，無歧，斜紋。葉間結小青實如豆。硬根赭紅色，磥砢盤錯，復有長葉攢之。氣味甘温。土人取通經絡、和血、温補。

紫金皮

紫金皮，江西山中多有之。蔓延林薄，紫根堅實，莖亦赭赤。葉如橘柚，光滑無齒。葉節間垂短莖，結青蒂，攢生十數子，圓紫如毬，鮮嫩有汁出。俚醫用根藤治飽脹、腹痛有效，兼通肢節。按：《宋圖經》有「紫金藤」，不具形狀。《和劑方》有「紫金藤丸」。

紫金皮

內風消

內風消

內風消，江西、湖南皆有之。蔓生紫莖，結實攢聚如毬，極類紫金皮，惟葉不攢排，有細齒，無光澤。俚醫以爲内托和血之藥。

無名一種

生撫州山坡。〔一〕蔓生，赭藤對葉，如柳葉而柔潤。秋結青實七八粒，圓簇下垂，頂有白暈。

〔一〕原本無篇名，「生」上有三字空格。

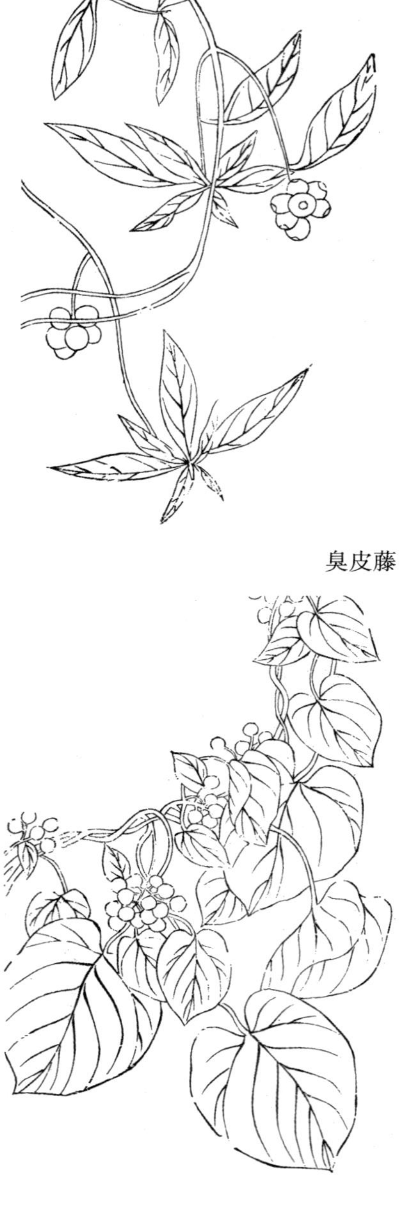

無名一種

臭皮藤

臭皮藤

臭皮藤，江西多有之。一名「臭莖子」，又名「迎風子」。蔓延墻屋，弱莖糾纏。葉圓如馬蹄而有尖，濃紋細密。秋結青黄實成簇，破之，有汁甚臭。土人以洗瘡毒。

牛皮凍

牛皮凍，湖南園圃林薄極多。蔓生緑莖，長葉如臘梅花葉，濃緑光亮。葉間秋開白筩子花，小瓣五出，微卷向外，黄紫色。結青實有汁。俚醫云：與「臭皮藤」一種，圓葉爲雌，長葉爲雄，用敷無名腫毒，兼補筋骨。

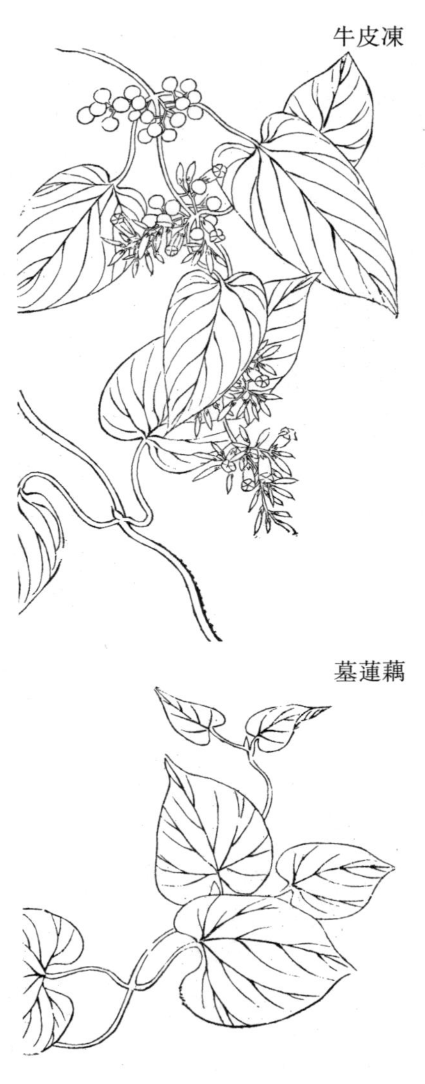

牛皮凍

墓蓮藕

墓蓮藕

墓蓮藕，湖廣園圃中多有之。緑莖蔓延，附莖對葉如王瓜葉，微尖無毛。秋開五瓣小白花，數十朵攢簇。長根近尺，色赭。土人以治吐血。

雞矢藤

雞矢藤，産南安。蔓生，黄緑莖。葉長寸餘，後寬前尖，細紋無齒。藤梢秋結青黄實，硬殼有光，圓如菉豆，稍大，氣臭。俚醫以爲洗藥，解毒去風，清熱散寒。

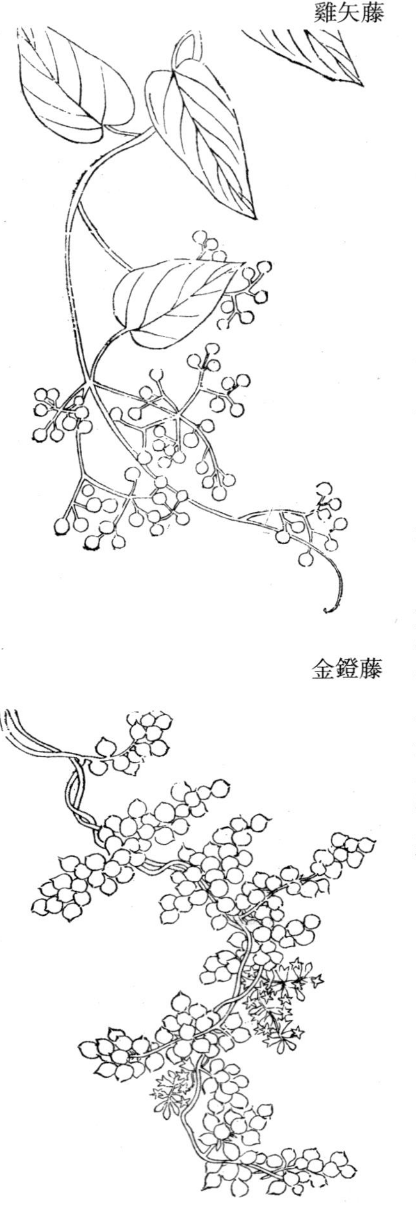

雞矢藤

金鐙藤

金鐙藤

金鐙（dēng）藤，一名「毛芽藤」，南、贛皆有之。寄生樹上，無枝葉，橫抽一短莖。結實密攢如落葵，而色青紫。土人採洗瘡毒，兼治痢證，同生薑煎服。

兩頭挐

兩頭挐，生廣信。草似野苧麻，有淡紅藤一縷寄生枝上，蓋即毛芽藤生草上者。土醫以治跌打，利小便。

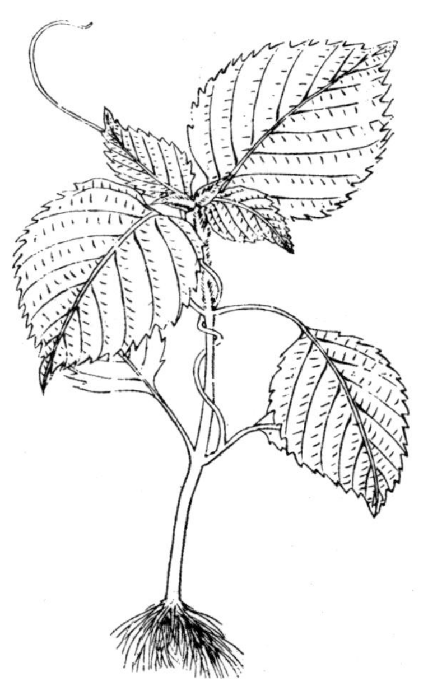

植物名實圖考卷之二十　蔓草

土茯苓

土茯苓，即「草禹餘糧」。《本草拾遺》始著録。《宋圖經》謂之「刺猪苓」，今通呼「冷飯團」。形狀、功用具《本草綱目》。近時以治惡瘡爲要藥，多以萆薢充之，或有以商陸根僞充者。萆薢去濕，性尚不遠，若商陸，則去水峻利，宜慎辨之。

雩婁農曰：土茯苓出近世。俗醫治惡疾、邀重利如操左券，〔一〕吾於是見造物之好生也，且旋賊之而旋生之也。五行遞嬗，邅厲紛拏，〔二〕人生口體之奉，所以戕其四端之性而誘之以四奸者，〔三〕蓋無一息之或逭。〔四〕乃病以歧黄未論之病，〔五〕即藥以農皇未嘗之藥。病既

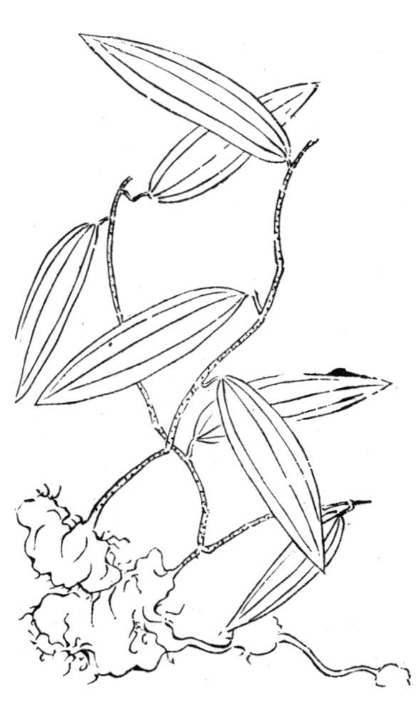

不擇人而生，藥亦不擇地而育，甚至垢腐潰臭，妻孥遠避，而醫者釁沐之，〔六〕而投以草木之滋，或起行屍而肉白骨，卒不使之盡戕其生，又非造物生機無一息之或停哉！夫萬物死於北，亦生於北。〔七〕《易》曰：「坎，勞卦也，萬物之所成終而成始也。」〔八〕造物既賊之而復生之，勞亦甚矣。非特此也，孟子曰：「天地之生也，一治一亂。」〔九〕在人則賊之生之，在天下則治之亂之，造物果何心哉？雖然，死至思生，亂極思治，造物之心亦人心耳。人勞勞於生死治亂之途，造物亦不得不勞之於生之、死之、治之、亂之之故。然則代造物而理物者，欲聽人物之擾攘而無所勞，焉得乎？

〔一〕惡疾及前言之惡瘡，皆指性病。

〔二〕遘厲：遭遇虐暴。

〔三〕四端：《孟子·公孫丑下》：「惻隱之心，仁之端也；羞惡之心，義之端也；辭讓之心，禮之端也；是非之心，智之端也。」四奸：《左傳》僖公二十四年：「耳不聽五聲之和爲聾，目不別五色之章爲昧，心不則德義之經爲頑，口不道忠信之言爲嚚。」

〔四〕一息：一刹那。逭：逃避。

〔五〕性病至明代始傳入中國。「歧」當作「岐」。岐黄：岐伯、黄帝。《黄帝内經》托黄帝與岐伯問答而成，後世即以岐、黄爲醫學之祖。

〔六〕釁沐：以香草塗其身而沐浴之。

〔七〕北爲萬物所歸，故云死於北；但亦爲一陽之始，故亦云生於北。

〔八〕引文有誤。按《易·説卦》原文爲：「坎者，水也，正北方之卦也，勞卦也，萬物之所歸也，故曰『勞乎坎』。艮，東北之卦也，萬物之所成終而所成始也，故曰『成言乎艮』。」

〔九〕《孟子·滕文公下》：「天下之生久矣，一治一亂。」

木蓮

木蓮，即「薜荔」。《本草拾遺》始著録。自江而南皆曰「木饅頭」，俗以其實中子浸汁，爲涼粉以解暑。《圖經》、《綱目》備載其功用，多驗。

雩婁農曰：薜荔，以《楚詞》屢及，詩人入詠，遂目爲香草。〔一〕今江南陰濕牆瓦，攀援殆遍，何曾有臭？〔二〕「罔薜荔兮爲帷」，〔三〕則山居柴扇石户間皆是矣。宋李彦發物供奉，大抵類朱勔，農不得之田，牛不得耕墾，殫財靡芻，力竭餓死，或自縊轅軛間。如「龍鱗薜荔」一本，輦致之費踰百萬，〔四〕不知此有何好而必輦致，非詩人口孽耶？徐鍇詩：〔五〕「雨久莓苔

紫，〔六〕霜濃薜荔紅。」梅聖俞詩：「春城百花發，薜荔上陰階。」但誦好詩，那得不神往？密雨斜侵，窻户涼生，〔七〕時乎貧賤者盜天地之菁英以自適其適，富貴者又欲盜貧賤之逍遥以窮其所窮。漢武以蒟醬、蒲萄而開邊，魏太武以甘蔗而返旆，侈心之萌，誰能刃斬？克己復禮，仁也。楚靈王若能如此，豈其辱於乾谿？宋徽宗若能如此，豈至北以牛車？

按：薜荔，李時珍以爲即木蓮，而《圖經》以爲一類二種。滇南有一種，與木蓮絶相類，而葉、實皆略小，其即《圖經》所謂薜荔耶？《楚詞》「薜荔拍兮蕙綢」，〔八〕「罔薜荔兮爲帷」，皆言其能緣墻壁也。又曰「貫薜荔之落蕊」，木蓮花極細，詞人寓言，未可拘執。而注以爲「香草」，不知薜荔殊無氣味。釋《離騷》者斤斤於香草美人，拘文牽義，誠無當於格物耳。《山海經》有「萆荔」，「狀如烏韭而生石上」，應是苔類。《漢書·房中歌》「都荔遂芳」方是香草，〔九〕非絡石蔓延山木者也。

〔一〕《離騷》：「貫薜荔之落蕊。」王逸注：「薜荔，香草也。」

〔二〕臭：氣味。

〔三〕見《九歌·湘君》。

〔四〕事見《宋史·楊戩傳》。

〔五〕「徐鍇」，原本誤作「徐諧」，據《全唐詩》改。

〔六〕「紫」，原本誤作「緑」，據《全唐詩》改。
〔七〕柳宗元《登柳州城樓》詩：「密雨斜侵薜荔墻。」方干《山中言事》詩：「窗户涼生薜荔風。」
〔八〕見《九歌・湘君》。
〔九〕見《漢書・禮樂志》引《安世房中歌》。

常春藤

常春藤，即土鼓藤。《本草拾遺》始著録。《日華子》以爲「龍鱗薜荔」。《談薈》以爲即「巴山虎」。今南北皆有之，結子圓碧如珠，與《拾遺》説符。功用長於治癰疽、腫毒。

雩婁農曰：京師浩穰，〔一〕營園亭者皆能致南中花木，即嶺嶠異産，亦時附婆羅船，〔二〕越重洋，隨拍趠風而達析津。〔三〕然冬寒，皆爲窟室以避霜雪。若薜荔、絡石之屬，緣牆壁而亘冬夏者，則天時地氣皆不宜之。惟常春藤被繚垣，帶怪石，緑葉匼匝，〔四〕爲庭榭之飾焉。細花惹蜂，青實啅雀，於藥果皆無取，然枝蔓下有細足黏瓴甋極牢，疾風甚雨，不能震撼。人之有牆，以蔽惡也，牆之隙壞，藤有賴焉。然則彼都人士庇焉而不縱尋斧焉，〔五〕宜矣。

〔一〕浩穰：盛大貌。

〔二〕婆羅船：南洋商船。

〔三〕析津：即今北京。

〔四〕匼匝：周匝環繞。

〔五〕尋斧：以斧斫芟。

千里及

千里及，《本草拾遺》始著録。《圖經》「千里光」、「千里及」形狀如一，李時珍併之，良是。其「黄花演」，花同葉異，則非一種。〔一〕今俚醫用以治目，呼爲「九里明」。

雩婁農曰：藥物異地則異名，而「千里光」之名起嶺嶠，〔二〕下豫章，逾彭蠡、洞庭，達於夜郎、牂牁，無弗同者，聞名而知其必有功於目已。其花黄如菊，盛於秋，得金氣，殆菊之别子耶？花老爲絮，則與蒲公英又類族也。滇醫以洗瘡毒，蓋以此。吾覩其物，而愧不能爲光明燭也，雖有良藥，其如余何？乃作詩曰：「登臨滇海，亦既覯止，悠悠極目，思在千里。左眄千里，

洞庭始波，滔滔江漢，舟楫若何？右睇千里，一綫瀾滄，赤髮金齒，〔三〕逖矣窮荒。前望千里，九嶷蒼梧，愁雲曷極，海波天吴。〔四〕後顧千里，金沙岷江，東流不息，去矣吴艭。玉京何在，三萬六千，白雲間之，衆星醉天。露冷之柏，霜隕之桑，安得神瞳，闚彼帝鄉。英光邂逅，〔五〕與爾實族，且信人言，以拭吾目。」

〔一〕蘇頌以爲「黄花演」即「千里及」。

〔二〕嶺嶠：泛指五嶺一帶。

〔三〕《滇略》言雲南茶山里麻之外有野人，赤髮黄睛。金齒則爲雲南地名。

〔四〕天吴爲水神。《山海經·海外東經》：「朝陽之谷，神曰天吴，是爲水伯。在𧈫𧈫北兩水間。其爲獸也，八首人面，八足八尾，皆青黄。」

〔五〕《爾雅》：「薢茩，英茪。」注：「英明也，葉鋭黄，赤華，實如山茱萸。或曰蔆也，關西謂之薢茩。」

榼藤子

榼（kē）藤子，即「象豆」，詳《南方草木狀》。《本草拾遺》、《開寶本草》始著録。《南越

筆記》云：「子炒食味佳。」

雩婁農曰：余至粤，未得見斯藤。按記，子可食，膚可爲榼以貯藥，何造物憫斯人之勞，而爲之代斲也！蓏之實有匏焉，小以酌，大以濟。木之實有椰焉，小以飲，大以掬。古者祭祀器用匏，非僅尚其質，[一]亦以見天地之爲人計者纖悉俱備，用之以示報也。彼靡天地之物而不知天地之心，[二]必以暴殄致天罰。榼藤惜不植於嶺北。近世蜀中模柚皮以爲器，以無用爲用，且輕而潔。南嶽斷大竹以爲甑，至省工力。若而人也，以嘗巧也，不爲病矣。

[一] 質：質樸。

[二] 靡：靡費。

懸鉤子

懸鉤子，《本草拾遺》始著録。李時珍以爲即《爾雅》「葥，山莓」，郭注：「今之木莓也。」小樹高不盈丈，江南山中多有之。與楊梅同時熟，或亦呼爲「野楊梅」。

雩婁農曰：湖湘間莓至多，皆春時熟，然多蔓生。此草得之袁州，居然木也。嶺南及

滇，蔓者皆類木，殊不易别。凡莓皆以果視之，不僅充猿糧而供扈粟矣。〔一〕山居之民，飲木葉，蔬澗毛，糗藤根，果實之具甘酸者，婦稺緣嶔巇而掇之，以爲佳品。其天性全而滋味薄，故能與猱鼯爭捷，而嵐氣不得刺其膚革。〔二〕通都大邑，甜榴好李，無非栽接，種則珍矣。譬如一麥，而有桃、李、柰三味焉，欲持此以證農皇所嘗之味，豈有合耶？

〔一〕《詩·小雅·小宛》：「交交桑扈，率場啄粟。」桑扈，鳥名，即竊脂。供扈粟即言供鳥所食。

〔二〕嵐氣：山嵐之瘴氣。

懸鉤子

伏雞子根

伏雞子根

伏雞子根，《本草拾遺》始著録。生天台山。根似烏形者良。治黄疸、瘧瘴、癰腫。

使君子

使君子，即「留求子」，形狀詳《南方草本狀》。《開寶本草》始著録。今以治小兒蚘蟲。實長如榧實。《本草衍義》謂「用肉，難得仁，蓋絶小」，殊未確。

雩婁農曰：藥之殺蟲者，味皆辛苦。留求子味至甘且馨，小兒嗜之，無摧除之跡而殺蟲尤峻。〔一〕然則風雨和甘，皆可以化無形之害，

不必隕霜降雪而後能殲蝨賊螟螣矣。三代以前，去惡如鋤草，朝野晏然而禍根已盡。三代以後，去惡如拔山，國法甫行而死灰復起。蓋和甘者所以植善類，善類長則稂莠消；霜雪者所以毒惡物，惡物不盡則禾黍不滋。且和甘之日長，則惡物無冀倖之心；霜雪之日短，則善類有孤子之懼。稷、契升庸而共、兜自遠，〔二〕和甘之普被也；漢、唐廓清而讒險猶在，霜雪所不及也。雖然，苦之殺蟲，效可立見，甘之殺蟲，效必緩臻，是又王霸之分，而歡娱皞皞之異形矣。乃爲使君之贊曰：「彼使君兮，如風之東，披拂惠和，虺蜴遁窮。彼使君兮，如炎而潤，浸沐洗濯，跂喙恬順。彼使君兮，如霜而杲，惠我赤子，如在保抱。彼使君兮，如洌而曛，曝我窮黎，爲掃蚉蝱。

使君使君，飲之可醺，載含載吮，思我使君。」

〔一〕推除：即驅除。

〔二〕稷即后稷，名棄，舜用爲農官。契，舜命爲司徒，布五常之教。共指共工，兜爲驩兜，統指被舜放逐的「四凶」。

何首烏

何首烏，詳唐李翺《何首烏傳》。《開寶本草》始著録。《救荒本草》：「根可煮食，花可煠食。」有紅、白二種，近時以爲服食大藥。俚醫以治癧疽、毒瘡，隱其名曰『紅内消』。」東坡尺牘以「用棗或黑豆蒸熟皆損其力」，〔一〕文與可詩亦云：「斷以苦竹刀，蒸曝凡九爲。夾羅下香屑，石蜜相和治。」〔二〕然則世傳「七寶美髯丹」，其功力不專在交藤矣。〔三〕近時價日增而藥益僞，其大者多補綴而成。以余所至，居處間皆紫緑雙蔓，貫籬縈砌，如拳如杯，抛擲屑越。〔四〕崑山以玉抵鵲，〔五〕又文與可所謂「蓋以多見賤，蓬藋同一虧」也。滇南大者數十斤，風戾經時，肉汁獨潤，然不聞有服食得上壽者，豈

所忌魚肉未能盡絶，而炮製失其本性耶？三斗栲栳大，號山精，滇人得之，不必有緣，唯博善價羅縠事育耳。寇萊公服地黄蘿蔔，使髮早白，《聞見近録》作「服首烏而食三白」。〔六〕余怪近之服餌者髮輒易皤，殆緣於此，則亦讀《本草》未熟也。服食求仙，固爲妄説，節嗜通神，藥乃有效。醉飽中而乞靈草木，南轅北轍，相去益遠。若其活血治風之功，則明時懷州知州李治所傳一方，吾以爲不妄。〔七〕

〔一〕見《與周文之》。

〔二〕見文同《寄何首烏丸與友人》詩。下引句同。

〔三〕《本草綱目》卷十八上：嘉靖初，邵應節真人以七寶美髯丹方上進世宗皇帝，服餌有效，連生皇嗣，於是何首烏之方天下大行。

〔四〕屑越：輕易抛棄。

〔五〕《鹽鐵論·崇禮》：「崑山之旁，以玉璞抵烏鵲。」

〔六〕宋王鞏《聞見近録》：寇忠愍爲執政，尚少。上嘗語人曰：「寇準好宰相，但太少耳。」忠愍乃服何首烏而食三白，鬚髮遂變，於是拜相。

〔七〕李治爲宋懷州知州，非明代。按：李治與一武臣同官，怪其年七十而輕健，面如渥丹，能飲食。叩其術，則服首烏丸也，乃傳其方云云。方見《本草綱目》卷十八上。

木鼈子

木鼈(biē)子，《開寶本草》始著録。《圖經》云：「嶺南人取嫩實及苗、葉作茹蒸食。」蘂肆唯販其核，形宛似鼈，大如錢。」《霏雪録》著其毒能殺人。俗傳丐者用以毒狗。《本草綱目》所列諸方，宜慎用之。又「番木鼈」，形狀、功用具《本草綱目》，亦云毒狗至死。

雩婁農曰：天之生物，非物物刻而雕之也。然覩斯物之類斯形也，其不疑爲般輸之肖物歟？〔一〕夫人，一類也，一物而備萬物者也，而心不同如其面。天下之人，固無有内外無弗類者。至人之視物，則飛潛動植，第以爲各從其類而已。然其牝牡之相依，巢穴之相聚，肥磽雨露之相養，彼一類也，又烏能無弗類耶？乃人與物，物與物，又往往離於其類而互爲類。虎頭燕頷、遙目豺聲，人之類物者，亦既以其類類之。而羽淵之熊，〔二〕使君之虎，〔三〕夢之爲蝶，〔四〕肘之生柳，〔五〕方其類物也，不知其類人也。海上之國有長尾者，有比肩者，〔六〕有夜飛者，〔七〕有足如雞者，有頭如狗者，人之類耶？物之類耶？吾烏從類之耶？若乃馬之似鹿也，駮之似馬也，〔八〕猾猾之被髮也，〔九〕猩猩之能言也，〔一〇〕人都之燔炙也，〔一一〕天刑之弓矢也，〔一二〕人蕧之啼也，〔一三〕靈根之吠也，〔一四〕海上之樹實如嬰兒也，當道之梓精爲青牛也，〔一五〕笄之爲虵也，瓜之爲蝶也，蚓之爲百合也，穀之飛蟲也，葱韭之互變也，凡世之以此物類彼物者，皆物之異於其類而相類也。夷堅之志，〔一六〕恢詭神異，或以人類物，或物類人，或物類物，變化不類而成怪類，而鯤池之中，〔一七〕何有何無，凡陸居所有之類，無不類焉。豈天之生物固不可測，而坯陶模範，〔一八〕非物者之物物也，亦必有物焉爲之類族而成物耶？九疇之錫曰五行，金、木、水、火、土皆物也。〔一九〕《易》之策萬有一千五百二十，當萬物之數，而《説卦》一翼，〔二〇〕乾、坤、艮、巽、震、離、坤、兑所爲變動不居、周流六虚者，皆析而爲物。後世術者即五行八卦之物，以窮天下之物，而皆能物其物。如東方朔、趙達及管、郭輩，〔二一〕皆以其所知之物以類所不知之物。然則物之類而不類、不類而類者，豈非有物焉爲之參伍而錯綜其類耶？通其變，遂成天下之文。極其數，遂定天下之象。造物之與開物，均是物也。夫天地神鬼不可端倪而致之者，必以其物，則非物者必求其物之類類之。而偃師之爲人，〔二二〕墨子之爲鳶，〔二三〕以非其物而爲物，其亦有得於物物者之物歟？

又按：近世《信驗方》治舌長數寸，用番木鼈四兩，刮淨毛，切片，川蓮四錢，煎水，將舌浸良久，即收。蓋以異物治異病也。

〔一〕般輸：即公輸般，俗稱魯般者，古之巧匠。

〔二〕《左傳》昭公七年：「堯殛鯀于羽山，其神化爲黄熊，以入于羽淵。」

〔三〕梁任昉《述異記》：漢宣城守封邵化爲虎，食郡民。時語曰：「無作封使君，生不治民死食民。」

〔四〕《莊子·齊物論》：「昔者莊周夢爲胡蝶，栩栩然胡蝶也。自喻適志與，不知周也。俄然覺，則蘧蘧然周也。」

〔五〕《莊子·至樂》：「支離叔與滑介叔觀於冥伯之丘，崑崙之墟，黄帝之所休，俄而柳生其左肘。」

〔六〕比肩：指二人聯體。

〔七〕指飛頭蠻。桓譚《新論》：「南域有頭飛之夷。」《酉陽雜俎》前集卷四：嶺南溪洞中，往往有飛頭者，其人及夜，頭忽生翼，脱身而去，將曉飛還。

〔八〕《山海經·西山經》：駮，其狀如馬，白身黑尾，一角，虎牙爪，食虎豹，可以禦兵。

〔九〕狒狒即狒狒。《山海經·海内南經》有梟陽，郭璞《圖讚》云「萬萬怪獸，被髪操竹」。一説梟陽即狒狒。

〔一〇〕《水經·葉榆河》注云：「封谿縣有猩猩獸，形若黄狗，又狀貆豘。人面，頭顔端正。善與人言，音聲麗妙，如婦人好女對語交言，聞之無不酸楚。」

〔一一〕人都：見《酉陽雜俎》前集卷一：昔值洪水，人食都樹皮，餓死，化爲鳥都，皮骨爲猪都，婦女爲人都。燔炙：燒烤食物。

〔一二〕疑指《山海經》之刑天。《海外西經》：「形天與帝至此爭神，帝斷其首，葬之常羊之山，乃以乳爲目，以臍爲口，操干戚以舞。」

〔一三〕人蔆：即人參。宋姚寬《西溪叢語》：「土下有呼聲，掘之，得人參，如人形，四體備具，聲遂絶。」

〔一四〕靈根：指黄精、枸杞之類，根有犬形者。

〔一五〕晉干寶《搜神記》卷十八：秦時，武都故道有怒特祠。秦文公使士卒伐祠上梓樹，樹斷，有一青牛從樹中出，走入豐水中。

〔一六〕夷堅：人名。《列子·湯問》言世間怪人怪物：「大禹行而見之，伯益知而名之，夷堅聞而志之。」

〔一七〕鯤池：即大海。《莊子·逍遥游》：「窮髮之北有冥海者，天池也。有魚焉，其廣數千里，未有知其修者，其名爲鯤。」

〔一八〕此指天地之造物。

〔一九〕見《尚書·洪範》，天賜九疇，第一爲五行。

〔二〇〕孔子爲《易傳》十篇，稱「十翼」，《説卦》爲其一。

〔二一〕東方朔，《史記·滑稽列傳》、《漢書》本傳載其射覆事：武帝使諸數家射覆，置守宫盂下，諸家皆不能中。朔乃别著布卦而對曰：「臣以爲龍又無角，謂之爲蛇又有足，跂跂脈脈善緣壁，是非守宫即蜥蜴。」趙達，《三國志·吴書》有傳：治九宫一算之術，能應機立成，對問若神。至計飛蝗，射隱伏，無不中效。嘗事孫權，權嘗出師，令其推步，皆如其言。管輅，明《周易》，精風角、占、相之道，無不精微。事見《三國志·魏書》本傳。郭璞，《晉書》有傳，云：好經術，博學高才，詞賦爲中興之冠，妙於陰陽算曆，精五行、天文、卜筮之術，雖京房、管輅不能過。

〔二〕《列子・湯問》：周穆王西巡狩，有偃師者獻假人，歌合律，舞應節，千變万化，惟意所適，王以爲實人也。

〔三〕《列子・湯問》張湛注：「墨子作木鳶，飛三日不集。」

馬兜鈴

馬兜鈴，《開寶本草》始著録。俗皆呼爲「土青木香」，即《唐本草》「獨行根」也。俚醫亦曰「雲南根」。李時珍以爲即「都淋藤」。其形狀、功用具《圖經》。《救荒本草》云「葉可食」。今湖南山中多有之，唯花作筩，似角上彎，又似喇叭，色紫黑，與《圖經》「花如枸杞花」殊戾。其葉、實及仁俱無差，或一種而地産有異耶？

南藤

南藤，即丁公藤，事具《南史》：解叔謙得丁公藤漬酒，治母疾有神效。〔一〕《開寶本草》始著録。今江西、湖南市醫皆用以治風。亦呼「石南藤」，或作「藍藤」，音近而訛。

雩婁農曰：南藤，山中多有之，或謂之「搜山虎」，蓋言其疏風入筋絡也。解叔謙遇丁公，純孝所感，信矣，但丁公者，殆深山採藥之叟，非必神仙變化，而用南藤者亦未必自此始也。顧吾謂人子，平日不能知藥，臨時求之而不得，得之而不達，其敢以不能名之草木相嘗試乎？人神感格，渺不可憑，一息之緩，悔何及矣。雖然，天下豈有不悔之人子哉！

〔一〕《南史·孝義傳》：解叔謙，「母有疾，叔謙夜於庭中稽顙祈福，聞空中語云：『此病得丁公藤爲酒便差。』即訪醫及《本草注》，皆無識者。乃求訪至宜都郡，遥見山中一老公伐木，問其所用，答曰：『此丁公藤，療風尤驗。』叔謙便拜伏流涕，具言來意。此公愴然，以四段與之，並示以漬酒法。叔謙受之，顧視此人，不復知處」。

威靈仙

威靈仙，《開寶本草》始著録。有數種，《本草綱目》以鐵脚威靈仙堪用，餘不入藥。今俚醫都無分別。《救荒本草》所述形狀亦别一種。今但以鐵脚者屬《本草》，餘皆附「草藥」。近時庸醫遇瘧輒用，既不知其疎利過甚，又不辨其形狀，何似刺人而殺，委罪於藥？哀哉！《衍義》、《綱目》論之詳矣，故備載以戒。

雩婁農曰：其力勁，故謚曰「威」；其效捷，故謚曰「靈」；威、靈合德，仙之上藥也。乃秘方傳而他族滋，則丹竈有外道矣。昔有石穴，候雲氣出，躡之則飛昇，相傳仙去者不知幾輩矣。穴之外暴骨如莽，皆曰仙者之委蜕也。〔一〕有覸之者，〔二〕乃巨虺之窟，〔三〕其雲氣則所嘘之毒餤也。然則世之矜曰「仙」者，將毋有蘊虺蜴之毒者耶？

〔一〕委蜕：棄置的軀殼。

〔二〕覸：窺視。

〔三〕虺：毒蛇。

黄藥子

黄藥子，《開寶本草》始著録。沈括以爲即《爾雅》「蘦，大苦」，前此未有言及者。其根色黄，入染家用。味亦不甚苦。葉味酸，《救荒本草》「酸桶笋」即此，湖南謂之「酸桿」。其莖如蓼有斑，江西或謂之「斑根」。

雩婁農曰：甚矣，草木之同名異物，而多識之難也！郭景純以甘草釋大苦，而謂其葉如荷，〔一〕沈括駮之，〔二〕是矣。然沈所謂「黄藥」者，究不識其爲何産。李時珍以今之黄藥當之，而易「荷」爲「薄荷」，〔三〕則改竄而附會之矣。《宋圖經》謂忠州、萬州者莖似小桑，秦州謂之「紅藥」，施州謂之「赤藥」，葉似蕎麥，開白花。已明列數種，又引蘇恭「葉似杏，花紅白色，子肉味酸」之説，以

爲不同，則又一種矣。李時珍所謂「黄藥」即今之「酸桿」，滇謂之「斑莊根」。俚醫習用，或以其根浸酒。《滇本草》云：「味苦澀，性寒，攻諸瘡毒，止咽喉痛，利小便，走經絡，治筋骨疼、痰火、痿耎、手足麻木、五淋白濁、婦人赤白帶下，治痔漏亦效。」與古方僅治項癭、咯血者不同。然則以李時珍所據之黄藥，而强以治古人所治之證，其能效乎？滇南又有一種與「斑莊」絶肖者，秋深開小白花，葉亦微似杏，土人謂之「扒毒散」，治惡瘡有殊效，插枝即生，人家多植之，或即蘇恭所謂「黄藥」者歟？若忠、萬、秦州所産，吾所未見，不敢臆揣，然皆非沈括所謂「葉似荷」者。〔四〕滇南又别有黄藥，乃極似山薯，而根圓多鬚，即湖南之「野山藥」。其白藥子，亦謂之黄藥，皆别圖。凡以著其物狀而附以俚醫之説，以見一物名同實異，不敢盡以古方所用必即此藥，以貽害於後世，庶合闕如之義云爾。〔五〕

〔一〕《爾雅·釋草》郭注云：「今甘草也。蔓延生。葉似荷，青黄，莖赤有節，節有枝相當。」

〔二〕沈駁云：「此乃黄藥也，其味極苦，故謂之大苦，非甘草也。」見《夢溪筆談·藥議》。

〔三〕此指《本草綱目》轉録《爾雅注》，改郭注之「荷」爲「薄荷」。

〔四〕此處筆誤。言「葉似荷」者乃郭璞，非沈括。

〔五〕知之則言，不知則不言。《論語・子路》：「君子於其所不知，蓋闕如也。」

山豆根

山豆根，《開寶本草》始著録。今以爲治喉痛要藥，以産廣西者良。江西、湖南別有「山豆」，皆以治喉之功得名，非一種。

雩婁農曰：甚矣，物之利於人者易於售僞，而欲利人者不可不博求而致意也！山豆根治喉痛，舉世知之賴之。然余所見江右、湘、滇之産，味皆薄，而與原圖異，而原圖又非「如小槐」者。〔一〕不至其地，烏知其是耶非耶？

〔一〕《圖經》言山豆根在「廣南者如小槐，高尺餘」。

預知子

預知子，《開寶本草》始著録。相傳取子二枚綴衣領上，遇有蠱毒，則聞其有聲，當預知之，〔一〕故有是名。《圖經》言之甚詳，但謂「蜀人貴重之，亦難得」。《蒙筌》則謂無其物。存原圖以俟訪。

雩婁農曰："「預知」之名甚奇，《蒙筌》汰之宜矣。但唐人有「知命丸」，服之無疾，如微覺脇痛，則知數將盡，服海藻湯下之。藥能預知，誠有之矣。夫蓂應月，〔二〕桐知閏，〔三〕亦預知也。甘草、苦草、病草皆能知歲，〔四〕非異卉也。蘘荷葉置席下，能知蠱者姓名，〔五〕其預知尤足異，何獨於預知子而疑之？雖然，草木預知者非一，而此藤獨得「預知」之名，則斯草之幸也。乃以預知之故，既令聞者疑其名實之未副，且名可聞而實不可得見，豈以世爭貴重，搜掘無遺，預知者乃不能庇其本根，如古之喜談休咎者之卒不免耶？抑深藏榛蕪，識之者希，如真有道術之士遁跡韜晦，雖日雜市販稠衆之中，而終無蹤蹟者耶？是皆未可知也。

〔一〕「當」，原本誤作「嘗」，據《證類本草》卷十一改。

〔二〕《埤雅》卷十七：藕生應月，月生一節，閏輒益一。

〔三〕《埤雅》卷十四：舊説梧桐以知日月正閏。生十二葉，一邊有六葉，從下數一葉爲一月。有閏則生十三葉，視葉小者則知閏何月。

〔四〕見卷十八「藻」條注〔六〕。

〔五〕《齊民要術》卷三：「葛洪方曰：『人得蠱，欲知姓名者，取蘘荷葉著病人卧席下，立呼蠱主名也。』」

仙人掌草

《圖經》：「仙人掌草，生台州、〔一〕筠州。味微苦而澀，無毒。多於石壁上貼壁而生，如人掌，故以名之。葉細而長，春生，至冬獨青。無時採。彼土人與甘草浸酒服，治腸痔瀉血。不入衆藥使。」

明黄佐《仙人掌賦序》：「仙人掌者，奇草也，多貼石壁而生。惟羅浮黄龍金沙洞有之。葉勁而長，若齟齬狀。發苞時外類芋魁，内攢瓣如翠毬，各擎子珠如掌然。青赤轉黄，而有重殼，剖之，厚者在外如小椰，可爲匕勺，薄者在裏如銀杏衣，而裏圓肉。煨食之，味兼芡、栗，可

補諸虚，久服輕身延年，俗呼爲『千歲子』云。移植惟宜沙土，粤州書院精舍中庭、後圃皆有之。予以其奇，賦焉。」

〔一〕宋台州，治在今浙江臨海，轄臨海、黄巖、寧海、天台、仙居五縣。

鵝抱

鵝抱，《宋圖經》「外類」：「生宜州山林下，附石。治風熱、咽喉腫痛，解毒箭，塗熱毒。」

鵝抱

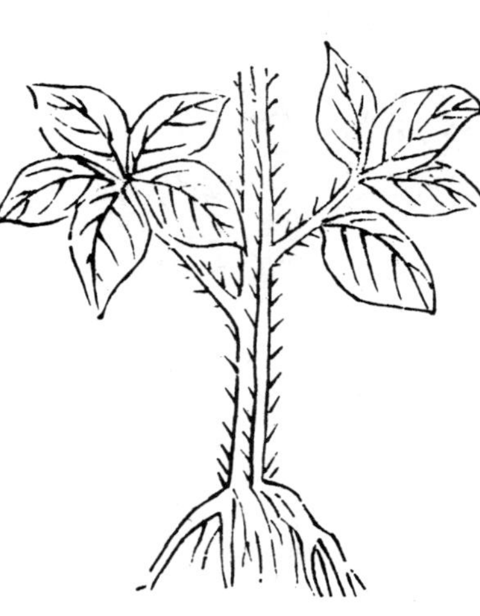
獨用藤

獨用藤

獨用藤，《宋圖經》「外類」：「生施州，葉上有倒刺，主心氣痛。」

百棱藤

百棱藤，《宋圖經》「外類」：「生台州。治風痛、大風、瘡疾。亦作『百靈』。」

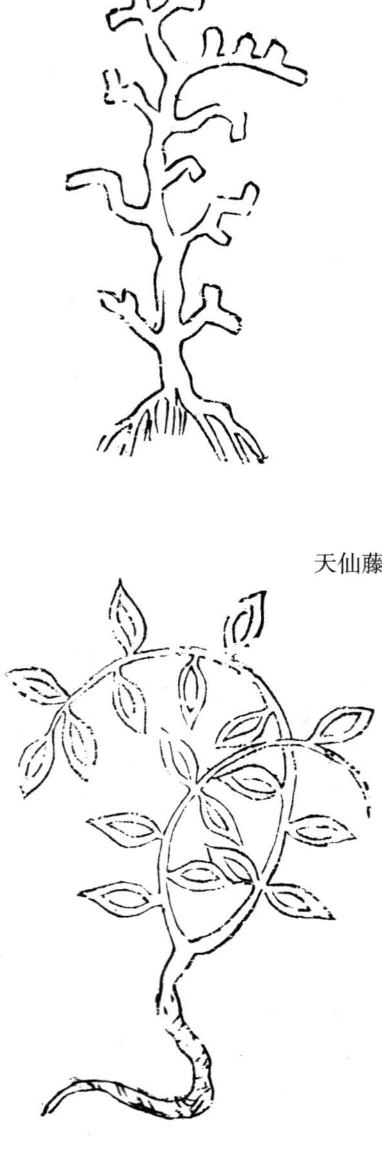

百棱藤

天仙藤

天仙藤

天仙藤，《宋圖經》「外類」：「生江、淮、浙東山中。治疝氣、妊娠腹痛，皆有方。」

金棱藤

金棱藤，《宋圖經》「外類」：「生施州。有葉無花，主筋骨疼痛。」

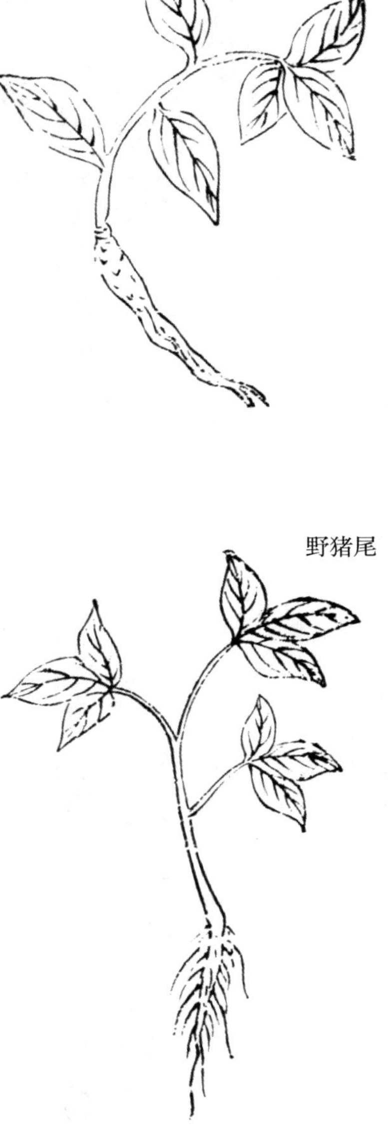

野猪尾

野猪尾，《宋圖經》「外類」：「生施州。有葉無花，主心氣痛，解熱毒。」

杜莖山

杜莖山，《宋圖經》「外類」：「生宜州。葉似苦蕒，花紫色，實如枸杞。味苦，性寒。主温瘴、寒熱、煩渴、頭痛、心躁，擣葉酒浸，絞汁服，吐惡涎，效。」

杜莖山

土紅山

土紅山

土紅山，《宋圖經》「外類」：「生福州及南恩州。高八九尺。葉似枇杷而小，無毛。白花如粟粒。味甘苦，微寒。主勞熱、瘴瘧。擣葉酒漬服。福州生者作藤似芙蓉，葉上青下白。擣根治勞瘴佳。」

芥心草

芥心草，《宋圖經》「外類」：「生淄州。引蔓白色。擣汁治瘡疥甚效。」

芥心草

含春藤

含春藤，《宋圖經》「外類」：「生台州。蔓延木上。治風有效。」

含春藤

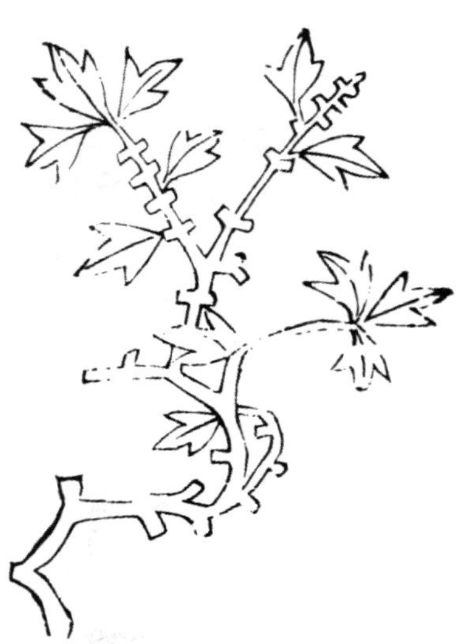

大木皮

大木皮，《宋圖經》「外類」：「生施州。主療一切熱毒氣。」

大木皮

石合草

石合草

石合草，《宋圖經》「外類」：「生施州。纏木作藤。葉爲末，調貼一切惡瘡及斂瘡口。」

祁婆藤

祁婆藤，《宋圖經》「外類」：「生天台山。主治風。」

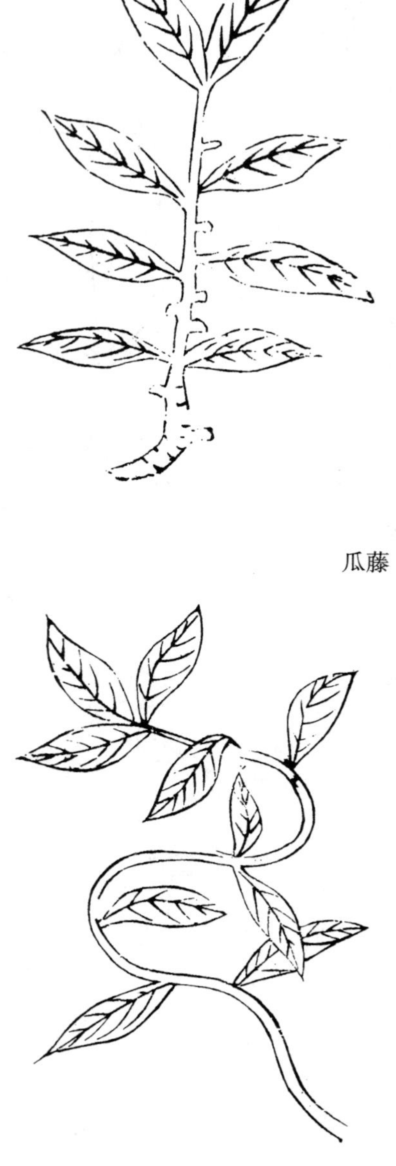

祁婆藤

瓜藤

瓜藤

瓜藤，《宋圖經》「外類」：「生施州。皮擣貼熱毒、惡瘡。」

紫金藤

紫金藤，《宋圖經》「外類」：「生福州。皮主丈夫腎氣。」

紫金藤

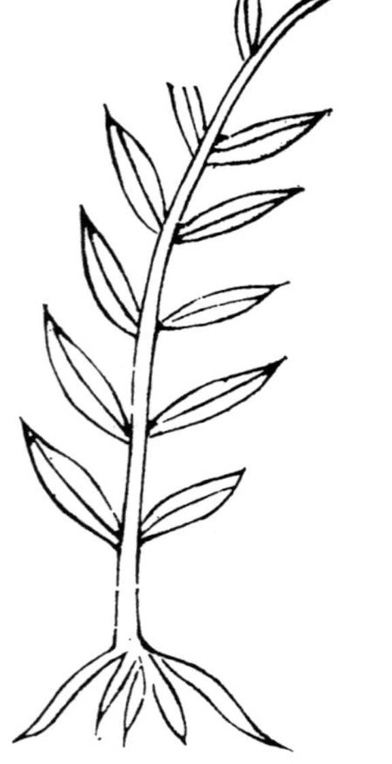

雞翁藤

雞翁藤

雞翁藤，《宋圖經》「外類」：「生施州。蔓延大木。治勞傷、婦人血氣。」

烈節

烈節，《宋圖經》「外類」：「生榮州。〔一〕似丁公藤而細。主筋脈急痛、肢節風冷，作浴湯佳。」

〔一〕宋榮州，治所在今四川自貢，轄榮德、威遠、資官、應靈四縣。

烈節

馬接脚

馬接脚〔一〕

馬接脚，《宋圖經》「外類」：「生施州。皮治筋骨疼痛。」

〔一〕原本無此篇題，據正文補。

藤長苗

《救荒本草》：「藤長苗，又名『旋菜』，生密縣山坡中。拕蔓而生，苗長三四尺餘。莖有細毛，葉似滴滴金葉而窄小，頭頗齊。開五瓣粉紅大花。根似打碗花根。根、葉皆味甜。採嫩苗葉煠熟，水浸淘淨，油鹽調食。掘根換水煮熟，亦可食。」

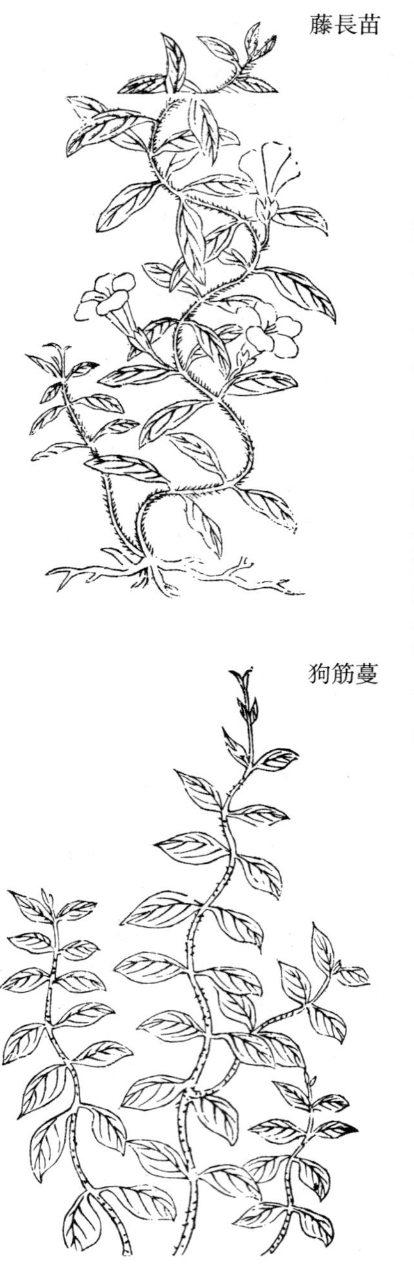

狗筋蔓

《救荒本草》：「狗筋蔓，生中牟縣沙岡間。小科就地拕蔓生。葉似狗掉尾葉而短小，又似月芽菜葉，微尖艄而軟，亦多紋脈。兩葉對生，梢間開白花。其葉味苦。採葉煠熟，水浸淘去苦味，油鹽調食。」

絞股藍

《救荒本草》：「絞股藍，生田野中。延蔓而生。葉似小藍葉，短小軟薄，邊有鋸齒；又似痢見草，葉亦軟，淡緑，五葉攢生一處。開小花黄色，又有開白花者。結子如豌豆大，生則青色，熟則紫黑色。葉味甜。採葉煠熟，水浸去邪味、涎沫，淘洗淨，油鹽調食。」

絞股藍

牛皮消

牛皮消

《救荒本草》：「牛皮消，生密縣野中。拕蔓而生，藤蔓長四五尺。葉似馬兜鈴葉，寬大而薄；又似何首烏葉，亦寬大。開白花，結小角兒。根類葛根而細小，皮黑肉白，味苦。採葉煠熟，水浸去苦味，油鹽調食。及取根去黑皮，切作片，換水煮去苦味，淘洗淨，再以水煮極熟，食之。」

猪腰子

猪腰子，《本草綱目》始著録。生柳州。蔓生，結莢，色紫肉堅，長三四寸。主一切瘡毒。

猪腰子

九仙子

九仙子

九仙子，《本草綱目》收之。出均州太和山。治咽喉痛、散血。

杏葉草

《圖經》："「杏葉草，生常州。味酸，無毒，主腸痔下血久不差者。一名『金盞草』。蔓生籬下，葉葉相對。秋後有子如雞頭實，其中變生一小蟲子，脱而能行。中夏採花用。」按圖非近時金盞花。

杏葉草

明州天花粉

《宋圖經》："「天花粉，生明州。〔一〕味苦，寒毒。主消渴、身熱、煩滿、大熱，補氣安中，續絶傷，除腸中固熱、八疸、身面黄、脣乾口燥、短氣，通月水，止小便利。十一月、十二月採根用。」

明州天花粉

按：此云「毒」，與瓜蔞根或異類。〔二〕

〔一〕宋明州，治在今浙江寧波，轄鄞、奉化、慈溪、定海、象山、昌國六縣。

〔二〕《本草綱目》卷十八上以天花粉爲栝樓（瓜蔞）之異名。

台州天壽根

《宋圖經》：「天壽根，出台州。每歲土貢。其性涼，堪治胸膈煩熱。彼土人常用有效。」

台州天壽根

老鸛筋

老鸛筋

《救荒本草》：「老鸛筋，生田野中。就地拕秧而生。莖微紫色，莖叉繁稠。葉似園荽葉而頭不尖，又似野胡蘿蔔葉而短小。葉間開五瓣小黄花。味甜。採嫩苗、葉煠熟，水浸去邪味，淘洗淨，油鹽調食。」

木羊角科

《救荒本草》：「木羊角科，又名『羊桃』，一名『小桃花』，生荒野中。紫莖，葉似初生桃葉，光俊，色微帶黄。枝間開紅、白花。結角似豇豆角，甚細而尖艄，每兩角並生一處。味微苦酸。採嫩梢葉煠熟，水浸淘淨，油鹽調食。嫩角亦可煠食。」按：《本草》所述「羊桃」皆「獼猴桃」。黔中以膠石者亦是其類。〔一〕造紙者所用又一種樹。此羊桃形狀正與陸《疏》符合。

〔一〕膠石：把石料粘到一起。

植物名實圖考卷之二十一　蔓草

奶樹

奶樹，産南安。蔓生。四葉攢聚莖端。緑苞開紫筩子花，如牽牛而短瓣。苞下復有青蒂，秋結實有子。蔓中白汁極濃，氣臭。根黄白色，横紋如上黨人葠，肥圓有瘰癧，大如拳。廣信土呼「山海螺」，象其根形。又名「乳夫人」。氣味甘熱。土人採根發乳汁。湖南衡山亦有之，極易繁衍。俚醫呼爲「牛附子」，能壯陽道。

按：《南越筆記》：「有乳藤，如懸鉤倒掛。葉尖而長，斷之有白汁如乳。婦人産後，以藤擣汁，和米作粥食之，乳湩自通。」皆此類也。

土青木香

土青木香，長沙山坡間有之。蔓生細莖。葉、實皆與馬兜鈴同。根黄瘦，亦有香氣。俚醫以清火毒，通滯氣。唯開花作筩子形，本小末大，彎如牛角，尖梢上翹，紫黑頗濃，中露黄蕊，與馬兜鈴開花如枸杞者迥别。

土青木香

尋骨風

尋骨風

尋骨風，湖南岳州有之。蔓生，葉如蘿藦，柔厚多毛，面緑，背白。秋結實，六棱，似使君子，色青黑，子如豆。

内風藤

内風藤，生湖南山坡。横根引蔓，俱赭色。葉如柳葉，有光而韌。以治内風，故名。

鐵掃帚

鐵掃帚，産建昌山中。蔓生。緑莖柔細糾結。葉長幾寸，後圓有缺，末尖相距稀闊。細根硬鬚，赭色稠密。俚醫以爲行血通骨節之藥，用根煎酒服。

涼帽纓

涼帽纓，生南安。細莖蔓生，葉大如大指，圓長有尖，淡赭。根蓬鬆如纓，故名。俚醫以治喉痛，消腫毒氣。味平温。「喉痛」，一作「喉病」。

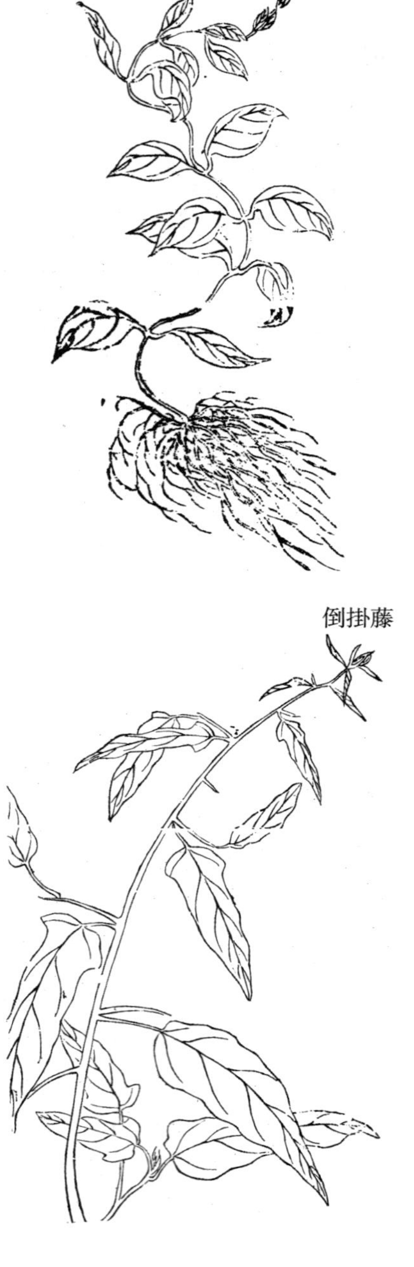

倒掛藤

《本草拾遺》：「倒掛藤，味苦，無毒，主一切老血及産後諸疾，結痛血上欲死，煮汁服。生深山，如懸鉤，有逆刺倒掛於樹，葉尖而長也。」按：湖南嶽麓山有藤，土名「倒掛金鉤」，形狀正與此合。俚醫以爲散血達表之藥，主治亦同。

白龍鬚

白龍鬚，生長沙山中。緑莖細長，對葉疎闊。葉如子午花葉而尖瘦，細紋，無鋸齒。長根如蜈蚣形，四周密鬚如細辛、牛膝。俚醫以治痰氣。按：《宋圖經》：「白前，根長於細辛。今用蔓生者味苦，非真。」疑即此蔓生者。

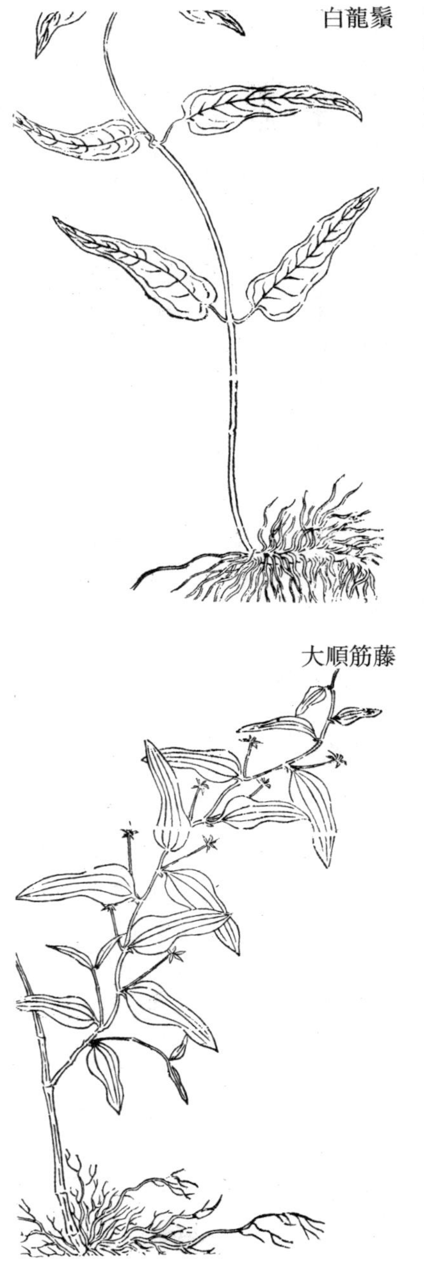

白龍鬚

大順筋藤

大順筋藤

大順筋藤，生長沙嶽麓。緑莖赭節，弱蔓細圓。長葉寸許，本寬腰細，近梢長勻出尖，面黄緑，背青白，有直紋數縷。葉際出短莖，開五瓣小赭色花，一莖一花。根鬚繁稠，似牛膝而瘦。

俚醫以治筋骨，通關節。

無名一種

饒州園圃籬落間有之。〔一〕蔓生細莖。長葉，本圓如馬蹄，末尖。開五瓣小紫花，成簇，極似枸杞。　按：《宋圖經》云：「馬兜鈴，花如枸杞。」今馬兜鈴之名不一，凡圓實成串皆名之，此豈「花如枸杞」之一種耶？

〔一〕原本無篇名，「饒州」上有三字空格。

刺犁頭

刺犁頭，一名「虵不過」，一名「急改索」，一名「退血草」，江西、湖南多有之。蔓生。細莖，微刺茸密。莖、葉俱似蕎麥，開小粉紅花，成簇，無瓣。結碧實，有棱，不甚圓。每分杈處有圓葉一片，似蓼。江西刺船者多蓄之，以爲浴湯，云暑月無瘡癤。湖南俚醫以爲行血氣、

無名一種

刺犁頭

治淋濁之藥。　按：《宋圖經》：「成德軍所產萆薢，葉似蕎麥，子三稜。」殆即此草。　其主治去濕、通利，亦與萆薢相近。

透骨消

透骨消，產南安。　形狀俱同赤地利，唯赤莖爲異。　俚醫以治損傷、活血、止痛、通關節，蓋一種也。　按：李時珍以「五毒草」、「赤地利」併爲一條，但蔓草似蕎麥者亦非一類，色味既别，稱名互異。　其外科敷洗，大略相通。若入飲劑，則經絡須分，故並存以俟詳考。

酸藤

酸藤，產建昌。　蔓生。　緑莖赤節，參差生葉。　葉圓有缺，末尖，鋸齒深刻。　對葉發短枝，開小白花如粟。　結實大於龍葵，生青碧，熟深紫。　土人以洗瘡毒。

透骨消

酸藤

野苦瓜

野苦瓜，産建昌。蔓生，細莖。一葉一鬚。葉作三角，有疎齒，微似苦瓜葉，無花杈。就莖發小枝，結青實有汁，大如衣扣，故又名「扣子草」。俚醫以治魚口便毒，爲洗藥。

野苦瓜

野西瓜

野西瓜

野西瓜，贛南山坡中有之。蔓延林薄，細莖長鬚。葉作五叉，似西瓜、絲瓜葉，大者可寸許。秋結青白實，宛如蓮子，捻之中斷，内有清汁。俚醫以治火瘡，取漿收貯敷用。

鮎魚鬚

《救荒本草》：「鮎魚鬚，一名『龍鬚菜』，生鄭州賈峪山，及新鄭山野中亦有之。初生發筍，其後延蔓，生莖發葉。每葉間皆分出一小叉及出一絲蔓。葉似土茜葉而大，又似金剛刺葉，亦似牛尾菜葉，不澀而光澤。味甘。採嫩筍葉煠熟，油鹽調食。」按：《簡易草藥》：「金崗藤，本名『鮎魚鬚』，温平無毒，可做小菜喫。能通筋血，去死血，消腫痛。」又《湖北志》：「鰱魚鬚，藤本。初生茁土中，色紫，巔拳曲若魚鬚。炒肉殊妙。」

鰱魚鬚

鰱魚鬚，生建昌。蔓生，有節。葉如竹葉，紫根多鬚。土醫以治熱。鮎魚鬚以蔓名，此以根名。

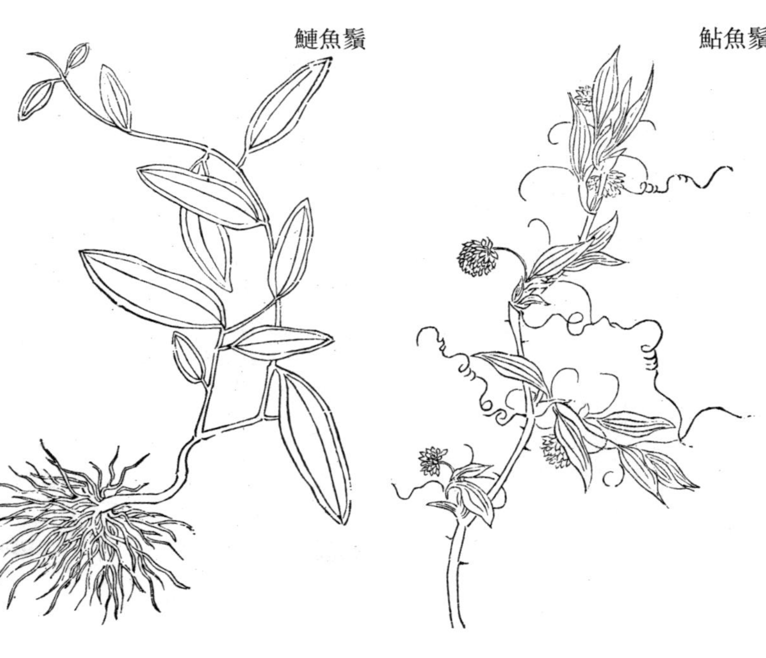

鮎魚鬚

鰱魚鬚

金線弔烏龜

金線弔烏龜，江西、湖南皆有之。一名「山烏龜」。蔓生，細藤微赤。葉如小荷葉而後半不圓，末有微尖。長梗在葉中，似金蓮花葉。附莖開細紅白花，結長圓實，如豆成簇，生青，熟紅黄色。根大如拳。按：陳藏器云：「又一種似荷葉，只大如錢許，亦呼爲『千金藤』。」當即是此。患齒痛者，切其根貼齦上，即愈。兼能補腎養陰，爲俚醫要藥。

金蓮花

金蓮花，直隸圃中有之。蔓生，綠莖脆嫩。圓葉如荷，大如荇葉。開五瓣紅花，長鬚茸茸。花足有短柄，横翹如鳥尾。京師俗呼「大紅鳥」。山西五臺尤多，以爲佛地靈葩。性寒。或乾其花入茶甌中。插枝即生，不喜驕陽。

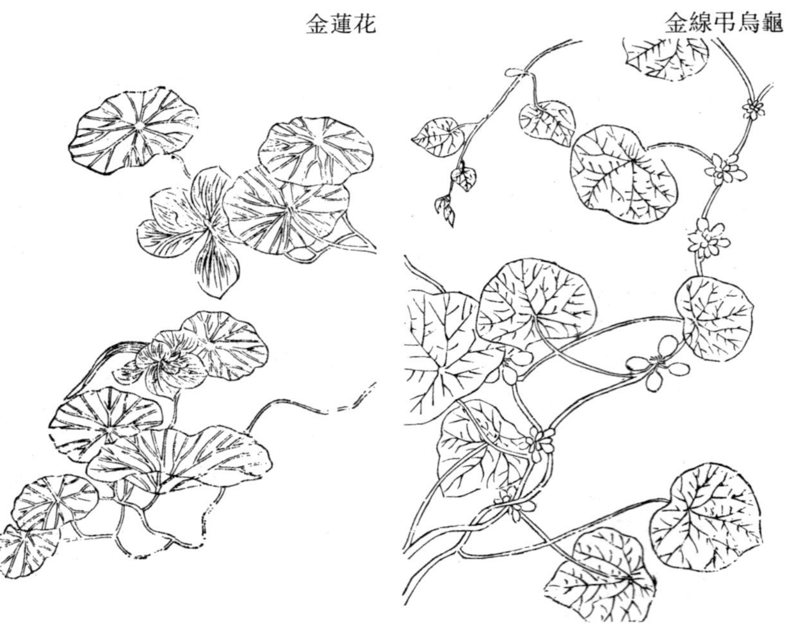

金線弔烏龜　　金蓮花

《山西通志》：「金蓮花，一名『金芙蓉』，一名『旱地蓮』，出清凉山。金世宗嘗幸金蓮川。周伯琦紀行詩跋：〔一〕『金蓮川草多異花，有名金蓮花者，似荷而黄。』即此種也。」

〔一〕周伯琦：元末人，官至兵部侍郎。

小金瓜

小金瓜，長沙圃中多植之。蔓生。葉似苦瓜而小，亦少花杈。秋結實如金瓜，纍纍成簇，如雞心柿而更小，亦不正圓。《寧鄉縣志》作「喜報三元」，從俗也。或云「番椒」屬，其青脆時，以鹽、醋熓之，可食。大抵以供几案，賞其紅潤，然不過三五日即腐。

馬蹄草

馬蹄草，江西、湖南皆有之。緑莖細弱，蔓生對葉。葉大於錢，末微尖，後缺如馬蹄，

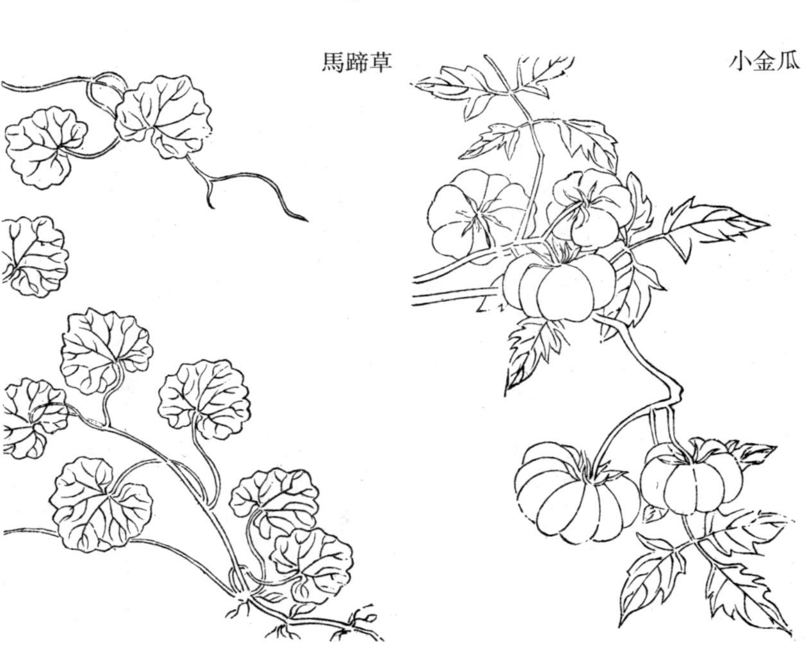
小金瓜　　馬蹄草

圓齒光潤。莖近土即生鬚。俚醫以爲跌打損傷要藥。雖傷重，擣敷即愈，故又名「透骨消」。

瓜耳草

瓜耳草，江西山坡有之。赭莖長條，挺立不附，莖傍發枝。排生圓葉，微似豆葉，厚緑茸茸，中有白紋一線。土人以治跌打，酒煎服。但未數見，不得確名。

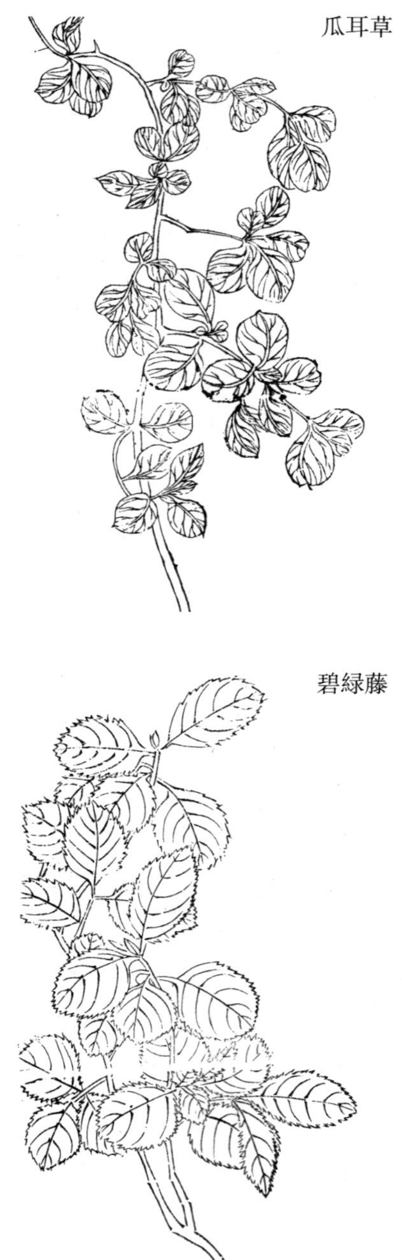
瓜耳草

碧緑藤

碧緑藤

碧緑藤，江西廣、饒山坡有之。莖葉碧緑一色。枝頭葉稍長，餘葉正圓，面緑，背淡，疎紋，細齒。土人以藤煎水，洗紅腫有效。按：《南城縣志》有「銅錢樹」，葉圓如錢，此殆肖之。

金雞腿

金雞腿，産建昌。一名「日日新」。叢生。長條糾結交互，似月季花莖而無刺。葉亦相類，微小。俚醫以爲壯精、行血之藥。

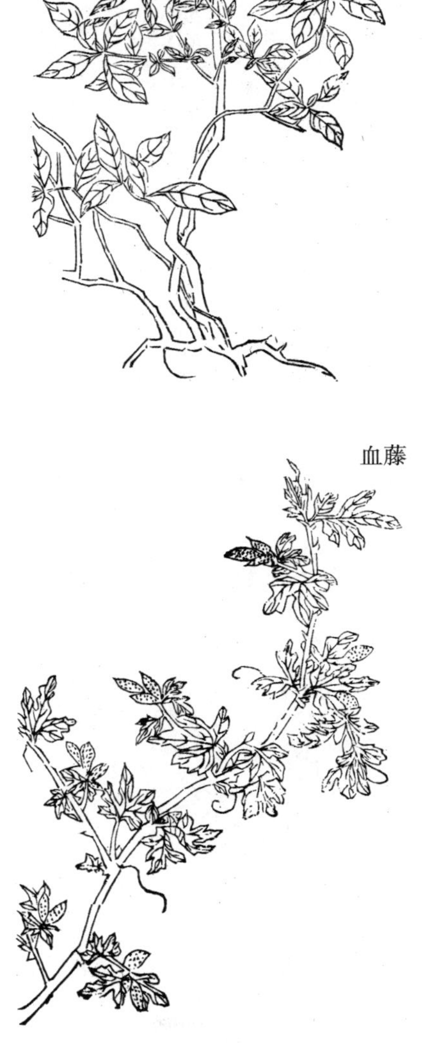

金雞腿

血藤

血藤

血藤，産九江山坡。蔓生，勁莖赭色，一枝一鬚。附枝生葉，如菊花葉，柔厚有花叉而末不尖，面緑，背白。春時枝梢開花如簇金粟。與「千年健」同名「血藤」。

黄鱔藤

黄鱔藤，産寧都。長莖黑褐色，根紋斑駁起粟，黑黄如鱔魚形，故名。葉如薄荷，無鋸齒而勁。主治漂蛇毒。

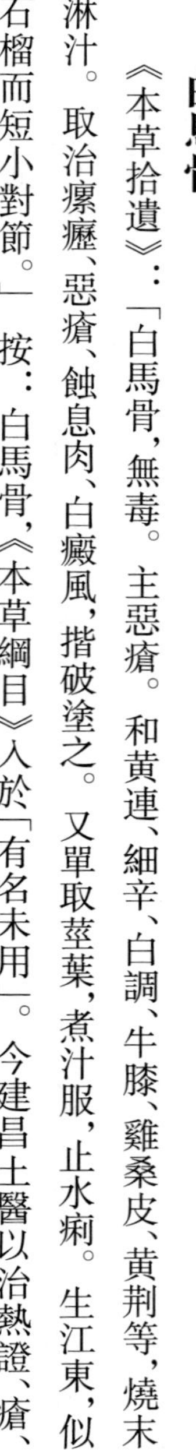

黄鱔藤

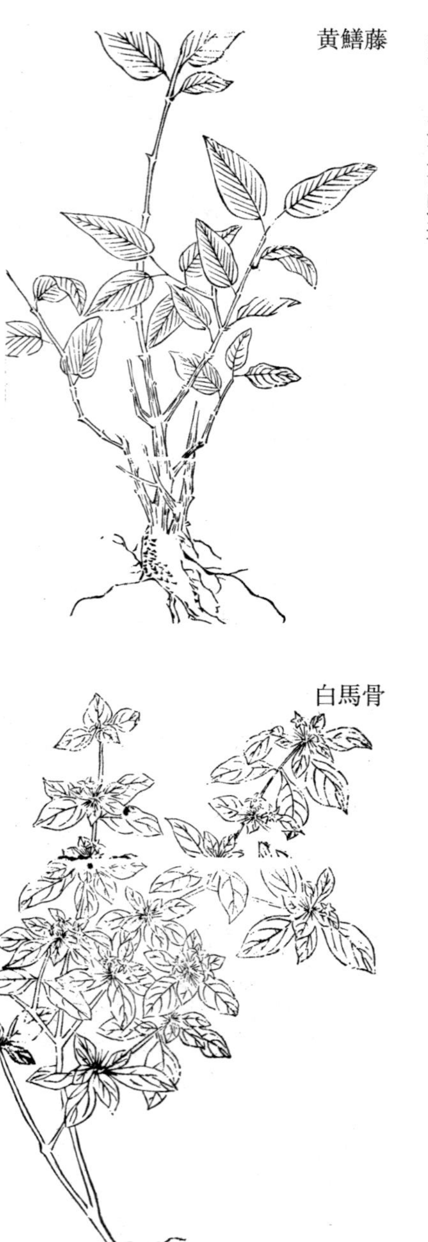

白馬骨

白馬骨

《本草拾遺》：「白馬骨，無毒。主惡瘡。和黄連、細辛、白調、牛膝、雞桑皮、黄荆等，燒末淋汁。取治瘰癧、惡瘡、蝕息肉、白癜風，揩破塗之。又單取莖葉，煮汁服，止水痢。生江東，似石榴而短小對節。」按：白馬骨，《本草綱目》入於「有名未用」。今建昌土醫以治熱證、瘡、痔、婦人白帶。余取視之，即「六月雪」。小葉白花，矮科木莖，與《拾遺》所述形狀頗肖，蓋一草也。《寧鄉縣志》：「六月雪，俗呼『路邊金』，生原隰間，夏開白花。節可治小兒驚風、腹痛；枝燒灰可點翳；根煮雞子可治齒痛。」《花鏡》：「六月雪，六月開細白花。樹最小，而枝葉扶疎，大有逸致，可作盆玩。喜清陰，畏太陽，深山叢木之下多有之。春間分種，或黄梅雨時扦插，宜澆淺茶。其性喜陰，故所主皆熱證。」《寧都州志》疑即《圖經》「曲節草」，一名「六月霜」，與圖形殊不類。

錦雞兒

《救荒本草》：「壩齒花，本名『錦雞兒』，又名『醬瓣子』，生山野間，中州人家園宅間亦多栽。葉似枸杞子葉而小，每四葉攢生一處。枝梗亦似枸杞，有小刺。開黄花，狀類雞形。結小角兒，味甜。採花煠熟，油鹽調食；炒熟喫茶亦可。」按：此草，江西、湖南多有之。摘其花炒雞蛋，色、味皆美云。或呼「黄雀花」。俚醫以爲滋陰補陽之藥。花蒸雞蛋治頭痛，根去皮煮

猪心治癆證。《滇南本草》：「金雀花，味甜，性温，主補氣、補血、勞傷、畏涼、發熱、勞熱、咳嗽、婦人白帶、日久氣虚下陷良效，頭暈、耳鳴、腰膝酸疼、一切虚損，服之效。此性不熱不寒，或煨雞、猪肉食。」

白心皮

白心皮，生長沙山坡。叢生，細莖高尺餘。附莖四葉，攢生一處，葉小如雞眼草葉。葉間密刺長三四分，自根至梢，葉刺四面抱生，無著手處。横根無鬚，褐黑色。俚醫以爲補筋骨之藥。

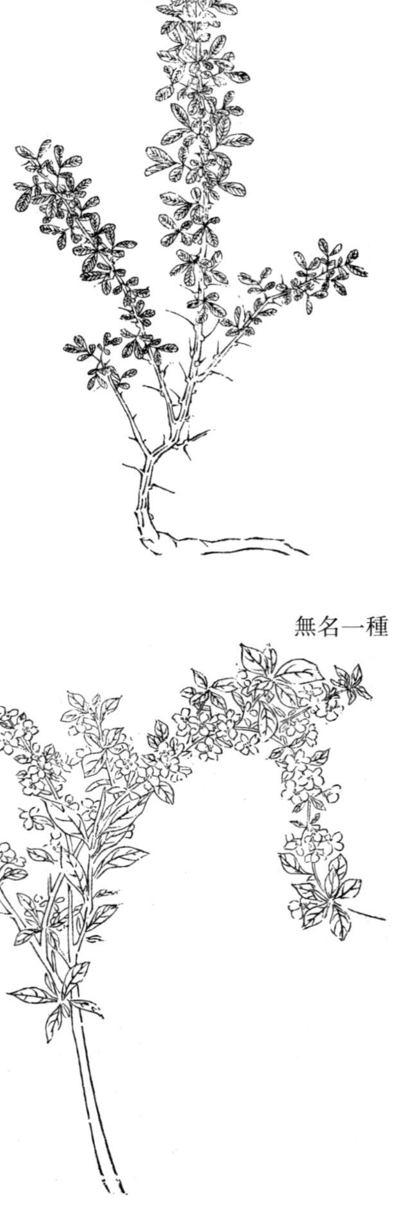

白心皮

無名一種

無名一種

饒州園圃中有之。〔一〕叢生。長條密葉，如六月雪葉。三四月間開小白花，圓瓣五出，黄心，稠密滿枝。

〔一〕原本無篇名，「饒州」上有三字空格。

候風藤

候風藤，南康山田塍上多有之。長莖叢生，高三四尺，不作藤蔓。葉如木樨葉，面青緑，背黄白，有赭紋。春開白花，下垂，如橘柚花，長瓣五出，反卷向上，中突出黄蕊一簇。

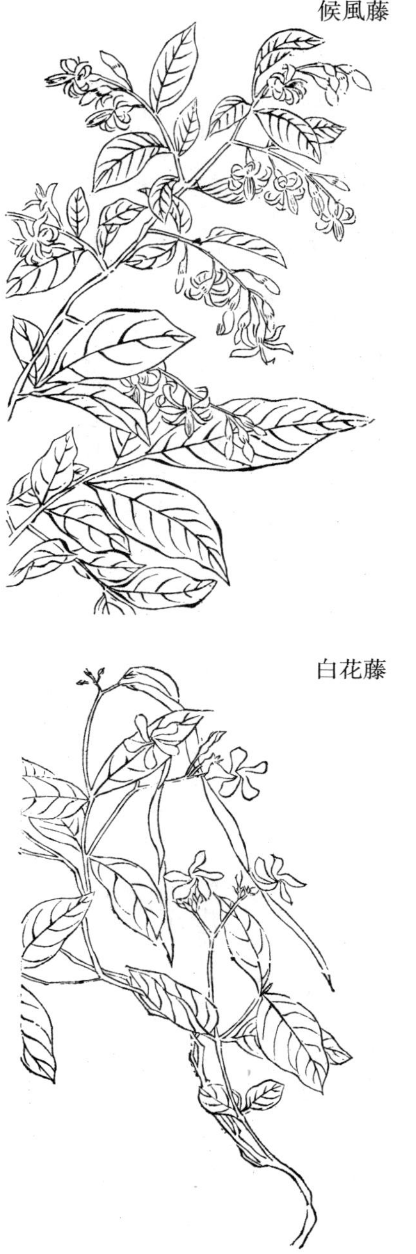
候風藤

白花藤

白花藤

白花藤，江西廣、饒極多。蔓延墻垣，與薜荔雜厠。葉光滑如橘，凌冬不凋。開五瓣白花，形如「卍」字。土人無識之者。按：《唐本草》有「白花藤」，葉似女貞，莖、葉無毛，頗相似，但白花並無形狀。而《蜀本》又云「葉有細毛」，亦自不同，未敢合併。滇南謂之「山豇豆」，結角長幾尺，色紫紅，正如豇豆，炒食甚香，兒童嗜之。

附：程徵君瑶田《圖芄蘭花記》

嘉慶三年三月廿日立夏，其明日，訪芄蘭於定光寺。僧寮後山，花正大放，此藤本，花葉濃密，可謂垂條而結繁矣。其藤繚曲紛亂，對節生葉，亦對節歧出生條開花。歧條兩股，或一股生葉，一股生花，整齊之中復參差有致。生花一股又必再出歧條，然後相對生花。其生葉一股亦必再出歧條，亦又相對生花。其花必小抽歧莖而生兩花。去秋所見結實者，亦莖末對生兩角。總之，歧葉，歧條，歧花，每出必歧，如兩儀、四象、八卦之生生不已也。其花五出，遍繞周遭，而中成一孔，空空如也，不見心亦不見鬚。然五出同本，本作一苞，剥開，中藏五鬚，共繞一心，其心蓋即結角生，芄蘭之仁也。世人以其偏繞成形如「卍」字，故呼「卍字花」，而誤以爲四出。又呼「車輪花」，亦象其形也。其花苞有足承之，所謂「鄂不」也，〔一〕亦五出，如末利之花鄂相承然。茲不畫其藤葉，畫正面五出者一，又畫背面連鄂者一，以爲多識之一助云。

按：徵君所述並圖，即此「野豇豆」也。花作「卍」字，藤本濃葉，其角雙生，皆與此畢肖，而非芄蘭也。蓋徵君前所見「如羊角莢子，戴白茶」者是芄蘭，後詢之靈山人，云俗呼「卍字花」，不知即此豆，因以僧寮所見謂爲芄蘭，而未嘗審其葉蔓、剖看其莢也。芄蘭蔓草，經冬即枯，花開於夏、秋，徵君自注亦以花開時爲疑。莢折於霜，南方間有之，園圃中無是物也。野豇豆，藤本耐寒，花開於春，莢著於夏，墻頭籬角無不延緣。余嘗訪之江右人家，多不知其名。滇人知食其實，故以爲野豇豆。芄蘭之名，既非野人所知，其花甚微，而徵君獨索觀其花，宜爲不識芄蘭者姑妄對之矣。若見北人而訪以「羊角科」，南人而訪以「婆婆針線包」，則必以所知告。又一種「石血藤」，其莢長尺，與芄蘭子荼同而葉瘦硬，秋時色紅如血，未見其花，與徵君所圖葉本團末狹、經冬不黄落者亦非類。

洋條藤

〔一〕《詩・小雅・常棣》：「常棣之華，鄂不韡韡。」鄂不：即花萼及花托。

洋條藤，産南贛山中。〔一〕蔓生細莖，淡紅圓節，一葉一鬚。葉如鳳仙花葉而寬，鋸齒亦深，面緑，細紋中有紫白縷一道，背邊緑中紫，亦有白紋。俚醫以治婦科紅白崩帶，同大蕨煎酒服。

〔一〕南贛：指江西南安府、贛州府。

拉拉藤

拉拉藤，到處有之。蔓生，有毛刺人衣。其長至數尺，糾結如亂絲。五六葉攢生一處，葉間梢頭春結青實如粟。按：《救荒本草》「蓬子菜」形狀頗類。雲南呼「八仙草」。俚方用之。《滇南本草》：「八仙草，味辛苦，性微寒，入少陽、太陰二經，治脾經、濕熱、諸經客熱、勞症、筋骨疼痛，走小腸經，治五種熱淋，利小便，赤白濁，玉莖疼痛。退血分煩熱，止小便血，滑石二錢，甘草一錢，八仙草三錢，雙果草二錢，點酒少許煎服。」

月季

《益部方物記》：「花亘四時，月一披秀。寒暑不改，似固常守。右月季花。此花即東方所謂『四季花』者。翠蔓紅蘤，蜀少霜雪，

拉拉藤　　月季

此花得終歲，十二月輒一開。」按：《南越筆記》：「月貴花，似荼蘼。月月開，故名『月貴』，一名『記』。有深、淺紅二色。」據此，則「月季」乃「月貴」、「月記」之訛。宋子京原本當是「月貴」也。〔一〕《本草綱目》李時珍曰：「月季花，處處人家多栽插之，亦薔薇類也。青莖，長蔓，硬刺，葉小於薔薇，而花深紅，千葉厚瓣，逐月開放，不結子也。氣味甘温，無毒。主治活血、消腫。傅毒瘰癧未破，用月季花頭二錢、沈香五錢、芫花炒三錢，碎剉入大鯽魚腹中，就以魚腸封固，酒、水各一盞，煮熟食之，即愈。魚須安糞水内游死者方效。此是家傳方，活人多矣。出談埜翁《試驗方》。」

〔一〕「原本」指《益部方物略記》。

玫瑰

《敬齋古今黈》「張祜《詠薔薇花》云：『曉風採盡燕支顆，夜雨催成蜀錦機。當晝開時正明媚，故鄉疑是買臣歸。』薔薇花正黄，而此詩專言紅，蓋此花故有紅、黄二種。今則以黄者爲薔薇，紅、紫者爲玫瑰」云。

《群芳譜》：「玫瑰，一名徘徊。灌生。細

葉、多刺類薔薇，莖短。花亦類薔薇，色淡紫，青鄂黄蘂，瓣末白點，中有黄者，稍小於紫。嵩山深處有碧色者。」《花史》曰：「宋時宫中採花，雜腦、麝作香囊，氣甚清香。」《花鏡》：「玫瑰香膩馥郁，愈乾愈烈。每抽新條，則老本易枯，須速將根旁嫩條移植别所，則老本仍茂，故俗呼『離娘草』。此花之用最廣。因其香美，或作扇墜、香囊，或以糖霜同烏梅搗爛，名『玫瑰糖』，收於甆瓶内，曝過經年，色香不變。」按：李時珍謂玫瑰不入藥，今人有謂「性熱動火，氣香平肝」，亦非無徵。

酴醿

《格物總論》曰：「酴（tú）醿（mí）花，藤身，青莖，多刺。每一穎著三葉，葉面光緑，背翠，多缺刻。」

《群芳譜》曰：「一名『獨步春』，一名『百宜枝』，一名『瓊綬帶』，一名『雪纓絡』，一名『沈香蜜友』。大朵千瓣，香微而清。本名荼蘼，一種色黄似酒，故加『酉』字。唐時寒食宴宰相，用酴醿酒。」

佛見笑

佛見笑，荼蘼别種也。大朵千瓣，青跗紅萼，及大放，則純白。

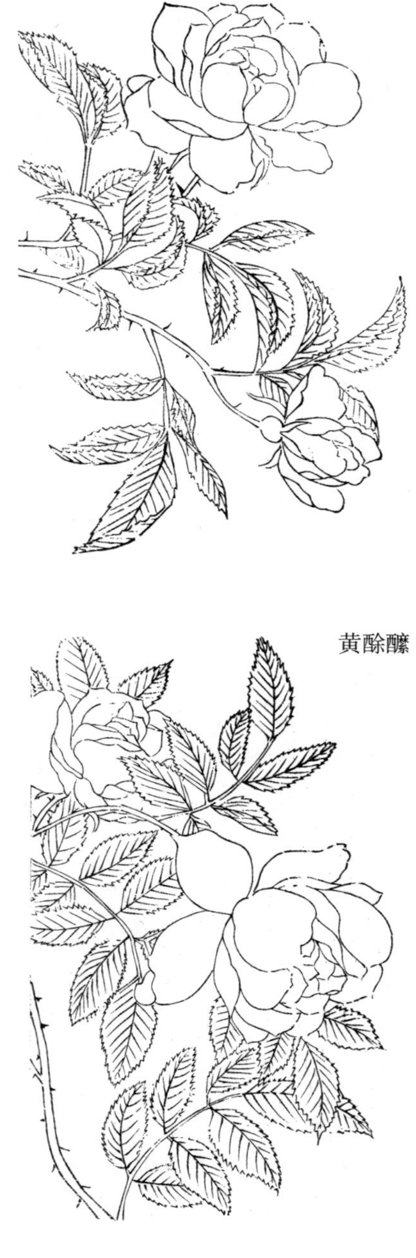

黄酴醾

《益部方物記》：「人情尚奇，賤白貴黄。厥英略同，實寡于香。右黄酴醾。蜀荼蘼多白，而黄者時時有之，但香減於白花。」

繅絲花

繅絲花，一名刺蘼。葉圓細而青。花儼如玫瑰，色淺紫而無香。枝、萼皆有刺針。每逢煮繭繅絲時花始開放，故有此名。二月中根可分栽。

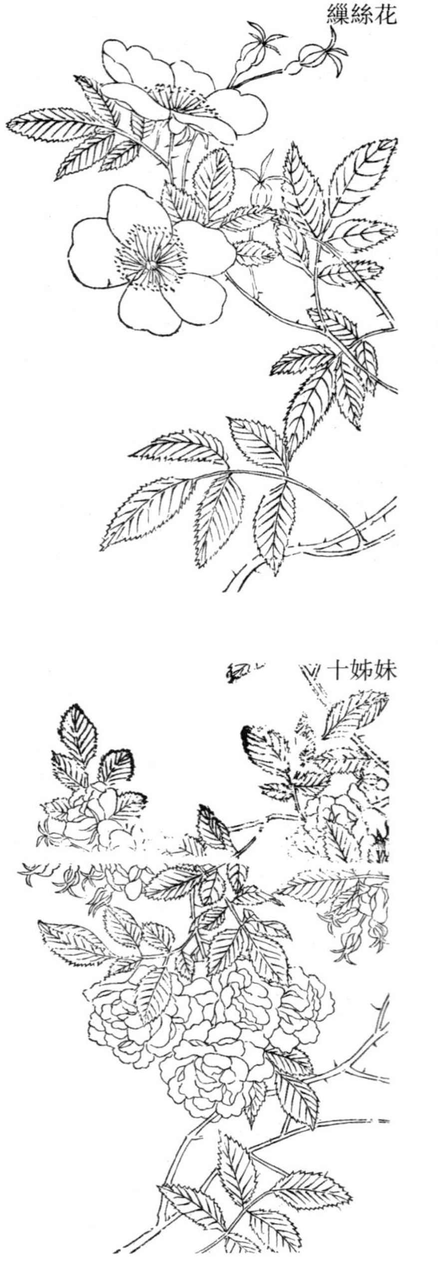

十姊妹

《花鏡》：「十姊妹，又名『七姊妹』。花似薔薇而小。千葉磬口，一蓓十花或七花，故有此二名。色有紅、白、紫、淡四樣。正月移栽，或八九月扦插，未有不活者。」

木香

《花鏡》：「木香，一名『錦棚兒』。藤蔓附木。葉比薔薇更細小而繁。四月初開花，每穎三蕊。極其香甜可愛者，是紫心小白花。若黄花，則不香。即青心大白花者，香味亦不及。至若高架萬條，望如香雪，亦不下於薔薇。翦條扦種亦可，但不易活，惟攀條入土，壅泥壓護，待其根長，自本生枝外翦斷，移栽即活。臈中糞之二年，大盛。」〔一〕

《曲洧舊聞》：〔二〕「木香有二種。俗説檀心者號酴醾，不知何所據也。京師初無此花，始禁中有數架，花時民間或得之相贈遺，號『禁花』，今則盛矣。」

〔一〕臈：即臘月之「臘」。此言於臘月時澆糞，接連二年之後，花開大盛。

〔二〕南宋朱弁撰。

轉子蓮

轉子蓮，饒州水濱有之。蔓生，拖引長可盈丈。柔莖對節，附節生葉，或發小枝。一枝三葉，似金櫻子葉而光無齒，面緑，背淡，僅有直紋。枝頭開五瓣白花，似海梔而大，背淡紫色，瓣外、内皆有直縷一道，兩邊線隆起。或云有毒，不可服食。

植物名實圖考卷之二十二　蔓草

兔絲子

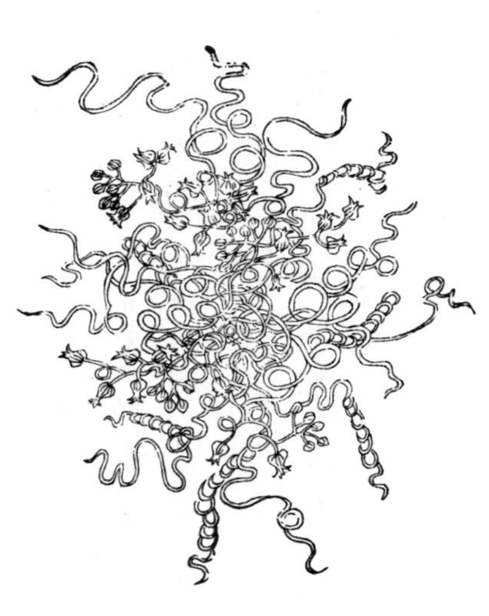

兔絲，《本經》上品。北地至多，尤喜生園圃。菜、豆被其糾縛，輒卷曲就瘁。浮波羃𩍐，〔一〕萬縷金衣，既無根可尋，亦寸斷復蘇。初開白花作包，細瓣反卷如石榴狀，旋即結子，梂聚纍纍。〔二〕人亦取其嫩蔓，油鹽調食。《詩》云「采唐」，〔三〕或即以此。江以南罕復見之。

雩婁農曰：「唐蒙，女蘿。女蘿，兔絲。」又「蒙，玉女」，〔四〕一物而五名。《本草》：「兔絲，草，上品。松蘿，木，中品。」又云「一名女蘿」。《廣雅》「女蘿，松蘿」，「兔絲，兔丘」，〔五〕雖分二物，而松蘿復冒「女蘿」之名。陸璣《詩疏》：「菟絲蔓連草上生，色黃赤如金，非松蘿。松蘿正青，與菟絲異。」辨别甚晰。《詩》「蔦與女蘿」，〔六〕《傳》云：「女蘿，兔絲、松蘿。」則兔絲又可稱「松蘿」，不止五名矣。《詩釋文》則云：「在木曰松蘿，在草曰兔絲。」直以爲一物而二種。考《本草》雖載松蘿性味，而《圖經》以爲「近世不復入藥，亦無採者」，則即陸氏所云「色正青」者亦不知其爲何物。今人以施於松上緑蔓赤花、俗名「蔦蘿松」者爲松蘿，未敢定爲《本經》之松蘿。《廣雅疏證》據《吕氏春秋》、《淮南子》「茯苓菟絲」之説，〔七〕謂兔絲亦生於松上。據《漢書》「豐草葽，女蘿施」，〔八〕女蘿亦生於草上。今生兔絲之處不盡有松，而産茯苓之深山僻藪，尤無從稔其有兔絲與否。古書傳疑，莫能確定。大抵草木同名，無妨兼通，而形狀不具，則從蓋闕。若古詩「菟絲附女蘿」，〔九〕則但言無根之物，依附難久。以意逆志，無取刻舟；若謂兔絲又復寄生松蘿，則直糾纏無了時矣。

〔一〕羃䍥：此言兔絲子之密蒙如覆之狀。

〔二〕梂：植物盛實之球狀外殼。

〔三〕《鄘風・桑中》：「爰采唐矣，沬之鄉矣。」毛《傳》：「唐，蒙，菜名。」

〔四〕以上皆見《爾雅・釋草》。

〔五〕《廣雅》本文作「女蘿，松蘿也」，「兔丘，兔絲也」。

〔六〕見《小雅・頍弁》。

〔七〕《吕氏春秋·季秋·精通》：「人或謂兔絲無根，兔絲非無根也，其根不屬也，伏苓是。」《淮南子·説山訓》：「千年之松，下有茯苓，上有兔絲。」

〔八〕見《禮樂志》引《安世房中歌》。

〔九〕古樂府《冉冉孤生竹》：「冉冉孤生竹，結根泰山阿。與君爲新婚，菟絲附女蘿。」

菟絲子

菟絲子，《本經》上品。《爾雅》：「唐蒙，女蘿。女蘿，菟絲。」今北地荒野中多有之。藥肆以其子爲餅，製法具《本草綱目》。

雩婁農曰：《爾雅》：「唐蒙，女蘿。女蘿，兔絲。」又曰：「蒙，玉女。」釋者以爲五名一物。陸元恪謂「女蘿非松蘿，松蘿自蔓延松上，枝正青，與兔絲異」。《詩》有「唐蒙」、「女蘿」，無「菟絲」，故《爾雅》以「菟絲」釋之，其義明顯矣。菟絲入藥，人皆知之，蔓細如絲而色黄。松蘿蔓松上，必不能如菟絲之細，而色正青，二物自異。《本草》以松蘿入「木」，已有區别，特經傳無「松蘿」之名，而醫方亦不甚用，故知之者少。《楚詞》「被薜荔兮帶女蘿」，《本草》「松蘿一

名女蘿」，草木同名，相沿至多。古詩「菟絲附女蘿」，此女蘿自是松蘿，非菟絲之一名女蘿也。「蔦與女蘿」，毛《傳》以菟絲、松蘿爲一，所見與陸《疏》異。陸云非松蘿，正駁毛義耳。古詩「菟絲」，花；「女蘿」，樹。而云同一根者，蓋皆寄生浮蔓，一附於草，一附于木，同爲無根，而所附異耳。詩人之言，未可膠滯，若謂女蘿有寄生菟絲上者，故《爾雅》以爲一物，此則糾纏無了時矣。

五味子

五味子，《本經》上品。《爾雅》「味，荎藸」，注：「五味也。」《唐本草注》以皮、肉、核五味具，故名。以北産者良。

雩婁農曰：五味子，具五味，《爾雅》名之曰「菋」，蓋農皇之所錫矣。草、木兩《釋》，殆重之歟？〔一〕然味雖具五，而性專於斂，猶人具五行之秀而毗於剛、柔、陰、陽，〔二〕此亦各有真性情也。夫草木非大毒不僅一味，人非大惡不盡僻性。〔三〕嘗藥者品其味而知所專，既施之於散斂補瀉，而因其所兼之味以爲緩急輕重，則其功且可旁及。故一藥治一病，而不僅治一病。用

人者别其性而知其所毗，既試之寬猛文武，而必悉其所全之性，以備任使輔翼，則其功且可兼綜。故一人治一事，而不僅治一事也。三代後知人者無如漢高，王陵戇，陳平智，而皆屬以爲相；〔四〕周勃少文，知其安劉，以爲太尉。〔五〕其人不同，而付托者一，蓋知其材力所及，而又知其真性情矣。自古人主將相能用人者，無不灼知其人之性情，故雖博取宏攬，而逆料其成敗得失，如燭照數計而龜卜。而藻鑑人倫若郭林宗輩，〔六〕則又如良醫品藥，雖分兩錙銖，皆不少差，此固有得之於心而有不能以言傳者。若用盧杞、吕惠卿而不知其奸邪，是誠不知其真性情。〔七〕而如褚彦回、馮道等，則直無真性情者也。〔八〕世之草木，投之而即生、嚙之而無味者多矣，造物意所不屬而力所不及，雖農皇亦不能定其上下之品。乃有庸醫欲用之以試人之生死，則不知用者之罪，抑爲所用者之罪矣。

〔一〕《爾雅·釋草》有「蒁，荎藸」，《釋木》又有「蒁，荎著」。

〔二〕毗：相近，相鄰。

〔三〕不盡僻性：指性格多重，並不單一。

〔四〕《史記》本傳：「王陵者，故沛人，始爲縣豪，高祖微時，兄事陵。陵少文，任氣，好直言。」又：陳平少時本好黄帝、老子之術。常出奇計，救紛糾之難，振國家之患。按：二人爲丞相在惠帝六年，曹參卒後。

〔五〕《史記》本傳：周勃「爲人木彊敦厚，高帝以爲可屬大事。勃不好文學，每召諸生説士，東向坐而責之：『趣爲我語。』其椎少文如此」。惠帝六年，爲太尉。

〔六〕郭林宗，見卷十一「大青」注〔四〕。

〔七〕《舊唐書·李勉傳》：帝問勉曰：「衆人皆言盧杞姦邪，朕何不知！卿知其狀乎？」勉曰：「天下皆知其姦邪，獨陛下不知，所以爲姦邪也。」《宋史·姦臣·呂惠卿傳》：王安石言於帝曰：「惠卿之賢，豈特今人，雖前世儒者未易比也。學先王之道而能用者，獨惠卿而已。」司馬光諫帝曰：「惠卿憸巧，非佳士，使安石負謗於中外者，皆其所爲。」帝曰：「惠卿進對明辨，亦似美才。」

〔八〕褚淵，字彦回，劉宋時尚武帝女，與蕭道成等爲「四貴」之一。明帝崩，與尚書令袁粲受顧命，輔幼主。及蕭道成爲齊王，專朝政，彦回反求爲齊官。道成篡宋，彦回進位爲司徒。馮道，於五代亂世，事四代九君，自號「長樂老」。

蓬虆

蓬虆（léi），《本經》上品。今廢圃籬落間極繁。秋結實如桑椹，湖廣通呼「烏泡果」。「泡」即「藨」之訛。《爾雅》「藨，麃」，注：「麃即莓也。今江東呼爲『麃莓』。子似覆盆而大，赤色，〔一〕酢甜可啖。」即此類也。湖南俚醫端午日取其葉陰乾，六月六日研爲末，以治刀傷，名曰「具龍丹」。李時珍以苗葉功用似覆盆，未的。

雩婁農曰：《史記》述老子之言曰「得時則駕，不得時則蓬累而行」，釋者皆不甚詳。〔二〕

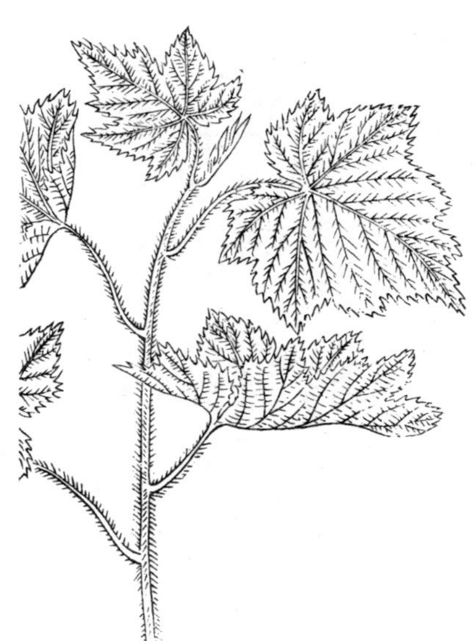

《禮》曰：「環堵之室，蓬户甕牖。」〔三〕飛蓬不可爲户。余常溯湘澧，下豫章，崎嶇行萬山中，每見谷口繚複，蓬藟塞徑，未嘗不念此中或有異人。顧巖阿中累石藉樹，藤蔓交垂，居人出入，披長條而搴蒙密，無異排闥而數闔也。〔四〕入我室者唯有清風，履我閾者唯有明月，蕭條踽涼，至此極矣。然則「蓬累而行」，蓋巖棲之士唯恐入林不深；而「蓬户」者，亦貧家搴蘿補屋之景況耳。宋之隱士如种放者，至煩朝廷圖其别墅，營園林而勤封殖，〔五〕烏能甘寂寞、長貧賤哉？

〔一〕「赤色」，原本無「色」字，按《爾雅注疏》卷八郭注「赤」作「亦」，《本草綱目》卷十八上引郭注則作「赤色」。吴氏所引乃據《綱目》，今依改。

〔二〕《史記・老子韓非列傳》：老子謂孔子曰：「君子得其時則駕，不得其時則蓬累而行。」蓬累有數說：一說頭戴物，兩手扶之而行。一說自覆蓋相攜隨而去。一説若蓬轉流移而行。

〔三〕《禮記・儒行》：「儒有一畝之宮，環堵之室，篳門圭窬，蓬户甕牖。」

〔四〕排闥：推門。數闥：敲門。按：門户用木曰闔，用竹葦曰扇。

〔五〕事見《宋史・隱逸傳》。

天門冬

天門冬，《本經》上品。《爾雅》「蘠蘼，虋冬」，注：「一名滿冬。《本草》云。」今《本草》無「滿冬」之名。有大、小二種，曰「顛棘」，曰「浣草」，皆一類也。《救荒本草》：「根可煮食。」今

多入蜜煎。湖南俚醫用以拔疔毒，隱其名曰「白羅杉」，醫方所不載。

雩婁農曰：杜拾遺詩：「天棘蔓青絲。」天棘即顛棘，目曰「青絲」，體物之瀏亮也。古人階前多種藥，故曰「藥欄」，非唯養生有資，亦多識之一助。注詩者糾纏辨駁，固由讀書未半袁豹，〔一〕亦緣未知「善藥不可離手」也。〔二〕

〔一〕半袁豹，見卷一《蜀黍即稷辯》注〔七〕。

〔二〕《新唐書·孟詵傳》：「善言不可離口，善藥不可離手。」

覆盆子

覆盆子，《别録》上品。《爾雅》「茥，缺盆」，注：「覆盆也。」《疏》據《本草注》以蓬藟爲覆盆之苗，覆盆爲蓬藟之子，誤合爲一物。四月實熟，色赤。《本草綱目》謂之「插田藨」。覆盆、蓬藟，《本草綱目》分别甚晰。考東坡尺牘：「覆盆子，土人謂之『插秧莓』。三四月花，五六月熟，市人賣者乃是『花鴉莓』，九月熟。」〔一〕則蓬藟即花鴉莓矣。然此謂中原節

候耳，江湘間覆盆三四月即熟，蓬虆七月已熟。自長沙以西南山中，莓子既多，又大同小異。滇南有黑瑣梅、黄瑣梅、紅瑣梅、白瑣梅，皆三四月熟，兒童摘食以爲果。梅即莓。瑣者，其子細瑣也。志書多以黑瑣梅爲覆盆，按形與李説亦不甚符。《滇本草》以黄瑣梅根爲「鑽地風」，用治風頗廣，又別出覆盆也。

〔一〕見《與章質夫三首之一》。

旋花

旋花，《本經》上品。《爾雅》：「葍，藑。」陸璣《詩疏》：「幽州人謂之『燕葍』。」今北地俗語猶爾。《救荒本草》謂之「葍子根」，根可煮食。有赤、白二種，赤者以飼猪，亦曰「鼓子花」，千

葉者曰「纏枝牡丹」。今南方「蕹菜」，花、葉與此無小異，唯根短耳。

雩婁農曰：古者農生九穀，而園圃毓草木。〔一〕凡漆林梧檟，染草果蓏，資生之物，皆相土宜而種之，不僅蒔蔬供食也。《豳風》「築場圃」，曰「食瓜」，曰「斷壺」，曰「煮葵」，曰「祭韭」，蓋古時園人所種之蔬如是而已。芣苢、卷耳、蘋蘩、荇藻之屬，無不采於水陸。蓄爲惡菜，流離者采之。〔二〕然祭祀之籩豆，朝事之饋食，若「菭」，若「芹」，若「昌本」，若「茆」，皆非出於種植者，何也？蓋野蔌得自然之氣，無糞穢之培，既昭其潔以交神明，而朝會燕饗，不廢婦稚之所拮据，〔三〕則民間疾苦，君相無時不與共。又況五行五氣，應候而萌，以和膳食之宜，助舒斂而消疹戾，其益大矣。後世園官菜把，務爲新美，一切温養之物，皆爇緼火以迫其生，〔四〕金蔬玉菜，最足動宿痾而引時癘。至如豆粥韭蓱，以侈相尚，〔五〕方丈朵頤，〔六〕都非正味，又烏知民間有掘鼠果而覓梟茈者耶？〔七〕東坡詩云：「我與何曾同一飽。」〔八〕吾以爲日食萬錢猶云無下箸處，彼蓋未嘗飽也。北地春遲，少蟲豸之毒，筠藍挑菜，塵釜生香，清虛之氣，臟神安焉。〔九〕南方地沮濕，多虵虺，候早而生速，然《野菜》之箋，〔一〇〕非江南士大夫所膾炙而詠嘆者哉？其序曰：「病骨癯骸，非此無以養其冲和；擊鮮嚼肥，非此無以解其腥羶。」誠有味乎言之矣！又曾見跋《齊民要術》書者曰：「此傖父所食，〔一一〕而賞其多奇字。」噫！彼縱能識字，其與「不能辨菽麥」、「何不食肉糜」者相去間一寸哉！〔一二〕

〔一〕毓：養育。

〔二〕《詩·小雅·我行其野》：「我行其野，言采其蓄。」陸《疏》：「饑荒之歲，可蒸以禦饑。」故言流離者採之。然《疏》又言：「漢祭甘泉或用之。」是蓄亦用於祭祀，故下文云云。

〔三〕拮据：言采擷之辛勞。

〔四〕以温室火炕之熱促其生。

〔五〕見卷一「大豆」條注〔五〕。

〔六〕《孟子·盡心下》：「食前方丈。」方丈之食，極言肴饌豐盛。朵頤：大快朵頤，盡興而食。

〔七〕《東觀漢記·劉玄傳》：「王莽末年，南方飢饉，人庶群入野澤，掘鳧茈而食。」鳧茈又作「鳧茨」，即「荸薺」也。

〔八〕《晉書·何曾傳》：「然性奢豪……廚膳滋味，過於王者……食日萬錢，猶曰無下箸處。」

〔九〕舊説人身内有五臟神。《笑林》：有人常食蔬茹，忽食羊肉，夢五臟神曰：「羊踏破菜園。」

〔一〇〕指明王磐所著《野菜譜》。

〔一一〕譏人粗鄙曰「傖父」。

〔一二〕《左傳》成公十八年，晉立周子爲君。周子有兄，不慧，不能辨菽麥。《晉書·惠帝紀》：天下荒亂，百姓餓死，帝曰：「何不食肉糜？」

營實牆蘼

營實牆蘼（mí），《本經》上品。《蜀本草》云：「即薔薇也。」有赤、白二種，白者入藥良。湖南通呼爲「刺花」，俗語謂「刺」爲「勒」，音之轉也。《救荒本草》：「採嫩芽葉煠熟食之。」産外國者製爲露香，能耐久。今吴中摘花蒸之，亦清香，能祛熱。

雩婁農曰：薔薇露，始於海舶，蓋帷薄中物也。〔一〕宋時重之，蔡絛竄謫中猶津津言之不置，〔二〕殆其父子昆弟平日阿諛容悦，比之婦寺，孜孜以奇異纖瑣之物，引其君於花石玩好，以爲希榮固寵之計，其家人目見耳濡，以不能寶遠物、辨真僞爲恥，以恤民艱、圖國事爲迂闊而相姍笑。

黄雀、螳螂，自謂無患，而不知挾彈黏黐者隨其後而捕逐也。〔三〕然其錮蔽已深，雖至家國蕩析，不知怨艾，而計較其昔時所寳貴者，猶怡然自詡其賞玩之不謬，以爲彼談民依、勵清節者皆田舍翁、窮措大耳，烏足以知此。嗚呼，玩物之喪人至此哉！或謂海外薔薇得霜雪則益香，故爲露逾於中華。不知彼地燠熱，花之有臭者，經寒乃清洌而耐久。南中橘柚，至燕薊亦芬馥逾於所産，物理之常，亦烏足異？彼斤斤於耳目嗜好者，誠哉夏蟲不可語冰，而醯雞甕天，〔四〕安知宇宙之大也！

〔一〕「薄」，原本誤作「簿」，據文意改。帷薄：此指閨門之内。

〔二〕蔡絛：蔡京之季子。官至徽猷閣待制，恣爲姦利，竊弄威柄，京敗，流白州。所著《鐵圍山叢談》卷六辨薔薇水非薔薇花上露，乃採薔薇花蒸成，所論甚詳。此外，彼又談沈水香、合浦珠之類，津津不置。

〔三〕黐：木膠，可以粘物。

〔四〕醯雞：酒甕中之蠛蠓也，以甕爲天。

白英

白英，《本經》上品。《爾雅》「苻，鬼目」即此。一名「排風子」。《吴志》曰「鬼目菜」，〔一〕《齊民要術》誤以爲嶺南「鬼目果」。湖南謂之

「望冬紅」。俚醫以爲治腰痛要藥。其嫩葉味酸，可作茹。老根生者葉大，有五椏，凌冬不枯，春時就根生葉。《吴志》所云「緑樹長丈餘，葉廣四寸，厚三分」，不足異也。

雩婁農曰：白英有毛而酸，貧者食之，滇人呼爲「酸尖菜」。天下多貧人，故雖廣谷大川，民生異宜，而貧者必知貧者之食，亦漸濡使然也。古之賢者皆曰「富而能貧」，〔一〕夫「能」者，非獨能甘淡薄也，蓋必設身處地，洞悉艱難，故當其境則曰「素富貴」、「素貧賤」，〔二〕不當其境則曰「可富可貴」、「可貧可賤」。〔三〕唐有世閥子弟，罹兵而飢餒者，或憐而予之食，不能咽，曰：「此烟火氣，烏可食？」又傖父見食筍者，問諸其人，人曰：「此即竹也。」歸而煮其床脚，不熟。若此人者，處貧而不知貧者之食，不將俟其轉乎溝壑哉？

〔一〕見《三國志·吴書·三嗣主傳》。

〔二〕《左傳》襄公二十二年：「生於亂世，貴而能貧，民無求焉，可以後亡。」

〔三〕《禮記·中庸》：「君子素其位而行，不願乎其外。素富貴，行乎富貴；素貧賤，行乎貧賤；……君子無入而不自得焉。」言君子生當其境，無論貴賤，皆行其道。雖富貴，不驕不淫；雖貧賤，不諂不懾。

〔四〕當下雖不富貴或不貧賤，但遇富貴或貧賤也能適應其境。

茜草

茜草，《本經》上品。《爾雅》「茹藘，茅蒐」，注：「今之蒨也。」俗呼爲「血見愁」，亦曰「風車草」。《説文》以爲人血所化。〔一〕《救荒本草》：「土茜，苗、葉可煠食，子紅熟可食。」湖南謂之「鋸子草」。又一種葉圓稍大，謂之「金線草」，南安謂之「紅絲線」，二種通用。今甘肅用以染象牙，色極鮮，謂之「茜牙」。陶隱居謂「東方有而少，不如西方多」，蓋謂此。

雩婁農曰：《地官》：「掌染草，掌以春秋歛染草之物，〔二〕以權量受之，以待時而頒之。」注：「染草，茅蒐、橐蘆、豕首、紫茢之屬。」此以見古聖人於一草一木，無不經營擘畫以盡其材。而别服色，明等威，禁奇衺，〔三〕於五色所尚，尤斷斷不使間之奪正焉。〔四〕《述異記》云：「洛陽有支茜園。《漢官儀》：染園出支茜，供染御服，是其處。」漢制去古未遠，至《貨殖傳》「千畝支茜，其人與千户侯等」，則世風漸侈，服制無等，而民有擅其利者矣。近世色益華而染物亦屢變。《范子計然》云：「蒨根出北地，赤色者善。」陸元恪云：「齊人謂之茜，徐州人謂之牛蔓。」今河南、北皆不種茜，多以紅藍爲業，惟陝、甘以染牙物著稱，李時珍遂據陶隱居「東間諸處乃有而少，不如西多」之語，謂「茜」字從「西」以此，此亦王氏之《字説》矣。〔五〕茜之色不如紅藍，故朱色至紅藍而極。《爾雅翼》云：「今人染蒨者，乃假蘇方木，非古所用。」近嶺南者皆仰蕃舶蘇方木以供染，然一入再入，即以紅藍染之色乃殷紅，若蘇方木紫黯無華，不能敵茜色也。又《西域記》：「康巴拉撒之南春結一帶，産蕨菜、茜菜。」則茜盛於西方，且以作茹，不僅供染而已。

〔一〕《説文》原文爲「人血所生」。

〔二〕下「掌」字原闕，據《周禮・地官司徒》補。

〔三〕奇衺：邪僻之物。

〔四〕間：間色，即正色之混合色，如正黑加正赤爲紫色。

〔五〕《鶴林玉露》卷三：王安石撰《字説》，多牽强附會，時人哂之。世傳東坡問荆公：「何以謂之波？」曰：「波者，水之皮。」坡曰：「然則滑者，水之骨也。」

絡石

絡石，《本經》上品。湖廣、江西極多。陳藏器以圓葉爲「絡石」，尖葉一頭紅者爲「石血」，今從之。

雩婁農曰：絡石生石壁壞墻上，蔓而有直幹。《本經》以爲上藥，蓋藤屬象人筋絡，其耐霜雪者性必温，風之不摇則却風淫，而色如血者即入血。人肖天地，百物肖人，以物治人，即以人治人。人食味、别聲、被色而生，聖人亦以食、聲、色之相類者生之，無他道也，故曰「行所無事」。〔一〕

〔一〕《孟子·離婁下》：「禹之行水也，行其所無事也。如智者亦行其所無事，則智亦大矣。」行所無事：即順天道以行事。

白兔藿

白兔藿，《本經》上品。陶隱居云：「人不復用，亦無識者。」《唐本草》以爲「白葛」，葉似蘿藦。《蜀本草》以爲葉圓如蓴。

雩婁農曰：吾讀《本草注》謂「白兔食藿得仙」而啞然也。考神仙書，皆謂仙人有爵秩名位、尊卑職事，太虛青曾之中亦復勞形案牘，〔一〕貴賤相撿，亦烏取乎逍遥六合之外哉？韓子云「上界足官府」，蓋譏之也。〔二〕若鶴、鹿、駏驉及趯趯者皆得飛昇，〔三〕則天門詄蕩，〔四〕亦爲飛走者排擠矣。道家又謂鹿、鶴爲仙人騏驥，夫深山大

璽，俛啄仰鳴，獉獉狉狉，自適已甚，乃以仙故，致受磬控而縛羈靮，〔五〕亦何樂乎其爲仙耶？

〔一〕青曾：青天層霄之上。

〔二〕此蘇東坡詩，吴氏誤記爲韓愈。東坡《盧山五咏》之《盧敖洞》一首云：「上界足官府，飛昇亦何益。還在此山中，相逢不相識。」

〔三〕駏驉：見卷十一「庵蕳」條注〔二〕。趯趯：跳躍狀，此處即指白兔。

〔四〕《漢書·禮儀志》引《天馬》云：「天門開，詄蕩蕩。」注云「天體堅清之狀」。

〔五〕磬控：馭馬。羈靮：絡頭及韁繩。

紫葳

紫葳（wēi），即「凌霄花」。《本經》中品。《唐本草注》引《爾雅》「苕，陵苕」郭注「又名陵霄」，今本無之。相傳其花有毒，露滴眼中，令人失明。根能行血，湖南俚醫亦用之。

雩婁農曰：余至滇，聞有「墮胎花」，俗云飛鳥過之，其卵即隕。亟尋視之，則紫葳耳。青松勁挺，凌霄屈盤，秋時旖旎雲錦，鳥雀翔集，豈見

有胎殰卵殈者耶！〔一〕俗傳吉祥草、素心蘭皆能催生，取其佳名以靜人囂而已。夫鼻不聞其臭，口不嘗其味，而藥性達於腹中，無是理也。否則簪花滿髻，折枝供瓶，皆爲莨菪下乳之毒草，其能不坼不副、〔二〕無災無害者鮮矣。然滇之張其詞以求利者，果何爲耶？吾烏知其故耶？〔三〕

〔一〕《禮記·樂記》：「胎生者不殰，而卵生者不殈。」殰：胎死腹中。殈：卵未孵化即破。

〔二〕坼：破裂。副：剖開。本指孕婦腹部破裂而産子，此指流産。

〔三〕隱指以非理墮胎。

栝樓

栝（kuò）樓，《本經》中品，《爾雅》：「果蓏之實，栝樓。」今有苦、甜二種，葉亦小異。《炮

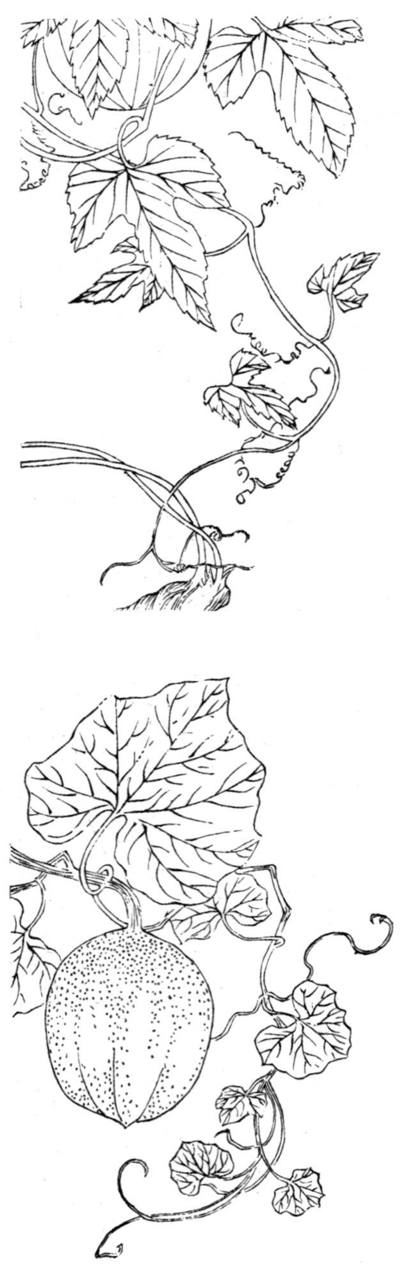

炙論》以圓者爲栝，長者爲樓，説近新鑿。〔一〕其根即天花粉。《救荒本草》：「根研粉，可爲餅穰，可爲粥。子可爲油。」

雩婁農曰：「果贏之實，亦施于宇」，釋《詩》者以爲人不在室則有之。〔二〕余行役時，〔三〕屢館曠宅，老藤蓋瓦，細蔓侵牕，蕭條景物，未嘗不憶《東山》之詩如披圖繪也。夫聖人衮衣繡裳，雍容致治，而於窮檐離索之情，長言詠歎，悱惻纏綿，有目覩身歷而不能言之親切如此者，豈臨時有所觸而能然哉？蓋其平日於民間綢繆拮据之事無不默爲經營，即一草木，一昆蟲，其蕃息於衡宇樊墻間者，無不歷歷然在於心目，思其翕聚則「烹葵」、「獻羔」，〔四〕念其離析則「敦瓜」、「蜎蠋」，〔五〕蓋非「破斧」、「缺斨」，〔六〕必不忍使吾民有「婦歎」、「灑掃」之悲，〔七〕其萬不得已之衷，有不待直言而自見者。人第頌其感人之深，而不知其憫從征之將士，若自咎其不能弭患於未然。故《鴟鴞》之詩諄諄於天之未陰雨也，〔八〕雨雪楊柳，師不言勞而勞師者代言之，〔九〕深情淪浹，亦猶行周公之道也。草黄人將，棧車周道，並有置其家室而不敢念者。〔一〇〕讀「無思遠人，勞心忉忉」之詩，而知周之衰矣。〔一一〕古詩「十五從軍，六十來歸」，備述其雞鳴犬吠之荒涼，而終以白楊蕭蕭、高冢纍纍，愁慘之音，如聞悲咽。〔一二〕杜拾遺《從軍行》曰「禾生隴畝無東西」，〔一三〕男子荷殳，婦姑曳鋤，較之「鹿場」、「鸛鳴」，益爲心惻，〔一四〕而哭聲干霄，〔一五〕則窮兵黷武之時，固不能不出之以慷慨悲激。《小雅》怨悱，〔一六〕勢使然也，然其源皆出於《東山》之詩。

〔一〕新鑿：標新立異而牽强附會。

〔二〕《豳風·東山》：「果臝之實，亦施于宇。伊威在室，蠨蛸在户。町畽鹿場，熠燿宵行。」毛《傳》云：「果臝，栝樓也。伊威，委黍也。蠨蛸，長踦也。町畽，鹿跡也。熠燿，燐也。燐，螢火也。」

〔三〕行役：因公務而出行。

〔四〕翕聚：會聚。《豳風·七月》「七月亨葵及菽」，「四之日其蚤，獻羔祭韭」。此言生民全家團聚有敬老祭先之樂。

〔五〕《豳風·東山》「有敦瓜苦，烝在栗薪」，「蜎蜎者蠋，烝在桑野」。此言生民别離勞苦也。

〔六〕見《豳風·破斧》：「既破我斧，又缺我斨。」此言國家有顛覆之危。

〔七〕《豳風·東山》：「鸛鳴于垤，婦嘆于室。灑掃穹室，我征聿至。」

〔八〕《鴟鴞》：「迨天之未陰雨，徹彼桑土，綢繆牖户。」《詩序》：「《鴟鴞》，周公救亂也。成王未知周公之志，公乃爲詩以遺王。」

〔九〕《小雅·采薇》：「昔我往矣，楊柳依依。今我來思，雨雪霏霏。行道遲遲，載渴載飢。我心傷悲，莫知我哀。」《詩序》：「《采薇》，遣戍役也。文王之時，西有昆夷之患，北有玁狁之難，以天子之命命將率，遣戍役以守衛中國，故歌《采薇》以遣之。」

〔一〇〕《小雅·何草不黄》：「何草不黄？何日不行？何人不將？經營四方。」「有棧之車，行彼周道。」

《詩序》：「下國刺幽王也。四夷交侵，中國背叛，用兵不息，視民如禽獸，君子憂之，故作是詩也。」

〔一二〕見《齊風·甫田》。《詩序》：「《甫田》，大夫刺襄公也，無禮義而求大功，不修德而求諸侯，志大心勞，所以求者非其道也。」

〔一三〕古詩：「十五從軍征，八十始得歸。道逢鄉里人，家中有阿誰。遥看是君家，松栢冢纍纍。兔從狗竇入，雉從梁上飛。」

〔一三〕應是《兵車行》。

〔一四〕《豳風·東山》「町畽鹿場，熠燿宵行」，「鸛鳴于垤，婦嘆于室。」

〔一五〕《兵車行》：「哭聲直上干雲霄。」

〔一六〕指《采薇》及《何草不黄》二詩。

王瓜

王瓜，《本經》中品。《爾雅》「鉤，藈姑」，注：「一名王瓜。」今北地通呼爲「赤雹」，《本草衍義》謂之「赤雹子」是也。自淮而南，皆曰「馬爮」，湖廣謂之「公公鬚」。《本草綱目》：「江西人名土瓜，栽之沃土，根味如山藥。」今江西呼「番薯」爲「土瓜」，又寧都山中別有一種

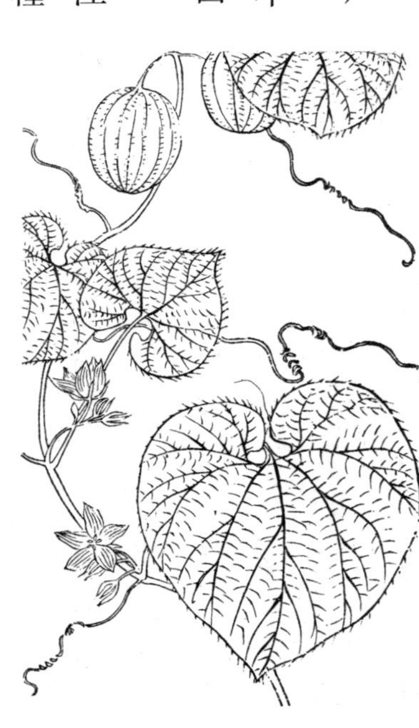

土瓜，味甚劣，未知其即王瓜否也。陶隱居釋王瓜，與郭注所謂「實如瓝瓜，正赤，味苦」形狀脗合，則「鉤，藈姑」之名「王瓜」，相沿至晉、梁未改。古人姑、瓜音近相通，而王瓜之爲「赤雹」，以色形證之，殆無疑義。「馬雹」見《救荒本草》。至「土瓜」之名，則經傳已非一物。「菟瓜」、「菲芴」，蘇頌已謂同名異類。今俗間所謂「土瓜」，南北各别，不可悉數，故以土瓜釋王瓜而不具述形狀，則眯瞢不知何物矣。鄭注以爲「萆挈」，必有所承。〔一〕「王萯」、「王萯」，字異物同。《草木「秀葽」之說，以四月孟夏時令相符，强爲牽合，不知「葽繞」《爾雅》具載，乃是「遠志」。《草木蟲魚疏》以爲栝樓。〔二〕栝樓，《爾雅》已前見，郭景純何故以「王瓜」釋「鉤，藈姑」而不以釋「栝樓」，且謂栝樓形狀藤葉與土瓜相類，不知所云土瓜又何物也？《唐本草注》：「王瓜葉如栝樓，而無叉缺，有毛刺。」無叉缺，則亦不甚相肖。蔓生之葉，非以花叉齒缺分别，則相同者多矣。明人說部乃以「黄瓜」爲「王瓜」，蹲鴟之羊，形諸簡牘，〔三〕不經實甚。小臣侍直，曾蒙天語詢及王瓜何物，因以所聞見具對。上復問黄瓜始於何時，具以始於前漢改名原委對。上曰：「諸瓜多始於後世，古人無此多品。俗人乃以王瓜爲黄瓜，失之不考。」九重宵旰，於一草一木無不洞燭根原，仰見雨露鴻鈞，不私一物，亦不遺一物。彼訓詁考訂家何能上測高深。

〔一〕《禮記·月令》：「螻蟈鳴，蚯蚓出，王瓜生，苦菜秀。」鄭注：「王瓜，萆挈也。」

〔二〕此及以下「栝樓」字原本皆誤爲「括樓」，俱據原出處改。

〔三〕《顏氏家訓》卷三：「江南有一權貴，讀誤本《蜀都賦》注，解『蹲鴟，芋也』乃爲『羊』字。人饋羊肉，答書云：『損惠蹲鴟。』舉朝驚駭。」

百部

百部，《别録》中品。《本草拾遺》云：「人多以門冬當百部。」今江西所産，苗、葉正如《圖經》所述，鄭樵所云「葉如薯蕷」，亦相近。李時珍以爲有如茴香葉者，恐誤以「天門冬」當之，以駁鄭説，過矣。秋開四尖瓣青白花，藝花者以末浸水去蟲。

百部

葛

葛

葛，《本經》中品，今之織絺綌者。〔一〕有種生、野生二種。《救荒本草》：「花可煠食，根可爲粉。」其蕈爲「葛花菜」。贛南以根爲果，曰「葛瓜」，宴客必設之。《爾雅翼》以爲「食葛名『雞齊』，非爲絺綌者」，蓋園圃所種，非野生有毛者耳。周《詩》詠「葛覃」，〔二〕《周官》列「掌葛」。〔三〕今則嶺南重之，吴、越亦尠，無論燕、豫。江西、湖廣皆産葛。凡採葛，夏月葛成，嫩而短者留之，一丈上下者連根取，謂之「頭葛」。如太長，看近根有白點者不堪用，無白點者可截七八尺，謂之「二葛」。凡練葛，採後即挽成綑，緊火煮爛熟，指甲剥看，麻白不粘青，即剥下，就流水捶洗淨，風乾露一宿，尤白。安陰處，忌日色。紡以織。凡洗葛衣，清水揉梅葉洗湔，夏不脆。或用梅樹擣碎泡湯，入瓷盆内洗之，忌用木器則黑。然嶺北女工多事苧。南昌惟西山葛著稱，贛州則信、豐、會昌、安遠諸處皆治葛。有家園種植者，亦有野生者。而葛布多雜蕉絲，〔四〕乍看鮮亮悦目，入水變色，質亦脆薄。用純葛絲，則韌而耐久，沾汗不污。會昌之精者，緝績更艱，葛一斤擇絲十兩，績之半年，始成一端。會昌、安遠有以湖絲配入者，謂之「絲葛」。湖南舊時潭州、永州皆貢葛，今惟永州有上供葛。葛生祁陽之白鶴觀、太白嶺諸高峰。芒種時採，煮

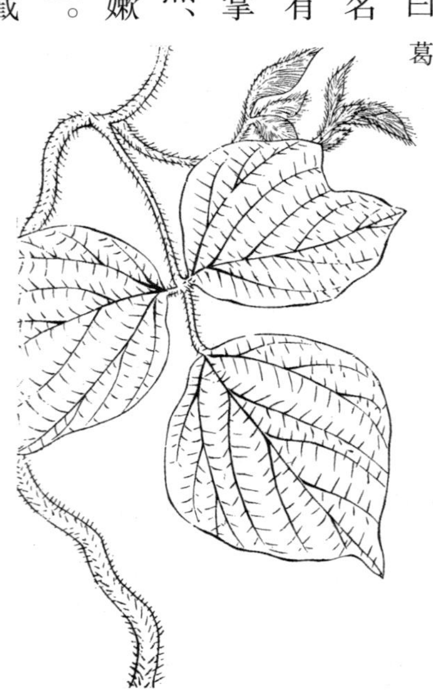
葛

以灰而濯之，而曝之，白而擘爲絲，紡以爲布，如方目紗，製爲衫，不可浣，污則灑以水，垢逐水溜無痕也。興甯縣亦蒔之。里老云：「葛有二種。遍體皆細毛者可績布，曰『毛葛』。遍體無毛者曰『青葛』，不可績，惟以爲束縛，則又毛葛所不逮。又毛葛亦有二種，蔓延於草上者，多枝節而易斷，成布不耐久；惟緣地而生者，有葉無枝，成布較勝於苧。」廣西葛以賓州、貴縣者佳，鬱林葛尤珍，明内監教之織爲龍鳳文也。粵之葛以增城女葛爲上，然不鬻於市。彼中女子終歲乃成一疋，以衣其夫而已。其重三四兩者，未字少女乃能織，已字則不能，故名「女兒葛」，所謂「北有姑絨，南有女葛」也。其葛産竹絲溪、百花林二處者良。采必以女，一女之力，日采祇得數兩，絲縷以緘不以手，細入毫芒，視若無有，卷其一端，可以出入筆管。以銀條紗襯之，霏微蕩漾，有如蜩蟬之翼。然日曬則縲，水浸則蹙縮，其微弱不可恒服。惟雷葛之精者，細滑而堅，色若象牙，名「錦囊葛」，裁以爲袍、直裰，稱大雅矣。故今雷葛盛行天下。雷人善織葛，其葛産高涼、碙洲而織於雷，爲絺爲綌者分村而居。地出葛種不同，故女手良與楛功異焉。其出博羅者曰「善政葛」。出潮陽者曰「鳳葛」，以絲爲緯，亦名「黄絲布」。出瓊山、澄邁、臨高、樂會，輕而細，名「美人葛」。出陽春者曰「春葛」。然皆不及廣之「龍江葛」堅而有肉、耐風日也。《詩正義》云：「葛者，婦人之所有事。」〔五〕雷州以之，增城亦然。其治葛無分精粗，女子皆以鍼絲之，乾撚成縷，不以水績，恐其有痕迹也。織工皆東莞人，與尋常織苧蔴者不同，織葛者名爲細工。織成弱如蟬翅，重僅數銖，皆純葛無絲。其以蠶絲緯之者，浣之則葛自葛，絲自絲，兩者不相聯屬。純葛則否。葛産綏福都山中，采者日得觔，城中人買而績之，分上、中、下三等爲布。陽春亦然。其細葛不減增城，亦以紡緝精而葛真云。

雩婁農曰：葛者，上古之衣也。質重不易輕，吴蠶盛而重者賤矣；質韌不易柔，木棉興而韌者賤矣；質黄不易白，苧蔴繁而黄者賤矣。乃治葛者與絲爭輕，與棉爭軟，與苧爭潔，一疋之功，十倍於絲與棉與苧，其直則倍於絲，而五倍棉與苧，於是治葛者能事畢而技盡矣，而受治者力亦盡矣。褐之壽以世，〔六〕帛之壽以歲，麻之壽以月，今是葛也，日之焦，風之脆，浣之懈，藏之折，其壽幾何？聖人盡物之性而不盡物之力，因其重與韌與黄，〔七〕而葛之壽於是次於褐，均於帛，逾於麻。

〔一〕葛布細者爲絺，粗者爲綌。
〔二〕《周南・葛覃》：「是刈是濩，爲絺爲綌，服之無斁。」
〔三〕《周禮・地官司徒》：「掌葛，掌以時徵絺綌之材於山農。」
〔四〕蕉絲：芭蕉之纖維。
〔五〕見《周南・葛覃》。
〔六〕褐：粗麻所製布，其壽命可用一世。一世三十年。
〔七〕保留葛的重、韌、黄而不强求以輕、軟、白。

通草今木通。

通草，《本經》中品。舊説皆云「燕覆子」。藤中空，一枝五葉，子如小木瓜，食之甘美。今江、湘所用皆非結實者。《滇本草》以爲「野葡萄藤」。此藥習用而異，物非一種，蓋以藤蔓中空皆主通利關竅，故有效也。

通草

防己

防己

防己，《本經》中品。李當之云：「莖如葛根，外白内黄如桔梗。」〔一〕今藥肆所用殊不類。雩婁農曰：李杲以防己「險而健，能爲亂階，聞其臭則可惡，下咽則令人身心煩亂、飲食減少；至於去十二經濕熱壅塞，非此藥不可」，〔二〕其與大黄匹敵可矣。甄權亦云有小毒。〔三〕李時珍以入「蔓草」。而《本經》無毒，中品，豈古人精神强固不畏洩利，而後人柔弱不能勝其苦寒，而乃以爲毒耶？夫藥力平者不能去病，而猛者性必有所偏。元氣已虧，根本漸撥，勝病之藥既不支，而苟且塞責之品何裨毫末？兩漢循吏，多在承平，至於繡衣持斧，〔四〕殺馬埋輪，〔五〕其時紀綱未紊，民氣恬熙，故武健者得行其志，而一時亦收火烈之效。至其季也，雖有戡平盜賊之績，不旋而復熾，火燎於原，一杯曷濟？故治病治民，不先審其根本，而恃藥力之投，頭有蝨而剃之，蝨則盡矣，髮於何有？

〔一〕李當之：魏晉時人，與吴普對《神農本草經》做過整理增益。

〔二〕李杲：醫科金元四大家之一。引文見明繆希雍《神農本草經疏》卷九。

〔三〕甄權：隋唐時名醫。

〔四〕《漢書·武帝紀》：天漢二年，「泰山、琅邪群盜徐敦等阻山攻城，道路不通。遣直指使者暴勝之等衣繡衣，杖斧，分部逐捕」。

〔五〕《後漢紀》：順帝漢安元年，遣光禄大夫張綱等八人持節循行天下，表賢良，治貪汙有罪者。喬等奉命而行，唯綱獨埋車輪於都亭不動，曰：「豺狼當道，安問狐狸？」遂上書劾梁冀。

黄環

黄環，《本經》下品。其子名「狼跋子」。《别録》下品。據《唐本草注》及沈括《補筆談》，即今之「朱藤」也。南北園庭多種之，山中有紅紫者色更嬌豔。其花作苞有微毛，作蔬案酒極鮮香。《救荒本草》「藤花菜」即此。李時珍以爲唐、宋《本草》不收，殆未深考。又陶隱居云「狼跋子能毒魚」。今朱藤角經霜迸裂，聲厲甚，子往往墜入園池，未見魚有死者。又《南方草木狀》有「紫藤」，云「根極堅實，重重有皮，莖香，可降神」。〔一〕《本草拾遺》以爲長安人亦種飾庭院，似即以朱藤、紫藤爲一種。今湖南春掘其根，以烘茶葉，云能助茶氣味。其根色黄，亦呼「小黄藤」云。

〔一〕言焚之其香氣可以饗神而使之降靈。

羊桃

羊桃，《本經》下品。《詩》「萇楚」，〔一〕《爾雅》「銚弋」，〔二〕皆此草也。今江西建昌造紙處種之，取其涎滑以揭紙。葉似桃葉，而光澤如冬青。湖南新化亦植之。黔中以其汁黏石不

斷，《黔書》、《滇黔紀游》皆載之。光州造冢，以其條浸水，和土捶之，乾則堅如石，不受斧鑿，以火温之則解。

雩婁農曰：天下之至小，能制天下之至大；天下之至柔，能制天下之至剛；天下之至輕，能制天下之至重；天下之至易，能制天下之至難。莫堅於石，椿以鹽麸之木而

立坼；〔三〕莫脆於石，錮以羊桃之汁而無隙。彼人氣之碎犀，翡翠之屑金；〔四〕羚角之破金剛，〔五〕衣䘿之固漏舫；〔六〕膽之辟塵，〔七〕膠之止濁；木賊之軟牙，戎鹽之累卵，〔八〕物性之相感而相制，殆有不可窮詰者。吾以爲人主操尺寸之柄以制天下，亦猶是矣。干羽非征苗之兵而蠢茲格，〔九〕《關雎》非翦商之謀而王業基。〔一〇〕聖人操其至小、至柔、至輕、至易者，謹之於廟堂，而賞不恃爵禄而勸，罰不恃斧鉞而懲。神禹之平成，〔一一〕孟子曰「行所無事」；周家之艱難，周公曰「能知小人之依」，〔一二〕天下固有自然相通相及之理。而無事竭智而逞力者，彼衡石稱書，豈天下之書遂盡此乎？〔一三〕鹽鐵榷利，豈天下之利遂盡此乎？〔一四〕申、韓煩刑，〔一五〕豈天下之獄訟皆刑所及而無能遁者乎？孫、吴治兵，〔一六〕豈天下之强梗皆兵所威而無能抗者乎？以大制大，以剛制剛，以重制重，以難制難，竭其智而智有所不能周，逞其力而力有所不能敵，故用智者必歸於愚，而用力者必至於弱。秦皇、漢武不能終於富强，而況其他乎？抑又有一説焉，人主驅遣大將如使嬰兒，而往往制於寺宦宫妾，如秦之苻堅，〔一七〕唐之玄宗，後唐之莊宗，〔一八〕則歐陽子所謂「禍患生於所忽，智勇困於所溺」，〔一九〕譬如千金之隄，潰於蟻穴，合抱之木，蠹于桂屑，〔二〇〕雉之介誘於媒，〔二一〕熊之勇昵於夾，〔二二〕物固不可以小大、剛柔、輕重、難易之相形，而毅然可以自恃。聖人之道，亦唯於至小、至柔、至輕、至易者慎之而已，若其所以相制，則亦無所用心也。

〔一〕見《檜風・隰有萇楚》。

〔二〕《釋草》：「長楚，銚芅。」

〔三〕《本草綱目》卷三十二：鹽麩子，生吴蜀山谷，樹狀如椿。

〔四〕宋陸佃《埤雅》卷三：或曰翡翠屑金，人氣粉犀。犀最難擣，惟鋸犀成小塊，以極薄紙裹置懷中，令近肉，以人氣蒸之，候氣蒸潤，乘熱投臼中急擣，應手如粉。

〔五〕明方以智《物理小識》卷八：「安南高石山一角羚羊能碎金剛石。」

〔六〕破布絮可以塞漏船之隙。

〔七〕《景岳全書》卷四十九：諸膽皆能水面辟塵，而熊膽尤速。

〔八〕《埤雅》卷十五：「戎鹽累卵。」

〔九〕《書・大禹謨》：「苗民逆命。……帝乃誕敷文德，舞干羽於兩階，七旬有苗格。」蠢兹：即指苗民。

〔一〇〕翦商：除滅商朝。王業基：爲王業打下基礎。《詩序》：「《關雎》，后妃之德也。風之始也，所以風天下而正夫婦也。故用之鄉人焉，用之邦國焉。」

〔一一〕《書・大禹謨》：「地平天成，六府三事允治，萬世永賴，時乃功。」

〔一二〕《書・無逸》：周公曰：「君子所，其無逸。先知稼穡之艱難，乃逸，則知小人之依。」

〔一三〕《史記・秦始皇本紀》：「天下之事無小大皆決於上，上至以衡石量書，日夜有呈，不中呈不得休息。」

〔一四〕指漢武帝用桑弘羊、孔僅等榷鹽鐵，禁私鑄私鹽，以收天下之利。

〔一五〕申不害、韓非。二人主張以酷法治國。

〔一六〕孫武、吴起。二人爲戰國時大軍事家，善治兵，均有兵法傳世。

〔一七〕後秦苻堅昵於慕容沖姐弟。

〔一八〕五代後唐莊宗昵於伶人。

〔一九〕歐陽修《新五代史·伶官傳序》：「禍患常積於忽微，而智勇多困於所溺。」

〔二〇〕《夢溪筆談·辯證二》引《雷公炮炙論》：「以桂爲丁，以釘木中，其木即死。」

〔二一〕雉：耿介之鳥。媒：鳥媒。

〔二二〕熊恃勇力，雙掌擗木，終爲木所夾。

白斂

白斂，《本經》下品。爲瘡毒調敷之藥。赤斂，花、實、功用皆同，惟根表裏俱赤。

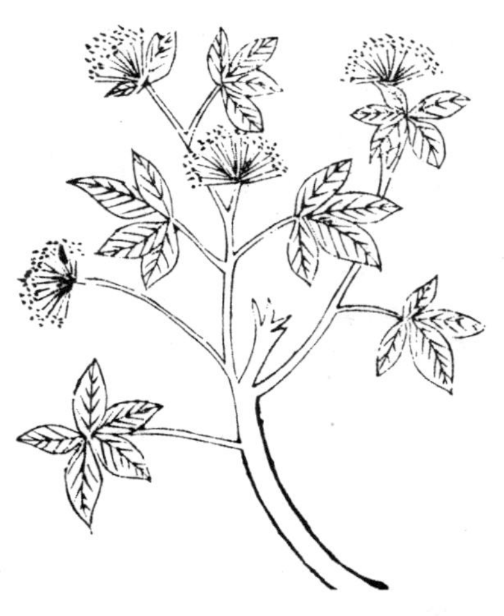
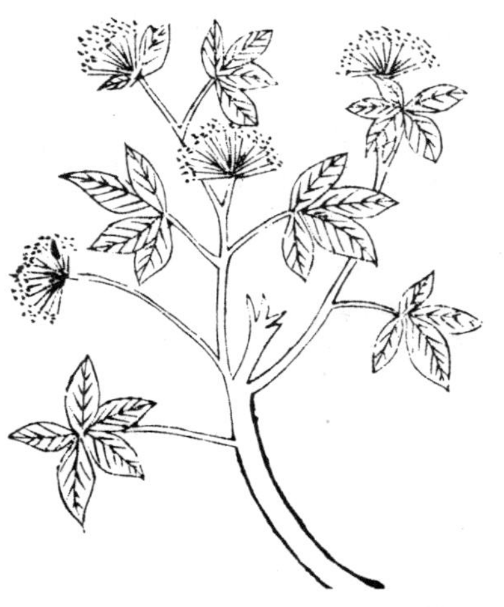

赭魁

赭魁，《本經》下品。根形詳沈括《筆談》。〔一〕

〔一〕《夢溪筆談·藥議》：「今赭魁南中極多，膚黑肌赤，似何首烏。切破其中，赤白理如檳榔，有汁赤如赭。」

赭魁

忍冬

忍冬

忍冬，《别録》上品。俗呼「金銀花」，亦曰「鷺鷥花」，又名「左纏藤」。陶隱居云：「忍冬酒補虚、療風，世人不肯爲之，更求難得者。」〔一〕近時爲解毒治痢要藥。吾太夫人會患痢甚亟，禱於神，得方，以忍冬五錢煎濃汁呷之，不及半日即安，其效神速如此。吴中暑月以花入茶飲之，茶肆以新販到金銀花爲貴，皆中州産也。〔二〕

雩婁農曰：忍冬，古方罕用，至宋而大顯。金段克己詩云：「作詩與題評，使異凡草木。」〔三〕蓋未知近時吴中盛以爲飲，沁萼吸露，歲糜萬餘緡也。夫物盛衰固自有時，而醫者云：「誰知至賤之中，乃有殊常之效。」噫，何所見之陋也！凡物之利益於人，孰非賤者？轂蔬之於珍錯也，金錫之於珠玉也，陶匏之於髹刻也，布綿之於錦繡也，茅茨闔廬之於衣綈錦、被朱紫也，若者易，若者難，若者爲民利，若者爲民病，不待智者而知也。且畎畝、版築、漁鹽、販豎，人之賤者，而聖賢出焉。漢之盛也，販繒、吹簫，〔四〕位兼將相，而編蒲、牧豕者亦以經術顯。〔五〕得時則駕，不得時則蓬虆而行，〔六〕人亦何賤之有？且賤者貴之基，貴者賤之伏。彼害人家國事者，亦豈限貴賤哉？漢之江充、息夫躬，孔僅、桑弘羊，非高門也，〔七〕王鳳、王莽，梁冀、袁紹，非下僚也。〔八〕司馬氏之東遷也，以王、謝爲晉、鄭，而傾王室者豈少烏衣子弟哉？〔九〕蘇峻平而懲折翼之夢，封坩之小吏也；〔一〇〕盧循滅而符射蛇之讖，伐荻之擔夫也。〔一一〕唐重世閥，以門第高下相夸，亦以相軋，至牛、李黨一貴一賤，終唐之亡而不解。〔一二〕北宋之弱，始以新法者，疎遠之囚首垢面；〔一三〕繼以紹聖者，渺茫之方丈仙人，〔一四〕而終以花石綱之市井無賴。〔一五〕亡南宋者，則又貴介、椒戚之韓、賈也。〔一六〕嗚呼！參、术至貴，〔一七〕能生人亦能殺人；戟、陸至賤，〔一八〕能殺人亦能生人。莊子之言曰：「藥也其實，堇也，桔梗也，雞癰也，〔一九〕豕零也，是時爲帝者也。」〔二〇〕郭曰：「物當其所須則無賤，非其時則無貴。」〔二一〕故曰「禮，時爲大」，〔二二〕然「聖人不能爲時」。〔二三〕

〔一〕忍冬酒：煮忍冬之汁所釀之酒。更求難得者，是捨易得之忍冬酒，而另求難得之物。

〔二〕中州：指今河南一帶。

〔三〕詩題《同封仲堅采鷺鷥藤，因而成詠，寄家弟誠之》。

〔四〕灌嬰，睢陽販繒者。周勃，以織薄曲爲生，常以吹簫給喪事。

〔五〕路温舒，牧羊，截澤蒲編而寫書，讀以忘倦。受《春秋》，通大義。舉孝廉。公孫弘，少時爲獄吏，有罪免，家貧，牧豕海上。武帝時爲丞相。

〔六〕蓬虆，或作「蓬纍」。見本卷「天門冬」注。

〔七〕江充女弟善鼓琴歌舞，嫁之趙太子丹。後興巫蠱之禍，武帝太子被誣起兵被殺，前後死者數萬人。息夫躬則少爲博士弟子，受《春秋》。哀帝時以誣陷東平王咒詛事而起家。孔僅爲南陽大冶鐵家。桑弘羊爲洛陽賈人之子。二人均以抑工商、能聚斂而得武帝寵信。

〔八〕王鳳爲漢成帝之舅父，王莽爲王鳳之侄。梁冀爲漢順帝皇后之兄。袁紹四世三公。

〔九〕烏衣：建業烏衣巷，王、謝二族多聚居於此。此句意謂西晉亡，瑯琊王司馬睿立國江東，依賴王、謝二族，如周平王之於鄭、晉二國，但在幾乎傾覆了王室的反賊中，這些豪族中也大有人在，如大將軍王敦。

〔一〇〕此東晉陶侃事。陶侃既平蘇峻之亂，權傾一時。曾夢生八翼，飛而上天，見天門九重，已登其八，唯一門不得入。閽者以杖擊之，因墜地，折其左翼。於是晚年常懷止足之想，不與朝政。封坩：坩，陶製盛物之器。侃幼孤貧，少爲尋陽縣吏，嘗監魚梁，以一坩魚鮓遺母湛氏，湛氏封鮓及書，責侃不能守公，卒使陶侃爲名臣。

〔一一〕此宋武帝劉裕事。東晉末年，劉裕等平滅盧循。裕微時曾伐荻新洲，有大蛇長數丈，射傷之。擔夫：采薪負販者，劉裕割葦，以賣葦爲生只是猜測。

〔一二〕牛僧孺、李德裕各立朋黨，相傾軋。

〔一三〕囚首垢面指王安石。安石性不好華腴，自奉至儉，或衣垢不澣，面垢不洗。

〔一四〕哲宗親政後，紹述神宗，啓用蔡京一黨，改年號爲紹聖。徽宗繼位，承襲哲宗之政，而又崇奉道教，求仙不止。方丈：傳説海上有蓬萊、方丈等仙山。此「仙人」指林靈素等出身寒微之道士。

〔一五〕朱勔，蘇州人。其父冲，狡獪有智數。賤微，爲人庸。花石綱即起於朱勔父子之獻珍異與徽宗。

〔一六〕主持開禧北伐而慘敗的韓侂胄爲北宋名臣韓琦後人。亡國奸臣賈似道之姐爲理宗寵妃。

〔一七〕人參、白朮。

〔一八〕大戟、商陸。

〔一九〕「癰」，原本誤作「壅」，據《莊子》改。

〔二〇〕見《莊子·徐無鬼》篇。時爲帝：言四種草藥以時迭相爲主。

〔二一〕郭：指郭象《莊子》注。

〔二二〕《禮記·禮器》：「禮時爲大，順次之，體次之，宜次之，稱次之。」

〔二三〕《戰國策·秦策三》：「聖人不能爲時，時至而弗失。」

千歲蘽

千歲蘽，《别録》上品。陳藏器以爲即「葛蘽」。《本草衍義》引甘守誠，以爲即姜撫所進長春藤，飲其酒多暴死。〔一〕今俚醫以爲治跌損要藥，其力極猛，不得過劑。吉安人有患跌折者，誤以數劑併服，遂暴卒。鞫獄者取莖研入肉以試犬，犬食之，頃刻間腹膨脝矣。〔二〕

雩婁農曰：甚矣，不學無術而惑邪説者之害之鉅也！《詩》之詠葛蘽者多矣，無言「采采」者。〔三〕《傳》曰：「葛蘽能庇其本根。」〔四〕今山林中貫木絡石，條蔓蔚密，材不可薪，不任縛，實不中噉而爲鳥雀啅啄者，雖婦稚皆識之。乃姜撫一妄男子，詫爲仙藥，舉朝信之，或以致斃，惟一衞士甘守誠破其狂誕，豈彼時朝右皆「伏

獵」、「弄麞」之庸豎，〔五〕而無一通知經術者哉？蓋誦其名，眯其物，〔六〕摭撦風月虚幻之詞而不究其所用，〔七〕蔡謨讀《爾雅》不熟，幾爲《勸學》死，良可哂矣！〔八〕夫良工度木，非徒爲大小曲直也，必審其剛柔燥濕之性，而後爲室則正，爲器則固。其編蒲、織柳、漚麻、搗楮，〔九〕無有不識物性而能成一藝者。況醫者以藥投人腹中而不知其有毒與否，而受者乃貿貿然而試之，是輕千金之軀於鴻毛矣。夫驅使草木而不知其性情，尚不能得其利而無害，然則人主用人，將舉家國人民而聽之，乃不能灼知其賢不肖，其利害不亦大哉！漢之言占候者，欲以日辰之善惡决所見之邪正。舉進退黜陟之權，寄之於孤虚旺相，〔一〇〕其與術士以舉世不用之藥而詭言長生者，皆不求之於可知而求之於所不可知。《禮》曰「百工之事，皆聖人所作」，〔一一〕又曰「夫婦之愚，可以與知」。〔一二〕彼聖人所不言，愚夫愚婦所不知，皆妄而已矣。

〔一〕《新唐書·方技傳》：姜撫上言服常春藤使白髮還鬒，則長生可致。藤生太湖最良。玄宗遣使者至太湖多取，以賜中朝老臣，因詔天下使自求之。民間以酒漬藤飲者多暴死，乃止。惟右驍衛將軍甘守誠知藥石，曰：「常春者，千歲藟也。旱藕，杜蒙也。方家久不用。」

〔二〕腹膨脝：肚腹脹大。

〔三〕《周南·樛木》「葛藟累之」、「葛藟荒之」、「葛藟縈之」。《王風·葛藟》「綿綿葛藟」。《大雅·旱麓》「莫莫葛藟」。《詩》言「采采」，如「采采卷耳」、「采采芣苡」者，皆采以爲食也。

〔四〕見《左傳》文公七年。

〔五〕《新唐書·嚴挺之傳》："户部侍郎蕭炅素不學。嘗讀『伏臘』爲『伏獵』。嚴挺之曰：『省中豈容有「伏獵侍郎」！』"《舊唐書·李林甫傳》："姜度妻誕子，林甫手書慶之曰：『聞有弄麞之慶。』誤『璋』爲『麞』，客視之掩口。"

〔六〕眯：不能辨識。

〔七〕摭撦：胡亂拉扯附會。

〔八〕見卷三「蘘荷」條注〔四〕。

〔九〕搗楮：搗楮樹皮以造紙。

〔一〇〕孤虚旺相：此指以卜筮占吉凶氣數。

〔一一〕見《周禮·冬官考工記》。

〔一二〕見《禮記·中庸》。意謂雖匹夫匹婦之愚，亦可以知其是非。

萆薢

萆（bì）薢（xiè），《别録》中品。《宋圖經》列數種。李時珍云："葉大如盌。今人皆以土茯苓爲萆薢，誤矣。"其實今人乃以萆薢爲土茯苓耳。南安謂之「硬飯團」，屑粉食之。兹從李説，而别存原圖。

雩婁農曰：余按試贛，〔一〕聞山中人有掘「硬飯團」爲糧者，令人採視之，則即藥肆所收以

代土茯苓，而李時珍以爲萆薢者，堅强如木石。山人之言曰：「贛山瘠田少，苦耕穀不蓄，雖中人產不能終歲粒食，則仰給於薯。薯不足，則糜草木之根荄而粉餈之，若葛若蕨及此物，皆貧民果腹是賴。」余觀范文正公使江淮，取民所食烏昧草以進，乞宣示六宫戚里，以抑奢靡。前賢欲朝廷知民間艱難如此。然此猶值儉歲耳，〔二〕若贛之民，雖豐歲，亦與上古食草木之實同，而不獲奏庶艱食，〔三〕比之豳地苦寒，穫稻烹葵，其苦樂爲何如耶？世有抱痌瘝者，〔四〕取瘠土之民之生計講求訪咨，繪爲圖說，使爲民上者知風雨時節，而無告窮黎尚有藜藿不糁、茹草囓木而甘如黍稷者，一遇亢暵螟螣，〔五〕稭葉皆盡，顛連離散，計惟有填溝壑而入盜賊，得不蹙蹙然預計綢繆，爲鳩形鵠面者蓄升斗之儲？〔六〕而一切偷安縱欲，坐待流民之圖，〔七〕於心忍乎？求牧與芻而不得，立而視其死，距心亦知罪矣。〔八〕善將者士先食而後食，豈守令而不然哉？

〔一〕按試：考查各府儒生學業。

〔二〕儉歲：荒年。

〔三〕艱食：草木之實，施力艱難而得之者。

〔四〕抱痌瘝：關心民間疾苦病害。

〔五〕旱蝗之災。

〔六〕鳩形鵠面：饑民枯瘦之狀。

〔七〕《宋史全文》卷十二上：神宗時，新法擾民，鄭俠上書，獻《流民圖》，朝廷以爲狂。

〔八〕距心：齊國平陸大夫名。《孟子·公孫丑下》：孟子之平陸，謂其大夫曰：「子之失伍也亦多矣。凶年饑歲，子之民，老羸轉於溝壑，壯者散而之四方者，幾千人矣。」曰：「此非距心之所得爲也。」（意謂此乃齊王之大政，不肯賑窮，非我所得專爲也。）曰：「今有受人之牛羊而爲之牧之者，則必爲之求牧與芻矣。求牧與芻而不得，則反諸其人乎？抑亦立而視其死與？」曰：「此則距心之罪也。」

菝葜

菝（bá）葜（qiā），《别録》中品。江西、湖廣皆曰「鐵菱角」，曰「金剛根」。葉可作飲。《救荒本草》謂之「山梨兒」，實熟紅時味甘酸，可食，其根有刺甚厲，俚醫多用之。

雩婁農曰：菝葜，山中多有之，根多刺如釘，似非善草，然葉可飲，子可食，根可染，治脚弱、痺滿，釀酒飲之，幾無剩物。而張耒有《菝葜》詩：「江鄉有奇蔬，本草寄菝葜。驅風利頑痺，解疫補體節。春深土膏肥，紫筍迸土裂。烹之芼薑橘，盡取無可掇。」則此草乃又堪蔬矣。吾於此見造物之愛人甚矣。山甿營窟林箐中，寒而瘻，濕而痺，炙而暑，刺而風，惡蟲怪鳥洩其毒而爲瘴癘瘍瘺，人非木石，何以堪此！乃使之日飲啜於良藥嘉草之中，潛消其疹戾而不之覺，「不識不知，順帝之則」。〔一〕聖人之於民也亦猶是矣，養生送死，救災弭患，其事必極於纖微瑣屑，其功乃盡於裁成輔相。《周官》於絲枲、荼葛、果蓏、漆林之類無不臚舉，而庶氏、蟈氏所以攻鳥獸毒蟲者，其官亦皆備焉。〔二〕後世輒曰「大臣不親庶事」，〔三〕夫「不親」者，委任庶官而已，然其於民之一飲食、一疾痛，無不默默爲之籌畫憂

勞。《康誥》曰：「如保赤子。」方其保抱攜持，無所不至，彼赤子烏知之而感之？漢之搉鹽鐵也，以賈人富，而重租稅以困之；宋之行新法也，比之祈寒暑雨，怨咨而不顧。夫君之於民猶父之於子，豈有以子富而困使貧，且使之怨咨無聊而以爲快哉？水旱疾疫，戹運所極，造物已早爲生聚百物，以待人主之措施。彼以陽九委之於天者，〔四〕蓋真視天夢夢也。〔五〕天不虛生一物，聖人不虛靡一物。樹木不以時伐，曾子謂之不孝。天德、王道，何事不該，疏節闊目，其學曰粗。

〔一〕見《詩·大雅·皇矣》。帝：天帝。此言文王順天之自然之則。

〔二〕《周禮·秋官司寇》：「庶氏掌除毒蠱，以攻説禬之，以嘉草攻之。」「蟈氏掌去蛙黽。」

〔三〕《漢書·丙吉傳》：吉嘗出，逢群鬭者，死傷横道，吉過之不問。或以譏吉，吉曰：「民鬭相殺傷，長安令、京兆尹職所當禁備逐捕。……宰相不親小事，非所當於道路問也。」

〔四〕陽九：災害、禍患。

〔五〕《詩·小雅·正月》：「民今方殆，視天夢夢。」夢夢：錯亂不明貌。

鉤藤

鉤藤，《别録》下品。江西、湖南山中多有之。插莖即生，莖、葉俱緑。《本草綱目》云：

「藤有鉤，紫色。」乃「枯藤」也。

雩婁農曰：鉤藤或作「釣藤」，以其鉤曲如釣針也。《滇志》：「咂酒，出鎮雄州。」〔一〕陸次雲《峒谿纖志》：「咂酒，一名鉤藤酒，以米雜草子爲之，以火釀成，不篘不酢，〔二〕以藤吸取。多有以鼻飲者，謂由鼻入喉更有異趣。」鎮雄直滇東北千里而遥，鼻飲之風，今無聞焉。考鎮雄爲芒部地，舊隸烏蒙，雍正八年改昭通府，以鎮雄爲州，其屬有威信、牛街、母亭、彝良，皆設吏分治。其夷則有苗、沙二種，蓋地曠嶺奥，蠻俗猶有存焉。然其植物，昔有五加、方竹、龍眼、荔支諸物，今志不載龍眼、荔支，而謂採筍蹂躪，方竹殆盡，五加已絶種。又謂有海竹，空中爲咂酒竿，〔三〕則咂酒亦不盡用鉤藤。今昔殊風，大都皆然。而舊諺所謂「烏蒙與天通」者，今已爲運銅孔道，駄負佊佊，〔四〕流人占籍，〔五〕宜其濡染華風，非復峒谿故狀。抑夷性憰而土地磽确，〔六〕一草一木輒惜之，或以易食物，而畏官之需索尤甚，志蓋因其俗而杜誅求云爾。〔七〕然以方竹爲守土累者，實有之矣，務奇詭而不恤艱難，烏可以長民哉！〔八〕

〔一〕鎮雄州：治所在今雲南鎮雄縣。

〔二〕篘：濾酒也。酢：此言榨酒也。

〔三〕空中：把竹節間打通。

〔四〕佊佊：行進貌。

〔五〕外來流民加入本籍。

〔六〕磽确：土地貧瘠堅硬。

〔七〕誅求：强行徵取。

〔八〕長民：爲民之官長。

蛇莓

蛇莓（méi），《别録》下品。多生園野中。南安人以莖、葉擣敷疔瘡，隱其名爲「疔瘡藥」，試之神效。自淮而南，謂之「蛇蛋果」，江漢間或謂之「地錦」。

雩婁農曰：蛇莓多生階砌下，結紅實，色至鮮，故名以「錦」。雖爲莓，然第供烏雀螻蟻耳。顧其塗敷疔毒，效甚捷而力至猛。寸草有心，烏可忽乎哉？夫德無小，翳桑一飯而倒戟，〔一〕執炙一臠而救危，〔二〕飲食之施，適得國士，咫尺階前，乃有大藥。否則門左千人，門右千人，碌碌者黍不爲黍，稷不爲稷，求其非荆棘之刺足矣，尚能獲其報乎？〔三〕

〔一〕《左傳》宣公二年：晉趙盾田於首山，舍于翳桑，見靈輒餓，問其病。曰：「不食三日矣。」食之，舍其半。靈輒後爲晉靈公甲士。靈公飲趙盾酒，伏甲士欲害之。靈輒倒戟以禦公徒，趙盾以免。

〔二〕《晉書·顧榮傳》：榮與同僚宴飲，見執炙者貌狀不凡，有欲炙之色，榮割炙啖之。及趙王倫敗，榮被執，將誅，而執炙者爲督率，遂救之，得免。

〔三〕《韓詩外傳》卷六：晉平公游於河，曰：「吾食客門左千人……門右千人，吾可謂不好士乎？」船人對曰：「夫鴻鵠一舉千里，所恃者六翮爾。背上之毛，腹下之毳，益一把飛不爲高，損一把飛不爲加下。今君之食客，門左門右各千人，亦有六翮在其中矣，將皆背上之毛、腹下之毳耶？」

牽牛子

牽牛子，《别録》下品。今園圃中植之。《西陽雜俎》謂之「盆甑草」，自河以北謂之「黑丑」、「白丑」，又謂之「勤娘子」。其花色藍，以漬薑，色如丹。南方以作紅薑，故又名「薑花」。又一種子可蜜煎，俗謂之「天茄」，《救荒本草》謂之「丁香茄」。李時珍以爲即牽牛子之白者，花、葉固無異也。另入「果類」。

雩婁農曰：俗以牽牛花同薑作蜜餞，紅鮮可愛，而理不可曉。梅聖俞詩：「持置梅窗間，染薑奉盤饈。爛如珊瑚枝，惱翁牙齒柔。」〔一〕文與可詩：「只解冰盤染紫薑。」〔二〕此法自宋始矣。邵子詩：「雕零在槿先。」〔三〕言其日出即收也。司馬温公獨樂園有花庵，以牽牛、瓜豆爲之。東坡以此非佳花，〔四〕而前賢多賞之，觀邵子所謂「長是廢朝眠」者，即此，亦見賢者斷無三宴起時也。〔五〕黄綾被裏放衙，〔六〕終身不見此花矣。俗呼此花爲「勤娘子」，亦有味。

〔一〕詩題《牽牛》。

〔二〕此楊萬里《牽牛花》詩句。

〔三〕邵雍詩題《花庵多牽牛，清晨始開，日出已瘁，花雖甚美，而不能留賞》。下引句「長是廢朝眠」亦出此詩。

〔四〕蘇轍《賦園中所有十首》之八有句：「牽牛非佳花，走蔓入荒榛。」因蘇軾亦有《和子由記園中草木十首》，故吴氏誤記爲東坡。

〔五〕宴，通「晏」。晏起，晚起也。

〔六〕放衙升堂之時，尚在被中酣睡。

女萎

女萎，見李當之《藥録》。諸家誤以解「委萎」。〔一〕《唐本草》以爲似白蘞，主治痢洩。觀王羲之《女萎丸帖》云「腹痛小差，須用女萎丸，得應甚速」，則必非今玉竹矣。〔二〕原出荆襄，又

曰魯國。女萎近世方中無用者，存原圖以俟訪。

〔一〕自陶隱居以下多以女萎即委萎。

〔二〕「女萎」一名「玉竹」。

地不容

地不容，一名「解毒子」。《唐本草》始著録。《南嶽攬勝集》：「軫宿峰北多生地不容草，取汁，同雄黄末調服之，大解蛇毒。以其滓敷傷處，雖蝮蛇、五步至毒，亦不加害，其效至速。」

雩婁農曰：余在湘中，按志求所謂「地不容」者，不可得。及來滇，有以何首烏售者，或云滇人多以地不容僞爲何首烏，宜辨之。余喜得地不容甚於何首烏也，遂博訪而獲焉。其根、苗大致似交藤，而根扁而瘠，葉厚而圓，開小紫花。詢諸土人，則曰：「其葉易衍，其根易碩，殆無隙地能容也，故名。」或以其葉團似荷錢，而易爲『地芙榮』，失其意矣。考《圖經》，生戎州，〔一〕今爲安順府，與滇接。宋版輿不及滇，故不以爲滇産。《滇本草》曰：「味苦，性温，有毒，治一切瘧吐、倒食氣、吐痰，甚於常山，虚者忌之。常山有轉達之功，地不容無轉達之功，故禁用。」其説與《圖經》異而詳。滇、黔之藥，多出於夷

峒。夷之衣服飲食不與華同，以治夷者治民，幾何不草菅而獮薙之耶？〔二〕然世之好奇者，不求之烏滸狼𧆿，〔三〕則求之番舶鬼市，〔四〕輒曰：「藥之來者遠，則其爲效也捷。」嗚呼！病非夷之病而藥夷之藥，則必衣夷之衣而後知其藥之舒斂，食夷之食而後知其藥之補伐，身體心腹，無不變而爲夷，而後藥之入其肺腑而達於毛髮者，乃無一不相淪浹瞑眩焉，而後知夷醫爲和緩、〔五〕夷藥爲參苓矣。否則，不乃之羹，古刺之酒，〔六〕且有呃於喉、刺於鼻而不能一咽者，況此苦辛劇毒之品，而謂五行無偏勝之臟腑，可以相容莫逆，如石投水哉？滇地今益闢，夷之負藥入市者，惟薰洗瘡痍，瘍醫實取資焉。駸駸乎胥百夷而冠帶之，酸鹹之，且將以治民者治夷矣。如《滇本草》，誠不以良民試夷法，滇亦多賢人哉！

〔一〕宋戎州在今湖北宜賓。

〔二〕獮薙：除滅。

〔三〕《南州異物志》：「烏滸，地名也，在廣州之南，交州之北。」狼𧆿：在今廣西。

〔四〕鬼市：此指與外國人交易之市。

〔五〕和、緩俱春秋時名醫。

〔六〕唐劉恂《嶺表録異》：「交趾之人重不乃羹，羹以羊、鹿、雞、猪肉和骨同一釜煮之，令極肥濃，漉去肉，進葱薑，調以五味，貯以盆器，置之盤中。」古刺酒不詳。元汪大淵撰《島夷志略》有東冲古剌，其人釀蔗漿爲酒，或指此。

白蘞

白蘞，《唐本草》始著録。《圖經》有數種，《本草拾遺》又有「陳家白蘞」、「甘家白蘞」、「會州白蘞」，有方無圖。今滇南亦有白蘞，主治馬病，未知是《圖經》何種，不敢併入。兹從《圖書集成》繪存原圖一種，其治證各方，録於編中以備考。〔一〕

〔一〕見《植物名實圖考長編》卷十「白蘞」條。

白蘞

落鴈木

落鴈木

落鴈木，《唐本草》始著録。《海藥》謂鴈過皆綴其中，故名。生南海山中，代州、雅州皆有之。〔一〕治風痛、脚氣、産後血氣痛。

〔一〕代州即今山西忻州之代縣。雅州則今之四川雅安。

解毒子

解毒子，《唐本草》以爲生川西，即「地不容」。《圖經》所云生戎州者，與滇南地不容雖相類，而云無花、實。李時珍以《四川志》「苦藥子」即「解毒子」，又或謂即「黄藥子」，皆出懸揣。今以滇南地不容別爲一圖，而存解毒子原圖以備考。世之用地不容者，當依《滇本草》爲確。其舊説解蠱毒、消痰、降火，雖具藥性，而不可輕試。若川中「苦藥子」，亦恐非《唐本》之解毒子也。

蘿藦

蘿藦（mó），即「雚蘭」，見《詩疏》。〔一〕《唐本草》始著録。《拾遺》曰「斫合子」，《救

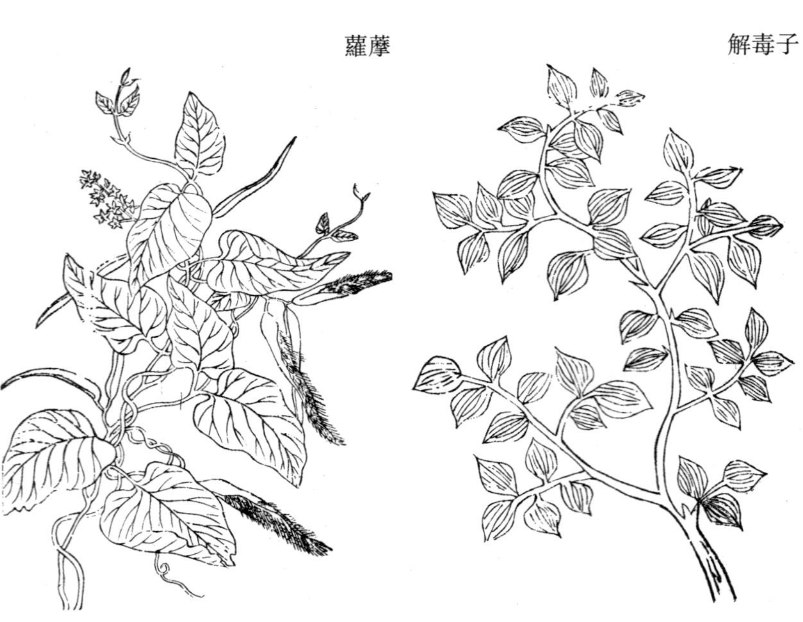
解毒子

蘿藦

荒本草》曰「羊角科」。今自河以北皆曰「羊角」，江淮之間曰「婆婆鍼線包」，或曰「羊婆奶」，湖南曰「斑風藤」。

雩婁農曰：《芄蘭》，《衛詩》也，故中原極多，江、湘間偶逢之。淳于髡曰：「求柴胡、桔梗於沮澤，累世不得一焉。」〔二〕地利有宜，信矣。沈存中謂：「芄蘭生莢支，出於葉間，垂之如觿，其葉如佩韘之狀。」〔三〕按芄蘭之角如觿，尚得形似，其葉如王瓜、牽牛等，安得有佩韘狀？〔四〕詩人觸物起興，矢口成音，豈與夫訓詁之學拘文牽義、强爲組織哉？漢儒格物，非得之目覩，即師承有緒，非安造無稽之談以爲標新領異。始作俑者，王安石之新學，而陸佃爲之推波助瀾也。〔五〕陳瑩中云：「王氏之學廢絶史學，而咀嚼虚無之言，其事與晉無異。」其彈蔡京疏云：「絶滅史學，一似王衍。」斥新經者以此爲皋、蘇折獄矣。〔六〕夫憑虚臆説，何所不至？極其量，雖伏獵、弄麞，〔七〕無難曲解旁證以伸其説。今王氏之學澌滅殆盡，而《埤雅》以草木鳥獸而存。毛晉以陸佃釋「采苓」、「采蘩」、「采蘋藻」爲后妃、諸侯夫人、大夫妻之次第，王安石釋「苓，接余」，謂「可以妾餘草」，爲可笑而近於戲。嗚呼！王氏之學，「天變不足畏，祖宗不足法，人言不足恤」，尚何有於經而不敢侮？觀其制置條例，〔八〕乃以蒼生宗社爲戲，經營祖述，〔九〕卒傾宋京。由今而觀，豈堪一噱哉！沈存中，博物者，而不免汩新學之餘波，甚矣，邪説之害同於洪水猛獸也！

〔一〕《毛詩草木鳥獸蟲魚疏》卷上「芄蘭之支」條作「芄蘭一名蘿摩」，而《爾雅》云「雚，芄蘭」，是二名可通。

〔二〕見《戰國策·齊策三》。

〔三〕觿：解結用的錐狀物，角骨製成。韘：即射箭用的「斑指」。

〔四〕《芄蘭》有「芄蘭之支，童子佩觿」，「芄蘭之葉，童子佩韘」句，舊説以「芄蘭」起興，非言芄蘭之支葉如觿如韘也。沈括所解，一違舊説，故吴氏斥之。

〔五〕陸佃，王安石弟子，崇王氏學，作《埤雅》，多採安石《字説》。

〔六〕皋陶，虞舜之士官；蘇忿生，周武王之司寇，皆掌司法者。折獄：斷案。

〔七〕見本卷「千歲藟」條注〔五〕。

〔八〕指變置「青苗」等新法。

〔九〕變更祖宗舊法。

赤地利

赤地利，《唐本草》始著録。李時珍以爲即《本草拾遺》之「五毒草」。江西、湖南通呼爲「天蕎麥」，亦曰「金喬麥」。莖柔披靡，不纏繞，莖赤葉青，花、葉俱如蕎麥，長根赭硬，與《唐本

草》説符，爲治跌打要藥。竊賊多蓄之，故俚醫呼「賊骨頭」。

雩婁農曰：天之生斯草也，以矜折損也，〔一〕乃宵小恃之以扞敲抨而遁法網，〔二〕豈天之助兇人歟？《易》曰：「惡不積不足以滅身。」《傳》曰：「淫人富，謂之殃。」〔三〕夫盗賊穿窬胠篋，得而縶之，法止鞭扑及荷校耳，〔四〕乃祕此方藥，絶者續，腐者新，〔五〕頑而無忌，屢觸法而益狼戾，〔六〕其究不至殺越人于貨不止，〔七〕則斷剄之戮及之矣。昔有囚將伏法，語獄卒曰：「某爲賊冒法多矣，〔八〕每受責，必餌白及，故無苦。死後可取肺視之，必有異。」獄卒如言審其肺，已潰敗，皆白及所補綴云。然則盗賊得祕藥而無所苦者，乃俾之愍不畏死而終服上刑也，則天之生此草，將以積其惡而滅之殃之也；然盗賊終恃此而不悟也。

〔一〕矜憫傷損之人而療治之。

〔二〕敲抨：指杖笞之刑。

〔三〕《左傳》襄公二十八年：穆子曰：「善人富，謂之賞。淫人富，謂之殃。天其殃之也，其將聚而殲旃。」

〔四〕荷校：負枷示衆。

〔五〕骨斷則續，肉爛而新。

〔六〕狼戾：跋扈。

〔七〕殺越人于貨：殺人、隕越人以取其財貨。

〔八〕冒法：觸犯法律。

紫葛

紫葛，《唐本草》始著録。湖南謂之「赤葛藤」。葉似野葡萄，而根長如葛，色紫，蓋即葛之别種。主治金瘡、傷損，俗方多用之。原圖葉甚相類，而又一圖殆其枯蔓，姑仍之。

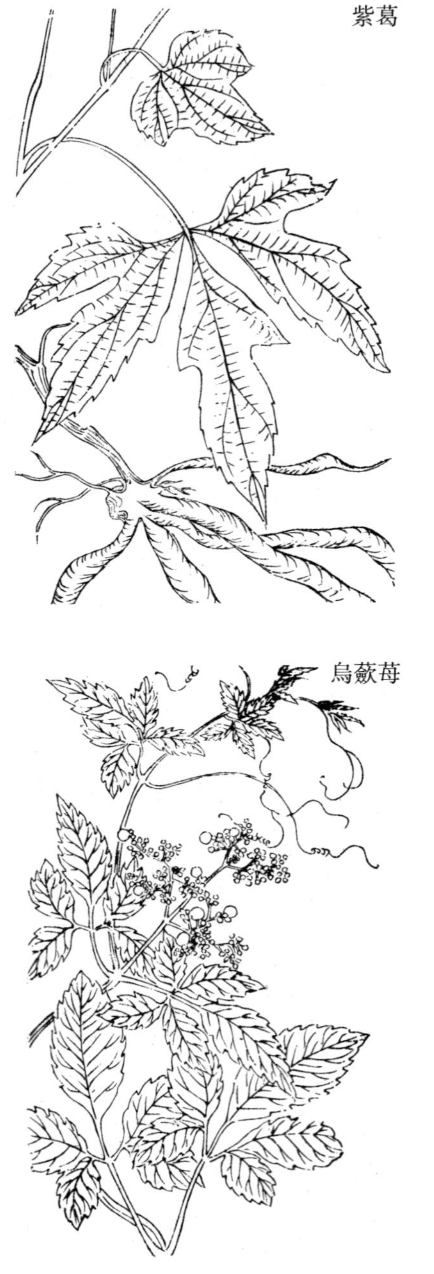

烏蘞苺

烏蘞（liǎn）苺，即「五葉苺」。《唐本草》始著録。按《詩經》「蘞蔓於野」，〔一〕陸《疏》形狀正同烏蘞。毛晉《廣要》亦云蘞有赤、白、黑，疑此即黑蘞云。今俗通呼曰「五爪龍」。

〔一〕見《唐風·葛生》。

葎草

葎（lǜ）草，《唐本草》始著録。處處有之。《救荒本草》謂之「葛勒子秧」，苗、葉可煠食。《本草綱目》併入《別録》「有名未用」。勒草，南方呼「刺」皆曰「勒」，未可以葎、勒音轉定爲一物。

雩婁農曰：湘中葎草極繁，廢圃中往往茀不可行。〔一〕迷陽傷足，〔二〕繭挐竊衣，〔三〕其流輩也。調以酸鹹，乃不戟喉。〔四〕花芥、刺薊，又其亞矣。蓋造物之養人也，唯恐其獲之也艱而生之也蹙，故凡婦稚之擷捋，牛羊之踐履，無不可以適口腹而備緩急。然則人力之所極而化工之所慫者，其皆非養人者歟？余以世之疾夫此草也，因歌以誡之，其詞曰：「相彼滋蔓，浸淫堂隅，鋤而去之，乃益繁蕪。孰遘不憎，孰忤不誅，勿憎勿誅，代匱庶乎。嗚呼饉歲，恃此而餔，饘斯粥斯，不螫乃腴。何惜咫尺，廣茁此徒，吾言曷徵，曰《救荒書》。」

〔一〕茀：雜草阻路。

〔二〕《莊子·人間世》：「迷陽迷陽，無傷吾行！吾行郤曲，無傷吾足！」

〔三〕「藒」，原本誤作「藅」，據《爾雅》改。《爾雅·釋草》：「藒藭竊衣。」郭注：「似芹，可食。子大如麥，兩兩相合，有毛，著人衣。」故俗云「鬼麥」。

〔四〕戟喉：刺嗓難下咽。

植物名實圖考卷之二十三

蔓草　芳草　毒草

四喜牡丹即追風藤。

四喜牡丹，生雲南山中。長莖如蔓，附莖生葉，三葉同柄。復多花叉，微似牡丹，長五六分。春開四瓣白花，色如梔子，瓣齊有直紋。黄蕊緑心，楚楚有致。惟莖長花少，頗形寂寞。

刺天茄

刺天茄，滇、黔山坡皆有之。長條叢蔓，細刺甚利。葉長有缺，微似茄葉，然無定形。花亦似茄，尖瓣黄蕊，粉紫淡白，新舊相間。花罷結圓實，大者如彈，熟紅，久則褪黄。自春及

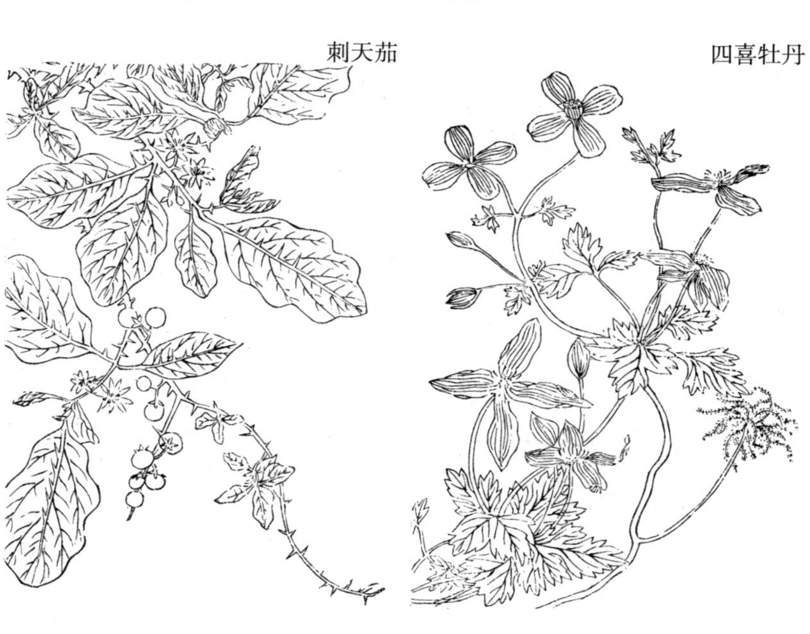

四喜牡丹　　刺天茄

冬，花實不斷。《滇本草》：「刺天茄，味苦甘，性寒。治牙疼，爲末，搽之即愈。療腦漏、鼻淵，却風，止頭痛，除風邪。」

刀瘡藥

刀瘡藥，生雲南。藤本蔓生，赭緑莖。葉似何首烏，色緑微寬，無白脈。葉間開花五瓣，外白内紫，紋如荊葵，數十朵簇聚爲毬。又名「貫筋藤」，殆能入筋絡之品。

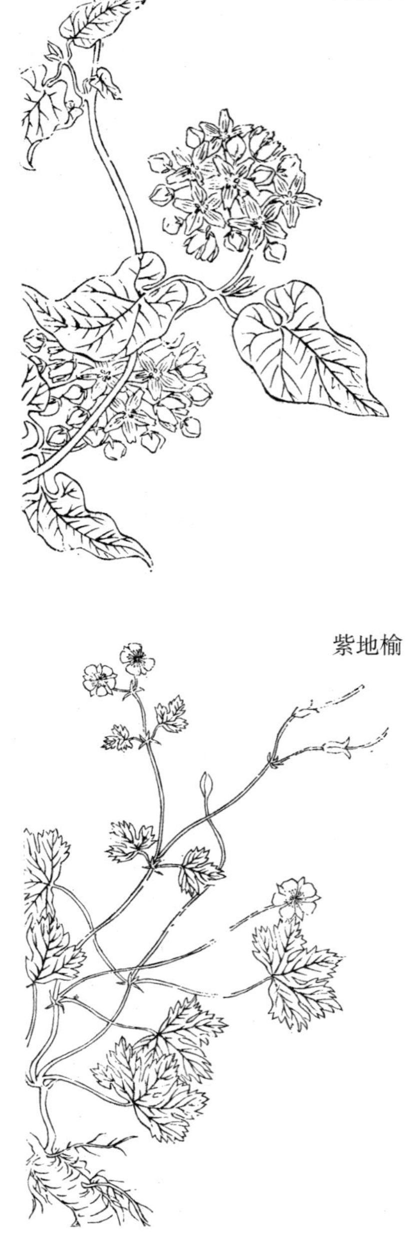

紫地榆

紫地榆，生雲南山中。非地榆類也。圓根横紋，赭褐色。細蔓繚繞，一莖一葉。葉如五葉草而杈歧不匀，多鋸齒。蔓梢開五瓣粉白花，微紅，本尖末齊，緑萼五出，長於花瓣，托襯瓣隙。

結角長寸許，甚細，而彎如牛角。考《滇本草》有「赤地榆」，與《本草》治症同。又有「白地榆」，味苦濇，性温，與地榆頗異。此又一種。按名而求，則懸牛首市馬肉，不相應者多矣。

滇白藥子

滇白藥子，蔓生，根如卵，多鬚。一枝五葉，似木通而微小。梢端三葉。夏開花作穗如白花何首烏，結實如珠。考白藥有數種，而説皆不晰。《滇本草》謂只可醫馬，不可吃，而又載興陽道諸方。其説兩歧，殆不可信。

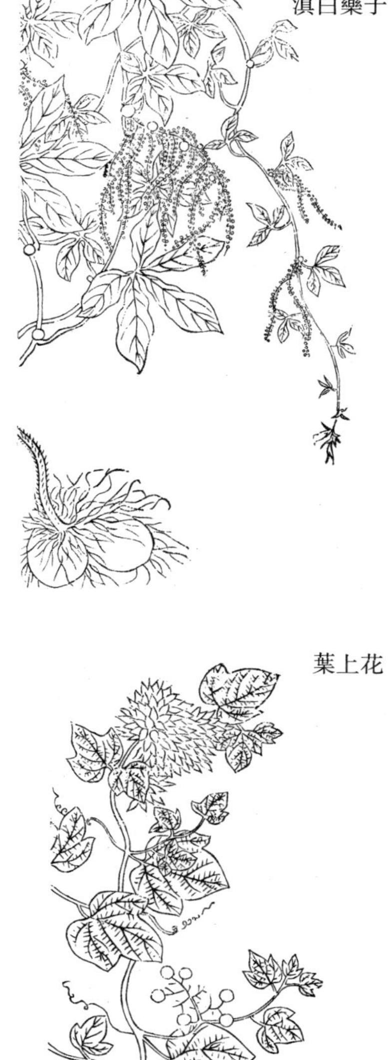
滇白藥子

葉上花

葉上花

葉上花，生雲南。蔓生，緑莖，一葉一鬚。葉或五尖，或三尖，大如眉豆葉。花生葉筋脈上，作小尖青葵，上紅下淡。花密則葉枯，其筋脈即成小莖。結實如珠，色紫黑。《廣西通志》：「紅果草，小者圓葉邊，花莖有軟刺，可治牙痛。」疑即此類。

堵喇

堵喇，生大理府。蔓生，黑根。一枝一葉，似五葉草，大如掌。俚醫云：性寒，解草烏毒。産緬地者能解百毒。

堵喇

土餘瓜

土餘瓜

《滇本草》：「土餘瓜，味甘，無毒。生於山中。倒挂綠葉，開黄花。按一年開一朵，結一薹，梗藤綿軟，至十二年根成人形，夜有白光。屬陽氣採取，同雲茯苓膏服之，黑髮延年，百病不生。若單服，無益。茯苓亦夜有白光，陰也，須得土餘瓜配合爲妙。」余遣人採得，根如何首烏，大小磥砢，相屬不絶。色黄如土，細蔓絲裊，拳附下垂。一葉一鬚，似王瓜葉而光，有細紋，亦如瓜葉。「人形白光」之説，蓋如枸杞、人蔘，以意測度。東坡謂：「五月五日採艾如人形者，艾豈似人？萬法皆妄，出於意想。」〔一〕讀醫書者當知之。

〔一〕見《東坡志林》卷十，稍有不同，原文如下：「端午日未出，於艾中以意求其似人者，輒擷之以灸，殊有效。幼時見一書中云爾，忘其爲何書也。艾未有真似人者，於明暗間苟以意命之而已。萬法皆妄，無一真者，復何疑耶？」

滇土瓜

土瓜，生滇、黔山中。細蔓，長葉微團。秋開如鼓子花，色淡黄。根以爲果食。桂馥《札樸》：「土瓜，形似萊菔之扁者，色正白，食之脆美。」案即《爾雅》「黄，菟瓜」，訛爲「土瓜」。《滇本草》：「味甘平，一本數枝，葉似胡蘆。根下結瓜，紅、白二色。紅者治紅白帶下，通經解

熱；白者治婦人陰陽不分，子宫虚冷，男子精寒。生喫有止嘔療饑之妙。」《遵義府志》：「俗呼『土蛋』，歲可助糧。」按此草有花，一開即斂，《滇本草》以爲無花，殆未細審。

按：黔西山坂中極多，北人見者，皆以爲燕葍。其花初黄後白。按《爾雅》「菲，芴」，郭注：「土瓜也。」孫炎曰：「葍類也。」此草形既如葍，名同土瓜，或是一物。但《本草》所述土瓜即是王瓜，而説經者皆不詳土瓜花實，引證極博，究無的解。北地亦未見有此草，不敢遽謂「葑菲」之「菲」即此矣。若李時珍謂江西「土瓜粉」即「王瓜根」，恐贛南之土瓜亦即此物。唯彼人云味麤惡，此根味甘，有藥氣，不至辣喉，或以地氣而異。若王瓜根，則未聞可粉也。

昆明雞血藤

昆明雞血藤，大致即「朱藤」，而花如刀豆花，嬌紫密簇，艷於朱藤，即紫藤耶？褐蔓瘦勁，與順寧雞血藤異，浸酒亦主和血絡。

繡毬藤

繡毬藤，生雲南。巨蔓逾丈。一枝三葉，葉似榆而深齒。葉際抽葶，開花如絲，長寸許，糺結成毬，色黄緑。《滇本草》亦有此藤，而圖説皆異，蓋又一種。此藤開四瓣紫花，心皆粉蕊，老則迸爲白絲微黄。土醫或謂爲「木通」，以爲薰洗之藥，主治全别。

繡毬藤

扒毒散

扒毒散

扒毒散，生雲南圃中。插枝即活。以能治毒瘡，故名。大致類斑莊根而無斑點，葉亦尖長。秋深開小白花，如蓼而不作穗，簇簇枝頭，尤耐霜寒。

崖石榴

崖石榴，盤生石上。即木蓮一類，而實大僅如龍眼。滇俗亦以爲粉，葉澀，亦微異。

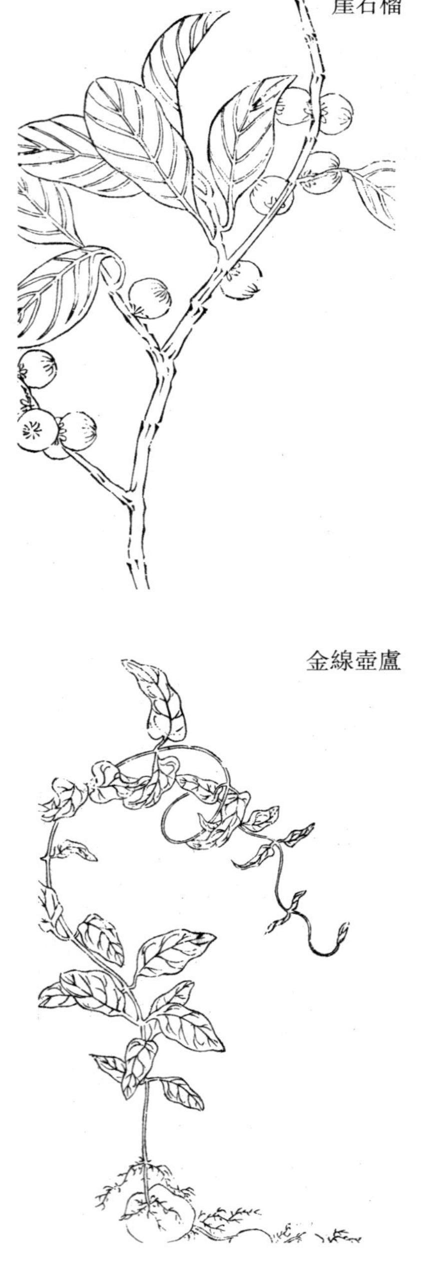

金線壺盧〔一〕

金線弔壺盧，生滇南山中。蔓生細莖，葉似何首烏而瘦。根相連綴，大者如拳，小者如雀卵，皮黄肉白。以煮雞肉，味甘而清，美於山蕷。滇中秋時粥於市，不知者或以爲芋。俗云性能滋補，故嗜之。

〔一〕正文作「金線弔壺盧」。

銅錘玉帶草

銅錘玉帶草，生雲南坡阜。緑蔓拖地。葉圓，有尖細齒，疎紋。葉際開小紫白花，結長實如蓮子，色紫深，長柄擎之。帶以肖蔓，錘以肖實也。

銅錘玉帶草

鐵馬鞭

鐵馬鞭

鐵馬鞭，生雲南山中。粗蔓色黑。短枝密葉，攢簇無隙。葉際結實，紫黑斑斕，大如小豆。土醫云浸酒能治浮腫。

黃龍藤

黃龍藤，生雲南山中。藤巨如臂，紋裂成鱗。細蔓紫色，長葉綠潤。開五瓣團花，中含圓珠，殷紅一色，珠老則青。

黃龍藤

白龍藤

白龍藤

白龍藤，生雲南山中。粗藤如樹，巨齒森森，細枝小葉，亦絡石之類。土醫云能舒筋骨。

地棠草

地棠草，生雲南山阜。細蔓緑圓，葉大如錢，深齒齟齬，三以爲簇，花開葉際。土醫云能散小兒風寒。

地棠草

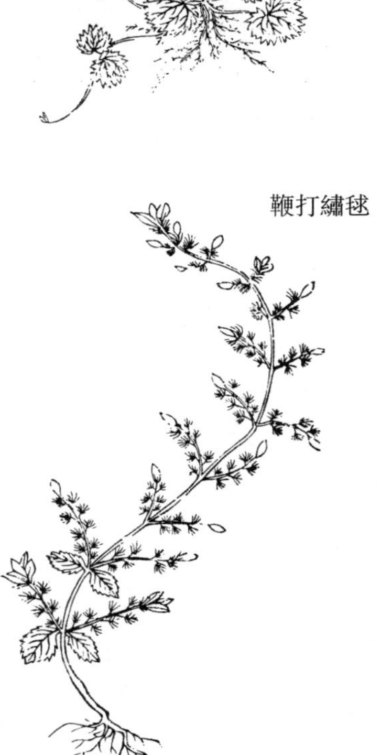
鞭打繡毬

鞭打繡毬

鞭打繡毬，生大理府。細葉，莖如水藻。近根處有葉，大如指。梢端開淡紫花，尖圓如小毬。俚醫用之，云性温，味微甘，治一切齒痛，煎湯含口吐之。

漢葒魚腥草

漢葒魚腥草，生雲南太華山麓。紅莖裊娜，似立似欹。對生横枝，細長下俛。枝頭三杈，生葉宛如青蒿。葉際小葶，細如朱絲。花苞作小筩子，開五瓣粉紅花，似梅花而小，瓣上有紅縷殊媚。按《宋圖經》有「水英」，又名「牛葒魚津」，而不著其形狀、氣味，難以臆定。

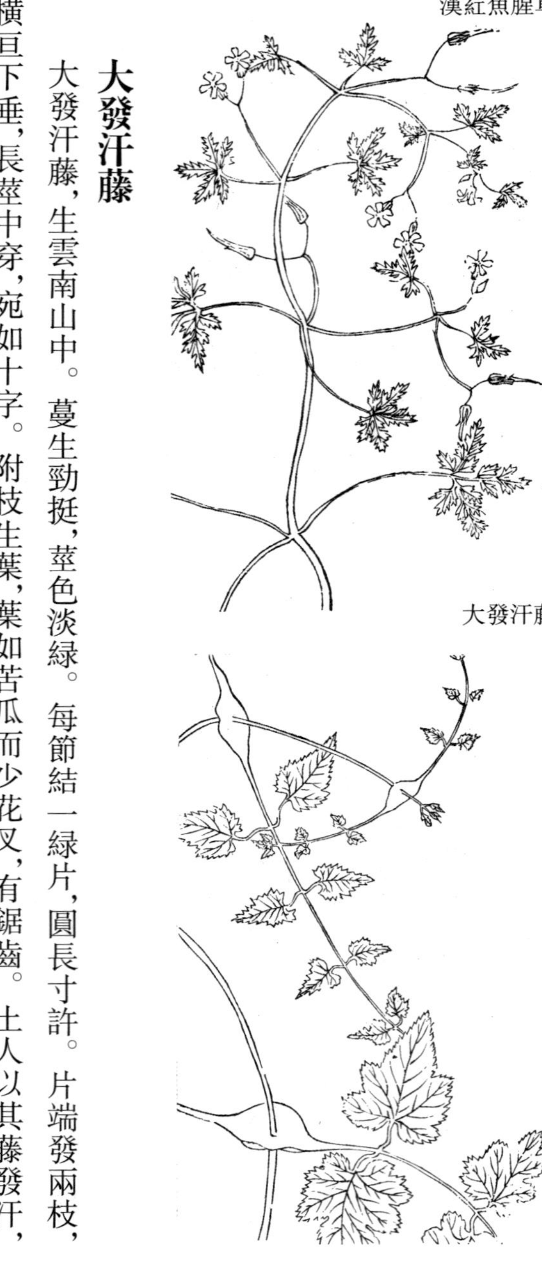
漢葒魚腥草

大發汗藤

大發汗藤

大發汗藤，生雲南山中。蔓生勁挺，莖色淡緑。每節結一緑片，圓長寸許。片端發兩枝，横亘下垂，長莖中穿，宛如十字。附枝生葉，葉如苦瓜而少花叉，有鋸齒。土人以其藤發汗，故名。

昆明沙參即金鐵鎖。

金鐵鎖，生昆明山中。柔蔓拖地，對葉如指厚脆，僅露直紋一縷。夏開小淡紅花，五瓣極細。獨根横紋，頗似沙參，壯大或如蘿蔔；亦有數根攢生者。《滇本草》：「味辛辣，性大温，有小毒，吃之令人多吐。專治面寒痛、胃氣心氣疼，攻瘡癰、排膿。爲末五分，酒服。」夷寨谷汲，〔一〕水寒多毒，辛温之藥，或有所宜，與南安以仙茅爲茶，皆因地而用，不可以例他方。扁鵲之爲醫也，以秦、趙爲别。〔二〕尹、趙、王、韓之治京兆也，寬嚴異轍。〔三〕地與時殊，治無膠理。《麗江府志》：「土人參性燥。」在滇而燥，移之北，不幾烏頭、天雄之烈歟耶？

〔一〕谷汲：從溪谷中汲取用水。

〔二〕《史記·扁鵲傳》：扁鵲名聞天下。過邯鄲，聞貴婦人，即爲帶下醫；過洛陽，聞周人愛老人，即爲耳目痹醫；入咸陽，聞秦人愛小兒，即爲小兒醫，隨俗爲變。

〔三〕尹翁歸、趙廣漢、王尊、韓延壽，俱爲西漢著名京兆尹。事見《漢書·趙尹韓張兩王傳》。

飛仙藤

飛仙藤，生雲南石巖上。柔蔓細枝，長葉如柳，而瘦勁下垂。叢雜蒙茸，遠視不見。柯條移植，輒不得生。《滇本草》：「味甘，無毒。緑葉白花，採服益壽延年，若花更妙。此草，鹿多食之。鹿交多輒斃，牝鹿銜以食之，即活。又名『還陽草』。」按此草亦「活鹿草」之類。劉憶殪鹿，得草而起，用以爲藥，僅同豨薟。〔一〕牛之性猶人之性，與鼠食巴豆、羊食斷腸草，移之於人，烏乎！〔二〕

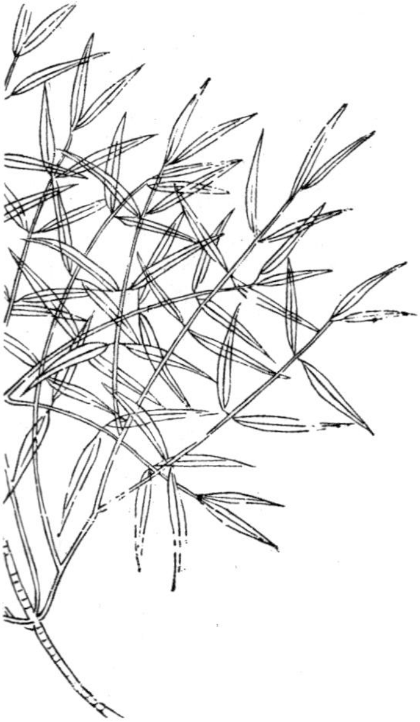

〔一〕見卷十一「天名精」條注〔一〕。

〔二〕「乎」下，似當有「可」字。晉張華《博物志》卷九曰：「鼠食巴豆三年，重三十斤。」《嶺表録異》言胡蔓草，《唐本草注》言鉤吻，毒多著於生葉中，人誤食半日輒死，山羊食其苗則肥而大。胡蔓草、鉤吻皆名「斷腸草」。

鞭繡毬

鞭繡毬，生昆明山中。蔓生。細根黑鬚。緑莖對葉。葉似薯蕷而末團，踈紋圓齒。夏開五瓣黄花，頗似迎春花。

鞭繡毬

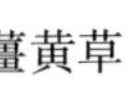

薑黄草

薑黄草

薑黄草，生滇南。蔓、葉俱如牽牛，根如薑而黄，極硬。以形得名。

金雀馬尾參

金雀馬尾參，生雲南山中。緑蔓柔長，根赭白色，一叢數百條。葉際開花，作壺盧形，長四五分，細腰色紫，上坼五瓣而尖復合，茸毛外森，彎翹别致。

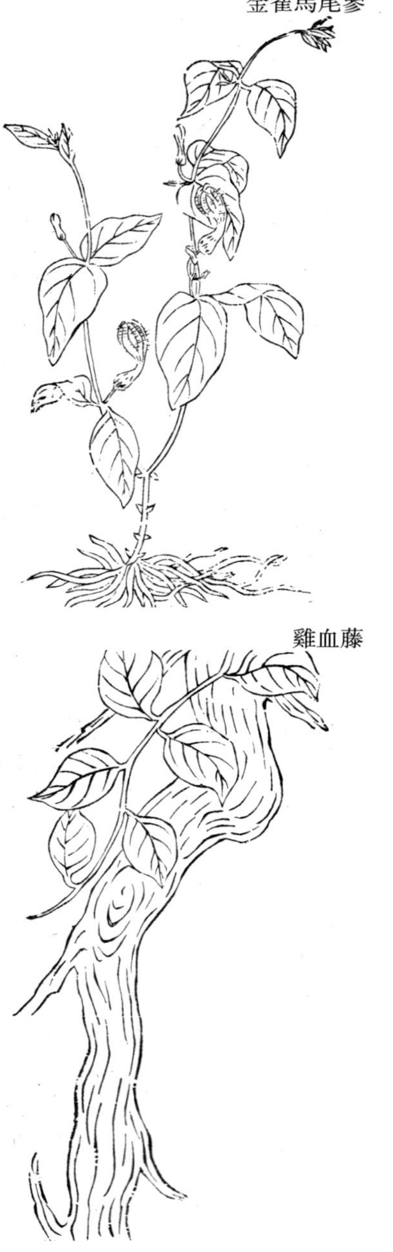

雞血藤

雞血藤，《順寧府志》：「枝榦年久者周圍四五寸，小者亦二三寸。葉類桂葉而大，纏附樹間。伐其枝，津液滴出，入水煮之，色微紅，佐以紅花、當歸、糯米熬膏，爲血分之聖藥。」滇南惟順寧有之，産阿度吾里者尤佳。今省會亦有販者，服之亦有效。人或取其藤以爲杖，屈拏古勁，

色淡紅，其舊時「赤藤杖」之類乎？〔一〕

〔一〕韓愈有《赤藤杖歌》，中有句云：「赤藤爲杖世未窺，臺郎始攜自滇池。」

碗花草

碗花草，生雲南。蔓生如旋花。葉似鬼目草葉，無毛。花出苞中，色白，五瓣作筩子形，無心。臨安土醫云：治九子痒，以根泡酒敷，自消。昆明謂之「鐵貫藤」。

碗花草

紫參

紫參

滇紫參，即茜草之小者。四葉攢生而無柄，以此稍異。

青羊參

青羊參，生雲南山中。似何首烏長根。開五瓣小白花，成攢，摘之，有白汁。

青羊參

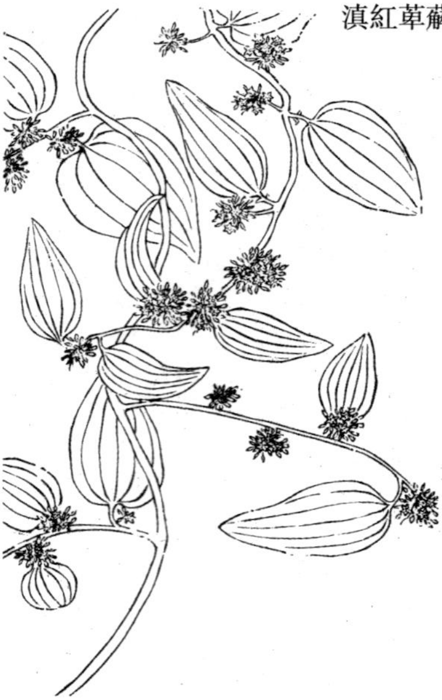

滇紅萆薢

滇紅萆薢

滇紅萆薢，長蔓。葉光潤綠厚，有直勒道。花紫紅如粟米，作毬。

架豆參

架豆參，生雲南。短蔓。葉如藿，一一四對生，如架十字。根大如薯。

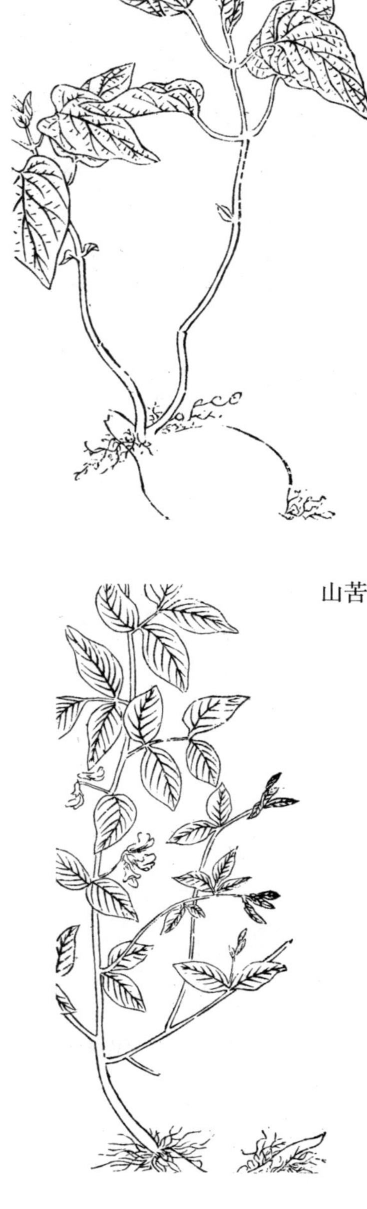

架豆參

山苦瓜

山苦瓜

山苦瓜，生雲南。蔓長拖地。莖、葉俱澀。或二葉、三葉、四葉爲一枝，長葉多鬚。

青刺尖

《滇本草》：「青刺尖，味苦，性寒，主攻一切癰疽、毒瘡，有膿者出頭，無膿者立消，散結核。」按此草長莖如蔓，莖、刺俱緑，春結實如蓮子，生青熟紫。

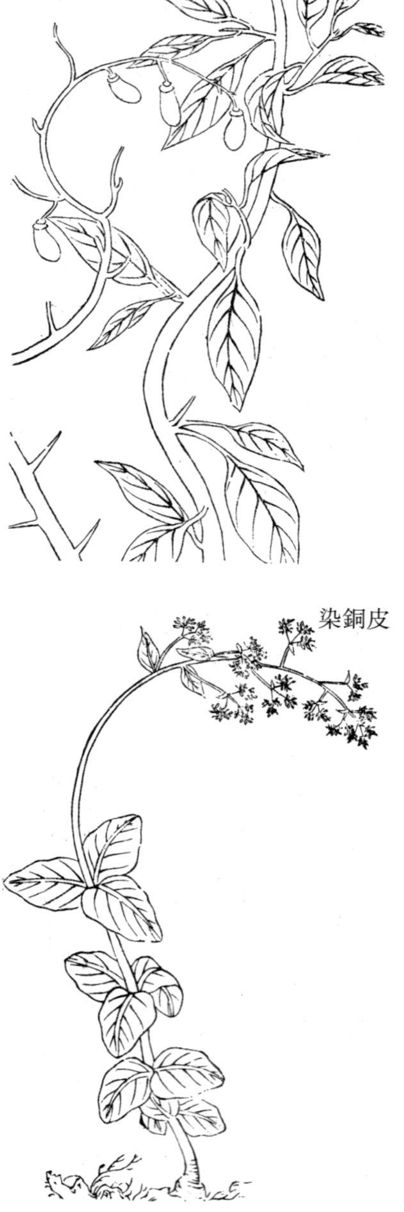

染銅皮

染銅皮，生雲南。蔓生無枝。三葉攢生一處，有白縷。結實如粟。

紫羅花

紫羅花，生滇南。蔓生。葉澀如豆葉。子如枸杞，作毬。俗醫謂之「蛇藤」。

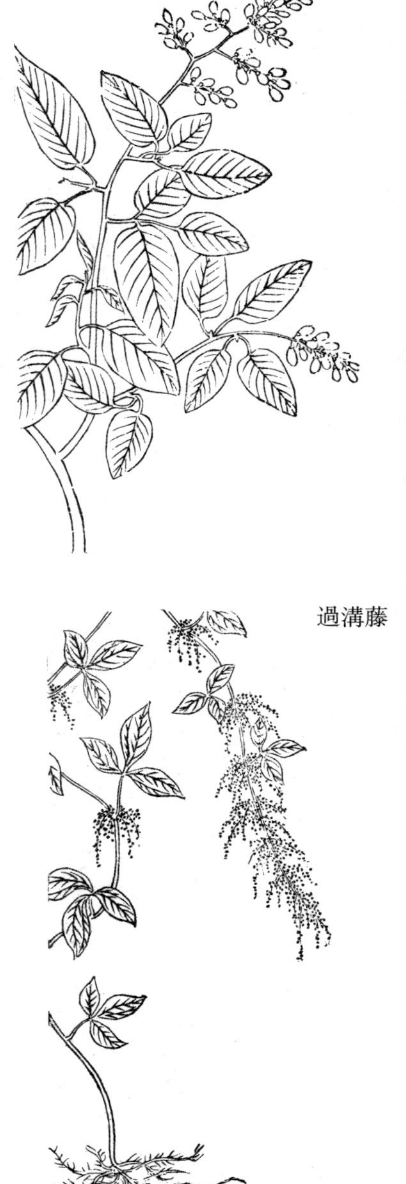

過溝藤

過溝藤，生雲南。長蔓。一枝三葉。結實如粟，味臭。

馬尿藤

馬尿藤，生雲南。一枝三葉，光滑如竹葉。開花作角，紅紫色，如小角花。

馬尿藤

巴豆藤

巴豆藤

巴豆藤，生雲南。巨藤類木。新蔓繚繞，一枝三葉。名以「巴豆」，蓋性相近。

滇防己

滇防己，緑蔓細鬚。一葉五歧。黑根麄硬，切之作車輻紋。

滇防己

滇淮木通

滇淮木通，毛藤如葛。一枝三葉或五葉，粗澀縐紋，亦有毛。莖中空，通氣。

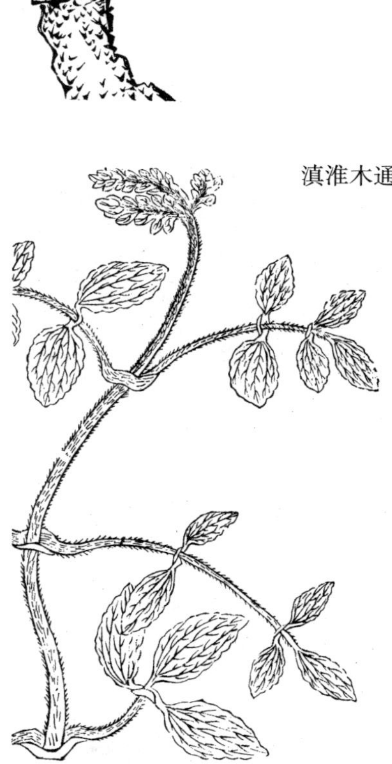

滇淮木通

滇兔絲子

滇兔絲，細莖極柔。對葉如落花生葉，微團。莖端開紫筩子花，雙朵並頭，旋結細子。

滇兔絲子

飛龍掌血

飛龍掌血，生滇南。粗蔓巨刺，森如鱗甲。新蔓密刺，葉如橘葉，結圓實如枸橘微小。

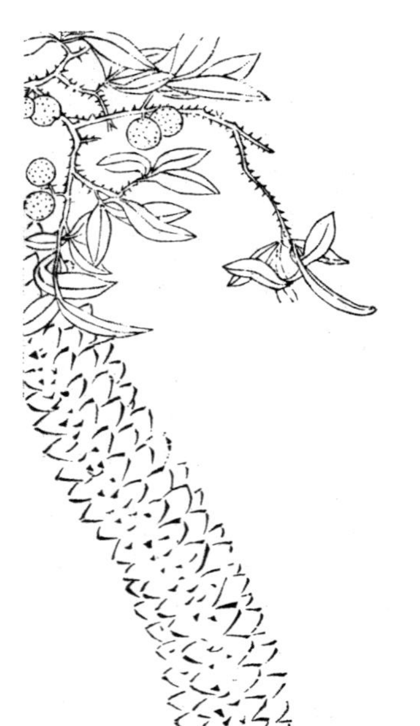

飛龍掌血

小雞藤

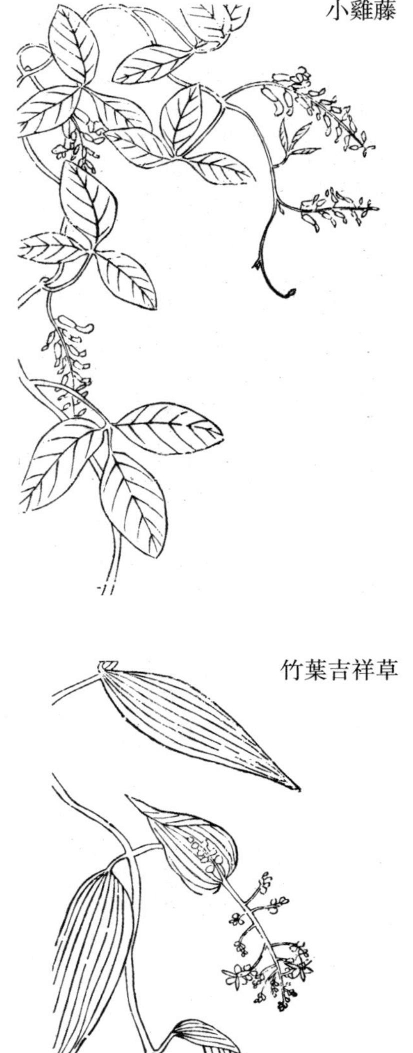

小雞藤

竹葉吉祥草

竹葉吉祥草

竹葉吉祥草，生雲南山中。緑蔓，竹葉垂條。開花如吉祥草，六瓣，紅白相間。長根色微紅。土醫謂之「竹葉紅參」，主補益。

山豆花

山豆花，生雲南。蔓生。大葉長穗，花似紫藤花。

山豆花

山紅豆花

山紅豆花

山紅豆花，生雲南山中。葉蔓如紫藤而細。小花如豆，花色紅。

野山葛

野山葛，山中有之。一枝三葉，如大豆葉。開紫花，作角，如葛花而小。

野山葛

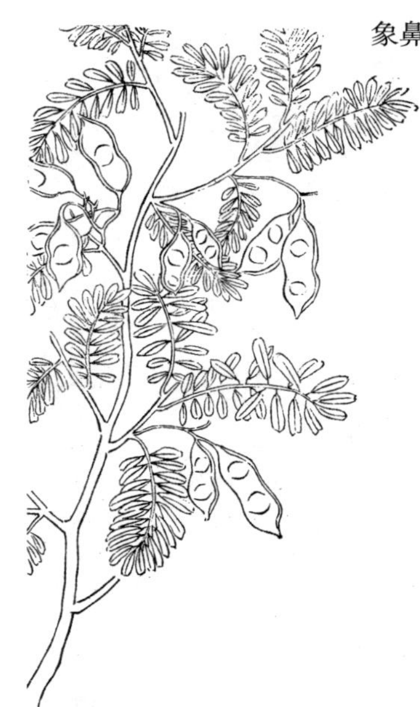

象鼻藤

象鼻藤

象鼻藤，生雲南。對葉如槐，亦夜合。結角如椿角，一一下垂。

透骨鑽

透骨鑽

珠子參

土黨參

土黨參，生雲南。根如參，色紫花，蔓生。葉、莖有白汁，花似奶樹花而白，蓋一類。

珠子參

土黨參

山土瓜

山土瓜，蔓生，一枝三葉。花紫，角細如豆。根味如雞腿光根，土人食之。

山土瓜

老虎刺

老虎刺

老虎刺，黔中植以爲藩。細葉夜合，柔枝蓋偃。秋時結實，若豆而扁，下垂片角，薄於蟬翼，淡紅明透，光映叢薄。緣石蓋瓦，樊圃護門。〔一〕每當斜陽灑灑，輕飈漾漾，便如朱蜓欲飛，丹鱗出泳，田家雜興，描畫爲難矣。

〔一〕此處「樊」爲動詞，即此物可爲園圃做樊籬。

土荆芥

土荆芥，生昆明山中。緑莖有棱。葉似香薷。葉間開粉紅花，花罷結筩子，三尖微紅，似紫蘇葋子而稀疎。土人以代假蘇。

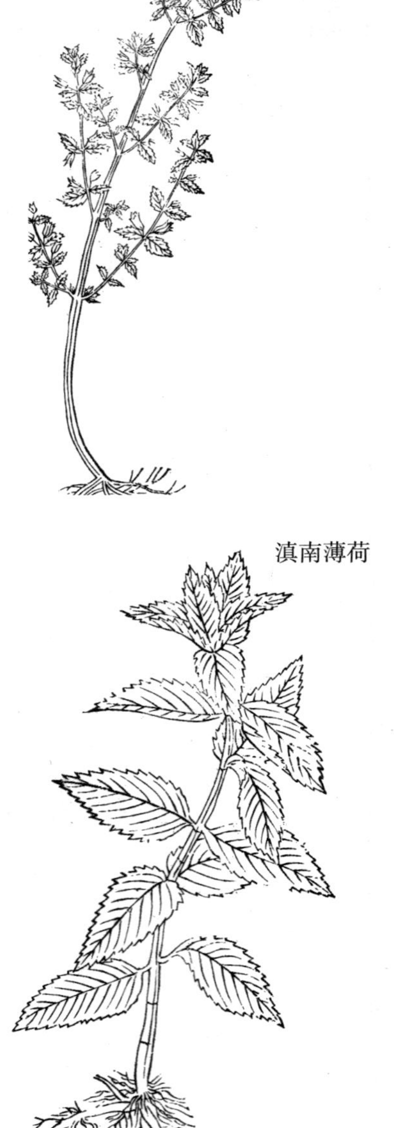

滇南薄荷

滇南薄荷，與中州無異而莖方，亦硬。葉厚短，氣味微淡。《滇本草》謂作菜食，返白髮爲黑。與他省不同。又治癰疽、疥癬及漆瘡，有神效云。

滇藁本

滇藁本，葉極細碎，比野胡蘿蔔葉更細而密。餘同《救荒本草》、《滇本草》，治症無異。

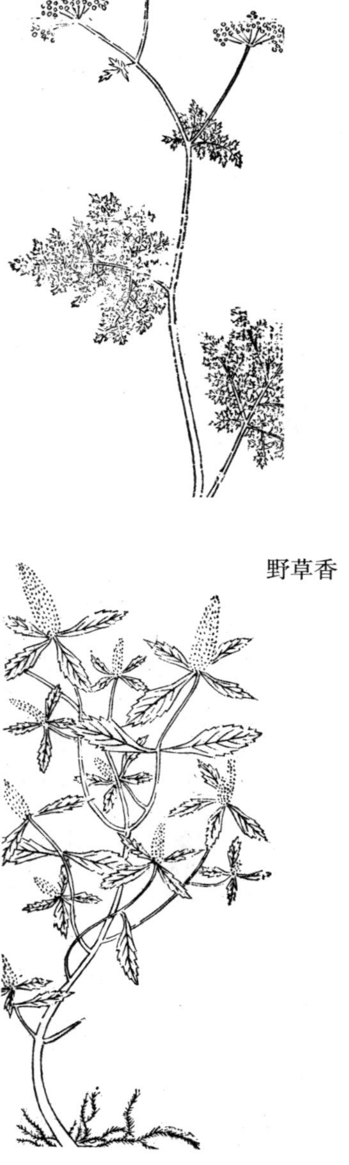

滇藁本

野草香

野草香

野草香，雲南徧地有之，牆瓦上亦自生。莖、葉微類荆芥，頗有香氣。秋作穗如狗尾草而無毛。開淡紅白花。滇俗，中元盂蘭，必以爲供。〔一〕蓋蒟車、胡繩之類而失其名。

〔一〕七月十五日爲中元節，又名盂蘭盆節。

地笋

地笋，生雲南山阜。根有横紋如蠶，傍多細鬚。緑莖紅節，長葉深齒。

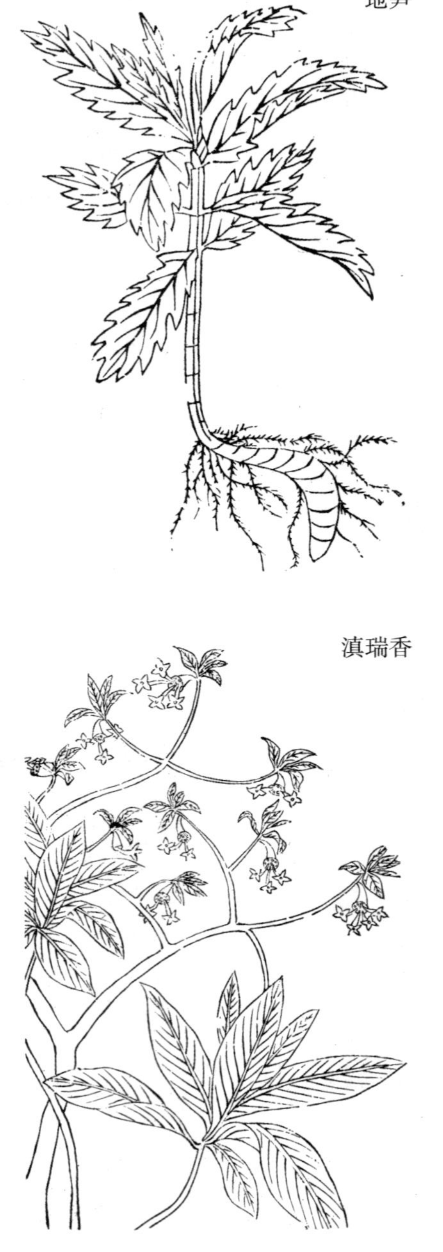

滇瑞香

瑞香，《本草綱目》始著録，蓋即圃中所植所謂「麝囊花」、「紫風流」者，不聞入藥。滇南山中有一種白花者，的的枝頭，殊無態度，而葉極光潤。《南越筆記》：「白瑞香，多生乳源山中。冬月盛開如雪，名『雪花』。刈以爲薪，雜山蘭、芎藭之屬燒之，比屋皆香。其種以攣枝爲上，有紫色者香尤烈，雜衆花中，衆花往往無香，皆爲所奪，一名『奪香花』。乾者可以稀痘，當亦用白花者耳。」

滇芎

滇芎，野生全如芹，土人亦呼爲「山芹」。根長大粗糙，頗香。《滇本草》：「味辛，性温，發散癰疽，治濕熱，止頭痛，食之發病。」

滇芎

東紫蘇

東紫蘇

東紫蘇，生昆明山野。叢生。細葉深齒，穗如夏枯草，蓋石香薷之類。

白草果

白草果，與草果同，而花白瓣肥，中唯一縷微黄。土醫以爲此真草果。

白草果

香科科

香科科

香科科，生雲南。細莖高五六寸，對葉如薄荷葉，亦微有香。梢開白花如豆花，層層開放。

小黑牛

小黑牛，生大理府。莖、葉俱同草烏頭，根黑糙微異。俚醫云：味苦，寒，有大毒，治跌打損傷，擦敷用。殆即烏頭一類。

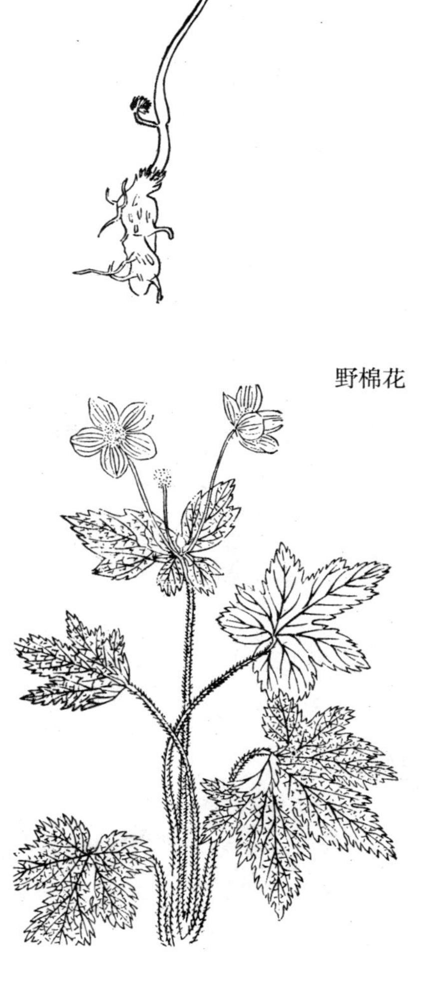

小黑牛

野棉花

野棉花

野棉花，《滇本草》：「味苦，性寒，有毒。下氣殺蟲，小兒寸白蟲、蚘蟲、犯胃，用良。此草初生一莖一葉，葉大如掌，多尖叉，面深緑，背白如積粉，有毛。莖亦白毛茸茸。夏抽葶頗似罌粟，開五團瓣白花，緑心黄蕊，楚楚獨立。花罷，蕊擎如毬，老則飛絮隨風彌漫，故有『棉』之名。」

月下參

月下參，生雲南山中。細莖柔緑，葉花叉似蓬蒿、蔞蒿輩，又似益母草而小。發細葶，擎葧葖宛如飛鳥，昂首翹尾，登枝欲鳴。開五瓣藍花，上三匀排，下二尖並。内又有五茄紫瓣，藏於花腹，上一下四，微吐黄蕊，一柄翻翹，色亦藍紫，蓋即《菊譜》「雙鸞菊」、「烏頭」一類。滇人以根圓白、多細鬚爲「月下參」。《滇本草》：「味苦平，性温熱。治九種胃寒、氣痛，健脾消食，治噎、寬中、痞滿、肝積、左右肋痛、吐酸。」其性亦與烏頭相近。

月下參

小草烏

小草烏

小草烏，生雲南山中。與月下參同，無大根，有毒，外科用之。

滇常山

滇常山，生雲南府山中。叢生，高三四尺，葉、莖俱如木本。葉厚韌，面深緑，背淡青，茸茸如毛。夏秋間莖端開花，三葶並擢，一毬數十朵，花如杯而有五尖瓣，翻卷内向，中擎圓珠，生青熟碧，蓋花實並綴也。花厚勁，色紫紅，微似單瓣紅山茶花，但小如大拇指，不易落。《宋圖經》：「海州常山，八月花，紅、白色。子碧色，似山楝子而小。」微相彷彿。

滇常山

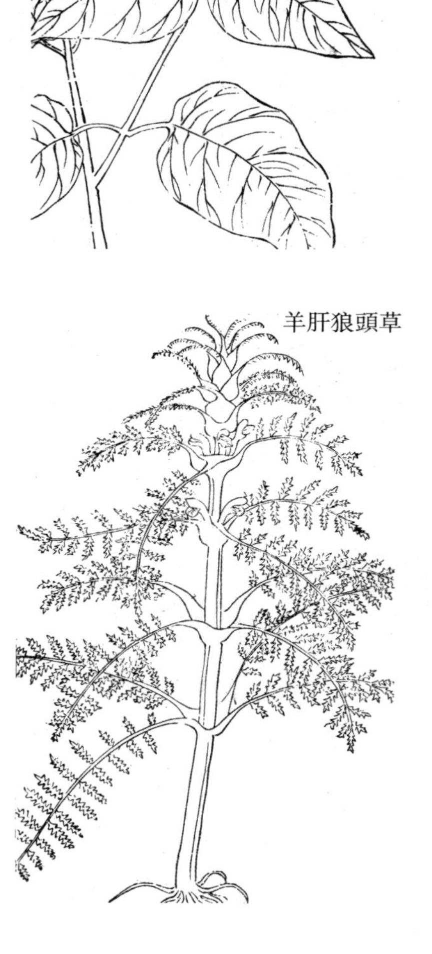
羊肝狼頭草

羊肝狼頭草

羊肝狼頭草，生雲南太華山。細根，獨莖如拇指粗，淡黄色，有直筋。每節四枝，節如牛膝而大，有深窩。枝生膝上，四杈平分，莖如穿心而出。就枝生葉，如蒿而細，平匀如齒。花生窩中，左右各一，如豆花，黄色上矗，草如具奇詭者。《本草》「狼毒」，以性如狼，故名。滇中毒草，亦多與以「狼」名，觀其名與形，知非佳草矣。

野煙

野煙，即菸，處處皆種爲業。滇南多野生者，園圃中亦自生。葉黏人衣，辛氣射鼻。《滇本草》：「味辛麻，性温，有大毒。治疔瘡、癰疽發背已見死症，煎服，或酒合爲丸，名『青龍丸』，又名『氣死名醫草』。服之令人煩，不知人事，發暈，走動一二時辰後，出汗發背，未出頭者即出頭，此藥之惡烈也。昔時謂吸多煙者，或吐黄水而死，殆皆野生。録此以志其原。」

雞骨常山

雞骨常山，生昆明山阜。弱莖如蔓，高二三尺。長葉似桃葉，光韌璽紋。開五尖瓣粉紅花，灼灼簇聚，自春徂秋，相代不絶。結實作角，翹聚梢頭。圃中亦植以爲玩。

雞骨常山

象頭花

象頭花

象頭花，生雲南。紫根長鬚，根傍生枝。一枝三葉，如半夏而大，厚而澀。一枝一花，花似南星，其包下垂，長尖幾二寸餘，宛如屈腕，又似象垂頭伸鼻。其色紫黑，白筋凸起，條縷明匀，極似夷錦。南星、蒟弱花狀已奇，此殆其族而尤詭異。土人以藥畜之，主治同天南星，即由跋之別種。亦有緑花者，結實亦如南星而色殷紅。

金剛纂

金剛纂，《雲南通志》：「花黄而細，土人植以爲籬。又一種形類雞冠。」《談叢》：「滇中有草，名『金剛纂』。其幹如珊瑚，多刺，色深碧。小民多樹之門屏間。此草性甚毒，犯之，或至殺人。余問滇人植此何爲，曰以辟邪耳。」唐綿《夢餘録》：「金剛纂，狀如椶櫚，枝榦屈曲無葉，剉以漬水暴，牛羊渴甚而飲之，食其肉必死。」《滇本草》：「金剛杵，味苦，性寒，有毒。色青質脆如仙人掌，而似杵形，故名。治一切丹毒、腹瘴、水氣、血腫之症，燒灰爲末，用冷水下，一服即消，不可多服。若生用，性烈於大黄、芒硝。欲止其毒，以手浸冷水中，即解。夷人呼爲『冷水金丹』。」《滇記》：「金剛纂，碧榦而蝟刺，孔雀食之，其漿殺人。」《臨安府志》：「狀如刺桐，最毒。土人種作籬，人不敢觸。」按：此草强直如木，有花有葉而無枝條，葉厚緑無紋，形如勺。花生榦上，五瓣色紫，扁闊内翕，中露圓心，黄緑點點，遥望如苔蘚。嶺南附海舶致京師，植以爲玩，不知其毒，呼曰「霸王鞭」。

紫背天葵

紫背天葵，《滇本草》：「味辛，有毒，形似蒲公英，緑葉紫背。爲末敷大惡瘡神效。人誤服，汗出不止，速飲菉豆、甘草，即解。」按：此草，昆明寺院亦間植之，横根叢莖，長葉深齒，正似鳳仙花。葉面緑背紫，與初生蒲公英微肖耳。夏開黄花，細如金線，與土三七花同，蓋一類也。

植物名實圖考卷之二十四　毒草

大黄

大黄，《本經》下品。《别録》謂之「將軍」。今以産四川者良，西南、西北諸國皆恃此爲盪滌要藥，市販甚廣。北地亦多有之。春時佩之，以辟時疫。

雩婁農曰：燕薊地苦寒，人湊理密而内實，〔一〕冬冽輒吸燒酒，圍煖爐，與風雪鬥勝。春氣萌動，亢燥不雨，陽伏而不能出，陰遁而不能疹，〔二〕於是乎有昏狂鬱塞之病。醫者以法解之，强者病不損，弱者或以亡陽。有予以攻滌者，内熱下而神明生，或起生死於頃刻。其處方者不知其所以然，凡爲痁、爲癘、爲鬱、爲伏熱、爲飲食之毒、爲浮游之火，一切以大黄爲秘妙丹藥。

病者不即登鬼籙，〔三〕十失一，十失二三四，方詡詡然自命爲良。其不知醫者，亦爭以時醫奉之，卒之技窮術竭，刺人而殺，人不咎其醫之無本，咸以爲時命之不可假易也。〔四〕故諺曰：「趁我十年運，有病早來醫。」昔錢景諶與王安石論新法不合，遂相絶，有答人書云：「安石穿鑿不經，牽合臆説，作爲《字解》，謂之『時學』。又以荒唐怪誕，非昔是今，無所統紀，謂之『時文』。傾險趍利，殘民無恥，謂之『時官』。驅天下之人務時學，以時文邀時官。」〔五〕然則時醫者，其時學、時官之類乎？嗚呼！時乎泰而君子進，時乎否而小人興，時之爲義大矣哉！朝時而市，時也；日中而市，時也；夕時而市，亦時也。不召自來，不麾自去，市盈而盈，市虚而虚，孰令令之？孰禁禁之？盈而不盈，虚而不虚，知進退存亡而不失其正者，其誰乎？吾願世之有疾病者，忍痛藏垢，以待良醫，「探囊一試黄昏湯」，而不汲汲焉捐其軀，以聽時醫生之死之於攻伐之劑，而卒不悟其所以然，其可謂知時而不隨時者歟？〔六〕

〔一〕湊理：即腠理，肌膚。

〔二〕疹：皮膚受寒而出疹栗。

〔三〕鬼籙：又作「鬼録」，即死人之簿。

〔四〕《孟子·梁惠王上》：道路之旁有餓死者，不知發倉廩以賑救之也，人死則曰：「非我也，歲也。」是何異於刺人而殺之，曰：「非我也，兵也。」

〔五〕見宋邵伯温《邵氏聞見録》卷十二。景諶，初對安石執弟子禮。

〔六〕陳師道《贈二蘇公》詩，末云：「如大醫王治膏肓，外證已解中尚强。探囊一試黄昏湯，一洗十年新學腸。」宋張世南《游宦紀聞》卷九引沙隨先生云：「晚年因閲《本草》，王孫味苦平，無毒，主五藏邪氣。吴名白功草，楚名王孫，齊名長孫，一名黄孫，一名黄昏，生海西川谷。蓋指當時癖學爲五藏邪氣耳。」

商陸

商陸，《本經》下品。《爾雅》「蓫、薚，馬尾」，注：「《廣雅》曰：馬尾，蔏陸。」或曰《易》「莧陸」也。〔一〕今處處有之，有紅花、白花兩種。結實大如豆而扁有棱，生紅熟黑。江南卑濕，

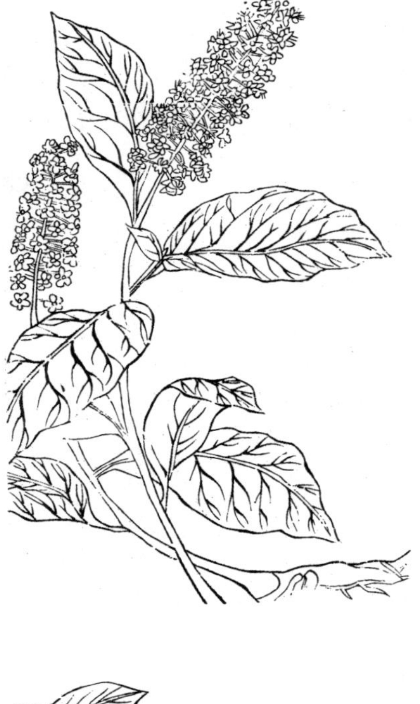

易患水腫，俚醫多種之，以爲療水貼腫要藥。其數十年者，根圍尺餘，長三四尺，堅如木。習邪術者，刻爲人形以驅鬼，小説家多載之。〔二〕《救荒本草》謂之「章柳子」，根、苗、莖並可蒸食云。按：商陸初生莖肥，嫩葉攢密，秋開花，結實粒小。宿根莖硬葉稀，春花夏實，秋時已枯。江西上高謂之「香母豆」，云婦人食之宜子，蓋難憑信。

雩婁農曰：此草非難識者，《通志》乃並葍及蓫藋、蔓茅而爲一物。「葍」即旋花，「蓫藋」，藜類，「蔓茅」，葍華之赤者，以意併合，乃至雜糅。毛晉以蓫薚之名謂即《詩》「言采其蓫」，〔三〕前人亦無及者。「蓫」爲羊蹄，《圖經》述之如繪，毛謂不甚合，何也？子夏《易傳》木根草莖，體物盡致，而或者又以「千歲穀」當之，則但見其葉相似耳。《本經》置之下品，其仙人作脯之説，可謂杳冥，誰則見之？《救荒木草》雖云可食，亦爲《本草》所拘。〔四〕鄉人皆知其有毒，土醫以治水蠱，有隨手見效者，其峻利可知。方書中久爲禁藥。其子老則色黑如豆，婦人服之，宜子，此與「芣苢宜子」之説相類。南方卑濕，俚婦力作水田中，其受濕深矣，去濕則脾健，故能宜子；若以爲祈子靈丹，則悖甚。古讚曰：「其味酸辛，其形類人，療水貼腫，其效如神。」按「夜呼」之名，殆假托鬼神之隱語。毛晉據《荆楚歲時記》「三月三日，杜鵑初鳴，晝夜口赤，上天乞恩，至章陸子熟乃止」，以爲章陸子未熟以前爲杜鵑鳴之候，故稱「夜呼」，亦務爲博奥。

〔一〕《易·夬》：「九五，莧陸夬夬，中行，无咎。」

〔二〕即「樟柳神」。明謝肇淛《五雜俎》卷十：《易》曰：「莧陸夬夬。」陸，商陸也。下有死人，則上有商陸，故其根多如人形，俗名樟柳根者是也。取之之法，夜靜無人，以油炙梟肉祭之，俟鬼火叢集，然後取其根，歸家，以符煉之，七日即能言語矣。一名「夜呼」，亦取鬼神之義也。

〔三〕見《小雅·我行其野》。毛晉說見所著《詩疏廣要》卷上之上「言采其蓫」條。

〔四〕《雷公炮炙論》云：「章陸花白者年多，仙人採之用作脯，可下酒也。」《救荒本草》引之。

狼毒

狼毒，《本經》下品。形狀詳《宋圖經》。今俗以紫莖南星根充之。《抱朴子》狼毒合野葛納耳中，治聾。王羲之有《求狼毒帖》，豈亦取其能治耳聾如天鼠膏耶？

雩婁農曰：《本草》書於狼毒皆不甚晰，方家亦憚用之。滇南有「土瓜狼毒」，以其根大如土瓜，故名。按形與《圖經》頗肖。又有「雞腸狼毒」，性同。《滇本草》亦云：「猛勇之性，真虎狼也。」兵法曰：「猛如虎，很如羊，貪如狼，强不可使者，皆勿遣。」〔一〕不然，病弱而劑强，是以狼牧羊也；又不然，則秦虎狼之國也，楚懷王

入關不返矣，將若何？〔二〕

〔一〕文見《史記·項羽本紀》，非出於「兵法」。

〔二〕《史記·楚世家》：秦昭王遺楚王書，約會於武關而結盟。楚懷王見秦王書，欲往，恐見欺；無往，恐秦怒。昭睢曰：「王毋行，而發兵自守耳。秦虎狼，不可信，有并諸侯之心。」懷王子子蘭勸王行，於是往會秦昭王。秦因留楚王，要以割巫、黔中之郡。楚王不許，秦因留之不返。

狼牙

狼牙，《本經》下品。詳《吴普本草》及《蜀本草》。

藜蘆

藜蘆，《本經》下品。《宋圖經》云：「葉如初生椶，莖似葱白，有黑皮裹之如椶皮。其花肉紅色。有山生、溪生二種，溪生者不

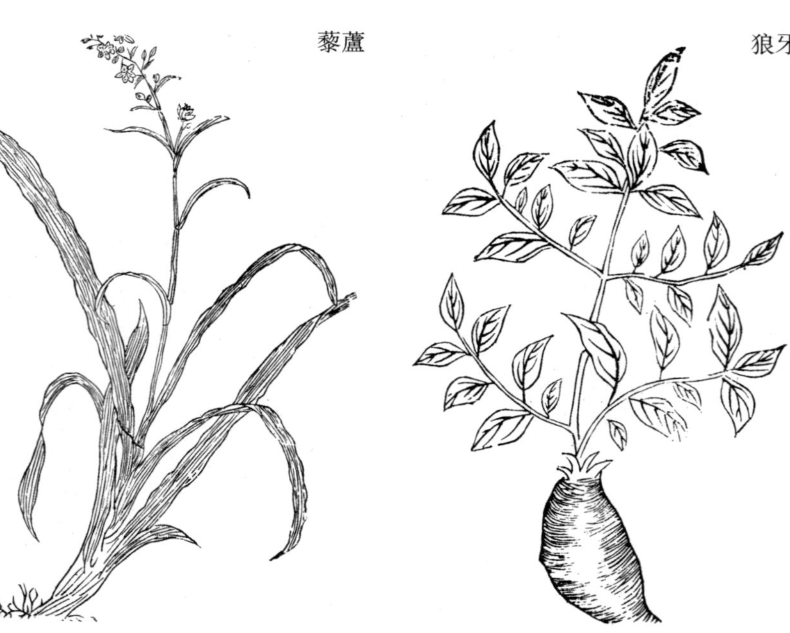
狼牙　藜蘆

入藥，均州謂之『鹿葱』。」此藥吐人，方家禁用，而滇醫蓄之。其根白膜層層，俗亦呼爲「千張紙」。有瘋痰症，則煮食之，使盡吐其痰；若虚症者，殆哉岌岌矣。

雩婁農曰：藜蘆吐藥吐法，醫者不復輕用，此藥遂無識者。余至滇，見有市此藥者，始識之。李時珍紀一婦人瘋癇數十年，以饑歲採草若葱狀，飽食，吐涎三日而病去。此草大致如葱，而《圖經》乃云又似車前，按圖而索，不大誤耶？世之患痰癇者多矣，姑息而予以清解之劑，甚或謂補其不足，則體健而痰自消，卒之胸滿氣塞，奄奄無知以没，又或狂發殺人，豈其病終不可醫？抑醫者之養之以貽患耶？古昔盜賊之發，有識者絶其奔竄，窮其巢穴，捦渠矜脅，〔一〕無俾遺種，此即藜蘆傾吐之法，故病一去而無傷。若不量賊强弱，防賊奔突，輕奇單兵，姑與嘗試，一遇挫衄，賊勢益熾，藥不勝病，杯水車薪之喻矣。宋襄公曰：「君子不重傷，不禽二毛。」子魚謂之「不知戰」。〔二〕遵養時賊，〔三〕姑息者後將噬臍耳。其有臨敵而誦《孝經》者，〔四〕不猶治瘋而用滋劑乎？至楊武陵，以招撫之策縱已禽之寇，〔五〕發狂殺人，非醫者之罪而誰罪？不知病而醫曰「瞽」，知病而不知藥曰「庸」，知病知藥不即力除，輒曰「吾縱之，吾能收之」，則曰「狂」。以狂醫治狂疾，則狂與治狂者皆殺人而已。

〔一〕「捦」同「擒」。擒其首領，恕其脅從。

〔二〕見《左傳》僖公二十二年。

〔三〕《詩·周頌·酌》:「於鑠王師,遵養時晦。」遵養:謂給予時機以養其力量。

〔四〕《後漢書·向栩傳》:張角作亂,向栩上便宜:「不欲國家興兵,但遣將於河上北向讀《孝經》,賊自消滅。」

〔五〕楊武陵即楊嗣昌,武陵人。崇禎末年,爲督師討張獻忠等。

常山

常山,《本經》下品。苗曰「蜀漆」。《宋圖經》有茗葉、楸葉二種,皆爲治瘧之要藥。今俚醫所用,乃有數種,俱以治瘧,殊未敢信,以入「草藥」。

雩婁農曰:常山以治瘧著。鄉曲作勞,寒暑饑飽之不時,或侮以邪與祟,於是有寒熱往來之疾。〔一〕而賣藥逐利之徒,乃爭言截瘧方矣。醫者之言曰「瘧生於痰」。常山能刼痰,然必察其受病之源,而引以入經之佐使,乃有效。今土常山以十數,既非《本經》真品,即真矣,而第恃此以圖勝,譬如飛將行沙漠中,迷惑失道,果能與敵遇乎?〔二〕夫「搏牛之蝱不可以破蟣

蝨」。〔三〕富厚之家，非鬼非食，〔四〕惑以喪志，陰陽失和，寒熱迭至。若誤診爲痁，投以悍藥，是以空虛柔脆之府臨以披甲執鋭之兵，「牛雖瘠，僨於豚上，其畏不死」？〔五〕故常山僞者宜慎，真者尤宜慎。古之用君子者必辨真僞，若小人，則唯防微杜漸，勿輕試而已。

〔一〕寒熱往來：忽冷忽熱。

〔二〕飛將：《史記・李將軍列傳》：李廣居右北平，匈奴號曰「漢之飛將軍」。從衛青擊匈奴，既出塞，無嚮導，迷失道路，不遇敵。

〔三〕《史記・項羽本紀》宋義語。

〔四〕不是爲鬼所祟，也不是飲食有誤。

〔五〕牛即使很瘦，倒在猪身上，還怕壓不死它？語見《左傳》昭公十三年。

藺茹

藺茹，《本經》下品。根長如蘿蔔、蔓菁，葉如大戟。滇南呼「土瓜狼毒」，即李時珍謂「今人往往誤以其根爲狼毒」者也。

大戟

大戟，《本經》下品。《爾雅》「蕎，邛鉅」，注：「今藥草大戟也。」《救荒本草》承舊說，以澤漆爲大戟，苗、葉可煠熟，亦可曬乾爲茶，其味苦回甘。

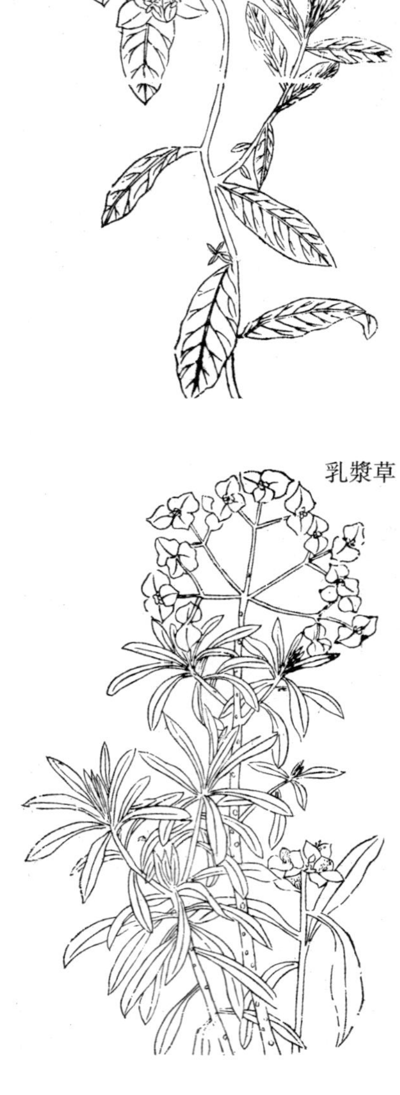

大戟

乳漿草

乳漿草附。

乳漿草，江、湘山坡間多有之。以莖有白汁，故名。土醫以治乳癰。按大戟有紫、綿數種，此其類也。

澤漆

澤漆，《本經》下品。相承以爲大戟苗，李時珍訂以爲即「貓兒眼睛草」。今處處有之。北地謂之「打碗科」，只取一種煎熬爲膏，傅無名腫毒極效。

雩婁農曰：澤漆、大戟，漢以來皆以爲一物。李時珍據《土宿本草》以爲即「貓兒眼睛草」。此草於端午熬膏，敷百疾皆效，非碌碌無短長者。〔一〕諺曰：「誤食貓眼，活不能晚。」殊不然，然亦無入飲劑者。觀其花、葉俱緑，不處污穢，生先衆草，收共來牟，〔二〕雖賦性非純，而飾貌殊雅。夫伯趙以知時而司至，〔三〕桑扈以驅雀而正農，〔四〕非美鳥也；迎貓爲其食田鼠，迎虎爲其食田豕，〔五〕非仁獸也，有益於民，則紀之耳。聖人論人之功無貶詞，論人之過無恕詞，於其所不知，蓋闕如也。

〔一〕「無短長」即「無長」，無長處也。

〔二〕來牟：麥也。此言與麥同時成熟。

〔三〕伯趙：鳥名，即伯勞。《左傳》昭公十七年：昔少皞以鳥名命官。「伯趙氏，司至者也」。杜注：「伯趙，伯勞也，以夏至鳴，冬至止。」

〔四〕桑扈：青雀也。好竊人脯肉脂及膏，故曰「竊脂」。又名「桑鳸」。能爲果驅鳥，爲蠶驅雀。

〔五〕《禮記·郊特牲》言「八蜡」之祭：「迎貓，爲其食田鼠也；迎虎，爲其食田豕也，迎而祭之也。」

雲實

雲實，《本經》下品。江西、湖南山坡極多。俗呼「水皁角」。《本草綱目》所述形狀甚晰。陶隱居云：「子細如葶藶子而小黑。」不知是何草。

雩婁農曰：雲實，實甚惡而花艷如金，氣近烈，猓玀以爲香草，〔一〕摘而售之，闤闠雲荼，〔二〕插髻滿頭。明靳學顏撫莽草而狎之，知其毒，委諸壑，以不厚誅爲悔。〔三〕如滇之同車者，〔四〕可謂玩虺蜴而昵蜂蠆矣。「户服艾以盈要」，「薋菉葹以盈室」，〔五〕流俗無知，誠無足怪。夫紫宫雙飛，〔六〕無色何以爲悦？迷樓諸客，〔七〕無才何以取容？臭味相投，情志斯惑。美先盡矣，蠱即生之。毒在手而脱腕，痏在身而炷膚，〔八〕自非壯士，烏能絶决哉！

〔一〕倮玀：即倮倮，彝族舊稱。

〔二〕《詩·鄭風·出其東門》「出其東門，有女如雲」，「出其闉闍，有女如荼」。闉闍：一説爲甕城之城門，一説爲城中街市。

〔三〕靳學顔：明嘉靖進士，歷官太僕卿、光禄寺卿、右副都御史巡撫山西。其《莽草賦》序云：「予道商顔谷中，見莽草橘葉桂莖，丹蕚素蕾，意若自負不儔凡卉者，厥形麗矣。然一葉入吻，百内潰裂，是何形情之詭與？予始撫而狎之，繼知其然，委諸絶壑，彌嘆而去。旋復自咎，夫已既已知矣，而不以詔人，不仁；是草有負于造物甚厚，不厚誅之，不義。迺追製此賦，示之來哲，毋若予之始狎之也。」

〔四〕言雲南人採雲實而載於車。

〔五〕《離騷》中句。

〔六〕《晉書·載記》：苻堅滅燕。燕清河公主年十四，有殊色，堅納之，寵冠後庭。其弟慕容冲年十二，亦有龍陽之姿，堅又幸之。姊、弟專寵，宫人莫進。長安歌之曰：「一雌復一雄，雙飛入紫宫。」

〔七〕隋煬帝幸揚州，建新宫既成，帝曰：「若使真仙遊此，亦自當迷。」因號「迷樓」。迷樓諸客，指助煬帝淫樂衆小如何稠之流。詳見《迷樓記》。

〔八〕痏：瘡瘢。

羊躑躅

羊躑躅，《本經》下品。南北通呼「鬧羊花」，湖南謂之「老虎花」，俚醫謂之「搜山虎」。種蔬者漬其花以殺蟲。又有一種大葉者，附後。

羊躑躅

搜山虎

搜山虎附。

搜山虎，即「羊躑躅」，一名「老虎花」，古方多用，今湯頭中無之。具詳《本草綱目》。

按：羅思舉《草藥圖》：「搜山虎，春日發黃花，青葉，能治跌打損傷，内傷要藥。重者一錢半，輕者一錢，不可多用。霜後葉落，但存枯根。湖南俚醫以爲發表入陽明經之藥。」是此藥俗方中仍用之。中州呼「鬧洋花」，取其花研末水浸，殺菜蔬蟲，老圃多蓄之。其葉稍瘦，産長沙者葉闊厚，不似桃葉。花罷結實有棱。

附子

附子，《本經》下品。有烏頭、烏喙、天雄、側子、漏藍子諸名。詳《本草綱目》所引《附子記》。今時所用，皆種生者，南人製爲温補要藥。其野生者爲「射罔」，製爲膏以淬箭，所中立斃，俗謂「見血封喉」。得油則解，製膏者見油則不成。其花色碧，殊嬌纖，名「鴛鴦菊」。《花鏡》謂之「雙鸞菊」，朵頭如比丘帽，帽拆，內露雙鸞並首，形似無二，外分二翼一尾。凡花詭異者多有毒，甚美甚惡，物亦有然。

雩婁農曰：楊天惠著《附子記》綦詳，且謂「盡信書則不如無書」，目覩手記，蓋實録矣。但古人所用皆野生，川中所産皆種生。野生者得天全，種生者假人力，栽培滋灌，久之與果蔬同，性移而形亦變矣。泮林桑黮，鴞鳥革音。〔一〕禿髮之後爲劉，〔二〕拓跋之後爲元，〔三〕唐之蕃將多賜姓李。謂重瞳之苗裔皆重瞳，豈有是哉？〔四〕土沃者花重，地墝者根瘦。東人不信西方有容狐之瓜，〔五〕北人不信南粤有扛輿之蒿。〔六〕然謂天下之瓜皆可容狐，天下之蒿皆可扛輿，則著述者實誑汝矣。近時山居泉寒，餌附子以兩計。其毒箭以射禽者，則取野生射罔用之，大者無毒而小者毒烈，是豈物之本性哉？黄山谷嘗畫大壺盧，人問之，則曰：「有背大壺盧者，賣其子，種之，仍小壺盧。」〔七〕不知種大壺盧自有法，非别種也。附子一物，而有天雄、烏頭、側子、漏藍諸形，則肥磽、雨露、人事不同所致歟？彼一歲二歲三歲之説，其亦未可盡廢也。

〔一〕革音：改其聲音。《詩・魯頌・泮水》：「翩彼飛鴞，集于泮林，食我桑黮，懷我好音。」鴞叫聲惡，食泮林之桑黮，變爲好音。

〔二〕《晉書・載記》：秃髮氏，河西鮮卑種。至秃髮烏孤僭立，至傉檀三世而亡。按《通志・氏族略》，秃髮之後爲源氏。「爲劉」事不詳。

〔三〕北魏拓拔氏，鮮卑種，後改漢姓爲元。

〔四〕舜帝重瞳，項羽亦重瞳。

〔五〕元耶律楚材扈從西征，記云尋思干城西瓜大者重五十斤，可以容狐。見《西遊録》。

〔六〕扛輿：其堅巨可爲輿轎之槓。

〔七〕此事所記易致誤解。宋范公偁《過庭録》：「一相士黄生見魯直，懇求數字取信，爲游謁之資。魯直大書遺曰：『黄生相予官爲兩制，壽至八十，是所謂大葫蘆種也。一笑。』黄生得之欣然。士夫間莫解其意。先祖見魯直，因問之。黄笑曰：『一時戲謔耳。某頃年見京師相國寺中賣大葫蘆種，仍背一葫蘆，甚大，一粒數百錢，人競買。至春種結，仍乃瓠爾。』蓋譏黄術之難信也。」

天南星

天南星，《本經》下品。昔人皆以南星、蒻頭往往誤采，不可不辨。江西荒阜廢圃，率多南星。湖南長沙産南星，俗呼「蛇芋」。衡山産蒻頭，俗呼「磨芋」，亦曰「鬼芋」。滇南圃中蒻頭林立，南星絶少，藥肆所用，皆「由跋」也。由跋自是一種。《唐本草》謂南星是由跋宿根所生，驗之，亦殊不然。而南星與蒻頭根雖類，莖、葉、花、實絶不相同。半夏、由跋花似南星，而皆三

葉，由跋又有六七葉者，俗皆呼「小南星」。但南星生葉亦有兩種，一種葉抱如環，一種周圍生葉。長如芍藥，開花有如海芋者，即《圖經》所云花似蛇頭，黄色；一種開花有長梢寸餘，結實作紅藍色，大如石榴子，又似玉蜀黍形而梢微齊。明王佐詩：「君看天南星，處處入《本草》。夫何生海南，而能濟饑飽。」蓋誤以蒟頭爲南星也。

天南星即虎掌。

天南星，《本經》下品。江西、湖廣山坡廢圃多有之。俗呼「蛇芋」。與蒟蒻相類，惟葉初生相抱如環，開花頂上，有長梢寸餘爲異，不僅以莖之有斑無斑可辨。

由跋

由跋，《本經》下品。《蜀本草》「一莖八九葉」，最晰。俗皆呼「小南星」，別是一種，非南星之新根也。陳藏器所述不誤。

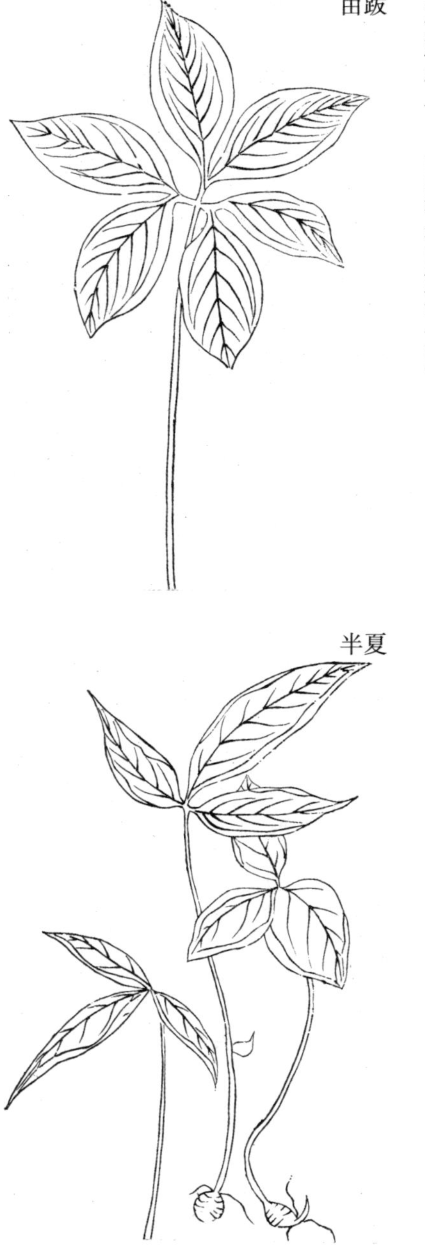

由跋

半夏

半夏

半夏，《本經》下品。所在皆有。有長葉、圓葉二種，同生一處。夏亦開花，如南星而小。其梢上翹似蝎尾，固始呼爲「蝎子草」。凡蝎螫，以根傅之，能止痛。錢相公《篋中方》亦載之，諸家《本草》俱未及此。《本草會編》謂「俗以半夏性燥，多以貝母代之」。不知痰火上攻，昏潰口噤，自非半夏、南星，曷可治乎？半夏一莖三葉，諸書無異詞，而原圖一莖一葉，前尖後歧，乃似茨菰葉。余曾遣人繪川貝母圖，正與此合，豈互相舛誤耶？抑俗方只此一物而兩用耶？二者皆與圖説不相應，非書不備，則別一物。

雩婁農曰：半夏處處有之，乃以鵲山爲佳，〔一〕余讀孔平仲詩而啞然也。〔二〕藥物雖已法製，非棗栗之覓可比，何至據攫代攘、辛螫啼噪耶？其末云：「老兄好服食，似此亦可防。急難我輩事，感惕成此章。」始知婉言以諷，非真實耳。昔人好食竹雞，尚能中毒，况服半夏過度，豈不爲害！

半夏

〔一〕《宋圖經》：半夏以齊州生者爲佳。而鵲山在齊州。按，宋齊州治在今山東濟南。

〔二〕詩題《常父寄半夏》。詩云：「齊州多半夏，採自鵲山陽。纍纍圓且白，千里遠寄將。新婦初解包，諸子喜若狂。皆云已法製，無滑可以嘗。大兒强占據，端坐斥四旁。次女出其腋，一攫已半亡。……須臾被辛螫，棄餘不復藏。競以手捫舌，啼噪滿中堂。」

甘遂

甘遂，《本經》下品。《宋圖經》云：「苗似大戟，莖短小而有汁，根皮赤，肉白，作連珠。又一種草甘遂，即蚤休也。」俗多呼爲「芫花」，山西交城産者黄紅花，根甚細。

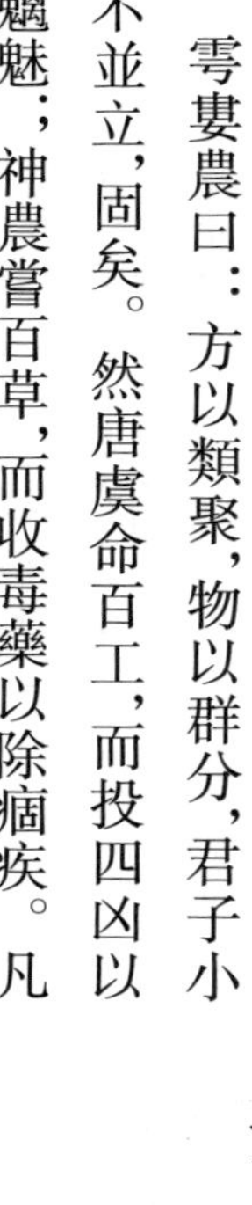

雩婁農曰：方以類聚，物以群分，君子小人不並立，固矣。然唐虞命百工，而投四凶以禦魑魅；神農嘗百草，而收毒藥以除痼疾。凡物之生，有粹有駁。〔一〕《荀子》云：「粹而王，駁而霸。」〔二〕天不能有粹而無駁，世不能有王而無霸。醫者用毒草也，曰以毒攻毒；聖人之用惡人也，亦曰以惡攻惡而已。惡人者，能生灾患者也，而古之禦灾捍患者亦多出於惡人。惡人竭其力以去惡，惡去而惡人之狠傲强固之氣亦潛消於無形，而後賢人君子得以從容敷治而無所難。稷、契、皋、夔處於廟堂，〔三〕而四裔之獸蹄鳥跡，雖窮奇、渾敦亦有勞焉。〔四〕參、苓、朮草用以滋培，而無名之癰疽毒腫，雖烏頭、鉤吻亦著效焉。顧惡人得其用而世治，惡人不能得其用則大亂生。公孫述不遇新室，漢之良吏也；〔五〕曹瞞不丁炎季，〔六〕漢之能臣也；石勒自謂逢漢高祖當北面臣之。吾嘗謂聖賢能用惡人，必不肯輕言去惡人；若欲去惡人，則必假惡人之手而後可。石守道作《聖德詩》，范公拊股謂韓公曰：「爲此怪鬼輩壞了！」韓公曰：「天下事不可如此，如此必壞！」〔七〕韓、范皆能用惡人者也。惡人希其用，則將自奮其所長。石守道，但知去惡人者也，惡人畏其去，則將大肆其所短。黨錮、東林，〔八〕亦石守道之編見耳。醫者以甘遂、甘草並用，以去留飲、脚氣、腫毒皆有奇效。釋之者云：「二物相反而立成功。」夫既相反矣，何成功之有？共工、驩兜與岳、牧同官，〔九〕堯、舜能治天下乎？良醫之用甘遂也，逐其病也；其用甘草也，化其病也。故甘遂敷於外，而甘草服於内，此黔、彭斬搴於邊陲，〔一〇〕而蕭、張燮和於廷陛也。〔一一〕黔、彭、蕭、張各用其長，豈云相反哉？嗚呼！以善人而去惡人，其力常不能敵，唯以惡去惡，而以善人繼其後，此世之所以治也。以惡去惡，而仍以惡人繼其後，此世之所以亂也。隗囂、更始皆有除莽賊之功，而建武中興，遂致承平。〔一二〕董卓、李傕亦有去漢賊之力，〔一三〕而當塗接踵，卒覆劉祚。〔一四〕觀於兩漢之興亡，非前轍哉？世之醫者，專於攻擊與專於調和者，熟覩古今，亦可微會矣。善乎王彦霖之言曰：「君子在内、小人在外爲泰，小人在内、君子在外爲否。君子小人競進，則危亂之機也。」〔一五〕明乎此，則傾險、忠良無調停參用之説，温補、寒瀉無和同並進之理。

〔一〕粹：純粹。駁：駁雜。

〔二〕見《王霸篇》。

〔三〕稷（即棄）、契、臯陶、夔皆爲舜之大臣，見《書・舜典》。

〔四〕舜流四凶族渾敦、窮奇、檮杌、饕餮，投諸四裔，以禦魑魅。見《左傳》文公十八年。

〔五〕王莽之世，公孫述割據四川，稱帝，後爲劉秀所滅。

〔六〕丁：遭逢。炎季：炎漢末葉。

〔七〕石介，字守道，作《慶曆聖德詩》，忠邪太分明。韓魏公琦與范公仲淹適自陜西來朝，道中得之，范公拊股謂韓公云云。詩中有「惟（范）仲淹（富）弼，一夔一契。……（韓）琦有奇骨，可屬大事」之句，大爲奸黨所惡，未幾，謗訾群興，范、富、韓皆罷爲郡。見宋陳均編《皇朝編年綱目備要》。

〔八〕東漢末之黨人，明末之東林黨。

〔九〕四岳、十二牧，爲堯、舜之大臣。

〔一〇〕黥指黥布，即英布，彭爲彭越，爲漢王劉邦大將。

〔一一〕蕭何、張良。

〔一二〕隗囂，王莽末年起兵割據天水，後爲劉秀平滅。劉玄，漢皇室，王莽末，緑林軍立爲帝，號更始。後降於赤眉軍，被殺。建武，劉秀稱帝後之年號，此即指光武帝劉秀。

〔一三〕「李傕」，原本誤作「郭傕」，因李傕、郭汜二名混誤。

〔一四〕靈帝時，韓遂、馬騰反，董卓曾擊破之。靈帝死，何進、袁紹謀誅宦官，召卓將兵入朝，盡除宦官。李傕、郭汜爲董卓部將，卓死後，起兵反，未聞有「去漢賊」事。當塗：指曹魏。漢末有「代漢者，當塗高」之讖，袁術以爲應於己。時周舒獨曰：「當塗高者，魏也。」見《三國志·蜀書·周群傳》。

〔一五〕王巖叟，字彦霖，北宋哲宗時官龍圖閣待制。

蚤休

蚤休，《本經》下品。江西、湖南山中多有，人家亦種之，通呼爲「草河車」，亦曰「七葉一枝花」，爲外科要藥。滇南謂之「重樓一枝箭」，以其根老横紋，粗皺如蟲形，乃作「蟲蔞」字。亦有一層六葉者，花僅數縷，不甚可觀，名逾其實，子色殷紅。滇南土醫云：「味性大苦、大寒，入足太陰，治濕熱、瘴瘧、下痢。」與《本草》書微異。滇多瘴，當是習用藥也。

鬼臼

鬼臼，《本經》下品。江西、湖南山中多有，人家亦種之，通呼爲「獨脚蓮」。其葉有角不圓，或曰「八角蓮」。高至四五尺，就莖開花，紅紫嬌嫩，下垂成簇。外科蓄之。鄭漁仲謂「葉

蚤休　鬼臼

如荷葉，形如鳥掌，年長一莖，莖枯則爲一臼，亦名『八角盤』」。其形容極確。原圖仍爲「鬼燈檠」，宜山谷詩注之斥排也。〔一〕但此物辟穀，未見他説。子瞻以詩記瓊田芝，〔二〕山谷亦有《瓊芝仙》詩，云「但告渠是唐婆鏡」，與《本經》有毒、《别録》不入湯者異矣。下死胎，治射工中人，其力猛峻可知。此草生深山中，北人見者甚少。江西雖植之圃中爲玩，大者不易得。余於途中適遇山民擔以入市，花、葉高大，遂亟圖之。此草一莖一葉，李時珍云「一莖七葉」，或别一種，余未之見。

〔一〕黄庭堅《瓊芝軒》詩後有跋，云：「子瞻詩所記胡道士玉芝一名瓊田草者，俗號其葉爲『唐婆鏡』；葉底開花，故號『羞天花』。以予考之，其實《本草》之『鬼臼』也。歲生一臼，如黄精而堅瘦，滿二十歲可爲藥。……黄龍山老僧多採而斷食，令人體臞而神王。今方家所用鬼臼，乃『鬼燈檠』耳。如蜀人用鬼箭，但用一草根，不知何物也。鎮陽趙州間道傍叢生三羽者，真鬼箭。俗醫用藥如此，而責古方不治病，可勝歎哉。」此處誤以跋爲「詩注」。

〔二〕「瓊田芝」，原本誤作「璚田芝」；下「瓊芝仙」，原本誤作「璚芝仙」，皆據黄庭堅《瓊芝軒》詩改。

射干

射干，《本經》下品。《蜀本草》「花黄實黑」者是。陳藏器謂「秋生紅花赤點」。按此草北地謂之「馬螂花」，江南亦多。六月開花，形狀如《蜀本草》。《拾遺》以其點赤，誤認爲紅花耳。其根如竹而扁，俗亦呼「扁竹」。

雩婁農曰：《荀子》云：「西方有木焉，名曰射干，莖長四寸，生於高山之上而臨百仞之淵，其莖非能長也，所立者然也。」〔一〕嗚呼！「以彼徑寸莖，蔭此百尺條」，〔二〕此之謂矣。不材之木，托根得地，斧斤瘡痍之不及，陰陽雨露之所偏；〔三〕而琪花玉樹，或蕪没於叢莽而無人知，吾烏知其所以然哉？乃長言以辞之曰：〔四〕「撟青曾之淑朗兮，〔五〕謂誕育其必公。〔六〕何陽材屯於巑窔兮，〔七〕陰敷苯蓴而蒙茸。〔八〕櫟連蜷以依社兮，〔九〕五柞何爲而冠乎離宫？〔一〇〕門驕驕其忽有莠兮，〔一一〕屋沉沉而薆乎瓦松。〔一二〕苕華施柏而旖旎兮，〔一三〕葛藟纍樛以隆崇。〔一四〕詈老楮其不可宥兮，〔一五〕蕭斧乃獨赦夫榿榕。〔一六〕鶡既據夫泮之沃若兮，〔一七〕鼠又室乎堂之美樅。〔一八〕掩菌桂而兀蕭艾兮，吾烏知鴆媒之所從？追虞舜於大麓兮，別風淮雨而不蒙。〔一九〕神刊隨而底績兮，〔二〇〕杶、榦、栝、栢惟喬乎雲中。〔二一〕鼺攫秕莠於有夏兮，〔二二〕景山丸丸斲度而奏功。〔二三〕柞棫佩於昆夷兮，〔二四〕楹化梓而姬隆。〔二五〕嬴無道而兀蜀山兮，〔二六〕靈訶怒而揖五大夫之封。〔二七〕武囿四海於上林兮，〔二八〕柏梁灾而更營。〔二九〕車蓋雄夫白水兮，

氣佳哉而鬱葱葱。〔三〇〕杉葉御飈而抵洛陽兮，閲萬里而排九重。〔三一〕檜恥綱而淪汩波兮，〔三二〕豈大義不辱夫動黼之闇曹。〔三三〕偉貞木其若有知兮，趍舍時而莫同。萬牛迴首於嶮巇兮，〔三四〕嗟材之難庸也。歲崢嶸其將宴兮，冰霰曖曖而蔽空。百卉腓而誰控兮，〔三五〕艱哉巍巍萬盤之孤峰。翳薈蔚而蟄虎豹兮，抗扶疎而挐蛟龍。彼苕發而穎豎兮，噫乎何以禦風。」

〔一〕見《勸學篇》。

〔二〕見左思《詠史詩》。

〔三〕《莊子·山木》：「莊子行於山中，見大木枝葉盛茂，伐木者止其旁而不取也。問其故，曰：『無所可用。』莊子曰：『此木以不材得終其天年。』」

〔四〕誶：詬責。

〔五〕撟：翹首。青曾：蒼天。

〔六〕誕育：誕生萬物。

〔七〕陽材：此指高大的喬木。

〔八〕陰敷：此指矮小鋪地而生的草叢及灌木。苯蓴：草叢生貌。

〔九〕《莊子·人間世》：「匠石之齊，見櫟社樹，其大蔽數千牛，絜之百圍，其高臨山十仞而後有枝。……觀者如市。匠伯不顧……曰：『已矣！勿言之矣！散木也。以爲舟則沉，以爲棺槨則速腐，以爲器則速毁，以爲門户則液樠，以爲柱則蠹。是不材之木也，無所可用，故能若是之壽。』」社，神社。

〔一〇〕《三輔黄圖》：五柞宫，漢之離宫，在扶風盩厔。宫中有五柞樹，覆陰數畝，因以爲名。

〔一一〕高門而生秀草。

〔一二〕蒼苔在石曰烏韭，在屋曰瓦松。蘡：濃密翳閉狀。

〔一三〕《詩·小雅》有《苕之華》篇。苕：陵苕也，即今紫葳，蔓生，附喬木之上。施柏：即附於柏樹之上。

〔一四〕《詩·周南·樛木》：「南有樛木，葛藟纍之。」葛藟亦蔓生，攀纍於樛木。

〔一五〕蘇軾有《宥老楮》詩。宥，不伐也。中有句云「胡爲尋丈地，養此不材木」，又言「膚爲蔡侯紙，子入桐君録」，末云「投斧爲賦詩，德怨聊相贖」。

〔一六〕蕭斧：即斧，蕭訓肅。

〔一七〕鴞：惡鳥。泮：水池。《詩·衛風·氓》：「桑之未落，其葉沃若。」沃若：潤澤狀。此處代指沃若之桑。

〔一八〕《尸子》：「松柏之鼠，不知堂密之有美樅。」樅：松葉柏身，千仞，無枝葉。言鼠僅知松柏之美，而不知更有樅勝於松柏也。

〔一九〕《書·舜典》：「納于大麓，烈風雷雨弗迷。」別風淮雨：即「烈風淫雨」。

〔二〇〕刊隨：《書·禹貢》：「禹敷土，隨山刊木，奠高山大川。」底績：成功。

〔二一〕「杶、榦、栝、柏」，用《禹貢》語。

〔二二〕罍，同「虺」。《書・仲虺之誥》：「肇我邦于有夏，若苗之有莠，若粟之有秕。」

〔二三〕荆山之首曰景山。《詩・商頌・殷武》：「陟彼景山，松栢丸丸。是斷是遷，方斲是虔。」詩言商高宗之中興。

〔二四〕昆夷：《詩》作「混夷」。《詩・大雅・綿》：「肆不殄厥愠，亦不隕厥問。柞棫拔矣，行道兑矣。混夷駾矣，維其喙矣。」蘇轍《集傳》：「古公之徙於岐周，其心豈忘混夷之怨哉？徒以國家未定，人民未集，故不敢失聘問之禮，姑與之爲無憾。而及其閑暇，以脩其政令。吾所植柞棫，拔而遂茂，行道兑而成蹊。凡所以爲國者，既已繕完，則夫混夷將不較而自服。」

〔二五〕《竹書紀年》：「文王之妃曰太姒，夢商庭生棘；太子發植梓樹於闕間，化爲松柏棫柞。以告文王，文王幣率群臣，與發並拜告夢。」

〔二六〕杜牧《阿房宫賦》：「六王畢，四海一。蜀山兀，阿房出。」

〔二七〕《史記・秦始皇本紀》：始皇帝上泰山，立石，封，祠祀。下，風雨暴至，休於樹下，因封其樹爲五大夫。

〔二八〕漢武帝用吾丘壽王之奏，起上林苑，聚四海珍奇。

〔二九〕漢武帝元鼎二年起柏梁臺，高數十丈。太初元年災，未再重建。

〔三〇〕《後漢書・光武帝紀》：「及王莽篡位，忌惡劉氏，以錢文有金刀，故改爲『貨泉』，或以『貨泉』字文爲『白水真人』。後望氣者蘇伯阿爲王莽使，至南陽，遥望見舂陵郭，唶曰：『氣佳哉，鬱鬱葱葱！』」按：光武帝劉秀爲春陵白水鄉人。

〔三一〕《南方草木狀》：合浦東二百里有杉，漢安帝永初五年春，葉落，隨風飄入洛陽城。其葉大常杉數十倍，術士廉盛曰：「合浦東杉葉也。此休徵，當出王者。」帝遣使驗之，信然，乃以千人伐樹。

〔三二〕綱：花石綱。宋葉夢得《避暑録話》：宋徽宗政和初，有言華亭悟空禪師塔前檜爲唐物，詔取之。檜大，不可越橋梁，乃以大舟即華亭泛海，出楚州以入汴。既行一日，風猛，檜枝與帆低昂，不可制，舟與人皆没。

〔三三〕勔黼：朱勔、王黼，北宋末奸臣。《宋史》入《佞幸傳》。朱勔以花石綱媚徽宗起家。

〔三四〕杜甫《古柏行》：「大厦如傾要梁棟，萬牛回首丘山重。」

〔三五〕腓：草木枯萎。

白花射干

白花射干，江西、湖廣多有之。二月開花，白色有黄點，似蝴蝶花而小。葉光滑紛披，頗似知母，亦有誤爲知母者。結子亦小。與蝴蝶花共生一處，花罷，蝴蝶花方開。俚醫謂之「冷水丹」，以爲行血通關節之藥。《宋圖經》謂

紅黄花有赤點者爲射干，白花者亦其類。陶隱居云「花白莖長」，即阮公詩「射干臨層城」，〔一〕不入藥用，皆此草也。惟此花二月開，黄花者六月開，莖、葉、花、實都不甚類，俗方主治亦殊，似非一種。

〔一〕見晉阮籍《詠懷》詩。

鳶尾

鳶尾，《本經》下品。《唐本草》「花紫碧色，根似高良薑」，此即今之「紫蝴蝶」也。《花鏡》謂之「紫羅欄」，誤以其根爲即高良薑。三月開花，俗亦呼「扁竹」。李時珍以爲射干之苗，今俗醫多仍之。

石龍芮

石龍芮，《本經》中品。今處處有之，形狀正如水堇，生水邊者肥大，平原者瘦小。其

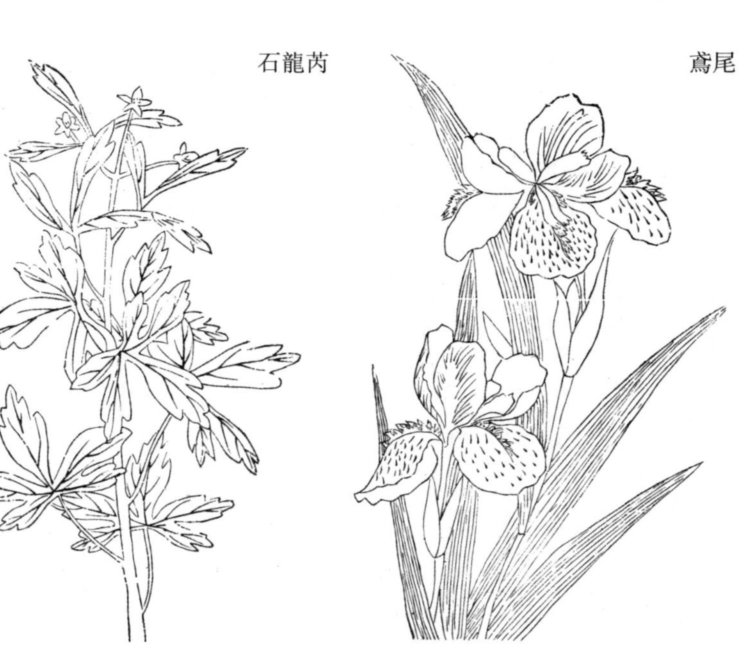

鳶尾　石龍芮

實亦能灸瘧。固始呼爲「鬼見愁」。

茵芋

茵芋，《本經》下品。陶隱居云「方用甚稀」。《圖經》備載其形狀、功用。李時珍云「近世罕知」。蓋俚醫用藥多爲異名，或實用之而不識其本名也。

雩婁農曰：茵芋有毒。李時珍以爲「古方有『茵蕷丸』，治瘋癇，又有酒與膏，爲治風妙品，近世罕知，爲醫家疎缺」，蓋深惜之。吾謂今之俚醫治風之藥不可殫述，安知無茵蕷者？特其名因地而異，古今之不同耳。史傳中惟功業道德、婦孺知名者謂之不朽，其他或一事而兩載，或兩傳而一人，所聞異詞，如鳥戾於天，〔一〕越人以爲鳧，楚人以爲鳧，各因所疑而爲之名，孰知其是耶非耶？楊雄持三尺緹素，〔二〕訪絕域方言，其草木諸物異名多矣，又烏料其一人之身爲漢郎中，又爲莽大夫耶？〔三〕黑頭尚書，白頭尚書，〔四〕何異「昔日之芳草，今直爲此蕭艾」也？〔五〕嗚呼！在山爲小草，出山爲遠志，以出處而異名，賢者愧之矣。〔六〕彼「上車不落則著作，體中何如則秘書」，用之則榮，舍則已焉。〔七〕東蜀以爲狗，棄狗豈有惜其蜀者？〔八〕茵蕷

之用，適承其乏，有勝於茵蘋者，而茵蘋爲狗之芻矣。故曰「腹背之毳，益一把不加多，損一把不加少」，始則碌碌而因人，繼則汶汶以没世。吾欲求其名而紀之，吾又烏能勝紀之？

〔一〕《詩・小雅・采芑》：「鴥彼飛隼，其飛戾天。」毛《傳》：「戾，至也。」

〔二〕古人以緹素、葭灰驗音律。詳見《隋書・律曆志上》。

〔三〕揚雄在漢末爲郎中，王莽篡位後爲大夫，人以爲失節，蔑稱「莽大夫」。按《漢書》本傳贊曰：「揚雄成帝時「除爲郎，給事黄門，與王莽、劉歆並。哀帝之初，又與董賢同官。當成、哀、平間，莽、賢皆爲三公，權傾人主，所薦莫不拔擢，而雄三世不徙官。及莽篡位，談説之士用符命稱功德獲封爵者甚衆，雄復不侯，以耆老久次轉爲大夫，恬於勢利乃如是」。

〔四〕白頭尚書，原本「尚」誤作「白」，據上下文改。

〔五〕《南史・袁昂傳》：齊末，蕭衍起兵，梁武帝起兵，州郡望風皆降，昂獨拒境。建康城平，昂舉哀痛哭。及蕭衍爲帝，用昂爲吏部尚書，謂曰：「齊明帝用卿爲黑頭尚書，我用卿爲白頭尚書，良以多愧。」對曰：「臣生四十七年於兹矣。四十以前，臣之自有，七年以後，陛下所養。七歲尚書，未爲晚達。」「昔日之芳草，今直爲此蕭艾」，句見《離騷》。

〔六〕此處有誤。《世説新語・排調》：謝安始有東山之志，後就桓温司馬。於時人有餉桓公藥草，中有遠志，温取以問謝：「此藥又名小草，何一物而有二稱？」謝未即答，時郝隆在坐，應聲答曰：「此甚易解，處則爲遠志，出則爲小草。」謝甚有愧色。

〔七〕《顔氏家訓・勉學》：梁朝全盛之時，貴遊子弟多無學術，至於諺云「上車不落則著作，體中何如則秘書」。

〔八〕古人祭祀，束芻以爲狗，祀畢焚之。《莊子・天運》：「夫芻狗之未陳也，盛以篋衍，巾以文繡，尸祝齋戒以將之；及其已陳也，行者踐其首脊，蘇者取而爨之而已。」亦「狡兔死，走狗烹」之義。

芫花

芫（yuán）花，《本經》下品。淮南、北極多，通呼爲「頭痛花」，以嗅其氣頭即涔涔作痛，故名。又曰「老鼠花」，以其花作穗如鼠尾也。此是草本。《本草綱目》引芫木藏果、卵者。考《爾雅》「杬，魚毒」注：「杬，大木子，似栗，生南方，皮厚，汁赤，中藏果、卵」，絶不相類。

雩婁農曰：余初歸里時，清明上壠，〔一〕見有卧地作花如穗、色紫黯者，詢之土人，曰：「此老鼠花也。其形如鼠拖尾，嗅之頭痛。」蓋色、臭俱惡。及閲《本草》，知爲芫花，淳于意用以治蟯瘕，雖惡是其可云乎？〔二〕匡廬間花、葉俱發，且有實味甘，然食之頭亦痛。烏之南徙，音

未變也。〔三〕洪容齋謂「小人爭鬥不勝，取葉挼膚，輒作赤腫以誣人」。〔四〕譸張爲幻，乃有此助之厲耶？山人採藥，皆以口授，自賊賊人，案牘坌積。宋時以斷腸草之害，著令燒薙，但盡敵而返，敵可盡乎？良有司各訪其地之所產，根株性味，著之志乘，民不能欺，其亦可矣。

〔一〕掃墓祭祖。

〔二〕淳于意，即《史記·扁鵲倉公列傳》之倉公。傳云：「臨菑氾里女子薄吾病甚，衆醫皆以爲寒熱篤，當死，不治。臣意診其脈曰：『蟯瘕。』……意飲以芫華一撮，即出蟯可數升，病已，三十日如故。」蟯，人腹中短蟲。

〔三〕人以烏噪爲凶徵而厭之，烏雖南徙，其音不變，仍爲人厭。

〔四〕見《續筆》卷十六。

金腰帶

金腰帶，江西山中多有之。其莖、花皆如芫花。根極長，有長數尺者，土人以爲帶束腰，可治腰痛。其實白，如米而大，味甘。土人云食多頭痛，或即以爲「頭痛花」。但《本草綱目》未詳其結實形狀，而此草葉光滑，花心有鬚，亦

微異，或芫草同類。

牛扁

牛扁，《本經》下品。陶隱居云：「今人不復識此。」《唐本草》、《宋圖經》俱載其形狀、功用。

牛扁

蕘花

蕘花

蕘（ráo）花，《本經》下品。《别録》云生咸陽及河南中牟。李時珍以爲即芫花黄色者，方書不復用。

莨菪

莨（làng）菪（dàng），《本經》下品。一名「天仙子」。《圖經》著其形狀、功用，且引《史記》淳于意以莨菪酒飲王夫人事，别説謂功未見如所説，而其毒有甚。蓋見「鬼拾針」性近邪魔，而古方以治癲狂，豈不癲狂者服之而狂，癲狂者服之而止，亦從治之義耶？舊時白蓮教以藥飲所掠民，使之殺人爲快，與李時珍所紀妖僧迷人事相類，疑即雜用此藥。

雩婁農曰：《史記·太倉公傳》：菑川王美人懷子而不乳，召意，意飲以莨䔅藥一撮，以酒飲之，旋乳。《本草》莨菪無催生之説，其爲一物否，未可知也。《炮炙論》以莨菪爲有大毒，《金匱要略》言水莨菪葉圓有光，誤食令人狂亂，狀如中風。觀淳于意以莨䔅藥令人乳，則斷非發狂之藥無疑。李時珍明著安禄山飲奚契丹莨菪酒，醉而坑之，又紀妖僧迷藥事，以爲是莨菪之流，則一杯入吻，狂惑見鬼，尚可留著腸胃中耶？〔一〕乃所録小品，必效諸方，或丸或煎，豈有病雖大毒亦能受耶？然吾不敢信也。君子小人，辨之必明，既辨矣，則放流迸逐，不可使其乘隙

其而復起。若已榜其罪於朝廷，而復記其小忠小信，曲留一綫之機，則子尾所謂「髮短而心長，其或寢處我矣」。〔二〕盧杞不似奸邪，惠卿亦似美才，〔三〕彼毒藥之攻癰疽，誠有速效，然豈可引之根本之地，而望其調和陰陽、不傷元氣乎？故吾以爲凡藥之有毒者，必著其外治之功，伐性之害，凡一切服餌之方，皆删削務盡，勿使後人迷於去留，舉軀而試其狂惑，其亦《春秋》之律也乎？

《山西通志》：「莨菪子，始生海濱川谷及雍州，今寧武多有之。莖高二三尺，葉似地黄、王不留行、紅藍等。花紫色，莖有白毛。結實如小石榴。最有毒，服之令人狂浪，故名莨菪。」按太原山中亦多產，其莖挺勁，對葉密排，花生葉隙，重疊直上，如地黄花，色紫白，多赭縷。花罷即結實，其子味甜，小兒誤食輒瘋。俗亦不甚怪，經一兩月藥性解，則瘋已如平人云。

〔一〕《本草綱目》卷十七上：嘉靖四十三年二月，陝西遊僧武如香挾妖術至昌黎縣民張柱家，見其妻美，設飯間，呼其全家同坐，將紅散入飯内，食之。少頃，舉家昏迷，任其奸污，復將魘法吹入柱耳中。柱發狂惑，見舉家皆是妖鬼，盡行殺死，凡一十六人，並無血迹。官司執柱，囚之十餘日，柱吐痰二碗許。問其故，乃知所殺者皆其父母兄嫂妻子姊侄也。柱與如香皆論死。觀此妖藥，亦是莨菪之流爾，方其痰迷之時，視人皆鬼矣。

〔二〕此非子尾語，是子雅語。《左傳》昭公三年：齊侯田於莒，盧蒲嫳（慶封之黨，時被放）見，泣而請歸，曰：「余髮如此種種，余奚能爲？」公曰：「諾，吾告二子。」（子雅、子尾。）歸而告之，子尾欲復之，子雅不可，曰：「彼其髮短而心甚長，其或寢處我矣。」寢處：扒皮而坐卧其上。

〔三〕見卷二十二「五味子」條注〔七〕。

莽草

莽草，《本經》下品。江西、湖南極多，通呼爲「水莽子」。根尤毒，長至尺餘。俗曰「水莽兜」，亦曰「黄藤」。浸水如雄黄色，氣極臭。園圃中漬以殺蟲，用之頗亟。其葉亦毒，南贛呼爲「大茶葉」，與斷腸草無異。《夢溪筆談》所述甚詳。〔一〕《宋圖經》云無花、實，〔二〕未之深考。

雩婁農曰：余所至章貢、衡澧山中，皆多莽草。而按其形狀，與《筆談》「花如杏花可玩」，李德裕所謂「紅桂」，〔三〕靳學顔所謂「丹萼素蕾」者，〔四〕都不全肖。蓋沈存中所云「種類最多」者耶？江右産者，其葉如茶，故俗云「大茶葉」。湘中用其根以毒蟲，根長數尺，故謂之「黄

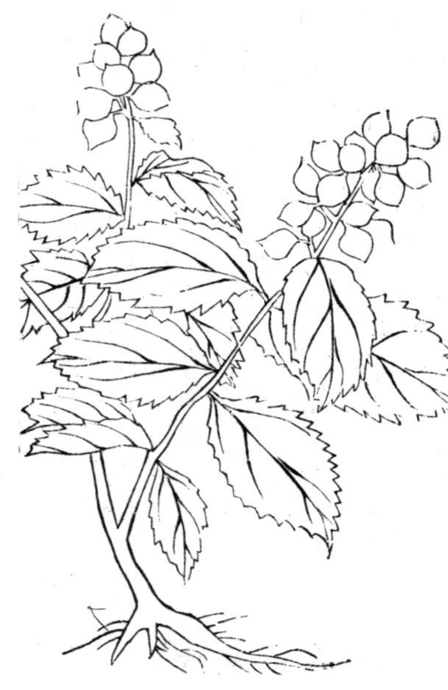

藤」，而「水莽」則通呼也，豈與「鼠莽」有異同耶？詩人多用「菵露」，〔五〕陶隱居以爲「莽」本作「菵」。按山中多以黄茅之類爲「菵子草」，郭璞注：「弭，春草，一名芒草。」孫炎注：「俗呼菵草。」菵草刺人衣而彌阬填谷，故以爲晨行之詩，亦「夙夜厭浥」之意。〔六〕莽草雖多，殊非荆榛之比。或謂弭爲白薇，以弭、薇音近，「春草」同名，難爲確詁。〔七〕邢《疏》以《本草》「莽草」郭引作「芒草」爲所見本異，〔八〕然則《本草》經傳寫譌誤多，烏可不慎，而《圖經》云「煎湯熱含，少頃，治牙齒風蟲、喉痺甚效」，此豈可輕試耶？按《周禮》「翦氏除蠹物，以莽草熏之」，〔九〕《方言》「芔，莽草也。東越、揚州之間曰芔，南楚曰莽」，《説文》「芔，草總名」，則非毒草之「莽」矣。今人以草燒煙熏蟲，亦不需用毒莽。又《説文》「犬善逐兔草中爲莽」，《孟子》「草莽之臣」趙岐注「莽，亦草也」。莽、芔、艸、茻同義。《楚詞》「攬中洲之宿莽」，注謂「草冬生不死」，此亦但詁「宿」字耳。唯《山海經》「朝歌之山有莽草，可以毒魚」，此或是水莽類。而《爾雅》「莽，數節」郭注云「竹類」，則竹亦有名「莽」者。《本草》之「莽草」，或爲「芒」，或爲竹類之「莽」，皆未可定。若以毒魚爲毒草，則近世有以莜麥制魚者矣，豈得謂莜麥爲毒草耶？余恐人誤以莽草爲可服，故詳辨之。

〔一〕見《補筆談》卷下。

〔二〕原本無「圖」字。

〔三〕李德裕詩序云：「比聞龍門敬善寺有紅桂樹，獨秀伊川。嘗於江南諸山訪之，莫致。陳侍御知予所好，因訪剡溪樵客，偶得數株，移植郊園，衆芳色沮。乃知敬善所有是蜀道茵草，徒得嘉名。因賦是詩，兼贈陳侍御。」按：茵草即莽草。

〔四〕見本卷「雲實」條注〔三〕。

〔五〕鮑照《苦熱行》：「瘴氣晝薰體，茵露夜霑衣。」蘇軾《贈杜介》詩：「秋風吹茵露，翠濕香娟娟。」

〔六〕《詩·召南·行露》：「厭浥行露，豈不夙夜？謂行多露。」毛《傳》：「厭浥，濕意也。行，道也。」

〔七〕《爾雅》「葞，春草」郭注云：「一名芒草，《本草》云。」鄭樵《通志》云：「白薇，曰白幕，曰薇草，曰春草。」

〔八〕邢昺《爾雅》「葞，春草」疏。

〔九〕見《秋官司寇》。

鉤吻

鉤吻，《本經》下品。相承以爲即「冶葛」，今之「斷腸草」也。詢之閩廣人，云有大小二種，大者如夜來香葉，蔓生植立，近人輒動，擣爛置猪腸中，上下奔竄，必破腸而出；小葉者如馬蘭，性尤烈。李時珍所謂「黄藤」，乃莽草

根也；又云滇人謂之「火把花」，蓋即《黔書》所云「花赤如桑椹」者。同爲惡草，非止一種，今以蜀産圖之。

滇鉤吻

太陽之草曰黄精，太陰之草曰鉤吻。〔一〕《博物志》云：「鉤吻，盧氏曰：陰地黄精不相連，根苗獨生者是也。」陶隱居云：「葉似黄精，而莖紫，當心抽花黄色，初生極類黄精。」雷斅曰：「使黄精勿用鉤吻，真相似，只是葉有毛鈎子二個，黄精葉如竹葉。」蘇頌曰：「江南説黄精莖、苗稍類鉤吻。」自古言鉤吻、黄精相似，瞭然如此，無有指爲「斷腸草」者。《本經》「一名冶葛」。

冶葛，後人以爲斷腸草。毒草斷腸，品非一種。《南方草木狀》：「冶葛，一名胡蔓草。」不言即鉤吻。自蘇恭始以「苗爲鉤吻，根爲野葛」深斥陶説之非，謂「其葉如柿，如梟葵」，則即今嶺南之「大葉斷腸草」矣。其云黄精葉似柳及龍膽草，[二]乃玉竹也。古人於黄精、玉竹不甚分别，雷説「葉如竹」，則今黄精也。沈存中《藥議》亦以鉤吻爲即斷腸草，[三]然又云「斷腸草，人間至毒之物，不入藥用，恐《本草》所出别是一物，非此鉤吻」，則存中未敢以鉤吻、黄精相似之説確然斷爲誤也。《本草綱目》臚引斷腸草以實鉤吻，大抵皆集衆説，非惟未見鉤吻，蓋亦未見斷腸，憑臆訂訛，遂以草之至毒者，惟嶺南胡蔓一物矣。考《吴普本草》，鉤吻或出益州。碧雞金馬，開元後已淪南詔，[四]蘇恭諸人不識益州之鉤吻，固宜；醫家於毒草不曾試用，展轉致舛，亦無足怪。惟鉤吻既似黄精，采鉤吻而得黄精，不能爲害，誠妙；采黄精而誤得鉤吻，所關豈淺鮮哉！余至滇，遣人入山採藥，得似黄精、玉竹者二草，其標識則曰「鉤吻」、「漢鉤吻」。「鉤吻」，葉如竹，與黄精同而矮小，葉生一面，花、實生一面，棄擲皆活，殆即雷斆所謂「地精」，俗云「偏精」，其偏者不止葉不相當而已。「漢鉤吻」似玉竹，葉如柳，如龍膽草，而葉端皆反鈎，四面層層，舒葉開花，花有黄白者，亦有紅者，蓋陶説所謂「當心開花」，而雷説所謂「毛鈎」也。滇之山岷蚩蚩者豈能杜撰此名，蓋相承指呼久矣。余審是再三，而知太陽、太陰之説傳於上古，不可妄訾。後人少見，反肆雌黄，而未及料其貽害無窮也。「禮失求野」，其言猶信。[五]乃召土醫而詢之，云：「黄精、鉤吻，山中皆產，採者須辨別之。其葉鉤者有大毒。」然則「鉤」之得名，非以其葉如鉤耶？偏精有毒稍輕，形偏則性亦偏矣。考《南嶽記》，謂黄精多山薑僞製，桂馥《札璞》謂滇多毒草，然則服黄精者，宜如《本草》採嵩山生者，庶不至以豨苓引年而棄昌陽乎？夫天地乖戾之氣所鍾，非一鉤吻，胡蔓無妨並馳。譬如四凶列於禹鼎，〔六〕非止渾敦一形；〔七〕五鬼登於唐廷，未必盧杞同貌。〔八〕山有陰陽，則氣秉舒慘。處至陰之地，而具至陽之性，則爲毒尤甚。宦寺、婦人，陰陽異用，而大亂生矣。抑又聞之，虎賁甚似中郎，〔九〕桓魋乃肖至聖，〔一〇〕甚惡甚美，真賢真奸，此亦造物之樞鈐，而待人以决擇。余檢自僵之犢，湘中則黄藤，豫章則水莽、博落迴，粵、閩則大小葉斷腸草，滇則草烏、火把花。又有蟲如草，長寸許，亦名「斷腸草」，牛馬食之立斃。《黔書》又有一種斷腸，惡直醜正，實繁有徒，豈得謂共兜去而無餘凶，〔一一〕廉來除而並及異獸乎？〔一二〕余以舊説入「鉤吻」下，別録斷腸草數種，〔一三〕而特著滇鉤吻二物，或可正李時珍之正誤。《本草》鉤吻有主治，滇醫亦用以洗惡毒瘡。以盜捕盜，或亦收效，而斷腸草則未聞有用者。巧令孔壬，〔一四〕遇之立敗耳。唐以前言「冶葛」者，或即是此草。《草木狀》冶葛既不云鉤吻，當是同名異物。相如、无咎、不疑、萬年，〔一五〕其爲賢不肖也多矣。

鉤吻，滇人以蝕毒瘡。惡刺字犯，〔一六〕雜他藥以爛滅刺字，俗所謂「爛藥」也。

〔一〕見卷八「黄精」條注〔一〕。

〔二〕《唐本草注》原文爲「黄精直生，如龍膽、澤漆」。

〔三〕《夢溪筆談》各卷下立名目，如卷二十六爲「藥議」，但鉤吻事見於《補筆談》，《補筆談》則未分名目，是吴氏歸此條於「藥議」類也。

〔四〕南詔在唐朝扶持下統一六詔，爲唐屬國，後關係惡化，一度歸附吐蕃。

〔五〕《漢書·藝文志》：「仲尼有言：禮失而求諸野。」師古注：「言都邑失禮，則於外野求之，亦將有獲。」

〔六〕四凶：指渾敦、窮奇、檮杌、饕餮。禹收九州之金鑄九鼎，以象九州之物，有説上有魑魅鬼怪之形，使人知所避者。

〔七〕《左傳》文公十八年：「昔帝鴻氏有不才子，掩義隱賊，好行兇德，醜類惡物，頑嚚不友，是與比周，天下之民謂之渾敦。」注謂渾敦即驩兜。

〔八〕盧杞貌陋而色如藍，人皆鬼視之。按：南唐馮延巳、常夢錫等五人皆以邪佞用事，時人謂之「五鬼」。

〔九〕《後漢書·孔融傳》：融「與蔡邕素善，邕卒後，有虎賁士貌類於邕，融每酒酣，引與同坐，曰：『雖無老成人，且有典刑在』」。按：蔡邕官左中郎將，世稱蔡中郎。

〔一〇〕桓魋：宋國司馬。貌似孔子者爲陽虎，非桓魋。見《史記·孔子世家》。

〔一一〕共兜：共工、驩兜。舜流四凶族渾敦（即驩兜）、窮奇（即共工）、檮杌、饕餮，投諸四裔，以禦魑魅。

見《左傳》文公十八年。

〔一二〕廉來：飛廉、惡來，商紂王之臣，爲周武王所誅。

〔一三〕此指吴氏於《植物名實圖考長編》卷十四另録「斷腸草」數種。

〔一四〕巧言令色，大奸佞。

〔一五〕俱爲古人名多重者。

〔一六〕不想臉上留有刺字的犯人。

植物名實圖考卷之二十五　芳草

蘭草

蘭草，《本經》上品，《詩經》「方秉蕑兮」，[一]陸《疏》：「即蘭，香草也。」古人謂蘭多曰「澤蘭」。李時珍集諸家之説，以爲「一類二種」，極確。今依其説，以有歧者爲蘭，無歧者爲澤蘭。宋人踵梁時以似茅之燕草爲蕙，聚訟紛紛，[二]不知草木同名甚多，總以見用於人爲貴。此草竟體芬芳，與澤蘭同功並用。湖南俚人有受風病寒者，摘葉煎服即愈。香能去穢，辛可散鬱，較之甌蘭諸品，爲益孰多？彼一莖一花數花者，露珠一乾，清香頓歇，茅葉肉根，都無氣味，歸之群芳，以悦目鼻。

雩婁農曰：夫「暴得大名，不祥」。〔三〕人固有之，物亦宜然。蘭於《農經》不爲靈藥。溱洧秉蕑、士女贈謔之野卉耳。〔四〕燕姞錫夢，寵以國香。〔五〕聖人猗蘭之操，〔六〕忠臣畹蘭之託。〔七〕厥後文人賦之詠之，比以君子，儷以美人，赫赫之名，衆荂莫能景其光，群榮不能企其影矣。夫盛名之下，實多冒竊：孩兒菊曰「馬蘭」，以其花紫葉歧而竊之；天名精曰「蟾蜍蘭」，以其葉長幹疎而竊之。形骸彷彿，臭味參差。易位者非同華泉之取飲，〔八〕正座者不如床前之捉刀，〔九〕其竊之也庸何傷？不知何時有山間牛啖之草，俗謂草蘭爲牛啖花，以牛食其葉也。甌東魚魷之花，徒以異馥，篡此香名，〔一〇〕涪翁倡爲「一花爲蘭，數花爲蕙」之説，〔一一〕後人領其新異，競爲標題，蜩螗羹沸。〔一二〕唯澤蘭一種，尚容於養性採藥之客，而真蘭之名，假而不歸。夫非蘭之名著，而蘭之實遂湮没而不彰哉？謂之不祥，蘭亦何辭？朱子《詩注》兩蘭瞭列，《楚辭辨證》曲爲疏别，〔一三〕一賢之論，不敵舉世之紛，良可悼矣。當爲王者香，乃與衆草伍，蘭不逢時，與人何異！余嘗取唐以前之述蘭者而紀之。嵇侍中詩「麗蕊濃繁」，〔一四〕陳子昂詩「朱蕤冒紫莖」，〔一五〕蘭之花繁蕊密如此，今之蘭有之乎？謝康樂詩「清露灑蘭藻」，〔一六〕許渾詩「露曉紅蘭重」，〔一七〕今蘭葉如薤，涓滴難留，若謂花跗之露，則何灑何重？蘇頲詩「御杯蘭薦葉」，〔一八〕今之蘭葉豈堪薦酒？又詩人多言「蘭池」，今之蘭乃畏濕。《本草》亦載「蘭湯」，今之蘭豈能浴？紫蘭、紅蘭，蘭之色也，今蘭紅紫乃非常品。蘭橘、蘭椒，蘭之味也，今蘭咀嚼殊無微馨。抑與蘭爭名者，唯桂耳，絶域徭峒，價重如金，中華之金粟丹黄者，豈真桂耶？嗚呼，造物最忌者名，草猶如此，人何以任？昔吕大防作《辨蘭亭記》云：「蜀有草如蘐，紫莖黄葉，謂之『石蟬』，而楚人皆以爲蘭。蘭、蟬聲近之誤。」宋景文《益部方物略記》石蟬「苕長二三尺，葉如菖蒲，紫萼五出，與蟬甚類」。宋公博物，不以爲蘭，然則今之蘭，其蜀之石蟬耶？冒他名而自失其名，石蟬有知，豈肯呼牛牛應、呼馬馬應耶？吕公乃著辨以爲識真蘭。昔有不狂之人入狂國者，爭以不狂爲狂。今以真蘭入盜蘭之叢，固當以不真爲真。

〔一〕見《鄭風・溱洧》。

〔二〕南朝時人沈懷遠《南越志》云：「零陵香，一名燕草，又名薰草，即香草。」

〔三〕《史記・項羽本紀》陳嬰母語。

〔四〕見《溱洧》詩。

〔五〕《左傳》宣公三年：鄭文公妾名燕姞，夢天與蘭，且曰：「以蘭有國香，人服媚之如是。」文公遂與之蘭而御之，生子穆公，名蘭。

〔六〕《猗蘭操》，傳説孔子所作。《孔子集語》卷十三引《琴操》：孔子自衛返魯，隱谷之中見香蘭獨茂，喟然歎曰：「夫蘭當爲王者香，今乃獨茂，與衆草爲伍。」乃止車，援琴鼓之，自傷不逢時，託辭於香蘭云。

〔七〕屈原《離騷》：「余既滋蘭之九畹兮，又樹蕙之百畮。畦留夷與揭車兮，雜杜蘅與芳芷。」

〔八〕事見《左傳》成公二年：魯、晉、曹與齊戰於鞍，齊師敗績。齊侯奔至華泉，大夫丑父使齊侯下車，如華泉取飲。晉師獲丑父，而齊侯獲免。

〔九〕事見《世説新語·容止》：曹操見匈奴使者，自以形陋，不足雄遠國，使崔季珪代己，而己捉刀立牀頭。既畢，令間諜問曰：「魏王何如？」匈奴使答曰：「魏王雅望非常，然牀頭捉刀人，此乃英雄也。」曹操聞之，追殺此使。

〔一〇〕「篡」，原本誤作「纂」，據文意改。

〔一一〕涪翁：黄庭堅號。

〔一二〕《詩·大雅·蕩》：「如蜩如螗，如沸如羹。」毛《傳》：「蜩，蟬也。螗，蝘也。」鄭《箋》：號呼之聲如蜩螗之鳴，其笑語沓沓又如湯之沸、羹之方熟。

〔一三〕朱熹《楚辭辨證》：蘭、蕙二物，《本草》言之甚詳。劉次莊云：「今沅、澧所生，花在春則黄，在秋則紫，而春黄不若秋紫之芬馥。」又黄魯直云：「一榦一花而香有餘者爲蘭，一榦數花而香不足者爲蕙。」今按《本草》所言之蘭，雖未之識，然而云似澤蘭，則今處處有之。蕙自爲零陵香，尤不難識，其與人家所種，葉類茅而花有兩種如黄説者，皆不相似。大抵古之所謂香草，必其花、葉皆香，而燥濕不變，故可刈以爲佩。若今之所謂蘭、蕙，則花雖香而葉乃無氣，香雖美而質弱易萎，皆非可刈而佩者也。

〔一四〕此嵇康《酒會詩》之句，而「嵇侍中」乃其子嵇紹。

〔一五〕《感遇》詩。

〔一六〕謝靈運《擬魏太子鄴中集八首》作「清辭灑蘭藻」。《廣群芳譜》卷四十四引誤作「清露灑蘭藻」。

〔一七〕許渾《曉發天井關寄李師晦》。

〔一八〕蘇頲《奉和晦日幸昆明池應制》。

芎藭

芎（xiōng）藭（qióng），《本經》上品。《左氏傳》「山鞠窮」即此。〔一〕《益部方物記》謂「葉落時可用作羹」，《救荒本草》「葉可調食煮飲」。今江西種之爲蔬，曰「藭菜」。廣西謂之「坎菜」。其葉謂之「江蘺」，亦曰「蘼蕪」。李時珍謂「大葉者爲茳蘺，細葉者爲蘼蕪」，説亦辨。

雩婁農曰：申叔展曰：「有山鞠藭乎？」注謂「所以禦濕」，《疏》云：「賈逵有此言，則相傳爲此説。但不知若爲用之。」考《本草》「芎藭主中風寒、痺、筋攣緩急」。蓋風濕相爲表裏，去風即以去濕也。苗曰蘼蕪，《爾雅翼》辨證甚核。然古昔草木之名，軼者多矣。《楚詞》「香草」，注者亦唯以《本草》、《爾雅》爲據。其習用如江蘺、白芷、杜衡、留夷輩，〔二〕讀《本草》者皆知之。而杜若已無的識，若揭車、胡繩，則《本草》不載，無有訂爲何物者矣。太史公曰：「巖穴之士，趍舍有時，若此類名堙滅而不稱，〔三〕悲夫！」夫以在山小草，爲忠臣志士寄慨流連，其志潔，故其稱物芳，〔四〕謂非無知者之至幸，乃或傳或不傳如此。然則士不能與日月爭光，〔五〕而但托大賢之門，冀附驥尾而致千里，〔六〕則漢之黨錮，宋之黨人，載其名而不信其人者有之矣。載其名，幸也；不信其人，豈不幸歟？

〔一〕見卷十一「茵陳蒿」條注。

〔二〕《離騷》「扈江離與辟芷兮」，「畦留夷與揭車兮」，注以江離、辟芷、留夷、揭車皆香草名。《九歌》「繚之兮杜衡」，王逸注：「杜衡，香草。」

〔三〕「名」，原本闕，據《史記·伯夷列傳》補。

〔四〕《史記·屈原列傳》言《離騷》之作：「其文約，其辭微，其志絜……其志絜，故其稱物芳。」

〔五〕《史記·屈原列傳》：「推此志也，雖與日月爭光可也。」

〔六〕《史記·伯夷列傳》：「顔淵雖篤學，附驥尾而行益顯。」《索隱》：「按：蒼蠅附驥尾而致千里，以譬顔回因孔子而名彰也。」

隔山香即雞山香，方言，無正字。

隔山香，生衡山。白根潤脆，枝莖挺竦。長葉光緑，三五匀秀。花如當歸、白芷。竟體皆芳，與風俱發。湘沅香草，宗生族茂，箋《騷》注《經》，不能繹贍，〔一〕遂致遇物難名，倚席不講。〔二〕萋萋嘉卉，見賞俚醫，幸乎不幸？

〔一〕繹贍：詳加箋釋。

〔二〕《後漢書・樊準傳》：「今學者蓋少，遠方尤甚。博士倚席不講，儒者競論浮麗。忘謇謇之忠，習諓諓之辭。」

蛇床子

蛇床子，《本經》上品。《爾雅》「盱，虺床」，注：「蛇床也。」《救荒本草》「葉可煠食」。

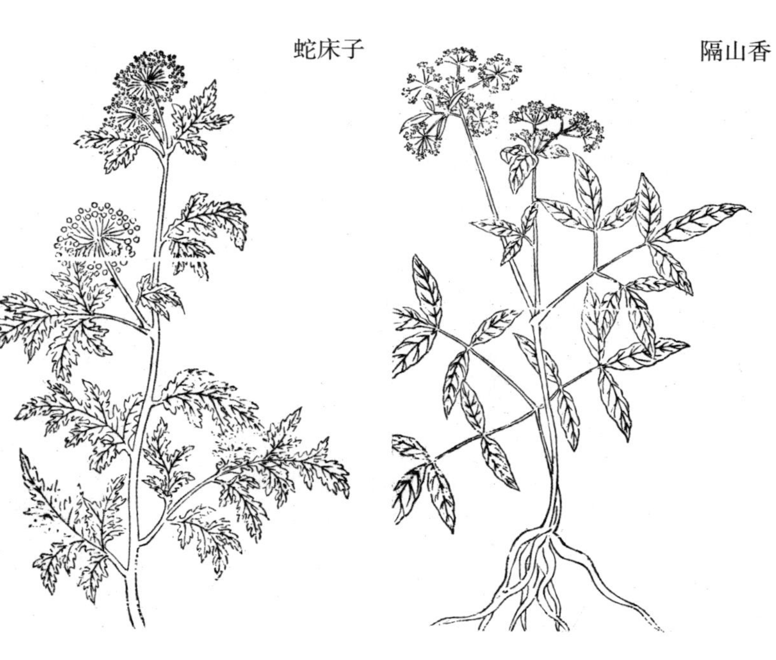
隔山香　蛇床子

白芷

白芷，《本經》上品。滇南生者，肥莖緑縷，頗似茴香。抱莖生枝，長尺有咫。對葉密擠，鋸齒槎枒，齟齬翹起，澀紋深刻。梢開五瓣白花，黄蕊外湧，千百爲族，間以緑苞。根肥白如大拇指，香味尤竄。

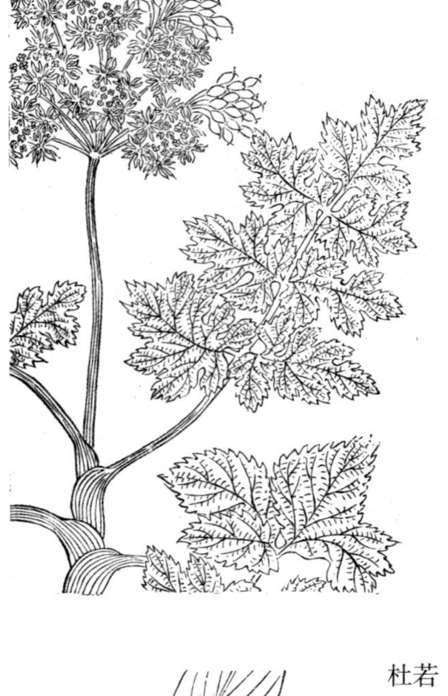
白芷

杜若

杜若

杜若，《本經》上品。按「芳洲杜若」，《九歌》疊詠，〔一〕而醫書以爲少有識者。考郭璞有贊，〔二〕謝朓有賦，〔三〕江淹有頌，〔四〕沈約有詩，〔五〕豈皆未覩其物而空託采擷耶？韓保昇云：「苗似山薑，花黄子赤，大如棘子，中似豆蔻。」〔六〕細審其説，乃即滇中豆蔻耳。蘇恭以爲「似高良薑，全少辛味，陶云『似旋葍根』者，〔七〕即真杜若。」李時珍以爲「楚山中時有之，山人亦呼爲『良薑』。甄權所云『獛子薑』，《圖經》所云『山薑』，皆是物也」。沈存中以爲「即高良薑」，〔八〕以生高良而名。余於廣信山中採得之，俗名「連環薑」，以其根瘦細有節，故名。有土醫云即良薑也。根少味，不入藥用。其花出籜中，纍纍下垂，色紅嬌可愛，與前人所謂「豆蔻花」同，與良薑花微異，殆即《圖經》所云「山薑」也。余取以入杜若，以符「大者爲良薑，小者爲杜若」之説。但深山中似此者尚不知幾許，姑以備考云爾。若劉圻父《采杜若》詩「素英緑葉紛可喜」，〔九〕又云「餐花嚼蕊有真樂」，則亦韓保昇所云花黄一種。草豆蔻，花帶紅、白二色，非同良薑花紅紫灼灼也。至秋花之書，有以「雞冠」當之者，可謂刻畫無鹽，唐突西施。〔一〇〕

雩婁農曰：昔人戲爲杜仲作《杜處士傳》：「若杜若者，顯於古而晦於今，其今之逸民歟？膏以明自煎，蘭以香自爇，杜若非所謂遺其身而身存者耶？」

〔一〕《九歌·湘君》：「采芳洲兮杜若。」《湘夫人》：「搴汀洲兮杜若。」《山鬼》：「山中人兮芳杜若。」又《雲中君》：「華采衣兮若英。」注以若英爲杜若之英。

〔二〕《山海經·西山經》：天帝之山「有草焉，狀如葵，臭如蘼蕪，名曰杜蘅，可以走馬」。郭璞《杜若贊》曰：「蘼蕪善草，亂之蛇牀。不隕其實，自别以芳。佞人似智，巧言如簧。」

〔三〕齊謝朓有《杜若賦》。

〔四〕梁江淹有《杜若頌》。

〔五〕梁沈約詠杜若：「生在窮絶地，豈與世相親？不願逢采擷，本欲芳幽人。」

〔六〕韓保昇：五代後蜀學士，即主修《蜀本草》者。按：羅願《爾雅翼》卷二言杜若「苗似山薑，花黄赤，子赤色」。

〔七〕陶指陶弘景。「旋蓄」或作「旋覆」。

〔八〕見《補筆談》卷下。

〔九〕劉子寰，字圻父，南宋人，朱熹弟子。

〔一〇〕《晉書·周顗傳》：庾亮嘗謂顗曰：「諸人咸以君方樂廣。」顗曰：「何乃刻畫無鹽、唐突西施也。」無鹽：春秋時齊國醜女。

木香

木香，《本經》上品。《宋圖經》著其形狀，云「出永昌山谷。〔一〕今惟舶上來者，他無所出」。　按《本經》所載無外番所產，或古今異物。近時用木香治氣極效，蓋《諸蕃志》所

木香圖

謂「如絲瓜」者，[二]凡番産皆不繪，兹從《木草衍義》圖之，然皆類馬兜鈴蔓生者，恐非西南徼所産。

雩婁農曰：木香，舊出雲南。《蠻書》云：「永昌山在府南三日程，多青木香。」《雲南志》：「車里土司出，或謂即古産里。」又：「西木香出老撾。」皆不著形狀。大抵深塹絶巖，老木多香，種種殘名，亦難盡憑。夷玀負販，多集大理，粵人哀載，輒云海藥，惟皆枯槎，難譯其柯條花實。

[一]宋永昌在雲南。

[二]《諸蕃志》二卷，宋趙汝适撰。

澤蘭

澤蘭，《本經》中品。爲婦科要藥。根名「地笋」，亦爲金瘡、腫毒良劑。《安徽志》「都梁山産澤蘭，故名都梁香云」。

雩婁農曰：《淮南子》云：「男子樹蘭而不芳。」藥録亦專供帶下醫，豈賜蘭徵夢，[一]遂永爲女子之祥乎？士女秉蕳，[二]祓除不

祥，殆無異芣苢宜子耶？余過溱、洧，〔三〕秋蘭被坂，紫萼雜遝，如蒙絳雪，固知詩人紀實不類賦客子虚。〔四〕而鄰鄰周道，塵漲三尺，清露灑芬，西風度馥，不以穢濁減其臭味，其斯爲幽芳歟！

〔一〕見本卷「蘭草」條注〔五〕。

〔二〕《詩·鄭風·溱洧》：「士與女，方秉蕑兮。」

〔三〕溱、洧：河南二水名。

〔四〕司馬相如有《子虚賦》。此言賦客所言皆虚誇不實之辭。

當歸

當歸，《本經》中品。《唐本草注》有大葉、細葉二種。《宋圖經》云「開花似蒔蘿，淺紫色」，李時珍謂「花似蛇床」。今時所用者皆白花，其紫花者葉大，俗呼「土當歸」。考《爾雅》「薜，山蘄」，又「薜，白蘄」，是當歸本有紫、白二種。今以土當歸附於後，大約藥肆皆通用也。

土當歸

土當歸，江西、湖南山中多有之。形狀詳《救荒本草》。惟江、湖産者花紫。李時珍以入「山草」，未述厥狀，但於「獨活」下謂之「水白芷」，亦以充獨活。今江西土醫猶以爲獨活用之。

土當歸

芍藥

芍藥

芍藥，《本經》中品。古以爲和，[一]今入藥用單瓣者。雩婁農曰：《詩》「贈之以勺藥」，[二]陸《疏》云：「今藥草芍藥無香氣，非是也。」《爾雅翼》以「陸未識其華」。蓋芍藥盛於西北，維揚諸花始於宋世，故陸元恪僅見藥裹之根荄，而未覩金帶之綺麗，羅氏之言是矣。然古時香草必以莖、葉俱香而後名，如蘭、如蘇、如芷，皆竟體芬芬，不以花著。芍藥奇馥，都恃繁英，氣不勝色，時過即弛，與霜露飄零而臭味彌烈者，蓋未可伯仲也。陸氏之疑，其或以此。若以調和爲據，則古今食饌嗜好全殊，即所謂「食馬肝、馬腸猶合芍藥而鬻之」者。〔三〕士大夫久無此憲章，〔四〕安得尋裂駃騠而沃苦酒者一問之耶？〔五〕

〔一〕和：調和。

〔二〕見《鄭風・溱洧》。

〔三〕羅愿《爾雅翼》卷三：「或以爲勺藥調食，或以爲五味之和，或以爲以蘭桂調食，雖各得彷彿，然未究名實之所起。……今人食馬肝、馬腸者，猶合芍藥而煮之，古之遺法。馬肝，食之至毒者。……則制食之毒者，宜莫良於芍藥。」

〔四〕食憲章，即食譜。言士大夫食譜中無此一味也。

〔五〕此處駃騠指騾，苦酒指醋。沃：澆。

牡丹

牡丹，《本經》中品。入藥亦用單瓣者。其芽肥嫩，可醬食。種牡丹者必剔其嫩芽，則精脈

聚於老幹，故有「芍藥打頭，牡丹修脚」之諺。

雩婁農曰：永叔跗《牡丹譜》，好事者屢踵之，可謂富矣。然蕃變無常，非譜所能盡，亦非譜所能留也。〔一〕但西京置驛，〔二〕奇卉露生，今則洛花如舊，而異萼絶稀，〔三〕豈人工之勤、地利之厚不如故耶？抑造物者觀人之精神所注與否而爲之盛衰耶？漢之經學，六朝駢麗，三唐詩詞碑碣，亦猶是矣。況乎有關於家國之廢興，世道之升降，而造物獨不視人所欲與之聚之，吾何敢信？

〔一〕譜中雖有，而種已變没。

〔二〕唐開元之後，牡丹始盛於西京，三月五日長安看牡丹，車馬奔走，四方輻輳。

〔三〕自唐初以至宋時，洛陽牡丹始終號稱爲天下冠，但却没有出現新的品種。

藁本

《本經》中品。《宋圖經》：「似芎藭而葉細。」《救荒本草》謂之「山園荽」，苗可煠食。

水蘇

水蘇，《本經》中品。即「雞蘇」，澤地多有之。李時珍辨别水蘇、薺薴「一類二種」，極確。昔人煎雞蘇爲飲，今則紫蘇盛行，而菜與飲皆不復用雞蘇矣。

雩婁農曰：水蘇、雞蘇自是一物，《日用本草》亦云爾，然謂即「龍腦薄荷」。今吴中以餹製之爲餌，〔一〕味即薄荷，而葉頗寬，無有知爲水蘇者。東坡詩：「道人解作雞蘇水，稚子能煎鸎粟湯。」〔二〕《本草衍義》：「紫蘇氣香，味辛甘，能散。」今人朝暮飲紫蘇湯，甚無益。醫家謂芳草致豪貴之疾，此有一焉。水蘇氣薄味平，何堪作飲？或取屬對之工。〔三〕

〔一〕餌：小點心。

〔二〕蘇軾《歸宜興留題竹西寺》：「道人勸飲雞蘇水，童子能煎鸎粟湯。」

〔三〕此指蘇詩以「雞蘇水」對「鸎粟湯」。

假蘇

假蘇，《本經》中品。即荆芥也。固始種之爲蔬。其氣清芳，形狀與醒頭草無異，唯梢頭不紅、氣味不烈爲别。野生者葉尖瘦，色深緑，不中噉，與黄顙魚相反。南方魚鄉，故鮮有以作葅者。

《野菜贊》云：「荆芥苗，煠作蔬，魚肉忌之，犯無鱗魚，即死，與鯉犯紫荆、食鱓飲燒酒殺人等疾。鼠蕒辛苦，〔一〕命之曰『芥』。荆則云『矜』，芥爲言『介』。肉食斯仇，君子攸戒。我食無魚，咀嚼何害？」

〔一〕鼠蕒：即荆芥。

爵牀附赤車使者。

爵牀，《本經》中品。《唐本草注》謂之「赤眼老母草」。南方陰濕處極多。似香薷而不

假蘇

爵牀

香。又《唐本草》有「赤車使者」，莖赤根紫如蒨，一類二種。

積雪草

積雪草，《本經》中品。《唐本草注》以爲即「地錢草」。今江西、湖南陰濕地極多。圓如五銖錢，引蔓鋪地，與《本草衍義》、《庚辛玉册》所述極肖。或謂以數枚煎水，清晨服之，能祛百病者，此蓋陽强氣壯，藉此清寒之品以除浮熱，故有功效，虚寒者恐不宜爾。又一種相似而有鋸齒，名「破銅錢」，辛烈如胡荽，不可服。

荏

荏，《别録》中品。白蘇也。南方野生，北地多種之，謂之「家蘇子」，可作糜作油。《齊民要術》謂雀嗜食之。《益部方物記略》有「荏雀」，謂荏熟而雀肥也。李時珍合蘇、荏爲一，

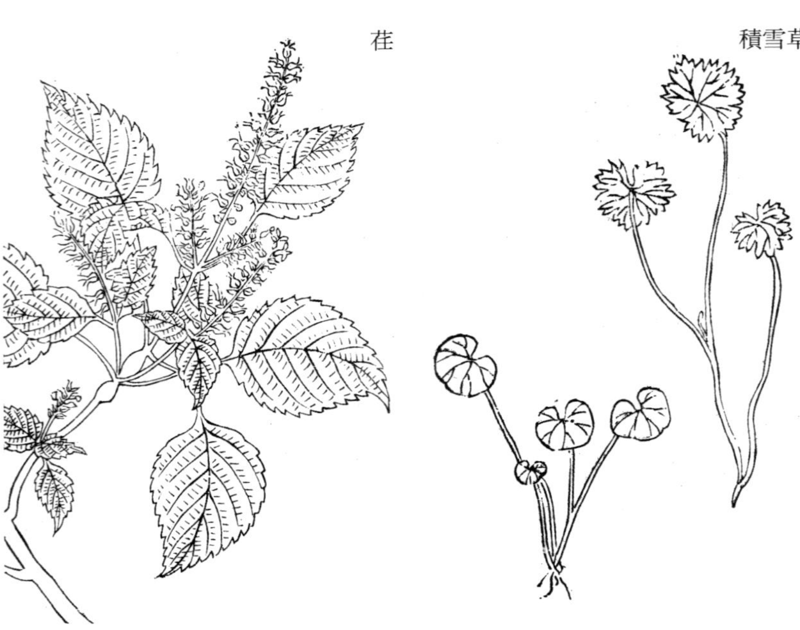
積雪草

荏

但紫者入藥作飲，白者充飢供用，性雖同而用異。

雩婁農曰：荏之利溥矣。種於塍，防牛馬之踐五穀。子爲油，牕壁皆煤，〔一〕則織紝之賴以足於夜也。《魏書》乙弗勿國與吐谷渾同，「不識五穀，惟食魚及蘇子，狀若中國枸杞」。〔二〕梁沈約有《謝賜北蘇啓》，則蘇重於北地久矣。〔三〕湘中茀路，〔四〕芰夷之勿使滋蔓。物固有用有不用。

〔一〕以此油點燈，墻窗皆成煤炱。

〔二〕吐谷渾爲鮮卑之一支，建國於今青海、甘肅一帶。乙弗勿國在吐谷渾北。

〔三〕《謝司徒賜北蘇啓》云：「曠阻陰山之外，眇絶蒲海之東。自非神力所引，莫或輕至。」

〔四〕茀路：草多阻路。

蘇

蘇，《别録》中品。《爾雅》「蘇，桂荏」，注：「蘇，荏類。」《圖經》：「紫蘇也。」今處處有之。有面背俱紫、面紫背青二種。湖南以爲常茹，謂之「紫菜」。以烹魚尤美，有戲謂「蘇」

字從「魚」以此者，亦「水骨水皮」之謔耳。〔一〕又以薑、梅同餹製之，暑月解渴，行旅尤宜。

雩婁農曰：劉原父《採紫蘇》詩云：「只以營一飲，形骸如此劬。」〔二〕宋時重飲子，以「紫蘇熟水」爲第一。〔三〕甚矣，昔人之好服食也！蘇性辛竄，能損真氣，製爲蔬果，稍就平和，飲子則風淫者宜之，無病而爲吴越吟，〔四〕是不可以已乎？或謂客來奉湯，是飲人以藥，人之面不如吾之面，其賦質不爾殊耶？草茶不知盛於何時，近則華夷同沃之，無有以藥物爲敬者。草木廢興，亦復難測。

《野菜贊》云：「紫蘇，《本草》曰：『荏，紫者入藥，白者湯中薄煮之爍食。荆芥則宜生食。』荏曰紫蘇，本入芼品。〔五〕蕩鬱散寒，性温且緊。湯液得之，薑桂可屏。起懵之功，令之猛省。」

〔一〕《鶴林玉露》卷三：王安石撰《字説》，多牽强附會，時人哂之。世傳東坡問荆公：「何以謂之波？」曰：「波者，水之皮。」坡曰：「然則滑者，水之骨也。」

〔二〕劉敞《種紫蘇》詩：「正以營一飲，形骸如此劬。」

〔三〕飲子：即飲料。《遵生八牋》記「熟水」十二品，其「紫蘇熟水」云：「取葉火上隔紙烘焙，不可翻動，候香收起。每用，以滚湯洗泡一次，傾去，將泡過紫蘇入壺，傾入滚水，服之能寬胸導滯。」

〔四〕《史記・張儀列傳》：越人莊舄仕楚執珪，有頃而病。楚王曰：「舄故越之鄙細人也，今仕楚執珪，貴富矣，亦思越不？」中謝對曰：「凡人之思故，在其病也。彼思越則越聲，不思越則楚聲。」使人往聽之，猶尚越聲也。

〔五〕茝品：蔬菜之類。

回回蘇〔一〕

〔一〕原本有圖無文。

回回蘇

豆蔻

豆蔻即草果。

豆蔻，《别録》上品。即「草果」。《桂海虞衡志》諸書詳晰如繪。嶺南尚以爲食料，唯《南越筆記》以爲「根、葉辛温，能除瘴氣」。雲南山中多有之，根、苗與高良薑相類，而根肥，苗高三四尺。高良薑根瘦苗短，數十莖叢生，葉短，面背光潤，紋細，葉淡緑；草果莖或青或紫，葉長紋粗，色深緑。夏從葉中抽葶卷籜，緑苞漸舒，長萼分綻，尖杪淡黄，近跗紅赭。坼作三瓣白花，兩瓣細長，翻飛欲舞，一瓣圓肥，中裂爲兩。黄鬚三莖，縈繞相糾。紅蕊一縷，未開如鉗。一花之中，備紅、黄、白、赭四色。《圖經》諸説既不詳臚，而含胎充果又與良薑之紅豆蔻、獛子薑之輭紅麥粒互相膠轕。若以三種並列，則花、實綫無一肖。余就滇人所指名而名之，不識嶺外所産與此同異。《滇南本草》：「性温，味辛，無毒。生山野中或蔬圃地。葉似蘆，開白花，結果内含瓤，藏子如豆蔻而粒大，能消食積，解冷宿結滯之鬱，開通胃脾，快利中鬲，令人多進飲食。今人多用爲香料，調劑飲食甚良。又能袪除蠱毒，辟夷人藥毒，佩之能遠患也。」

香薷

香薷(rú)，《别録》中品。江西亦種以爲蔬。凡霍亂及胃氣痛，皆煎服之。

大葉香薷

大葉香薷，生湖南園圃。葉有圓齒，開花逐層如節，花極小，氣味芳沁。蓋香草之族而軼其真名。

大葉香薷

石香薷

石香薷附。

石香薷，《開寶本草》始附入。今湖南陰濕處即有，不必山厓。葉尤細瘦，氣更芳香。

莎草

莎草，《别録》中品。《爾雅》：「薃，侯莎，其實媞。」即「香附子」也。《唐本草》始著其形狀、功用，今爲要藥。與三棱極相類。唯淮南、北産者子小而堅，俗謂之「香附米」者佳。

雩婁農曰：香附，莎根也。陶隱居以爲無識者。《唐本草》始明著之，近時乃爲要藥。考《宋史·莎衣道人傳》〔一〕「道人衣敝，以莎緝之。有瘵者求醫，命持一草去，旬日而愈。衆翕然傳莎草可以愈疾」，莎根之用，其盛於此乎？圯上老人取履授書，〔二〕其事甚怪，然無疑其僞者，蓋抱道德、明術數之士遯世無悶，〔三〕偶露端倪以救世而濟衆，固非鬼神幻化比也。雖然，古人主之用人也，有得於夢與卜者矣；世人之遇藥也，亦有得於神與禱者矣。精誠之極，肸蠁潛通，〔四〕豈徒徵於鬼以警俗聽哉？且天之生物，皆以爲人，然天不能以筆舌示人，則生聖人製作，以前民用。聖人亦不能徧覩而盡識也，時時見於鬼神寤寐而流傳焉。劉涓子《鬼遺方》，〔五〕其最多者，其餘悉數之不能終，夫非盡假托也。且不獨鬼神矣，含生負氣之倫，有知覺則有疾苦，有疾苦則有拯濟。鹿得草而蹶起，〔六〕蛇

擣藥而傳瘡，〔七〕黄鼠以豆葉愈虺毒，〔八〕蜘蛛以芋根塗蜂螫，〔九〕凡此皆天之所爲，非物之能自爲也。是以聖人觀蛛螢而結網，見飛蓬而製車，其師萬物也，乃師造物也。故曰：「天時有生，地利有宜，人官有能，物曲有利。」〔一〇〕

〔一〕在《方技傳下》。

〔二〕《史記·留侯世家》：張良遊下邳，有一老父至良所，直墮其履圯下，顧謂良曰：「孺子，下取履！」良强忍，下取履。父曰：「履我！」良因長跪履之。父以足受，曰：「孺子可教矣。後五日平明，與我會此。」遂出一編書，曰：「讀此則爲王者師矣。後十年興。十三年孺子見我濟北，穀城山下黄石即我矣。」良視其書，乃《太公兵法》也。

〔三〕《易·乾·文言》：「遯世無悶。」避世隱居，心無苦悶煩躁。

〔四〕肸蠁：隱約恍惚之際。

〔五〕《天中記》卷四十：劉涓子，晉宋間於丹陽夜射一物，高二丈，走聲如雷。明率人跡之，見一小兒曰：「主人爲劉涓子所射。」問之，爲黄父鬼也。尾小兒至其所，見三人，一卧，一看書，一擣藥，即齊呼突而前，三人並走，遺一帙癰疽方，以治病神驗，號《鬼遺方》。

〔六〕薇銜，《唐本草注》謂之「鹿銜草」，言鹿有疾，銜此草即瘥。

〔七〕見卷十四「劉寄奴」條注〔一〕。

〔八〕《北夢瑣言》卷十二：「莊内有鼠狼穴，養四子，爲蛇所吞，鼠狼雄雌情切，乃於穴外坋土，恰容蛇頭，俟其出穴，果入所坋處出頭，度其回轉不及，當腰齧斷而劈蛇腹，銜出四子，尚有氣。置於穴外，銜豆葉嚼而傅之，皆活。」

〔九〕《夢溪筆談》卷二十四：處士劉易「於齋中見一大蜂罥於蛛網，蛛搏之，爲蜂所螫，墜地。俄頃，蛛鼓腹欲裂，徐行入草，蛛嚙芋梗微破，以瘡就嚙處磨之，良久，腹漸消」。

〔一〇〕見《禮記・禮器》。

鬱金

鬱金，《唐本草》始著録。今廣西羅城縣出。其生蜀地者爲「川鬱金」。以根如螳螂肚者爲真。其用以染黄者，則「薑黄」也。考古「鬱鬯」，用鬱釀酒，蓋取其氣芳而色黄，故曰「黄流在中」。〔一一〕若如《嘉祐本草》所引《魏略》「生秦國」，〔一二〕及《異物志》「生罽賓」、〔一三〕《唐書》「生伽毘」，〔一四〕則皆上古不賓之地，何由貢以供祭？《爾雅翼》考據甚博。李時珍分根、花爲二條，亦騁辯耳。外裔所産，皆是夷言，「鬱金」之名，自是當時譯者夸飾假附。以之釋經，豈爲典要？今皆附録，以資考辨。

〔一〕見《詩・大雅・旱麓》。毛《傳》：「黄金所以飾流鬯也。」

〔二〕見《三國志・魏書・烏丸等傳》注引《魏略》，「秦國」應作「大秦國」，即古羅馬帝國。

〔三〕罽賓：漢時西域國名。

〔四〕兩《唐書》均無「伽毗國」。疑指古印度之迦毗羅國。

鬱金香

鬱金香，此嶺南所繪，殆李時珍所謂「鬱金花」耶？

高良薑

高良薑，滇生者葉潤根肥，破莖生葶，先作紅苞，光燄炫目。苞分兩層，中吐黄花，亦兩長瓣相抱，復突出尖黄心，長半寸許。有

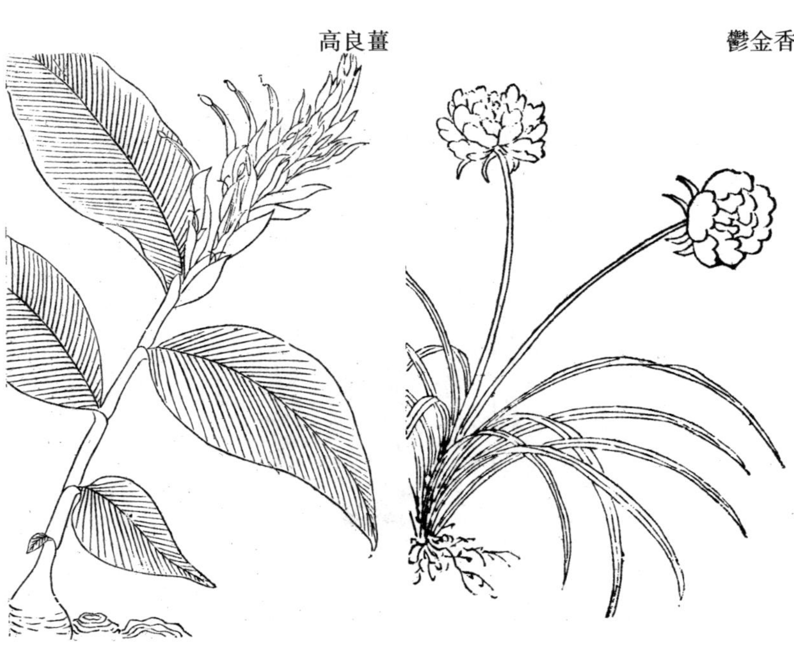
鬱金香　高良薑

黑紋一縷，上綴金黄蕊如半米，另有長鬚一縷，尖擎小緑珠。俗以上元摘爲盂蘭供養，〔一〕故圃中多植之。按良薑、山薑，杜若、草果，葉皆相類，方書所載，多相合併。嶺南諸紀，〔二〕述形則是，稱名亦無確詁，蓋方言侏𠌯，難爲譯也。唯《南越筆記》目覩手訂，又復博雅有稽。余使粵，僅寶山一過，未能貯籠。頃以滇南之卉與《南越筆記》相比附，大率可識。其云「高良薑，出於高涼，故名。根爲薑，子爲紅豆蔻。子未坼曰『含胎』，鹽糟，經冬味辛香，入饌」。又云「凡物盛多謂之蔻，是子如紅豆而叢生，故名紅豆蔻」。今驗此花深紅灼灼，與《圖經》「花紅紫色」相貿合。花罷結實，大如白果，有棱，嫩時色紅緑，子細似橘瓤，無慮數百，香清微辛，殆所謂「含胎」也。老則色紅，滇之婦稚皆識爲「良薑花」。李雨村所述雖剌取《嶺表録異》中語，〔三〕然彼以爲「山薑」，且云「花吐穗如麥粒，嫩紅色」，則是廣、饒所産，與《桂海虞衡志》「紅豆蔻」同。《志》云「此花無實」，則所云爲膾者乃是花，非子也。余則以滇人所呼爲定，而折中以李説。范云「紅豆蔻」，〔四〕蓋即《草木狀》之「山薑」，而《楚詞》之「杜若」也。

〔一〕古以七月十五爲上元，佛教以是日爲盂蘭盆節。

〔二〕指《南方草木狀》、《嶺表録異》諸書，皆稱「山薑」。

〔三〕李調元號雨村，《南越筆記》作者。

〔四〕范：宋范成大，《桂海虞衡志》作者。

薑黄

薑黄，《唐本草》始著録。今江西南城縣裹龕都種之成田，〔一〕以販他處染黄。其形狀全似美人蕉，而根如薑，色極黄，氣亦微辛。《圖經》所云「葉有斜紋，如紅蕉葉而小，根類生薑，圓而有節」，極確。乃又引《拾遺》「老薑」之説，〔二〕殊爲龐雜。陳藏器謂「性大熱」，蓋因老薑致誤。今薑黄染餻，食多則腹痛，豈非寒苦之證？近時亦不入藥用。

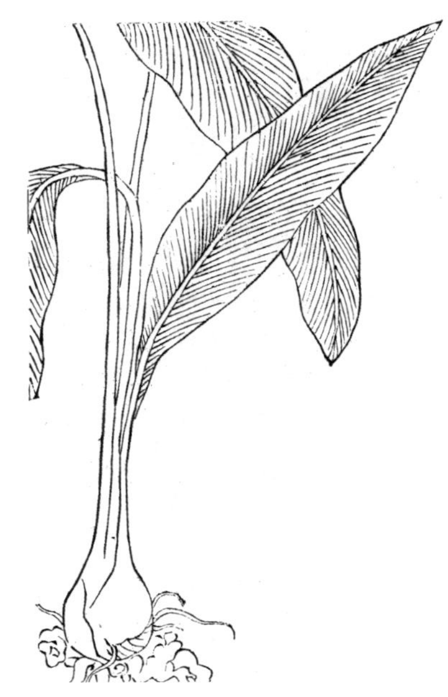

雩婁農曰：《閩書》：「薑黄出邵武仙亭山。」〔三〕建昌與閩接，〔四〕故宜。建昌之民曰始業薑黄者贏十倍，今滯而不售，不究所以。考唐時色重黄，詩人之詠曰「杏黄」，曰「鬱金」，誠艷之也。《唐本草》：薑黄「作之方法與鬱金同」，則以鬱金、薑黄染者，其勝於支與槐也遠矣。夫尚黄者非唯正色，亦與金爲近耳。昔時泥金、鏤金唯掖庭用之，宋嚴銷金之禁，罰至重。元以降，〔五〕金箔、金絲煩費無等，凡繪畫撚織之屬，無物不具。其始以來自蕃舶，不之禁也，日新月異，其耗中國之金也有紀極乎？然則中央之色，〔六〕不爲世俗所艷，非金飾之奪之也而何？

〔一〕都：縣以下的行政單位，相當於鄉。此都名裏鯕。

〔二〕《本草拾遺》：「薑黄真者是經種三年以上之老薑。」

〔三〕邵武，今屬福建南平。

〔四〕建昌屬江西南城縣。

〔五〕指飾金之物不斷地更新花樣。

〔六〕五行中央爲土，其色黄。

薄荷

薄荷，《唐本草》始著録。或謂即「菝閜」、「茇葀」之訛。〔一〕中州亦蒔以爲蔬。有二種，形狀同而氣味異。俗亦謂之「臭薄荷」，蓋野生者氣烈近臭，移蒔則氣味薄而清，可噉，亦可入藥也。吴中種之，謂之「龍腦薄荷」，因地得名，非有異也。肆中以糖煎之爲飴。又薄荷醉猫。〔二〕猫咬，以汁塗之。

〔一〕《圖經》云：字書作「菝閜」。《食性本草》亦

作「菝閜」。揚雄《甘泉賦》作「茇葀」。

〔二〕猫食之則醉。

大葉薄荷

大葉薄荷

薄荷葉背皆青。江西有一種葉背甚白，呼爲「大葉薄荷」，亦有呼爲「茵陳」者。燒以去瘟，氣辛烈。蓋即江南所謂茵陳者。詳「茵陳」下。

蒟醬

蒟醬

蒟（jǔ）醬，《唐本草》始著録。按《漢書·西南夷傳》：「南粤食唐蒙蜀枸醬。蒙歸，問蜀賈人，獨蜀出枸醬。」顔師古注：「子形如桑椹，緣木而生，味尤辛。今宕渠則有之。〔一〕」此蜀枸醬見傳紀之始。《南方草木狀》則以「生番國爲蓽茇，生番禺者謂之蒟。交趾、九真人家多種，蔓生」。此交、滇之蒟見於紀載者也。《齊民要術》引《廣志》劉淵林《蜀都賦》注，〔二〕皆與師古説同。而鄭樵《通志》乃云：「狀似蓽撥，故有土蓽撥之號。今嶺南人但取其葉及藤，合檳榔食之，〔三〕謂之『蔞』，而不用其實。」此則以蒟子及蔞葉爲一物矣。考《齊民要術》「扶留」所引《吴録》、《蜀記》、《交州記》，皆無「即蒟」之語，唯《廣州記》云「扶留藤緣樹生，其花、實即蒟也，可以爲醬」，始以扶留爲蒟。但《交州記》扶留有三種，一名「南扶留」，葉青，味辛，應即今之蔞葉；其二種曰「穫扶留」，根香美，曰「扶留藤」，味亦辛。《廣州記》所謂「花實即蒟」者，不知其葉青味辛者耶？抑藤根香辛者耶？是蒟子即可名扶留，而與蔞葉一物與否，未可知也。諸家所述蒟子形、味極詳，而究未言蒟葉之狀。宋景文《益部方物略記·蒟贊》云「葉如王瓜厚而澤」，又云「或言即南方扶留藤，取葉，合檳榔食之」。玩贊詞，並未及葉，而「或謂」云云，蓋闕疑也。唐蘇恭説與鄭漁仲同。蘇頌則以淵林之説爲蜀産，蘇恭之説爲海南産。李時珍則直斷蒟、蔞一物無疑矣。夫「枸獨出蜀」一語，已斷定所産。「流味番禺」，〔四〕乃自蜀而粤，故云「流味」，非粤中所有明矣。余使嶺南及江右，其賁灰、蔞葉、檳榔三物，既合食之矣。撫湖南，則長沙不能得生蔞，以乾者裹食之；求所謂蘆子者，烏有也。及來滇，則省垣茶肆之累累如桑椹者，殆欲郄車而載，而蔞葉又烏有也。考《雲南舊志》：「元江産蘆子，山谷中蔓延叢生，夏花秋實，土人採之，日乾收貨。」「蔞葉，元江家園遍植，葉大如掌，纍藤於樹，無花無實，冬夏長青。採葉，合檳榔食之，味香美。」一則云「夏花秋實」，一則云「無花無實」，二物判然。以土人而紀所産，固應無妄。余遣人至彼，生致蔞葉數叢，葉比嶺南稍瘦，辛味無別。時方五月，無花跗也。得蘆子數握，土人云四五月放花，即似蘆子形，七月漸成實。蓋蔞葉園種，可栽以餉，而蘆子産深山老林中，蔓長，故但摘其實。《景東廳志》：「蘆子，葉青花緑，長數十丈。每節輒結子，條長四五寸。」與蔞葉長僅數尺者異矣。偏考他府州志，産蘆子者如緬寧、思茅等處頗多，而蔞葉則唯元江及永昌有之，故滇南蘆多而蔞少。獨怪滇之紀載皆狃於鄭漁仲諸説，信耳而不信目，爲可異也。《滇海虞衡志》謂「滇俗重檳榔茶，無蔞葉，則剪蔞子合灰食之。此吴人之食法」。夫吴人所食乃桂子，非蘆子也。又以元江分而二之，爲蒟有兩種，一結子以爲醬，一發葉以食檳榔。夫物一類而分雌雄多矣，其調停今古之説，亦是考據家調人媒氏。然又謂海濱有葉，滇、黔無葉，以子代之，不知「冬夏長青」者又何物耶？蓋元江地熱，物不蛀則枯，葉行數百里，肉瘠而香味淡矣。蘆子苞苴能致遠，乾則逾辣。滇多瘴，取其便而味重者餌之，其植蔞者則食蔞耳。嶺南之蔞走千里而近至贛州，色味如新，利在而爭逐，亦無足異。蘆子爲醬，亦芥醬類耳。近俗多以番椒、木橿子爲和，此製便少，亦今古之變食也。《本草綱目》引嵇氏之言，〔五〕「《本草》以蒟易蔞子，〔六〕非矣」，其説確甚。後人輒易之，故詳著其別。蓋蒟與蓽茇爲類，不與蔞爲類。朱子《詠扶留詩》：「根節含露辛，苕穎扶援緑。蠻中靈草多，夏永清陰足。」形容如繪。曰「根節」，曰「苕穎」，曰「清陰」，獨不及其花實，亦可爲《雲南志》之一證。《赤雅》：「蒟醬，以蓽茇爲之，雜以香草。蓽茇，蛤蔞也。」蛤蔞何物也？豈以蔞同蜃灰合食故名耶？抑別一種耶？《滇黔紀遊》：「蒟醬乃蔞蒻所造。」蔞蒻則非子矣，蔞故不妨爲醬。又李時珍引《南方草木狀》云：「《本草》以蒟易蔞子，非矣。蔞子一名扶留草，形全不同。」今本並無此數語。〔七〕《唐本草》始著蒟醬，嵇氏所謂《本草》，當在晉以前，抑時珍誤引他人語耶？染皁者以蘆子爲上色，《本草》亦所未及。

〔一〕「宕渠」，原本誤作「石渠」，據《漢書》顔注改。
〔二〕左思《蜀都賦》六臣注中有劉淵林注，曰「蒟醬緣木而生，其子如桑椹」云云。
〔三〕「及藤合檳榔」五字，原本闕，據《通志》補。
〔四〕左思《蜀都賦》：「蒟醬流味於番禺之鄉。」
〔五〕嵇氏，即《南方草木狀》作者嵇含。
〔六〕「易」，原本誤作「爲」，據《本草綱目》卷十四改。下一處同。
〔七〕上引數語不見於今本《南方草木狀》，僅見於《本草綱目》。

蔞葉

蔞葉，生蜀、粤及滇之元江諸熱地。蔓生有節，葉圓長光厚，味辛香，翦以包檳榔食之。《南越筆記》謂「遇霜雪則萎」，故昆明以東不植。古有「扶留藤」，「扶留」急呼則爲「蔞」，殆一物也。醫書及傳記皆以爲即「蒟」，説見彼。滇之蔞種於園，與粤同，重蘆而不重蔞，故志蔞不及粤之詳。莖味同葉，故《交州記》云「藤味皆美」。

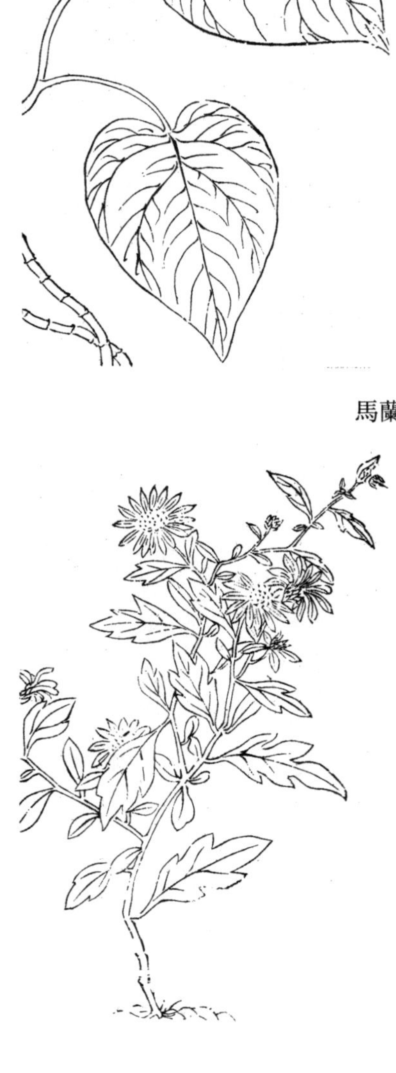
蔞葉

馬蘭

馬蘭

馬蘭，《日華子》始著録。今皆以爲野蔬。葉與花似野菊。陳藏器謂「葉如澤蘭而臭」，頗涉附會。此草處處有之，並無别名，究不得其名「馬蘭」之義。李時珍備列諸方，竊恐有「馬蘭」

之訛，蓋北人呼「馬練」如「馬蘭」也。

《野菜贊》云：「馬蘭丹多澤生，葉如菊而尖長，左右齒各五，花亦如菊而單瓣，青色。鹽湯汋過乾藏，蒸食，又可作饅餡。生擣治蛇咬。馬蘭不馨，名列香草。蛇菌或中，利用生擣。大哉帝德，鼓腹告飽。虺毒不逢，行吟用老。」

薺薴

薺薴（níng），《本草拾遺》始著録。今河壖平野多有之。形狀如《拾遺》及李時珍所述。

石薺薴

石薺薴，《本草拾遺》始著録。方莖對節，正似水蘇，高僅尺餘。葉大如指甲，有小毛。滇南呼爲「小魚仙草」，或以其似蘇而小，因「蘇」字從「魚」而爲隱語耶？

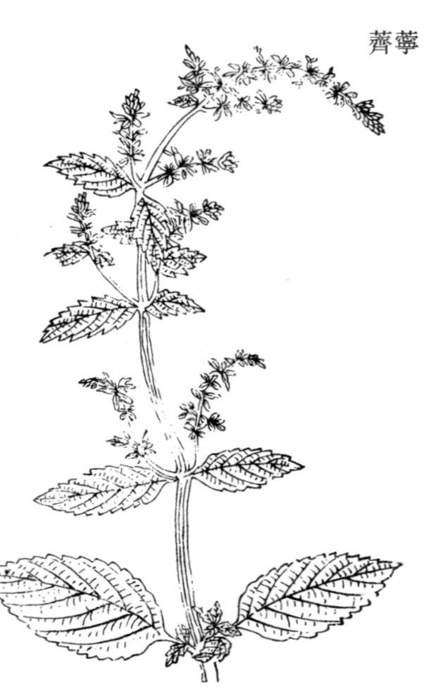
薺薴

石薺薴

山薑

山薑，《本草拾遺》始著録。江西、湖南山中多有之。與陽藿、茈薑無別，惟根如嫩薑而味不甚辛，頗似黄精。衡山所售黄精，多以此僞爲之。《宋圖經》「山薑」乃是高良薑。李時珍謂「子似草豆蔻，甚猛烈」，良是。而謂「花赤色」，則未確，乃子赤色耳。

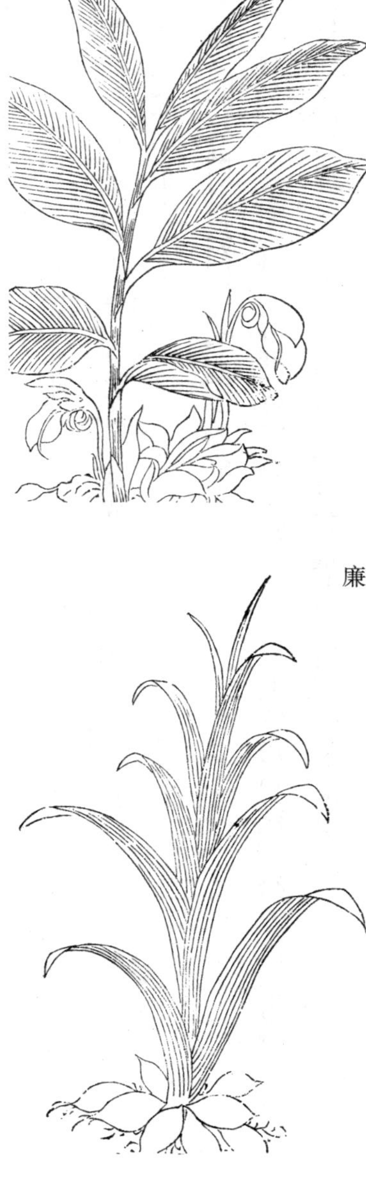

山薑

廉薑

廉薑

廉薑，《齊民要術》引據甚詳。《本草拾遺》始著録。南贛多有之，似山薑而高大。土人不甚食，以治胃痛甚效云。

荆三棱

荆三棱，《開寶本草》始著録。處處有之。雞爪三棱、黑三棱、石三棱，皆一物而分大小。《救荒本草》：「黑三棱，葶味甜，根味苦，皆可食。」今湖南至多，擇其小者以爲香附子。

雩婁農曰：三棱，茅屬也。生於山澤者苗肥而根碩，名之曰「荆」，非所謂「江淮之間，一茅三脊」耶？〔一〕世以封禪包匭，疑爲瑞草，不知《禹貢》厥篚多爲祭物，纖縞橘柚，豈皆爲非常之珍？後世儀物煩多，不給於供，至爲「三年一郊天，六年一祭地」之説，侈備物而闊享祀，豈非議禮者務爲浮夸之過哉？

〔一〕《管子·封禪》：「古之封禪，鄗上之黍，北里之禾，所以爲盛；江淮之間，一茅三脊，所以爲藉也。」

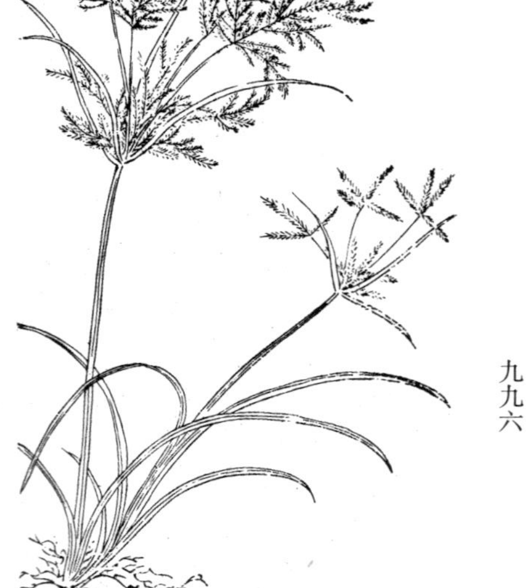

蓬莪朮

蓬莪(é)朮，《嘉祐本草》始著録。《宋圖經》：「浙江或有之，頗類蘘荷，莪在根下，如鴨雞卵。」今所用者即此。昔人謂鬱金、薑黄、莪朮三物相近，其實性不同，形亦全别。

蓬莪朮

藿香

藿香

藿香，《南方草木狀》有之，《嘉祐本草》始著録。今江西、湖南人家多種之，爲辟暑良藥，蓋以其能治脾胃吐逆，故霍亂必用之。《别録》有藿香，不著形狀。《圖經》云舊附「五香」條，疑其以爲扶南之香木也。

雩婁農曰：《山海經》謂薫草其葉如麻，〔一〕今觀此草，非類麻者歟？《别録》「藿香」舊載「木類」，《宋圖經》據《草木狀》諸説，以爲草本，其即《别録》之藿香與否，未可知也。薫、藿一聲之轉，海上之藥，都出後世，余疑藿香即古薫草。若零陵香，則葉圓小，殊不類麻。以「藿」爲「薫」，雖屬抝説，然其功用氣味，實爲蘭匹，不猶愈於以一枝數花之葉如茅者强名曰蕙，而不可服食者乎？

〔一〕《西山經》言薰草「麻葉而方莖」。

野藿香

野藿香，南安山中多有之。形如藿香。葉色深緑，花色微紫，氣味極香。疑即古所謂「薰草」葉如麻者。蓋自蘭草今古殊名，而蕙亦無確物矣。

野藿香

零陵香

零陵香

零陵香，《嘉祐本草》始著録。即《别録》之「薰草」也。《宋圖經》：「零陵、湖嶺諸州皆有之。」〔一〕余至湖南，遍訪，無知有零陵香者，以狀求之，則即「醒頭香」，京師呼爲「矮糠」，亦名「香草」，摘其尖梢置髮中者也。《補筆談》：「買零陵香，擇有鈴子者，乃其花也。」此草葉、莖無香，其尖乃花所聚，今之以尖爲貴，即「擇有鈴子」之意。《嶺外代答》謂「可爲褥薦」，未知即此否？贛南十月中，山坡尚有開花者，高至四五尺。《宋圖經》謂「十月中旬開花」，當即指此。實則秋開，至冬未枯。李時珍以「醒頭香」屬蘭草，不知南方凡可以置髮中辟穢氣，皆呼爲「醒頭」，無專屬也。

〔一〕湖嶺：即湖南南部近五嶺處。

白茅香

白茅香，《本草拾遺》始著録，但云「如茅根」，是未見其莖、葉也。今湖南有一種「小茅香」，俚醫用之，根亦如茅，疑即其類，附以俟考。

肉豆蔻

肉豆蔻，《開寶本草》始著録。今爲治洩泄要藥。李時珍云：「花實如豆蔻而無核，故名。」

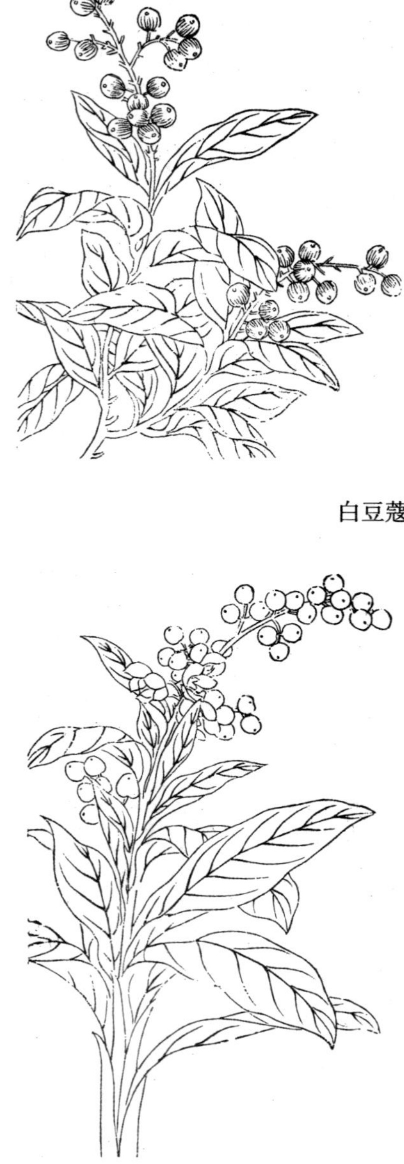

肉豆蔻

白豆蔻

白豆蔻

白豆蔻，《酉陽雜俎》載之。《開寶本草》始著録。今廣州有之，形如《圖經》。

補骨脂

補骨脂，《開寶本草》始著録。即「破故紙」，形狀具《圖經》。今醫者多以代桂。

補骨脂

蓽撥

蓽撥

蓽（bì）撥，《南方草木狀》、《酉陽雜俎》皆載之。《開寶本草》始著録。叢生，子亦如桑椹。近時暖胃方多用之。《酉陽雜俎》謂「葉似蕺葉」，則與蔞葉相類。

雩婁農曰：據《南方草木狀》，蒟醬、蓽茇一物也，以生於蕃國、番禺而異。《酉陽雜俎》亦云「葉似蕺，子似桑葚」，《圖經》則大同小異。《唐本草注》云：「似蒟醬子，味辛烈於蒟醬。」凡物因地輒異，况隔瀛海萬里耶？而嶺南時有之，何以復有異同？然則一類二種，非必中外之分矣。乳煎蓽茇治痢。《傳信方》紀唐太宗患痢事。《太宗實録》亦云：有衛士進黄牛乳煎蓽茇方，御用有效。而《獨異志》神其説，謂金吾長史張寶藏遇異僧，謂六十日當登三品，尋以方進，授鴻臚卿。太宗英主，即以重賞旌其治痢之功，獨不可以尚藥等官授之，而乃使爲臚句傳以率蠻夷長耶？〔一〕憲宗以術人柳泌爲台州刺史，敬宗以道士劉從政爲光禄少卿，至文宗以鄭注進藥方，漸至預政，甘露之變，實爲戎首，〔二〕若貞觀中即有予三品文職故事，則元和以後之政爲憲章祖述，而太宗乃作法於涼矣。李藩對憲宗曰：「文皇帝服胡僧長生藥，遂致暴疾不救，誠可鑒矣。」〔三〕嗚呼！人主當疾痛難堪之時，得一良醫，驟起沉疴，其所以酬之者烏得不厚？然爵人衆共，〔四〕既未可豐於所私，而天命所在，必有鬼神呵護而陰導之者，彼扁鵲、太倉公亦安能生必死之人哉？且以方愈疾，私喜而賞之優，必以方不讐，私怒而罰之重。文成、五利寵以將軍、通侯，而卒不免於誅，〔五〕侯生、盧生相謀亡去，遂致坑儒。〔六〕然則摻術與用摻術者，〔七〕可不儆懼乎？

〔一〕朝廷進賓客之禮，上傳語告下爲臚，下傳主唱語告上爲句，其職即後世之鴻臚。

〔二〕戎首：禍首。文宗與李訓、鄭注等謀誅宦官，以觀甘露爲名，誘權宦仇士良，士良覺，先發動政變，殺死宰相王涯以下朝臣千餘人，史稱「甘露之變」。

〔三〕文皇帝即唐太宗。作法於涼：語出《左傳》，此言所開先例涼薄而不可法。

〔四〕人主授官爵，當與衆人共商。

〔五〕事見《史記·孝武本紀》。

〔六〕事見《史記·秦始皇本紀》。

〔七〕摻：操。

益智子

益智子，詳《南方草木狀》。《開寶本草》始著録。今廬山亦有之。廬循遺劉裕益智粽，粽即醬類，非角黍也。〔一〕段玉裁辨之極精核，可以訂訛。〔二〕

〔一〕東晉安帝時，盧循爲廣州刺史。循遺劉裕益智粽，裕報以續命湯。胡三省《通鑑注》：「《本草》曰：益智子生崑崙國，今嶺南州郡往往有之。顧微《交州記》曰：益智葉如蘘荷，莖如竹箭，子從心出，一枝有十子，子肉白滑，四破去之，蜜煮爲粽，味辛。粽，角黍也。」

〔二〕段説見《説文解字注》卷七上「糂」字下。

畢澄茄

畢澄茄，《開寶本草》始著録。《圖經》云：「廣東亦有之，葉青滑，子似梧桐子。」《海藥》以爲即胡椒之嫩者。《廣西志》有「山胡椒」，或謂即畢澄茄也。

畢澄茄

甘松香

甘松香

甘松香，《開寶本草》始著録。《圖經》：「葉細如茅草，根極繁密。生黔、蜀、遼州。」李時珍以壽禪師作「五香飲」，其「甘松飲」即此。〔一〕滇南同三柰等爲食料用。昆明山中亦産之。高僅五六寸，似初生茆而勁，根大如拇指，長寸餘。鮮時無香，乾乃有臭。

〔一〕杜寶《大業拾遺録》：隋壽禪師甚妙醫術，作五香飲：第一沉香飲，次丁香飲，次檀香飲，次澤蘭飲，次甘松飲。

茅香花

茅香花，《嘉祐本草》始著録。《宋圖經》：「苗似大麥，五月開白花，亦有黄花，生劍南。」《海藥本草》云：「生廣南山谷。」

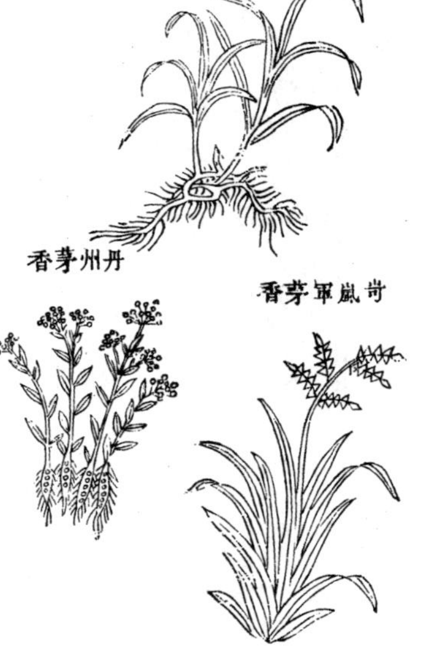

茅香花

縮砂蔤

縮砂蔤

縮砂蔤（mì），《嘉祐本草》始著録。《圖經》：「苗莖似高良薑。」今陽江産者形狀殊異，俗呼「草砂仁」。

福州香麻

《宋圖經》：「香麻生福州。四季常有。苗葉而無花。不拘時月採之。彼土人以煎作浴湯，去風甚佳。」

福州香麻

排草

排草

排草，生湖南永昌府。獨莖。長葉，長根。葉參差生，淡緑，與莖同色，偏反下垂，微似鳳仙花葉，光澤無鋸齒。夏時開細柄黄花，五瓣尖長，有淡黄蕊一簇。花罷結細角，長二寸許。枯時束以爲把售之，婦女浸油刷髮。根、莖香味與元寶草相類。考《本草拾遺》：「白茅香，生安南，〔一〕如茅根，道家用以作浴湯。」李時珍以爲「今排香之類」。此草乾時花葉脱盡，宛如茅根，殆即此歟？諸家皆未究其花、實，故無確訓。《廣西志》「排草」，屢載所出，亦無形狀。《南越筆記》以爲「莖穿葉心」，則似元寶草也。

〔一〕「安南」，原本誤作「嶺南」，據《證類本草》卷九、《本草綱目》卷十四引陳藏器語改。

元寶草

元寶草，江西、湖南山原、園圃皆有之。獨莖細緑，長葉上翹，莖穿葉心，分杈復生小葉。春開小黄花五瓣，花罷結實。根香清馥。土醫以葉異狀，故有「相思燈臺」、「雙合合」諸名。或云患乳癰，取懸置胸間，左乳懸右，右乳懸左，即愈。《簡易草藥》有「茅草香子」，治痧症極效，按其形狀亦即此。

三柰

三柰，《本草綱目》始録入「芳草」。　按：《救荒本草》：「草三柰，葉似蓑草而狹長，開小淡紅花，根香，味甘微辛，可煮食，葉亦可煠食。」核其形狀，與今廣中所産無小異。　蓋香草多以嶺南爲地道，其實各處亦間有之，採求不及耳。

三柰

辟汗草

辟汗草

辟汗草，處處有之。　叢生，高尺餘。　一枝三葉，如小豆葉。　夏開小黄花，如水桂花。　人多摘置髮中，辟汗氣。　按：《夢溪筆談》：「芸香，〔一〕葉類豌豆。　秋間葉上微白如粉污。」《説文》：「芸似苜蓿。」或謂即此草。形狀極肖，可備一説。

〔一〕《夢溪筆談》卷三原文作「芸，香草也」，此作「芸香」字不妥。

小葉薄荷

小葉薄荷，生建昌。細莖小葉，葉如枸杞葉而圓。數葉攢生一處，梢開小黄花如粟。俚醫用以散寒發表，勝於薄荷。

小葉薄荷

蘭香草

蘭香草

蘭香草，湖南、南贛皆有之。叢生，高四五尺。細莖對葉，葉長寸餘，本寬末尖，深齒濃紋。

梢葉小圓，逐節開花如丹參、紫菀，而作小箭子。尖瓣外出，中吐細鬚，淡紫嬌媚，秋深始開。莖、葉俱有香氣。南安呼爲「婆絨花」，以其瓣尖柔細如翦絨，故云。或云以燉肉可治嗽。衡山俚醫亦用之。

芸

《爾雅》「權，黄華」，注：「今謂牛芸草爲黄華。華黄，葉似莪蓿。」疏：「權，一名黄華。郭云『今謂牛芸草爲黄華，華黄，葉似莪蓿』，《説文》亦云『芸，草也，似苜蓿』，《淮南子》説『芸草，可以死復生』，《雜禮圖》曰『芸，蒿也，葉似邪蒿，香美可食』。然則『牛芸』者，亦芸類也。郭以時驗而言之，故云『今謂牛芸草爲黄華』也」。

《爾雅翼》：「仲冬之月，芸始生。芸，香草也，謂之『芸蒿』，似邪蒿而香，可食。其莖榦婀娜可愛，世人種之中庭，故成公綏賦云『莖類秋竹，葉象春檉』是也。沈括曰：『芸類豌豆，作小叢生，其葉極芳香，秋後葉間微白如粉汙。南人採寘席下，能去蚤虱。』今謂之『七里香』。《老

子》曰：『夫物芸芸，各歸其根。』芸當一陽初起，《復》卦之時，於是而生。又《淮南》説芸可以死而復生。此則歸根復命，取之於芸，雖卷施拔心不死，蓋不足貴也。〔一〕《洛陽宫殿簿》曰『顯陽、徽音、含章殿前各芸香一二株而已』，而《晉宫閣名》曰『太極殿前芸香四畦，式乾殿前芸香八畦』，乃知《離騷》所謂『蘭九畹』、『蕙百畮』、『畦留夷與揭車』，蓋有之也。采茹爲生菜甚香。古者祕閣載書，置芸以辟蠹，故號芸閣。」《夏小正》曰：正月采芸，二月榮芸。

宋梅堯臣《書局一本》詩：〔二〕「有芸如苜蓿，生在蓬藋中。草盛芸不長，馥烈隨微風。我來偶見之，乃雍彼蘙蒙。上當百雉城，南接文昌宫。借問此何地，删修多鉅公。天喜書將成，不欲有蠹蟲。是産兹弱本，蒨爾發荒叢。黄花三四穗，結實植無窮。豈料鳳閣人，偏憐葵蘂紅。〔三〕」

《洛陽宫殿簿》：「顯陽殿前芸香一株，徽音殿前芸香二株，含英殿前芸香二株。」

《晉宫閣名》：「太極殿前芸香四畦，式乾殿前芸香八畦，徽音殿前芸香雜花十二畦，明光殿前芸香雜花八畦，顯陽殿前芸香二畦。」

《墨莊漫録》：「文潞公爲相日，赴秘書省曝書宴，令堂吏視閣下芸草，乃公往守蜀日，以此草寄植館中也。因問：『蠹出何書？』一座默然。蘇子容對以『魚豢《典略》』。公喜甚，即借以歸。」

《王氏談録》：「芸，香草也。舊説謂可食，今人皆不識。文丞相自秦亭得其種，分遺公。歲種之公家庭砌下，有草如苜蓿，摘之尤香。公曰：『此乃牛芸。《爾雅》所謂「權，黄華」者。』校之，香烈於芸，食與否皆未試也。」

《夢溪筆談》：「古人藏書，辟蠹用芸。芸，香草也，今人謂之『七里香』者是也。葉類豌豆，作小叢生，其葉極芬香，秋後葉間微白如粉污。辟蠹殊驗。南人採置席下，能去蚤蝨。予判昭文館時，曾得數株於潞公家，移植祕閣後，今不復有存者。香草之類，大率多異名。所謂蘭蓀，〔四〕即今菖蒲是也；蕙，今零陵香是也；茝，今白芷是也。」

《聞見後録》：「芸草，古人用以藏書，曰『芸香』是也。置書帙中即無蠹，置席下即去蚤蝨。葉類豌豆，作小叢，遇秋，則葉上微白如粉污。南人謂之『七里香』。大率香草花過即無香，縱葉有香，亦須采掇嗅之方覺。此草遠在數十步外已聞香，自春至冬不歇，絶可翫也。」

《説文解字注》：「芸，草也，似目宿。《夏小正》『正月采芸，爲廟采也』，『二月榮芸』。《月令》『仲冬芸始生』，注：『芸，香草。』高注《淮南》、《吕覽》皆曰：『芸，芸蒿，菜名也。』《吕覽》曰『菜之美者，陽華之芸』，注：『芸，芳菜也。』賈思勰引《倉頡解詁》曰：『芸蒿，似斜蒿，可食。』沈括曰：『今謂之『七里香』者是也。葉類豌豆，其葉極芬香。古人用以藏書辟蠹。採置席下，能去蚤蝨。』從草，云聲，王分切，十三部。淮南王説芸草可以死復生。」淮南王，劉安也。可以死復生，謂可以使死者復生，蓋出《萬畢術》、《鴻寶》等書，今失其傳矣。〔五〕

〔一〕《爾雅》言卷施草拔心不死。郭注以爲即《離騷》「朝搴阰之木蘭兮，夕攬洲之宿莽」之「宿莽」。

〔二〕詩題原作《書局後叢莽中得芸香一本》。

〔三〕「蘂」，梅堯臣《宛陵集》作「葉」。

〔四〕原本「蓀」字後復有一「蓀」字，據《夢溪筆談》卷三删。

〔五〕本段原不分正文及注，今以大字爲《説文》本文，小字爲段注。

植物名實圖考卷之二十六

群芳

紫薇

《曲洧舊聞》：「紅薇花，或曰：便是『不耐癢樹』也。其花夏開，秋猶不落，世呼『百日紅』。」

南天竹

《夢溪筆談》：「南燭草木，記傳、《本草》所説多端，今少有識者。爲其作青精飯，色黑，乃誤用烏臼爲之，全非也。此木類也，又似草類，故謂之『南燭草木』，〔一〕今人謂之『南天燭』是也。〔二〕南人多植於庭檻之間，莖如朔

紫薇

南天竹

藋，有節。高三四尺，廬山有盈丈者。葉微似楝而小，至秋則實赤如丹。南方至多。」按：所述乃「天竹」，非「南燭」。

李衎《竹譜》：「藍田竹，在處有之，人家喜栽花圃中。木身上生小枝，葉葉相對，而頗類竹。春花穗生，色白微紅。結子如豌豆，正碧色，至冬色漸變如紅豆，顆圓正可愛，臘後始凋。世傳以爲子碧如玉，取藍田種玉之義，故名。〔三〕或云：此本是南天竺國來，自爲『南天竺』，人訛爲『藍田竺』。〔四〕人取此木置鳥籠中作架，最宜禽鳥。」

《甕牖閒評》：「或云人家種南天竹，則婦人多妒。余聞之舊矣，未知其果然否。向在江陰時，有一曹檢法者，其妻悍甚，蓋非止妒也。曹曾建一新第，求所謂南天竺者，將植於堂之東偏。余是時偶到彼，姑以所聞告之，曹僂然應曰：『其果然耶？余家今無是，尚不能安帖，況復植此感動之物乎？』余曰：『事未可知，聊爲耳目之玩，亦自不惡也。』曹曰：『耳目未必得玩，而先潰我心腹矣，則不如其已。』遽命撤去，坐客無不笑之。南天竹以其有節似竹，故亦謂之竹。而沈存中《筆談》乃用此『燭』字，不知何謂。」

梁程詧《天竹賦序》曰：〔五〕「中大同二年秋，河東柳惲爲祕書監，詧以散騎爲之貳，讎校之暇，情甚相狎。監署西廡有異草數本，緑莖疎節，葉膏如翦，朱實離離，炳如渥丹。惲爲詧言，西真書號此爲東天竺，〔六〕其説曰：軒轅帝鑄鼎南湖，百神受職，東海少君以是爲獻，且白帝云：『女媧用以鍊石補天，試以拂水，水爲中斷，試以御風，風爲之息，金石水火，洞達無閡。』帝異焉，命植於蓬壺之圃。〔七〕此其遺狀也，然不如向時之驗矣。」詧怪斯言誕而不經，因竊歎曰：物故有弱而剛，微而彰。當其時也，雷轟而騎翔；非其時也，穴蟠而泥藏，豈特斯草也？感而作賦。」

〔一〕「燭」，原本缺，據《夢溪筆談》卷二十六補。

〔二〕「燭」，原本誤作「竹」，據《夢溪筆談》卷二十六改。

〔三〕《搜神記》卷十一：陽雍伯，性篤孝。父母亡，葬無終山，山高八十里，上無水，雍伯汲水，作義漿於阪頭，行者皆飲之。三年，有一人就飲，以一斗石子與之，使至高平好地有石處種之，云：「種此可生好玉。」公未娶，又語云：「汝後當得好婦。」語畢不見。乃種其石。數歲，時時往視，見玉子生石上。有徐氏者，右北平著姓，女甚有行。雍伯乃求婚徐氏。徐氏笑以爲狂，因戲云：「得白璧一雙來，當聽爲婚。」雍伯至所種玉田中，得白璧五雙，以聘。徐氏大驚，遂以女妻公。

〔四〕「田」，原本誤作「天」，據《竹譜》卷十改。

〔五〕此賦本名《東天竺賦》。唯《歷代賦彙·補遺》卷十五作《天竹賦》。

〔六〕西真書：即佛教之書。

〔七〕神仙家云東海上有三神山，名蓬萊、方壺、瀛洲。

萬壽子

萬壽子，湖北園圃中種之。葉聚枝梢，子垂葉下，宛似天竹子，爲冬月盆玩。

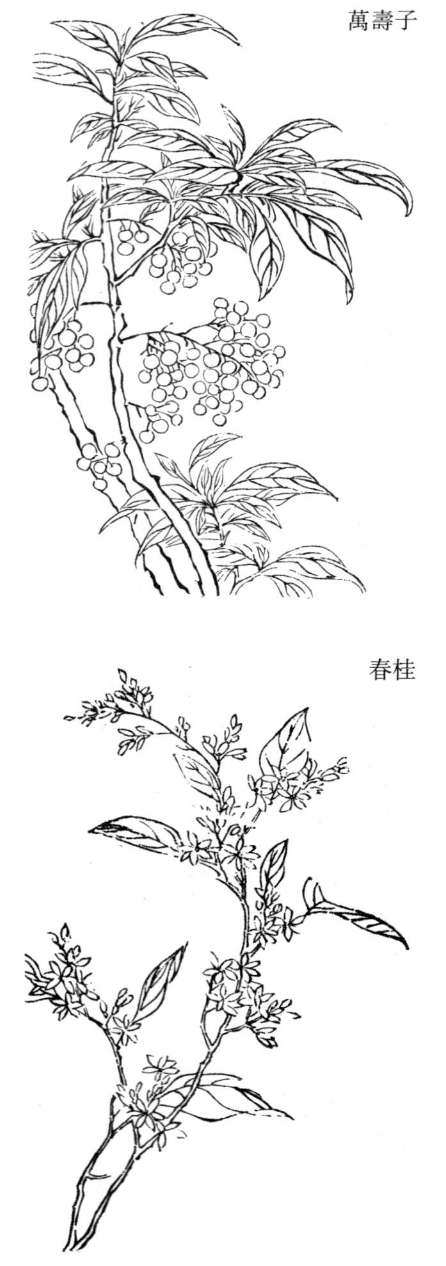
萬壽子

春桂

春桂

春桂，即「山礬」，本名「椇花」。黄山谷以其葉可染，不假礬而成色，故更名「山礬」。或以爲「瑒花」，殊誤，宋人已辨之。〔一〕

〔一〕宋張淏《雲谷雜記》：瑒花，黄庭堅謂野人採花葉以染黄，不借礬而成色，乃以「山礬」爲名。

蘭花

蘭花，即陶隱居所謂「燕草」。李時珍以爲「土續斷」，《遯齋閑覽》以爲「幽蘭」。其種亦多，山中春時一莖一花、一莖數花者所在皆有。閩産以素心爲貴。俗以蜜漬其花入茶。其根有毒，食之悶絶。茲圖不悉列。

雩婁農曰：《離騷草木疏》謂：「蘭可浴不可食。聞蜀士云：屢見人醉渴，飲瓶中蘭華水吐利而卒者。〔一〕又峽中儲毒以藥人，蘭華爲第一，乃知甚美必有甚惡。蘭爲國香，人服媚之，又當愛而知其惡也。」嗚呼！蘭爲上藥，豈毒草哉！不識真蘭，徒爲謗書，皆緣以葉似麥門冬者爲蘭，而終不自知其誤，誰實倡此謷言耶？洪慶善云：「蘭草生水傍，澤蘭生水澤中，山蘭生山側，似劉寄奴，而葉無椏，不對生，花心微黄赤。」〔二〕格物洵微矣。在山則山，在澤則澤，易地皆然，豈殊臭味？無稽之説，舍旃舍旃！

〔一〕「卒」，《四庫》本《離騷草木疏》作「醒」。

〔二〕宋洪興祖，字慶善，著有《楚辭補注》。

紅蘭

《邵陽縣志》：「紅蘭生谷中，每經野燒，葉盡而花獨發，俗稱『火燒蘭』。花微赭，瓣有紅絲，心有紅點，惟香淡而不能久。」按：紅蘭，長沙山中皆有之。葉厚勁而闊，有光，與春蘭異。開花亦小，都無香氣。攷《粵西偶記》：「全州有赤蘭亭，亭左右前後皆大松千章，獨二松高大倍常，松上生赤蘭如寄生，葉似建蘭，花開赤色，香聞數里。聞有上樹分其種者，雷震而死。」其言近誕。雖不知其色香何似，然既有紅蘭一種，則亦非曇花可比。古木常爲神據，粵俗尚鬼，似此良多。又《南越筆記》有「朱蘭」，葉如百合，開只一朵，朵六出，別一種也。

丁香花

《山堂肆考》：「江南人謂丁香爲『百結

紅蘭　　丁香花

花』。」《草花譜》：「紫丁香，花如細小丁香而瓣柔色紫，蓓蕾而生。」按：丁香北地極多，樹高丈餘，葉如茉莉而色深緑。二月開小喇叭花，有紫、白兩種，百十朵攢簇，白者香清。花罷結實如連翹。

棣棠

《花鏡》：「棣棠花，藤本，叢生。葉如荼蘼，多尖而小，邊如鋸齒。三月開花，金黄色，圓若小毬。一葉一蕊，但繁而不香。其枝比薔薇更弱，必延蔓屏樹間。與薔薇同架，可助一色。春分翦嫩枝，扦於肥地即活。其本妙在不生蟲蜏。」〔一〕按：棣棠有花無實，不知其名何取。其莖中瓤白如通草，但細小，不堪翦製。

〔一〕蜏：朝生暮死之蟲。

白棣棠

白棣棠，比黄棣棠花瓣寛肥，葉少鋸齒，又别一種。

白棣棠

繡毬

繡毬

《群芳譜》：「繡毬，木本皺體。葉青，微帶黑。春開花五瓣。百花成一朵，團圞如毬滿樹。有紅、白二種。」

《武林舊事》：「禁中賞花非一，鍾美堂花爲極盛。堂前三面皆以花石爲臺三層，臺後分植玉繡毬數百株，儼如鏤玉屏。」

八仙花

《花鏡》：「八仙花，即繡毬之類也。因其一蒂八蕊，簇成一朵，故名『八仙』。其花白瓣，薄而不香。蜀中紫繡毬即八仙花。如欲過貼，將八仙移就粉團樹畔，經年性定，離根七八寸許，如法貼縛水澆。至十月，候皮生，截斷，次年開花必盛。昔日瓊花至元時已朽，後人遂將八仙花補之，亦八仙之幸也。」

八仙花

錦團團

錦團團

錦團團，花如丁香，數百朵成簇如繡毬。　按：《廣西通志》：「繡毬花，獨梧郡色猩紅如錦，〔一〕團簇整齊，瓣落而絳趵如珠，〔二〕尚可觀。」疑即此。

〔一〕梧郡：今廣西梧州，清爲梧州府。

〔二〕「趵」字無解，《廣西通志》無此文，疑是「的」字之誤。的，通「菂」。

粉團

《花鏡》：「粉團，一名繡毬。樹皮體皴。葉青而微黑。有大、小二種。麻葉小花，一蒂而衆花攢簇，圓白如流蘇。初青後白，儼然一毬。其花邊有紫暈者爲最俗。以大者爲粉團，小者爲繡毬。閩中有一種『紅繡毬』，但與粉團之名不相侔耳。蘇毬、海桐俱可接繡毬。」按：粉團出於閩，故俗呼「洋繡毬」。其花初青，後粉紅，又有變爲碧藍色者，末復變青。一花可經數月，見日即萎，遇麝即殞。置陰濕穢溷，則花大且久。登之盆盎，違其性矣。

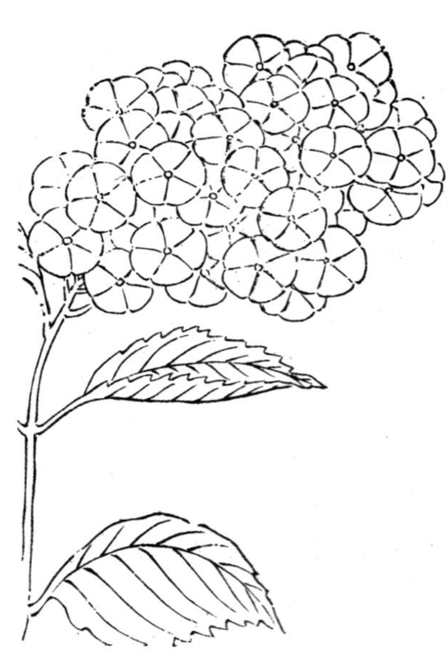

錦帶

《益部方物記》：「苒苒其條，若不自持，緑葉丹英，蔓衍分垂。右錦帶花，蜀山中處處有之，長蔓柔纖，花葉間側，如藻帶然，因象作名。花開者形似飛鳥。里人亦號『鬢邊嬌』。」

《澠水燕談録》：「朐山有花，類海棠而枝長，花尤密，惜其不香，無子。既開，繁麗嫋嫋，如曳錦帶，故淮南人以『錦帶』目之。王元之以其名俚，命之曰『海仙』。」

錦帶

珍珠繡毬

珍珠繡毬

珍珠繡毬，黑莖瘦硬。葉有歧，似魚兒牡丹葉而小。開五瓣小白花，攢簇如毬。

野繡毬

野繡毬，如繡毬花。葉小有毛。開五瓣小白花，攢簇極密而不圓。

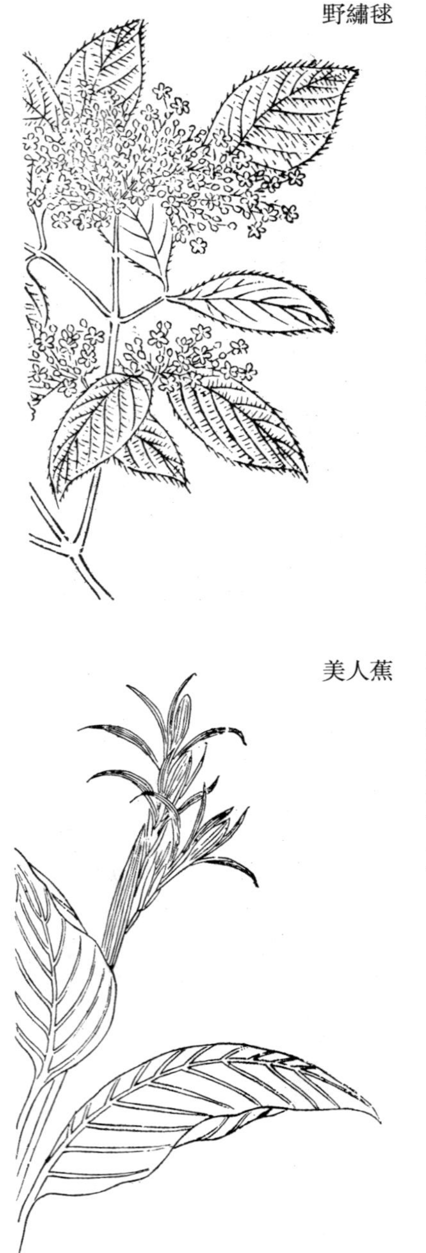
野繡毬
美人蕉

美人蕉

《楓牕小牘》：「廣中美人蕉，大都不能過霜節，惟鄭皇后宅中鮮茂倍常，盆盎溢坐，不獨過冬，更能作花。」

《群芳譜》：「美人蕉，産福建福州府者，其花四時皆開，深紅照眼，經月不謝。中心一朵，曉生甘露。又有一種，葉與他蕉同，中出紅葉一片者；一種葉瘦類蘆箬，花正紅如榴花，日坼一兩葉，其端一點鮮緑可愛者，俱亦有『美人蕉』之名。」按：閩廣紅蕉，並非北地所生美人蕉，但同名耳。余在廣東見之。北地生者結黑子如豆，極堅，種之即生。

鐵線海棠

鐵線海棠，花葉細莖似虞美人，開花似秋海棠而大，黄蕊緑心，狀極柔媚。

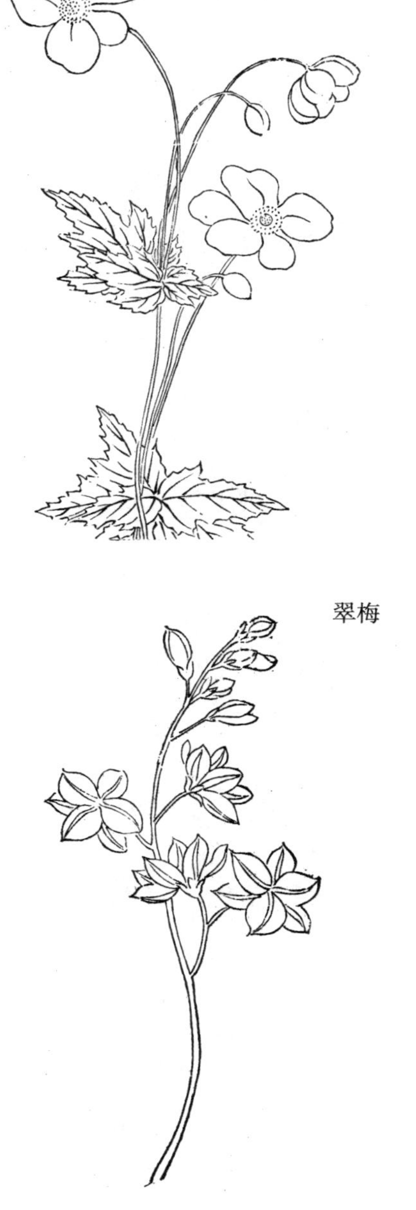
鐵線海棠

翠梅

翠梅

翠梅，矮科柔蔓。開四瓣翠藍花，而背粉紅如紅梅。

金燈

金燈，細莖裊娜。葉如萬壽菊葉而細。開五小瓣黄花，圓扁，頭有小缺如三葉酸葉。

金燈

獅子頭

獅子頭

獅子頭，即「千葉石竹」。花瓣極多，開放不盡。初開之瓣已披，後開之瓣方長，一花之上，仰垂各異，徒有縟麗，殊乏整齊。

晚香玉

晚香玉，北地極多，南方間種之。葉、梗俱似萱草。莖梢夏發蓇葖數十枚，旋開旋生。長開五瓣尖花，如石榴花蒂而長，晚時香濃。

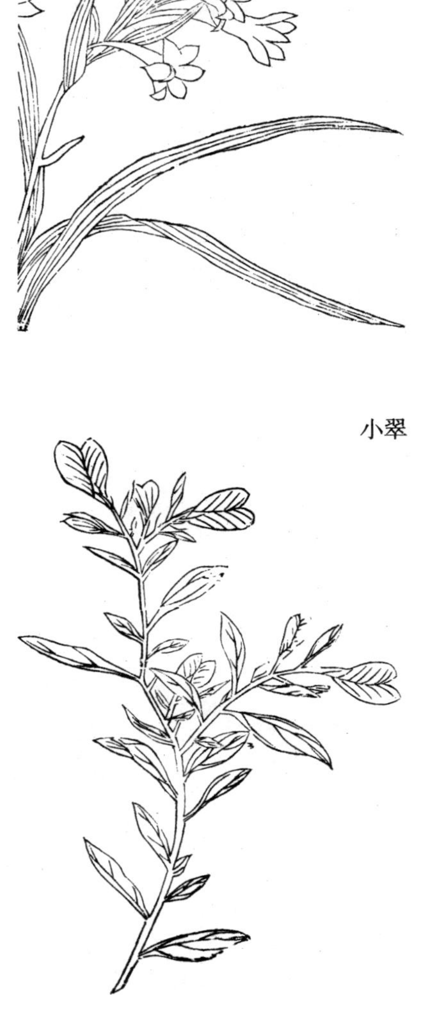

晚香玉

小翠

小翠

小翠，柔莖。長葉，如初生柳葉。開茄紫花，如蠶豆花。

長春花

長春花，柔莖。葉如指，頗光潤。六月中開五瓣小紫花，背白。逐葉發小莖，開花極繁。結長角，有細黑子。自秋至冬，開放不輟，不經霜雪不萎，故名。

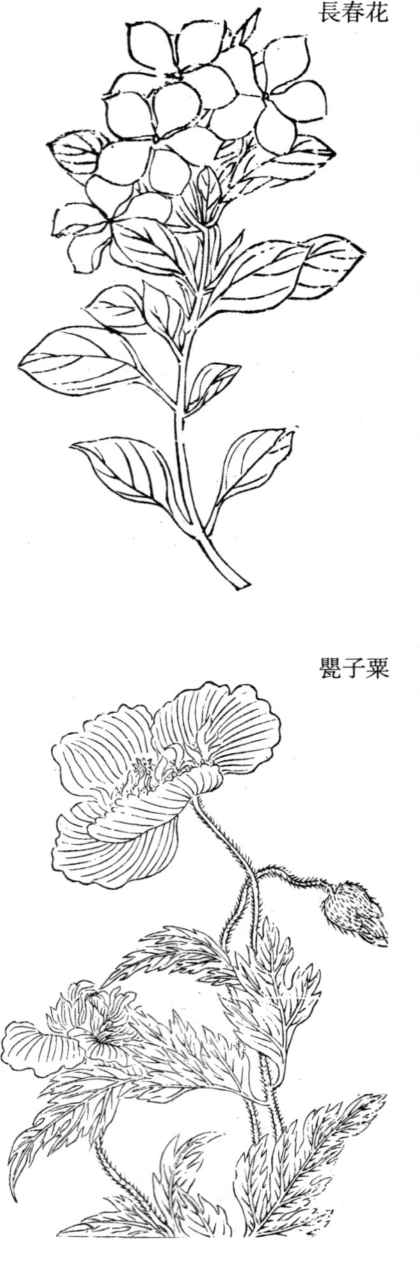
長春花

罌子粟

罌子粟

《開寶本草》：「罌子粟，味甘平，無毒。主丹石發動不下食。和竹瀝煮作粥，食之極美。一名『象穀』，一名『米囊』，一名『御米』。花紅白色，似髇箭頭，中有米，亦名『囊子』。罌粟殼去穰蔕，醋炒，入痢藥用。」

《圖經》：「罌子粟，舊不著所出州土，今處處有之，人家園庭多蒔以爲飾。花有紅、白二種，微腥氣。其實作瓶子，似髇箭頭，中有米極細。種之甚難。圃人隔年糞地，九月布子，涉冬至春始生苗，極繁茂矣；不爾，種之多不出，出亦不茂。俟其瓶焦黄，則採之，主行風氣，驅逐邪熱，治反胃、胸中痰滯及丹石發動。亦可合竹瀝作粥，大佳。然性寒，利大小腸，不宜多食，食過度則動膀胱氣耳。南唐《食醫方》：療反胃不下飲食。罌粟粥法：白罌粟米二合，人參末三大錢，生山芋五寸長，細切，研三物，以水一升二合，煮取六合，入生薑汁及鹽花少許，攪匀，分二服，不計早晚。食之，亦不妨別服湯丸。」按：罌粟花，唐以前不著録，《開寶本草》收入「米穀下品」。宋時尚罌粟湯，但其穀粟功用僅止濇斂，爲洩痢之藥。明時「一粒金丹」多服爲害。〔一〕近來阿芙蓉流毒天下，〔二〕與斷腸草無異，然其罪不在花也。列之「群芳」。

〔一〕全稱「大聖一粒金丹」，又名「保命金丹」。

〔二〕阿芙蓉：即鴉片。

野鳳仙花

野鳳仙花，生廬山寺庵砌石間。莖、葉與鳳仙花無異，而根甚紫。春時梢端發細莖，開花紅紫，亦如鳳仙花，有細白蕊，經歷數月，喜

陰畏日，亦野花中之嬌豔者。與滇南「水金鳳」同，此生於山耳。

龍頭木樨

龍頭木樨，長沙園圃有之。獨莖，長葉，附莖攢生，似初生百合葉而柔。秋開黄花如豆花，有柄横翹。香如木樨，故名。

植物名實圖考卷之二十七　群芳

藍菊

藍菊，蒿莖菊葉。先菊開花，亦如千瓣菊，有紅、白、藍三色。種亦有粗細，以藍色爲秋菊所無，故獨以藍著。其早者六月中開，故又呼「六月菊」。《花鏡》：「藍菊，翠藍黄心，似單葉菊，但葉尖長，邊如鋸齒，不與菊同。」

玉桃

玉桃，葉如芭蕉。抽長莖，開花成串，花苞如小緑桃，花開露瓣，如黄蝴蝶花稍大，偶一有之，故人罕見。《花鏡》有「地湧金蓮」，差相彷彿。

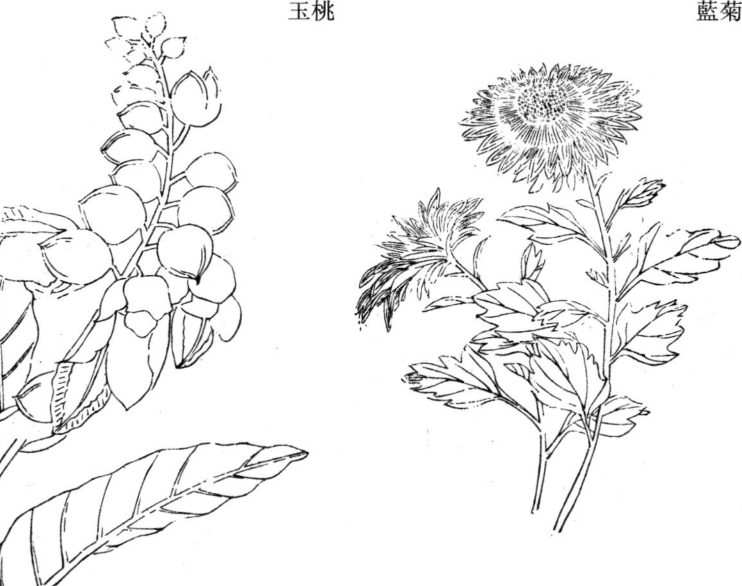

藍菊　玉桃

蜜萱

蜜萱，萱之蜜色者，花、葉俱細弱，不易植。

蜜萱

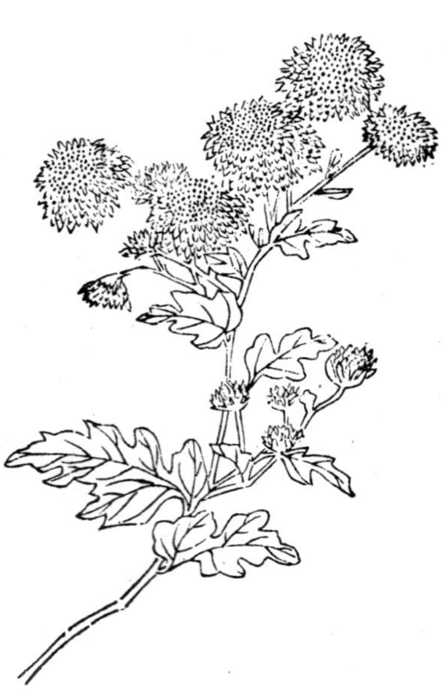

滿天星

滿天星

滿天星，野菊中之別種。密瓣無數，大於野菊。或謂黄菊不摘頭則瓣小花多，然菊中自有一種千瓣小菊，雖摘頭亦如此。

淨瓶

淨瓶，細莖長葉如石竹。開五瓣粉紫花，如洋長春，而花跗如小瓶甚長，故名。

淨瓶

蔦蘿松

蔦蘿松

蔦（niǎo）蘿松，蔓生。細葉如松鍼。開小筩子花，似丁香而瓣長，色殷紅可愛。結實如牽牛子而小。

如意草

如意草，鋪地生，如車前。開四瓣翠藍花，有柄横翘，如翠雀而小。

如意草

金箴

金箴

金箴，細莖。長葉如指甲。開五瓣小黄花，比金雀稍大。

鐵線蓮

《花鏡》：「鐵線蓮，一名『番蓮』，或云即『威靈仙』，以其本細似鐵線也。苗出後即當用竹架扶持之，使盤旋其上。葉類木香，每枝三葉，對節生。一朵千瓣，先有包葉，六瓣似蓮。先開內花，以漸而舒，有似鵝毛菊。性喜燥，宜鵝鴨毛水澆。其瓣最緊而多，每開不能到心即謝，亦一悶事。春開壓土移栽。」

鐵線蓮

金絲桃

金絲桃

《花鏡》：「金絲桃，一名『桃金孃』，出桂林郡。花似桃而大，其色更頳。中莖純紫，心吐黃鬚，鋪散花外，儼若金絲。八九月實熟，青紺若牛乳狀，其味甘，可入藥用。如分種，當從根下劈開，仍以土覆之，至來年移植便活。」

水木樨

《花鏡》：「水木樨，一名『指甲』。枝軟葉細。五六月開細黄花，頗類木樨，中多細鬚，香亦微似。其本叢生，仲春分種。」

水木樨

千日紅

千日紅

《花鏡》：「千日紅，本高一二三尺，莖淡紫色，枝葉婆娑。夏開深紫色花，千瓣細碎，圓整如球，生於枝杪。至冬，葉雖萎而花不蔫。婦女採簪於鬢，最能耐久。略用淡礬水浸過晾乾，藏於盒，來年猶然鮮麗。子生瓣内，最細而黑。春間下種即生，喜肥。」

萬壽菊

《花鏡》：「萬壽菊，不從根發。春間下子，花開黄金色，繁而且久。性極喜肥。」按：萬壽菊有二種，小者色豔，日照有光如倭段，〔一〕大者名「臭芙蓉」，皆有臭氣。

〔一〕倭段：一種絲織品。「段」通「緞」。

萬壽菊

虎掌花

虎掌花

虎掌花，襄陽山中有之。草本，緑莖。葉如牡丹葉。紫花似千瓣萱花，而瓣稍短，中吐粗紫心一莖。他處尠見。

野茉莉

野茉莉，處處有之，極易繁衍。高二三尺，枝葉紛披，肥者可蔭五六尺。花如茉莉而長大，其色多種易變。子如豆，深黑，有細紋。中有瓤白色，可作粉，故又名「粉豆花」。曝乾作蔬，與馬蘭頭相類。根大者如拳，黑硬。俚醫以治吐血。

野茉莉

荷包牡丹

荷包牡丹

《花鏡》：「荷包牡丹，一名『魚兒牡丹』，以其葉類牡丹，花似荷包，亦以二月開，因是得名。

一幹十餘朵，纍纍相比，枝不能勝，壓而下垂，若俛首然，以次而開，色最嬌豔。根可分栽，若肥多，則花更茂而鮮。黄梅雨時，亦可扦活。」按：此花北地極繁，過江漸稀。或以爲即當歸，誤。

翠雀

翠雀，京師圃中多有之。叢生，細緑莖高三四尺。葉多花叉，如芹葉而細柔。梢端開長柄翠藍花，横翹如雀登枝，故名。

秋海棠

《群芳譜》：「秋海棠，一名『八月春』。草本。花色粉紅，甚嬌豔。葉緑色。此花有二種：葉下紅筋者爲常品，緑筋者有雅趣。枝上有種落地，明年自生，夏便開。」黔醫云根治婦科血證。

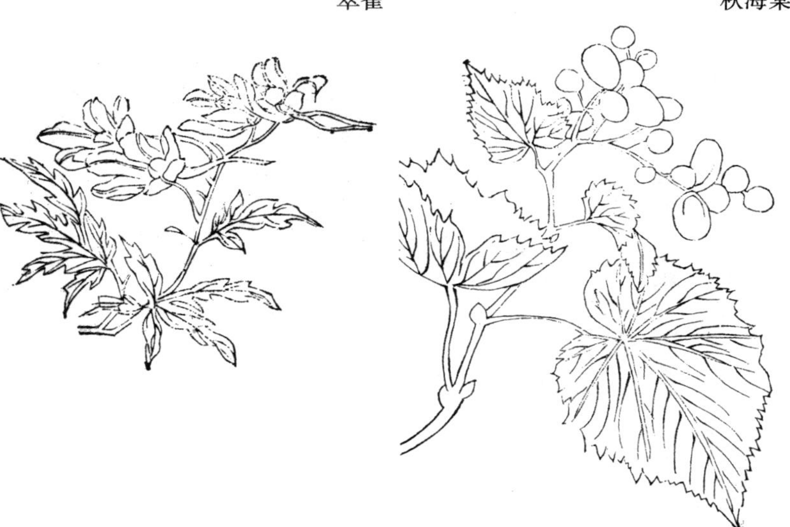
秋海棠　翠雀

金雀

《群芳譜》曰：「叢生，莖褐色，高數尺，有柔刺。一簇數葉，花生葉旁，色黄形尖，旁開兩瓣，勢如飛雀，春初即開。」

金雀

金錢花

金錢花

《酉陽雜俎》：「金錢花，本出外國，名曰『毗尸沙』，一名『日中金錢』，俗名『翦金花』。梁大同二年進來中土。」「荆州掾屬以雙陸賭金錢，〔一〕金錢盡，以金錢花相足。魚弘謂得花勝得錢。〔二〕」

《群芳譜》：「一名『子午花』，一名『夜落金錢』，又有一種『銀錢』。」

〔二〕「荆州」，原本誤作「豫州」，據《酉陽雜俎》卷十九改。

〔三〕「魚弘」，原本誤作「魚洪」，據《酉陽雜俎》卷十九改。

玉蝶梅

玉蝶梅，産贛州。蔓生，紫藤。厚葉，面青有肋紋，背白，光滑如紙。圃中多植之。《贛州志》作「玉疊梅」，云各邑皆花白色，藤本。

吉祥草

《談薈》〔一〕：「吉祥草，蒼翠如建蘭而無花，不藉土而能活，涉冬不枯，遇大吉事則花開。」

〔一〕《玉芝堂談薈》，明徐應秋撰。

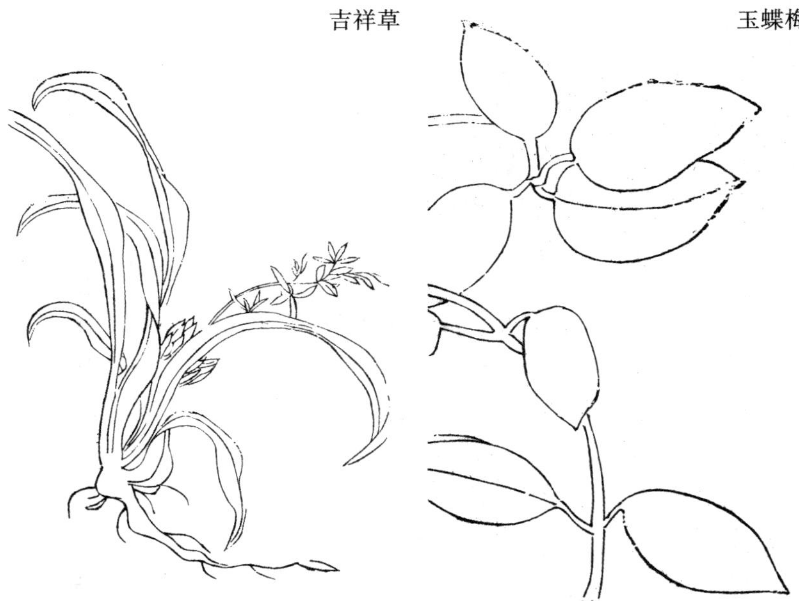

玉蝶梅　吉祥草

松壽蘭

松壽蘭，產贛州。形狀極類吉祥草，葉微寬，花六出稍大，冬開。盆盎中植之。秋結實如天門冬實，色紅紫，有尖。滇南謂之「結實蘭」。土醫云：味甘辛。治筋骨痿，用根浸酒，加虎骨膠；治遺精，加骨碎補。

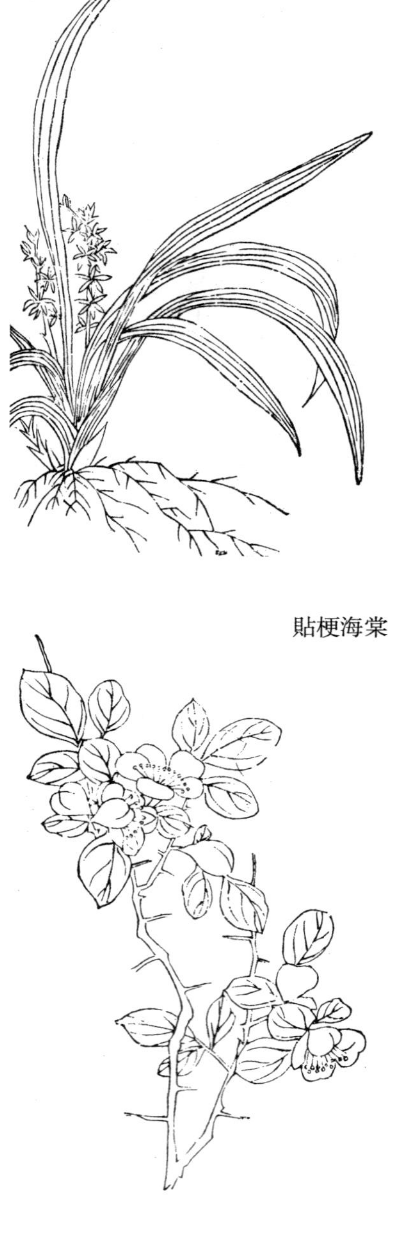
松壽蘭

貼梗海棠

貼梗海棠

貼梗海棠，叢生，單葉，綴枝作花，磬口深紅，無香。新正即開。田塍間最宜種之。《花鏡》云：「有四季花者，滇南結實與木瓜同，俗呼『木瓜花』。其瓜入藥用。春間漬以餹或鹽，以充果實，蓋取其酸澀，以資收斂也。」

望江南

望江南，生分宜山麓、田塍。〔一〕叢生。一莖一葉，葉如蓖麻而大，多花叉，深鋸齒，糙緑有微毛。抽葶發叉，開黃花，如長瓣細菊花，緑蒂長半寸許，如萬壽菊。野花大朵，此爲碩豔。

〔一〕分宜，今江西分宜縣。

望江南

盤内珠

盤内珠

盤内珠，生廬山。褐莖叢生，對節發枝。葉似橘葉，梢端抽莖，結青蓇葖，如茉莉而白圓如珠，層層攢綴下垂。開五尖瓣花，黄心數點。土人以其白苞勾圓，故名。

半邊月

半邊月，生廬山。小樹枝，攢生梢頭，葉似繡毬花葉而窄，粗紋極類。春開五瓣短筩子花，外白内紅，似杏花而尖，多蕊。

植物名實圖考卷之二十八　群芳

風蘭

風蘭，生雲南。作叢，望之如碧蘆。葉微苞莖，潤肥對排。花與淨瓶無異。此種植之盆缶亦茂。

風蘭 一名淨瓶。

風蘭，生雲南臨安。〔一〕横根，根上先生緑實，大如甜瓜，有棱，形似田家碡碌。實上生長柄二葉，葉闊寸許，光潤無瑕。中抽莖開花，先有黄籜，籜坼落而花見，色皓潔如雪蘭。中二瓣窄細，舌有黄粉，邊茸茸如翦絨。莖花欹弱，翩反欲舞，懸之風中不萎。桂馥《札璞》「五月開，

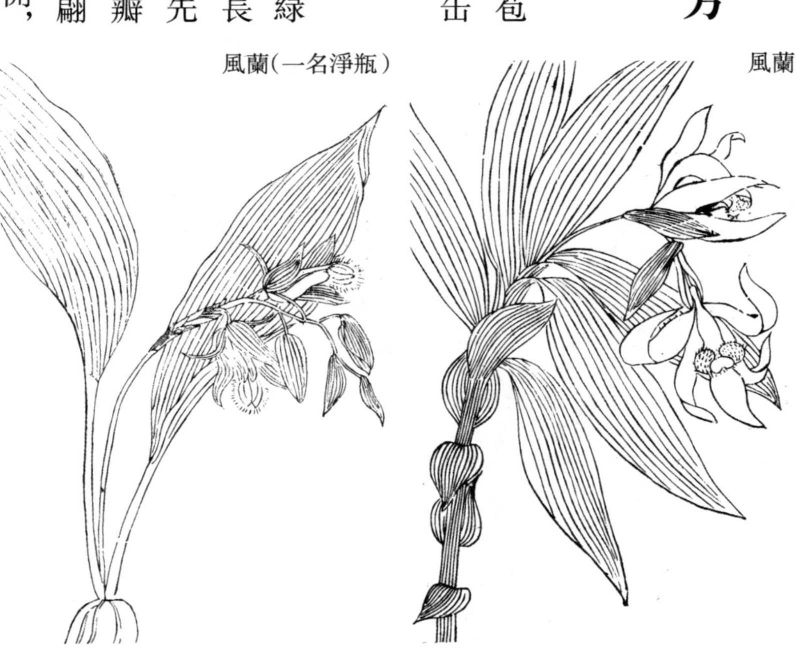

風蘭

風蘭（一名淨瓶）

曰『淨瓶』，似瓜生石上。兩葉，一大一小，廣寸許。花如雪蘭而小」，即此。

〔一〕今雲南建水縣。

獨占春

獨占春，與虎頭蘭花同而色白，潤潔無纖縷。心有稀疎褐點。開久，近蒂處微赬。幽香雖乏，靜趣彌長。一莖一花，葉細柔同素心蘭。其兩三花者爲「雪蘭」。

獨占春

雪蕙

雪蕙

雪蕙，生雲南。一枝數花，秋末開。

朱蘭

朱蘭，雲南山中有之。葉光潤似銅紫蘭而寬。冬間初紅，漸淡，有香。

朱蘭

春蘭

春蘭

春蘭，葉如甌蘭，直勁不欹。一枝數花，有淡紅、淡緑者，皆有紅縷。瓣薄而肥，異於他處。亦具香味。

虎頭蘭

虎頭蘭，碩大多紅絲，心尤斑斕。有色無香，能耐霜雪。又一種色緑無紅縷者，名「碧玉蘭」，將殘始露赤脈。

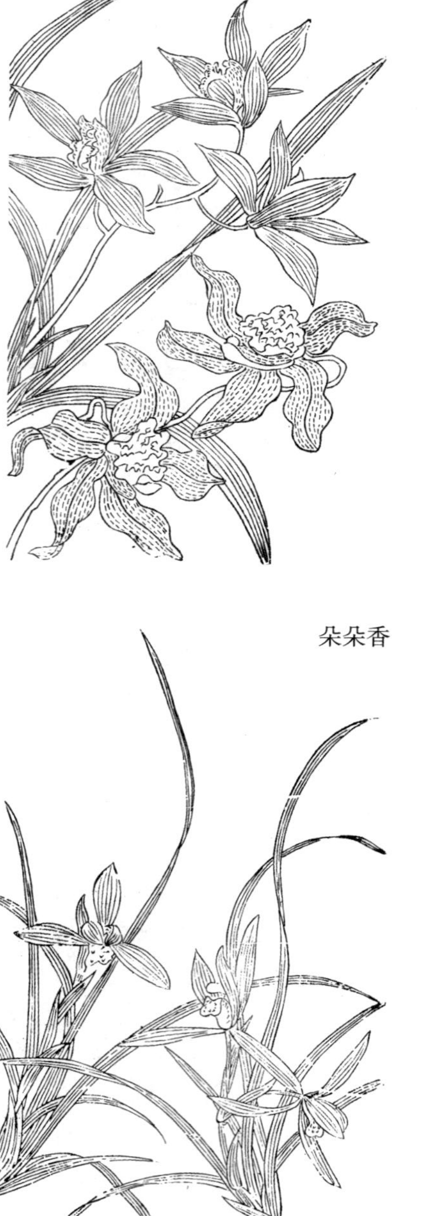

虎頭蘭

朵朵香

朵朵香

朵朵香，細葉柔韌，一箭一花。緑者團肥，宛如撚蠟；黄者瘦長，縷以朱絲，皆饒清馥。又有一箭兩花者，名「雙飛燕」。

雪蘭

雪蘭，大如虎頭蘭。色白微赬，心如渥丹。一枝或一花，或兩花。無香。

雪蘭（前）

雪蘭（後）

雪蘭

雪蘭，此又一種。細瓣繚繞，中心似筩，紅黃渲染。亦乏香氣。

夏蕙大理畫。

夏蕙，葉直如劍，迎風不動。一莖數花，鵞黄色。五六月開，幽香不減素蘭。

夏蕙

小緑蘭

小緑蘭

小緑蘭，葉柔緑幹，緑花白舌，一莖四五花，名「春緑」，又名「雲蘭」。出蒼山石壁，香幽和，品最貴，常在雲氣中也。

大綠蘭

大綠蘭大理畫。

大綠蘭，一本十餘葉，一幹十餘花。花綠舌紅，高出葉外，名「冬綠」。

蓮瓣蘭

蓮瓣蘭

蓮瓣蘭，有紅、綠、白、黄各色，白者香尤烈。

元旦蘭

元旦蘭，即「蓮瓣」之一種。葉瘦如韭花，白如玉，元旦開。

元旦蘭

火燒蘭

火燒蘭，滇山皆有之。葉粗黄花，背黑似火燒者。花碧香烈，春杪盛開。

火燒蘭

風蘭大理。

風蘭，葉短，幹長，花碧。生石厓古木上，挂檐間即活。

風蘭

五色蘭

五色蘭大理。

五色蘭，葉柔小，一枝十餘花，紅、黄、紫、緑互相間雜。滇南蘭之最異者，士女珍佩之。

大株砂蘭大理。

大株砂蘭，葉長闊。一莖數十花，朱色，秋開。

大株砂蘭

小株砂蘭

小株砂蘭大理。

小株砂蘭，葉短，一莖數花，尤韻。

佛手蘭

佛手蘭，生雲南。根如蒜，大於蔓菁，環生衆根如九子芋。葉長二三尺，似蘐草，寬寸餘，光滑細膩，同文殊蘭，而根色深紫，突出土上。葉傍迸莖，扁闊挺立，發苞孕蕾，花在苞中，鉤屈如佛手柑，故名。花形開放，逼似玉簪，紫豔照燿。内外六瓣，瓣外紫内白，中亦紫，稍淡。五六長鬚黑紫，端有横蕊深黄。一苞五六花，先後參差，可半月餘。然老本亦僅一箭，新萛未易有花也。

佛手蘭

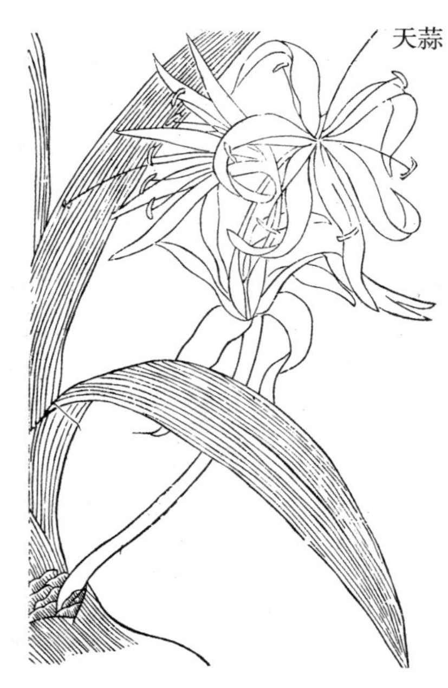
天蒜

天蒜

天蒜，雲南圃中植之。根、葉與佛手蘭無異，唯花色純白，紫鬚繚繞，横綴黄蕊。按閩中

「金燈花」亦名「天蒜」，未知與此同異。

蘭花雙葉草

蘭花雙葉草，生滇南山中。雙葉似初生玉簪，葉微有紫點。抽短莖，開花如蘭，上一大瓣，下瓣微小，兩瓣傍抱，中舌厚三四分如人舌，正圓，色黄白，中凹，嵌一小舌如人咽，色深紫。花瓣皆紫點極濃。土醫云此真蘭花雙葉草也。《滇本草》所載即此。

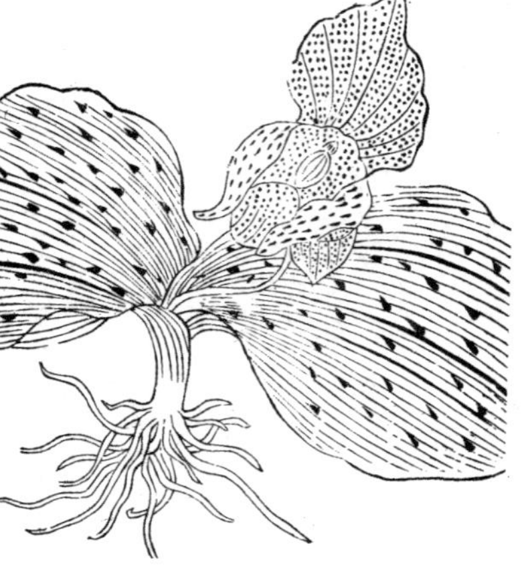
蘭花雙葉草

紅花小獨蒜

紅花小獨蒜

紅花小獨蒜，根如小蒜，大如指。葉如初生茅草，高五六寸。傍發紫箭，開小紫紅花，五瓣微尖，亦似蘭花而極小，心尤嬌豔。土人云：與黃花者一類，大小二種。

黃花獨蒜 一名老鴉蒜。

黃花獨蒜，生雲南山中。根如小蒜，葉似初生椶葉而窄，又似虎頭蘭葉而短，有皺。傍發箭，開五瓣黃花，紫紅心似蘭花、白及輩，而瓣圓短。

黃花獨蒜

羊耳蒜

羊耳蒜

羊耳蒜，生滇南山中。獨根大如蒜，赭色。初生一葉如玉簪葉，即從葉中發葶，開褐色花。中一瓣大如小指甲，夾以二尖瓣，又有三尖鬚翹起。蓋「黃花小獨蒜」之種族。

鴨頭蘭花草

鴨頭蘭花草，生雲南太華諸山。黑根細短，尖葉内翕，抱莖齊生，似玉簪抽葶葉而長又肥，内緑外淡，有直勒道。莖梢發叉，開白緑花，微似蘭花，有柄長幾及寸。三瓣品列，中瓣後復有一大瓣，色淡。花心有紫暈微凸，心下近莖出雙尾，白縷如翦，燕尾分翄。野卉中具纖巧之致。

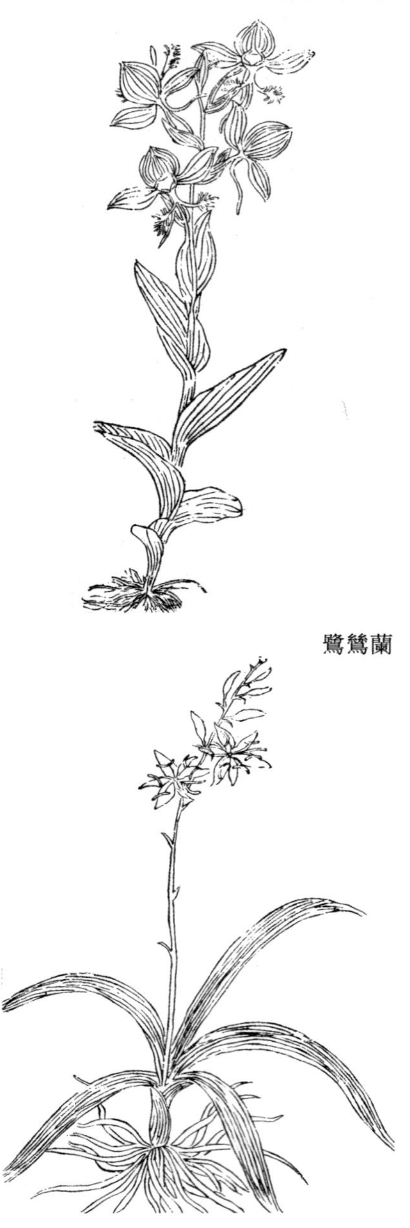

鴨頭蘭花草

鷺鷥蘭

鷺鷥蘭

鷺鷥蘭，雲南圃中多有之。葉如萲草，翕而皺。夏抽葶開花，六瓣六蕊，瓣白蕊黄，間以細鬚。志謂之「鷺鷥毛」，以其潔白纖細，如執鷺羽。舒苞襯蕚，沐露刷風，佇立階墀，靜態彌永。

桂馥《札璞》謂：「爲蘭之别派，無香有韻。覺虎頭碩大，神意皆癡。」

象牙參

象牙參，生滇南山中。初茁芽即作苞，開花如白及花而多窄瓣。一苞四五朵，陸續開放。花罷生葉，似吉祥草而闊。根如麥門冬。土醫云：治半身不遂、痿痺弱證。

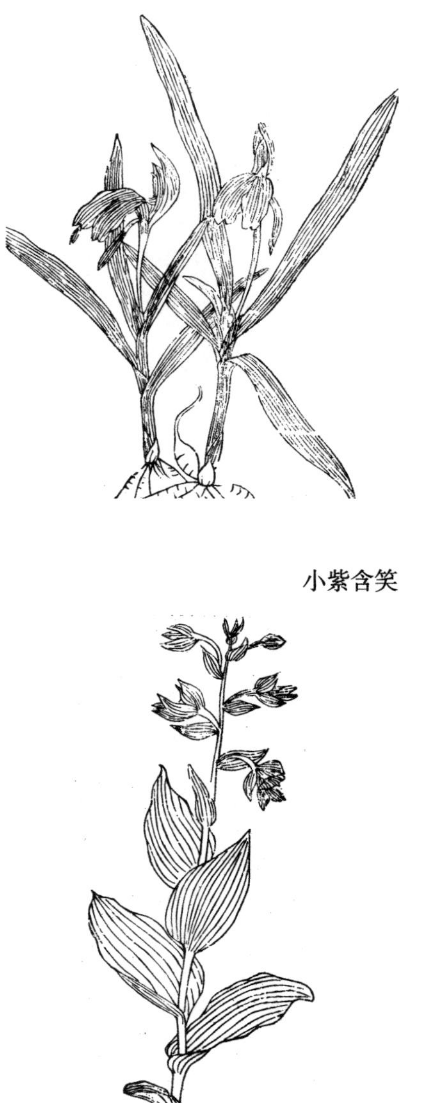
象牙參

小紫含笑

小紫含笑

小紫含笑，生雲南山中。紫莖抱葉，梢垂紫苞，開口如笑。内露黄白瓣，掩映參差，難爲形擬。一名「青竹蘭」。

植物名實圖考卷之二十九　群芳

佛桑

佛桑，一名「花上花」，雲南有之。《嶺南雜記》：「佛桑與扶桑正相似，中心起樓，多一層花瓣。」《南越筆記》：「佛桑，一名『花上花』。花上複花，重臺也。即『扶桑』，蓋一類二種。」又楊慎《外集》：「朱槿之紅鮮重臺者，永昌名之曰『花上花』。」《徐霞客遊記》：「永昌花上花者，葉與枝似木槿，而花正紅。閩中扶桑相類，但扶桑六七朵並攢爲一花。此花一朵四瓣，從心中又抽出疊其上，殷紅而開久，自春至秋猶開。雖插地輒活，如柳然。然植庭左則活，右則否，亦甚奇也。」〔一〕檀萃《虞衡志》謂「佛桑不應改爲扶桑」，〔二〕殊欠考詢。

〔一〕見《滇中游記》。

〔二〕檀萃：清乾隆進士，官雲南禄勸知縣，著《滇海虞衡志》。

蓮生桂子花

蓮生桂子花，雲南園圃有之。細根叢茁。青莖對葉，葉似桃葉，微闊。夏初葉際抽枝，參差互發。一枝蓓蕾十數，長柄柔緑，圓苞摇丹，頗似垂絲海棠。初開五尖瓣紅花，起臺生小黄筒子，五枝簇如金粟。筒中復有黄鬚一縷，内嵌淡黄心微突。此花大僅如五銖錢，朱英下揭，黈蕊上擎，〔一〕宛似别樣蓮花中撑出丹桂也。結角如「婆婆鍼線包」而上矗，絨白子紅，老即迸飛。

〔一〕黈：黄色。

金蝴蝶

金蝴蝶，生雲南圃中。細莖如蔓。葉對生如石竹而長，色緑微勁。夏開五瓣紅花似翦秋羅，初開每瓣有一缺，饒裊娜之致。

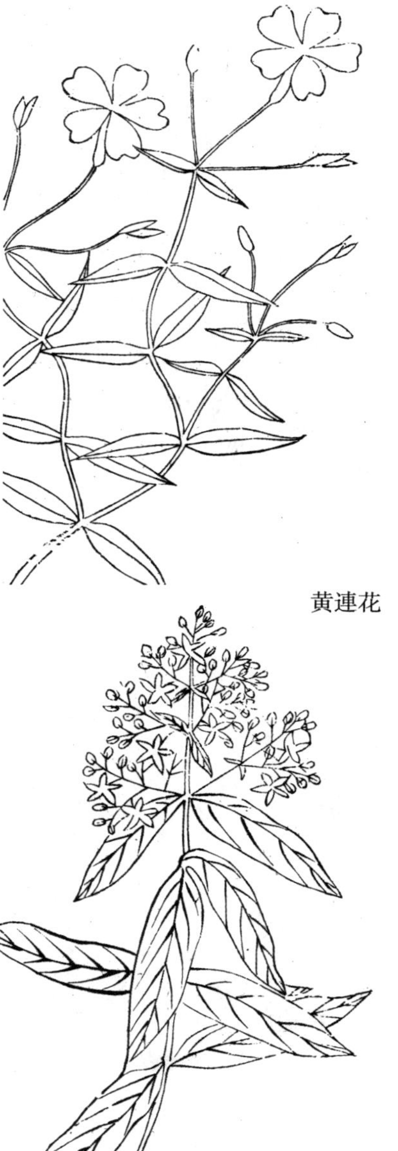

金蝴蝶

黃連花

黃連花

黃連花，獨莖亭亭，對葉尖長。四月中梢開五瓣黃花，如迎春花，繁密微馨。昆明鄉人擫售於市，因其色黃，强爲之名。

野丁香

野丁香，生雲南山坡。高尺許，赭莖甚勁。數葉攢簇，層層生發。花開葉間，宛似丁香，亦有紫、白二種。

野丁香

牛角花

牛角花

牛角花，生雲南平野。鋪地叢生，緑莖纖弱。發叉處生二小葉，又附生短枝三葉。莖梢開花如小豆花，又似槐花，有黄、紫、白三種。春疇匝隴，燦如雜錦。土人以小葩上翹，結角尖彎，故名「牛角」。

白刺花

白刺花，生雲南田塍。長條横刺，刺上生刺，就刺發莖，如初生槐葉。春開花似金雀而小，色白，裊裊下垂，瓣皆上翹，園田以爲樊。

白刺花

報春花

報春花

報春花，生雲南。鋪地生。葉如小葵，一莖一葉。立春前抽細葶，發杈開小筩子五瓣粉紅花，瓣圓，中有小缺，無心。盆盎、山石間簇簇遞開，小草中頗有綽約之致。按傅玄《紫華賦序》：「紫華一名『長樂』，生於蜀。」蘇頲亦有《長樂花賦》。《遵義府志》引《益部談資》云：

「長樂花，枝葉皆如虎耳草。秋後叢生盆盎間，開紫色小花，冬末轉盛，鮮麗可愛。居人獻歲，以此爲餽，名曰『時花』。」核其形狀，當即此花。今滇俗亦以歲晚盆景。

小雀花

小雀花，生雲南山坡。小樹高數尺，瘦幹細韌。春開小粉紅花，附枝攢簇，形如豆花而小，瓣皆雙合，上覆下仰，色極嬌韻。花罷生葉。

小雀花

素興花

素興花

素興花，生雲南。蔓生。藤、葉俱如金銀花，花亦相類。初生細柄如絲，長苞深紫，裊裊滿架。

漸開五瓣圓長白花，淡黄細蕊，一縷外吐，香濃近濁。亦有四季開者。《滇略》云：「南詔段素興好之，故名。」志謂即「素馨」，殊與粵産不類。蒙化廳有「紅素興」，又有「雞爪花」，相類而香遜。檀萃《滇海虞衡志》以爲即與茉莉爲儔、同出番禺之素馨，未免刻畫無鹽，唐突西施。

燈籠花

燈籠花，昆明僧寺中有之。藤老蔓雜，小葉密排，糙澀無紋，俱如絡石。春開五棱紅筩子花，長幾徑寸，五尖翻翹，色獨新緑，黄鬚數莖，如鈴下垂。僧云移自騰越。〔一〕余以爲山中「石血」之别派耳。

〔一〕騰越：即今雲南騰衝。

荷包山桂花

荷包山桂花，生雲南山中。小木緑枝。

燈籠花　荷包山桂花

葉如橘葉，翩反下垂。葉間出小枝，開花作穗，淡黄長瓣，類小豆花。花未開時，緑蔕扁苞，纍纍滿樹，宛如荷包形，故名。近之亦有微馨。

滇丁香

丁香，生雲南圃中。木本如藤。葉如枇杷葉，微尖而光。夏開長柄筩子花，如北地丁香成簇，而五瓣團團，大逾紅梅，柔厚嬌嫩；又似秋海棠，中有黄心兩三點，有色鮮香，〔一〕故不甚重。

〔一〕鮮香：少香也。

藏丁香

藏丁香，或云種自西藏來。枝幹同滇丁香。葉糙有毛。開花白色，有香，故勝。

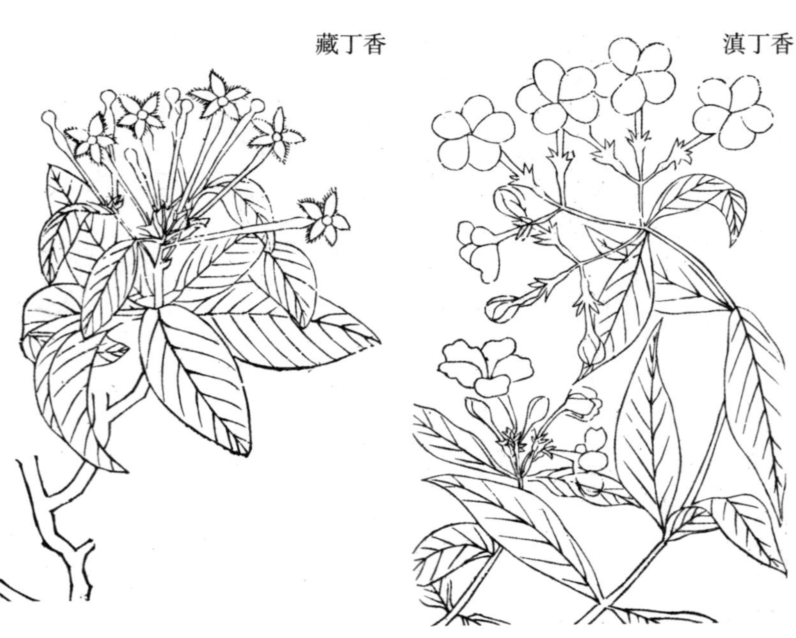

滇丁香　藏丁香

地湧金蓮

地湧金蓮，生雲南山中。如芭蕉而葉短，中心突出一花如蓮，色黄。日拆一二瓣，瓣中有蕤，與甘露同。新苞抽長，舊瓣相仍，層層堆積，宛如雕刻佛座。王世懋《花疏》有一種「金蓮寶相」：「不知所從來，葉尖小如美人蕉，三四歲或七八歲始一花，黄紅色，而瓣大於蓮。」按此即廣中「紅蕉」，但色黄爲别。《滇本草》：「味苦濇，性寒，治婦人白帶、久崩、大腸下血，亦可固脱。」

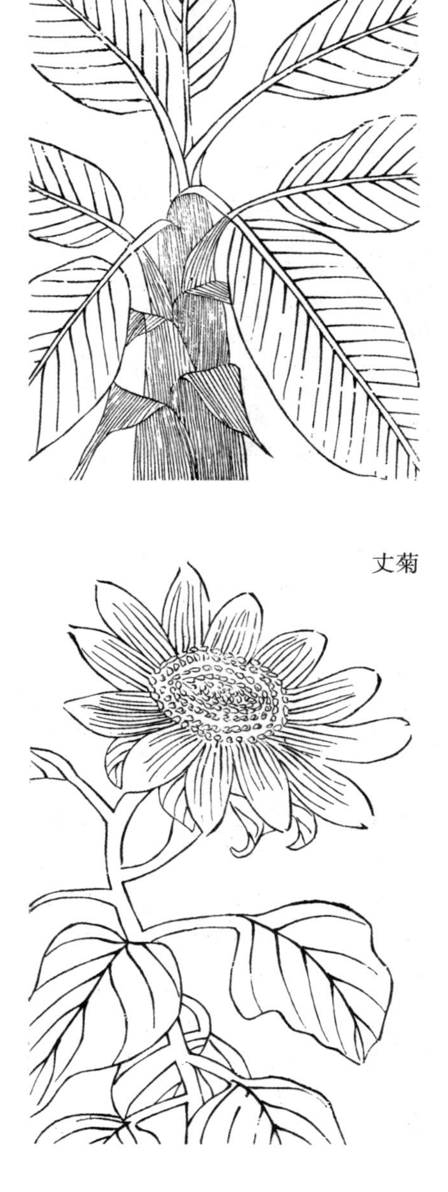

地湧金蓮

丈菊

丈菊

《群芳譜》「丈菊，一名『迎陽花』，莖長丈餘，幹堅粗如竹，葉類麻，多直生，雖有傍枝，只生一花，大如盤盂，單瓣色黄，心皆作窠如蜂房狀，至秋漸紫黑而堅。取其子種之，甚易生。花有毒，能墮胎」云。　按：此花向陽，俗間遂通呼「向日葵」，其子可炒食，微香，多食頭暈。滇、黔與南瓜子、西瓜子同售於市。

壓竹花

壓竹花，一名「秋牡丹」，雲南園圃植之。初生一莖一葉，如牡丹葉濃緑糙澀。抽葶高二尺許，附葶葉微似菊葉，尖長多叉。葶端分叉，又抽細葶打苞，宛如罌粟。秋開花如千層菊，深紫縟豔，大徑寸餘，緑心黄暈，蕊擎金粟。一本可開月餘。

藏報春

藏報春，滇南圃中植之。葉如蜀葵葉，多尖叉。就根生葉，長柄肥柔。春初抽葶開

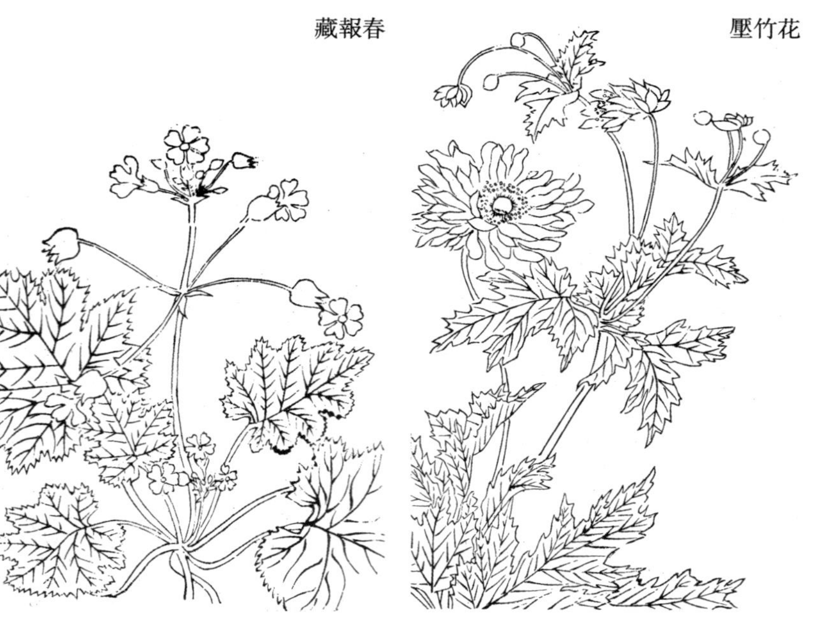

壓竹花　藏報春

花，如報春，稍大。跗下作苞，花出苞上。一葶數層，一層四五苞，與報春同時而不如報春繁縟耐久。滇近藏，凡花以「藏」名者，異之也。

鐵線牡丹

鐵線牡丹，生雲南圃中。大致類罌粟花。土醫云：性温，能散，暖筋骨，除風濕，治跌打損傷，搗細入無灰酒煮熱，包敷患處。

鐵線牡丹

七里香

七里香

七里香，生雲南。開小白花，長穗如蓼，近之始香。

草葵

草葵，生雲南。黄花五出，而三二瓣分開，形幾近方。

草葵

野梔子

野梔子

野梔子，生雲南。秋開花如梔子。

草玉梅

草玉梅，生雲南。鋪地生葉，抽葶，開尖瓣白花如積粉。

草玉梅

白薔薇

白薔薇，滇南有之。五瓣黄蕊，莖紫，葉如荼䕷，香達數里。

白薔薇

黐花

黐（chī）花，生雲南。黄花四出如桂葉，在頂上者獨白如雪，蓋初生者。根可黏物，故名。

黐花

野蘿蔔花

野蘿蔔花

野蘿蔔花，生雲南。細莖長葉。秋開花五瓣，色如靛。

珍珠梅

珍珠梅，白花數十朵爲毬，春開。

珍珠梅

緬梔子

緬梔子

緬梔子，臨安有之。〔一〕緑幹如桐，葉如瑞香葉，凸脈勁峭，矗生幹上。葉脱處有痕斑斑如蘚紋。

〔一〕此雲南近緬之臨安。

海仙花

海仙花，生雲南海邊。紫莖獨挺，繁花層綴，五瓣缺脣，嬌紅奪目。土人夏日持售於市，曰「三台花」，以花作三層也。其葉如萵苣。

海仙花

白蝶花

白蝶花

白蝶花，生雲南山中。長葉抱莖，開大白花，三瓣品列，内復擎出白瓣，形如蜂蝶，雙翅首尾，宛然具足。大瓣下又出一尾，長三寸許。質既皓潔，形復詭異，秋風披拂，栩栩欲活。〔一〕

〔一〕「活」，原本誤作「治」，據文意改。

緑葉緑花

緑葉緑花，〔一〕生雲南山中。緑葉對茁，如白及而短。抽矮莖，梢端開花，如群蛙據草，緑背白足，梟梟欲墜。亦可名「緑蟾蜍花」。

〔一〕上「緑」字原缺，據上下文補。

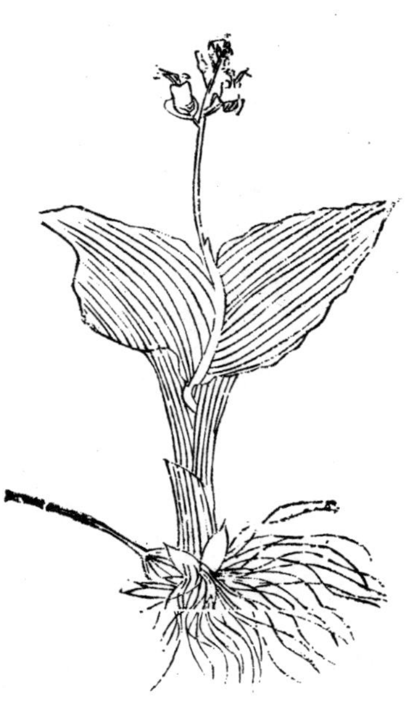

植物名實圖考卷之三十　群芳

赬桐

《南方草木狀》：「赬（chēng）桐花，嶺南處處有。自初夏生至秋，蓋草也。葉如桐，其花連枝萼，皆深紅之極者。俗呼『貞桐花』，貞，音訛也。」按：赬桐，廣東徧地生，移植北地，亦易繁衍。京師以其長鬚下垂如垂絲海棠，呼爲「洋海棠」。其莖中空。冬月密室藏之，春深生葉，插枝亦活。

夾竹桃

李衎《竹譜》：「夾竹桃，自南方來，名『拘那夷』，又名『拘拏兒』。花紅類桃，其根、葉似竹而不勁，足供盆檻之玩。」

《閩小記》：「曾師建《閩中記》：南方花有北地所無者，闍提茉莉、俱那異皆出西域，盛傳閩中。『俱那衛』即『俱那異』，〔二〕夾竹桃也。」

〔二〕「俱」字，原本均作「栒」，據《閩小記》改。

夾竹桃

木棉

木棉

《本草綱目》李時珍曰：「交廣木棉，樹大如抱，其枝似桐，其葉大如胡桃葉。入秋開花，紅如山茶花，黄蕊，花片極厚，爲房甚繁，短側相比。結實大如拳，實中有白棉，棉中有子。今人謂之『斑枝花』，訛爲『攀枝花』。李延壽《南史》所謂林邑諸國出『古貝』。花中有鵝毳，抽其緒紡爲布。張勃《吴録》所謂『交州永昌木棉樹，高過屋，有十餘年不换者，實大如盃，花中棉軟白，可爲緼絮及毛布』者，皆指似木之木棉也。」《嶺南雜記》：「木棉樹大可合抱，高者數丈。葉如香樟，瓣極厚，一條五六葉。正、二月開大紅花，如山茶而蕊黄色。結子如酒盃，老則拆裂，有絮茸茸，與蘆花相似。花開時無葉，花落後半月始有新緑葉。其絮，土人取以作裀褥。海南蠻人織以爲巾，〔一〕上出細字，花卉尤工，乃名曰『吉貝』，即古所謂『白疊布』。今詢之粤人，亦無有織作者，或别是一種耳。廣州閲武廳前與南海廟各一株，甚大，開時赤光照耀，坐其下如入朱明之洞也。」〔二〕按：《廣西通志》「木棉，嶺西最易生。或取以作衣被，輒致不仁之疾」，以爲「吉貝」，誤之甚矣。李時珍以木棉與棉花並入「隰草」，亦攷之未審。

〔一〕「織」，原本誤作「識」。

〔二〕廣東羅浮山有朱明洞，傳是神仙所居。

含笑

《捫蝨新話》：「含笑有大小，小含笑香尤酷烈。又有紫含笑。予山居無事，每晚涼坐山亭中，忽聞香一陣，滿室郁然，知是含笑開矣。」《南越筆記》：「含笑與夜合相類。大含笑則大

半開，小含笑則小半開。半開多於曉，一名『朝合』。小含笑白色，開時蓓蕾微展，若菡萏之未敷，香尤酷烈。古詩云：『大笑何如小笑香，紫花那似白花粧。』〔一〕又有紫含笑，初開亦香，是子瞻所稱『涓涓泣露』、〔二〕『暗麝著人』者。〔三〕羅浮夜合、含笑，其大至合抱，開時一谷皆香，亦異事也。」

《藝花譜》：「含笑花産廣東。花如蘭，開時常不滿，若含笑然，隨即凋落。」

〔一〕此宋楊萬里《含笑》詩句。

〔二〕蘇軾《正月二十六日，偶與數客野步嘉祐僧舍東南，野人家雜花盛開，扣門求觀，主人林氏媪出應，白髮青裙，少寡獨居三十年矣。感歎之餘，作詩記之》，有句「涓涓泣露紫含笑，焰焰燒空紅佛桑」。

〔三〕宋釋惠洪《冷齋夜話》卷一：東坡謫儋耳，見黎女競簪茉莉，含檳榔，戲書几間曰：「暗麝著人簪茉莉，紅潮登頰醉檳榔。」

夜合花

夜合花，産廣東。木本長葉，花青白色，曉開夜合。

賀正梅

賀正梅，似梅而小。廣東歲朝植之盆盎。〔一〕

〔一〕歲朝：正月初一。

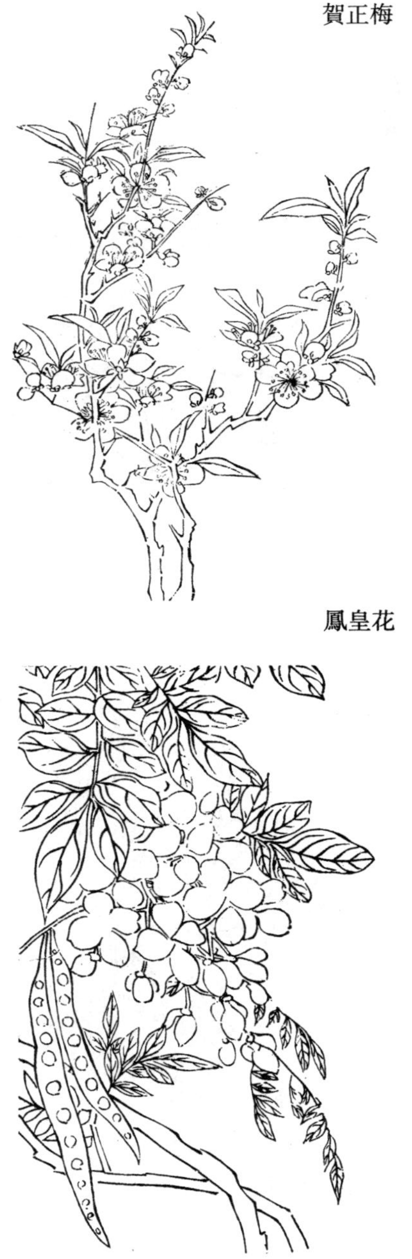
賀正梅

鳳皇花

鳳皇花

鳳皇花，樹葉似槐，生於澳門之鳳皇山。開黄花，經年不歇，與葉相埒。深冬换葉時花少減，結角子如豌豆。今園林多植之，或云洋種也。按：《嶺南雜記》：「金鳳花，色如鳳心，吐黄絲，葉類槐。余在七星巖見之，從僧乞歸其子，種之不生。」

末利

末利，見《南方草木狀》。《木草綱目》列於「芳草」。此草花雖芬馥，而莖、葉皆無氣味，又其根磨汁可以迷人，未可與芷蘭爲伍。退入「群芳」，祇供簪髻。

末利

素馨

素馨

《南方草木狀》：「耶悉茗花、末利花，皆胡人自西國移植於南海。南人愛其芳香，競植之。陸賈《南越行紀》曰：『南越之境，五穀無味，百花不香。』此二花特芳香者，緣自別國移至，不隨水土而變，與夫橘北爲枳異矣。〔一〕彼之女子，以綵線穿花心，以爲首飾。」

《桂海虞衡志》：「素馨花，比番禺所出爲少，當有風土差宜故也。」

《龜山志》：「素馨，舊名『耶悉茗』，一名『野悉密』。昔劉王有侍女名素馨，其冢上生此花，因名。」〔二〕

《嶺外代答》：「素馨花，番禺甚多，廣右絶少。土人尤貴重。開時旋掇花頭裝於他枝，或以竹絲貫之，賣於市，一枝二文，人競買戴。」

《嶺南雜記》：「素馨，較茉莉更大，香最芬烈。廣城河南花田多種之，每日貨於城中，不下數百擔，以穿花鐙，綴紅、黄佛桑其中。婦女以綵線穿花繞髻，而花田婦人則不簪一蕊也。」

《南越筆記》：「素馨，本名『耶悉茗』。珠江南岸有村曰莊頭，周里許，悉種素馨，亦曰花田。婦女率以昧爽往摘，以天未明見花而不見葉，其稍白者，則是其日當開者也。既摘，覆以濕布，毋使見日。其已開者，則置之。花客涉江買以歸，列於九門。一時穿燈者、作串與瓔珞者數百人，城内外買者萬家，富者以斗斛，貧者以升，其量花若量珠然。花宜夜，乘夜乃開，上人頭髻乃開，見月而益光豔，得人氣而益馥。竟夕氤氲，至曉猶有餘香。懷之辟暑，吸之清肺氣。花又宜作燈，雕玉鏤冰，瓏瓏四照，遊冶者以導車馬。楊用修稱粵中素香燈爲天下之絶豔，信然。兒女以花蒸油，取液爲面脂頭澤，謂能長髮潤肌。或取蓓蕾，雜佳茗貯之。或帶露置於瓶中，經信宿，以其水點茗。或作格懸繫甕口，離酒一指許，以紙封之，旬日而酒香徹。其爲龍涎香餅、香串者，治以素馨，則韻味愈遠。隆冬花少，曰『雪花』，摘經數日仍開。夏月多花，瓊英狼藉，入夜，滿城如雪，觸處皆香，信粵中之清麗物也。」

〔一〕《晏子春秋》卷六：「橘生淮南則爲橘，生於淮北則爲枳，葉徒相似，其實味不同。所以然者何？水土異也。」

〔二〕《龜山志》：宋黄曄撰，記廣東風土。劉王：指五代時南漢國主劉隱。一説素馨爲劉氏之女。

夜來香

夜來香，產閩、廣。蔓生，葉如山藥葉而寬，皆仰合不平展。秋開碧玉五瓣花，夜深香發，清味如茶。北地亦植之，頗畏寒。廣中以其多陰藏虵，委之籬落。閩人云：斷腸草經野燒三次，即變此花，猶有毒云。

文蘭樹

文蘭樹，産廣東。葉如萱草而闊長。白花似玉簪而小。園亭石畔多栽之。按：此草近從洋舶運至北地，亦以秋開。《南越筆記》：「文殊蘭，葉長四五尺，大二三寸而寬，花如玉簪、如百合而長大，色白甚香，夏間始開。」是皆蘭之屬。江西、湖南間有之，多不花。土醫以其汁治腫毒，因有「秦瓊劍」諸俚名。

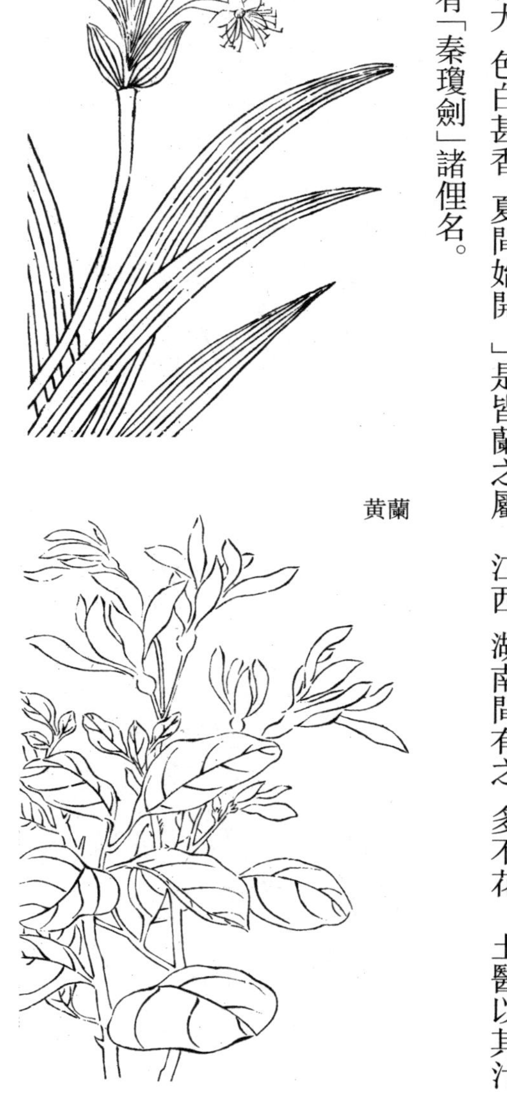

文蘭樹

黄蘭

黄蘭

黄蘭，産廣東，或云洋種，今徧有之。叢生，硬莖。葉似茉莉花，如蘭而黄，極芳烈。

彩蝶

彩蝶，產廣東。莖葉如秋海棠，翠花長蕊。野生山間，種不常見。

彩蝶

馬纓丹

馬纓丹

《南越筆記》：「馬纓丹，一名『山大丹』。花大如盤，蕊時凡數十百朵，每朵攢集成毬，與白繡毬花相類。首夏時開，初黄色，蕊鬚如丹砂，將落復黄，黄紅相間，光豔炫目。開最盛最久，八月又開。有以『大紅繡毬』名之者。又以其瓣落而枝矗起槎枒，甚與珊瑚柯條相似，又名『珊瑚毬』。言『大紅繡毬』者，以開時也；言『珊瑚毬』者，以落時也。」按馬纓丹又名「龍船花」，以花盛開時值競渡，故名。

鴨子花

鴨子花，産廣東。似蓼而大，葉長數尺。以其花如小鴨，故名。

鴨子花

鶴頂

鶴頂

鶴頂，産廣東。又名「吕宋玉簪」。葉如射干葉，花六瓣，深紅，黄蕊似山丹，而瓣圓大。

朱錦

朱錦，産廣東，叢生林麓，極易繁衍。葉如月季花葉。花有紅、黄二種，如小牡丹，苞如木芙蓉。婦女常簪之。

朱錦

西番蓮

西番蓮即轉心蓮。

《南越筆記》：「西番蓮，其種來自西洋。蔓細如絲，朱色，繚繞籬間。花初開如黄白蓮，十餘出。久之，十餘出者皆落，其蕊復變而爲鞠。〔一〕瓣爲蓮而蕊爲鞠，以蓮始而以鞠終，故又名『西洋鞠』。」

〔一〕鞠：即「菊」字。

百子蓮

百子蓮，産廣東，或云洋種，廿年前不知其異也。色極嬌麗，一花經數日不蔫，婦女競簪之，價始高。近日種植較多矣。

百子蓮

珊瑚枝

珊瑚枝，産廣東，或云番種，不知其名，花圃以形似名之。按：《南越筆記》謂「馬纓丹花落而生槎杈，人呼爲『珊瑚毬』」，或誤以爲一種。

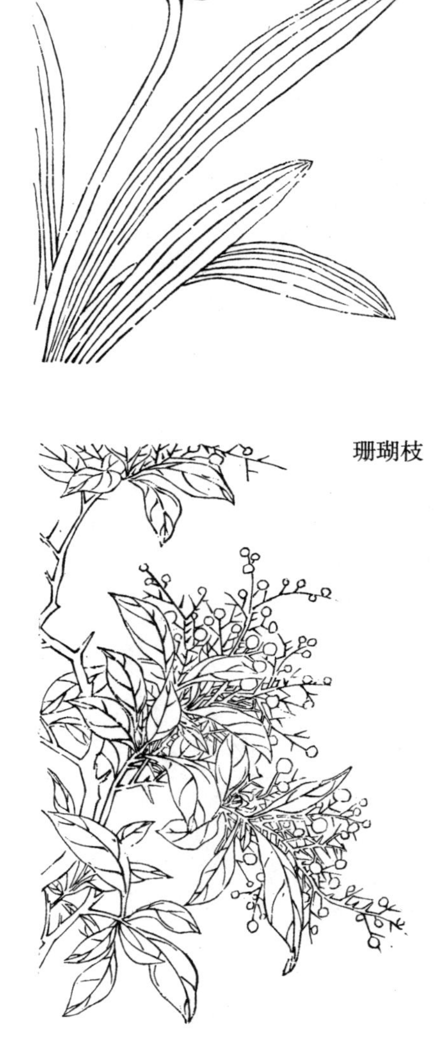
珊瑚枝

穟冠花

穟(suì)冠花，〔一〕如雞冠之尖穟者，〔二〕高六七尺。每葉發杈開花，秋時百穗俱垂，宛如纓珞。移植湖湘，亦易繁衍。惟旁莖大脃，經風輒折，必作架護持之。稍寒即瘁，不如雞冠耐久也。

〔一〕穟：與「穗」通。

〔二〕此「雞冠」指雞冠花。

穟冠花

換錦花

換錦花

《南越筆記》：「脱紅換錦，脱緑換錦，此『換錦』之所以名也。葉似水仙，冬生，至夏而落。

獨抽一莖二尺許，作十餘花。花比鹿葱而大，或紅或緑，葉落而花，故曰『脱紅』、『脱緑』。花落而葉，故曰『换錦』。花與葉兩不相見也。」按：此即石蒜一類，惟花肥多、莖粗稍異。

鈴兒花

鈴兒花，一名「弔鐘花」，生廣東山澤間。歲暮葉脱始蕾。樵人折以入市，插置膽瓶。春初花開，狀如小鈴。花落葉發，不宜栽莳。

鈴兒花

華蓋花

華蓋花

華蓋花，産廣東，或云番舶攜種種生者。葉如秋葵，花似木芙蓉，未曉而開，清晨即落，良夜秉燭，始見其花，皆戲呼爲「曇花」。植者亦罕。

玲甲花

玲甲花，番種也。花如杜鵑，葉作兩歧。樹高丈餘，濃陰茂密，經冬不凋。夷人喜植之。

玲甲花

水蠟燭

水蠟燭

《南越筆記》：「水蠟燭，草本，生野塘間。秋杪結實，宛與蠟燭相似。」

油葱即羅幃草。

《嶺南雜記》:「油葱,形如水仙葉。葉厚一指而邊有刺。不開花結子,從根發生,長者尺餘。破其葉,中有膏,婦人塗掌中以澤髮代油。貧家婦多種之屋頭,問之則怒,以爲笑其貧也。」按:油葱,粵西人以其膏治湯火灼傷有效。又名「羅幃」,花如山丹,以爲婦女所植,故名。

油葱

鐵樹

鐵樹

《嶺南雜記》:「鐵樹,高數尺。葉紫如『老少年』,開花如桂而不香。」

《南越筆記》:「朱蕉,葉芭蕉而幹棕竹,亦名朱竹。以枝柔不甚直挺,故以爲蕉。葉紺色,生於幹上。幹有節，自根至杪，一寸三四節或六七節，甚密。然多一幹獨出無傍枝者。通體鐵色微朱，以其難長，故又名『鐵樹』。」按：鐵樹治痢證有神效，廣西土醫用之。

喝呼草

《廣西通志》：「喝呼草，幹小而直上，高可四五寸。頂上生梢，橫列如傘蓋。葉細，生梢兩旁，有花盤上。每逢人大聲喝之，則旁葉下翕，故曰『喝呼草』。然隨翕隨開。或以指點之，亦翕。前翕後開，草木中之靈異者也。俗名『懼内草』。」

《南越筆記》：「知羞草，葉似豆瓣相向。人以口吹之，其葉自合，名『知羞草』。」按：此草生於兩粵，今好事者攜至中原，種之皆生。秋開花，茸茸成團，大如牽牛子，粉紅嬌嫩，宛似小兒帽上所飾絨毬。結小角成簇。大約與夜合花性、形俱肖，但草本細小，高不數尺。手拂氣噓，似皆知覺，大聲呵喝，即時俯伏。草木無知，觀此莫測。唐階指佞，〔一〕應非誑言；蜀州舞草，或與同彙。〔二〕彼占閏、傾陽，轉爲數見。〔三〕

〔一〕《博物志》卷三：唐堯時有屈佚草生於庭，佞人入朝，則屈而指之。一名指佞草。

〔二〕明曹學佺《蜀中廣記》卷六十一：虞美人草，亦謂之舞草。人或近之，抵掌謳曲，必動摇如舞也。

〔三〕雲南有和山花，樹高六七丈，其質似桂，其花白，每朵十二瓣，應十二月，遇閏輒多一瓣。又有娑羅花、優曇花，亦遇閏輒多一瓣。另傳説梧桐可知月正閏，歲生十二葉，一邊六葉，從下數一葉爲一月，有閏則十三葉，視葉小處則知閏何月。又黄楊木歲長一寸，閏月年反縮一寸。又有説藕之生亦應月，月生一節，遇閏輒益一節。傾陽：即向陽，如向日葵之類。

植物名實圖考卷之三十一　果類

林檎

林檎（qín），《開寶本草》始著録。即沙果。李時珍以爲「文林郎果」，即此。

林檎

榲桲

榲桲

榲（wēn）桲（bó），《開寶本草》始著録。今惟産陜西。形似木瓜，又似梨，多以飣盤。有擕至京師者，取其香氣，置盤笥中以薰鼻煙，不復供食。

胡桃

胡桃，《開寶本草》始著録。北方多有之，唯永平府所産皮薄，〔一〕謂之「露穰核桃」。木堅，作器物良。

〔一〕清永平府在今河北東北部，治所在今秦皇島之盧龍縣。

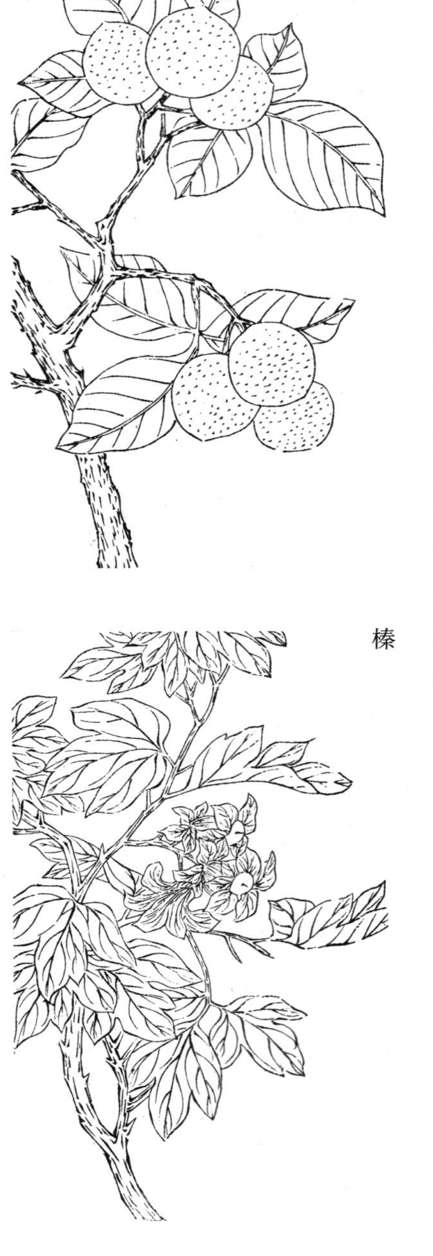
胡桃
榛

榛

榛，《開寶本草》始著録。《禮記》女贄榛、栗。〔一〕《説文》作「亲」。《詩義疏》謂「有二種，遼東、上黨皆饒」。〔二〕鄭注《禮》云：「關中鄜坊甚多。」今直隸、東北所産極多，販市天下。《山西志》：「出長治、壺關、潞城，而大同屬之廣靈與宣化界産尤美。〔三〕太原山阜間叢生，樹高丈餘。」俱如李時珍所述。其實周匝有圓葉，似畫家作雲托日狀。殼甚堅，多不實，「十榛九空」，非虚語也。《爾雅翼》以鄜坊多産，遂謂其字從「秦」以此，〔四〕不知《説文》本作「亲」，假借作「榛」，而燕、晉皆饒，何獨秦也？北人謂有鼠如貂，聚榛爲糧，貯之穴中，山氓多掘取之，其即「鼠果」之類歟？

〔一〕《曲禮下》：「婦人之摯，椇，榛，脯，脩，棗，栗。」

〔二〕此《詩義疏》實即陸璣《毛詩草木鳥獸蟲魚疏》之别名。

〔三〕山西廣靈與河北宣化相接。

〔四〕鄜坊在陝西，屬秦地。

菴羅果

菴羅果，《開寶本草》始著録。蓋即今之「沙果梨」。色黄如梨，味如頻果而酥，爲果中佳品，亦不能久留。殆以沙果與梨樹相接而成。

雩婁農曰：菴羅果，昔人皆謂産西洛，而李時珍獨引梵語爲證。夫西方當天地之遒斂，〔一〕少雨多風，故果碩而味雋。漢都長安，距玉門近，多致異域種。今則北達幽薊，南抵宛洛，數千里移植幾徧，蓋江淮以北，地脈同也。橘不踰淮，著於《考工記》，〔二〕《禹貢》獨以橘柚爲荆州厥包。〔三〕一果實之微，前後聖人皆致意焉。此豈以奉口腹哉？蓋熟觀於天時、地利，明著其土物之不宜，而杜後世侈心之萌也。夫麻、麥、荏、菽，奏庶艱食，〔四〕瓜蓏之屬，園圃所亟。惟橘柚有不可遷之性而能致遠，〔五〕《書》曰「厥包」，明乎非黍、稷、薁、棗可以徙移種藝，而江南佳實，橘柚外殆皆未可包致矣。漢之上林，晉之華林，〔六〕務求奇詭；道君艮嶽，〔七〕乃僦南海荔支而花實之。蔡絛誇載於《叢談》，〔八〕蓋深謂前人拙耳。嗚呼！一簞食，一千乘，〔九〕雖愚者亦知其輕重，獨奈何置安盂於不顧，〔一〇〕珍朵頤而菅民力，〔一一〕致使高臺廣陛，蕪没荆棘，豈不大可喟哉！昔人有射猿麛而投弓者，謂違物性必有大咎。草木無知，亦稟自然，彼陳、唐之檜，一碎於雷，一汩於海，〔一二〕豈有感於盛衰之機，甘爲枯槎泛梗而不願與艮嶽之石相隨北去耶？噫，其違物性也亦甚矣！

〔一〕秋氣肅殺，生物收斂。

〔二〕《周禮・冬官考工記》：「橘逾淮而北爲枳。」

〔三〕《書・禹貢》「厥包橘柚」係揚州，非荆州。厥包：即貢物。

〔四〕《書・益稷》：「暨稷播，奏庶艱食鮮食。」孔《傳》：「艱，難也。衆難得食處，則與稷教民播種之。」

〔五〕不可遷：移於北方則不生。

〔六〕漢上林苑、晉華林園皆爲皇帝私囿。

〔七〕宋徽宗崇信道教，自册爲教主道君皇帝。政和間，於上清寶籙宫之東作萬歲山，山周十餘里，亭館連綿，因山在都之艮（東北方），故名艮嶽。

〔八〕《鐵圍山叢談》卷六：徽宗每召儒臣流覽艮嶽，一璫執荔枝簿立石亭下，中使一人宣旨，人各賜若干。吾一日偶獲侍從魯公（即其父蔡京）入，時許，共賞椰實，一小璫登梯就摘而剖之，諸璫人荔枝二枚。

〔九〕此指千乘之國，即天下。

〔一〇〕安盂：安於覆盂。

〔一一〕朵頤：鼓腮大嚼，此指口腹之欲。《管子・牧民》：「野蕪曠則民乃菅，上無量則民乃妄。」菅：即姦。菅民：使民不能營生業而爲姦盗。

〔一二〕檜汩於海事見卷二十四「射干」條注〔三二〕。碎於雷者不詳。葉夢得《避暑録話》卷上凡言三檜，其中唐檜爲白居易手植，爲花石綱所取，枯死於道。汩於海者亦唐檜。又有一陳檜，在長興大雄寺陳霸先舊宅，又欲取以獻，因聞唐檜沉海，乃已。是陳檜得全也。

柑

柑，《開寶本草》始著録。南方種類極多，其獅頭柑則唯皮可啖。皮、核、葉皆入藥。

橙

橙，《開寶本草》始著録。今以産廣東新會者爲天下冠。湖南有數種，味甘酸不同。

新會橙

廣東新會縣橙爲嶺南佳品，皮薄緊，味甜如蜜，走數千里不變，形狀與他亦稍異。食橙而不及此，蓋不知橙味。

新會橙

荔支

荔支

荔支，《開寶本草》始著録。以閩産者佳。江西贛州所屬定南等處，〔一〕與粤接界，亦有之。其核入藥。

雩婁農曰：吾至滇，閱《元江志》有荔支。〔一〕適粵中門生權牧其地，訪之，則曰：「邑舊產此果，以誅求爲吏民累，並其樹刈之，今無矣。」余謂之曰：「粵人聞人言荔支，輒津津作大嚼狀。今元江物土既宜，足下何不致南海嘉種，令民以法種之，俟其實而嘗焉？其日曝火烘者，走黔、湘以博利，浸假而爲安邑棗、武陵橘，〔三〕非勸民樹藝之一端乎？」則應曰：「元江地熱瘴甚，牧以三年代，率不及期而請病。其僕傔以熱往，以櫬歸者相繼也，〔四〕亦何暇作十年計乎？且滇亦大矣，他郡皆無，此郡獨有，園成而賦什一，民即不病，而筐篚之費，馱負之費，供億餽問無虛日，不厲民，將焉取之？」余恍然曰：「一騎紅塵，詩人刺焉。〔五〕爲民上者，乃以一味之甘，致令草木不得遂其生乎？噫！」

〔一〕定南：今江西定南縣，在江西最南端。

〔二〕元江在今雲南。

〔三〕河内汲郡棗一名安邑棗。《藝文類聚》卷八十七引魏文帝詔：「凡棗味，莫若安邑御棗。」《三國志・吴書・三嗣子傳》裴松之注：李衡漢末爲丹陽太守，遣客往武陵種橘千株，臨死敕兒曰：「汝母惡我治家，故窮如是，然吾州里有千頭木奴，不責汝衣食，歲上一匹絹，亦可足用耳。」

〔四〕傔：僕從。櫬：棺木。

〔五〕杜牧《過華清宫》：「長安回望繡成堆，山頂千門次第開。一騎紅塵妃子笑，無人知是荔枝來。」

海松子

海松子，《開寶本草》始著録。生關東及永平等府。樹碧實大，凌冬不凋。

水松附。

水松，産粤東下關。種植水邊，株多排種，水浸易長。葉碧花小，如柏葉狀，樹高數丈。葉清甜可食，子甚香美。按《南方草木狀》：「水松，葉如檜而細長，出南海。土産衆香，而此木不大香，故彼人無佩服者。嶺北人極愛之，然其香殊勝在南方時。植物，無情者也，不香於彼而香於此者，豈屈於不知己而伸於知己者歟？物理之難窮如此。」蓋即此松。又《南越筆記》：「水松者，樱也，喜生水旁。其幹也得杉十之六，其枝葉得松十之四，故一名『水杉』，言其枝葉則曰

『水松』也。東粵之松，以山松爲牡，水松爲牝。水松性宜水。蓋松喜乾，故生於山；檜喜濕，故生於水。水松，檜之屬也，故宜水。廣中凡平隄曲岸，皆列植以爲觀美。歲久，蒼皮玉骨，礧砢而多瘿節，高者𡶒䮘，〔一〕低者蓋漫，其根漬水，輒生鬚鬣，嫋娜下垂。葉清甜可食，子甚香。」

〔一〕𡶒䮘：並排相連。

楊梅

楊梅，《開寶本草》始著録。吴中産者佳，可爲粽，即醬也。廣信以釀酒。《汀州志》：「鹽藏，可治傷破。」

橄欖

橄欖，《開寶本草》始著録。湖南及江西建昌府亦間有之，有尖、圓各種。

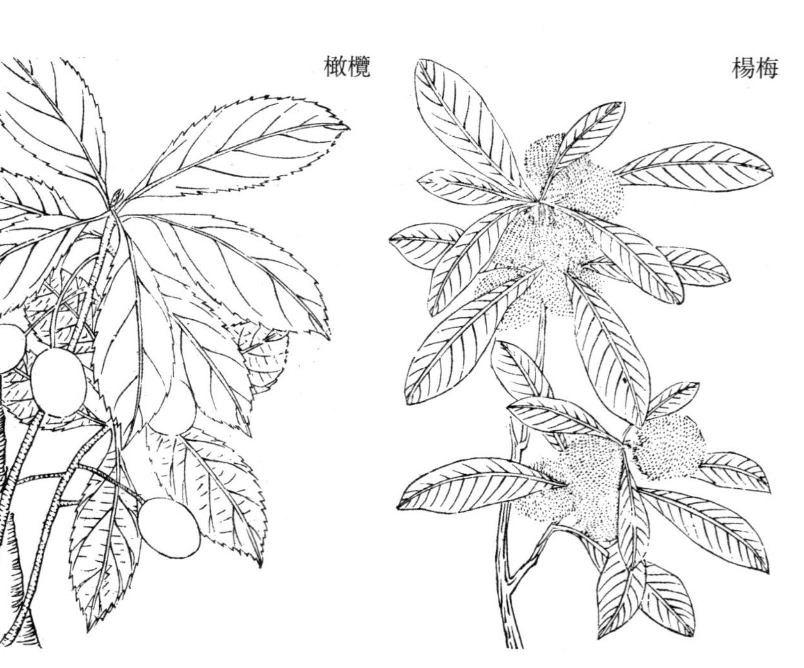

楊梅　橄欖

烏欖

烏欖，嶺南種之。其核中仁長寸許，味如松子，亦多油。過嶺以鹽、餹炒食，甚香。《嶺南雜記》以爲即「木威子」，從之。《廣東志》：「粵中多種烏欖，其利多。白欖，種者少。號曰『青子』。番禺婦女多以斲烏欖核爲務。核以炊，仁以油，及爲禮果。」〔一〕

〔一〕禮果：禮品之果。

烏欖

椰子

椰子

椰子，《開寶本草》始著録。瓊州有之。羊城夏飲其汁，云能解暑。度嶺則汁漸乾，味變矣。

桄榔子

桄榔子，《開寶本草》始著録。一名「麪木」，廣中有之。木爲車轅，不易折；以爲箭鏃，中人則血沸。

桄榔子

椑柹

椑（bēi）柹，《開寶本草》始著録。色青，以作漆。

椑柹

獼猴桃

獼猴桃，《開寶本草》始著録。《本草衍義》述形尤詳。今江西、湖廣、河南山中皆有之，鄉人或持入城市以售。《安徽志》：「獼猴桃，黟縣出，一名『陽桃』。九、十月間熟。」李時珍解「羊桃」云：「葉大如掌，上緑下白，有毛似苧蔴而團。」此正是獼猴桃，非羊桃也。枝條有液，亦極黏。

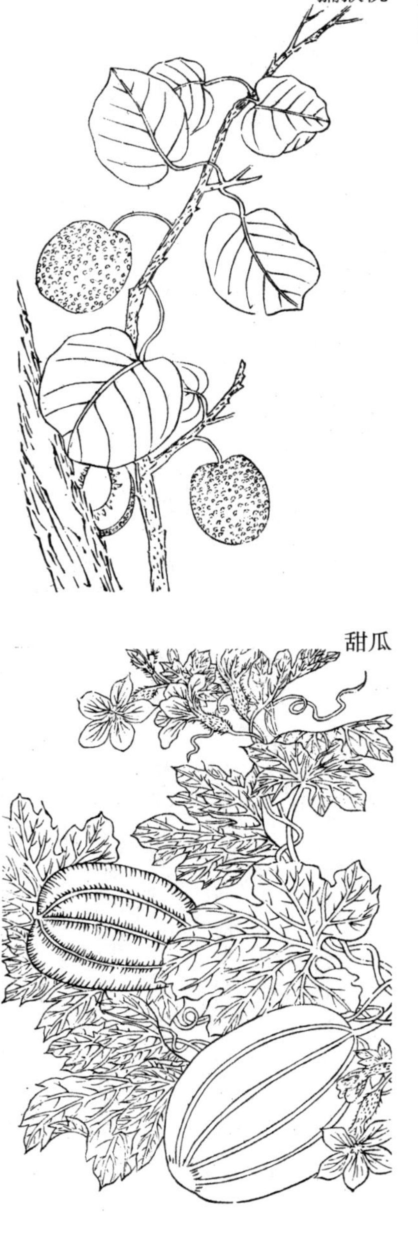
獼猴桃
甜瓜

甜瓜

甜瓜，《嘉祐本草》始著録。北方多種，暑月食之。瓜蒂，《本經》上品。《圖經》云：「瓜蒂，即甜瓜蒂，能吐人。」瓜子仁，《別録》爲腸、胃、脾内壅要藥。

雩婁農曰：余觀《聞見前録》謂吕文穆公行伊水上，見賣瓜者，意欲得之，無錢可買。其人偶遺一枚於地，悵然食之。後臨水起亭，以「饐瓜」爲名，不忘貧賤之意。〔一〕喟然嘆曰：「無主之李，志士不食，文穆雖貧，何至爲東郭之乞餘哉？」吾嘗過瓜疇矣，河南、北善種瓜，瓜將熟，結廬以守，「中田有廬，疆場有瓜」，〔二〕猶古制也。瓜成，集婦子而并手摘之。其晚實者，瓜小味劣，俗名「拉秧瓜」，棄而不顧，行者居者斷其蔓而得之，無過問者。或旅人道暍，不能度阡越陌，有就而餽之者。若種西瓜而取其子，則陳於康衢，以待食者而留子焉。有茶社或並設瓜飲，必伯夷之粟而後食，〔三〕賢者無取乎其矯。文穆貧時不能得美瓜，「饐」訓「傷熱濕」，亦通「噎」，或得病瓜及瓜之噎人者歟？否，則字當作「饁」，野人之饋，抑哀王孫而進食者歟？〔四〕吾慮後人以文穆不避瓜田納履之嫌者，〔五〕故辨之。

〔一〕以上見邵伯温《邵氏聞見録》卷七。吕文穆：宋初大臣吕蒙正，謚文穆。

〔二〕見《詩·小雅·信南山》。

〔三〕伯夷、叔齊不臣於周而並周粟亦不食。

〔四〕《史記·淮陰侯列傳》：「信釣於城下，諸母漂，有一母見信飢，飯信，竟漂數十日。信喜，謂漂母曰：『吾必有以重報母。』母怒曰：『大丈夫不能自食，吾哀王孫而進食，豈望報乎！』」

〔五〕古語：「瓜田不納履，李下不整冠。」避嫌也。

枸櫞

枸櫞（yuán），詳《草木狀》。《宋圖經》始著録。即「佛手柑」。

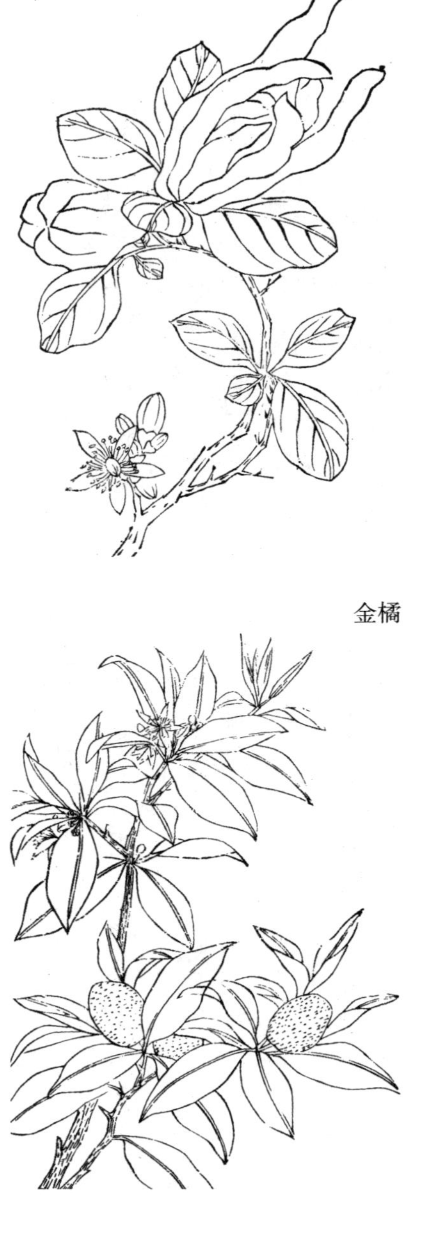

金橘

金橘，《歸田録》云産於江西。今江南亦多有之，唯寧都産者瓤甜如柑。冬時色黄，經春復青，或即以爲「盧橘」。又一種小者爲「金豆」，味烈，贛南糖煎之。《本草綱目》收入「果部」。《辰谿志》：「橘小而長者爲『牛嬭橘』，四季可花，隨花隨實，皮甘可食。」即此。

公孫桔

公孫桔，産粤東。樹高丈餘，枝葉繁茂，花果層次駢綴，自下熟上，由紅至青，尖頂尚花，下已紅熟。香甜適口，味帶微酸。皮可化痰。經冬不凋。辰州諸屬橘類有「公引孫」，即此。附金橘後，以備一種。

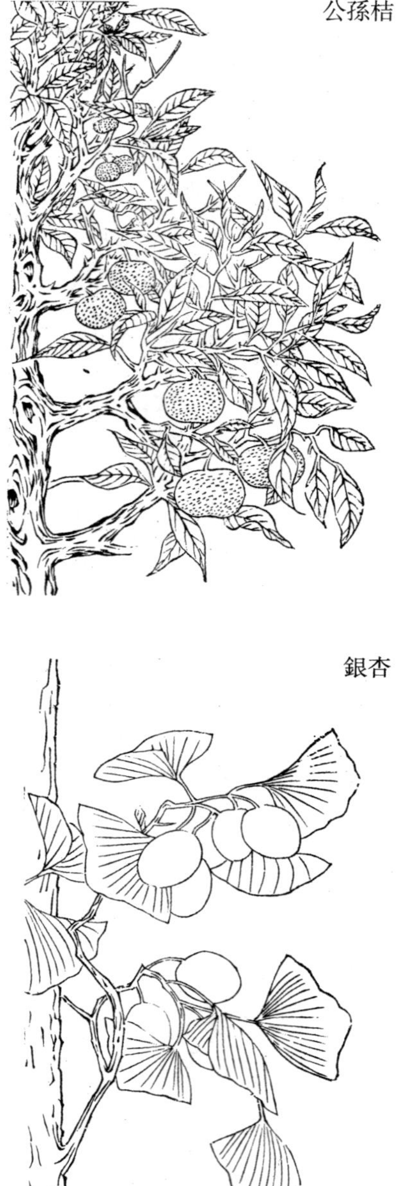
公孫桔

銀杏

銀杏

銀杏，《日用本草》始著録。即「白果」，一名「鴨脚子」，或云即「平仲」。木理堅重，製器不裂，匠人重之。

西瓜

西瓜，《日用本草》始著録，謂「契丹破回紇始得此種」。疑即今之哈蜜瓜之類，入中國而形味變成此瓜。《夏小正》：「五月乃瓜，〔一〕乃者急辭；〔二〕八月剥瓜，畜瓜之時。」〔三〕瓜兼果蔬，故授時重之。近世供果，惟甜瓜、西瓜二種。《本草》「瓜蒂」，陶隱居以爲甜瓜蒂。瓜以供食，不入藥。王世懋以邵平「五色子母瓜」當即甜瓜。〔四〕考《廣志》貍頭、蜜筩、女臂諸名，惟甜瓜種多色異，足以當之。而所謂「瓜州瓜大如斛」，「青登瓜大如三斗魁」，則非西瓜無此巨觀，但無西瓜名耳。昔賢詩多云「甘瓜」字爲雅馴，而張載《瓜賦》「玄表丹裏，呈素含紅」，甜瓜鮮丹紅瓤者，故以爲仙品。〔五〕劉楨《瓜賦》「厥初作苦，終然允甘」，〔六〕甜瓜未甚熟及近蒂時有苦者，西瓜無是也。楊誠齋詩「風露盈籃至，甘香隔壁聞。緑團罌一捏，白裂玉中分」，花蘂夫人《宫詞》「玉人手裏剖銀瓜」，五代、宋時西瓜已入中國，所詠乃以白色爲上，則仍是甜瓜也。西瓜雖有白瓤而味佳者，其種後出，亦希有。《墨莊漫録》：「襄邑出一種瓜，大者如拳，破之，色如黛，甘如蜜，餘瓜莫及。」此甜瓜之美

者，吾鄉名曰「酥瓜」，握之輒碎。一種黄者，大而易種，甘而不脃，俗曰「噎瓜」，言其速食則噎也。又古之言瓜者皆云「削瓜」，乃食其膚。〔七〕周王羆性儉率，〔八〕有客食瓜，侵膚稍厚，羆及瓜皮落地，引手就地，取而食之。食西瓜者反此。《昌平州志》「物産」：「香瓜皮青子細，瓤甘肉脃，氣香味美，絶勝甜瓜。甜瓜類最繁，有圓有長，有尖有匾，大或徑尺，小或一捻。其棱或有或無，其色或青或緑，或黄斑糝斑，或白路黄路，其瓤或白或紅，其子或黄或赤，或白或黑，要之，味不出乎甘香而已。」瓜種蓋盡於此。余嘗取種種於湘中，味變爲「越瓜」。《南方志》有謂甜瓜皮質堅老、入醬爲菹者，毋亦類是？《山西通志》：「西瓜今出榆次中郝、東郝、西郝三村。一種黑皮黄瓤絳子，一種緑皮紅瓤黑子，子有文，名『刺麻瓜』，一種緑皮紅瓤紅子，名『蜜瓜』，味殊甘美，今以入貢。」市廛售者有一種「三白瓜」，皮、瓤、子白，味絶美，但未熟則淡，既熟易𤬏，俗謂瓜漸腐曰𤬏，言如絲絡之縷也。種者亦不繁。圃人云：「每一科得兩瓜，即稱稔歲也。」江以南業瓜者蓋尠，余所至，如湖廣之襄陽、長沙，皆有瓜疇。江西贛州瓜美而子赤，豐城瀕江亦種之。滇南武定州瓜以正月熟，上元饌瓜，鏤皮爲燈，物既非時，味亦迥別，亦可覘物候之不齊矣。

〔一〕瓜：始食瓜也。

〔二〕「乃者急辭」，《大戴禮記》原書作「乃者急瓜之辭」。

〔三〕剥瓜：削瓜作菹。

〔四〕《史記·蕭相國世家》：「召平者，故秦東陵侯。秦破，爲布衣，貧，種瓜於長安城東，瓜美，故世謂之東陵瓜。」按：《藝文類聚》卷八十七引《史記》，「瓜美」作「種瓜有五色甚美」。

〔五〕《藝文類聚》卷八十七引《神仙傳》曰：「有青燈瓜，大如三斗魁。瓜表玄丹裏，呈素含紅，攬之者壽，食之者仙。」按：今本《神仙傳》無此文。

〔六〕「允」，原本誤作「无」，據《歷代賦彙》劉楨賦改。

〔七〕削去外皮，食其内皮，内皮爲膚。

〔八〕王羆：北周大將。

人面子

人面子，見《南方草木狀》，紀載亦多及之。葉濃，果出枝頭，形如李大，凸凹不正，生青熟黄，味酸。一瓜五六枚、七八枚不等。核如人面，故名。内有仁三粒，必經鹽醋浸過，其仁方甘可食。又其核生則白，熟則色微黑，點茶如梅花片，光澤可愛。此樹最宜沙土，數歲即婆娑偃地。〔一〕

〔一〕婆娑：枝條柔軟狀。

蘋婆

蘋婆，詳《嶺外代答》。〔一〕如皁莢子，皮黑肉白，味如栗，俗呼「鳳眼果」。

〔一〕《嶺外代答》卷八作「頻婆果」，云：「極鮮紅可愛，佛書所謂『脣色赤好如頻婆果』是也。」

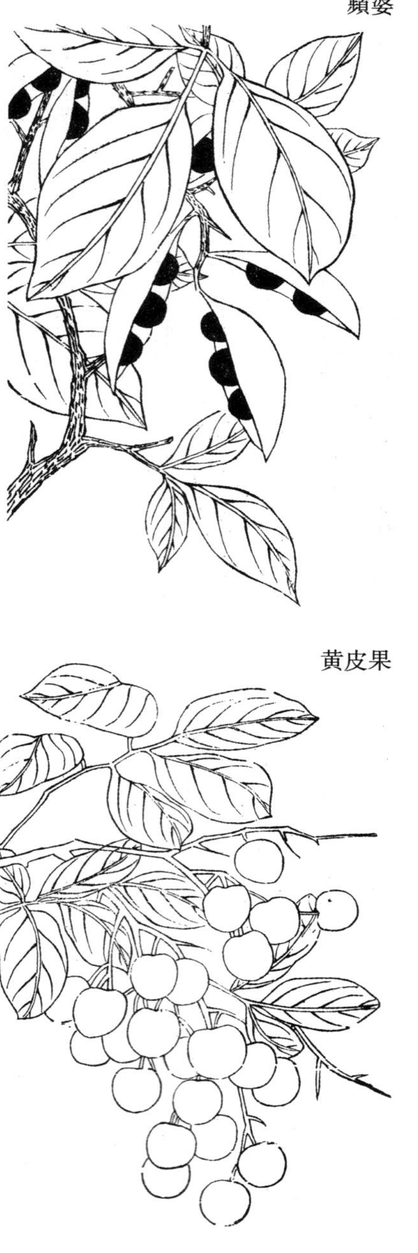

黄皮果

黄皮果，詳《嶺外代答》。〔一〕能消食。桂林以爲醬。其漿酸甘似葡萄，食荔支饜飫，以此解之。諺曰：「飢食荔支，飽食黄皮。」又有「白蠟」，與相似，諺曰：「黄皮、白蠟，酸甘相雜。」

〔一〕見卷八，云：「黄皮，子如小棗，甘酸佳味，稍耐久，可致遠。」

羊矢果

羊矢果，生廣東山野間。味微酸，人鮮食之，唯以飼羊，故名。按：《桂海虞衡志》：「羊矢子，色、狀全似羊矢，味亦不佳。」形不甚肖，或乾時黑如羊矢耶？又《南越筆記》：「羊齒子，一曰羊矢，如石蓮而小，色青味甘。」當即此。

羊矢果

秋風子

秋風子

《桂海虞衡志》：「秋風子，色、狀俱似楝子。」今廣東多有之。其葉本青，經霜則紅。果似梨而小，先青後黄，味酸澀，熟乃可食。

蜜羅即蜜筩。

蜜羅，生閩、廣，南安、施南亦有之。與佛手柑同類，無指爪。廣東又有「櫞果」，形差類。

雩婁農曰：吾少時侍先大夫於楚北學使署中，有幕客自施南回，攜一果見啖，如橘柚而形不正圓，肉白柔厚如佛手柑，以爲即佛手柑不具指爪者。越廿餘年，儤直南齋，〔一〕歲臘，賜果一筩，題曰「蜜羅」，蓋閩中疆吏所進。時大寒，瓤作堅冰，以温水漬之，剖置茶甌，一室盡香，亦内臣所授也。尋使湖北，按試施州，筵之核，〔二〕盤之供，皆是物也。竊以形、味都非珍品，而厥包作貢，因爲賦詩，有「方朔老醜，待詔金門」之誚。〔三〕後使豫章，至贛南，於市中粥一果，形正同，而瓤如橘，味殊酢，又以爲朱欒之異種。及莅滇，則園中植之樹與花，皆佛手柑也，土人名曰「香櫞」，始知有指爪者爲「鉤櫞」，無指爪者爲「香櫞」。又或一枝之上，兩者俱擘，古人有以香櫞爲佛手柑者，洵非耳食。按《黔書》「蜜筩柑」，或曰即南海之「紫羅橘」，蓄之樹以浹歲，薦之槃以彌月。滇曰蜜筩，黔曰香櫞，誠一物矣。而《興義府志》：「紫羅橘，出安南，俗名『蜜筩』，香色似蜜羅而小，皮薄有穰。」《思南

府志》：「香櫞，即『蜜羅柑』，氣芬肉厚，點茶、釀酒俱宜。」然則蜜羅、蜜筩爲二物。而余在贛南所啖者，乃蜜筩也。《黔書》述之未晰，《貴州志》有謂作藤生者，亦誤矣。夫一物不知，以爲深恥，余非仰叨恩澤，屢使南中，亦僅嘗遠方之殊味，考傳紀之異名，烏能覩其根葉，薰其花實，而一一辨別之哉？

〔一〕僊直：連日直宿於官府。南齋：此指皇帝的南書房，翰林在此直宿。

〔二〕核：指有核的果品。

〔三〕《史記·滑稽列傳》：東方朔，漢武帝時爲郎，酒酣，據地歌曰：「陸沈於俗，避世金馬門。」金馬門者，宦者署門也，門傍有銅馬，故謂之曰「金馬門」。

棛果

棛果，生廣東。與蜜羅同，而皮有黑斑，不光潤。此果花多實少，方言謂誑爲「棛」，言少實也，猶北地謂瓜花之不結實者曰「謊花」耳。核最大。五月熟，色黃，味亦甜。

葧臍

葧（bó）臍，《爾雅》「芍，凫茈」，即此。諸家多誤以爲「烏芋」。《宋圖經》所述形狀正是今葧臍。

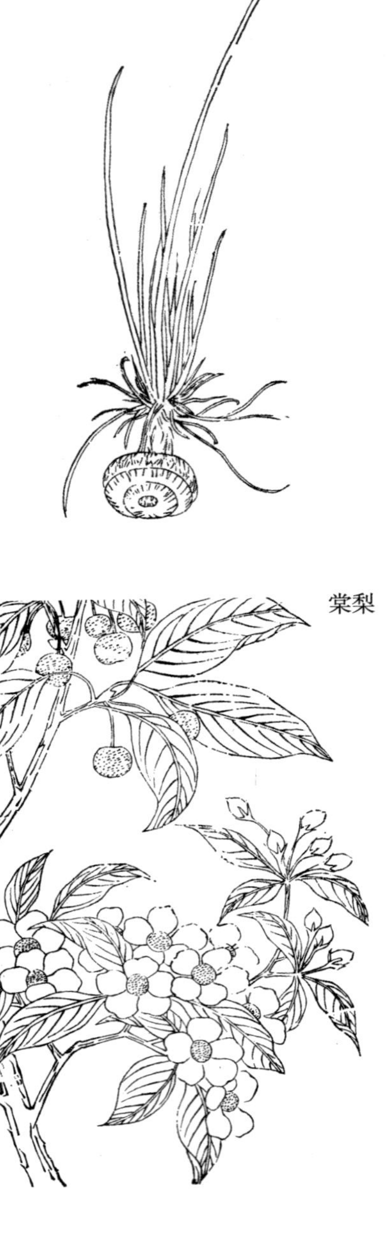

葧臍

棠梨

棠梨

棠梨，《爾雅》：「杜，赤棠，白者棠。」《本草綱目》始收入「果部」。《救荒本草》：「葉、花皆可食。」

天茄子

天茄子，《救荒本草》謂之「丁香茄」。茄作蜜煎，葉可作蔬。其形狀絶類牽牛子。或即以爲牽牛花，殊誤。

天茄子

無花果

無花果，《救荒本草》録之。《本草綱目》引據頗晰。

無花果

海紅

海紅，即海棠花實。《本草綱目》始收入「果部」。京師以糖裹食之。

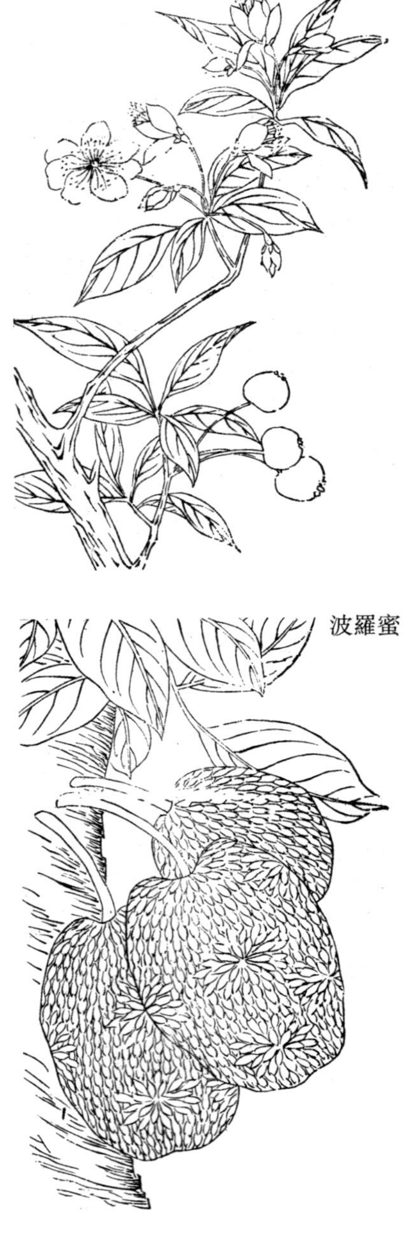

波羅蜜

波羅蜜，詳《桂海虞衡志》。《本草綱目》始收入「果部」。不花而實。兩廣皆有之。核中仁如栗，亦可炒食。滇南元江州産之。三五日即腐，昆明僅得食其仁。其餘多同名異物。《粤志》謂：「無花結果，或生一花，花甚難得，即『優鉢曇花』。」可備一説。

五斂子

五斂子，即楊桃，詳《草木狀》。《本草綱目》始收入「果部」。能消猪肉毒，其味酸淡，或謂以糯米澆之則甜，又可以蜜漬之。蘇長公詩「恣傾白蜜收五稜」也。〔一〕廣人以爲蔬，能辟嵐瘴，其汁能吐蠱毒。

〔一〕蘇軾《次韻正輔同游白水山》詩：「赤魚白蟹箸屢下，黄柑緑橘籩常加。糖霜不待蜀客寄，荔支莫信閩人詩。恣傾白蜜收五稜，細斸黄土栽三椏。」

五斂子

天師栗

天師栗

天師栗，《益部方物記》載之。〔一〕李時珍以爲武當山所産「娑羅子」即此，《通志》從

似栗而味美，惟湖北園圃有種植者，亦呼「娑羅果」。〔二〕

〔二〕《益部方物略記》：天師栗惟西蜀青城山中有之，云張天師學道於此所遺，故名。似栗而味美，惟獨房若橡爲異耳。

〔三〕此指清《續通志》。

露兜子

露兜子，產廣東，一名「波羅」。生山野間，實如蘿蔔，上生葉一簇，尖長深齒。味、色、香俱佳，性熱。　按《嶺南雜記》：「番荔支，大如桃，色青，皮似荔支殼而非殼也。頭上有葉一宗，擘開，白穰黑子，味似波羅蜜。」即此也。又名「番婁子」，形如蘭，葉密長大，〔一〕抽莖結子，其葉去皮存筋，即「波羅麻布」也。果熟金黃色，皮堅如魚鱗狀。去皮食肉，香甜無渣。六月熟。

〔一〕「密」，原本誤作「蜜」，據文意改。

槤子

槤子，産廣州，亦柑桔之類。陳皮本以柑皮製者爲最，市間亦有以槤皮爲之者，質稍薄而味亦遜。

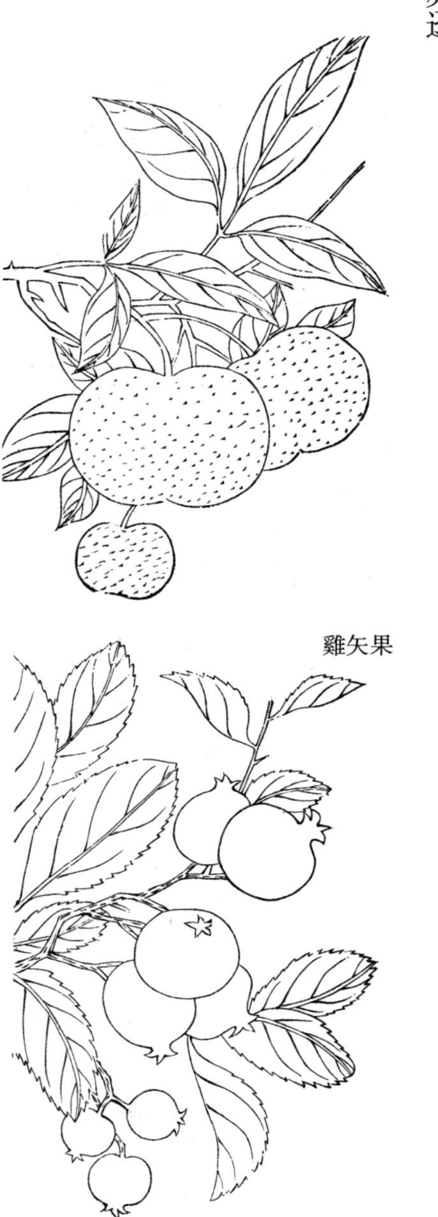
槤子

雞矢果

雞矢果

雞矢果，産廣東。葉似女貞葉而有鋸齒，果如小石榴，一名「番石榴」，味香甜。極賤，故以「雞矢」名之。按：《南越筆記》：「番石榴，又名秋果。」《嶺外代答》：「黄肚子如小石榴，皮乾硬如没石子，枯莖如棘，其上點綴布生，不甚噉食。」當即此。樹小花黄白，果如梨大，生青熟黄。連皮食香甜。六月熟。

落花生

落花生，詳《本草從新》。處處沙地種之。《南城縣志》："俗呼'番豆'，又曰'及地果'。"《贛州志》："落花生，一名'長生菓'。花落時根下結實如豆。性與王瓜相反，不可同食。"

落花生

糖刺果

糖刺果

糖刺果，生江西籬落間。蔓葉如薔薇，白花有深缺，黄蘂。土人以其果熬糖，故名。

番荔枝

番荔枝，産粤東。樹高丈餘，葉碧。葉如梨式，色緑，外膚礧砢如佛髻。〔一〕一果内有數十包，每包有一小子如黑豆大，味甘美。花微白。按麻姑山亦有番荔枝，〔二〕據寺僧所述，亦甚相類，惟未見其結實，而僧言實不可食。故附繪備考。

雩婁農曰：余使粤時，尚未聞有番荔支，頃有粤人官湘中者，爲余畫荔支圖而并及之。夫似荔者有「山韶子」，一曰「毛荔支」；又有「龍荔」，介乎二果之間，其形與味皆有微類者。若此果，則但以「礫砢」目之耳。麻姑山之樹未見其實，而緑心突起，已具全形。及至滇，乃知其爲「雞嗉子」。《滇志》以入「果品」，而人不甚食，其膚亦肖荔也。昔人作《同名録》，大抵皆慕古人之人，而以其名爲名，有名其名而類其人者，有絶不類其人者。志同名者，蓋深求其同不同，而恐人之誤於同也。若斯果及雞嗉子之微相肖者，雖欲附端明諸公之譜以幸存其名，〔三〕烏可得耶？

〔一〕礧砢：即磊砢，果實多節疤狀。

〔二〕麻姑山在江西撫州。

〔三〕宋蔡襄曾爲端明殿學士，著有《荔枝譜》。

番瓜

番瓜，産粤東海南，家園種植。樹直，高二三丈，枝直上，葉柄旁出。花黄。果生如木瓜大，生青熟黄，中空有子，黑如椒粒。經冬不凋。無毒，香甜可食。按《益部方物記》：「脩幹澤葉，結實如綴，膚解核零，〔一〕可用治痺。」其形狀亦頗類，但謂「葉甚似桑」，而不云子可食，姑附識備考。又《羅江縣志》「石瓜，一名『冬瓜樹』，可治心痛」云。

〔一〕皮開而核落。

佛桃

佛桃，湖南圃中間有之。木、葉俱如佛手柑。實如橙而長，色尤鮮潤，瓤如橙，極酢，不

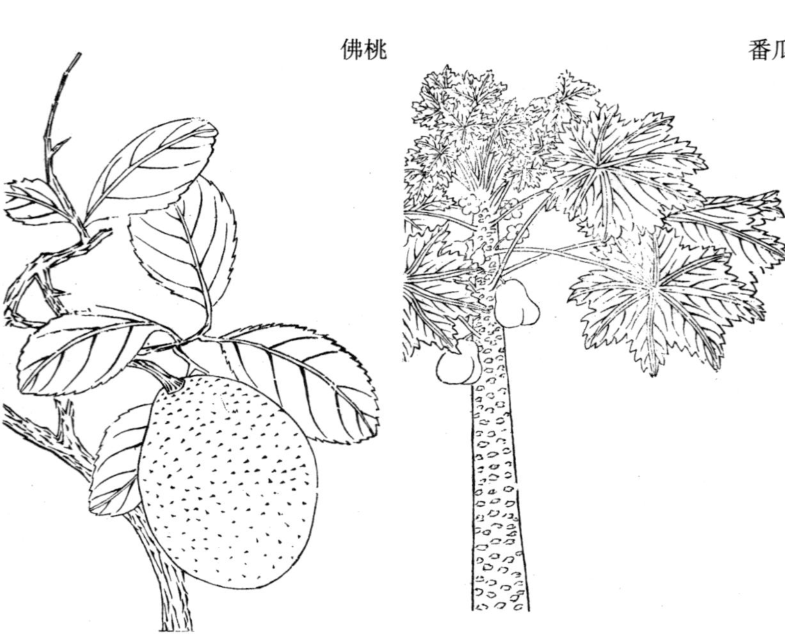
番瓜　佛桃

可入口，而香氣勝於佛手柑。

岡拈子

岡拈子，生廣東山野間。形如葡萄，内多核，味酸微甜。牧豎採食，不登於肆。

岡拈子

山橙

山橙

山橙，生廣東山野間。實堅如鐵，不可食。土醫治膈證，煎其皮作飲，服之良效。販藥者多蓄之。

黎檬子

黎檬子，詳《嶺外代答》。一名「宜母子」，味酸，婦子懷姙，食之良，故名。又名「宜濛子」。廣州下茅香檬，蓋元時栽種者，尤香馥云。

黎檬子

瓦瓜

瓦瓜

瓦瓜，産廣東。類南瓜，葉小，採置盤中，經歲不壞，日久肉乾，外殼如瓦缶。

哈蜜瓜

哈蜜瓜，《西域聞見録》有十數種。緑皮緑瓤而清脆如梨、甘芳似醴者爲最上。圓扁如阿渾帽形、〔一〕白瓤者次之。緑者爲上。皮淡白，多緑斑點，瓤紅黄色者爲下。然可致遠久藏。回子謂之「冬瓜」，可收至次年二月。餘皆旋摘旋食，不能久留云。余僕直禁近，歲蒙賞果。出莅滇南，仍邀驛賜。蓋瓜之貢者，瓤皆紅黄色，取其致遠，不責以美尚。邊圉賞賚，〔二〕則有瓜乾，即明王世懋所謂「乾以爲條，味極甘」，而誤以爲甜瓜者也。陝甘人云：「種之中土皆紅瓤小犀，一年即變。」非我國家恩威西被，此瓜亦烏能與天馬、葡萄同來闕下，便番錫賚，所以示文德武功加於無外也？洪忠宣萬里羈留，卒能攜種南還。〔三〕臣子幸際大一統之盛，得嘗前賢所未嘗，若以黄甗少師，適從何來，何以讀忠宣書？〔四〕

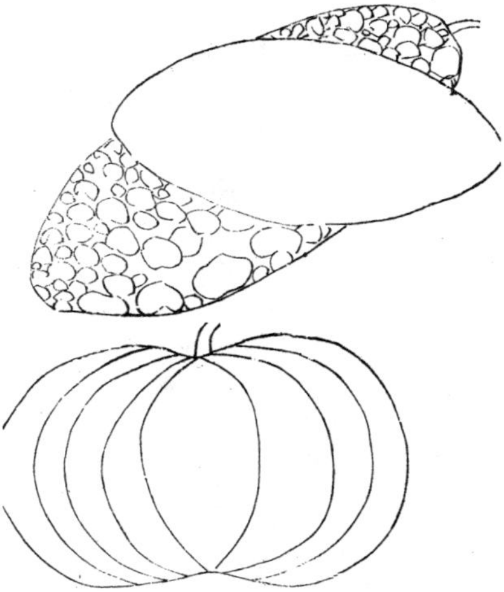

〔一〕阿渾：即阿訇。

〔二〕邊圉：邊疆。

〔三〕洪皓，謚忠宣，南宋初出使金國，被扣留，在荒漠十五年，堅貞不屈，艱苦備嘗，全節而歸，被譽爲蘇武第二。所撰《松漠紀聞》卷二云：「西瓜形如扁蒲而圓，色極青翠，經歲則變黄。其瓞類甜瓜，味甘脆，中有汁尤冷。予攜以歸。今禁圃鄉圃皆有，亦可留數月，但不能經歲仍不變黄色。」

〔四〕《魏書·郭祚傳》：祚領太子少師，曾從世宗幸東宫。肅宗幼弱，祚懷一黄瓠出奉肅宗。時應詔左右趙桃弓與御史中尉王顯迭相脣齒，深爲世宗所信，祚私事之。時人譏之，號爲「桃弓僕射，黄瓠少師」。《資治通鑑·唐紀五十七》：元稹爲祠部郎中知制誥，朝論鄙之。會同僚食瓜於閣下，有青蠅集其上，中書舍人武儒衡以扇揮之，曰：「適從何來，遽集於此！」同僚皆失色，儒衡意氣自若。儒衡蓋以蠅喻元稹。此處以兩個吃瓜的典故比喻諂媚之臣。

野木瓜

《救荒本草》：「野木瓜，一名『八月樝』，又名『杵瓜』。出新鄭縣山野中，蔓延而生，妥附草木上。葉似黑豆葉微小，光澤，四五葉攢生一處。結瓜如肥皂大，味甜。採嫩瓜，换水煮食。樹熟者亦可摘食。」

水茶臼

《救荒本草》：「水茶臼，生密縣山谷中。科條高四五尺，莖上有小刺。葉似大葉胡枝子葉而有尖，又似黑豆葉而光厚亦尖。開黄白花。結果如杏大，狀似甜瓜瓣而色紅，味甜酸。果熟紅時摘取食之。」

水茶臼

木桃兒樹

木桃兒樹

《救荒本草》：「木桃兒樹，生中牟土山間。樹高五尺餘，枝條上氣脈積聚爲疙瘩狀，類小桃兒，極堅實，故名『木桃』。其葉似楮葉而狹小，無花叉，卻有細鋸齒；又似青檀葉。梢間另又開淡紫花。結子似梧桐子而大，熟則淡銀褐色，味甜可食。採取其子熟者食之。」

文冠果

《救荒本草》：「文冠果，生鄭州南荒野間。陝西人呼爲『崖木瓜』。樹高丈許，葉似榆樹葉而狹小，又似山茱萸葉亦細短。開花彷彿似藤花而色白，穗長四五寸。結實狀似枳殼而三瓣，中有子二十餘顆，如肥皁角子。子中瓤如栗子，味微淡，又似米麪，味甘可食。其花味甜，其葉味苦。採花煠熟，油鹽調食；或採葉煠熟，水浸淘去苦味，亦用油鹽調食；及摘實取子，煮熟食。」

櫨子樹

《救荒本草》：「櫨（lú）子樹，舊不著所出州土，今鞏縣趙峰山野中多有之。樹高丈許，葉似冬青樹葉，稍闊厚，背色微黃；葉形又類棠梨葉，但厚。結果似木瓜稍團，味酸甜，微澀，性平。果熟時採摘食之，多食，損齒及筋。」

植物名實圖考卷之三十二　果類

棗

棗，《本經》上品。《爾雅》詳列數種。乾者爲大棗，入藥。核中仁、木心、葉、根、樹皮皆有主治。

葡萄

葡萄，《本經》上品。有圓、長二種，西北極多。江南亦間有之，實多圓而色紫，味亦遜。

蘡薁附。

蘡（yīng）薁（yù），即野葡萄。李時珍收入「果部」，以爲《詩》「六月食薁」即此。〔一〕舊附「葡萄」下，從之。

雩婁農曰：江南少蒲萄，而蘡薁極賤。但

不食西域「馬乳」，[二]亦烏知蒲萄野生外尚有異種乎？陶隱居以蒲萄即當是蘡薁，正緣未見西園佳實解渴消鋗也。今北種漸徙於南，或飛騎致之，不比荔支色香易變，富貴者望西風而大嚼。彼大如豆而色紫黑者，牧豎與鳥雀口就而齧啄之矣。雲南所出大如棗，不能乾而貨於遠；地接西藏，故應佳。又有一種「石蒲萄」，生於石壁，能發痘瘡，疑即野蒲萄，而回回所謂「瑣瑣」者歟？

[一]《豳風·七月》：「六月食鬱及薁。」毛《傳》：「薁，蘡薁也。」

[二]即馬奶子葡萄。

橘

橘柚，《本經》上品。《別録》諸說皆合橘、柚爲一類，《本草衍義》以爲「柚」字誤衍。

蘡薁
橘

考橘皮用甚廣，《本經》又云「一名橘皮」。寇説爲的。〔一〕今以橘入《本經》，而以柚别爲一條附後。

〔一〕寇宗奭《本草衍義》云：「橘、柚自是兩種，故曰『一名橘皮』，是元無『柚』字也。」

柚附。

柚，《爾雅》：「櫾，條。」《日華子》始著其功用，主治消食，解酒毒，治飲酒人口氣，去腸胃中惡氣，療妊婦不思食、口淡。南方極多，以紅囊者爲佳。李時珍以朱欒、蜜筩併爲一種，殊未的。又《爾雅》「櫠椵」注：「柚屬，大如盂。」《正義》謂范成大所謂「廣南臭柚大如瓜，其皮甚厚」者。〔一〕按此即閩中所謂「泡子」，味極酢。亦有可食者，多以爲盤供，與紅囊柚一類二種。

〔一〕見范氏《桂海虞衡志》。

橘紅

橘紅，産廣東化州。〔一〕大如柚，肉甜，刮製其皮爲橘紅。以城内産者爲佳，然真者極難得。俗謂化州出滑石，樹生石間，故化痰有殊功。贋者皆以柚皮就化州作之。昔人謂陳皮必須橘皮，橙尚可用，柚則性、味皆異。而化州所産，則形狀殊非橘也。

附：肇經堂《化州橘記》〔二〕

按志，橘紅出化州者佳。化州四鄉多橘，以城内者爲佳。城内多橘矣，以及聞州衙譙鼓者爲致佳。及聞鼓之橘多矣，以衙内蘇澤堂前者爲致佳。蘇澤堂堂秖兩樹矣，尤推賴氏園中老樹一株爲致佳。老樹久枯，其根下生新樹，今數十年，高丈許，故復稱老樹。賴氏守此世爲業，買者就樹摘之，以示其真。花多實少之年，一枚享千錢，雖官不能攫之。園中近老樹者數十株亦佳，然惟老樹皮紅，有白毛戟手，香烈而味辛，識者入手能辯之。夫蘇澤堂橘，官物也，徵之者多，則州牧不暇給。長官若買之，則官不受價，否則攫而已。予于庚辰十一月過州，知賴園之橘可買也，命僕人入園訪老樹。賴叟曰：「老橘賣已盡，惟零丁數枚矣。」即以數千錢摘之。賴叟其古橘中人歟？〔三〕或云化城多蒙石，蘇澤堂當石上，而賴園老樹根下蒙石之力或更巨。物性所秉，或亦然歟？

〔一〕化州：今屬廣東茂名。

〔二〕「堂」，疑當作「室」。揅經室，指阮元。

〔三〕牛僧孺《玄怪録》卷三：有巴邛人家有橘園，霜後諸橘盡收，餘有二大橘，如三四斗盎。巴人攀摘，輕重亦如常橘，剖開，每橘有二老叟，鬚眉皤然，肌體紅潤，皆相對象戲，身僅尺餘，談笑自若。

蓮藕

蓮藕，《本經》上品。實、薏、蕊、鬚、花房、葉、鼻皆入藥。

芡

芡，《本經》上品。即「雞頭子」。嫩莖可爲蔬。莈也，蔿也，雞壅也，雁頭也，烏頭也，雁啄也，一物而數名也。莖之嫩者曰「蔿蔌」。葉蹙衄如沸而大曰「芡盤」。〔一〕梂苞吐葩，有喙曰「芡嘴」。唐人詩「紫羅小囊光緊蹙，一掬珍珠藏蜎腹」，〔二〕言其實也。粥之，粉之，咀嚼之；根味如芋，煮食之，竟體芬芳，無剩物矣。歐陽文忠公詩：「爭先園客采新苞，剖蚌得珠從海底。都城百物貴新鮮，厥價難酬與珠比。」又云：「郤思年少在江湖，野艇高歌菱荇裏。香新味全手自摘，玉潔沙磨輭還美。」〔三〕身近魏闕，心遊江湖，長安居不易，〔四〕古與今如一丘之貉。〔五〕其詩末云「何時遂買潁東田」。今新鄭有文忠墓道，然則文忠並未復泛章江，〔六〕志云衣冠葬者，未可信也。「兒童不識字，耕稼鄭公莊」，數百年來，頗能副文忠之屬。〔七〕山谷云：「建州絶無芡，頗思之。」〔八〕滇南百果盈衢，聞亦少此。徐勉戒子書：〔九〕「中年聊於東田開營小園，瀆中並饒荷莈，湖裏殊富芰蓮，雖云人外，城闕密邇。」如此佳致，消受良難。

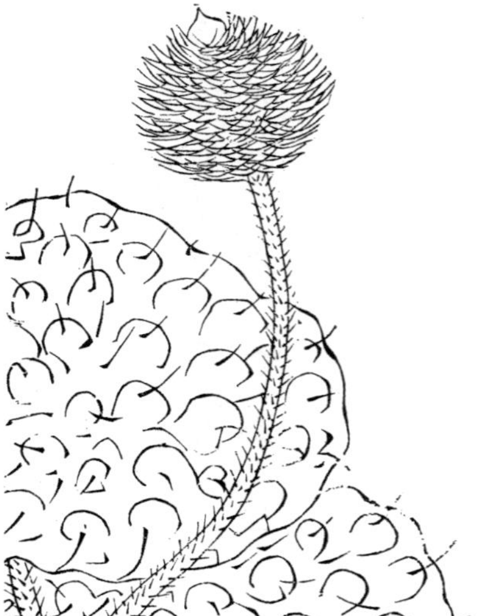

〔一〕《埤雅》卷十五：「芡葉似荷而大，其上有數十蹙衄如沸。」蹙衄：鼓起的小包，如沸水之泡。

〔二〕無名氏《雞頭》詩。

〔三〕見歐陽修《初食鷄頭有感》詩。

〔四〕《唐才子傳》卷四：白居易弱冠觀光上國，謁顧况。况恃才少所推可，因謔之曰：「長安百物皆貴，居大不易。」及覽詩卷，乃嘆曰：「有句如此，居天下亦不難，老夫前言戲之耳。」本文則指居官朝廷之不易。歐氏晚年仕途多坎坷，飽受黨爭之苦。

〔五〕吴氏此處或有及身之慨。

〔六〕歐陽修，江西吉安人。章江即贛江。泛章江，辭官退隱於故鄉。史書言歐陽修辭官後居於潁陽，卒於此。

〔七〕陸游《老學庵筆記》卷一：「張芸叟過魏文貞公（魏徵）舊莊，居者猶魏氏也，爲賦詩云：『破屋居人少，柴門春草長。兒童不識字，耕稼鄭公莊。』」言賢者後代凋零也。鄭公：魏徵封鄭國公。歐陽修獎拔士類，王安石、蘇洵皆受其賞識，蘇氏兄弟及曾鞏皆出其門下，而其後代無聞者，吴其濬於此頗有感慨。

〔八〕此陸游詩，題《建州絶無芡，頗思之，戲作》，非黄庭堅詩。

〔九〕徐勉：梁武帝時名臣。其誡子書爲名篇，見《梁書》本傳。

梅

梅，《本經》中品。烏梅以突烟薰造，白梅以鹽汁漬晒，皆入藥。核仁、根、葉亦皆主治。

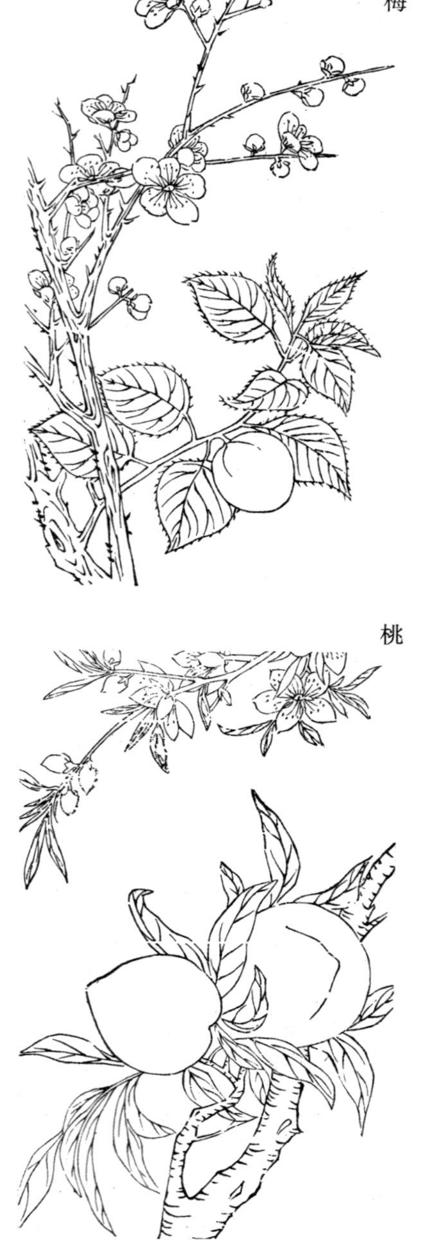

梅

桃

桃

桃，《本經》下品。桃花、桃葉、莖皮、核仁、桃毛皆入藥。實在樹，經冬不落者爲「桃梟」，一曰「桃奴」。汁流出爲「桃膠」。以木爲橛、爲符，皆辟鬼氣。〔一〕

〔一〕《本草綱目》卷三十八引《典術》云：「桃乃西方之木，五木之精，仙木也。味辛氣惡，故能厭伏邪氣，制百鬼。今人門上用桃符辟邪，以此也。」卷二十九又引許慎云：「羿死於桃棓，棓，杖也，故鬼畏桃。而今人用桃梗作杙橛以辟鬼也。」

杏

杏，《本經》下品。核仁入藥。回部、關東出者仁大，充果實，即「巴旦杏仁」也。

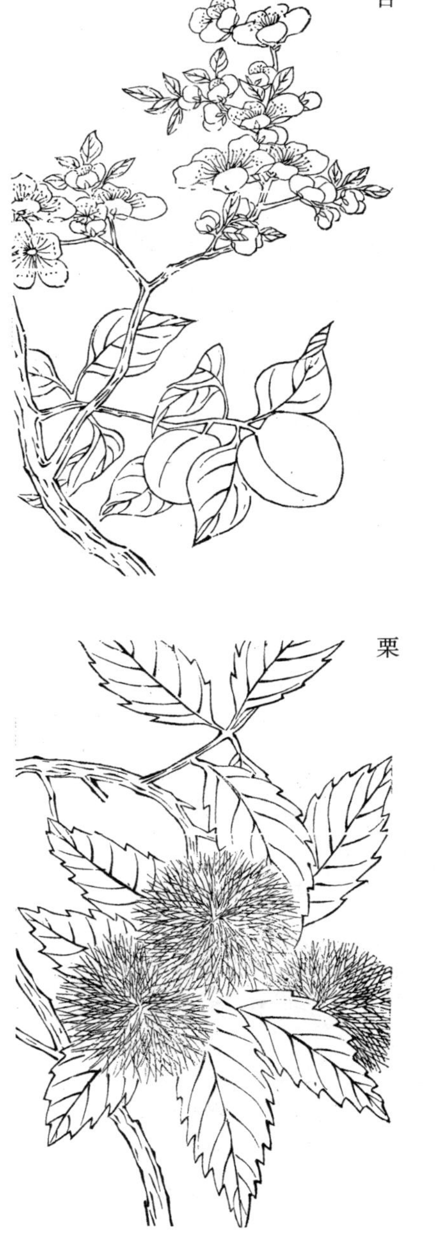

栗

栗，《别録》上品。一梂三顆，中扁者爲「栗楔」，栗内薄皮爲「栗扶」，花爲「栗線」，樹皮、根、殼、梂、彙皆入藥。

茅栗

茅栗，野生山中。《爾雅》「栵，栭」，注：「樹似槲樕而卑小，子如細栗，可食。今江東亦呼爲『栭栗』。」《詩》「其灌其栵」，〔一〕陸璣《疏》：「木理堅韌而赤，可爲車轅。」即此。

〔一〕見《大雅·皇矣》。

茅栗

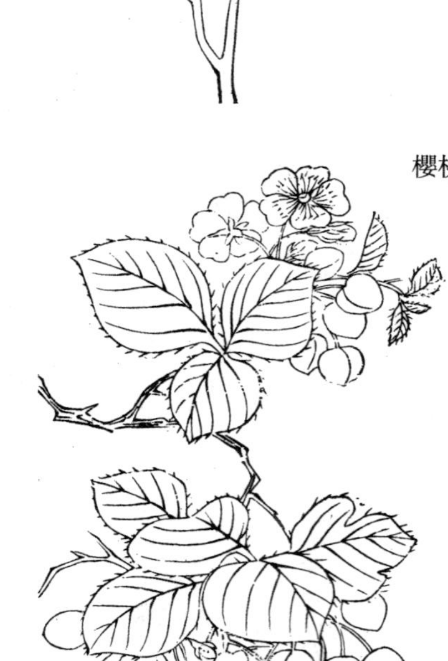

櫻桃

櫻桃

櫻桃，《别録》上品。《爾雅》謂之「楔」，即「含桃」也。有紅、白數種。潁州以爲脯。

山櫻桃

山櫻桃，《别録》上品。野生子小，不堪食。

山櫻桃

芰

芰

芰(jì)，《别録》上品。三角、四角爲芰，兩角爲菱。《爾雅》：「蔆，蕨攈」，又「薢茩」，〔一〕注：「或曰蔆也」。郭氏兩存其説，遂啓後人疑誤。楚人謂菱爲芰，《國語》曰：「屈到嗜芰，將死，屬其宗老曰：『祭我必以芰。』及祥，〔二〕宗老將薦芰，屈建命去之。」〔三〕孫子荆、柳子厚皆以屈建忘親違命爲非，〔四〕蘇長公以屈到亂命，不可爲訓，建能據典抑情爲知禮。〔五〕議者以爲辨。余竊以爲尚有未盡者焉。屈到之死及祥有日月矣，宗老以遂命爲忠，何必及祥而始薦？子木數典而忘，何待及祥而後止宗老之薦？子木之止，殷祭也，〔六〕非時薦也。〔七〕古者大夫士宗廟之祭，有田則祭，無田則薦。釋者云：祭有常禮，有常時。薦非正祭，但遇時物即薦。夫國之大事，在祀與戎，大夫三廟，祭有常經，其敢干大典以取戾？考士祭三鼎，大夫祭五鼎，上大夫八豆，下大夫六豆，少牢饋食，籩豆鼎俎，有其數矣，有其實矣。多一芰則非其數，易一芰則非其實，非數非實，謂之亂常。「孔子簿正祭器，不以四方之食供簿正。」〔八〕不可多也，不可易也，禮在則然。至於春韭、夏麥、秋黍、冬稻，四時薦新，庶人之禮，可通大夫。然薦其時食，禮文不具，非闕文也，蓋無常品也。後世祭法不古若，然大夫之祭則以羔豚，雖有僭竊，無敢以太牢祭者。而歲時伏臘，各循其俗之所尚。盧氏之法則有環餅牢丸，〔九〕曾氏之法則有節羹卬粥，〔一〇〕言禮者未或非之。子木守祀典以奉殷祭，而思所嗜以薦時食，其誰曰不宜？若常祭而責以薦其所嗜，然則其父有嗜牛炙者，其子將遂用牛享乎？時薦而必準以非麥黍稻，則貉之國五穀不生，唯黍生之，將一薦黍而已乎？江以南不藝黍，將無所薦而遂已乎？《禮》又曰：「所以交於神明者，非食味之道也。」〔一一〕「魂氣歸天，形魄歸地」，〔一二〕尚聲尚臭，求諸陰陽，〔一三〕豈以一物之薦而神來格，〔一四〕一物不薦而神其吐之乎？且謂人子之於親，可同於鬼彯之求食乎？〔一五〕竈神之索黄羊，〔一六〕蠶神之求膏粥，〔一七〕故鬼之乞甌犧，神豈能食或憑焉？赫赫楚國，而到相之，生之日無偉烈可銘，死之日乃以口腹之細而縱欲以敗禮度，使子木徇其屬而不違，則是死其父以爲鬼物，而不以毀譽爲心，抑亦忍矣。《楚茨》之詩曰「神嗜飲食」，乃一曰「黍稷」，再曰「牛羊」，三曰「燔炙」。梁武帝祀宗廟，用菜果，去犧牲，識者以爲是不血食。〔一八〕故禮莫重於祭，祭莫大於用牲。蘋蘩藴藻，季女尸之，禮之微者。〔一九〕《爾雅翼》以爲菱芡加籩之實，非屈到所得薦，其持論亦過拘。夫事死如事生。天子饗大牢，故諸侯大夫而祭以牛則僭；天子籩有菱芡，將遂禁人之食菱芡乎？是不然矣。羅氏又曰：「吴越俗，采菱時士女皆集，故有《采菱曲》，爲游蕩之極。」〔二〇〕夫采菱艷曲，自爲樂府遺音，後人倚之，同於鄭、衛耳。余嘗過邗溝，〔二一〕達苕、霅，〔二二〕陂塘水滿，菱科漾溢，寶鏡花揺，橐韜紅絇，牽荇帶而通舟，裹荷葉而作飯，烏覩所謂白足女郎踏槳倚柁、曼聲煙波間乎？

〔一〕「薢茩」，今本《爾雅》或作「薢茩」。

〔二〕祥：祥祭，親喪滿一年爲小祥，二年爲大祥。

〔三〕屈建，屈到之子，字子木，爲楚令尹。其去芰之薦，理由是：「其祭典有之曰：國君有牛享，大夫有羊饋，士有豚犬之奠，庶人有魚炙之薦。籩豆脯醢，則上下共之。不羞珍異，不陳庶侈。夫子不以其私欲干國之典。」見《國語・楚語上》。

〔四〕見柳宗元《非國語》。

〔五〕見蘇軾《屈到嗜芰論》。

〔六〕殷祭：正式之大祭。

〔七〕時薦：平時時鮮之供。

〔八〕見《孟子·萬章下》。趙岐注：「先爲簿書以正其宗廟祭祀之器，即其舊禮取備於中國，不以四方珍食供其所簿正之器度。」

〔九〕《初學記》卷二十六引盧諶《祭法》曰：「春祠用饅頭、湯餅、髓餅、牢丸。……夏祠別用乳餅。冬祠用環餅也。」環餅：或曰即饊子，以糖或蜜和麵，搓細油炸。此饊子與今之饊子似稍有不同，疑油條之類皆是。牢丸：或説即湯餅。水煮之麵食也。

〔一〇〕陸游《老學庵筆記》卷七：「南豐曾氏享先，用節羹、馣鵝、𣏌粥。」二物不詳。

〔一一〕《禮記·郊特牲》原文作：「所以交於神明之義也，非食味之道也。」

〔一二〕亦見《禮記·郊特牲》。

〔一三〕不知神之所往，故以聲音臭味求諸天地陰陽之間。

〔一四〕來格：來至。

〔一五〕鬽：即「魅」字。

〔一六〕《後漢書·陰識傳》：「陰子方者，至孝有仁恩，臘日晨炊而竈神形見。子方再拜受慶，家有黄羊，因以祀之。自是已後，暴至巨富。」

〔一七〕梁吴均《續齊諧記》：吴縣張成夜起，忽見一婦人立於宅東南角，舉手招成，謂曰：「此地是君家蠶室，我即此地之神。明年正月半，宜作白粥，泛膏於上以祭我，當令君蠶桑百倍。」成如言，自此以後年年大得蠶。

〔一八〕宗嗣斷絶，祖宗之神不能享受子孫祭祀。

〔一九〕《詩·召南·采蘋》：「誰其尸之？有齊季女。」毛《傳》：「古之將嫁女者，必先禮之於宗室，牲用魚，芼之以蘋藻。」

〔二〇〕羅氏：羅願，引文見所著《爾雅翼》。「吴越俗」，《爾雅翼》原文作「吴楚之風」。

〔二一〕邗溝：在揚州。

〔二二〕苕、霅二水，在湖州。

柹

柹，《别録》中品。有烘柹、醂柹、白柹、柹霜、柹餻，皆以法製成。

木瓜

木瓜，《别録》中品。《爾雅》謂之「楙」。味不木者爲「木瓜」，圓小味澀爲「木桃」。一曰「和圓子」。大於木桃爲「木李」，一曰「榠樝」。今皆蜜煎方可食。花入餹爲醬，尤美。歸德以上供。

木瓜

枇杷

枇杷

枇杷，《别録》中品。葉爲嗽藥。浙江産者，實大核少。

龍眼

龍眼，《本經》中品。歸脾湯用之，今以爲補心脾。

龍眼

檳榔

檳榔

檳榔，《别録》中品。「大腹子」，《開寶本草》始著録。皆一類，而大腹皮入藥。又「山檳榔」，一名「蒳子」，瓊州有之。葉可績爲布，亦可爲席。

甘蔗

甘蔗，《别録》中品。《糖霜譜》博核，録以資考。

雩婁農曰：竿蔗，南産也。閩、粤河畔，沙礫不穀，種之彌望，行者拔以療渴，不較也。章貢間，閩人僑居者業之，就其地置竈與磨以煎餹。必主人先芟刈，而後里鄰得取其遺秉滯穗焉，〔一〕否則罰利重，故稍吝之矣，而邑人亦以擅其邑利爲嫉。余嘗以訊其邑子，皆以不善植爲詞，頗詫之。頃過汝南、郾、許，時見薄冰，而原野有青葱林立如叢篁密篠滿畦被隴者，就視之，乃蔗也。衣稍赤，味甘而多汁，不似橘枳畫淮爲限也。魏太武至鼓城，遣人求蔗於武陵王，唐代宗賜郭汾陽王甘蔗二十條。昔時異物見重，今則與柤、梨、棗、栗同爲河洛華實之毛，豈地氣漸移？抑趨利多致其種與法而人力獨至耶？但閩粤植於棄地，中原植於良田，紅藍偏畦，〔二〕昔賢所唏，〔三〕棄本逐末，開其源尤當節其流也。

〔一〕《詩・小雅・大田》：「彼有遺秉，此有滯穗。」即收割遺漏下的穀穗。

〔二〕紅藍之花可作顔料。見卷十四「紅花」條〔一〕。

〔三〕唏：嘆息。

烏芋

烏芋，《别録》中品。即慈姑。

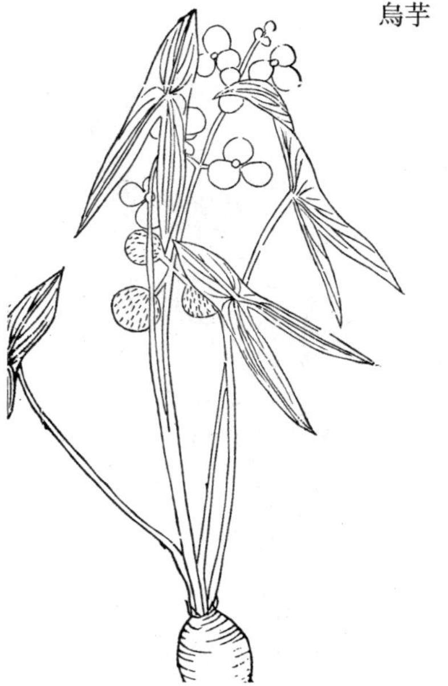
烏芋

慈姑

慈姑又一種。

慈姑，廣東産者葉圓肥，開花藍白色。考《花鏡》「雨久，花苗生水中，葉似茈菰，夏開花如牽牛而色深藍」，或即此類。

梨

梨，《别録》下品。《北夢瑣言》著其治風疾之功。今亦以爲膏治咳。北地宜之。

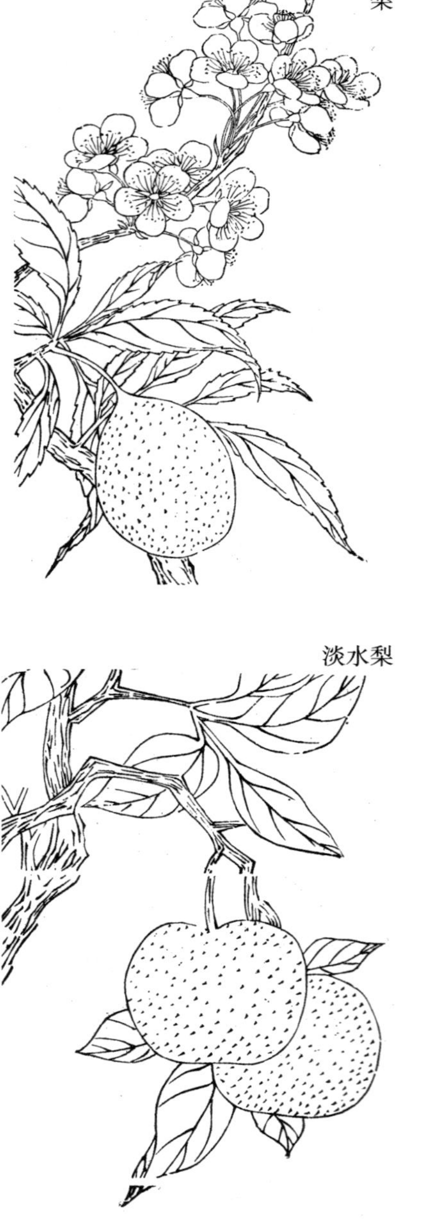
梨
淡水梨

淡水梨

淡水梨，産廣東淡水鄉，色青黑，與奉天所産香水梨相類。〔一〕南方梨絶少佳品，土人云此梨可匹北産。姑繪以備考。

〔一〕奉天：今瀋陽。

李

李，《别録》下品。種類極多，《别録》「有名未用」有「徐李」，李時珍以爲即無核李云。

李

南華李

南華李

南華李，産廣東南華寺。古有緑李，今北地所産多紫黄色。此李色青緑。繪以備一種。

柰

柰，《别録》下品。即「頻果」。

柰

安石榴

安石榴

安石榴，《别録》下品。實有甘、酸、紅、白、瑪瑙數種。

榧實

榧（fěi）實，《别録》下品。樹似杉。實青時如橄欖，老則黑。玉山與浙江交界處多種之。〔一〕

〔一〕玉山縣在江西東部。

榧實

枳椇

枳椇

枳（zhǐ）椇（jǔ），《唐本草》始著録。即「枸」也。詳《詩疏》。能敗酒。俗呼「雞距」，亦名「拐棗」，山中皆有之。《本草拾遺》「木蜜」即此。

山樝

山樝，〔一〕《唐本草》始著録。即「赤爪子」。李時珍以爲《爾雅》「杭，檕梅」即此。北地大者味佳，製爲糕，小者唯入藥用。《齊民要術》引《廣志》云「杭木易種，多種之爲薪，又以肥田」，郭注《山海經》亦云「杭可燒糞田」。蓋此木與槲栩同生山萊，落實取材，薪樵是賴。〔二〕郭注《爾雅》但云「可食」，尚未標以爲果，而入藥則盛於近世也。

〔一〕今通寫作「山楂」。

〔二〕薪樵：柴薪。

槲實

槲（hú）實，《唐本草》始著録。似橡、栗而圓，斗亦小，其葉爲「槲若」。

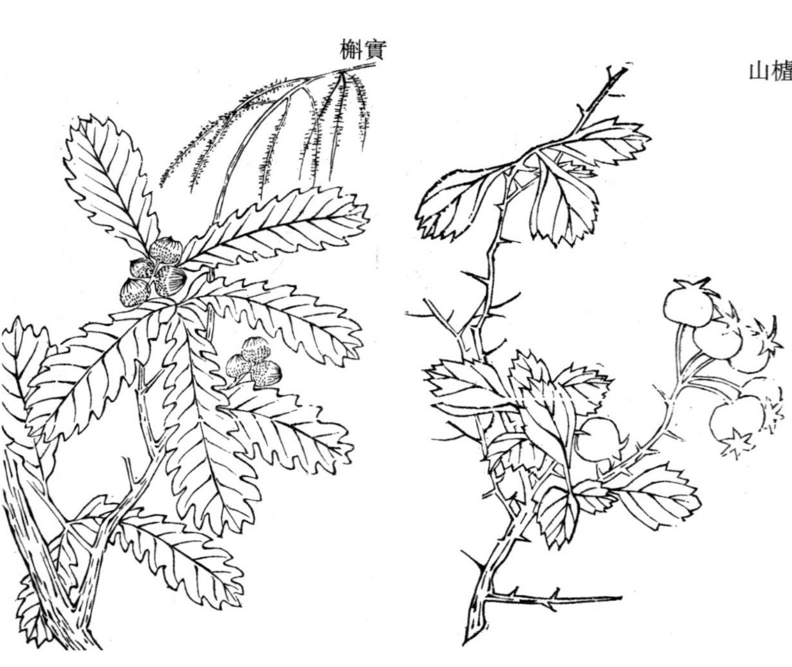

山樝　槲實

橡實

橡實，《唐本草》始著録。即「橡栗」也。曰柞，曰櫟，曰芧，曰栩，皆異名同物。其實曰「皁斗」，以染皁。《説文》：「栩，柔也。其實皁，一曰樣。」又「樣，栩實」，《繫傳》云「今俗書作橡」。狙公賦之，〔一〕鴇雛集之，〔二〕山人饑歲拾以爲糧。〔三〕或云葉之柔可代茗飲，然則染之、食之、飲之、薪之，橡之爲用大矣。

〔一〕《莊子・齊物論》：「狙公賦芧，曰：『朝三而暮四。』衆狙皆怒。曰：『然則朝四而暮三。』衆狙皆説。」賦：給予。

〔二〕《詩・唐風・鴇羽》：「肅肅鴇羽，集于苞栩。」《小雅・四牡》：「翩翩者鵻，載飛載下，集于苞栩。」

〔三〕《晉書・摯虞傳》：虞「流離鄠杜之間，轉入南山中，糧絶飢甚，拾橡實而食之」。杜甫詩中亦有紀拾橡實而食者。

菴摩勒

菴摩勒，《唐本》附。即「餘甘子」。生閩、粵及四川。

菴摩勒

錐栗

錐栗

錐栗，長沙山岡多有之。大樹。葉細而厚，面緑有光，背黄白而澀。結實作梂，數十梂攢聚一枝。一梂一實，似栗而圓，大如芡實。内仁兩瓣，味淡微澀。按《本草拾遺》：「鉤栗，生江南山谷。大木數圍，冬月不凋。其子似栗而圓小。又有『雀子』，相似而圓黑，久食不飢。」蓋即此種。與栗相類，非櫧類也。葉擣汁可成膠，油雨傘者用之。又一種栗大如橡栗，味甘，爓食尤美，蓋即「鉤栗」。其小如芡實者，當即「雀子」。湖南通呼「錐栗」，一類有大小耳。

苦櫧子

苦櫧（zhū）子，《本草拾遺》始著録。苦者實圓葉寬。

雩婁農曰：櫧之名見《山海經》。余過章貢間，聞輿人之誦曰：「苦櫧豆腐，配鹽幽菽。」豆豉也。皆俗所嗜尚者。得其腐而烹之，至舌而澀，至咽而饜，津津焉有味回於齒頰，蓋不肉食之氓，得苦甘者而咀吮之，不似淡食同嚼蠟矣。

郭注謂櫧「似柞」。夫柞一物而數名，栩也，杼也，櫟也，櫪也，橡也，樣也，其實曰梂，曰斗。櫧之葉醜栗，〔一〕實醜橡，固橡屬也。與橡實同而長者，別名「櫛」，又曰「樸樕」。其不結實而中繭絲者，爲「青棡」。青棡亦有數種，飼蠶者能辨之。陸《疏》：「徐州人謂櫟爲杼，秦人謂柞櫟爲櫟。」《說文》以「樣」爲「栩實」。小學家展轉訓詁，但指其類耳。《上林賦》「沙棠櫟櫧」，沙棠爲一物，櫟櫧亦應爲一物。櫧、杼聲音輕重，鴇羽所集，〔二〕其此實耶？長沙秋時傾筐入市，浸浸以腐供賓筵，北地不聞此製也。汝南有一種黄栗樹，與櫟頗類，而中棟梁，非不材之木。櫧木爲柱不腐，亦有紅、白二種，白者理疎，紅者理密，中什器，誠非橡、槲伍，其亦如櫄、樗之別乎？〔三〕

〔一〕醜：類也。

〔二〕見本卷「橡實」條注〔二〕。

〔三〕櫄：即「椿」字。李時珍《本草綱目》卷三十五上：「椿皮色赤而香，樗皮色白而臭。」

麪櫧

麪櫧與苦櫧同，葉長而狹，實尖。

韶子

韶子，《本草拾遺》始著録。《虞衡志》謂之「山韶子」。俗呼「毛荔支」，謂荔支子變種，味酸。

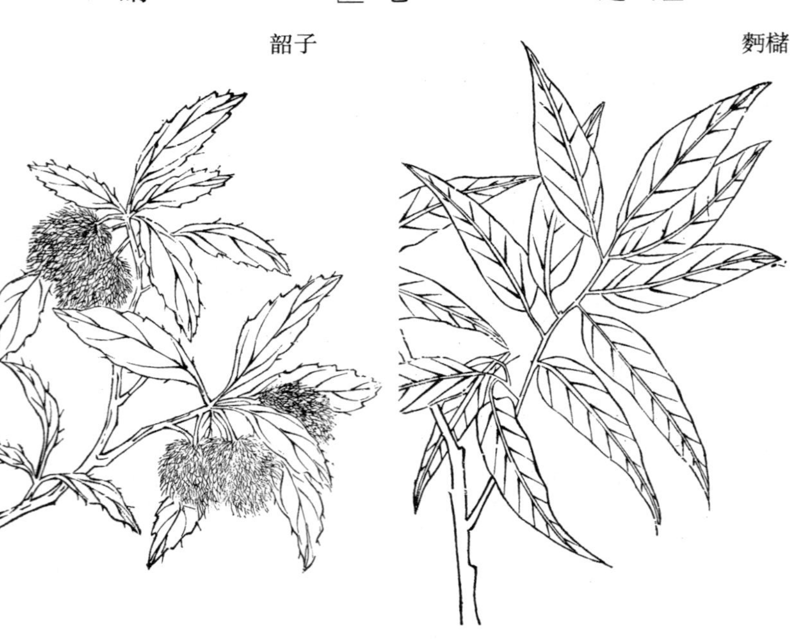

麪櫧　韶子

都角子

都角子，《本草拾遺》始著録。似木瓜，味酢。

都角子

石都念子

石都念子，《本草拾遺》始著録。即「倒捻子」。東坡名爲「海漆」，亦名「胭脂子」。

石都念子

軟棗

軟棗，即「牛奶柿」。《救荒本草》以爲即「羊矢棗」，段玉裁《説文解》從之。〔一〕《名苑》云即「君遷子」，《本草綱目》從之，引《本草拾遺》云「生海南」。今嶺南有「羊矢棗」，《南越筆記》述之甚詳，蓋同名異物也。《禮記・内則》「芝栭、蔆、椇」，《疏》引賀氏説，以栭爲「軟棗」。〔二〕《爾雅》注以「栭」爲「栭栗」。釋經者多以郭説爲長。郭注遵羊棗，云「實小而圓，紫黑色，俗呼羊矢棗」。狀與軟棗符。

〔一〕《説文解》即《説文解字注》。

〔二〕賀氏以芝、栭爲二物。

椺子

椺子，《本草拾遺》始著録。《甕牖閒評》

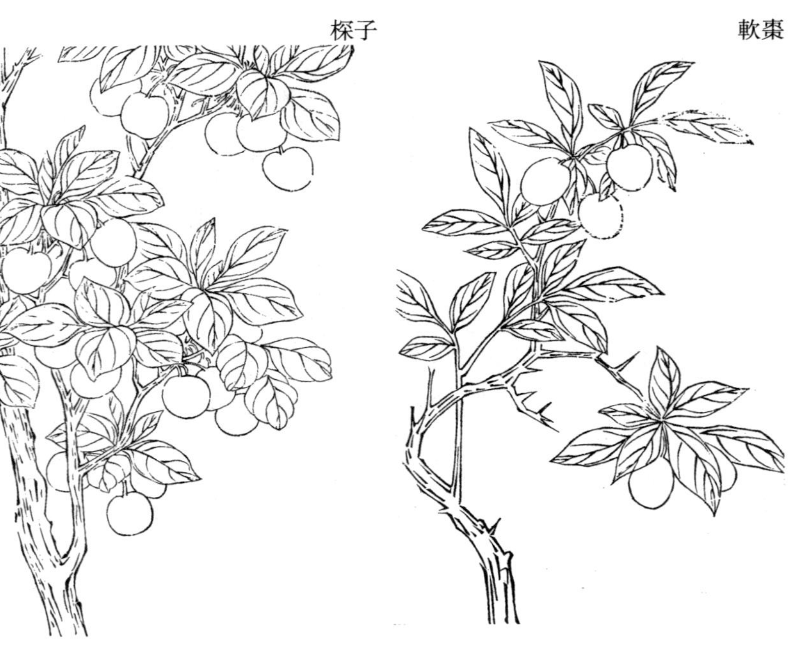
軟棗　椺子

以爲梨類。

無漏子

無漏子，《本草拾遺》始著録。即「海棗」也，廣中有之。

植物名實圖考卷之三十三　木類

柏

柏，《本經》上品。葉、脂、實俱入藥用。有圓柏、側柏。圓柏即栝。有赤心者俗名「血柏」。

柏

檜

檜

檜，即栝。《書疏》：〔一〕「栝，柏葉松身。」與《爾雅》「檜」同。《爾雅翼》：「今人謂之『圓柏』。」以别於側柏。其一種「刺柏」，木理亦相類。《老學菴筆記》謂有「海檜」、「土檜」二種。海檜難致，不知其葉有别否。「檜柏」一枝之間或檜或柏，庭院多植之爲玩。又有「三友柏」，一株而葉有圓、側、刺三種。

〔一〕《尚書》有孔安國《傳》、孔穎達《疏》。此處所引非孔《疏》，而爲孔安國《傳》文。

刺柏

刺柏，葉如針刺人，圃人多翦其葉、揉其幹爲盆玩。或亦曰「刺松」。《説文》：「樱，細理木也。」段氏注：「樱見《西山經》、《南都賦》。郭曰：『樱似松有刺，細理。』劉淵林注《蜀都賦》：『楔似松，有刺。』『楔』蓋『樱』之譌。」按此木理極堅緻，但葉如刺耳。五臺有落葉松，有刺，能毒人肉，今志中失載。

松

松脂，《本經》上品。花爲「松黄」，樹皮緑衣爲「艾蒳」，燒汁爲「松湽」，松節、松心皆入藥。關東松枝幹凌冬翠碧，結實香美，子爲珍果。永平亦有之。凡北地松難長，多節質堅，材任棟梁，通呼「油松」。盛夏節間，汁即溢出。南方松僅供樵薪，易生白蟻，惟水中樁年久不腐。

雩婁農曰：《爾雅》「樅，松葉柏身」，注：「今大廟梁材用此。〔一〕《尸子》所謂松柏之鼠，不知堂密之有美樅。」樅蓋松類而異質耳。今匠氏攻木者有灰松、黃松二種。灰松易生，質輕速腐，爲藉爲薪，皆是物也。黃松亦曰油松，多脂，木理堅，多生山石間，北地巨室非此不能勝任。余常至盧龍試院，觀所謂古松者，皆數百年物，竦身矗榦，碧潤多節，與老松龍鱗渺不相屬，而長風謖謖，巨浪撼空。審其釵股，則皆七鬣，意謂即「美樅」也。湘中方言謂「松」爲「叢」，簡牘中或作「樅」，則松、樅果一類歟？結實之松，葉同而木駁，凸凹如刻畫，惟燕、遼及滇有之。《演繁露》以樅爲「絲杉」。松、杉葉迥異，《爾雅》兩載，恐非類也。園庭古寺有麈尾松、栝子松、即剔牙松。金錢松、鵝毛松，皆盆几之玩，非棟梁之用，五大夫之庶孽耳。〔二〕塞外、五臺有落葉松，蒙古取其皮以代茶。高寒落木，異乎後凋，又其木堅有刺，毒能腐人肉。寄生白脂厚五六寸，光潔似玉，微軟而堅，或有用爲韡底。又有白松，直榦盤枝，上短下長，望如浮圖，質體

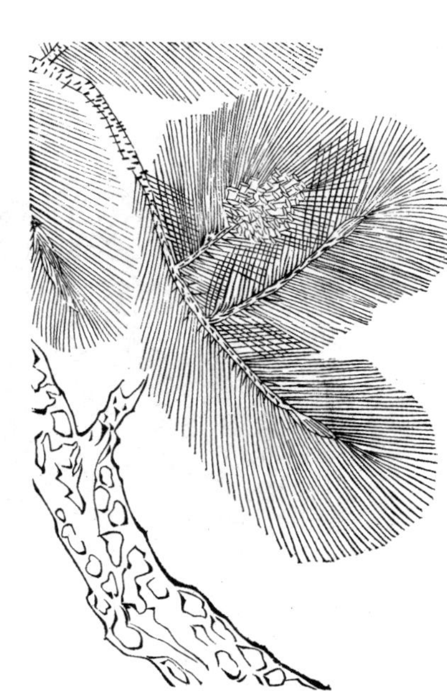

獨輕，非木公之别族，〔三〕則因地而異其形性矣。

〔一〕「用此」二字，原本缺，據《爾雅注》補。

〔二〕《史記·秦始皇本紀》：始皇帝上泰山，立石，封，祠祀。下，風雨暴至，休於樹下，因封其樹爲五大夫。庶孽：妾侍所生子，此處意指非松之嫡子。

〔三〕此用「木公」代指松。

茯苓

茯苓，《本經》上品。附松根而生。今以滇産爲上，歲貢僅二枚，重二十餘斤。皮潤細作水波紋，極堅實。他處皆以松截斷，埋於山中，經三載，木腐而茯成，皮糙黑而質鬆，用之無力。然山木皆以此翦薙，尤能竭地力，故種茯苓之山多變童阜，〔一〕而沙崩石隕，阻遏溪流，其害在遠。聞新安人禁之。

〔一〕童：禿。

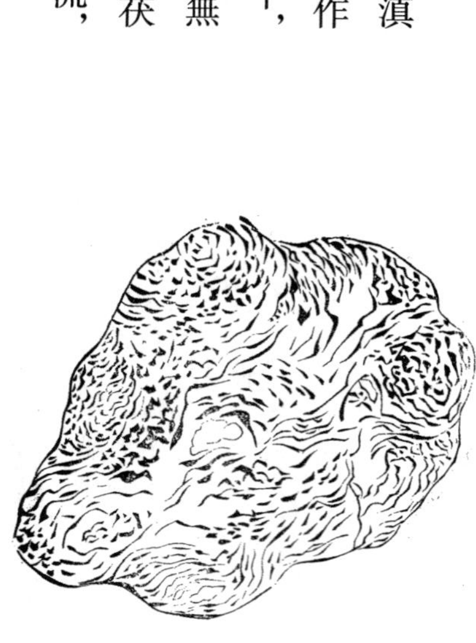

桂

菌桂，《本經》上品。牡桂，《本經》上品。《别録》又出「桂」一條。牡桂即肉桂，菌桂即筩桂，因字形而誤。今以交趾産爲上。湖南猺峝亦多，不堪服食。桂子如蓮實，生青老黑。

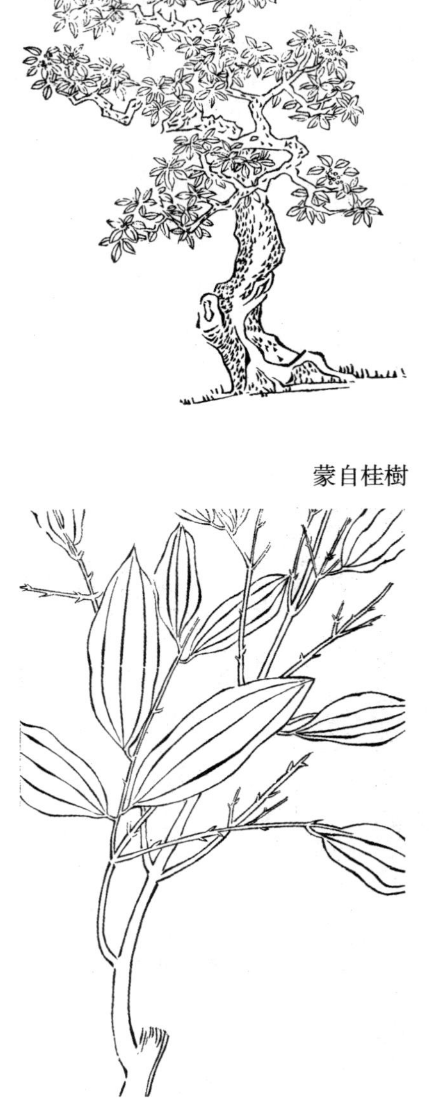

桂

蒙自桂樹

蒙自桂樹

桂之産曰安邊，曰清化，皆交阯境。其産中華者，獨蒙自桂耳。亦産逢春里土司地。〔一〕余求得一本，高六七尺，枝幹與木樨全不相類。皮肌潤澤，對發枝條，緑葉光勁，僅三直勒道，面凹背凸，無細紋，尖方如圭，始知古人「桂以圭名」之説的實有據。而後來辨别者，皆就論其皮肉之腊，而並未目覩桂爲何樹也。其未成肉桂時，微有辛氣，沉檀之香，歲久而結，桂老逾辣，亦俟其時。故桂林數千里，而肉桂之成如麟角焉。江南山中如此樹者，殆未必乏，惜無識其爲桂者。爨下榾柮，馨氣滿坳，安知非留人餘叢同泣萁豆間耶？〔二〕玉蘭著而木蓮微，木犀詠而山桂歇，古之賞者其性，後之賞者其華，草木名實之淆，亦世變風移之一端也。雖然，人不至滇，亦烏知桂之爲桂哉？

〔一〕清雲南開化府逢春里在今文山縣。

〔二〕曹植《七步詩》：「煮豆燃豆萁，豆在釜中泣。本是同根生，相煎何太急。」

巖桂

巖桂，即「木犀」。《墨莊漫録》謂「古人殊無題咏，不知舊何名」。李時珍謂即菌桂之類而稍異，皮薄不辣，不堪入藥。

桂寄生

桂寄生，一名「骨牌草」，生杭州三百年老桂上。大致如車前草而葉厚如桂。三十二色骨牌，無一不具，奇偶相對，巧非意想所及。點子黄圓，生於葉背，皆一一突出似金星草，蓋其子也。余至杭，曾取玩之。或云治吐血有殊功。

雩婁農曰：古者烏曹作博。〔一〕《説文》：「博，局戲，六箸十二棊。」《方言》：「博，或謂之棊。所以投博謂之枰，或謂之廣平。所以行棊謂之局，或謂之曲道。」《顔氏家訓》：「古爲大博則六箸，小博則二焭，今無曉者。」鮑宏《博經》：「博局之戲，各投六箸，行六棊，故曰六博。用十二棊，六白六黑。所擲骰謂之瓊。瓊有五采，刻一畫者曰塞，刻二畫者曰白，刻三畫者曰黑，一邊不刻，在五塞之間，謂之五塞。」博戲之法，今皆不傳。曰棊，曰枰，則與奕類。《廣韻》：「博攪，一曰投子。」則瓊也，焭也，骰也，投也，一物也，蓋今骰子所自昉也。然其采有梟、盧、雉、犢爲勝負。其法用骰子五枚，分上爲黑，下爲白，黑者刻二爲犢，白者刻二爲雉。全黑爲盧，采十六；二雉三黑爲雉，采十四；二犢三白爲犢，采十；全白爲白，采八。尚黑而下白，非今采也。潘氏《紀聞》始有「重四賜緋」之説。〔二〕南唐劉信一擲六骰皆赤，〔三〕宋王昭遠一擲六齒皆赤，〔四〕其製與今骰子微相類。然古骰子唯刻木，故名「五木」。後世用石用玉，漸用象用骨，故「骰」字從骨。骨牌者，蓋自骰子出，而三十二具之采色，究不知始於何時。《歸田録》載葉子戲，或謂即今以紙爲牌所由昉。然游戲之具，與世推移，執今證古，多不相師。彼桂樹之寄生，必不始生於近世，豈此三十二具之奇偶，乃造物機械偶露於小草，〔五〕而爲人所窺尋耶？抑人世既有此戲，而草木乃賦形而維肖耶？夫寄生多種，何獨異於桂？嶺南、北之桂寄生與他木同，何獨異於餘杭之桂？豈小説家所謂浙江爲月路所經，故月桂之子獨落於靈隱、天竺，其所産之桂，特鍾神奇耶？〔六〕夫草木之異，非祥則妖。合朔連理，〔七〕以符聖世，而戈甲人物之象，〔八〕爲兵禍先兆。彼牧猪奴之戲，〔九〕何關休咎，而乃刻畫點染，瑣瑣焉而不憚煩耶？抑又聞之，人心所屬，物即應之？鄭氏書帶之草，應著述之勞也；〔一〇〕田氏復生之荆，應友于之義也。〔一一〕湘妃之竹有淚，哀之極也；〔一二〕男子樹蘭不芳，情之異也。易道闡幽，而蓍草獨盛於太皞之墟；〔一三〕象教盛行，而木理始有菩薩之像。〔一四〕金石之堅，能昭誠格，卉木無知，尤徵蕃變。然則寄生之有骨牌也，非以示摴蒱投瓊之易其術，即人事游戲，沉溺忘返，而小草乃爲之效尤而極巧也。滇之夷重女而賤男，永昌之裔有「低頭草」焉，見婦人則低其頭，婦以饋夫，即制其夫。人之所忌，其氣餤足以取之。妖由人興，不從其所好，即伺其所畏，理固然也。彼竹葉之符，〔一五〕艾葉之人，〔一六〕徒以意造想象者，又非此類矣。

又按《宋圖經》：「槫葉脱處，有痕如摴蒱，子又似眼目。」則古骰子亦不似今之骰子形方而點正圓也。

〔一〕《事物紀原》卷九：烏曹氏，夏后之臣也，始作博戲。

〔二〕曾慥《類説》卷五十二採潘遺《紀聞談》有「重四賜緋」一條，云：明皇與楊妃彩戰將北，惟重四可勝，連叱之，果重四。上悦，顧高力士令賜緋，因之遂不易。

〔三〕《南唐近事》卷二：徐温命諸元勳爲六博之戲，劉信酒酣，掬六骰於手，曰：「信不負公，當一擲遍赤。」投之於盆，六子皆赤。

〔四〕《宋史·王昭遠傳》：昭遠「喜與里中惡少游處。一日，衆祀里神，昭遠適至，有以博投授之，謂曰：『汝他日儻有節鉞，試擲以卜之。』昭遠一擲，六齒皆赤」。

〔五〕「槭」字無解，疑是「械」字之誤。

〔六〕《本草圖經》：江東諸處，每至四五月後，常於衢路拾得桂子，大如狸豆，破之，辛香，故老相傳，是月中落也。北方獨無者，非月路也。

〔七〕「合朔」是天文用語，此處應是「合歡」之誤。合歡連理，與麥秀兩歧之類均被當作祥瑞。

〔八〕冰花有結成戈甲人物之象者。

〔九〕《晉書・陶侃傳》：摴蒱者，牧豬奴戲耳。

〔一〇〕《三齊略記》：鄭玄刊注《詩》、《書》，日棲遲于淄川黌山，上有古井不竭，獨生細草，葉形似薤，俗謂鄭公書帶草。

〔一一〕《續齊諧記》：京兆田真兄弟三人，共議分財，生貲皆平均，堂前一紫荆樹，共議欲破三片。明日就截之，其樹即枯，狀如火燃。真見之大驚，謂諸弟曰：「樹本同株，聞將分斫，所以顦顇，是人不如木也！」因不解樹，樹應聲榮茂，兄弟相感，合財寶，遂爲孝門。

〔一二〕《述異記》：舜南巡狩不返，葬於蒼梧之野。堯二女娥皇、女英追之不及，至洞庭之山，淚下染竹成斑。妃死，爲湘水神。竹亦名湘妃竹。

〔一三〕太皞即伏羲。陳爲太皞之墟，見《左傳》梓慎語。參見本書卷十一「蓍」條。

〔一四〕剖木見紋理如菩薩像的故事歷代多有。

〔一五〕明祝允明《游羅浮山記》：劉真人修道時，弟子苦蛇虎，劉即竹上一葉書符，惡類悉絶。後此一叢竹葉皆有天生符，他竹不爾也。

〔一六〕舊時端午日，以菖蒲根刻作小人，以艾爲小虎，云以辟邪。

木蘭

木蘭，《本經》上品。李時珍以爲即白香山所謂「木蓮生巴峽山谷間，俗呼黄心樹」者，疏證甚核。〔一〕余尋藥至廬山，一寺門有大樹合抱，葉似玉蘭而大於掌。僧云：「此厚朴樹也。」掐其皮，香而辛。考陶隱居木蘭注謂「皮厚，狀如厚朴，而氣味爲勝」，《宋圖經》謂「韶州取外皮爲木蘭，肉爲桂心」，李華賦序亦云「似桂而香」，則廬山僧以爲厚朴，與韶州以爲桂，皆以臭味形似名之，而轉失其嘉名。張山人石樵僑居於黔，語余曰：「彼處多木蘭樹，極大，開花如玉蘭而小，土人斵之以接玉蘭，則易茂。木質似柏而微疎，俗呼『泡柏木』，川中柏木船皆此木耳。」

因爲作圖。余繹其説，始信廬山所見者即木蘭，而李時珍之解亦未的。輒憶天隨子詩曰：「幾度木蘭船上望，不知原是此花身。」〔二〕蓋實録，非綺詞也。然是木也，功列桐君之書，〔三〕形載騷人之詞，刳舟送遠，假名汎彼，而擷華者又復以李代桃，用其身而易其謚，遂使注書者泛引而失真，求材者炫名而遺實，宜乎李華有感而賦，謂「自昔淪芳於朝市，墜實於林丘，徒鬱咽而無聲，可勝言而計籌」也。〔四〕

木蓮花，見《黄海山花圖》，全似蓮花，不類辛夷。

〔一〕白居易有詩題作「木蓮樹生巴峽山谷間，巴民亦呼爲黄心樹，大者高五丈，涉冬不凋，身如青楊，有白文，葉如桂，厚大無脊，花如蓮，香色豔膩皆同，獨房蕊有異。四月初始開，自開迨謝，僅二十日。忠州西北十里有鳴玉谿，生者穠茂尤異。元和十四年夏，命道士毋丘元志寫，惜其遐僻，因題三絶句云」。

〔二〕天隨子即唐末詩人陸龜蒙。范成大《吴郡志》卷六引《嵐齋録》云：唐張摶爲蘇州刺史，植木蘭花於堂前。花盛時燕客，命即席賦之。陸龜蒙醉，强題兩句：「洞庭波浪渺無津，日日征帆送遠人。」頽然醉倒。客欲續之，皆莫詳其意。既而龜蒙稍醒，續曰：「幾度木蘭船上望，不知元是此花身。」遂爲絶唱。

〔三〕桐君：不知何許人，有説爲黄帝時人，採藥求道而成仙，有《藥録》傳世。

〔四〕見唐李華《木蘭賦》。

辛夷

辛夷，《本經》上品。即「木筆花」。又有「玉蘭」，花可食，分紫瓣、白瓣二種。

雩婁農曰：王世懋《花疏》據苕溪漁隱謂「玉蘭爲宋之迎春花，今廣中尚仍此名」，又云「玉蘭花古不經見」。〔一〕余謂木蘭、玉蘭一類二種，唐、宋以前但賞木蘭，自玉蘭以花色香勝，而騷客詞人競以「玉雪」、「霓裳」摸寫姑射，〔二〕而緘舌不與木蘭一字矣。余由豫章泝湘，徑黔抵滇，所見茶花多矣。譜滇茶花者幾及百種，庭廡間位置爭以深紅軟枝、分心卷瓣爲上品，舊時圖畫册子濃鬚闊瓣、濡染綺麗者，已棄擲山阿，付與樵豎。而白花黑果填溢於湘、黔、章貢山谷中，落實而焚膏者，滇中固無此利，即江湘間士大夫相燕賞於玉茗寶珠間者，亦不盡知其爲族類也。玉蘭雅潔，芳榭名園非是不稱，正如芝蘭玉樹，欲生階前，〔三〕彼山鬼朝搴、〔四〕子規夜上、〔五〕托根亂石間者，非澤畔羇人，澗阿孤寺，〔六〕烏能見而憐之？《離騷》而降，遷客淹留，雲埋水隔，愁落恨生，祇是故矣。宋景文贊曰：「木蓮生峨眉山中，不爲園圃所莳。」〔七〕日涉者尚不得一逢，況不窺園者耶？雖然，日食

五穀、不辨黍稷亦多矣，又何論深山古木！

〔一〕苕溪漁隱即宋胡仔之號，曾輯《苕溪漁隱叢話》，此處應指該書。

〔二〕《莊子·逍遥遊》：「藐姑射之山，有神人居焉，肌膚若冰雪，綽約若處子。」此以姑射仙子喻指「玉蘭」。

〔三〕《世説新語·言語》：「謝太傅（謝安）問諸子侄：『子弟亦何預人事，而正欲使其佳？』諸人莫有言者，車騎（謝玄）答曰：『譬如芝蘭玉樹，欲使其生於階庭耳。』」

〔四〕《離騷》：「朝搴阰之木蘭兮，夕攬洲之宿莽。」《九歌·山鬼》：「被石蘭兮帶杜衡，折芳馨兮遺所思。」

〔五〕子規：杜鵑鳥。夜上：夜間啼鳴。

〔六〕澗阿：澗水邊。

〔七〕見宋祁《益部方物略記》。

杜仲

杜仲，《本經》上品。一名「木棉」。樹皮中有白絲如膠，芽、葉可食，花、實苦澀，亦入藥。《湘陰志》：「杜仲皮粗如川產，而肌理極

細膩，有黄白斑文。」

槐

槐，《本經》上品。《救荒本草》：「芽可煠食，花炒熟亦可食。」

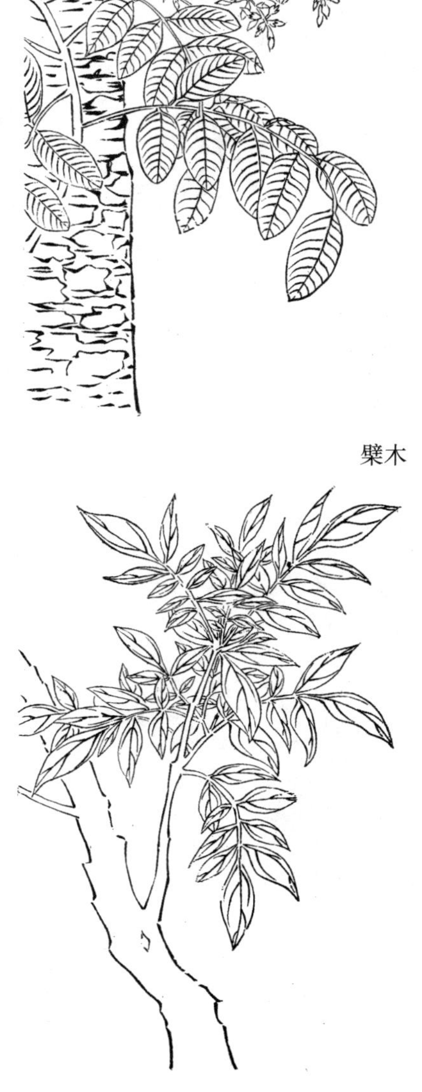

檗木

檗（bò）木，《本經》上品。即「黄檗」，根名「檀桓」。湖南辰沅山中所産極多，染肆用之。

榆

榆，《本經》上品。種甚多，今以有莢者爲「姑榆」，無莢者爲「郎榆」。南方榆秋深始結莢，不可食，即《拾遺》之「榔榆」也。其有刺者爲「刺榆」，質堅。其皮白者爲「枌榆」，北方食之。又《别録》中品有「蕪荑」，説者謂即榆莢仁醖爲醬者。李時珍又云有「大蕪荑别有種」，不知何物。

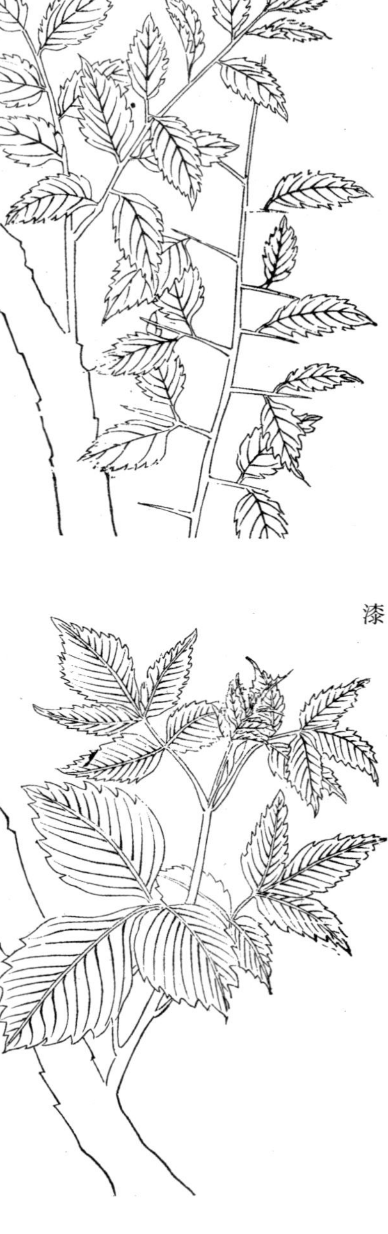

榆　漆

漆

漆，《本經》上品。山中多種之。斧其木，以蛤盛之，經夜則汁出。

女貞

女貞，《本經》上品。今俗通呼「冬青」。李時珍以實紫黑者爲女貞，實紅者爲冬青，極確。湖南通謂之「蠟樹」，放蠟之利甚溥。又有小蠟樹，枝、葉、花、實皆同，而高不過四五尺。《救荒本草》「凍青，芽葉可食」，即此。

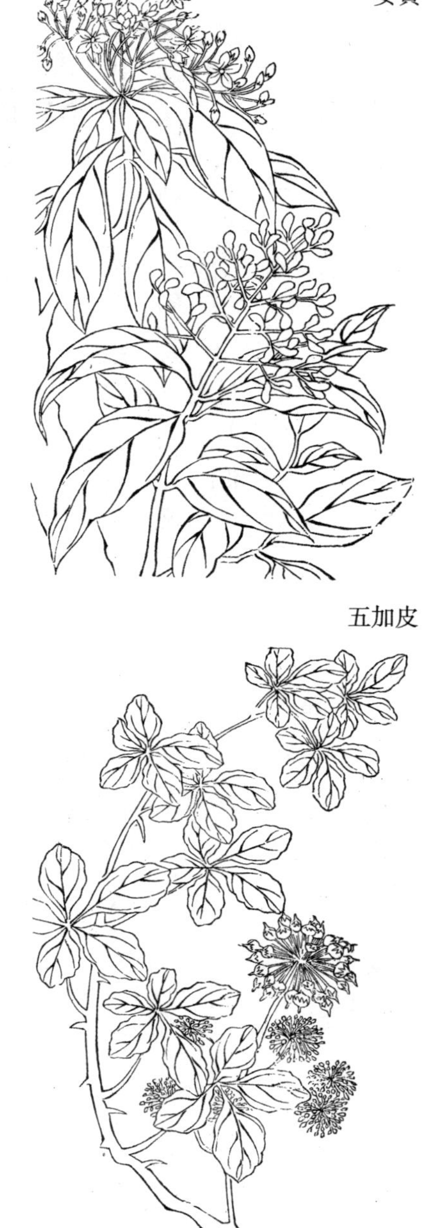
女貞

五加皮

五加皮

五加皮，《本經》上品。仙經謂之「金鹽」。〔一〕江西種以爲籬，其葉作蔬，俗呼「五加蕻」。京師燒酒亦有「五加」之名，殆染色爲之。

〔一〕梁蕭繹《金樓子》卷五：五茄一名金鹽。《神仙服食經》：玉豉與五茄煮服之，可神仙，是以西域真人曰：「何以支長久？食石畜金鹽。何以得長壽？食石用玉豉。」

枸杞

枸杞，《本經》上品。根名「地骨皮」。陸璣《詩疏》「苞杞一名地骨」是也。嫩葉作蔬，根、實入服食家用，〔一〕故有「仙人杖」之名。又「溲疏」，《本經》下品，代無識者，《唐本草注》：「子似枸杞。」

〔一〕服食家：以服食修仙者。

溲疏附。

溲疏，前人無確解。蘇恭云：「子八九月熟，色似枸杞，必兩兩相對。」今江西山野中亦有之，葉似枸杞，有微齒。圖以備考。

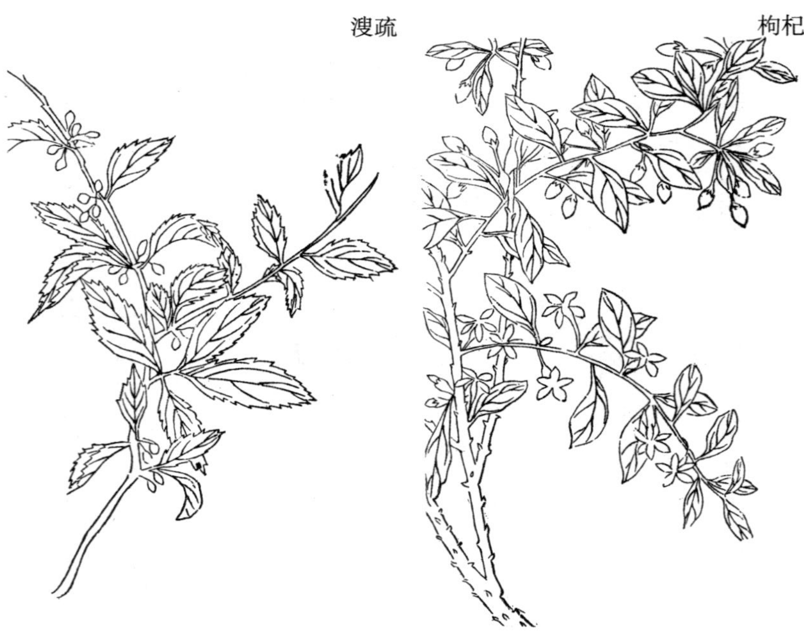
枸杞　溲疏

蔓荆

蔓荆，《本經》上品。又「牡荆」，《别録》上品。即「黄荆」也。子大者爲蔓荆。有青、赤二種，青者爲荆，赤者爲楛。北方以製莒筐、籬笆，用之甚廣。沙地亦種之。江南器多用竹，故荆條叢生，無復採織。

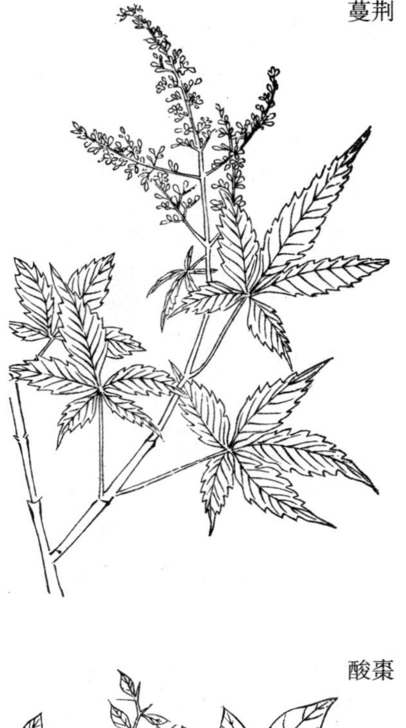

蔓荆

酸棗

酸棗

酸棗，《本經》上品。《爾雅》：「樲，酸棗。」注以爲即「樲棘」。又「白棘」，《本經》中品。李當之云：「白棘是酸棗樹鍼。」又《别録》有「刺棘花」，亦即棘花也。

蕤核

蕤核，《本經》上品。《傳信方》：「治眼風淚癢，用之得效。」《救荒本草》：「俗名蕤李子，果可食。」《本草綱目》以爲郭注《爾雅》「棫，白桵」即此，亦可備一説。

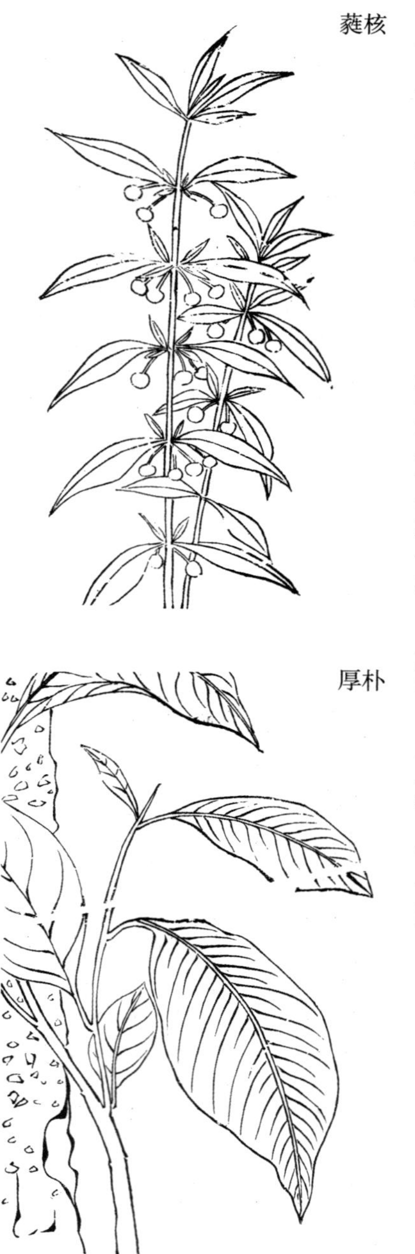
蕤核

厚朴

厚朴

厚朴，《本經》中品。《唐書》龍州土貢厚朴。〔一〕《本草綱目》謂「葉如槲葉，開細花，結實如冬青子，生青熟赤，有核，味甘美」。滇南生者葉如楮葉，亂紋深齒，實大如豌豆，謂之「雲朴」，亦以冒川産。川中人云：凡得朴樹，輒掘窖以火煨逼，名曰出汗，必以黄葛樹同納窖中，及出汗後，則二物氣味糅雜，不能辨矣。《説文》：「朴，木皮也。」段氏注：「《洞簫賦》：『秋蜩不食，抱朴以長吟。』顔注《急就篇》、《上林賦》『厚朴』曰：『朴，木皮也。此樹以皮厚得名。』《廣雅》：『重皮，厚朴也。』」今朴皮重卷如筒厚者難致。滇南呼「朴」爲「婆」。桂馥《札璞》以爲「駮樹」，殊欠考詢。

〔一〕見《地理志》。唐龍州州治在今四川江油。

秦皮

秦皮，《本經》中品。樹似檀，取皮漬水便碧色，書紙看之皆青。湖南呼爲「稱星樹」，以其皮有白點如稱星，故名。

合歡

合歡，《本經》中品。即「馬纓花」。京師呼爲「絨樹」，以其花似絨線，故名。《救荒本草》：「夜合樹，嫩葉味甘，可煠食。」

秦皮

合歡

皁莢

皁莢，《本經》中品。有「肥皁莢」、「猪牙皁莢」。刺爲癰疽要藥。《救荒本草》：「嫩芽可煠食。子去皮，糖漬之，亦可食。」滇南皁角樹至多，角長尺餘，秋時懸垂樹末，如結組綸。〔一〕每塑廟像將成，必焚皁角以除穢。歲首亦或爇於門外。考《五國故事》：「蜀王衍好燒沉檀、蘭麝之類，芬馥氤氲，晝夜不息，既而厭之，乃取皁角燒之。」則以皁角爲香者蓋始於蜀，而滇亦染其俗耳。又《湖南志》謂無論諸惡瘡，但以皁角末醋調敷即愈云。

〔一〕組綸：以絲編織的佩帶。

桑

桑，《本經》中品。《爾雅》「女桑，桋桑」注：「今俗呼桑樹小而條長者爲『女桑樹』。」

「檿桑，山桑」注：「似桑，材中作弓及車轅。」今吴中桑矮而葉肥，蓋即女桑。江北桑皆自生。材中什器，蓋即「檿桑」；蠶絲勁黄，所謂「檿絲」矣。桑枝、根、白皮、皮中汁、霜後葉，及葚耳、蘚花、柴灰、蝨蟲，〔一〕皆入藥。

〔一〕木中蠹蟲。

桑上寄生

桑上寄生，《别録》中品。葉圓微尖，厚而柔，面青光澤，背淡紫有茸。子黄色如小棗，汁甚黏，核如小豆。諸書悉同，惟《圖經》云「三四月花，黄白色」。余所見冬開花，色黄紅，殘則淺黄耳。後人執「蔦女蘿」之説强爲糾紛，〔一〕若如陸《疏》所云，乃是蔓生，〔二〕何能併合？南方毛蕈、石斛、風蘭、寄生亦非一種，《本草衍義》謂有服他木寄生而死者，用寄生者烏可不慎？廣西所産多榕寄生，或云桑寄生於榕，又謂有桑寄桑者，尤謬。吾未見有服此藥而效者，緣少真者耳。

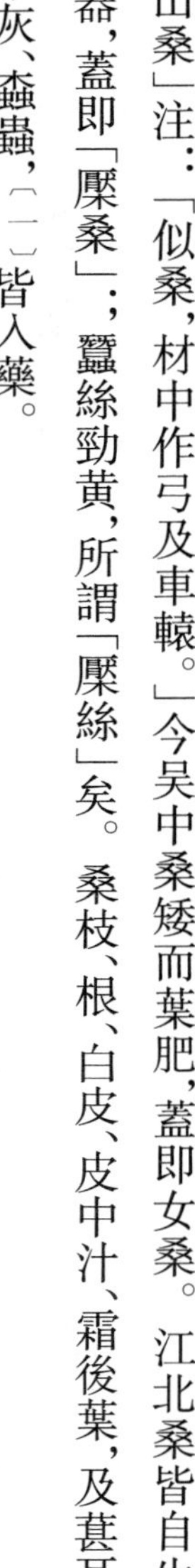

雩婁農曰：「蔦與女蘿」，《傳》曰：「蔦，寄生也。」〔三〕陸《疏》以爲「子如覆盆子，赤黑甜美」，今寄生子既不可食，形亦不類。或云鳥銜樹子遺樹上而生。余以十月後莅贛南，群木多隕，有鬱葱者如花如果，遣人折枝，視之，皆寄生也，所托樹非一，而葉厚毛背，紅花黄子，無異形，信乎感氣而生，别是一物也。桑寄生以去風保産見重於世。桂、椒生者，土人云性與桂、椒同。桃、柳所生，俗方亦取用之。蓋皆盗本木之精華而奪其雨露之施，假而不歸，如借叢者久而叢枯而亡矣。讀郁離子《伐桑寄生賦序》云「如瘡痍脱身，大奸去國」，有會余心者焉。其賦有曰：「農植嘉穀，惡草是芟。物猶如此，人何以堪？獨不聞三桓競爽，魯君如寄；〔四〕田氏厚施，姜、陳易位。〔五〕大賈入秦，伯翳以亡；〔六〕園謀既售，芈化爲黄。〔七〕蠹憑木以槁木，姦憑國以盗國。鬼居肓而人隕，〔八〕梟寄巢而母食。〔九〕故曰非其種者，鋤而去之，信斯言之可則。」

〔一〕見本書卷二十二「兔絲子」條。

〔二〕陸璣《詩疏》云：「蔦一名寄生，葉似當盧，子如覆盆子，赤黑甜美。女蘿，今兔絲，蔓連草上生，黄赤如金，今合藥兔絲子是也。」

〔三〕《詩·小雅·頍弁》毛《傳》。

〔四〕春秋時魯國孟孫氏、叔孫氏、季孫氏三家均爲魯桓公三子後代。自宣公之後，魯國政權轉移到三桓手中，魯君形同虚設。

〔五〕春秋時，齊國的田常放貸於民，以大斗出，以小斗入，大得民心。傳至田和，遷齊康公於海上，自爲齊君，齊國由姜姓變爲田姓。

〔六〕吕不韋爲陽翟大賈，以有孕之姬人獻秦公子子楚，後生嬴政。秦國祖先爲助大禹平水土之柏翳，即伯益。

〔七〕趙人李園入楚，欲進其女弟與楚王，聞楚王不能育，先進其妹與春申君黄歇，待有孕後又説黄歇進之楚王。生子後，立爲太子，而李園妹爲后。

〔八〕《左傳》成公十年：晉侯病，「秦伯使醫緩爲之。未至，公夢疾爲二豎子，曰：『彼，良醫也。懼傷我，焉逃之？』其一曰：『居肓之上，膏之下，若我何？』醫至，曰：『疾不可爲也。在肓之上，膏之下，攻之不可，達之不及，藥不至焉，不可爲也。』」

〔九〕陸璣《詩疏》：「自關而西謂梟爲流離，其子適長大，還食其母。」

吴茱萸

吴茱萸，《本經》中品。《爾雅》：「椒榝，醜菉。」《禮記》作「藙」。又「食茱萸」，《唐本草》始著録。《宋圖經》或云即茱萸粒大堪噉者，蜀人呼爲「艾子」。《益部方物記》「藙、艾同字」云。〔一〕又名「欓子」。

〔一〕艾亦讀「刈」。

山茱萸

山茱萸，《本經》中品。陶隱居云：「子如胡頹子，可噉，合核爲用。」《救荒本草》謂之「實棗兒」。

秦椒　蜀椒

秦椒，《本經》中品。《爾雅》：「椴，大椒。」又蜀椒，《本經》中品。今處處有之，以蜀產赤色者佳。川中用絲結爲念珠等物是也。

秦椒　蜀椒

山茱萸

山茱萸

崖椒

崖椒，《宋圖經》收之。李時珍以爲即椒之野生者。

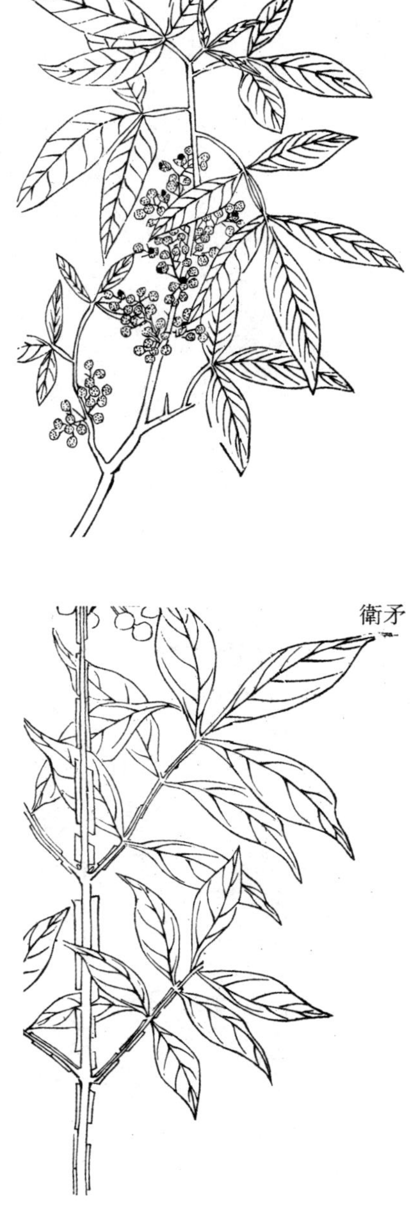

衛矛

衛矛，《本經》中品。即「鬼箭羽」。湖南俚醫謂之「六月凌」，用治腫毒。按《圖經》曲節草有「六月凌」、「緑豆青」諸名。此木春時枝葉極嫩，結實如冬青而色緑，性味苦寒，殆即一物。

梔子

梔（zhī）子，《本經》中品。即「山梔子」，以染黃者，以七棱至九棱者爲佳。

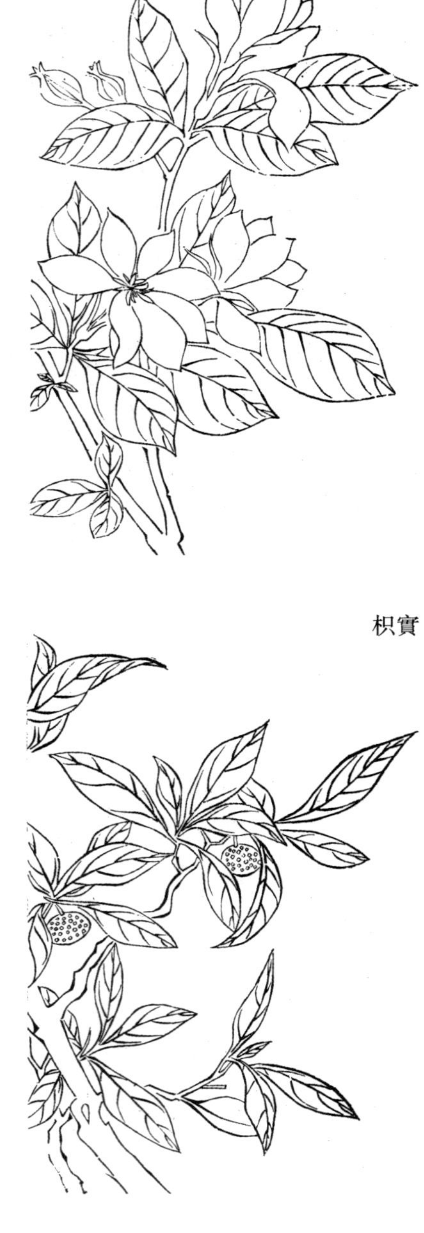

枳實

枳實，《本經》中品。橘踰淮而北爲枳。或云江南亦別有枳，蓋即橘之酸酢者，以別枸橘耳。《補筆談》辨別枳實、枳殼極晰。

楝

楝（liàn），《本經》下品。處處有之。四月開花，紅紫可愛，故花信有「楝花風」。〔一〕《湘陰志》：「苦楝，掘溝埋之，可成楝城。〔二〕植當風處，可辟白蟻。」〔三〕

〔一〕江南自初春至初夏，五日一番風候，謂之「花信風」。梅花風最先，楝花風最後，凡二十四番花信風。

〔二〕藩籬如城墻。

〔三〕《植物名實圖考長編》卷二十「楝」條引《無錫縣志》云：「許舍山中多虎，童男女晝不出户。尤叔保使人拾楝樹子數十斛，作大繩，以楝子置繩股中，埋於山之四圍。不四五年，楝大成城，土人遂呼爲楝城，乃作四門，時其啓閉，虎不敢入。」此云《湘陰志》，疑誤。

桐

桐，《本經》下品。即俗呼「泡桐」。開花如牽牛花，色白。結實如皂莢子，輕如榆錢。其木輕虚，作器不裂，作琴瑟者即此。其花紫者爲「岡桐」。

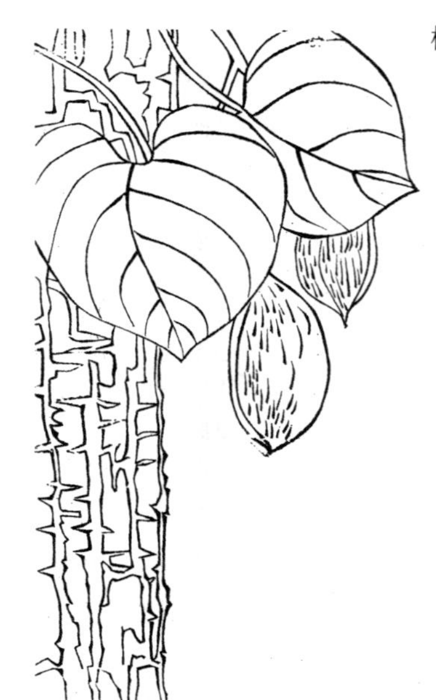

桐

梓

梓，《本經》下品。有角長尺餘，如箸而黏，餘皆如楸。

柳

柳，《本經》下品。華如黄蕊，子爲飛絮。前人以絮爲花，殊誤，陳藏器已辨之。但絮有飛揚者，亦有就枝團簇者，俗以爲雌雄。又種

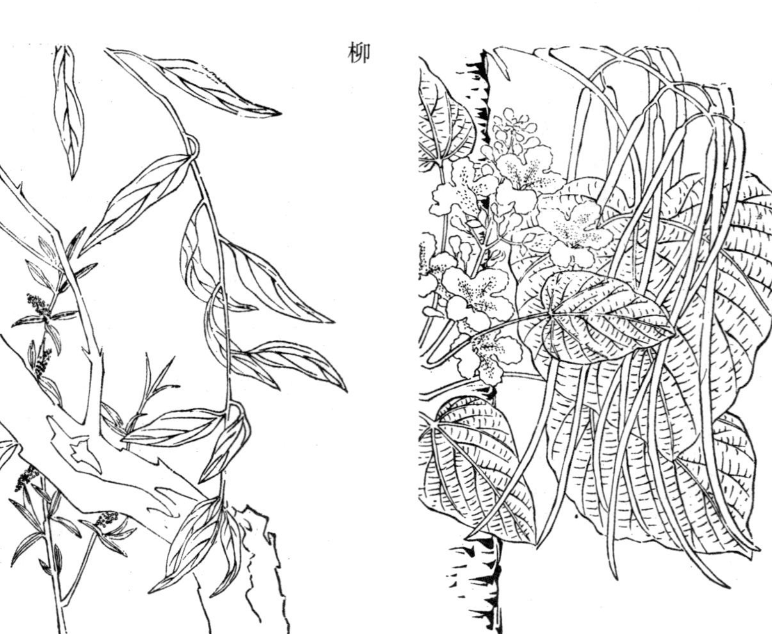

梓

柳

生與插枝生者莖幹亦不同云。

欒華

欒華，《本經》下品。子可爲念珠。《救荒本草》：「木欒，葉味淡甜，可煠食。」

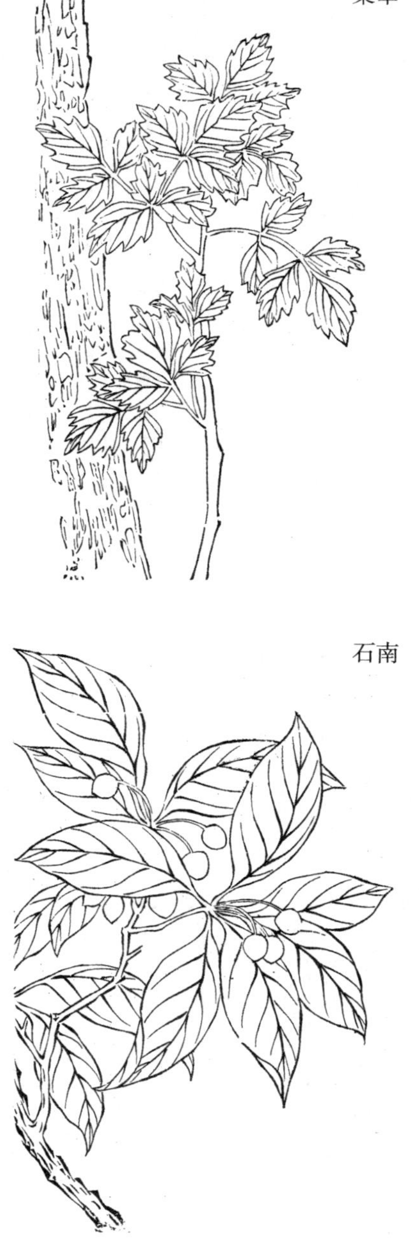

欒華

石南

石南

石南，《本經》下品。詳《本草衍義》。毛文錫《茶譜》：「湘人四月采石南芽爲茶，去風，暑月尤宜。」桂陽呼爲「風藥」，充茗浸酒，能愈頭風。

郁李

郁李，《本經》下品。即「唐棣」。實如櫻桃而赤，吴中謂之「爵梅」，〔一〕固始謂之「秧李」。有單瓣、千葉二種。單瓣者多實，生於田塍；千葉者花濃，而中心一縷連於蔕，俗呼爲「穿心梅」。花落，心蔕猶懸枝間，故程子以爲棣蕚甚牢。〔二〕《圖經》合「常棣」爲一，未可據。

〔一〕即「雀梅」。

〔二〕程顥《哭子厚先生》詩：「千古聲名聯棣蕚，二年零落去山丘。」

鼠李

鼠李，《本經》下品。《宋圖經》：「即烏巢子。」《本草衍義》以爲即「牛李子」，叙述綦詳。李時珍云：「取汁刷染緑色。」此即江

郁李

鼠李

西俗呼「凍緑柴」，一名「羊史子」。《救荒本草》「女兒茶，一名『牛李子』，一名『牛筋子』。葉味淡，微苦，可食，亦可作茶飲」，即此。唯江西別有「牛金子」，子黑色，與此異。

蔓椒

蔓椒，《本經》下品。枝軟如蔓，葉上有刺，林麓中多有之。

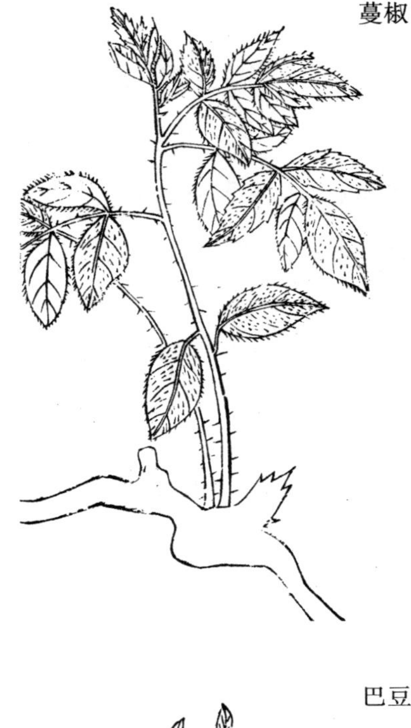

蔓椒

巴豆

巴豆

巴豆，《本經》下品。生四川。

豬苓

豬苓，《本經》中品。舊説是楓樹苓，今則不必楓根下乃有。《莊子》謂之「豕橐」，〔一〕功專利水。

〔一〕《太平御覽》卷九百八十九：「猪苓」條引《莊子》曰：「豕橐，藥也。」今《莊子》書無此句。

豬苓

詹糖香

詹糖香

詹糖香，《别録》上品。《唐本草》云：「出晉安，葉似橘，煎枝爲香，似沙糖而黑。」今寧都州香樹形狀正同，俗亦採枝葉爲香料。開花如桂，結紅實如天竹子而長圓。圖以備考。湖南有一種野樟，葉極香，甚相類，夏時結子稍異。

楮

楮實，《别録》上品。《詩疏》〔一〕：「幽州謂之『穀桑』，荆、揚、交、廣謂之『穀』。」《酉陽雜俎》：「葉有瓣曰楮，無曰構。」按穀、構一聲之轉，楚人謂乳穀亦讀如構也。皮爲紙，亦可爲布。葉、實可食。皮中白汁以代膠。《救荒本草》謂之「楮桃」。

〔一〕此陸璣《詩疏》。

楮

杉

杉

杉，《别録》中品。《爾雅》「被，煔」，《疏》：「俗作杉。」結實如楓松梂而小，色緑。有油杉，可入藥。胡杉性辛，不宜作櫬。又「沙木」，亦其類。有赤心者，《本草拾遺》謂之「丹桎木」。

雩婁農曰：吾行南贛山阿中，嶇嶔蒙密，如薺如簪，而丁丁者衆峰皆答，〔一〕蓋不及合抱而縱尋斧矣。按志皆曰「杉」，而土語則曰「沙」，疑俚音之轉也。閱《嶺外代答》，知杉與沙爲一類而異物。《南城縣志》謂杉有數種。有自麻姑山來者，持山僧所折杉枝，似榧似松，葉細潤而披拂，余始識杉與沙果有異。然江湘率皆沙也。及莅滇，夾道巨木，森森竦擢，絲葉如翼，苔膚無鱗，蓋蔭暍而中欂傍題湊者，〔二〕皆百餘年物。視彼瘦幹短蹙、亂葉攫拏如尋人而刺者，真有雞冠佩劍、未遊聖門時氣象。〔三〕夫物有類，而一類中又有鉅細精粗。孔、翠、鶤、鷗，五采焕矣，見鳳皇而闇然無文也。駃、驪、騽、驒，四蹄輕矣，遇騠駃而瞠乎其後也。〔四〕史之傳儒林、文學、隱逸、循吏者，一傳十數，其品詣獨無異乎？服虔聞崔烈講《春秋》，知其不踰己；〔五〕李謐師孔璠，而璠後復就謐請業。〔六〕同遊培塿，烏覩松栢！〔七〕荀淑有重名，遇黄憲孺子而以爲師表；〔八〕文中子年十五，而王孝逸白首北面。〔九〕豫章生七日而有干霄之勢，天姿之異，有獨鍾焉。韓昌黎云：「世無孔子，不當在弟子之列。」〔一〇〕然則昔之結廬教授、開門成市者，設遇聖賢大儒，不猶去社叢而入鄧林、舍檮木而仰桓格哉！〔一一〕

〔一〕丁丁：伐薪之聲。

〔二〕蔭暍：蔭庇暑熱之人。樿傍：棺。題湊：槨室。

〔三〕《史記・仲尼弟子列傳》：「子路性鄙，好勇力，志抗直，冠雄雞，佩猳豚，陵暴孔子。孔子設禮，稍誘子路。子路後儒服委質，因門人請爲弟子。」

〔四〕騠駃：良馬。

〔五〕服虔：東漢末大儒，曾官九江太守，著《春秋左氏傳解》。崔烈於靈帝時入錢五百萬爲司徒。

〔六〕《魏書・逸士列傳》：北魏李謐，少好學，博通諸經。師事小學博士孔璠，數年後，璠還就謐請業。同門生爲之語曰：「青成藍，藍謝青，師何常，在明經。」

〔七〕培婁：或作「部婁」，小土堆。《左傳》襄公二十四年：「部婁無松柏。」

〔八〕《後漢書・黄憲傳》：黄憲，字叔度，「世貧賤，父爲牛醫。潁川荀淑至慎陽，遇憲於逆旅，時年十四，淑竦然異之，揖與語，移日不能去，謂憲曰：『子，吾之師表也』」。

〔九〕文中子即王通，隋時大儒。王孝逸爲書學博士。王通《中説》記賈瓊語：「夫子十五爲人師焉。陳留王孝逸，先達之傲者也，然白首北面，豈以年乎？」夫子，謂文中子。

〔一〇〕韓愈《答吕毉山人書》：「如僕者，自度若世無孔子，不當在弟子之列。」

〔一一〕「柜」，原本誤作「拒」，據文義改。社叢：野祠旁之叢木。鄧林：《山海經・海外北經》：夸父與日逐走，道渴而死，棄其杖，化爲鄧林。槫木：疑是「尋木」之誤。八尺爲尋。柜格見《山海經・大荒西經》：「西海之外，大荒之中，有方山者，上有青樹，名曰柜格之松，日月所出入也。」

沙木

沙木，《嶺外代答》謂與杉同類，尤高大成叢，穗小，與杉異。今湖南辰、沅猺峒亦多種之。大約牌筏商販皆沙木，〔一〕其木理稍異者則杉木耳。

〔一〕牌筏商販：把販賣的木材編成筏子，順流漂下。

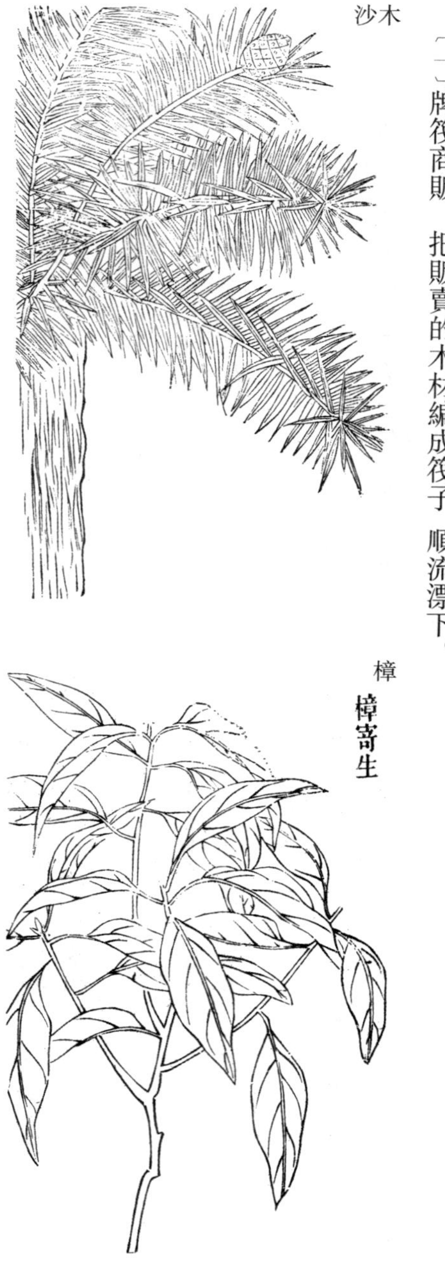
沙木
樟
樟寄生

樟 附樟寄生。

釣樟，《別録》下品。《本草拾遺》有「樟材」。江西極多，豫章以木得名，〔一〕南過吉安則不植。李時珍以豫爲釣樟，即樟之小者。又有赤、白二種，作器不蠹。滇南樟尤香，而木質堅緻。

雩婁農曰：豫章以木名郡。今江西寺觀叢祠及衙署，婆娑垂蔭者皆豫章也。《明興雜記》謂神木廠有樟扁頭者，圍二丈，長卧四丈餘，騎而過其下，高可以隱，雖不易覩，而合抱參天，萬牛迴首，〔二〕則村墟道塗間皆遇之，不足異也。顧南至章貢，北抵彭蠡，湯沐之邑方千里，〔三〕踰境則淮與濟、汶矣。其質有赤、白，不知何者爲豫，何者爲樟。師古謂豫即「枕木」，〔四〕今亦無是名也。爲器，爲舟，爲鼓顙，〔五〕爲几面，煎汁爲腦，熬子爲油，江右賴之。祠其巨者爲神，無敢烹彭侯者。〔六〕見《搜神記》。樟公之壽，幾閱大椿，〔七〕見《花木考》。社而稷之，〔八〕洵其宜也。其寄生曰「占斯」，別入藥。顧桑柳諸蔦皆葉瘁而獨榮。〔九〕豫章之木，冬不改柯，鬱鬱葱葱。惟見「骨碎補」一物，長葉赭荄，浸淫其上，不及尋其皮如厚朴而色似桂者，良足惜已。

樟

〔一〕豫章：漢郡名，治在今南昌，以産豫章木得名。

〔二〕杜甫《古柏行》：「大厦如傾要梁棟，萬牛回首丘山重。」

〔三〕湯沐：洗浴。天子有事於祭祀，則先沐浴齋戒以示敬。諸侯朝貢，天子於王畿之内賜諸侯以封邑，供其湯沐齋戒，稱湯沐邑。

〔四〕枕頭之木。

〔五〕鼓之框架。

〔六〕《搜神記》卷十八：「吴先主時，陸敬叔爲建安太守，使人伐大樟樹，下數斧，忽有血出。至樹斷，有一物人頭狗身，從樹穴中出走。敬叔曰：『此名彭侯。』烹而食之，其味如狗。《白澤圖》曰：木之精名彭侯，狀如黑狗，無尾，可烹食之。」

〔七〕《花木考》：壽樟在建昌縣治南，邑人李公懋入朝，高宗問：「樟公安否？」李奏以「枝葉婆娑，四時常青」。《莊子·逍遥遊》：「上古有大椿者，以八千歲爲春，八千歲爲秋。」

〔八〕爲神社之木。

〔九〕蔦：寄生。寄生於桑柳。桑柳之葉已憔悴，而其上之寄生獨榮茂。

檀香

檀香，《别録》下品。《廣西通志》考據明晰。嶺南有之。

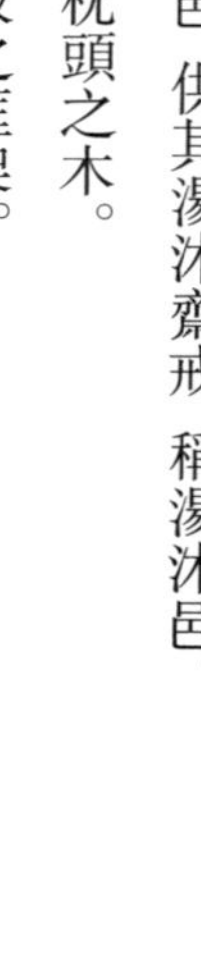

櫸

櫸(jǔ),《别録》下品。材紅紫,堪作什品。固始呼「胖柳」。

植物名實圖考卷之三十四　木類

雲葉

《救荒本草》：「雲葉，生密縣山野中。其樹枝、葉皆類桑，但其葉如雲頭花叉，又似木欒樹葉，微闊。開細青黃花。其葉味微苦。採嫩葉煠熟，換水浸淘去苦味，油鹽調食。或蒸晒作茶，尤佳。」

黃楝樹

《救荒本草》：「黃楝樹，生鄭州南山野中。葉似初生椿樹葉而極小，又似楝葉，色微帶黃。開花紫赤色，結子如豌豆大，生青，熟亦紫赤色。葉味苦，採嫩芽葉煠熟，換水浸去苦味，油鹽調

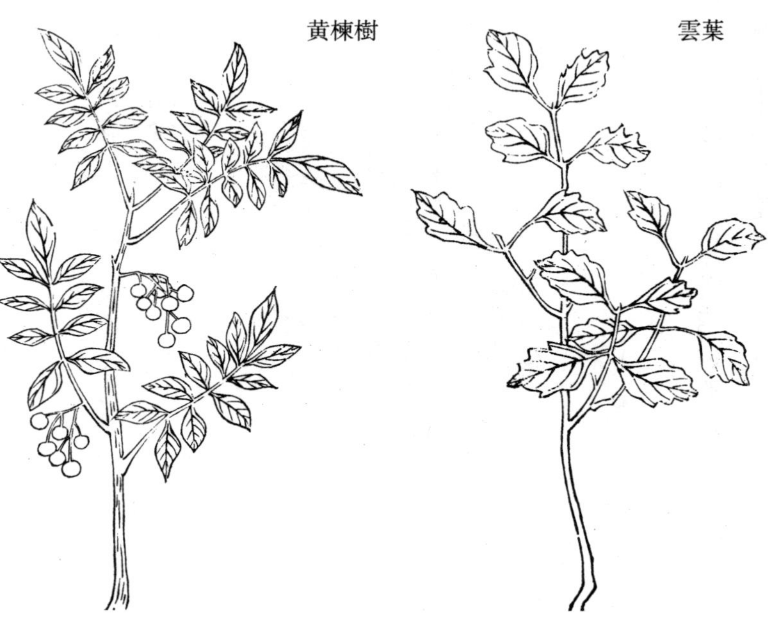
雲葉　黃楝樹

食。蒸芽曝乾，亦可作茶煮飲。」

檴芽樹

《救荒本草》：「檴（róng）芽樹，生輝縣山野中。科條似槐條。葉似冬青葉，微長。開白花。結青白子。其葉味甜。採嫩葉煠熟，水淘淨，油鹽調食。」

檴芽樹

月芽樹

月芽樹

《救荒本草》：「月芽樹，又名『芀芽』，生田野中。莖似槐條，葉似歪頭菜葉，微短稍硬；又似檴芽葉，頗長艄。其葉兩兩對生，味甘微苦。採嫩葉煠熟，水浸淘淨，油鹽調食。」

回回醋

《救荒本草》：「回回醋，一名『淋樸樕』，生密縣韶華山山野中。樹高丈餘，葉似兜櫨樹葉而厚大，邊有大鋸齒；又似厚椿葉而亦大。或三葉，或五葉，排生一莖。開白花，結子大如豌豆，熟則紅紫色，味酸。葉味微酸。採葉煤熟，水浸去酸味，淘淨，油鹽調食。其子調和湯味如醋。」

回回醋

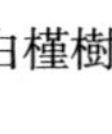
白槿樹

白槿樹

《救荒本草》：「白槿樹，生密縣梁家衝山谷中。樹高五七尺，葉似茶葉，而其闊大光潤又似初生青岡葉，而無花叉；又似山格刺樹葉，亦大。開白花。其葉味苦。採葉煠熟，水浸淘淨，油鹽調食。」

槭樹芽

《救荒本草》：「槭(qì)樹芽，生鈞州風谷頂山谷間。木高一二丈，其葉狀類野蘿蔔葉，五花尖叉；亦似棉花葉而薄小；又似絲瓜葉，卻甚小而淡黄緑色。開白花。葉味甜。採葉煠熟，以水浸作成黄色，换水淘淨，油鹽調食。」

按：《説文》：「槭，木可作大車輮。」〔一〕蓋即此樹。許叔重，〔二〕汝南人，固應識其土所宜木也。

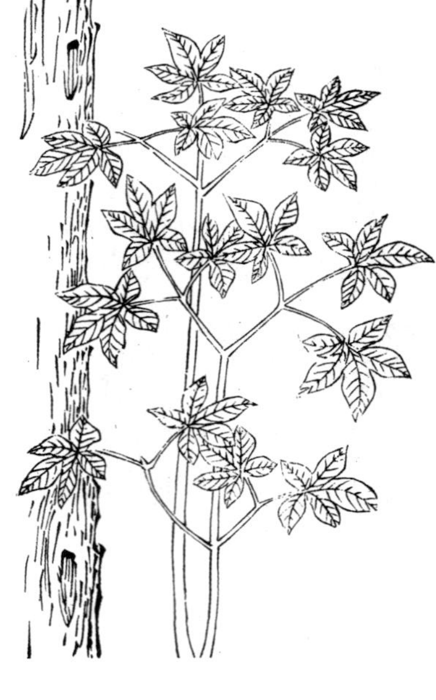

〔一〕輮：車輪之外圈，古車輪爲木製。

〔二〕許慎，字叔重，《説文解字》作者。

老葉兒樹

《救荒本草》：「老葉兒樹，生密縣山野中。樹高六七尺，葉似茶葉而窄瘦尖艄，又似李子葉而長。其葉味甘微澀。採葉煠熟，水浸去澀味，淘洗，油鹽調食。」

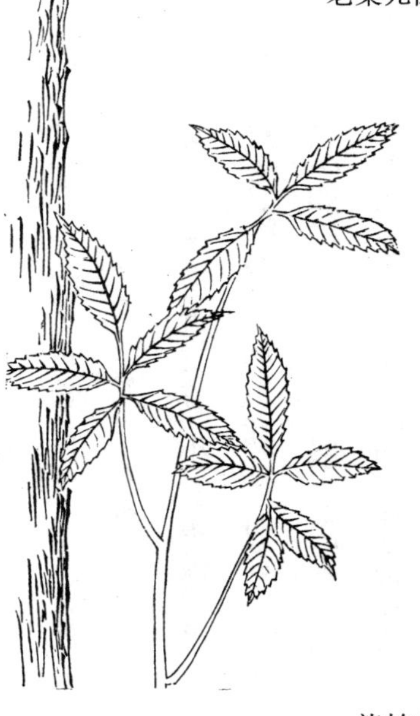
老葉兒樹

龍柏芽

龍柏芽

《救荒本草》：「龍柏芽，出南陽府馬鞍山中。此木久則亦大。葉似初生橡櫟小葉而短。味微苦。採芽葉煠熟，换水浸淘淨，油鹽調食。」

兜櫨樹即檑。

《救荒本草》：「兜櫨樹，生密縣梁家衝山谷中。樹甚高大。其木枯朽極透，可作香焚，俗名『檑香』。葉似回回醋樹葉而薄窄，又似花楸樹葉卻少花叉。葉皆對生，味苦。採嫩芽葉煠熟，水浸去苦味，淘洗淨，油鹽調食。」按：《本草綱目》：「檑香，江淮湖嶺山中有之，木大者近丈許，小者多被樵采。葉青而長，有鋸齒，狀如小蘇葉而香，對節生。其根狀如枸杞根而大，煨之甚香。《楞嚴經》云『壇前安一小罏，以兜婁婆香煎水沐浴』，即此香也。根氣味苦澀，平，無毒，主治頭癤腫毒，碾末麻脂調塗，七日腐落。」

山茶科

《救荒本草》：「山茶科，生中牟土山田

野中。科條高四五尺。枝梗灰白色。葉似皁莢葉而團，又似槐葉，亦團。四五葉攢一處。葉甚稠密，味苦。採嫩葉煠熟，水淘洗淨，油鹽調食。」

木葛

《救荒本草》：「木葛，生新鄭縣山野中。樹高丈餘，枝似杏枝。葉似杏葉而團，又似葛根葉而小。味微甜。採葉煠熟，水浸淘淨，油鹽調食。」

木葛

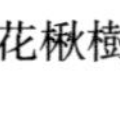

花楸樹

花楸樹

《救荒本草》：「花楸（qiū）樹，生密縣山野中。其樹高大。葉似回回醋葉，微薄，又似兜櫨樹葉，邊有鋸齒叉。其葉味苦。採嫩芽葉煠熟，换水浸去苦味，淘洗淨，油鹽調食。」

白辛樹

《救荒本草》：「白辛樹，生滎陽塔兒山岡野間。樹高丈許。葉似青檀樹葉，頗長而薄，色微淡綠；又似月芽樹葉而大，色亦差淡。其葉味甘，微澀。採葉煠熟，水浸淘去澀味，油鹽調食。」

白辛樹

烏棱樹

烏棱樹

《救荒本草》：「烏棱樹，生密縣梁家衝山谷中。樹高丈餘。葉似省沽油樹葉而背白，又似老婆布黏葉，微小而艄。開白花。結子如梧桐子大，生青，熟則烏黑。其葉味苦。採葉煠熟，换水浸去苦味，作過淘洗淨，油鹽調食。」

刺楸樹

《救荒本草》：「刺楸樹，生密縣山谷中。其樹高大，色皮蒼白，上有黄白斑文。枝梗間多有大刺。葉似楸葉而薄，味甘。採嫩芽葉煠熟，水浸淘洗淨，油鹽調食。」

刺楸樹

黄絲藤

《救荒本草》：「黄絲藤，生輝縣太行山山谷中。條類葛條。葉似山格刺葉而小；又似婆婆枕頭葉，頗硬，背微白，邊有細鋸齒。味甜。採葉煠熟，水浸淘淨，油鹽調食。」

黄絲藤

山格刺樹

《救荒本草》：「山格刺樹，生密縣韶華山山野中。作科條生。葉似白槿樹葉，頗短而尖艄；又似茶樹葉而闊大；及似老婆布鞊葉，亦大。味甘。採葉煠熟，水浸作成黄色，淘洗淨，油鹽調食。」

梳樹

《救荒本草》：「梳（hàng）樹，生輝縣太行山山谷中。其樹高丈餘。葉似槐葉而大，卻頗軟薄；又似檀樹葉而薄小。開淡紅色花，結子如菉豆大，熟則黄茶褐色。其葉味甜。採葉煠熟，水浸淘淨，油鹽調食。」

報馬樹

《救荒本草》：「報馬樹，生輝縣太行山山谷間。枝條似桑條色。葉似青檀葉而大，邊有花叉；又似白卒葉，頗大而長硬。葉味甜。採嫩葉煠熟，水淘淨，油鹽調食。硬葉煠熟，水浸作成黃色，淘去涎沫，油鹽調食。」

報馬樹

椴樹

椴樹

《救荒本草》：「椴樹，生輝縣太行山山谷間。樹甚高大，其木細膩，可爲卓器。枝叉對生。

葉似木槿葉，而長大微薄，色頗淡緑，皆作五花椏叉，邊有鋸齒。開黄花，結子如豆粒大，色青白。葉味苦。採嫩葉煠熟，水浸去苦味，淘洗淨，油鹽調食。」《爾雅正義》：「椵，柂」，註：「白椵也。樹似白楊。」《正義》：「椵，一名柂。《檀弓》云『杝棺一』，鄭註云：『所謂椑棺也。凡棺因能濕之物。』又云：『椑謂杝棺。椑，堅著之言也。』鄭君所見《爾雅》本『柂』作『杝』。」註「白椵」至「白楊」。《正義》：「《玉篇》云：『椵木似白楊。』《釋文》引《字林》云：『木似白楊。一名柂。』今白楊木高大，葉圓似梨，面青而背白，肌細性堅，用爲梁栱，久而不橈。椵木與白楊相似也。」

按：椵木質白而少文，微似楊木，風雨燥濕，不易其性。北方以作門扇板壁。其樹枝葉不似白楊。

《說文解字注》：「椵，椵木，可作牀几。牀，鍇本作「伏」，疑誤。《釋木》曰：「櫠，椵。」《本草》陶隱居說人參曰：「高麗人作《人參讚》曰：『三椏五葉，背陽向陰。欲來求我，椵樹相尋。』椵樹，葉似桐，甚大，陰廣。」《圖經》亦言人參春生苗，多於深山背陰近椵漆下潤濕處。是則椵爲大木，故材可牀几。郭云「子大如盂」者，未知是不也。從木，叚聲，讀若賈。」古雅切，五部。〔一〕

〔一〕原本正文及注不分，今改段注爲小字。

臭葓

《救荒本草》：「臭葓（hòng），生密縣楊家衝山谷中。科條高四五尺。葉似杵瓜葉而尖艄；又似金銀花葉，亦尖艄。五葉攢生如一葉。開花白色。其葉味甜。採葉煠熟，水浸淘淨，油鹽調食。」

臭葓

堅莢樹

堅莢樹

《救荒本草》：「堅莢樹，生輝縣太行山山谷中。其樹枝幹堅勁，可以作棒。皮色烏黑，對分枝叉，葉亦對生。葉似拐棗葉而大，微薄，其色淡緑；又似土欒樹葉，極大而光潤。開黄花，結小紅子。其葉味苦。採嫩葉煠熟，水浸去苦味，淘淨，油鹽調食。」

臭竹樹

《救荒本草》：「臭竹樹，生輝縣太行山山野中。樹甚高大。葉似楸葉而厚，頗艄，卻少花叉；又似拐棗葉，亦大。其葉面青背白，味甜。採葉煠熟，水浸去邪臭氣味，油鹽調食。」

臭竹樹

馬魚兒條

馬魚兒條

《救荒本草》：「馬魚兒條，俗名『山皁角』，生荒野中。葉似初生刺蘩花葉而小。枝梗色紅，有刺，似棘鍼，微小。葉味甘，微酸。採葉煠熟，水浸淘淨，油鹽調食。」

老婆布黏

《救荒本草》：「老婆布黏，生鈞州風谷頂山野間。科條淡蒼黄色。葉似匙頭樣，色嫩緑而光俊；又似山格刺葉卻小。味甘，性平。採葉煠熟，水浸作過淘淨，油鹽調食。」

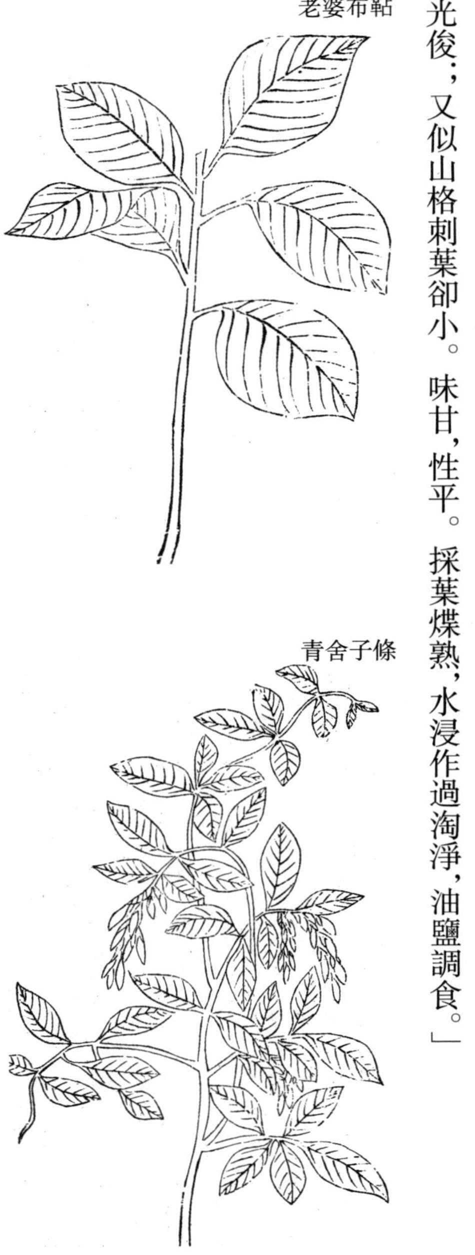
老婆布黏
青舍子條

青舍子條

《救荒本草》：「青舍子條，生密縣山谷間。科條微帶柿黄色。葉似胡枝子葉，而光俊微尖。枝條梢間開淡粉紫花，結子似枸杞子，微小，生則青，而後變紅，熟則紫黑色，味甜。採摘其子紫熟者食之。」

驢駝布袋

《救荒本草》：「驢駝布袋，生鄭州沙岡間。科條高四五尺。枝梗微帶赤黄色。葉似郁李子葉，頗大而光；又似省沽油葉，而尖頗齊。其葉對生。開花色白。結子如菉豆大，兩兩並生，熟則色紅，味甜。採紅熟子食之。」

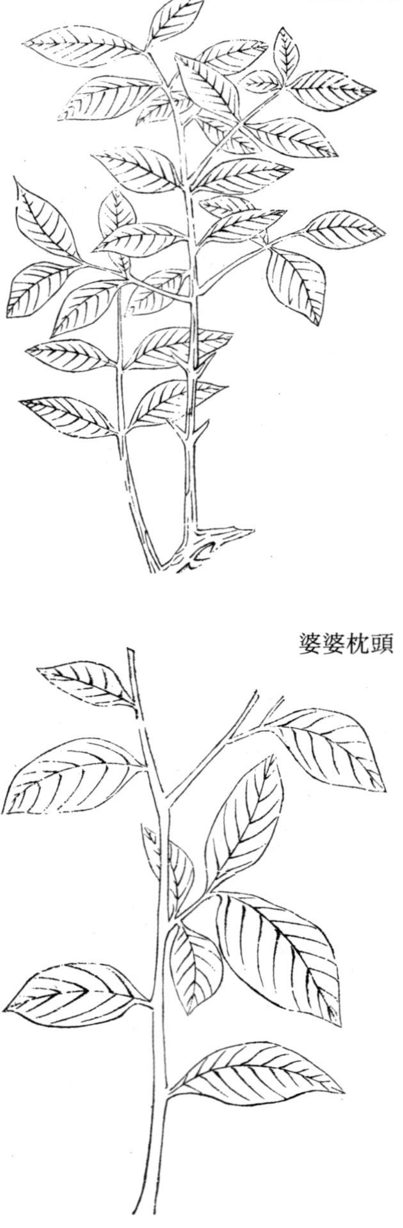

婆婆枕頭

《救荒本草》：「婆婆枕頭，生鈞州密縣山坡中。科條高三四尺。葉似櫻桃葉而長艄。開黄花。結子如菉豆大，生則青，熟紅色，味甜。採熟紅子食之。」

青檀樹

《救荒本草》："青檀樹，生中牟南沙崗間。其樹枝條紋細薄。葉形類棗，微尖艄，背白而澀；又似白辛樹葉，微小。開白花。結青子如梧桐子大。葉味酸澀，實味甘酸。採葉煠熟，水浸淘去酸味，油鹽調食。其實成熟，亦可摘食。"

植物名實圖考卷之三十五　木類

楓

楓，《爾雅》：「楓，欇欇。」楓香脂，《唐本草》始著録。楓子如梂。《南方草木狀》謂楓實有神，乃難得之物，恐涉附會。〔一〕江南凡樹葉有叉歧者多呼爲楓，不盡同類。

〔一〕嵇含《南方草木狀》：「楓木歲久則生瘤癭，一夕遇暴雷驟雨，其樹贅暗長三五尺，謂之楓人。越巫取之作術，有通神之驗。取之不以法，則能化去。」未言「難得」。

椿

椿，《唐本草》始著録。即香椿，葉甘可茹。木理紅實，俗名「紅椿」。

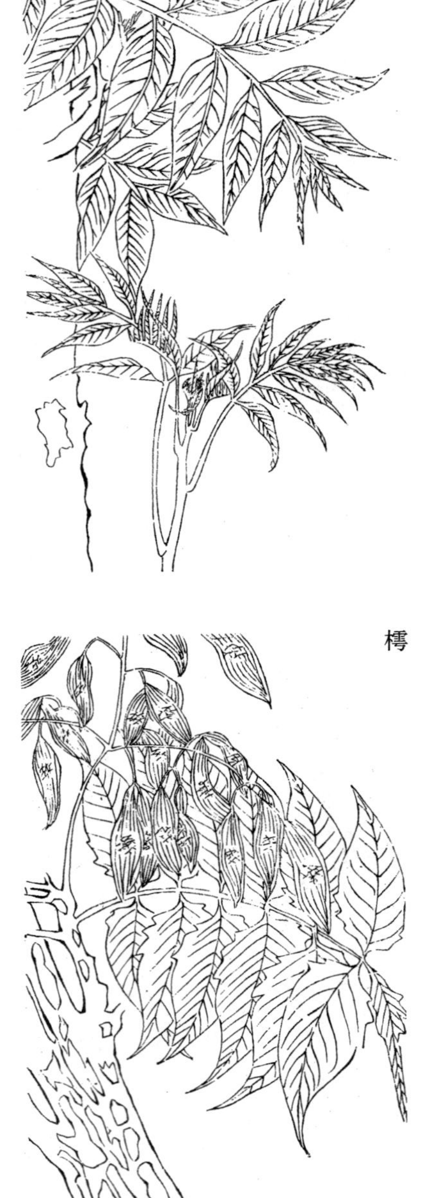

樗

樗（chū），《唐本草》始著録。即椿之氣臭者。根、莢皆入藥。木理虚白。生山中者名「栲」。《爾雅》：「栲，山樗。」陸璣《詩疏》：「山樗，〔一〕與下田樗無異。其木稍堅，可作器。」

〔一〕「樗」，原本誤作「栲」，據陸《疏》改。

白楊

白楊，《唐本草》始著録。北地極多，以爲梁棟，俗呼「大葉楊」。《救荒本草》：「嫩葉可煠食。」又《本草拾遺》有「扶移」，即此。

白楊

青楊

青楊

青楊，《救荒本草》：「葉似白楊葉而狹小，色青，皮亦青，故名『青楊』。葉可煠食，味苦。」今北地呼「小葉楊」。

莢蒾

莢蒾(mí),《唐本草》始著録。陳藏器云:「皮可爲索。」《救荒本草》謂之「孩兒拳頭」:「子紅熟可食。又煮枝汁少加米爲粥,甚美。」

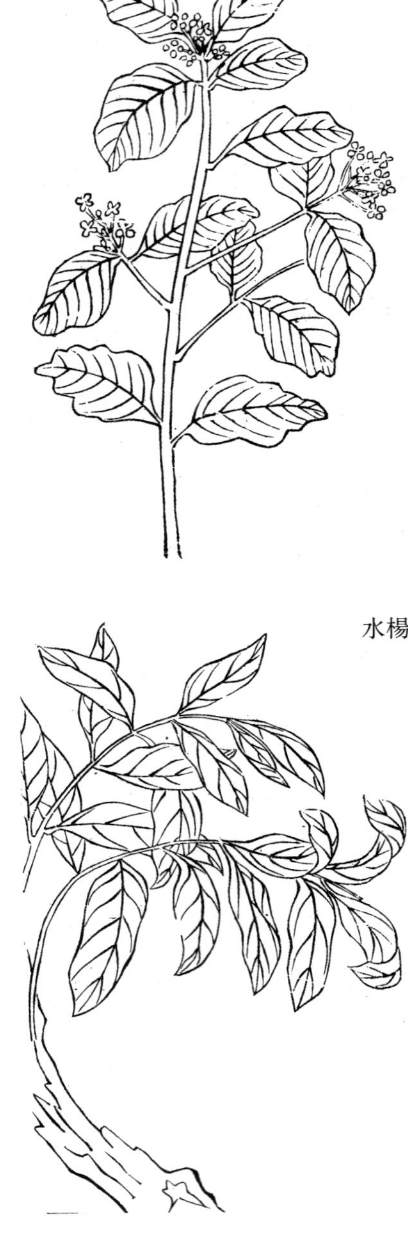

水楊

水楊,《唐本草》始著録。與柳同而葉圓闊,枝條短硬。

胡桐淚

胡桐淚，見《漢書·西域傳》。〔一〕《唐本草》始著録。爲口齒要藥。今阿克蘇之西地名樹窩子，行數日程，尚在林内，皆胡桐也。葉微似桐，樹本流膏如膠。

〔一〕《西域傳》有「胡桐」。

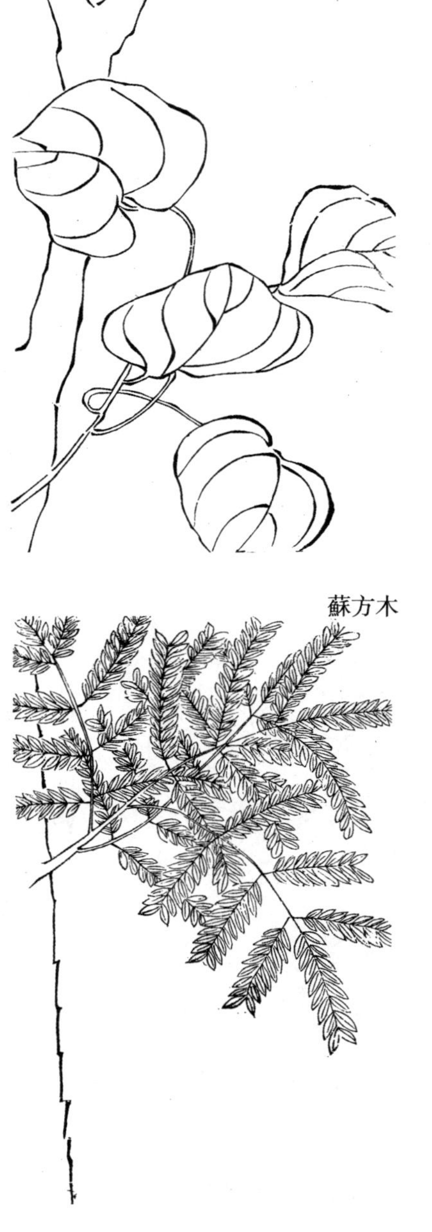

蘇方木

蘇方木，《唐本草》始著録。廣西亦有之。染絳用極廣，亦爲行血要藥。

雩婁農曰：蘇方木，元江州有之。《南方草木狀》謂葉如槐，出九真，〔一〕則昔時所用皆滇産矣。顧滇山路嶇水險，不可舟，致遠費貲，近時率皆來自海舶，逾嶺而順流，達江南、北。滇産不出境，培蒔者亦少。其葉極細，枝亦柔，微類槐耳。諺云：「能行十日舟，不行一日陸。」明時由滇至川，航金沙江中，後塞，屢議疏鑿，無成功。其有一二程可通舟檝者，伏秋江漲，亦絶行旅。故滇産與滇所資，其價皆十倍。民呰窳偷生，〔二〕無商賈之利，山木入市，跬步皆艱，況其他哉！

〔一〕《南方草木狀》原文爲「蘇枋樹類槐，黄花，黑子，出九真」。九真在今越南。

〔二〕呰窳：苟且懶惰。

烏臼木

烏臼木，《唐本草》始著録。俗呼「木子樹」。子榨油，利甚溥。根解水莽毒，效。

欒荆

欒荆，《唐本草》始著録。諸家皆無的解。《救荒本草》有「土欒樹」，姑圖之以備考。

欒荆

茶

茶

茶，《唐本草》始著録。《爾雅》「檟，苦茶」，注：「早采爲茶，晚爲茗。」陸羽《茶經》源委朗晰，故備載之。〔一〕

〔一〕此言《長編》全録陸羽《茶經》。

椋子木

椋(liáng)子木，《爾雅》「椋，即來」，注：「材中車輞。」〔一〕《唐本草》始著録。《救荒本草》：「椋子木，樹有大者，木則堅重。葉似柿葉而薄小。結子如牛李子，大如豌豆，生青熟黑，味甘鹹。葉味苦，亦可食。」此即江西俗呼「冬青果」也。李時珍併入「松楊木」，《新化縣志》非之。然所謂「椋子木皮澀有刺」，不知係枯枝，非刺也；又云「子如羊矢棗而小」，則亦未識軟棗本形耳。

〔一〕輞：車輪之外圈。

椋子木

接骨木

接骨木

接骨木，《唐本草》始著録。花、葉都類蒴藋，但作樹高一二丈，木體輕虛無心，斫枝扦之便生云。

賣子木

賣子木，《唐本草》始著録。生嶺南、邛州。其葉如柹。宋川西渠州歲貢。〔一〕四五月開碎花，百十枝團攢作大朵，焦紅色。子如椒目，在花瓣中，黑而光潔。主折傷血内溜，續絶，補骨髓，止痛，安胎。按：湘中土醫習用「鵶椿子」，形狀頗肖而主治異，别圖之。

〔一〕渠州在今四川渠縣、大竹一帶。

賣子木

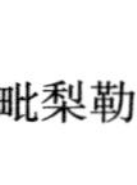

毗梨勒

毗梨勒

毗梨勒，《唐本草》始著録。生嶺南交、愛諸州。核似訶梨勒，而圓短無棱。苦寒。主治風虚熱氣，功用同菴摩勒。李時珍以爲餘甘之類。按：滇南有「松橄欖」，與餘甘同而圓，無棱，以治喉痛，與《唐本》合。《海藥》云「同訶梨勒，性温」，疑又一種。

訶梨勒

訶梨勒，《唐本草》始著録。生嶺南，以六路者佳。〔一〕

〔一〕六路：言其實有六棱也。

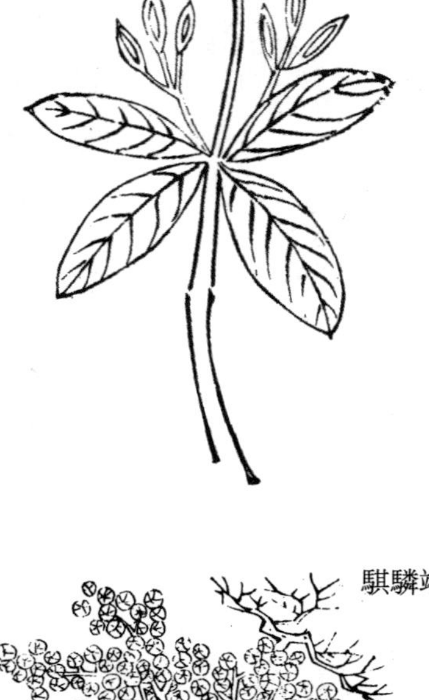

訶梨勒

騏驎竭

騏驎竭

騏驎竭，《唐本草》始著録。生南越、廣州，主治血痛，爲和血聖藥。《南越志》以爲紫鉚樹脂，《唐本》以爲與紫鉚大同小異。《舊雲南志》：「樹高數丈，葉類櫻桃。脂流樹中，凝紅如血，爲『木血竭』。又有『白竭』。今俱無。」余訪求之，得如磨姑者數枚，色白質輕，蓋未必真。

阿魏

阿魏，《唐本草》始著録。《酉陽雜俎》作「阿虞」，波斯樹汁凝成。《觚賸》云：「滇中蜂形甚巨，結窩多在絶壁，垂如雨蓋。人於其下掘一深坎，置肥羊於内，令善射者飛騎發矢落其窩，急覆其坎。二物合化，是名阿魏。」按巖蜂在九龍外，螫人至斃，則此物亦非内地所産。

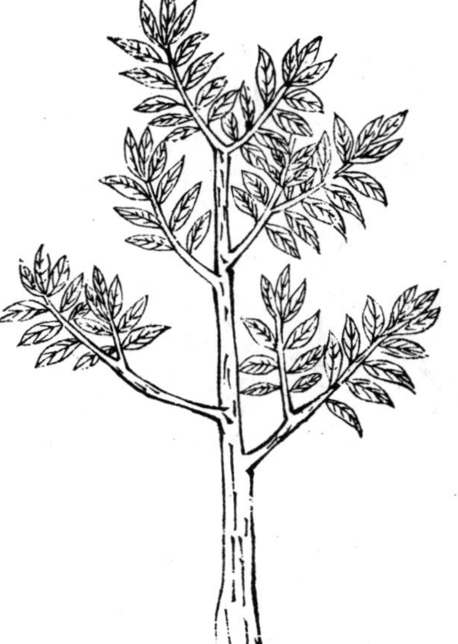
阿魏

無食子

無食子

無食子，《唐本草》始著録。生西戎沙磧地。樹似樫，主治赤白痢、腸滑，生肌肉。一作「没石子」。

大空

大空，《唐本草》始著録。生襄州，所在山谷亦有之。小樹，大葉似桐而不尖。主殺蟲蝨。

大空

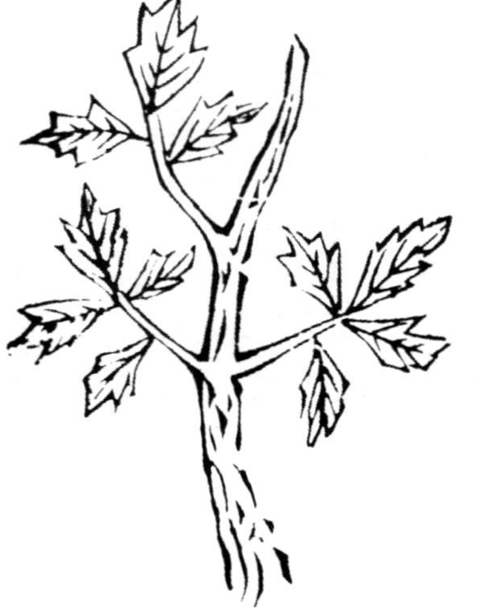

木天蓼

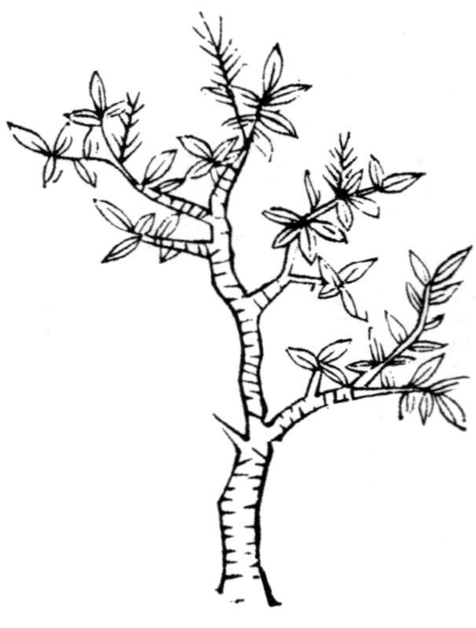

木天蓼

木天蓼，《唐本草》始著録。生信陽。花似柘花，子作毬形，似檾麻子。可藏作果食，又可爲燭，釀酒治風。

檀

檀，《本草拾遺》始著録。皮和榆皮爲粉食，可斷穀。《救荒本草》：「葉味苦，芽可煠食。」

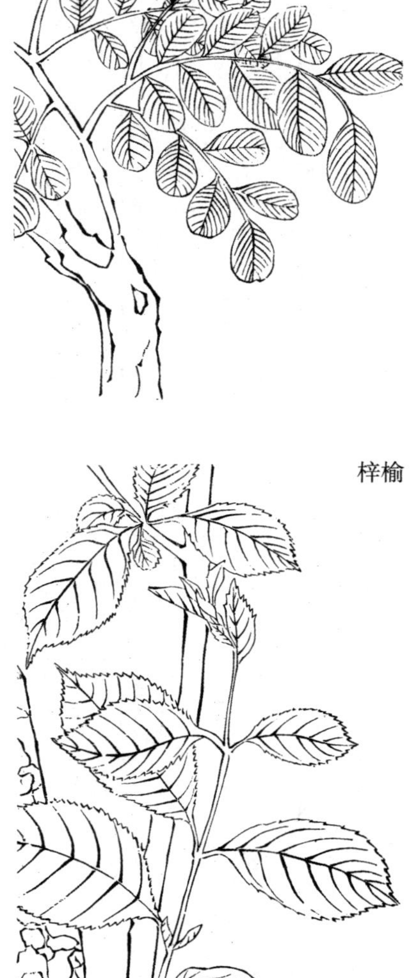

檀

梓榆

梓榆

梓榆，即駮馬，又名「六駮」。皮色青白，多癬駮。詳《詩疏》。〔一〕

〔一〕陸璣《疏》謂梓榆樹皮青白駁犖，遥視似馬，故謂之駁馬。

罌子桐

罌（yīng）子桐，《本草拾遺》始著録。即「油桐」，一名「荏桐」。湖南、江西山中種之取油，其利甚饒，俗呼「木油」。

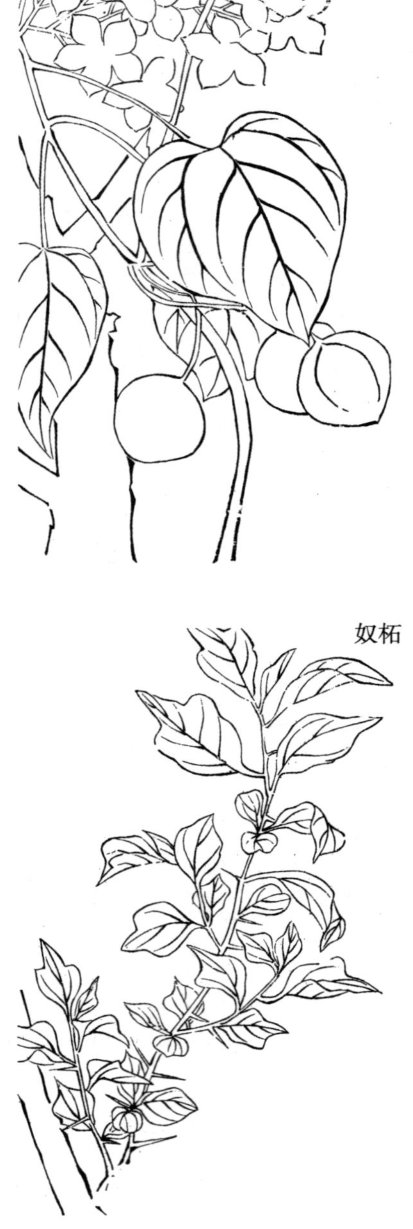

罌子桐

奴柘

奴柘

奴柘，《本草拾遺》始著録。似柘有刺，高數尺。江西有之。《湘陰志》：「灰桑樹，葉大，有刺三角，亦桑類。」即此。

櫚木

櫚木，《本草拾遺》始著録。俗呼「花梨木」。《南城縣志》：「東西鄉間有之。不宜爲枕，令人頭痛。」

櫚木

莎木

莎木

莎木，《本草拾遺》始著録。木皮内出黄色麪。生嶺南。具詳《海藥》。字本作「莏」。李時珍據《唐韻》作「莎」，以爲即「穰木」。又以《交州記》「都句樹」出屑如桄榔麪，可作餅餌，恐即此穰木。今瓊州謂之「南椰」。

石刺木

石刺木，一名「勒樹」。葉圓如杏而大，有光澤。枝莖多刺。《本草拾遺》：「生南方林筤間，江西呼爲『勒刺』，亦種爲籬院樹。似棘而大，枝上有逆鉤。」即此。然謂「木上寄生」，〔一〕則未之見。

〔一〕《本草拾遺》謂「此木上寄生」。

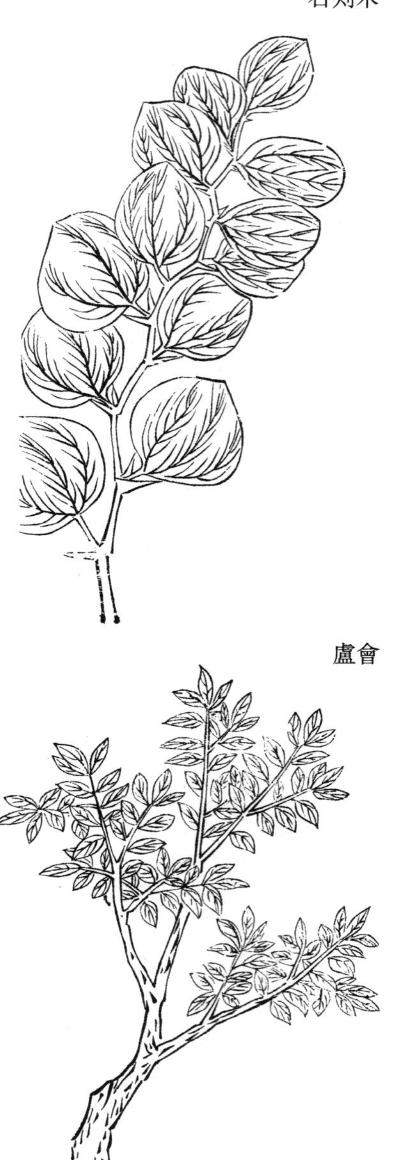
石刺木

盧會

盧會

盧會，《本草拾遺》始著録。木脂似黑餳，主治殺蟲、拭癬。舊《雲南志》：「蘆薈出普洱。」

放杖木

放杖木，《本草拾遺》始著録。生温、括、睦、婺諸州。〔一〕主治風血，理腰脚，輕身，故名。浸酒服之。

〔一〕以上皆唐時州郡，括州即今浙江縉雲。

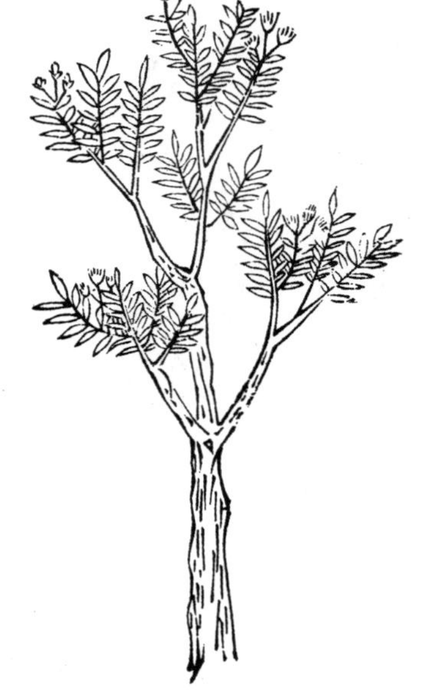

放杖木

楤木

楤木

楤（sǒng）木，《本草拾遺》始著録。生江南山谷。直上無枝，莖上有刺。山人折取頭食之，謂之「吻頭」。主治水癥、蟲牙。

木槿

木槿，《爾雅》：「櫬，木槿。」《日華子》始著録。今惟用皮治癬。江西、湖南種之，以白花者爲蔬，滑美。

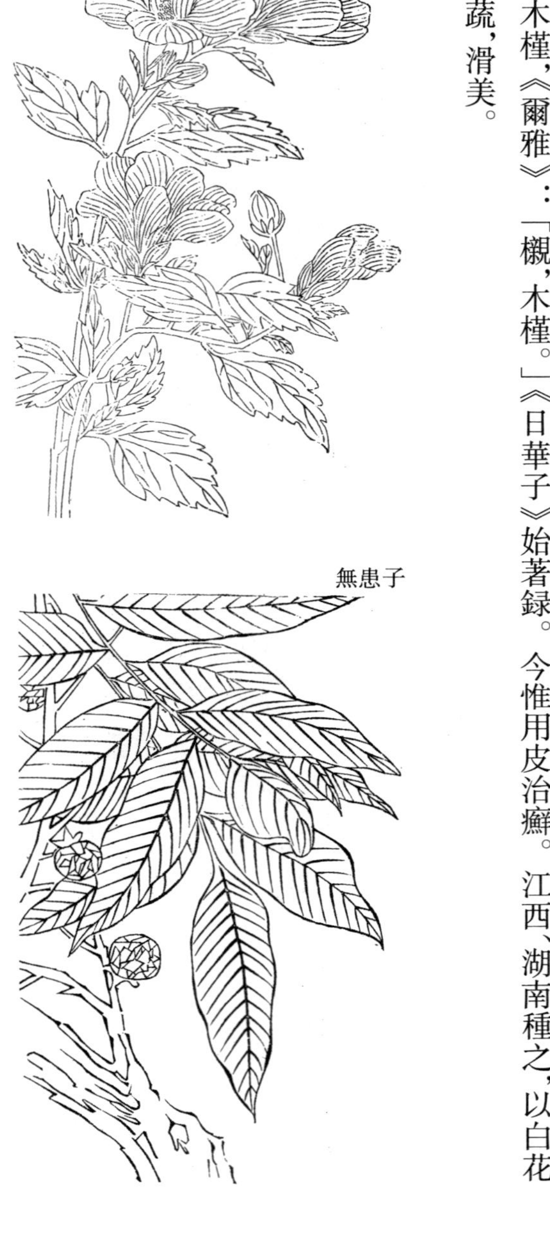

木槿

無患子

無患子

無患子，《開寶本草》始著録。南安多有之。《本草拾遺》、《酉陽雜俎》所述詳明。

樺木

樺木，《開寶本草》始著録。施南山中極多，以木皮爲屋。關東亦饒。皮燒灰入藥。

樺木

檉柳

檉柳

檉（chēng）柳，《開寶本草》始著録。俗呼「觀音柳」，亦云「三春柳」。

鹽麩子

鹽麩（fū）子，《開寶本草》始著録。江西、湖南山坡多有之。俗呼「枯鹽萁」。俚方習用其蟲，謂之「伍倍子」。

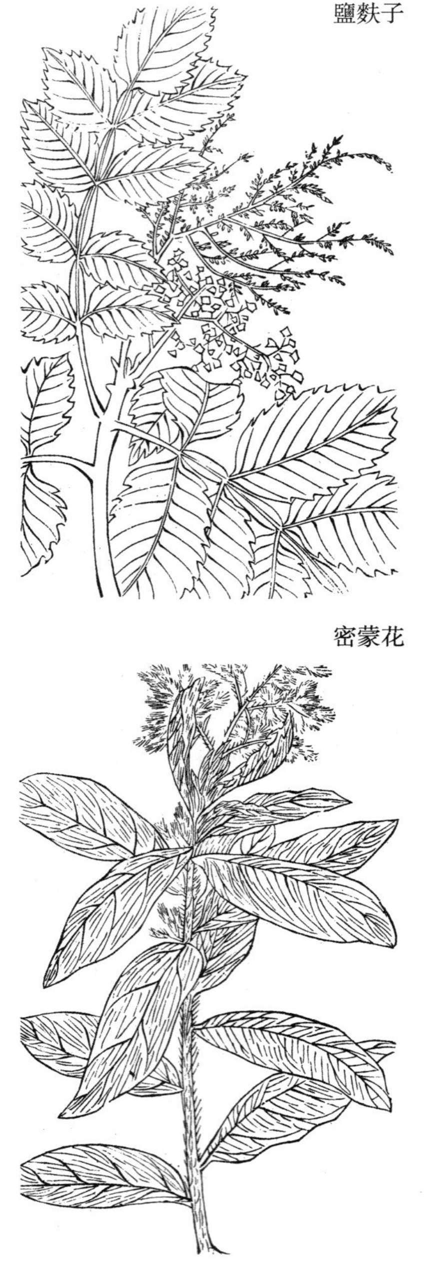

鹽麩子

密蒙花

密蒙花

密蒙花，《開寶本草》始著録。詳《本草衍義》。湖南山中多有，人皆識之。開花黄白色，茸茸如鬚。

紫荆

紫荆，《開寶本草》始著録。處處有之。又《本草拾遺》有「紫荆子」，圓紫如珠，别是一種，湖南亦呼爲「紫荆」。《夢溪筆談》未能博考，李時珍併爲一條，亦踵誤。

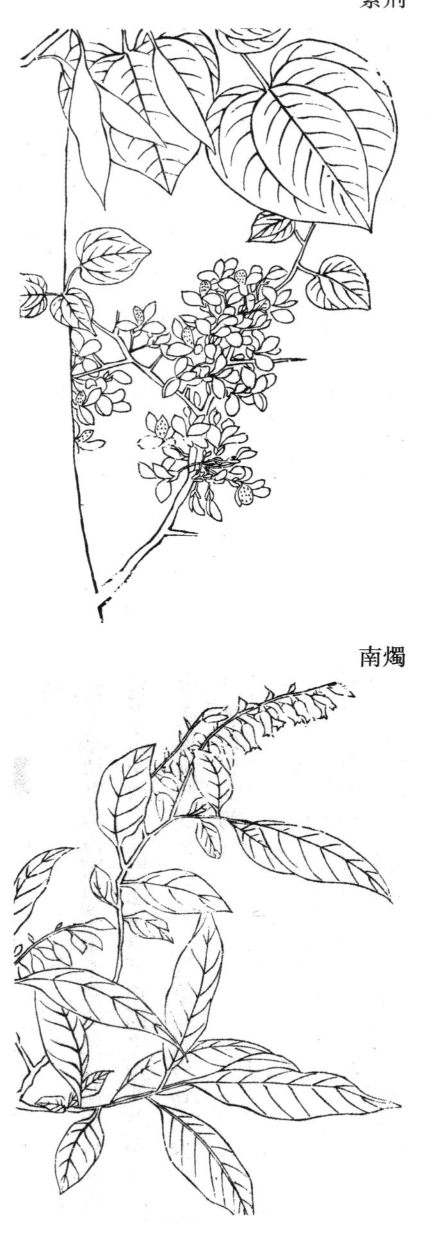

南燭

南燭，《開寶本草》始著録。道家以葉染米爲青飿飯。陶隱居《登真隱訣》已載之。開花如米粒，歷歷下垂，湖南謂之「飽飯花」。四月八日，俚俗寺廟染飯饋問，其風猶古。《夢溪筆談》誤以爲「南天竹」，且謂人少識者，殊欠訪詢。

伏牛花

伏牛花，《開寶本草》始著録。李時珍併入「虎刺」。今虎刺生山中林木下，葉似黄楊，層層如盤，開小白花，結紅實，凌冬不凋。俚醫亦用治風腫。未知即此木否。圖以備考。

伏牛花

烏藥

烏藥

烏藥，《嘉祐本草》始著録。山中極多。俗以根形如連珠、有車轂紋者爲佳。開花如桂。

黄櫨

黄櫨，《嘉祐本草》始著録。陳藏器云："葉圓，木黄，可染黄色。"《救荒本草》："葉味苦，嫩芽可煠食。"

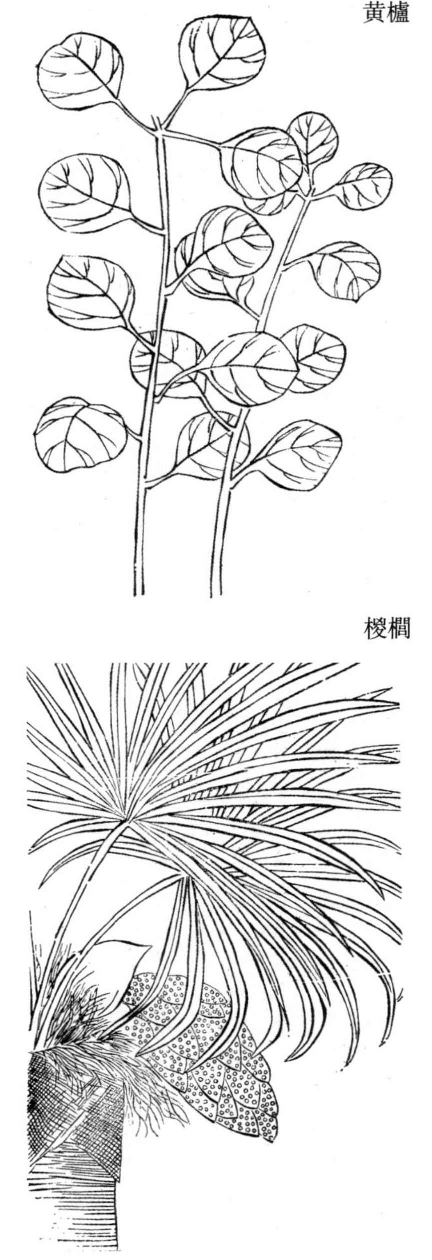

黄櫨

椶櫚

椶櫚

椶（zōng）櫚，《嘉祐本草》始著録。江西、湖南極多，用亦極廣。花苞爲椶魚，可食。子落地即生。燒椶灰爲止血要藥。

柘

柘，《嘉祐本草》始著録。葉可飼蠶，木染黄。《救荒本草》：「葉、實可食。」野生小樹爲「奴柘」，《本草拾遺》載之。

柘

柞木

柞（zuò）木，《嘉祐本草》始著録。江西、湖南皆有之。又有一種，相類而結黑實。

柞木

柞樹又一種。

柞樹，江西山坡有之。黑莖長刺，葉長而圓。秋結紫黑實，圓如大豆。俗呼爲柞，以爲藩籬。

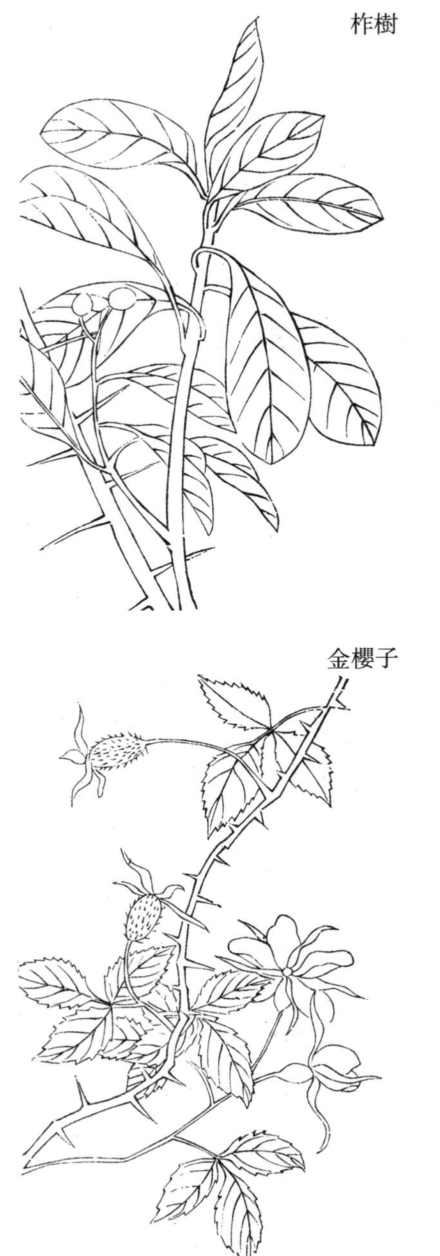

金櫻子併入《圖經》棠毬子。

金櫻子，《嘉祐本草》始著録。一名「刺梨」。生黔中者可充果實。饒州呼爲「棠毬子」，字或作「餹」，即《圖經》「滁州棠毬子」也。

枸骨

枸骨，《宋圖經》「女貞」下載之，《本草綱目》始別出。即俗呼「貓兒刺」。

枸骨

冬青

冬青

冬青，《宋圖經》「女貞」下載之，《本草綱目》始別出。葉微團，子紅色。俗以接木樨花者，亦可放蠟。

醋林子

醋林子，《宋圖經》收之。《廣西志》：「似櫻桃而細。」

醋林子

海紅豆

海紅豆

海紅豆，詳《益部方物記略》及《海藥本草》。爲面藥。

大風子

大風子，《本草補遺》始著録。治大風病，性熱，傷血，攻毒，殺蟲，外塗良。海南有之，狀如椰子而圓，其中有核十數枚，仁色白，久則黄而油。

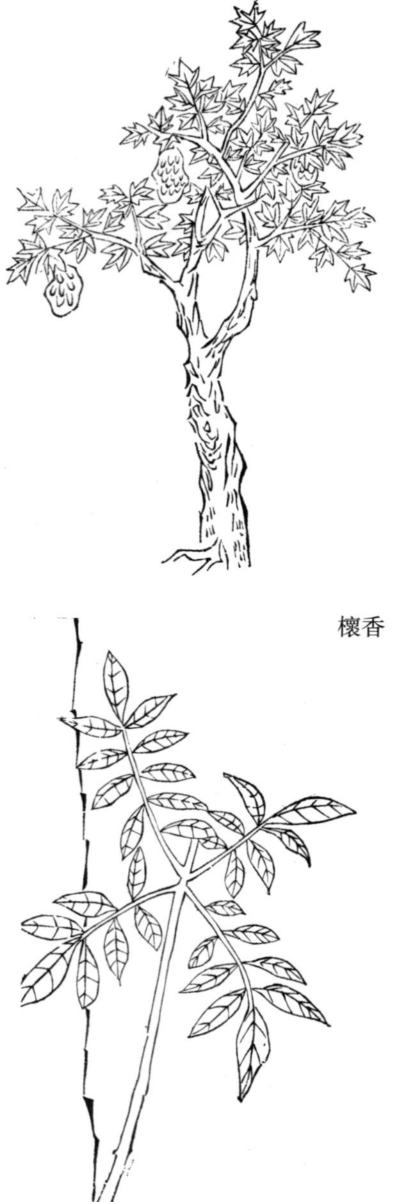

大風子

櫰香

櫰香

櫰（huái）香，《救荒本草》謂之「兜櫨樹」。葉可煠食。《本草綱目》始收入「香木」。

梧桐

梧桐，《爾雅》：「櫬，梧。」春開細花，結實曰「櫜鄂」，以爲果。《本草綱目》始收入「喬木」。俗亦取其初落葉，煎飲催生，又煮葉薰治白帶。

梧桐

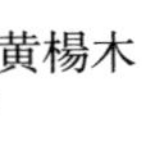

黄楊木

黄楊木

黄楊木，《酉陽雜俎》云：「世重黄楊，以其無火。」《本草綱目》始收入「灌木」。治婦人難産及暑癤。又有一種「水黄楊」，山坡甚多。

扶桑

扶桑，《南方草木狀》載之。《本草綱目》始收入「灌木」。江西贛州亦有之，過吉安則畏寒不能植矣。

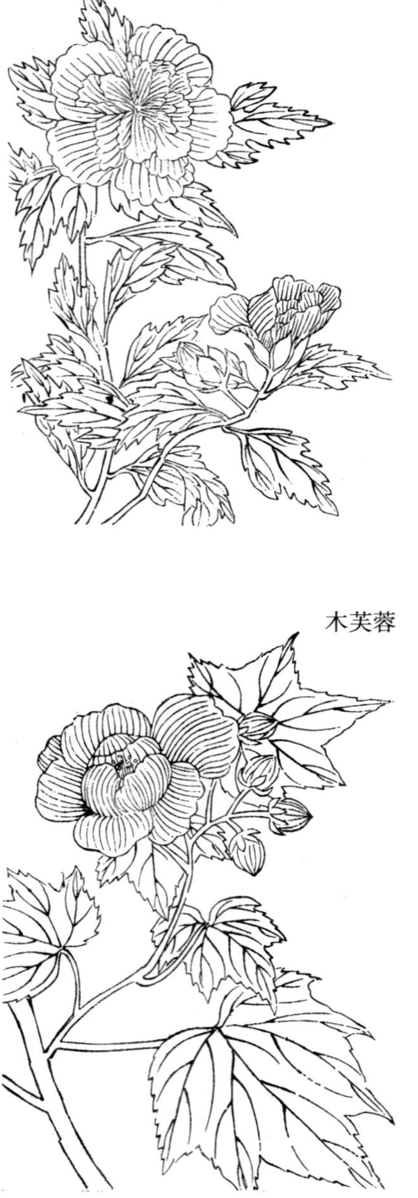

扶桑

木芙蓉

木芙蓉

木芙蓉，即「拒霜花」。《桂海虞衡志》載之。《本草綱目》始收入「灌木」。河以南皆有之。皮任織緝，花、葉爲治腫毒良藥。

山茶

山茶，《本草綱目》始著録。《救荒本草》：「葉可食及作茶飲。」其單瓣結實者用以擣油，山地種之。花治血證。

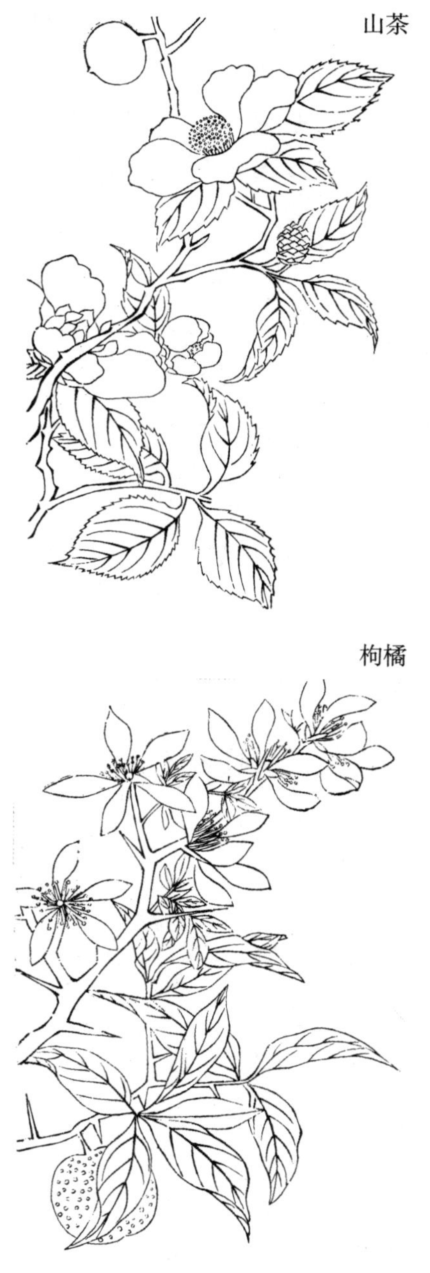
山茶

枸橘

枸橘

枸橘，詳《本草綱目》。園圃種以爲樊，刺硬莖堅，愈於杞柳。其橘氣臭，亦呼「臭橘」，鄉人云有毒，不可食，而市醫或以充枳實。亦治跌打，隱其名曰「鐵籬笆」。初發嫩芽，摘之，浸以沸湯，去其苦味，曝乾爲蔬，曰「橘苗菜」，以肉煨食，清香撲鼻，亦山家清供云。

胡頹子

胡頹子，陶隱居、陳藏器注「山茱萸」，皆著之。《本草綱目》形狀、功用尤爲詳晰。湖北俗呼「甜棒槌」。湖南地暖，秋末著花，葉長而厚，俗呼「半春子」。

胡頹子

蠟梅

蠟梅

蠟梅，《本草綱目》收之。俗傳浸蠟梅花瓶水，飲之能毒人。其實謂之「土巴豆」，有大毒。《救荒本草》云「花可食」，李時珍亦云「花解暑生津」，殊未敢信。

烏木

烏木，《本草綱目》始著録。主解毒、霍亂、吐利，屑研酒服。《博物要覽》：「葉似樱櫚，僞者多是槧木染成。」《滇海虞衡志》謂「元江州産者是櫨木，真烏木當出海南」。

烏木

石瓜

石瓜，詳《益部方物記略》。《本草綱目》始收入「喬木」類，治心痛。

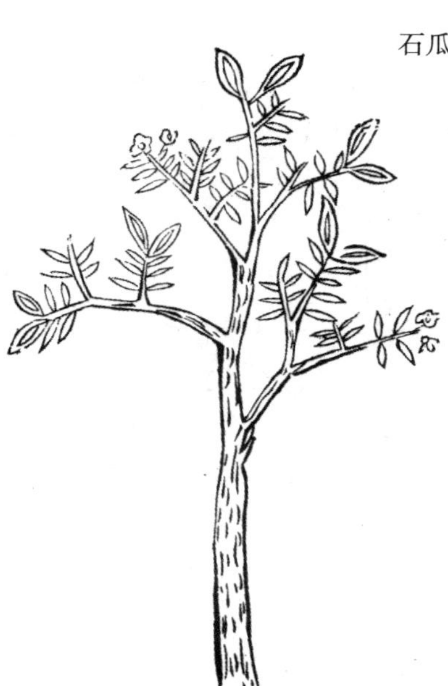
石瓜

相思子

相思子，即「紅豆」，詩人多詠之。《本草綱目》始收入「喬木」類，爲吐藥。今多以充赤小豆。

相思子

竹花

竹花

竹花，湖南圃中細竹。秋時矮笋不能成竹，梢頭葉卷成長苞，層層密抱，從葉隙出一長鬚，端有黄點，大如粟米而長，纍纍下垂，每歲爲常。乃知開花之竹，自有一種，非盡老瘁。昔人議竹華、實，所見皆殊。别爲《竹實考》，雜緝各説焉。

植物名實圖考卷之三十六　木類

優曇花

優曇花，生雲南。大樹蒼鬱，幹如木犀。葉似枇杷，光澤無毛，附幹四面錯生。春開花如

蓮，有十二瓣，閏月則增一瓣，色白，亦有紅者，一開即斂，故名。〔一〕按：《滇志》所紀大率相同，或有謂花開七瓣者。撫衙東偏有一樹，百餘年物也，枝、葉皆類辛夷，花衹六瓣，似玉蘭而有黄蕊。外有苞，與花俱放如瓣三，色緑，人皆呼「波羅花」。考《白香山集》：「木蓮生巴峽山谷，花如蓮，色香豔膩皆同，獨房蕊異。四月始開，二十日即謝，不結實。」〔二〕其形狀、氣候皆相類，此豈即木蓮耶？滇近西藏，花果名多西方語，紀載從而飾之，遂近夸誕。許纘曾《東還紀程》謂優曇、和山、娑羅皆一物，而云花、葉無異載乘。今此花衹及一歲之半，又園圃分植輒生。鄉間摘葉以爲雨笠，非復靈光巋存，〔三〕豈曇花終非可移，而姑以木蓮冒之耶？抑此花本六瓣，閏月增一爲七，而《紀程》誤耶？〔四〕否則和山等同爲一種，以肥瘠靈俗，而有千層、單瓣耶？又滇花瓣數，一樹之上，多寡常殊，應月之瓣，或偶值之耶？余以所見繪之圖，而録《東還紀程》於後以備考，其餘耳食之談皆不具。

《東還紀程》：「大理府山爲靈鷲，水爲西洱。靈鷲之旁爲和山。樹生和山之麓，高六七丈，其幹似桂，其花白，每花十二瓣，遇閏則多一瓣。佛日盛開，異香芬馥，非凡臭味。中出一蕊如稗穗，俗以爲仙人遺種。主僧惡人剥啄，〔五〕佯置火樹下，成灰燼。《雲南府志》：『優曇花，在城中土主廟内，高二十丈，枝葉扶茂。每歲四月，花開如蓮，有十二瓣，閏歲則多一瓣，亦名娑羅樹。昔蒙氏樂誠魁時，有神僧菩提巴波自天竺至，以所攜念珠分其一，手植之，久没兵燹中。』

謝肇淛《滇略》：『安寧過泉西岸，有寺曰曹溪，其中有曇花樹一株，相傳自西域來者。緑葉白花，移蘖他種，終不復活。』余謂安寧之優曇，大理之和山土主廟之娑羅，其花同，其色同，其枝幹亦同，特異地而異名耳。壬子夏，曇花盛開，州守馳使折一枝以贈。其花、葉、枝、幹，合之載乘，果無異也。太守乃採柔條，徧插於大樹之旁，三月後報曰：一枝已萌蘖矣。余喜甚，乃移置盆盎。碧葉爛然，一根五幹，土人驚詡，以爲奇瑞。」

又《雲南通志稿》載郎中阮福《木蓮花説》，與鄙見合。惟雲南督署舊有紅優曇，《説》中以爲皆是白花，余訪之信。偶買花擔上折枝，得紫苞者，疑爲紅花也。及苞坼，則緑白瓣，無少異，豈制府中之殷紅者亦此類耶？李時珍以木蓮初作紫苞似辛夷，尤相脗合，而又以真木蘭即此。然則虬幹婆娑者，其即征帆送遠之花身耶？〔六〕阮説尚未之及。昔人有謂木蘭與桂爲一種者。此樹葉皮味皆辛，微似桂。

〔一〕似「曇花」也。

〔二〕見卷三十三「木蘭」條注〔一〕。

〔三〕王延壽《魯靈光殿賦》序：「遭漢中微，盜賊奔突，自西京未央、建章之殿皆見隳壞，而靈光巋然獨存。」

〔四〕「紀程」，原本作「紀乘」，據文意改。

〔五〕剥啄：敲門聲。此言訪客騷擾。

〔六〕見卷三十三「木蘭」條注〔二〕。

緬樹

緬樹，生昆明人家。樹高逾人。春時發葉，先茁紅苞長數寸，苞坼葉見，俱似優曇。苞不遽脱，裊裊紛披，如曳丹羽，遥望者皆誤認朱英倒垂也。此樹未訪得真名，滇人以物之罕尠者皆呼曰「緬」，言其來從異域耳。有採藥者曰：「此紅優曇也。花紅瓣多，居人畏攀折，故匿其名，省城亦止此一樹。」按《滇志》：督署有紅優曇一株，形諸紀詠，然第苞紅耳，花固白色。市中折以售，不爲異也。此花既未早知名，瓜期已届，忽忽不復索觀，略記數語，以示東土好事者，不免爲優曇添一重疑案。

龍女花

《雲南志》：「龍女花，太和縣感通寺一株，樹高數丈。花類白茶，相傳爲龍女所種。」余訪得繪本，其花正白八出，黄蕊中有緑心一縷，俗謂「緑如意」。花謝時收弆，可以催生云。又《徐霞客遊記》："感通寺龍女花樹，從根分挺三四大株，各高三四丈，葉長二寸半，闊半之，緑潤有光。花白，大於玉蘭。亦木蓮之類而異其名。"

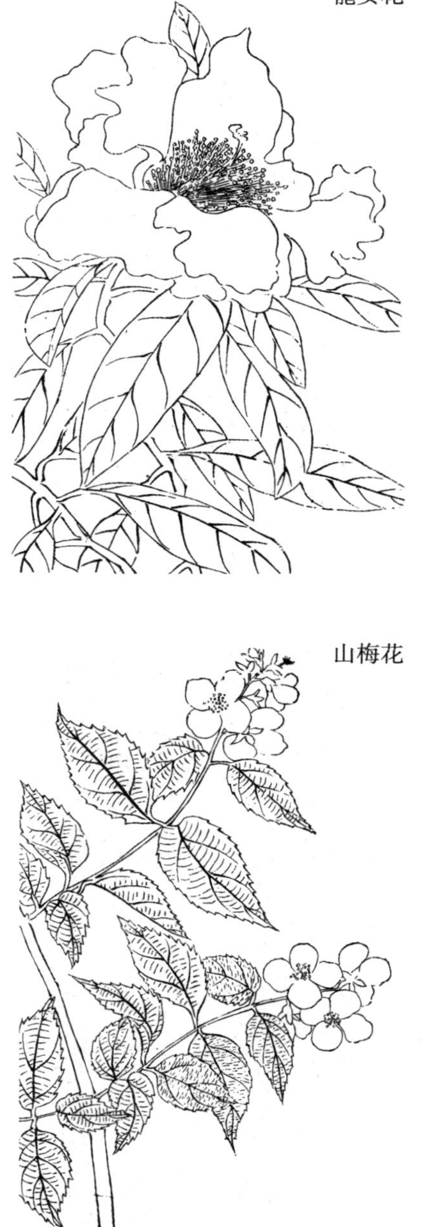
龍女花
山梅花

山梅花

山梅花，生昆明山中。樹高丈餘。葉如梅而長，横紋排生，微似麻葉。夏開四團瓣白花，極肖梨花而香。昔人謂梨花溶溶，〔一〕無香爲憾，此花兼之矣。

〔一〕晏殊句："梨花院落溶溶月，柳絮池塘淡淡風。"

蝴蝶戲珠花

蝴蝶戲珠，即繡毬之別種。桂馥《札璞》：「繡毬花，周圍先開，其瓣五出，酷似小白蝶，俗呼『蝴蝶花』。中心別有數十蕊，小如粟米。」按：此花五瓣，三大兩小，形微似蝶。中心緑蓓蕾圓如碧珠，開不成瓣，白英點點，非蕊也。

蝴蝶戲珠花

雪柳

昆明縣採訪，會城城隍廟雪柳，已數百年物。按：樹已半枯，葉如冬青，大小疏密無定。春深開花，一枝數朵，長筒長瓣，似素興而色白，雪柳之名或以此。插枝就接，皆不生。

雪柳

大毛毛花

大毛毛花，即「夜合樹」。有二種，一種葉大，花如馬纓，初開色白，漸黄；一種葉小，花如毬，色淡緑，有微香近甜。滇俗：四月八日，婦女無不插簪盈髻，以花似佛髻云。陳鼎《滇黔紀遊》：「夜合樹高廣數十畝，枝幹扶疏曲折，開花如小山覆錦被，絶非江浙馬纓之比，宜其攀折不盡，足供荼雲壓鬟顫釵矣。」〔一〕

〔一〕荼雲：此指出游之婦女。《詩·鄭風·出其東門》「有女如雲」、「有女如荼」。

皮袋香

皮袋香，一名山枝子。生雲南山中。樹高數尺，葉長半寸許。本小末奓，〔一〕深緑厚硬。春發紫苞，苞坼，萼蕤潔白如玉，微似玉

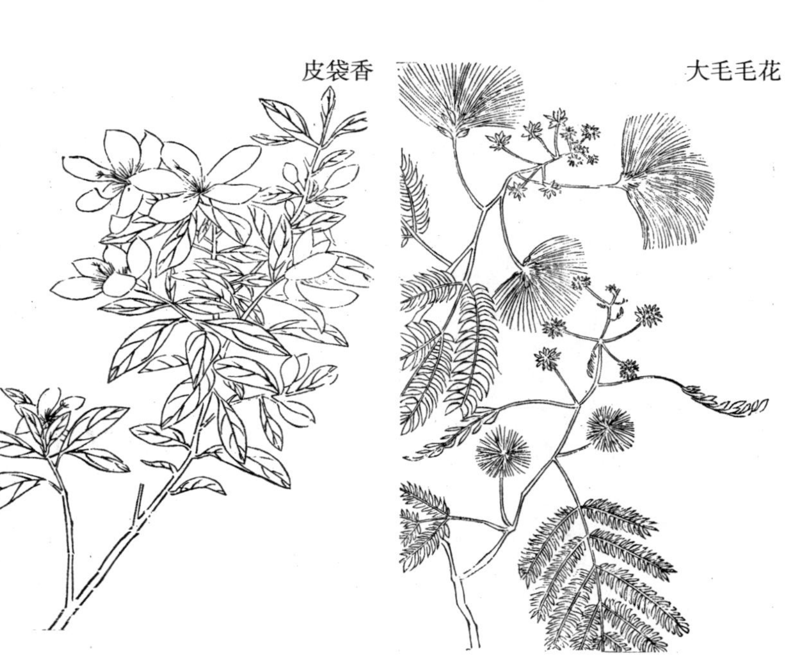
大毛毛花　皮袋香

蘭而小。開花五出，細膩有光。黄蕊茸茸，中吐緑鬚一縷。質既縞潔，香尤清馝。〔二〕薝蔔對此，色香俱粗。山人擔以入市，以爲瓶供。俗以花苞久含，故有「皮袋」之目。檀萃《滇海虞衡志》：「含笑花，俗名『羊皮袋』。花如山梔子，開時滿樹，香滿一院。」即此。但含笑以花不甚開放故名，此花瓣少全坼，非大小含笑也。

〔一〕奓：張大。

〔二〕馝：濃香。

珍珠花

珍珠花，一名「米飯花」。生雲南山坡。叢生，高三二尺。長葉攢莖勁垂，無偏反之態。春初梢端白箭子花，本大末收，一一下懸，儼如貫珠，又似糯米。一條百數，映日生光，土人折賣，擔頭千琲，〔一〕可稱富潔。此樹大致如南燭，而花極繁，葉少光潤。土人云未見結實，未審一種否。

〔一〕琲：珠串。

滇桂

滇桂，生雲南人家。樹高近丈，赭幹綠枝。春生葉，如初發小橘葉，葉間對茁長柄青荚，圓如菉豆。開四團瓣白綠花，瓣厚多縐，中央綠蔕大如小錢，有蕊五點，外瓣附之，如排棋子，狀頗俶詭。

滇桂

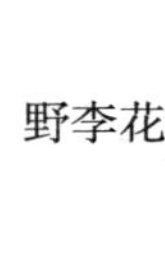

野李花

野李花

野李花，一名「山末利」。生雲南山中。樹高五六尺，赭幹如桃枝。葉本小末團有尖，柔厚不澤，深紋微齒，淡綠色。春開五瓣小白花，如李花而更小，蕊繁如毬，清香淡遠，故有「末利」之目。

昆明山海棠

山海棠，生昆明山中。樹高丈餘。大葉如紫荆而粗紋。夏開五瓣小白花，緑心黄蕊，密簇成攢。旋結實如風車形，與山藥子相類，色嫩紅可愛。山人折以售，爲瓶供。按形頗似湘中水莽，疑非嘉卉。

昆明山海棠

野櫻桃

野櫻桃

野櫻桃，生雲南。樹紋如桃，葉類朱櫻。春開長柄粉紅花，似垂絲海棠，瓣微長，多少無定，内淡外深，附幹攢開，朵朵下垂。田塍籬落，絳霞彌望，園丁種以接櫻桃。《滇志》云：「紅花者謂之苦櫻。」或云此即「山海棠」，阮相國所謂「富民縣多有」者。俗以接櫻桃樹，故名。其苦櫻以小雪節開，諺云「櫻桃花開治年酒」，蓋滇櫻以春初熟也。

山桂花

山桂花，生雲南山坡。樹高丈餘。新柯似桃，膩葉如橘。春作小苞，迸開五出，長柄裊絲，繁蕊聚縷，色侔金粟，香越木犀。每當散萼幽崖，擔花春市，翠緑摩肩，鵝黄壓髻，通衢溢馥，比户收香。甚至碎葉斷條，亦且椒芬蘭臭，固非留馨於一山，或亦分宗於八桂。〔一〕但以錦囊缺詠，藥裹失收，聽攀折於他人，任點污於廁溷。姑爲膽瓶之玩，聊代心字之香。

〔一〕廣西稱八桂。

馬銀花

馬銀花，生雲南山坡。枝幹虬拏，樹高丈許。枝端生葉，頗似瑞香，柔厚光潤，背有黄毛。花苞作毬，擎於葉際，宛如泡桐。一苞開花十餘朵，圓筩四瓣或五瓣，長幾盈寸，似單瓣茶花，微

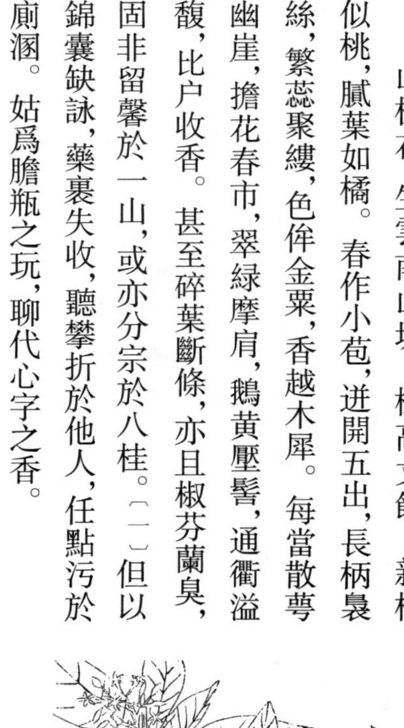

小，白鬚褐點，有朱紅、粉紅、深紫、黄、白各種。紅者葉瘦，餘者葉闊。春𩗗煦景，〔一〕與杜鵑同時盛開，茶火綺繡，彌罩林崖，有色無香，炫晃目睫。其殷紅者灼灼有餤，或誤以爲木棉。鄉人採其花，煠熟食之。檀萃《滇海虞衡志》：「馬纓花，冬春偏山，山氓折而入市，深紅不下山茶。製其根以爲羹匙，堅緻。」又有「白馬纓」，亦可玩，似未全覩。

〔一〕𩗗：風也。

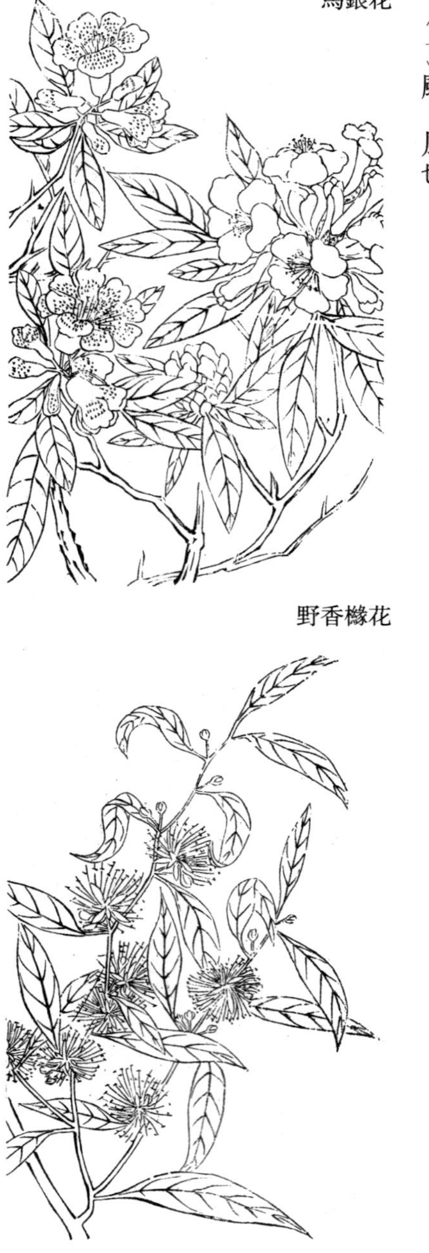
馬銀花

野香櫞花

野香櫞花

野香櫞（yuán）花，一名「小毛毛花」。生雲南五華山麓。樹高近尋，長葉如夾竹桃。葉緑潤柔膩，映日有光。春開四尖瓣白花，間以緑蔕，徑不逾半寸長，蕊茸茸密似馬纓，上綴褐點。花瘦蕊繁，隨風紛靡，頗有姿度，亦具清香。惟玉縷冰絲，離枝易瘁，不堪摧折，難供嗅玩耳。

象牙樹

象牙樹，生元江州。樹高丈餘，竟體黯白，微似紫薇。細枝竦上，葉似烏臼樹葉而薄。木色似象牙而質重。《新平志》「出魯魁山，可代象牙作筯」云。

象牙樹

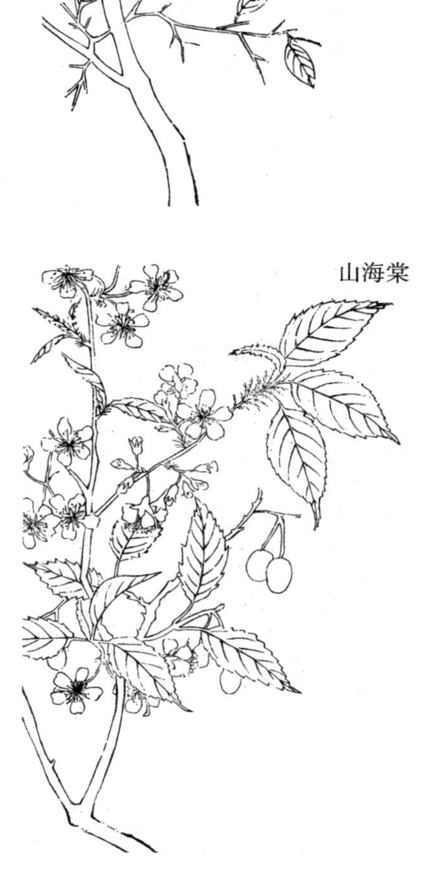
山海棠

山海棠

山海棠，生雲南山中，園圃亦植之。樹如山桃，葉似櫻桃而長。冬初開五瓣桃紅花，瓣長而圓，中有一缺。繁蕊中突出緑心一縷，與海棠、櫻桃諸花皆不相類。春結紅實，長圓，大如小指，極酸，不可食。阮儀徵相國有《咏山海棠》詩，序謂「花似海棠，蒂亦垂絲」者，則土人謂爲「山櫻桃」，以其樹可接櫻桃，故名。若以花名，則此當曰「山櫻」，彼當曰「山棠」也。

山海棠又一種。

山海棠，生雲南山中。樹莖、葉俱似海棠。春開尖瓣白花，似桃花而白膩有光。瓣或五或六，長柄緑蒂，裊裊下垂，繁雪壓枝，清香溢谷。花開足則上翹，金粟團簇，玉綫一絲。第其姿格，則海棠饒粉，梨雲無香，未可儕也。幽谷自賞，筠籃折贈，偶獲於賣菜之傭，遂以登列瓶之史。〔一〕

〔一〕明袁宏道有《瓶史》。

金絲杜仲

金絲杜仲，一名「石小豆」。生雲南山中。小木，葉長末團。夏抽細柄，開花，旋結實，殼色粉紅，老則四裂，宛似海棠。花內含紅子，大如小豆。朱皮黑質，的皪不隕。

金絲杜仲

栗寄生

栗寄生，雲南栗樹上有之。長條下垂，扁莖密節，一平一側，參差互生，極類雕刻。每節左右嵌以圓珠。與諸木寄生不同，而狀頗奇巧。

炭栗樹

炭栗樹，生雲南荒山。高七八尺。葉似橘葉而闊短，柔滑嫩潤。春開四長瓣白花，細如翦紙，類紙末花而稀疎。秋時黄葉彌谷。伐薪爲

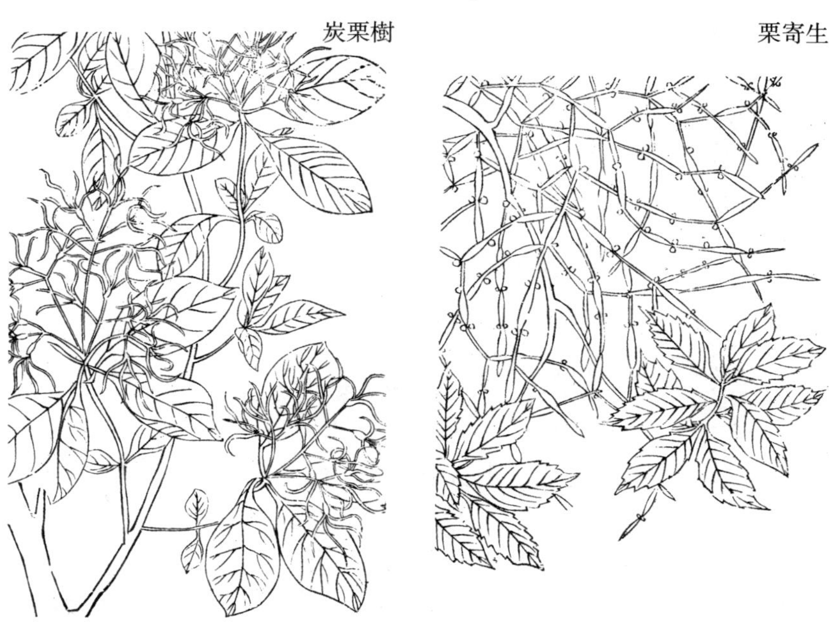

栗寄生

炭栗樹

炭，輕而耐火，山農利之。

水東瓜木

水東瓜木，湘中、滇、黔皆有之。緑樹如桐，葉似芙蓉。數莖同生一處，易長而質軟。《順寧府志》以爲即榿木，可以刻字。

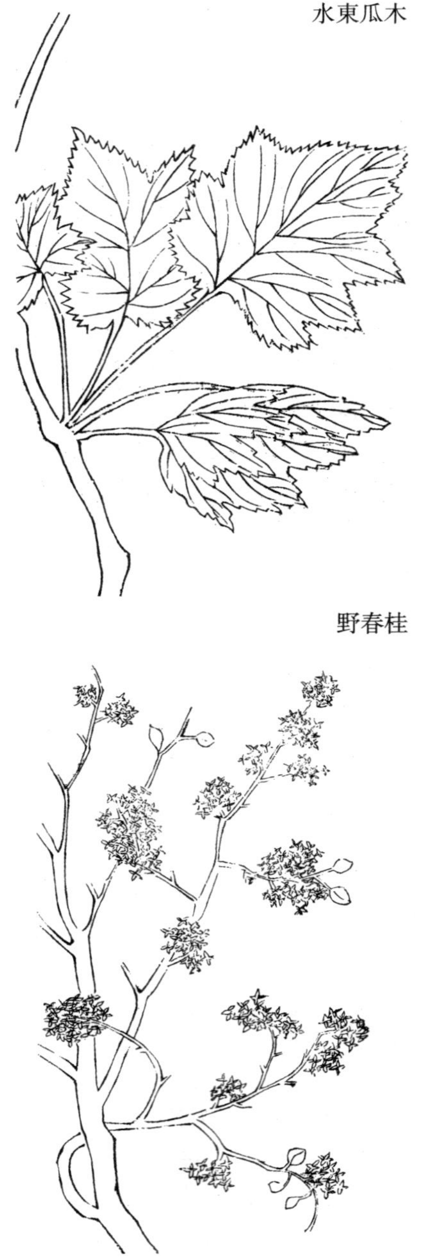
水東瓜木

野春桂

野春桂

野春桂花，猓玀持售於市。見其折枝，紅幹獨勁，緑葉未生，擎來圓紫苞，迸出金粟。滇俗佞佛，供養無虛，但有新蕚，俱作天花也。

衣白皮

衣白皮，生昆明。矮木。葉如桃葉，小而勁。花亦如桃五瓣，外赤内白，簇簇枝頭。其大者材中弓幹。

衣白皮

棉柘

棉柘

棉柘，見《救荒本草》。爲柘之一種，滇南有之。葉如桑而厚，實如椹而圓。織機無事，嘉樹空生，自缺婦功，何關地利哉！

樹頭菜

樹頭菜，《滇志》石屏者佳。樹色灰赭。一枝三葉，微似楷木葉。初生如紅椿芽而瘦，味苦。臨安人鹽漬之以爲虀。與黄連茶，即楷樹芽。皆取木葉作蔬，咀其回味，如食「諫果」也。〔一〕

〔一〕宋周密《齊東野語》卷十四以野笋、橄欖爲「諫果」，因其先苦而後甘，如諫者之言也。

樹頭菜

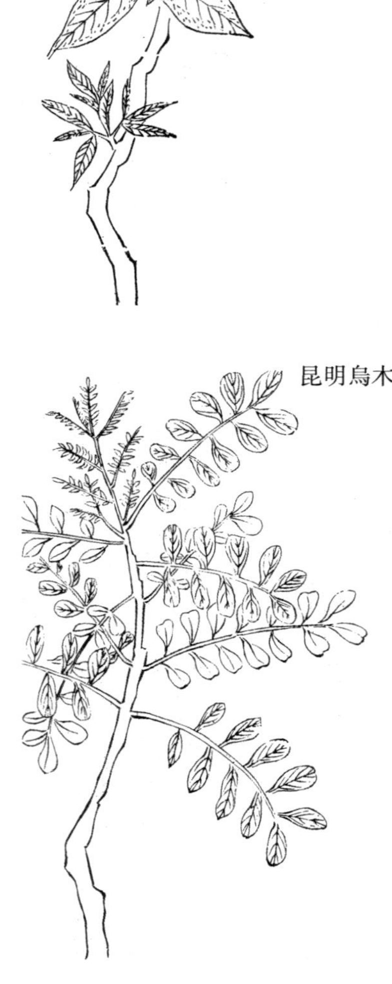

昆明烏木

昆明烏木

烏木，舊傳出海南、雲南，葉似椶櫚。僞者多是繫木染成。《滇海虞衡志》謂恐是櫨木。今昆明土人所謂烏木，葉似槐而厚勁，大如指頂，極光潤，嫩條色紫，與舊説異，其即繫木或櫨木欺？

簸赭子

簸赭子，生雲南山中。矮叢密葉，無異黄楊。附莖紫實，不光不圓，攢簇無隙，有如篩簸。

簸赭子

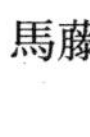

馬藤

馬藤

馬藤，生雲南山中。木本。大葉，面緑，背紫，紅脈交絡，直是秋海棠葉，非特似之。

金剛刺

金剛刺，生雲南山中。木皮緑紫，巨刺對生，犄鋭如杷，槎枒可怖。踈葉垂垂，似麻葉而尖長，蓋樊圃之良材也。

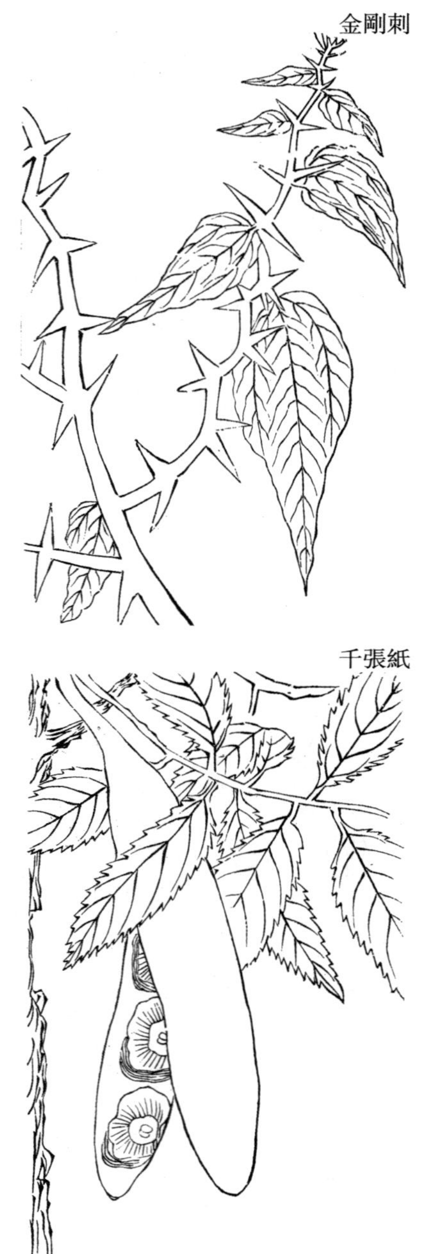

千張紙

千張紙，生廣西，雲南景東、廣南皆有之。大樹對葉，如枇杷葉，亦有毛，面緑，背微紫。結角長二尺許，挺直有脊如劍，色紫黑。老則迸裂，子薄如榆莢而大，色白，形如豬腰。層疊甚厚，與風飄蕩，無慮萬千。《雲南志》云：「形如扁豆，其中片片如蟬翼，焚爲灰可治心氣痛。」《滇本草》：「此木實似扁豆而大，中實如積紙，薄似蟬翼，片片滿中，故有『兜鈴千張紙』之名。入肺經，定喘消痰；入脾胃經，破蠱積；通行十二經氣血，除血蠱、氣蠱之毒，又能補虛、寬中、進食。夷人呼爲『三百兩銀藥』者，蓋其治蠱得效也。」按：此木實與蔓生之「土青木香」同，有「馬兜鈴」之名，醫家以「三百兩銀藥」屬之「土青木香」下，皆緣未見此品而誤併也。

雪柳

雪柳，生雲南山阜。小木紫幹，全似水柳，而葉小柔韌。黄花作穗，老則爲絮，羃樹浮波，吹風落毿。滇南有柳少花，得此矮柯，但見糝徑鋪氊，不能漫天作雪矣。

滇厚朴

滇厚朴，生雲南山中。大樹粗葉，結實如

雪柳

滇厚朴

豆。蓋即川厚朴樹，而特以地道異。滇醫皆用之。

山梔子

滇山梔子，生雲南山中。小木，硬葉。結緑實成串，形似小桃，大如豆，三棱。

山梔子

老虎刺寄生

老虎刺寄生

老虎刺，生雲南山中。樹高丈許。細葉如夜合而光潤密勁。開花作白緑絨毬。通體針刺。土醫以治瘡毒。寄生，葉長圓，背紅，與他寄生微異，亦治腫毒。

柏寄生

柏寄生，生滇南柏樹上。葉小而厚，主舒筋骨。蓋寄生雖别一種，必因其所寄之木而奪其性。滇多寄生，皆連其本木折取。本木瘁則寄生亦瘁，足知其性體聯屬，如人有癭瘤頰毫，非由外致。倘不知木之性而用之，其誤多矣。

柏寄生

厚皮香

厚皮香

厚皮香，生雲南山中。小樹。滑葉如山梔子。開五瓣白花，團團微缺，攢聚枝間，略有香氣。紅蕚似梅，厚瓣如蠟，開於三伏。滇南夏月，肆中有賣蠟梅花者，即此。然滇之「狗牙蠟」

梅」，已於此時含苞如蠟珠矣。

鐵樹果

鐵樹，滇南十二歲一實。樹端叢葉長七八寸，形如長柄勺，四旁細縷，正如俗畫鳳尾，色黃。果生柄傍，扁圓中凹，有核，滇人呼爲「鳳皇蛋」，蓋《本草綱目》所謂「波斯棗」，然嚼之無味。滇圃但以罕實爲異，不入果品也。

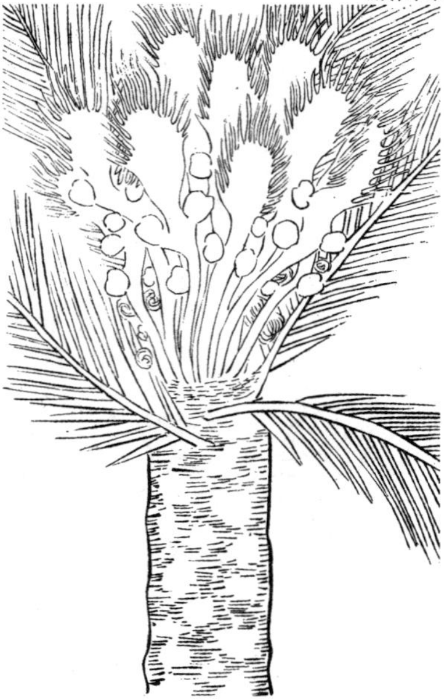

鐵樹果

滇山茶葉

滇山茶葉

滇山茶葉，葉勁滑類茶，味辛。開黄白花作穗。滇山人以其葉爲飲。

滇大葉柳

滇大葉柳，枝葉即柳，惟從幹傍發條，開白花。穗長寸許，亦作絮。

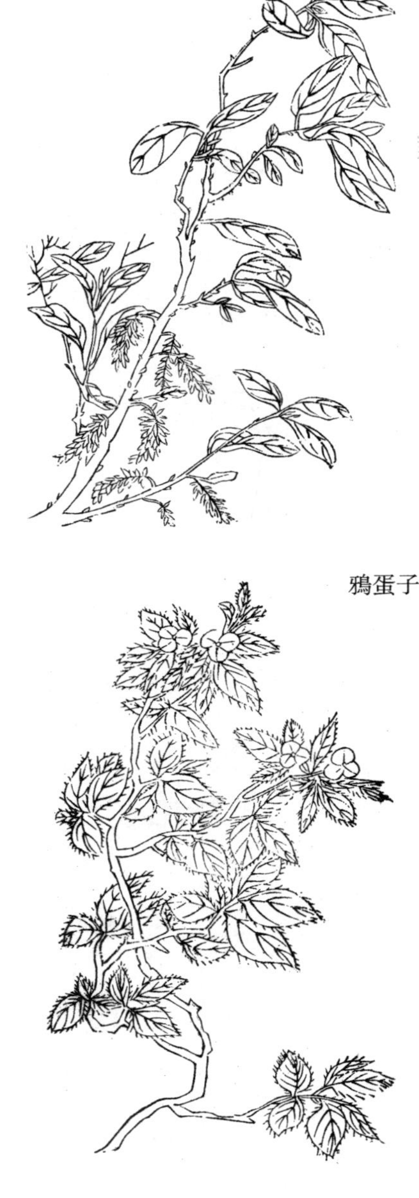

滇大葉柳

鴉蛋子

鴉蛋子

鴉蛋子，生雲南。小樹。圓葉。結實三粒相併，中有一稜。土醫云能治痔。

金絲杜仲

金絲杜仲，一名「石小豆」。生雲南。矮木，厚葉。葉長寸許，本瘦末團，面青背黄。結實如棠梨而小。實裂，各銜紅豆不脱。

金絲杜仲

紅木

紅木，雲南有之。質堅，色紅。開白花五瓣，微赭。

紅木

蠟樹

蠟樹，貴州貴定縣種之爲林，放蠟取利，髡其枝葉。叢條萌芽，屢翦益茂，道傍伍列，儼如官柳。葉稍團，秋結細角，似椿莢而薄小，懸於葉際。《癸辛雜識》載放蠟法，「用盆桎樹，葉似茱萸葉」，或即此。

蠟樹

栖樹

栖樹

栖樹，滇、黔有之，湖南辰沅山中尤多。木性堅重，造船者取以爲柁。葉如檀。秋時梢端結實，如紅姑孃而長。三棱中凹，有縐，色殷紅。内含子數粒如橘核。絳霞燭天，丹纈照岫，先於霜葉，可增秋譜。惟字書無「桐」字。

紫羅花

紫羅花，生雲南。子如枸杞。土醫云産婦煎浴，卻筋骨痛。一名「蛇藤」。

紫羅花

狗椒

狗椒，生雲南。莖、葉俱有細刺，高二三尺。結實如椒，味亦辛烈，殆「㔉椒」之類。

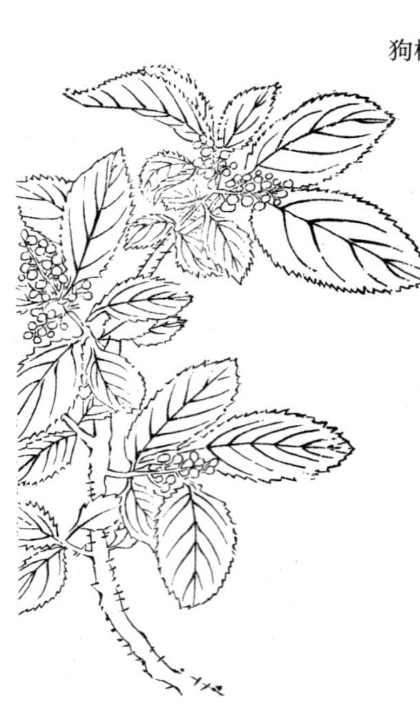
狗椒

馬椒

馬椒，生雲南。如狗椒，而長條對葉，如初生槐葉，結實作梂。

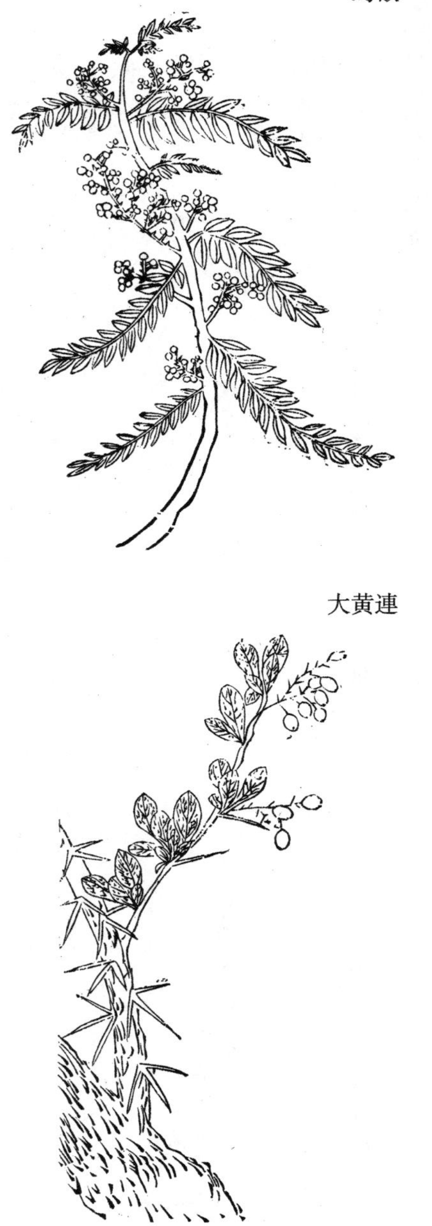

馬椒

大黄連

大黄連

大黄連，生雲南。大樹。枝多長刺，刺必三以爲族。小葉如指甲，亦攢生。結青白實。木心黄如黄柏，味苦。土人云可以代黄連，故名。

寄母

寄母

寄母，寄生各樹上。長葉。秋結紅實如珠。鳥食其實，遺於樹上，即生。

刺緑皮

刺緑皮

刺緑皮，生雲南。樹高丈餘，長條短枝。枝梢作刺，細葉蒙密。結小青黑實，簇簇滿枝。樹皮緑厚，土人以染緑。

植物名實圖考卷之三十七　木類

椆

《新化縣志》：「椆（chóu），《山經》虎首山多椆。〔一〕《說文》『木也』。《類篇》『寒而不凋』。今俗名『梁山樹』。多枝葉，亭亭如蓋。葉青黑，冬榮。」《邵陽縣志》：「椆有紅、白二種。紅爲上，白次之。質堅而性柔，作器須浸水經歲方堅實，否則移時即裂而翹。」《辰谿縣志》：「檮有紅、白二種。白者呼『蒿荆檮』，紅者爲『巖檮』。性直而堅，可扛輿。大者可作油榨。」

按：江西之樟，湖南之椆，所爲什器，幾徧遐邇。然樟木江南多有，惟不逾嶺而南，椆木則湖南而外無聞焉。字或作「檮」，《新化縣志》據《山經》作「椆」，較爲確晰。其木質重而堅，耐久不

蛀。葉亦似樟，稍小，亦似山茶。枝幹皮光而灰黑。木紋似栗而斜。《邵陽縣志》謂必浸水經歲而後堅實，不知凡竹木作器，皆宜浸之以水，使其生氣盡而汁液洩，然後可任斧鑿，否則風燥而生蠹，濕蒸而生菌，植物皆然，不獨椆也。

《永順府志》：「土紙，四縣皆出，檮樹皮爲之，佳者稍白，然粗澀不中書。」則檮亦可爲紙。

〔一〕《山海經・中山經》虎首之山、丑陽之山、龜山皆有椆。

黄連木

黄連木，江西、湖廣多有之。大合抱，高數丈。葉似椿而小。春時新芽微紅黄色，人競採取醃食。曝以爲飲，味苦回甘如橄欖，暑月可清熱生津。杭人以甘草、青梅同煮啖之，則五味備矣。故《救荒本草》：「黄楝樹，生鄭州南山野中。葉如初生椿葉而極小，又似楝葉色微黄。開花紫赤色，結子如豌豆大，生青熟紅，亦紫色。葉味苦，採嫩芽葉煠熟，水浸去苦味，油鹽調食。蒸芽曝乾，亦可作茶煮飲。」形狀、功用正同，唯南方未見其花、實爲異。其木理堅實，《廣西通志》：「黄連木，各州縣出，最能經久，即

《嶠南瑣記》所謂勝鐵力木者。」唯《湘潭縣志》以爲即楷木，未知所本。楚人呼「連」與「栗」同音，字或作「楝」，或作「鸝」。春時鄉人有摘芽售於城市者，呼爲「黄鸝芽」。《五雜俎》：「曲阜孔林有楷木，相傳子貢手植者。其樹十餘圍，今已枯死，其遺種延生甚蕃。其芽香苦，可烹以代茶，亦可乾而茹之。其木可爲笏、枕及棋枰，云敲之，聲甚響而不裂，故宜棋也；枕之無惡夢，故宜枕也。此木聖賢之遺跡，而守土之官日逐採伐，制器以充饋遺，今其所存寥寥，反不及商丘之木以不材終天年，〔一〕不亦可恨之甚哉！」按：所述芽味香苦，似即黄連木，或作《湘潭志》者爲魯人，故識之。

〔一〕「材」，原文作「才」，據文義改。《莊子·人間世》：南伯子綦游於商之丘，見大木焉。仰而視其細枝，則拳曲而不可以爲棟梁；俯而視其大根，則軸解而不可以爲棺椁；咶其葉則口爛；嗅之則使人狂酲。子綦曰：「此果不材之木也，以至于此其大也。嗟乎，神人以此不材！」又《莊子·山木》：莊子行於山中，見大木，枝叶盛茂，伐木者曰：「無所可用。」莊子曰：「此木以不材得終其天年。」

青岡樹

《救荒本草》：「青岡樹，舊不載所出州土，今處處有之。其木大而結橡斗者爲橡櫟，〔一〕小而不結橡斗者爲青岡。其青岡樹枝葉條幹皆類橡櫟，但葉色頗青而少花，又味苦性平，無毒。採嫩葉煠熟，以水浸漬作成黄色，换水淘淨，油鹽調食。」按：青岡樹與橡櫟雜生岡阜，蓋一類而無花、實者。其梢頭往往結一緑毬，細如椶絲，頗硬。貴州土綢即此樹蠶繭也，其利溥矣。桑有葚，橡有栗，皆不宜蠶，一理耳。今以橡譜附於後。湖南俚醫呼爲「白栗毬」，又呼「矮脚栗」，以其絲毬至秋圓白，如去殼之栗，用治紅痢、白濁。

橡繭識語

雩婁農曰：黔山瘠，民草服不給，〔二〕陳府君被以綈綺而有贏焉，俎豆報之，〔三〕宜也。原標「橡繭」，鄭君譜之，易曰「槲」，一字之師，辨矣，然非以通俗。〔四〕夫蟲食樹，吐絲以爲巢，必樹美者絲美。桑葉沃若，繭之上也。柘汁黄，豫之商城，荆之荆門、辰谿，其土絹皆柘汁也。贛之信豐、安遠，以烏臼飼蠶，則絲暗；以蠟樹飼蠶，則絲鮮。嘉應之程鄉，畦樹而蠶，食某葉者爲某繭。瓊之「文章蠶」食山栗，服之不敝，新興繭亦然。楝之絲，湖人以織裹巾；楓之絲，粵人以爲緣，且絃琴瑟；〔五〕樟之絲，湘人以爲釣緡。徐元扈曰「樹皆可蠶」，其信然歟？然槐蠶大如蟻，榆之蛾如蚱蜢，繭皆如蛛綱，弗任織；槲之蠖以少絲，糾數木葉爲穴而跧焉，摘而擲之，曳其穴以行，是蠢蠢者烏能爲此裊裊也？橡之樹堅，其色褐，葉勁而澤，其無實者曰青岡，葉愈厚且大，柘之次也，蠶食焉而肖，故絲勁而色亦褐。陸元恪曰「山樗與下田樗無異」，不以爲栲；其釋栲也曰「似櫟」，不以爲樗。若宗陸説，則宜曰「栲」而後可。

〔一〕橡斗：橡木之實，或稱橡栗。其殼如斗，故云。青岡與橡相類，故其實如橡斗。

〔二〕草服：以草爲服。

〔三〕立祠祭祀。

〔四〕通俗：通行於俗，能爲衆人理解。

〔五〕爲琴瑟之絃。

寶樹

寶樹，生廬山佛寺。亭亭直立，葉如松杉而有歧枝。相傳明時開一花如蓮。考《酉陽雜俎》：「巴陵僧房忽生一木，外國僧見曰：此娑羅也。元嘉初開一花如蓮。」或即此類。《華夷花木考》：「娑羅樹每枝生葉七片，有花穗甚長而黄如栗花。秋後結實，如栗可食。」此乃「天師栗」，非娑羅樹。李時珍亦云然。

羅漢松

羅漢松，繁葉長潤，如竹而團，多植盆玩。實如羅漢形，故名。或云實可食。又有以爲即「竹柏」者。考《益部方物記》「竹柏，葉繁長而籜似竹」，如以籜爲落葉，則甚肖；若以爲笋籜，則絶不類，存以俟考。滇南羅漢松實大如拇指，緑首絳跗，形狀端好。跗嫩味甜，飣盤尤雅。俗云食之能益心氣，蓋與松、柏子同功。

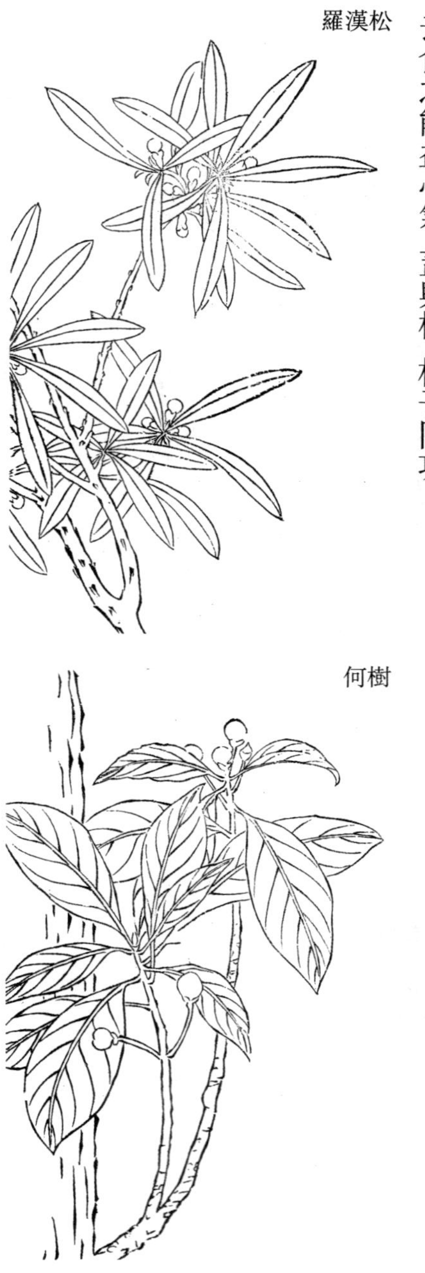
羅漢松

何樹

何樹

何樹，江西多有之，材中棟梁。《本草拾遺》有「柯樹」，或即此。

雩婁農曰：何樹，巨木也，宫室器具之用，益於民大矣。然志書或曰「柯」，或曰「栫」，或曰「和」。南城以木名其山，而不知於古爲何木。無名之樸，木之不幸歟？以無名，而爲求木者所不及，山徑之蹊，扶疎蔭塗，其視松杉不拱把而尋斧者，又非至幸歟？昔有僧氏何，問其里，亦曰「何國人」，〔一〕然則「何樹」者，其何國之木，而何氏之僧所手植歟？

〔一〕《東坡志林》：「《泗州大聖僧伽傳》云：和尚，何國人也。又云世莫知其所從來，云不知何國人也。近讀《西域傳》，乃有何國。」

榕

榕樹，兩廣極多，不材之木。然其葉可蔭行人，可肥田畝，木歲久則成伽南香，根大如屋。江西南贛皆有之，稍北遇寒即枯，故有「榕不過吉」之諺。〔一〕或以爲即蜀之榿木，但蘇子美蜀人，〔二〕在惠在瓊，無一語及之。李調元《南越筆記》叙榕木甚詳，亦不謂即榿。李亦蜀人也。

〔一〕吉：江西吉州。

〔二〕宋蘇舜欽字子美。

桹木

《寧鄉縣志》：「榔（láng）質堅而綿，作器具良。浸水有膏粘，婦人以沐髮。有沙榔、蝱榔，葉間結包生蚊。」《衡山縣志》：「根結實如衣扣，破之，有數蚊飛出。」《龍山縣志》：「樠，《左傳正義》『木有樠者，俗呼爲榔樠。蓋爲樠也。』〔一〕有紅、白二種。大樹皮厚寸許者，性膠，可和香料，葉圓而淡黃，俗作『桹』與『榔』者，皆誤。俗有杉樠、郁樠、柏樠、硬殼樠之名，杉樠爲佳。」按：桹（láng）木，湖南、贛南多有之，非珍木也。作志者多以榔樠爲説，其實南方榔樠，秋結莢者亦間有之。陳藏器謂南方有刺樠，無大樠。今榔木無刺無莢，非榔樠也。寧鄉、衡山縣志皆謂有蚊蝱生於實内。余考《北户録》：「蝱母木，即《南越志》所云『古度樹』，一呼『郙子』，南人號曰『柁』。實從木皮中出，如綴珠璫，大如櫻桃，黄即可食，過則實中化蛾飛出，亦有爲蚊子者。」其説與寧鄉、衡山縣志合。則「蝱根」即「蝱母」無疑。又《攸縣志》有一種柁樹，幹甚端偉，四時常青，當即《北户録》所謂「南人號曰柁」矣。此樹葉青黑，比榆樹葉肥澀，搓之亦黏。贛南並其葉合香，不獨皮也。其實初熟時，小兒亦取食之。惟實從皮中出，則未敢信。南方濕熱，凡樹木葉莖間忽結紅緑小實，色甚鮮明，摘置案間，俄即蠕動，或飛或伸，爲蛾爲蠖，土人皆曰「蟲果」。余在廣東，見大樹如椿，枝幹磥砢，隱隱隆起，侵曉則有無數蒼蠅飛出。或蝱母所結之實，老則化蚊，而葉間所結之包，亦即蚊蝱所蘊，《北户録》合而爲一歟？又《廣西通志》「蚊子樹，如冬青，實如枇杷，子熟坼裂，有蚊子飛出」，或即此木。但嶺南愈熱，樹木生蝱，恐尚不止一二種。又《格古要論》：「欏木，出湖廣，棕木。」欏、柁聲近，蓋即一木。滇南呼「婆樹」，則語有輕重耳，實榔木之一種也。

〔一〕《正義》原文爲「木有似榆者，俗呼爲朗榆，蓋爲朗也」。

蝱榔

蝱（méng）榔，湖南多有之，説具「榔樹」下。樹與各種榔同，惟結實如小豆，生青熟黃，内有子一粒，極硬。其葉多黑斑，隆起如沙；莖間亦有小苞。土人云：化蚊者即葉上之沙與莖間之苞，非實中化出。蓋其葉上黑斑已微具蚊形，而莖上之苞則遺種所孕，理可信也。俚醫以爲跌打損傷之藥。

蚊榔樹

蚊榔，爲榔樹一種，而蚊榔生蚊，又有從實中生者。其實初青有尖，如毛桃而小如豆，剥開，有蟲如孑孓。老則實黑而枯，蟲化蚊而實成灰矣。葉化蚊者，葉盡而實存；實化蚊者，實盡而葉存，以此别之。

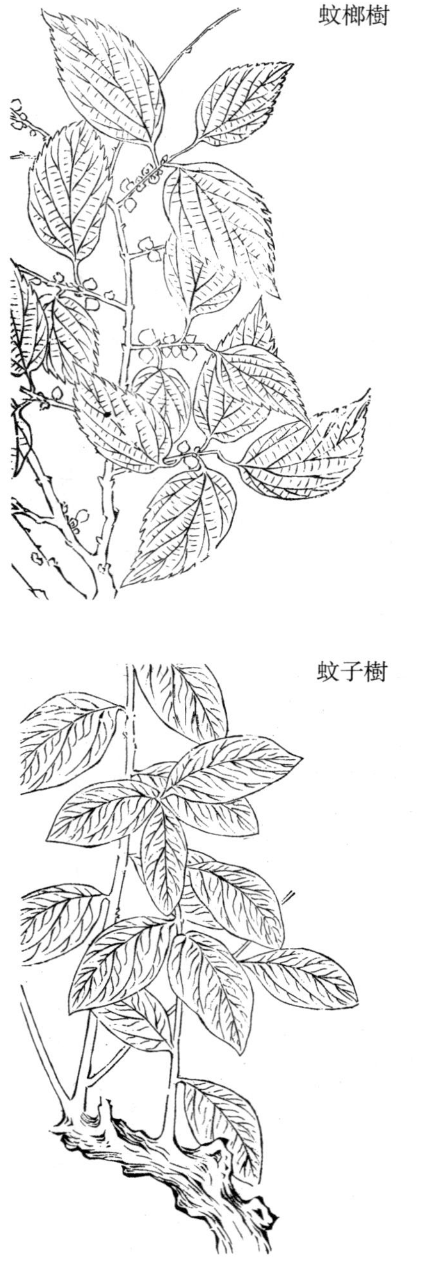

蚊榔樹

蚊子樹

蚊子樹

蚊子樹，生南安，與《廣西志》葉似冬青微相類，而色黄緑，不光潤。余再至南安，時已冬深，未得見其結實如枇杷生蚊。樵薪所餘，嫩葉復萌，土人皆呼爲「門子樹」。蚊、門土音無別，湘南亦然。

八角楓

《簡易草藥》：「八角楓，其葉八角，故名『八角楓』。〔一〕五角即『五角楓』。有花者其根亦名『白龍鬚』，無花者即名『八角楓』。二樹一樣，花葉八角，味温無毒，能治筋骨中諸病。」按：《本草從新》：「八角金盤，苦辛，温，毒烈。治麻痺、風毒、打撲、瘀血、停積，其氣猛悍，能開通壅塞，痛淋立止，虚人慎之。植高二三尺，葉如臭梧桐而八角。秋開白花細簇，取近根皮用。」即此樹也。江西、湖南極多，不經樵採，高至丈餘。其葉角甚多，八角言其大者耳。

〔一〕「楓」，原本誤作「風」。下二處同。

野檀

野檀，生袁州。大樹亭亭，與檀無異。土人云秋時結實如梨，不可食。色黄，可染。檀類多種，其黄檀耶？

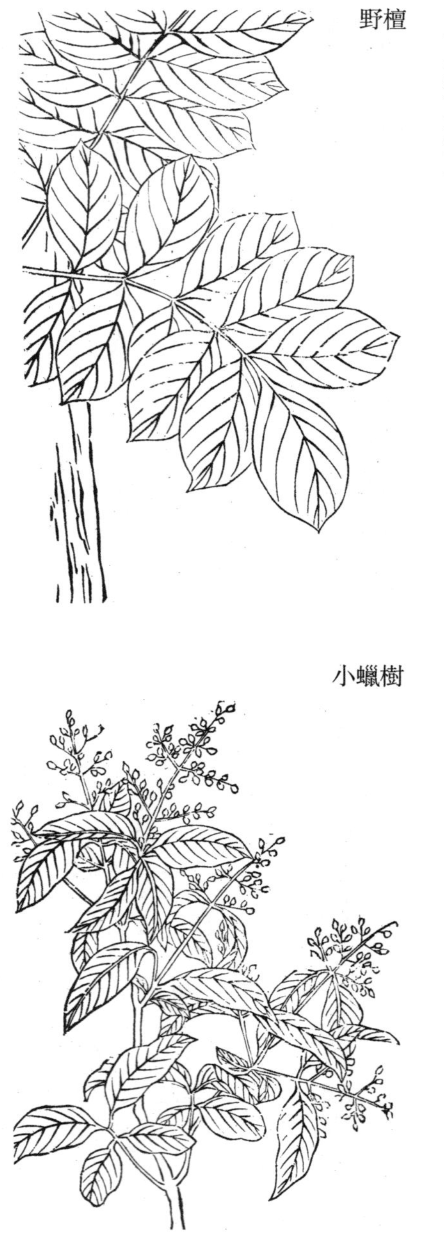

野檀

小蠟樹

小蠟樹

小蠟樹，湖南山阜多有之。高五六尺。莖、葉、花俱似女貞而小。結小青實甚繁。湖南産蠟，有魚蠟、水蠟二種。魚蠟樹小葉細，水蠟樹高葉肥。水蠟樹即女貞。此即魚蠟也。或又謂「水冬青」。葉細嫩，與冬青無大異，可放蠟。此是就人家種蒔之樹與野生者而言，亦强爲分别耳。《宋氏雜部》所云「水冬青，葉細，利於養蠟子」，亦即指此。李時珍謂有水蠟樹，葉微似榆，亦可放蟲生蠟，與此異種。

牛奶子

牛奶子樹，長沙山阜多有之。叢生，褐幹。葉如橘葉，有微齒。夏間結實，狀如衣扣，纍纍下垂。外有青褐皮，裂殼見黑光如龍眼核。殼内青皮白仁，味苦澀，頗似橡栗，可研粉救饑。俚醫取枝莖以爲散血之藥。

牛奶子

牛奶子（又一種）

牛奶子又一種。

牛奶子，與陽春子樹葉皆相似。秋結實如棠梨，色紅紫，味微甘而澀，童豎食之。

羊嬭子

羊嬭子，〔一〕湖南山阜多有之。《辰谿縣志》：「羊嬭子，莖有小刺，葉如桂而小，上青下白。開小白花。實如羊嬭，味甘可食。」又「羊春子」，同類異種。按：《救荒本草》：「白棠子樹，亦名羊嬭子樹。」形狀略同。

〔一〕「嬭」，同「奶」。

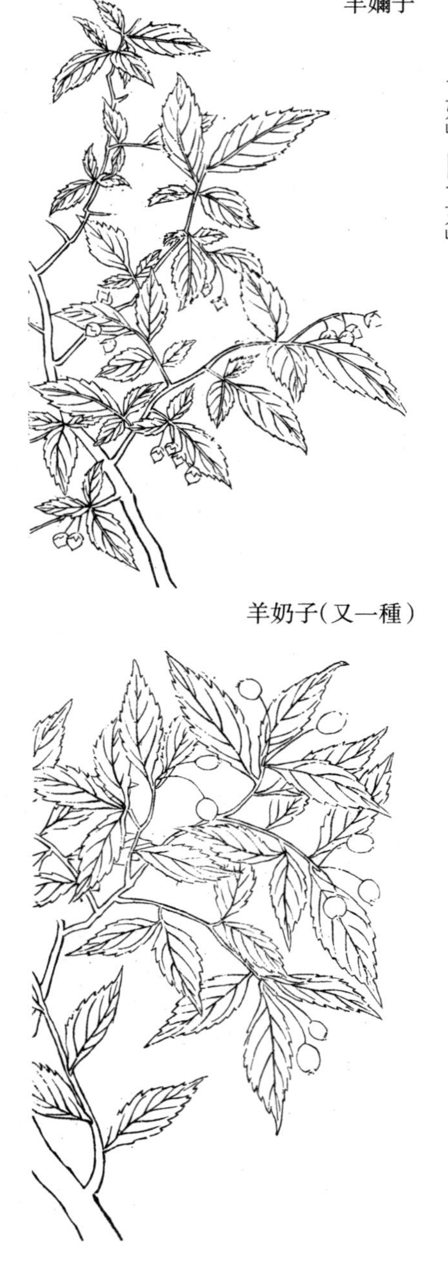

羊嬭子

羊奶子（又一種）

羊奶子 又一種。

羊奶子，生長沙山岡。叢樹無刺。葉如榆葉，光澤而薄。秋結實如海棠果而小，亦長，經霜色紅，味酸澀。

陽春子

陽春子，湖南處處有之。叢生赭莖，有硬刺。長葉如橘葉而不尖，面緑，背白。又一種葉稍大，亦寬，土名「面内金」。俱結紅實。土醫以治喉熱。

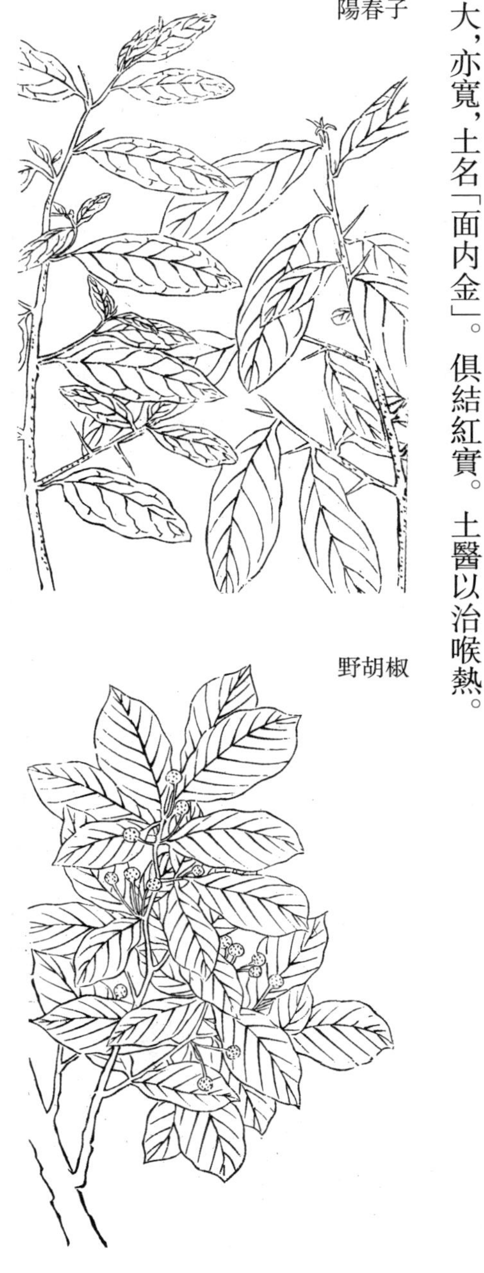
陽春子

野胡椒

野胡椒

野胡椒，湖南長沙山阜間有之。樹高丈餘，褐幹密葉。幹上發小短莖，大小葉排生如簇。葉微似橘葉，面緑，背青灰色，皆有細毛，捫之滑軟。附莖春開白花，結長柄小圓實如椒，攢簇葉間，青時氣已香馥。土人研以治氣痛，酒冲服。又一種枝、幹全同，葉微小，無實，俗呼「見風消」。按：《唐本草》：「山胡椒，所在有之，似胡椒色黑，顆粒大如黑豆。味辛，大熱，無毒。主心腹冷痛，破滯氣，俗用有效。」《廣西通志》：「山胡椒，夏月全州人以代茗飲，大能清暑益氣。」或以爲即「畢澄茄」。有一種野生不堪食，皆未述其形狀，未審是否一物。長沙別有一種山胡椒，大葉，秋深結實，與此異種。

樹腰子

樹腰子，一名「紅花樹」，長沙山阜多有之。樹高丈餘，黑幹緑枝，對葉排生。葉如橘葉而寬，亦柔，中紋一縷稍偏。夏開尖瓣銀褐花，攢密如穗。秋結紅實，如椒顆而小，三四顆共蒂，老則迸裂。子綴殼上，黑光亦如椒目，長而不圓，形微似豬腰子，故名。味辛温，土人以治心痛滯氣。

菩提樹

菩提樹，産粵東莞縣，只一株。樹身數圍，形狀如桑。葉蓊翳似蓋，色青。採葉，用水浸數日，去青成紗，畫工取之繪佛像。《南越筆記》：「菩提樹子，可作念珠。《廣州志》云：『訶林有菩提樹，梁智藥三藏攜種。樹大十餘圍，根株無數。』《通志》謂『葉似桑，寺僧採之，浸以寒泉，歷四旬浣去渣滓，惟餘細筋如絲，可作燈帷、笠帽』。《瓊州志》又稱『金剛子，産瓊州，圓如彈，堅實不朽，可爲數珠』。按菩提子，每顆面有大圈文如月，周羅細點如星，謂之『星月菩提』。又有『木槵子』，色較黑而質更堅結，亦可爲念珠，大姚諸處俗亦呼爲『菩提子』。」

鳳尾蕉

鳳尾蕉，南方有之，南安尤多。樹如鱗甲，葉如椶櫚，尖硬光澤，經冬不凋。欲萎時，燒鐵釘烙之，則復茂。《本草綱目》併海椶、波斯棗、無漏子爲一種，未敢據信，或同名異物，尚俟訪求。

鳳尾蕉

椶櫚竹

椶櫚竹

李衎《竹譜》：「椶櫚竹，兩浙、兩廣、安南、七閩皆有之。高七八尺，葉是椶櫚而尖，小如竹葉。自地而生，每一葉脱落即成一節。膚色青青，一如竹枝。《十道志》曰：巴蜀紙惟十色，竹則九種，椶竹其一。椶身而竹葉。宋景文公《益部方物贊》曰：『葉椶身竹，族生不漫，有皮無枝，實中而幹。』註云：『叢産，葉似椶有刺。』陸務觀有《占城椶竹拄杖》詩。」

水楊柳

水楊柳，叢生水瀕。高二三尺。長葉對生，似柳而細。莖柔可編筐筥。光州謂之「簸箕柳」，水農種之。

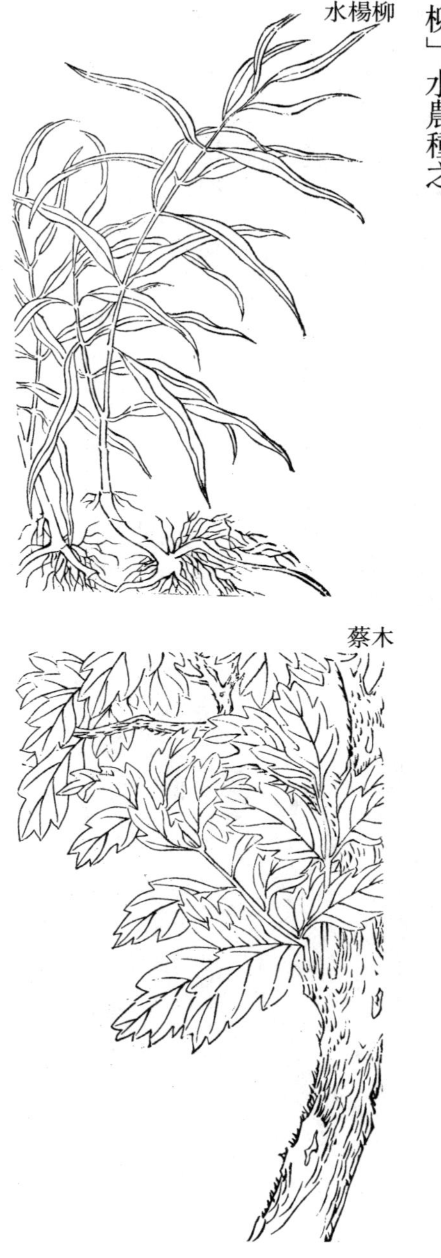

水楊柳

蔡木

蔡木

蔡木，生山西五臺山，志書載之。枝、葉全類槲櫟，疑即橡栗之屬。考段氏《説文解字注》：「蔡，草丰也。丰讀若介。丰字本無，今補。四篇曰：丰，艸蔡也。此曰蔡，艸丰也，是爲轉注。艸生之散亂也。丰、察疊韻。」此木葉密枝杈，或以此得名爲蔡歟？《集韻》有「𣞑」字，云「木名，梓屬」。蔡與榛或音形相近而訛，但此木殊不類梓。又古人作字，或祇訓柞木。橡醜實繁，多供薪槱。柞、蔡一聲之轉，西音呼「蔡」爲「詫」，柞亦爲槎之假借，殆作志者就土音書爲「蔡」，而不知其即柞木耳。《霍州志》：〔一〕「柞，新葉生，故葉落，堅忍之木，可爲車軸。」則柞亦晉材。

〔一〕霍州：今屬山西臨汾。

蘗木

蘗（bò）木，《本經》上品。根名「檀桓」。《别録》謂生漢中永昌山谷。今山西、湖南山中至多。俗以染黄。《説文》：「檗，〔一〕黄木也。」俗加「艸」作「蘗」，誤。

雩婁農曰：小説家有謂投黄蘗水中能毒蛟龍者，温嶠然犀，鬼神惡之，〔二〕但深山中忽遭沸流，〔三〕俗曰「蛟水」，當其衝者，山裂木拔，豈無一蘗木隨流而泛者哉？夫洚水離析，〔四〕害難言矣。近世有栞《伐蛟説》者，其意甚壯，然不聞有試之者。《周禮》：「壺涿氏掌除水蟲。若欲殺其神，則以牡橭午貫象齒沈之，其

神死，爿爲陵。」一〔五〕與後世禁祝何異？然則捍大患、禦大灾而有益於民，雖巫覡小術，亦聖人之所作也。蘖木殺蛟，其説若信，則依澗負崖之氓，家置户蓄，或遇一綫逆湍，爭相迎擲，獨非臨時救恤之一法乎？

〔一〕「檗」，原本誤作「蘖」，據《説文》改。

〔二〕《晉書·温嶠傳》：嶠旋于武昌，至牛渚磯，水深不可測，世云其下多怪物。嶠遂燃犀角而照之，須臾，見水族奇形異狀。嶠夜夢人謂己曰：「與君幽明道别，何意相照也？」意甚惡之。嶠先有齒疾，至是拔之，因中風，未旬而卒。

〔三〕沸流：翻騰如沸的山洪。

〔四〕洚水：洪水。

〔五〕賈公彦《疏》：「橭，榆木。以橭爲幹，穿孔，以象牙從橭貫之爲十字，沈之水中，則其神死。淵爲陵，所謂深谷爲陵是也。」

蕤核

蕤核，《本經》上品。《爾雅》「棫，白桵」，注：「小木叢生，有刺，實如耳璫，紫赤，可食。」注《本草》者以爲即蕤核。《圖經》謂「葉細如

枸杞而狹長，花白，子附莖生，紫赤色」，按其形狀，正相肖也。《救荒本草》：「俗名『蕤李子』，果可食。」今山西山坡極多，俗呼「蕤棫」，彌坑堙塹，蓬勃苯蓴，〔一〕詩人芃芃薪槱，〔二〕體物瀏亮，〔三〕亦自述其物宜耳。《霍州志》：「棫，一名桵，即棫樸也。小枝而叢生，中空，州人飲煙者取爲飲具。」〔四〕按陸璣《詩疏》：「棫即柞。其材理全白無赤心者爲白桵。」是棫有赤、白二種。今霍州産者有赤紋如繡，心似通草，以物穿之即空。詩人棫、樸連詠，應是一類二種。《召南》詩「林有樸樕」，毛《傳》：「樸樕，小木也。」《疏》引《爾雅》作「樸樕，心」，則樸樕一名「心」。古人多反語，以「亂」爲「治」，「苦」爲「甘」，此木心柔可中通，故亦名爲「心」歟？陶隱居注云：「蕤核，大如烏豆，形圓而扁，有文理，狀似胡桃。」此種山西亦多，與郭注異，具别圖。小木相似而異者甚繁，大要皆一類也。

〔一〕苯蓴：草叢生貌。

〔二〕《大雅·棫樸》：「芃芃棫樸，薪之槱之。」槱：積薪。

〔三〕陸機《文賦》：「詩緣情而綺靡，賦體物而瀏亮。」李善注：「瀏亮，清明之稱。」

〔四〕飲煙：吸煙。

蕤核又一種。

蕤核，陶隱居注：「形如烏豆，大圓而扁，有文理，狀似胡桃桃核。」此種山西山阜極多，俱如陶説。《圖經》：「蕤核，狀如五味。」此實多皺，中有裂紋如桃李，不正圓。按諸書言「溲疏」，皆云似枸杞有刺，子兩兩相比。此木叢生，葉極似枸杞，而多刺如棘，子必駢生，殆溲疏也。土人既不知其名，而方書無用者。《本經》上品，其爲「逸民」久矣。〔一〕本貫熊耳，〔二〕毗接中條，族姓繁衍，雜處棫樸，圖而識之，俾不堙没。若陶隱居之併入蕤核，蓋知己而非知己也。

〔一〕逸民，不爲朝廷所用也。

〔二〕本生地爲熊耳山。

桋樹

桋(yí)樹，生山西霍州。大樹亭亭，斜紋

蕤核

桋樹

糾錯，枝柯柔敷。葉如人舌，駢生，長柄裊裊下垂。寺院陰清，與風摇蕩，可謂嘉植。按《詩》「隰有杞桋」，〔一〕陸《疏》：「桋葉如柞，皮薄而白，其木理赤者爲『赤桋』，一名『桋』；白者爲『桋』。其木皆堅韌，今人爲車轂。」《爾雅》「桋，赤桋；白者桋」，郭注：「赤桋樹葉細而岐鋭，皮理錯戾，好叢生山中，中爲車輞。白桋葉圓而岐，爲大木。」按其形狀不甚合，或别一木。

〔一〕見《小雅・四月》。

杄

杄（qiān）木，山西山中極多。樹亭亭直上，葉如栝松而肥軟，又似杉木而葉短柔。山西架木皆用之，與南方杉木同。按「杄」即「櫏」字。「桾櫏」見《吴都賦》，注：「子如瓠形。」今廣東有之，一名「羊矢棗」，非「軟棗」也。此木結實與松實同而小，絶非桾櫏。櫏木，字書不載。考《説文》「樠」字下云「松心木」。馬融《廣成頌》：「陵喬松，履脩樠。」《漢書》：「烏孫國多松樠。」松、樠並稱，自是一類。小顔注：「樠，木名，其心似松。」今杄木有赤、白二種，土人亦云「松杄」。杄、樠音近，或即樠木也。

《水經注》武陵有「樠溪」。俗作朗溪。《廣韻》有「㭨」字。今湘中榔木應作「㭨」，作志者或作「樠」。其樹非松類，誤合樠、㭨爲一字耳。樠溪字亦當作「㭨」，彼處榔木最繁，應即以此名溪也。《左傳正義》：「木有榆者，俗呼榔榆，蓋爲樠也。」以樠爲榔榆，未見所出。郎榆，姑榆，俗或作榔榆。段氏《説文注》謂認「樠」爲「㭨」，未别其字而强説其音也。

樺木

樺木，《開寶本草》始著録。山西各屬山中皆産，關東亦饒。湖北施南山中剥其皮爲屋。古有樺燭，今罕用。考《説文》「槬」或從「蒦」，段氏《注》云：「俗作樺。」《爾雅》「檴落」，郭注：「可以爲杯器素。」《詩經》「無浸檴薪」。〔一〕今五臺人車其木以爲椀盤，色白無紋，且易受采；雁門人斧其枝以爲柴，則「杯器素」及「檴薪」之用，今猶古矣。《詩疏》引陸璣《疏》以爲「梛榆」，云「其葉如榆」。按此木葉圓如杏，密齒，殊不類榆。陸蓋不以「檴」爲「槬」，與《説文》異。《爾雅正義》引《説文》以「檴」爲「樗」之或體，且云：「樗爲散木，雜於薪蘇。」非所見《説文》本異，即是誤記。樗皮及木，其

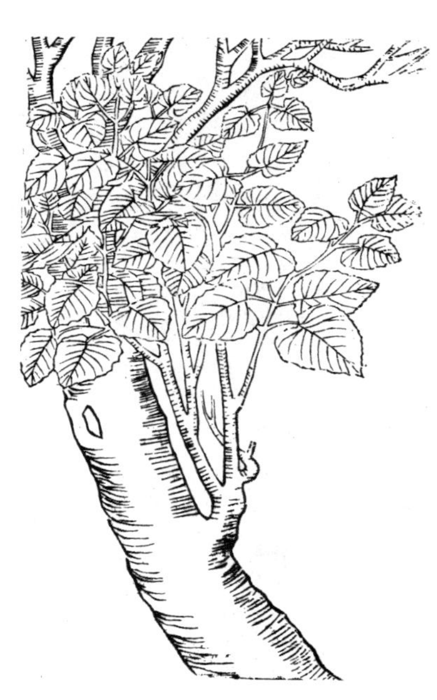

用皆與樺不類。

〔一〕見《小雅·大東》。

黄蘆木

黄蘆木，生山西五臺山。木皮灰褐包，肌理皆黄，多刺，三角如蒺藜。四五葉附枝攢生，長柄，有細齒。俗以染黄，訛曰「黄姑」。按《説文》「杍」字下云：「杍，木也，出櫜山。」段氏《注》引《廣韻》「黄杍木可染黄」，疑爲《周禮注》之「櫜盧」。又「櫨」字下云：「一曰宅櫨木，出弘農山。」段氏《注》亦疑爲「櫜盧」。考杍、櫨二篆，《説文》分廁，異物無疑。《嘉祐本草》有「黄櫨」，云「生商洛」。《救荒本草》圖圓葉如杏，與此木迥別。而商洛接近弘農，則《説文》「宅櫨木」，其即《救荒本草》之「黄櫨」矣。此木亦染黄。西音姑、杍、蘆騾聽無別。《癸辛雜志》謂長城傍得古木，謂名「黄蘆」，蓋昔築城以爲幹者，字正作「蘆」。五臺在長城内，木名黄蘆，其來舊矣。蘆爲葦草，不可通木，盧上加艸，俗書之誤。此木殆即「櫜盧」，而《説文》所説「杍木」歟？又《圖經》謂有一種「刺蘗」，多刺可

染，不入藥用，或即此木。蓋不知其名，姑以色黄而名曰「櫱」。

欒華

欒華，《本經》下品。《救荒本草》：「木欒，生密縣山谷中。樹高丈餘，葉似楝葉，而寬大稍薄。開淡黄花，結薄殼，中有子如豌豆，烏黑色，人多摘取作數珠。葉味淡甜。採嫩芽煠熟，换水浸淘淨，油鹽調食。」按山西亦多有之，俗訛作「木蘭」。《通志》：〔一〕「木蘭，叢生谷岸，葉可染皁。晉人名『黑葉子』。春初採芽作茹，名木蘭芽。」又《長治縣志》：「㯃，即木蘭。」考《集韻》：「㯃，木名，可爲笏。」此木皮赭質白，自可作笏，而黑葉子則染肆用之如皁斗。《説文》「欒木似欄」，段氏《注》：「欄，今之楝字。」欒之似楝，其説古矣，西音爲「蘭」，亦古韵也。

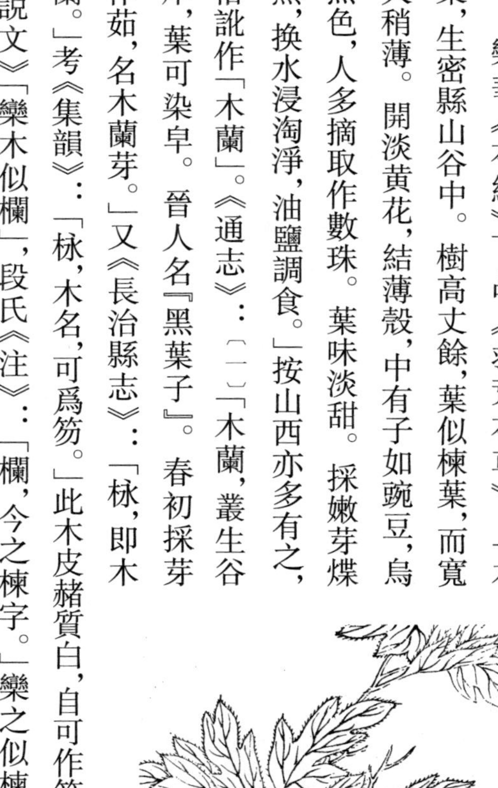

〔一〕此《通志》指《山西通志》。

植物名實圖考卷之三十八　木類

野鴉椿

野鴉椿，生長沙山阜。叢生，高可盈丈。緑條對節，節上發小枝。對葉密排，似椿而短，亦圓，似檀而有尖，細齒疎紋。赭根旁出，略有短鬚。俚醫以爲達表之藥。秋結紅實，殼似赭桐花

而微硬，迸裂時子著殼邊，如梧桐子，遥望似花瓣上粘黑子。按：《唐本草》「賣子木」形狀極肖，亦云「子如椒目，在花瓣中」，則焦紅者其花耶？附以備考。

化香樹

化香樹，湖南處處有之。高丈餘。葉微似椿，有圓齒，如橡葉而薄柔。結實如松毬，刺扁亦薄，子在刺中，似蜀葵子，破其毬，香氣芬烈。土人取其實以染黑色。按：《本草拾遺》：「必栗香，味辛，温，無毒。主鬼氣。煮服之，并燒爲香，殺蟲魚。葉搗碎置上流水，魚悉暴鰓。一名『化木香』，詹香也。葉如椿。生高山。堪爲書軸，白魚不損書也。」又《海藥本草》：「主鬼疰、心氣，斷一切惡氣。葉落水中，魚當暴死。」核其形狀，頗相彷彿，名亦近是。惟此樹之用在毬，染肆浸曬，盈筐累甕，而《拾遺》不及之，以此爲疑。俚醫以爲順氣、散痰之藥。

土厚朴

土厚朴，生建昌。亦大樹也。葉對生，粗柄，長幾盈尺，面緑，背白，頗脃。枝頭嫩葉，卷如木筆。味辛，氣香。土人以代厚朴，亦效。

土厚朴

酒藥子樹

酒藥子樹

酒藥子樹，生湖南岡阜。高丈餘。皮紫，微似桃樹。葉如初生油桐葉而有長尖，面青，背白，皆有柔毛。葉心亦白，茸茸如燈心草。五月間梢開小黄白花，如粟粒成穗，長五六寸。葉微香。土人以製酒麴，故名。

苦茶樹

苦茶樹，生長沙岡阜。高丈餘。枝葉蒙密，紫莖細勁，多杈枒。附莖生葉，長寸餘，微似臘梅葉，光艄而皺，面濃緑，背淡青，深紋稀齒。葉間附莖結實，圓長有直紋，大如梧桐子，生青熟黑。葉味苦，回甘生液，土人採以爲茗。

苦茶樹

吉利子樹

吉利子樹

《救荒本草》：「吉利子樹，一名『急蘗子科』。荒野有之。科條高五六尺。葉似野桑葉而小，又似櫻桃葉，亦小。枝葉間開五瓣小尖花，碧玉色，其心黄色。結子如椒粒大，兩兩並生，熟則紅，味甜。其子熟時採摘食之。」 按：此樹，湖南山阜有之，俗呼「銅箍散」。

萬年青

萬年青，生長沙山中。叢生長條。附莖對葉，葉長三寸餘，似大青葉，有鋸齒，細紋中有赭縷一道。附莖生小實如青珠，數十攢簇。俚醫以截瘧。

萬年青

繡花鍼

繡花鍼

繡花鍼，江西、湖南皆有之。小樹細莖，對發槎杈。葉亦附枝對生，似石榴花葉，微小，面濃緑，背淡青，光潤柔膩，中唯直文一縷。近莖葉小如指甲，枝端葉亦小。距梢寸許無葉，細如鍼刺，春夏時亦柔軟，秋老即硬。江西或呼爲「雀不踏」。俚醫以爲補氣血之藥。《本草綱目》以「楤木」一名「鵲不踏」，不知南方有刺之木與草皆呼爲「雀不踏」，不可爲定名也。

馬棘

《救荒本草》：「馬棘，生滎陽岡阜間。科條高四五尺。葉似夜合樹葉而小，又似蒺藜葉而硬，又似新生皁莢科葉，亦小。梢間開粉紫花，形狀似錦雞兒花，微小，味甜。採花煠熟，水浸淘淨，油鹽調食。」按：馬棘，江西廣、饒河濱有之，土人無識之者，或呼爲「野槐樹」。其莖亦甜。

賭博賴

賭博賴，江西、湖南水濱多有之。叢生，樹高六七尺，與水柳叢厠。就莖結赭實，熟

馬棘

賭博賴

時小兒食之，味淡多子。葉如柳而勁，無鋸齒，頗似翦成，有毛而光，能粘人衣，故南安土呼「賭博賴」云。

萬年紅

萬年紅，江西處處有之。大可合抱，葉如橘柚。冬時實紅如豆，纍纍滿枝。俗以新年插置瓶中爲吉，故名。

萬年紅

野樟樹

野樟樹

野樟樹，生長沙嶽麓。叢生小木，高尺餘。葉極似樟，面緑，背淡。夏結紅實，纍纍可翫。

惟移植即枯，圃盎弗録，僅供樵薪。

赤藥子

赤藥子，生南安。樹高二三丈，赤條聳密，長葉相對。葉似桃葉，色黄緑，淡赭紋，有横縐。冬結實，初如椒而小，攢聚繁碎，熟時長白如糯米，味甜有汁。子細如粟，味辛。土人以餔小兒，云能消積。按：《唐本草》：「子如菉豆，至六月變成赤色。」《宋圖經》：「白藥子，葉似苦苣，赤莖。」皆微相類，但非蔓生耳。

鬧狗子

鬧狗子，江西南昌多有之。枝、幹與狗骨無異，花、實亦同，惟葉作方棱無刺。臘時折置花尊，紅珠的皪。或云狗食其子即斃。

赤藥子

鬧狗子

野漆樹

野漆樹，山中多有之。枝、幹俱如漆。霜後葉紅如烏臼葉，俗亦謂之「染山紅」。結黑實，亦如漆子。　按：《爾雅注》櫄、槆、栲、漆相似如一，或即櫄樹耶？字亦作「杶」作「楯」，野人樵採之。

野漆樹

山桂花

山桂花

山桂花，長沙嶽麓極多。春時開小黄花如桂，故名。叢生小木，高二尺餘，褐莖勁細。葉微似榆而疎齒，面緑潤，背淡白。土人以治氣脹。　按：《宋氏雜部》：「水槿樹，可放蠟。春開黄花。」形頗相類。

見風消

見風消，生長沙山阜。長葉排生，極似欅柳。高僅二三尺，叢條葱茂。葉面青背白，似野胡椒而窄。俚醫以爲消風、敗毒之藥，故名。

見風消

紫荊花

紫荊花

紫荊花，生長沙山阜間。小科長條，高三四尺。莖如荊，色褐。紫葉如柳而長。俚醫以爲敗毒行血之藥。　按：《本草拾遺》：「紫珠，味苦，寒，無毒，解諸毒物、癰疽、喉痺、飛尸、蠱毒、毒腫、下瘻、蛇虺蟲螫、狂犬毒，並煮汁服，亦煮汁洗瘡腫，除血，長膚。一名『紫荆』。樹似黄荆，葉小，無椏，非田氏之荆也。〔一〕至秋子熟，正紫，圓如小珠。生江東林澤間。」形狀極肖，治證亦同。

又按：《補筆談》以《拾遺》「紫荆」爲誤，不知其同名異物，原書已云「非田氏之荆」，亦晰矣。

〔一〕見卷三十三「桂寄生」注〔十〕。

檵花

檵〔三〕花，一名「紙末花」。江西、湖南山岡多有之。叢生細莖。葉似榆而小，厚澀無齒。春開細白花，長寸餘，如翦素紙，一朵數十條，紛披下垂。凡有映山紅處即有之，紅、白齊炫，如火如荼。其葉嚼爛敷刀刺傷，能止血。《鄱陽縣志》作「檵」，未知所本，土音則作「雞」、「寄」，「紙末」則因形而名。

拘那花

《桂海虞衡志》：「拘那花，葉瘦長，略似楊柳。夏開淡紅花，一朵數十萼，至秋深猶有之。」

《嶺外代答》：「拘那花，葉瘦長，略似楊柳。夏開淡紅花，一朵數十萼，繁如紫薇，花瓣有鋸紋如翦金，至秋深猶有之。」

按：此花，江西、湖南山岡多有之。花、葉、莖俱同紫微，唯色淡紅。叢生小科，高不過二三尺。山中小兒取其花苞食之，味淡微苦，有清香，故名「苞飯花」。俚醫以爲敗毒、散淤之藥。

寶碗花

寶碗花樹，生長沙岡阜。高丈許，紫莖，長條柔直似木槿。附莖生葉，如海棠葉，面青，背

拘那花

寶碗花

淡，光潤柔膩。二月間開大紫花。

倒掛金鉤

倒掛金鉤，生長沙山阜。小木黑莖。葉如棠梨葉，光潤無齒。梢端結實圓扁，有青毛。仍從梢傍發枝生葉。

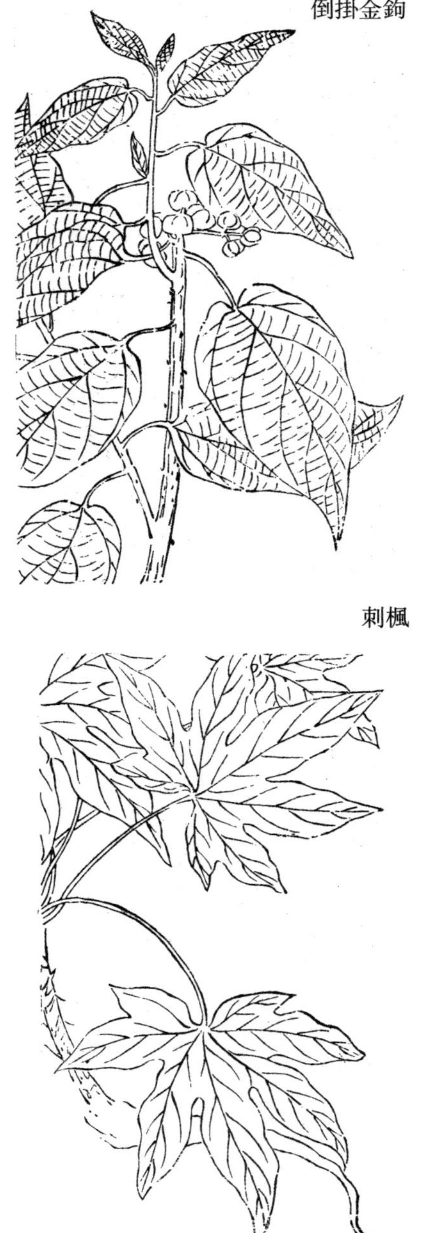
倒掛金鉤

刺楓

刺楓

刺楓，一名「八角楓」。圓莖密刺，葉生莖端，形如椶櫚。葉如楓而多岐，至七八叉，又似黃蜀葵葉而短肥。江西山坡有之。

丫楓小樹

丫楓小樹，江西處處有之。綠莖有節，密刺如毛，色如虎不挨。長葉微似梧桐葉，或有三叉，横紋糙澀。《進賢縣志》作「鵶楓」。俚醫以治瘋氣，去紅腫。

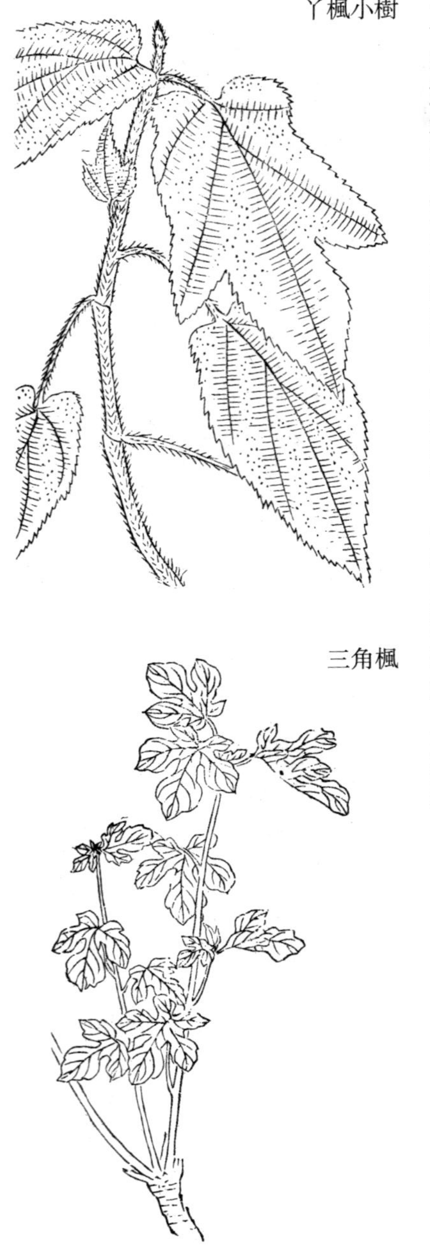

丫楓小樹

三角楓

三角楓

三角楓，一名「三合楓」，生建昌。粗根褐黑，叢生，綠莖。葉如花楮樹葉而小，老者五叉，嫩者三缺，面綠，背淡，筋脈粗澀。土醫以治風損。　按：《本草綱目》「有名未用」：「三角楓，一名『三角尖』，生石上者尤良。主風濕、流注、疼痛及癰疽、腫毒。」未述形狀，治證頗同。

三角楓又一種。

三角楓，江西山坡多有之。樹高七八尺。葉似楓，三角而窄，面青，背淡。秋時結子作排，如椿樹，角長，而子在角下。與前一種同名異物。

三角楓

十大功勞

十大功勞

十大功勞，生廣信。叢生。硬莖直黑。對葉排比，光澤而勁，鋸齒如刺。梢端生長鬚數莖，結小實似魚子蘭。土醫以治吐血，擣根取漿含口中，〔一〕治牙痛。

〔一〕「含」，原本誤作「合」。

十大功勞又一種。

十大功勞，又一種。葉細長，齒短無刺，開花成簇，亦如魚子蘭。

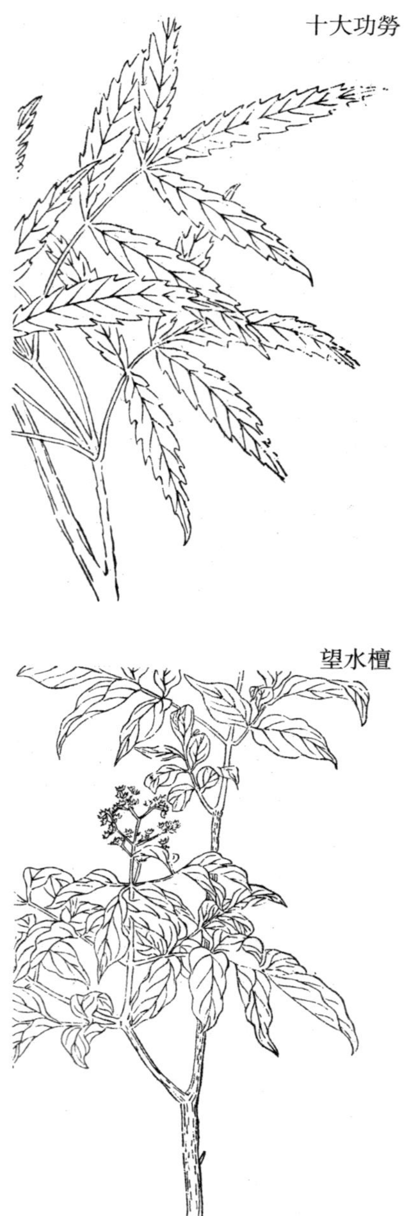
十大功勞

望水檀

望水檀

望水檀，生廬山。莖直勁，色赤褐。嫩枝赤潤，對發條葉。葉似檀而尖，皆仰翕不平展。枝梢開小黄花，如粟米攢密。按：《唐本草注》謂「檀葉有不生者，忽然葉開，當大水。農人候之，號爲水檀」，語殊未了徹，或即此樹。葉皆翕皺，忽然開展，主水候耶？凡喜陰濕之草木，亢久則葉卷合，遇雨則舒。木根入土深，泉脈動而先知，亦物理之常。

烏口樹

烏口樹，江西坡阜多有之。高丈餘。對節生葉，長柄尖葉，似柳而寬。梢端結實如天竹子大，上有兩叉，如烏之口。土人云葉、實可通筋骨，起勞傷，蓋薪材也。

烏口樹

旱蓮

旱蓮

旱蓮，生南昌西山。赭幹綠枝。葉如楮葉之無花杈者。秋結實作齊頭箭子，百十攢聚如球，〔一〕大如蓮實。

〔一〕「球」，原文誤作「掓」。

水楊梅

水楊梅，生寧都。高丈餘。葉如小桑，赭紋有齒。冬時附莖結實，紫黑勻圓，大如菉豆。土人云果、葉可退熱，根可治遺精。一名「水麻」。

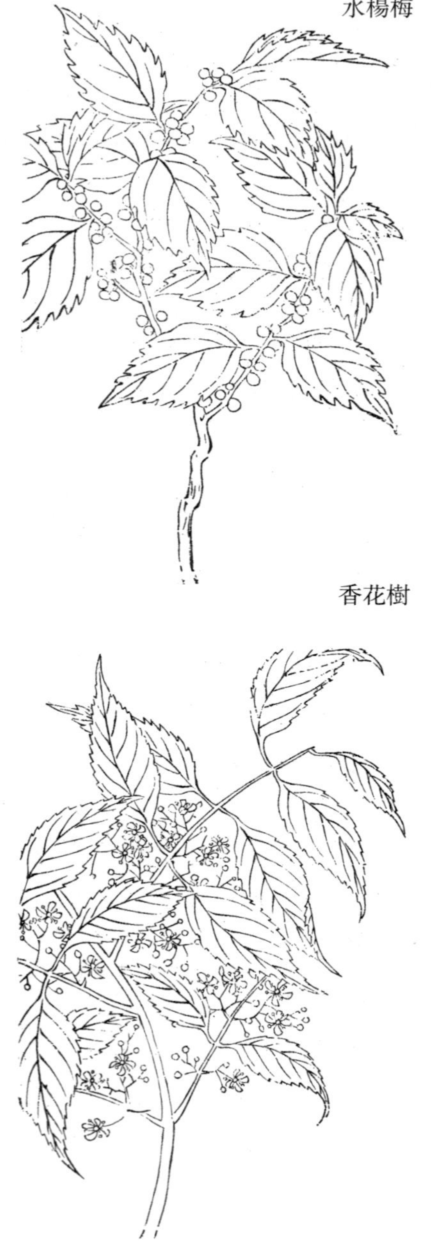

水楊梅

香花樹

香花樹

香花樹，生饒州平野。叢生，樹高丈餘，枝葉相當。葉似梅而窄長，有細齒。春開四瓣小白花，緑蘂緑萼，胥葖圓白如珠，繁密如星。土人呼爲「豆腐樹」。或云可治氣痛。

接骨木

接骨木，江西廣信有之。緑莖圓節，頗似牛膝。葉生節間，長幾二寸，圓齒稀紋，末有尖。以有接骨之效，故名。《唐本草》有「接骨木」，形狀與此異。

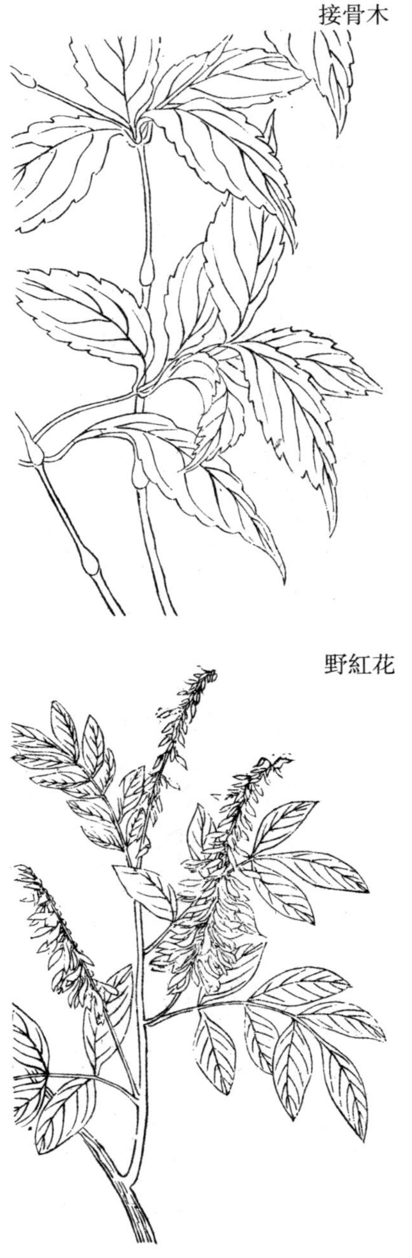
接骨木

野紅花

野紅花

野紅花，生廬山。赭莖緑枝。對葉紅花，與朱藤相類，唯葉短微團，有微毛，花皆倒垂爲異。春時長條朱藹，映發叢薄，惟牧豎樵子攀枝賞歎耳。

虎刺樹

虎刺樹，江西南昌西山有之。叢生，黑幹。就莖生枝，作苞如椿樹馬蹄而大，有疎刺。開碎白花，結紫實，圓扁如豆。樹葉如桑葉，微小。凡俗呼「老虎刺」、「虎不挨」，皆以横枝得名。

虎刺樹

半邊風

半邊風

半邊風，一名「鵝掌風」，撫、建山坡有之。硬莖。長葉中寬，本末尖瘦，裊裊下垂。秋結小實如蓮子之半，外褐黄，内白，中吐一鬚。土醫以治風損、散血，煎酒服。

小銀茶匙

小銀茶匙，贛南田塍上多有之。葉本細，末大如勺，土人以其形呼之。供樵蘇。

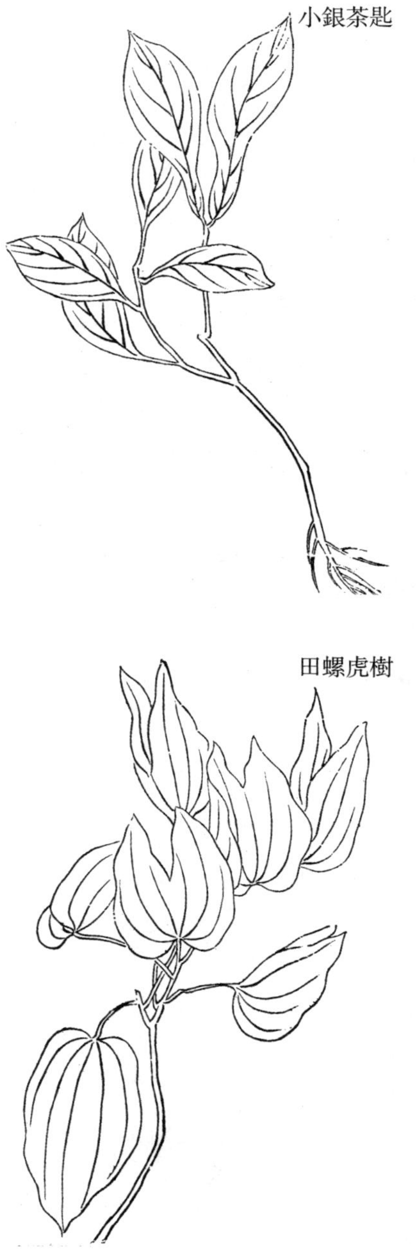

田螺虎樹

田螺虎樹，小樹生田塍上。葉似金剛葉，上分兩叉。土人薪之。

水蔓子

水蔓子，生湖南山阜。赭莖直細。葉薄如桑而無光澤，密齒赭紋。梢端開五尖瓣小白花，成簇。

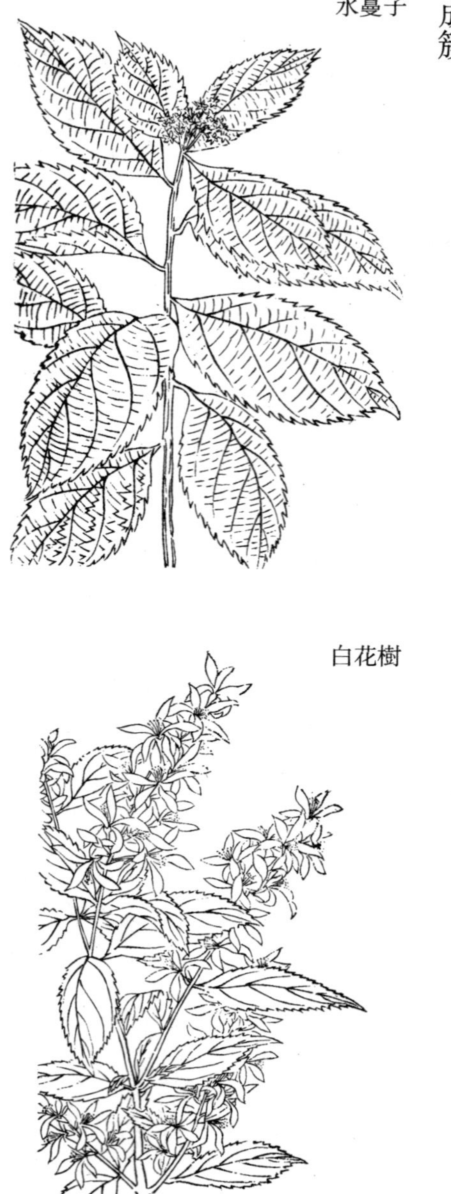
水蔓子

白花樹

白花樹

白花樹，江西山坡有之。樹高七八尺，柔條如蔓。春開四瓣長白花，頗似石斛花，黄蕊數點，緑蒂如豆，彌望滿枝，葉略似榆而寬。